命理天机

紫微斗数规则的运用与分析

周德元 著

团结出版社

© 团结出版社，2012 年

图书在版编目（ＣＩＰ）数据

命理天机：紫薇斗数规则的运用与分析 / 周德元著 . －
北京：团结出版社 ,2012.11（2024.8 重印）
ISBN 978-7-5126-1414-7

Ⅰ . ①命… Ⅱ . ①周… Ⅲ . ①《周易》—研究 Ⅳ . ① B221.5

中国版本图书馆 CIP 数据核字 (2012) 第 268502 号

责任编辑：方　莉
封面设计：肖　杰

出　　版：团结出版社
　　　　　（北京市东城区东皇城根南街 84 号　邮编：100006）
电　　话：（010）65228880 65244790
　　　　　（010）65238766 85113874 65133603（发行部）
　　　　　（010）65133603（邮购）
网　　址：http://www.tjpress.com
E-mail：zb65244790@vip.163.com
经　　销：全国新华书店
印　　装：天津盛辉印刷有限公司

开　　本：185mm×260mm　　16 开
印　　张：33.5　　　　　　　字　数：726 千字
版　　次：2013 年 1 月 第 1 版　　印　次：2024 年 8 月 第 23 次印刷

书　　号：978-7-5126-1414-7
定　　价：66.00 元
　　　　　（版权所属，盗版必究）

《中国神秘文化的辨析和省悟》丛书

总 序

　　数千年来，中国的神秘文化始终是国人挥之不去，却又无法令人全信的一种奇特的文化现象。至今尚未见到一个关于中国神秘文化的完整而严格的定义。一般而言，广义的"神秘文化"涵盖了许多领域：宗教、降神、招魂、驱邪、符咒、扶乩、谶书、五行学、奇门遁甲、命理学、卜筮、堪舆、相术、解梦、字占（测字）等，甚至传统中医和传统武术之中的一些神秘的东西，也可以纳入神秘文化的范畴。本丛书探讨的只是中国神秘文化中命理学、卜筮、堪舆、相术等部分领域，并没有涉猎神秘文化的所有领域。

　　说神秘文化无法令人全信，是指在神秘文化的诸多领域中，如命理学、卜筮、皮纹学（相学）、堪舆学（风水学）、扶乩、测字等，其中有些领域建立了比较完整的理论体系，有些领域的理论体系则很不完整。但是，即使理论体系完整的领域，例如在命理学领域中，有"子平术""紫微斗数""铁板神数""邵子神数"等诸多的分支，每个分支都有一套完整的理论和推算规则，都能根据一个人的八字（即所谓的"四柱"）或者他的出生年、月、日、时辰推算他的"命"和"运程"。问题在于，无论哪一个分支推算一个人的命运尚未见过百分之百准确的案例，在许多书籍和资料中只列举了算得准的案例，或者是只列举了一个案例中部分准确的内容。这正是拥护神秘文化的人们所喜闻乐见的。至于那些不准确的案例或者一个案例中不准确的部分则略而不提。而这正是反对神秘文化的人们批判神秘文化的依据。当然，即使是现代科学实验和预测也未必会一次性百分之百的准确（最典型的代表是天气预报无法百分之百准确）。但是，神秘文化只说"过五关斩六将"的辉煌，不说"走麦城"败绩的态度毕竟是有失偏颇和不科学的。而且，为什么能推算出准确的部分的理论依据也没有（或无法）交代清楚，给人一个"知其然，不知其所以然"的结果。导致这种状况的原因是多方面的，一是古代先贤们将许多核心的规则和技巧视为独家秘技，不加以公开，得到真传的弟子极少，给人以神秘感。二是这个领域中门派林立，各有一套规则，没有公认的通行标准可言，却各自都标榜为"正统"之学。对于推断出的结果不相同，甚至矛盾，只能用"仁者见仁，智者见智"来解释甚至搪塞。三是现在的绝大多数从业者一知半解就行走江湖（甚至有些从业者根本没有入门，就出来混饭吃，江湖上称为"吃开口饭"）。这种状况的结果必然是让前来求算之人难以对推算的结果全信。所以人们对神秘文化推算的结果普遍抱有："不可不信，也不可全信"的态度。

　　至于对神秘文化的"知其然，不知其所以然"的现象，除了上述原因，还有一种观点认为是必然的。广西的名中医李阳波先生认为："世间的学问都是不究竟的，都是知其然的学问,尽管现代科技这样发达,但它仍然是'知其然'这个层次上的东西,只有出世的学问才是究竟的,才能真正做到'知其所以然'。"(参见李阳波先生的弟子刘力红等人整理的《开启中医之门——运气学导论》,中国中医药出版社2005年版)李阳波先生是医易兼修的名医,他的话很有道理,值得我们去思考和探索。

笔者出于对传统文化的兴趣和爱好,二十余年来,涉猎了神秘文化的诸多领域:命理学、卜筮、五行学、皮纹学、堪舆学等。总结心得后最大的感慨是:神秘文化作为中国传统文化的一个重要组成部分,博大精深,内涵极其丰富。它是我们应该去理智地传承的一笔宝贵的文化遗产。不能因为神秘文化领域有一些糟粕类的东西或者被一些江湖人一知半解的歪曲而全盘否定它,更不应该简单粗暴地扣以"封建迷信"和"伪科学"的大帽子。《孟子·尽心下》云:"贤者以其昭昭使人昭昭,今以其昏昏使人昭昭。"伟大领袖毛泽东和邓小平都讲过:"以其昏昏,使人昭昭"是不行的。不少批判神秘文化是"封建迷信"和"伪科学"的人其实对神秘文化不甚了了,却以"唯物主义者""科学家"的身份挥舞着反对"伪科学"的大棒去批判神秘文化,这是典型的"以其昏昏,使人昭昭"。这种做法本身就不是唯物和科学的。记得我国有一位当代著名的大科学家说过,人类在宇宙中还很年轻,许多自然界的现象,仅仅依靠人类现有的科学知识是无法解释的。因此,对于一些目前无法解释的现象,不应该简单地扣上"伪科学""迷信"的大帽子。笔者认为,这位大科学家的说法体现了一个严谨的学者应该持有的学术态度。

现代批判派认为《周易》倡导了神鬼思想。其实这是一种典型的"哈哈镜现象"。一个人本身并不畸形,但是由于哈哈镜本身的畸形,才使得照出来的人的形象发生畸形。如果详细研究《周易》全书中出现过的"神"和"鬼"这两个字,就能发现在《周易》中并没有倡导神鬼思想。例如,《周易》中是有几处出现过"鬼"字,如"高宗伐鬼方""震用伐鬼方""载鬼一车"。这里的"鬼方"是指殷商时代西北边疆上的少数民族部落和国家,不是我们现在理解的那个"鬼"。只是由于春秋战国时代的阴阳家们"舍人事而任鬼神",这才使《周易》中的阴阳概念因含有了鬼神的色彩而变质。因此不应该给《周易》扣上一顶"倡导神鬼思想"的大帽子。

阴阳家们将《周易》理论神秘化,有主观原因也有客观原因。主观原因是他们希望营造《周易》理论神秘的氛围,让信众们有敬畏之心,这样便于他们获得当时那些帝王和权贵的重用,以此为谋生的职业。客观原因是即使许多阴阳高手能比较准确地预测,但无法说清楚为什么能准确预测的根据,因此只能将之归结为神鬼的旨意。这有点像英国的大科学家牛顿,他在晚年因为无法科学地解释一些自然现象,只能解释为神的旨意。

上述神秘文化的各个领域都可以让人感受其博大精深。例如,卜筮是《易经》的基本概念,也是伏羲最初创立八卦的目的。如果没有八卦,以及从周文王八卦推演得到的六十四卦,《易经》也就无从谈起。"皮之不存,毛将焉附"。"象数派"作为易经两大流派之一,侧重于预测学的研究和探索,将六十四卦用于推断事物、人的状态和事件。这是回归到伏羲创立易经的本源。而易经的另一流派"义理派"

则属于哲学范畴，从哲学层面来诠释六十四卦的卦辞、三百八十四爻的爻辞。它的研究已离开了伏羲创立易经的初衷，却另有一番天地。它的内容与一般意义上的神秘文化涉猎的内容截然不同。

遗憾的是，在古人留下的神秘文化的众多典籍中对许多关键问题、规则和技巧往往没有明明白白地交代清楚。其原因之一是为了保密，防止自己门派的秘技、秘诀外传。另一个原因是典籍的作者本身对有些关键问题也不甚了了，无法写清楚。神秘文化的各个领域普遍存在这个问题。在命理学、皮纹学、堪舆学等领域中这种现象更为突出。这正是造成其"神秘"的主要原因之一。这对于神秘文化的传播、传承和发展极其不利。进而产生了误导大众的后果，将信众和从业者引入误区。这些误区伴随着神秘文化的形成同时出现。时至今日，由于神秘文化数千年来的传承和传播一直受到局限，各种关于神秘文化的书籍鱼龙混杂，再加上相当多的从业者对神秘文化一知半解的歪曲，因此这些误区不仅没有消除，反而更加扩大。

神秘文化是中华民族文化遗产宝库中分量很重的一部分，我们应该理智地学习和传承。笔者撰写"中国神秘文化的辨析和省悟"系列丛书的目的之一是，将神秘文化部分领域（命理学、易经、卜筮、皮纹学、堪舆学等）的有关知识和规则进行系统的归纳、分类和比较。其二是将神秘文化各个领域中的问题和误区加以辨析。告诉读者既不能盲目地迷信它，甚至走火入魔；也不应该因其神秘而简单地扣上"封建迷信""伪科学"的大帽子棒杀之。如果本书能起到这个作用，则笔者的心愿足矣。

笔者撰写这套丛书的宗旨是：力求内容完整和系统，写作立场保持严谨和客观，通过辨析得到真实的省悟。

《紫微斗数规则的运用和分析》

前　言

　　本书是笔者计划撰写的《中国神秘文化的辨析和省悟》丛书中的一本，旨在讨论中国神秘文化的一个重要分支——命理学领域中紫微斗数的各种规则、分析方法，并指出其中的误区和存疑，希望通过辨析得到正确的省悟。

　　所谓"命理学"是古代先贤们根据一个人出生的年、月、日、时，用阴阳学说和五行学说来推算他的命运的一门学问。研究命理学，与研究其他任何一门学问一样，首先应该了解这门学问产生的时代背景。"命"这个概念在春秋时代已经出现。孔子说："五十而知天命"，"乐天知命，守死善道"。《楚辞·天问》云："天命反侧，何佑何罚。"孟子详细阐述并完善了孔子的天命观。孟子首先认为天命是存在的，"莫之为而为者，天也；莫之致而至者，命也。"孟子接着提出了"立命"的观点："尽其心者，知其性也。知其性，则知天矣。存其心，养其性，所以事天也。夭寿不贰，修身以俟之，所以立命也。"孟子更重要的观点是"正命"，他认为，不能因为人的寿夭是由天和命决定，便对生命采取无所谓的态度，作为有主观能动性的人要"正命"："莫非命也，顺受其正。是故知命者不立乎岩墙之下。尽其道而死者，正命也；桎梏而死者，非正命也。"孟子的这个观点从道德层面提出了人们的行为准则，当一个人面临道义的抉择时，尽管他知道这样会牺牲自己的生命，但他依然会从容就死，"杀身以成仁""舍生以取义"，这才是真正的"知命"，才是"正命"。孟子认为，天命虽然难以揣度，但是"性命"是可以由自己掌握的。孟子的学说传承了孔子的天命观，并进一步提出一个人应该为了践行"道义"是可以万死不辞的。在这一点上，后世（包括当代）的职业算命先生们违背了孟子的教诲，没有从这个道德层面去告诉并开导前来算命之人，只是给命理学披上了神秘化、绝对化的"迷信"外衣，将命理学引入了歧途。

　　在对待"命"的态度上，儒家与道家迥然相异。道家的代表人物庄子等人也承认天命的存在。庄子认为，世间和人生的大事：死生、存亡、疾病、婚嫁、贫富、福分、毁誉等，都是天决定的。道家的这种天命观充满消极的色彩，没有孟子那种积极发挥人的认知能力的道德层面的内涵，这与道家的核心理论之一"无为"是一致的。儒家和道家都承认有"天命"，它主宰着人的一生寿夭、贫富、贵贱。但是，儒家主张发挥人的主观能动性，做到乐天知命、修身立命；而道家则主张人只能去被动地顺应命运的安排，否认人的主观能动性对于命运可以发挥作用。

　　春秋战国时期的诸子百家中的另一个重要人物墨子则提出了"非命说"的观点，他不承认"命"的存在。他的这个观点与后来的（包括当代）一些批判命理学的观点是一致的。墨子认为，由于提倡"贫富贵贱皆由命定""生死有命，富贵在天"的观点，所以导致全社会缺乏仁爱之心。这是为巩固统治者的地位服务的，让贫苦阶层甘心认命。他认为，要改变社会不公的现象，需要提倡"义"，而不能认命。"今用执有命者之言，是覆天下之义，覆天下之义者，是立命者也，百姓之谇也。""义人在上，天下必治"。墨子猛烈地批判"宿命论"破坏了社会的伦理道德，是暴人之道。

墨子比儒家更强调人的主观能动性，提倡"力胜于命"。他认为"宿命论"的观点对现实苦难的无动于衷，助长了人们贪生怕死、消极怠慢的念头，是不仁不义的。这与儒家的核心理念"仁"是背道而驰的。儒家与道家的区别在于强调人的作用主要是指道德的力量。墨子与儒家的差异在于，墨子更强调"力"的力量，而不是道德的力量。

春秋战国时期的诸子百家中还有一个重要学派——法家。它根本不认为有所谓的"命"，极力主张统治者集权，用法和权术去治理社会。南宋时期的大学者朱熹认为法家有两个问题：一是"只见刑名"，二是"惨核少恩"。有一个有趣的现象是，法家的主要代表人物例如商鞅、李斯、韩非子等人都没有好下场，这也许正是应了他们所反对的"宿命"。

古人的"命"的概念，包括"天命"和"人命"。古人要了解"命"，更想把握"命"，因此自然有了"算命"的需求。有一个传说是，鬼谷子从他的师傅留下的"金书"中得到了推命术的真传，他传授给他众多的弟子的除了有"兵法""纵横"等学问，也包括推命术，所以民间传说鬼谷子是命理学的祖师。

鬼谷子的推命术经过数代的更迭，传至唐代的李虚中，他开创了生辰算命术的先河，以人的生辰年、月、日推演命理。所以，算命的人士尊李虚中为算命的祖师（鬼谷子被人尊为命理学，而不是算命的祖师）。但现存的《李虚中命书》，有人认为不是李虚中之作，而是后人伪托。五代末期的徐子平将李虚中的方法进一步加以发展，在李虚中采用年、月、日推命的基础上增加了时辰，多了一个"参数"。他引入了天干地支，用天干地支分别表述年、月、日、时，提出了"四柱"的概念，即年柱、月柱、日柱、时柱各用天干地支的两个字表示，一共八个字，即所谓的"八字"。李虚中的方法因为只用到年、月、日，所以只有六个字，徐子平的方法用到了年、月、日、时，所以是八个字。这就是"四柱推命术"（又称为"子平术"，或"八字算命术"）的由来。从宋代开始，这种方法风行于世，出现了许多专著。例如，徐大升整理的《渊海子平》、佚名作者的《明通赋》、苏东坡的《东坡志林》、朱熹的《赠徐叔端命序》、文天祥的《跋彭叔英谈命录》、刘伯温的《滴天髓》、宋濂的《禄命辨》等。历代学者将这门学问逐步完善，形成了一套完整的预测理论体系。

紫微斗数也是命理学的一个重要分支，它的一大特点是引入了一百多颗星曜。另一大特点是引入了命盘这个工具，将人生的各种状态、轨迹和人际关系分为命盘上的十二个宫。这两个特点是命理学其他分支没有的。

引入星曜的做法与中国古代的天文学是一脉相承的，中国古代天文学把天上的星辰与人间的人事相对应，将统率天上群星的紫微星（即北极星）与统治人间的帝王对应起来。这个概念与历代帝王的"唯我独尊"的思想是一致的。这正是紫微斗数被命理界称为三大神数之首的原因之一。

命盘上十二个宫合理地区分并概括了一个人的一生命运、吉凶祸福、气数，使得推演的分类重点清晰，推演的过程简捷。

在紫微斗数中将一百余颗星曜分为北斗、南斗和中天三类，紫微斗数中的"斗"字就是指南北二斗。紫微斗数中的"数"是指一个人出生年、月、日、时所对应的数和吉凶祸福的气数。紫微斗数有一套独特的规则，把一个人出生的年、月、日、时换算为以紫微星为首的南北二斗的星辰排列到十二个宫中，再进行推算。"十二宫"和"数"的概念在子平术中是没有的。在命理学其他与"数"有关的分支中，例如，"铁板神数""皇极神数""河洛理数""南极神数"等分支也用到了与一个人出生年、月、日、时有关的数，但是其他神数中却没有应用到"十二宫"的概念。

紫微斗数的创始人是与徐子平差不多同时期的道家重要人物陈抟。他将天上的星曜引入命理学，与道家提倡的"天人合一"的理念是一脉相承的。但是，紫微斗数与占星术不同，紫微斗数中涉及的星曜都是虚星，与真实的天象无关，不是天空中真实存在的星体，是只有名称没有实体的星体，这也正是紫微斗数区别于西方流行的占星术之处。

在紫微斗数的理论体系中，还有以下几个特点：

紫微斗数采用中国传统历法中的农历，不用节气，这与其他术数极不相同。由于农历是太阴历，因此斗数侧重于太阴（月亮）对人的影响，这一点与"中国文化是月亮文化"的观点是一致的。根据这个特点，所以紫微斗数与子平术的主要区别之一是不排八字。

紫微斗数具有很突出的动态特性，它的动态特性可以用一个"飞"字加以浓缩。紫微斗数的前身就叫做"十八飞星"。在紫微斗数中也就是南北斗的十四颗主星加上四颗"四化星"（化禄、化权、化科、化忌）。所谓"飞"，是指这十八颗星曜的定位随着天干的变化，会在命盘上十二个宫之间发生流动。这是命理学中其他任何一个分支所没有的。这里所说的引发"四化星"流动的天干即指年天干、月天干、日天干、时天干，以及十二个宫的天干，因此，紫微斗数具备了时空特点。这里所说的"时"，无疑是指年、月、日、时；这里所说的"空"，是指十二个宫在命盘上的定位。

由于紫微斗数用到的元素比子平术多了很多，规则也更加复杂，难度更高，传世不如子平术广，所以研究斗数的人相对较少，留下的著作就更少。目前能见到的典籍只是《斗数全书》《太微赋》《骨髓赋》等寥寥数本。倒是民国时期以来有些学者撰写了一些著作，例如，陆斌兆的《紫微斗数讲义》、张开卷的《紫微斗数》、王亭之的《中州派紫微斗数》等。

由于紫微斗数比起"子平术"使用的参数更多，因此自古以来研究紫微斗数的人士的研究重点和角度不尽相同，其结果是出现了比"子平术"多得多的流派。

从大的方面划分主要是两大流派：一派是以研究星曜及星曜之间组合关系（如三方四正、相夹、格局等）为主（着重研究十四颗南北斗主星）的"三合派"；另一派是研究四化星为主的"四化派"。由于传承门派和研究方法的不同，这两个流派中又派生出很多学派。简要介绍如下：

一、三合派的主要代表学派

1. 中州派

此派以陆斌兆和王亭之为代表人物。据说他们二人分别掌握了《世传钦天监秘笈》和《紫微星诀》这两本世代只是口授的秘笈。中州派注重每个星曜的属性和各个星曜组成的格局，在解析命盘，论命时需要较高的综合推理能力。此派在庚、戊、壬三个天干引发的四化星的变化与古传的紫微斗数有所不同。在断流年时，对流年文昌、流年文曲、流年羊陀、流年红鸾、流年禄马等星曜的运用规则也独具特色。

2. 紫云派

这是台湾紫云先生经数十年研究后，在《斗数全书》等典籍的基础上自创的学术流派。他提出了"三代论""太岁入卦法""太岁宫位"等理论，尤其是"太岁入卦法"，是古籍中没有的。紫云的理论有一个特点，他将紫微斗数和子平术加以结合，引进了"神煞"和"关煞"等紫微斗数中原来没有的概念。

3. 现代派

这是以了无居士为代表的一群人形成的流派。他们出版了一套七本的丛书:《现代紫微》。有意思的是虽然名为"现代"，但他们却是主张紫微斗数的真谛就在古籍之中，因此，他们在对古籍的研读上下了很大的工夫，他们反对将紫微斗数与命理学的其他分支的理论混杂起来。

4. 天机派

这是台湾黄春霖先生创建的天机派的绝学，因为他的名号叫"天机上人"，故世称"天机派"。他的学派的核心是"斗数喜忌神"和"宫气"理论。据说"斗数喜忌神"是密宗秘传的绝学，可能和"密宗占星法"有传承关系。从根源上分析，其理论基础也属于"三合派"范畴，但用到了类似"子平术"中以八字中五行生克取用神的方法。其显著的特点是引入了天干地支合成的纳音五行，这是其他学派所没有的，关于这一点，传统"三合派"典籍中也有记载。

5. 沈氏紫微

这是台湾沈平山先生独创的一个独特的紫微学派。据说此人在台湾有颇多的传奇故事。曾准确预言了诸多当代名人（如蒋经国、陈水扁等）的人生轨迹。他的理论独特之处是，为了准确计算吉凶克应的组合和时间，将传统的紫微斗数大小限理论中的"大限"加以细分，提出了"中限"的概念，他的代表作有《紫微

《命谱》等。

6. 占验派

这个学派在传统的"三合派"注重星曜及星曜之间相互关系的分析之外，加入了神秘文化另一个领域"奇门遁甲"的内容。"奇门遁甲"也用到了星曜和格局等知识。而且，它也重视"四化星"的运用，这一点与"四化派"是有共同之处的。它还有一个特点是重视大限的分析。

7. 恭鉴老人的"三合派"

恭鉴老人的"三合派"属于大的"三合派"中的一个学派，但并不代表整个三合派。它的理论基础当然是大的三合派所注重的星曜及相互关系研究，但它独具特色的一点是，引入了传统文化另一个领域"堪舆学"（风水学）的内容。事实上紫微斗数确实与堪舆学有密切关系。笔者在本书中也介绍了大部分主要星曜的风水类象。

当然还有其他一些属于"三合派"的学派，但影响力和传播面都很有限，本书限于篇幅的缘故，不再一一介绍。

二、四化派的主要代表学派

1. 河洛派

这个学派的名字就反映出它与"河洛理数"有关系，这正是"三合派"中的"现代派"所反对的观点。它以"河洛理数"和"四化星"中的化忌星变化为研究分析重点。

2. 钦天派

据说此派的创始人得到了"华山钦天四化紫微斗数飞星秘仪"的秘笈。从这本秘笈的名字就可见，此派非常重视四化星的飞星作用，在四化派中是举足轻重的一个学派，但可惜的是出世之人寥寥。

3. 仙宗派

此派的神秘之处在于，据说其创始人得道与"神授"。主张星平合参（将紫微斗数与子平术结合起来"合参"）、纳音五行，闰月的排法也非常独特，但本质上还是四化派的范畴。

四化派的一些其他小学派，本书不作详细罗列。

三、其他学派

1. 一叶知秋派

此派的创始人潘子渔在紫微斗数界颇具盛名。此派所认的祖师是孙思邈而不是紫微斗数的创始人陈抟（希夷）。比较重视在各个宫的环境，有点像《佛门一掌经》。这也许与潘子渔早年师从福州鼓山涌泉寺一尘和尚有关系。

2. 科技派

当今社会已经进入互联网世代，所以此派特别值得一提，它的创始人是"科技紫微网"董事长张盛舒先生，他是较早用软件实现自动排盘的开拓者之一，相信有许多人在该网站上排过命盘，这为紫微斗数的推广传播起到很好的推动。

笔者在这里归纳介绍的紫微斗数的一些概况并不完整，有些说法也无从考证，希望可以成为读者在阅读本书时的参考资料。

目录

第一章 命盘

1. 命盘概述

紫微斗数的基本组成：

出生年、月、日、时——命盘（又称先天盘）十二宫和星曜。然后依据各宫的星曜特性与状态、星曜与宫位之间的格局、星曜的四化、星曜之间的相互作用等进行推断。因此，由出生年、月、日、时排出的命盘是紫微斗数最基本的要素。

对于"命"和"运"的推断，历来有诸多流派：如紫微斗数、子平术（四柱推命术）、铁板神数、邵子神数等，其中只有紫微斗数需要排命盘。至于各种术数的优劣高下，或者说准确程度，则仁者见仁，智者见智，笔者不妄加评论。

但是，就紫微斗数与四柱推命术之间的主要差异而言，笔者认为有一点明显的不同是需要关注的。在四柱推命术中以日干为主。而在紫微斗数中除了用到生日（注意：日干却不用，仅用生日确定紫微的宫位，以及直接由生日确定的四颗日系星）。与四柱推命术的另一个主要不同点是，紫微斗数中增加了年干（对应的星曜为十二颗干系星，以及由年干、年支确定的"旬空星"）、年支（对应的星曜为十二颗支系星，与年干一起确定"旬空星"的宫位，以及与生时一起确定的时系八颗星）、生月（对应的星曜为由生月确定宫位的九颗月系星）。

例如，仅就年干而言，由于有属于干系星中的"四化星"（"化禄""化权""化科""化忌"）在按照每年的年干变化而相应地变化，这也就是通常所说的"四化飞星"。因此，紫微斗数的动态性质尤为特殊，这也正是紫微斗数的核心所在。

紫微斗数依据八字排命盘，盘中分十二宫：命宫、兄弟宫、夫妻宫、子女宫、财帛宫、疾厄宫、迁移宫、仆役宫（又称交友宫）、官禄宫（又称事业宫）、田宅宫、福德宫、父母宫（又称相貌宫、文书宫）。此外还有一个身宫，它不单独占据一个宫位，而与上述十二宫之一同宫，因此，也可以说是十三宫。紫微斗数还需要用到以紫微星为首的一百一十二颗星曜，这些星曜分别落入相应的宫中。再加上星曜的状态、五行局、大限、小限、子年斗君、命主、身主等构成完整的命盘。

古人云："命好不如运好，运好不如流年好"。人的出生时间是先天决定的，因此，依据人的出生时间排出的命盘乃先天而来，故又称为先天盘。在此基础上，每十年一个大限（又称为大运），相应的有一个大限盘，每个流年也有一个流年盘。上述诸盘中各个宫内的星曜虽然固定不变，但是各个宫位的名称随着大限或流年的变化而改变，与先天盘中的宫位名称不同。例如，每个流年盘中都有相应的流年命宫、流年兄弟宫、流年夫妻宫……由于各宫的名称发生变化，各宫的内涵自然也相应改变。这一点正是紫微斗数独特之处。正确的推命必须明确，先天盘是静态的，大限盘和流年盘是动态变化的。

许多紫微斗数的书中，从八字排出先天命盘后，直接就进行推断盘中各宫、宫中各星曜及格局等，而对于命盘本身很少论述，显然有失偏颇。要全面掌握紫微斗数，对命盘本身也必须了解。这样可以明白为何命盘有十二个宫，各个宫表征什么含义。

天地万物皆有初始，先贤陈抟在创立紫微斗数时，按照表达一个人命运的人、事各种关系，并结合洛书和八卦设计了命盘中的十二宫和诸多星曜。他根据洛书中的数（后天之数）2为坤卦，而坤为老母，能化育天地万物，从而确定坤为尊，为命宫，并将北斗主星紫微、南斗主星天府坐命宫之盘定为斗数第一盘。有了第一盘，便可推出其余诸盘。

巽 4	离 9	坤 2
震 3	中 5	兑 7
艮 8	坎 1	乾 6

图1　洛书中的后天之数

太阳	破军	天机	紫微、天府
子女　　　　巳	夫妻　　　　午	兄弟　　　　未	命宫　　　　申
武曲 财帛　　　　辰	紫微斗数第一盘		太阴 父母　　　　酉
天同 疾厄　　　　卯			贪狼 福德　　　　戌
七杀 迁移　　　　寅	天梁 仆役　　　　丑	天相、廉贞 官禄　　　　子	巨门 田宅　　　　亥

图2　斗数第一盘

2. 命盘十二宫与八卦、十二地支、五行之对应

巽　　　巳火	离　　　午火	坤　　　未土	坤　　　申金
巽　　　辰土			兑　　　酉金
震　　　卯木			乾　　　戌土
艮　　　寅木	艮　　　丑土	坎　　　子水	乾　　　亥水

图中各宫的内涵如下：

（1）四马之地：寅、申、巳、亥四宫为天马喜入之宫，故称"四马之地"。也是长生十二神顺行之"长生"所在，故又称"四生之地"，或合称"四马四生之地"。由于天马星奔波劳碌，故此四宫主劳碌、奔波，易自寻烦恼。

（2）四败之地：子、午、卯、酉四宫乃咸池、沐浴等桃花星所入之宫，故称"四败之地"，或称"桃花之地"。此四宫主恶，并主交友、游乐、风流、酒色、漂亮、多才多艺、感情不稳定。

（3）四墓之地：辰、戌、丑、未四宫乃长生十二神顺行之"墓地"，故称"四墓之地"，或称"孤独地"。孤辰星和寡宿星只进这四宫。此四宫主刑，并主孤独、六亲缘薄、易到外地发展。

（4）天罗地网：辰宫为天罗，戌宫乃地网，此二宫主困。

（5）雷门：卯宫居东，震卦之位，震为雷，故称雷门。

（6）四库之地：丑宫为金库（巳酉丑三合金局），未宫为木库（亥卯未三合木局），辰宫为水库（申子辰三合水局），戌宫为火库（寅午戌三合火局），所以此四宫合称"四库之地"。注意，此四宫在（3）中还称为"四墓之地"。

（7）天门：亥宫为天门。"诸星会恶，朝天反吉"，故此宫较不怕凶星的侵犯。

（8）地门：巳宫为地门。天地相对，亥宫为天门，故巳宫为地门。

（9）人门：寅宫为人门。

（10）鬼门：申宫为鬼门。

（11）空门：在奇门中，戌、亥两宫为空门。

3. 五行局

　　排命盘的第一步是确定五行局。五行局确定后才能安紫微星。因此，对于五行局需要作一个交代。溯源而论，金、木、水、火、土五行的产生，目前所知道的较完整的论著是隋朝萧吉写的《五行大义》。中国传统文化中每一个分支几乎都要用到五行生克的概念，紫微斗数也不例外。十二地支之间的生克冲合，也是依据五行的属性关系。

　　先贤创立紫微斗数的主要用意之一是在告诉世人如何避灾，所谓"君子问命，问祸不问福"。在紫微斗数中反复提到如何避灾。关于五行局的避灾论述如下：

　　火六局之人忌行戌、亥二宫。（注：戌、亥二宫对应于乾卦，乾卦为阳水，水克火，故火六局忌行。）

　　水二局与土五局之人忌行辰、巳二宫。（注：辰、巳二宫对应于巽卦，巽卦为阴木。水生木损耗之患，水二局忌行；木克土，土五局忌行。）

　　金四局之人忌行丑、寅二宫。（注：丑、寅二宫对应于艮卦，艮卦为阳土，本当土生金，但此处却言金四局之人忌行，需要探究。）

　　木三局之人忌行申、酉二宫。（注：申、酉二宫分别对应于坤卦、兑卦，其中仅兑卦属阴金克木，此处似乎以申、酉属金，金克木才能解释，但已经不采用对应的卦的五行来解释，需要探究。）

4. 十二生肖行运所忌

　　十二生肖对应于十二地支，地支之间同样也有生克关系，并反映了十二生肖之间也有避忌的关系。

　　肖鼠之人：怕行运于午宫（子、午相冲），也怕行运于寅、申二宫。

　　肖牛、马之人：怕行运于丑、午二宫，也怕行运于"七杀星"的运限，灾情会很惨重。

　　肖虎、兔之人：怕行运于巳、亥二宫，且肖虎之人怕行运于申宫（寅、申相冲），肖兔之人怕行运于酉宫（卯、酉相冲）。

　　肖龙之人：需提防龙年的本命年，也怕行运于"天罗地网"二宫。若不小心，则灾病频发、是非不断、连续破财。

　　肖蛇之人：提防蛇年本命年，也怕行运于巳宫。

　　肖羊之人：怕行运于酉、亥之流年，也不宜见到擎羊在四墓之地。

　　肖猴之人：怕行运于本命年，或大限宫中火、铃二星当头，也怕行运于寅宫（寅、申相冲）。

　　肖鸡之人：怕卯年及行运于卯宫（卯、酉相冲），也怕行运之宫中有擎羊或火星。

　　肖狗、猪之人：怕行运之宫中有擎羊或火星。且肖狗之人还怕行运于"天罗地网"二宫（辰、戌）。

5. 命主、身主

排命盘需要确定命主、身主。关于命主、身主在论命中的作用，始终争论不一。有人认为作用深远，也有人说与阴阳宅的鉴定有关，也有人将命主和身主弃之不用。在实际应用于论命时确实其作用不是十分明确，所以许多人在论命时根本不用命主和身主。

但是，以下现象在论命时值得注意：

当流年宫中有命主星或身主星时，这两颗星的作用会变得强烈。尤其是命主星或身主星在该年化忌于流年宫时，则此人的困扰与不顺会更加严重。

若命主是贪狼，此乃非常吉利的征兆，男女都有再婚之命。

若命主是贪狼，地劫、红鸾入命，并且贪狼化忌，代表命主有被劫的可能。

6. 子年斗君

其主要用途是在算流月时，子年斗君为流月的起点。关于斗君的详细论述将在第四章中展开。

7. 排四柱和命盘

1）排四柱

这里特别要加以说明的是，紫微斗数与子平术不同，是不需要用到四柱（即八字）的概念的。本书介绍排四柱的用意是出于考虑命理学的完整性。这样，读者可以用子平术对八字进行推演，进而验证紫微斗数与子平术的差异。

用天干地支纪年、月、日、时，就形成了四组干支，称为四柱，年干支称年柱，月干支称月柱，日干支称日柱，时干支称时柱。四柱共有八个字，所以又叫四柱八字。四柱一般要借助万年历来推查。紫微斗数推排四柱的方法历来不统一，有争议，各派意见不一。主流的看法认为，紫微斗数既然重视数的运用，所以在推排四柱和紫微盘时，不必考虑节令，月和日均用数字来推算；对于时辰，则以晚上12点正（24时制为0点正）作为每日子时的交接时间，即从晚上12点01分开始作每一日的子时。这是紫微斗数与四柱推命术又一个不同之处。四柱的具体推排方法如下：

（1）排年柱：即年干支，一般直接查万年历。

在紫微斗数中，一年之始是以农历的正月初一为始的，而不是以农历的"立春节"为交接点，农历十二月最后一天晚上12点00分以前仍按上一年的干支纪年，晚上12点01分起就算新一年的正月初一，即算新一年的干支。

（2）排月柱：即月干支。

在斗数中，每月之始是以每月的初一为始的，每月最后一天晚上12点01分起算新一月的初一，即算新一月的干支。

遇到闰月的排盘常用的方法有两种（注：孰优孰劣，读者可自行判断。）：

① 凡遇闰月出生的，作下一个月来推：例如，闰一月出生作二月来推算干支；闰五月出生，就以六月来推算干支，其余类推（注：这种方法会出现有一个月是重复的，例如，闰一月作二月推，二月仍作二月推。）。

② 以半个月作为分界线：例如，生于当年闰月前十五日者，视作前一个月出生，因此其出生月份为上一个月；生于当年闰月后十五日者，视作后一个月出生，因此其出生月份为后一个月。

每个月的地支则是固定的，正月为寅，二月为卯，三月为辰，四月为巳，五月为午，六月为未，七月为申，八月为酉，九月为戌，十月为亥，十一月为子，十二月为丑。

每个月的天干需根据年天干按照"五虎遁月"的规则推算：

五虎遁月诀

甲己之年丙作首，乙庚之年戊为头。

丙辛之岁寻庚土，丁壬壬寅顺水流。

若问戊癸何处起，甲寅之上好追求。

按年天干查月干支表

年 天 干	甲 己	乙 庚	丙 辛	丁 壬	戊 癸
正月干支	丙寅	戊寅	庚寅	壬寅	甲寅
二月干支	丁卯	己卯	辛卯	癸卯	乙卯
三月干支	戊辰	庚辰	壬辰	甲辰	丙辰
四月干支	己巳	辛巳	癸巳	乙巳	丁巳
五月干支	庚午	壬午	甲午	丙午	戊午
六月干支	辛未	癸未	乙未	丁未	己未
七月干支	壬申	甲申	丙申	戊申	庚申
八月干支	癸酉	乙酉	丁酉	己酉	辛酉
九月干支	甲戌	丙戌	戊戌	庚戌	壬戌
十月干支	乙亥	丁亥	己亥	辛亥	癸亥
十一月干支	丙子	戊子	庚子	壬子	甲子
十二月干支	丁丑	己丑	辛丑	癸丑	乙丑

（3）排日柱：即日干支。

每日以晚上 12 点 00 分为交接点，晚上 12 时 00 分以前仍算上一日的干支，晚上 12 时 01 分起才算为新一日的干支。

日干支的计算相当复杂，一般从万年历可以直接查到。

（4）排时柱：即时干支。

每个时辰的地支是固定的，

子时	23：00—— 1：00	丑时	1：00—— 3：00
寅时	3：00—— 5：00	卯时	5：00—— 7：00
辰时	7：00—— 9：00	巳时	9：00——11：00
午时	11：00——13：00	未时	13：00——15：00
申时	15：00——17：00	酉时	17：00——19：00
戌时	19：00——21：00	亥时	21：00——23：00

每个时辰的天干需根据日天干按照"五鼠遁时"的规则推算：

五鼠遁时诀
甲己还加甲，乙庚丙作初，丙辛从戊起，
丁壬庚子居，戊癸何方发，壬子是真途。

按日干查时干支表

日　干	甲　己	乙　庚	丙　辛	丁　壬	戊　癸
子时干支	甲子	丙子	戊子	庚子	壬子
丑时干支	乙丑	丁丑	己丑	辛未	癸丑
寅时干支	丙寅	戊寅	庚寅	壬寅	甲寅
卯时干支	丁卯	己卯	辛卯	癸卯	乙卯
辰时干支	戊辰	庚辰	壬辰	甲辰	丙辰
巳时干支	己巳	辛巳	癸巳	乙巳	丁巳
午时干支	庚午	壬午	甲午	丙午	戊午
未时干支	辛未	癸未	乙未	丁未	己未
申时干支	壬申	甲申	丙申	戊申	庚申
酉干支时	癸酉	乙酉	丁酉	己酉	辛酉
戌时干支	甲戌	丙戌	戊戌	庚戌	壬戌
亥时干支	乙亥	丁亥	己亥	辛亥	癸亥

2）排命盘

在排命盘时，凡用到出生年干支的，一律以农历的正月初一为分界线。初一前按上一年干支，初一后按新一年干支推算（注：这是紫微斗数与四柱的重要区别！）。阳男阳女，就是阳年（地支为阳）出生的男女；阴男阴女，就是阴年（地支为阴）出生的男女。

在命盘中安月系诸星时，以农历出生月份的数字为准，每个月之始以初一为界线的规则推算，不采用四柱命理中以节令为每个月的分界线的规则。每个月的地支是固定的。

在命盘中安生时诸星时，需要用到时辰的地支，前面已介绍了时辰的地支是固定的。

时辰准确与否，直接影响到预测的准确性，对于不能确切知道时辰的人，可参见第五章之（九）中的方法来校验。

（1）闰月的处理有两种情况

参见1）排四柱之（2）。

注：凡闰月出生者，紫微斗数推算的准确率会相对低一些。

（2）十天干属性表

天干	甲	乙	丙	丁	戊	己	庚	辛	壬	癸
阴阳	阳	阴	阳	阴	阳	阴	阳	阴	阳	阴
五行	木		火		土		金		水	

（3）十二地支属性表

地支	子	丑	寅	卯	辰	巳	午	未	申	酉	戌	亥
阴阳	阳	阴	阳	阴	阳	阴	阳	阴	阳	阴	阳	阴
五行	水	土	木	木	土	火	火	土	金	金	土	水
生肖	鼠	牛	虎	兔	龙	蛇	马	羊	猴	鸡	狗	猪

（4）安命宫和身宫表（凡闰月生人作下月论）

生时	生月	正	二	三	四	五	六	七	八	九	十	十一	十二
子时	命身	寅	卯	辰	巳	午	未	申	酉	戌	亥	子	丑
丑时	命	丑	寅	卯	辰	巳	午	未	申	酉	戌	亥	子
	身	卯	辰	巳	午	未	申	酉	戌	亥	子	丑	寅
寅时	命	子	丑	寅	卯	辰	巳	午	未	申	酉	戌	亥
	身	辰	巳	午	未	申	酉	戌	亥	子	丑	寅	卯
卯时	命	亥	子	丑	寅	卯	辰	巳	午	未	申	酉	戌
	身	巳	午	未	申	酉	戌	亥	子	丑	寅	卯	辰
辰时	命	戌	亥	子	丑	寅	卯	辰	巳	午	未	申	酉
	身	午	未	申	酉	戌	亥	子	丑	寅	卯	辰	巳
巳时	命	酉	戌	亥	子	丑	寅	卯	辰	巳	午	未	申
	身	未	申	酉	戌	亥	子	丑	寅	卯	辰	巳	午
午时	命身	申	酉	戌	亥	子	丑	寅	卯	辰	巳	午	未
未时	命	未	申	酉	戌	亥	子	丑	寅	卯	辰	巳	午
	身	酉	戌	亥	子	丑	寅	卯	辰	巳	午	未	申

生时	生月	正	二	三	四	五	六	七	八	九	十	十一	十二
申	命	午	未	申	酉	戌	亥	子	丑	寅	卯	辰	巳
时	身	戌	亥	子	丑	寅	卯	辰	巳	午	未	申	酉
酉	命	巳	午	未	申	酉	戌	亥	子	丑	寅	卯	辰
时	身	亥	子	丑	寅	卯	辰	巳	午	未	申	酉	戌
戌	命	辰	巳	午	未	申	酉	戌	亥	子	丑	寅	卯
时	身	子	丑	寅	卯	辰	巳	午	未	申	酉	戌	亥
亥	命	卯	辰	巳	午	未	申	酉	戌	亥	子	丑	寅
时	身	丑	寅	卯	辰	巳	午	未	申	酉	戌	亥	子

（5）定十二宫表

命宫	子	丑	寅	卯	辰	巳	午	未	申	酉	戌	亥
兄弟宫	亥	子	丑	寅	卯	辰	巳	午	未	申	酉	戌
夫妻宫	戌	亥	子	丑	寅	卯	辰	巳	午	未	申	酉
子女宫	酉	戌	亥	子	丑	寅	卯	辰	巳	午	未	申
财帛宫	申	酉	戌	亥	子	丑	寅	卯	辰	巳	午	未
疾厄宫	未	申	酉	戌	亥	子	丑	寅	卯	辰	巳	午
迁移宫	午	未	申	酉	戌	亥	子	丑	寅	卯	辰	巳
仆役宫	巳	午	未	申	酉	戌	亥	子	丑	寅	卯	辰
官禄宫	辰	巳	午	未	申	酉	戌	亥	子	丑	寅	卯
田宅宫	卯	辰	巳	午	未	申	酉	戌	亥	子	丑	寅
福德宫	寅	卯	辰	巳	午	未	申	酉	戌	亥	子	丑
父母宫	丑	寅	卯	辰	巳	午	未	申	酉	戌	亥	子

注：从命宫开始按逆时针方向依次排列兄弟宫、夫妻宫、子女宫、……、父母宫。

（6）定十二宫天干表

宫位 / 年干	寅	卯	辰	巳	午	未	申	酉	戌	亥	子	丑
甲 己	丙	丁	戊	己	庚	辛	壬	癸	甲	乙	丙	丁
乙 庚	戊	己	庚	辛	壬	癸	甲	乙	丙	丁	戊	己
丙 辛	庚	辛	壬	癸	甲	乙	丙	丁	戊	己	庚	辛
丁 壬	壬	癸	甲	乙	丙	丁	戊	己	庚	辛	壬	癸
戊 癸	甲	乙	丙	丁	戊	己	庚	辛	壬	癸	甲	乙

（7）定五行局表

生年干 / 命宫	子 丑	寅 卯	辰 巳	午 未	申 酉	戌 亥
甲 己	水二局	火六局	木三局	土五局	金四局	火六局
乙 庚	火六局	土五局	金四局	木三局	水二局	土五局
丙 辛	土五局	木三局	水二局	金四局	火六局	木三局
丁 壬	木三局	金四局	火六局	水二局	土五局	金四局
戊 癸	金四局	水二局	土五局	火六局	木三局	水二局

（8）定五行局表之二

命宫地支 ＼ 命宫天干	甲	乙	丙	丁	戊	己	庚	辛	壬	癸
子 丑 午 未	锦	金	没	水	营	火	挂	土	林	木
寅 卯 申 酉	江	水	谷	火	堤	土	杖	木	钟	金
辰 巳 戌 亥	烟	火	田	土	柳	木	钱	金	满	水

（9）安紫微星表

生日	1	2	3	4	5	6	7	8	9	10	11	12	13	14	15
水二局	丑	寅	寅	卯	卯	辰	辰	巳	巳	午	午	未	未	申	申
木三局	辰	丑	寅	巳	寅	卯	午	卯	辰	未	辰	巳	申	巳	午
金四局	亥	辰	丑	寅	子	巳	寅	卯	丑	午	卯	辰	寅	未	辰
土五局	午	亥	辰	丑	寅	未	子	巳	寅	卯	申	丑	午	卯	辰
火六局	酉	午	亥	辰	丑	寅	戌	未	子	巳	寅	卯	亥	申	丑

生日	16	17	18	19	20	21	22	23	24	25	26	27	28	29	30
水二局	酉	酉	戌	戌	亥	亥	子	子	丑	丑	寅	寅	卯	卯	辰
木三局	酉	午	未	戌	未	申	亥	申	酉	子	酉	戌	丑	戌	亥
金四局	巳	卯	申	巳	午	辰	酉	午	未	巳	戌	未	申	午	亥
土五局	酉	寅	未	辰	巳	戌	卯	申	巳	午	亥	辰	酉	戌	未
火六局	午	卯	辰	子	酉	寅	未	辰	巳	丑	戌	卯	申	巳	午

（10）安紫微诸星、天府表

紫微	子	丑	寅	卯	辰	巳	午	未	申	酉	戌	亥
天机	亥	子	丑	寅	卯	辰	巳	午	未	申	酉	戌
太阳	酉	戌	亥	子	丑	寅	卯	辰	巳	午	未	申
武曲	申	酉	戌	亥	子	丑	寅	卯	辰	巳	午	未
天同	未	申	酉	戌	亥	子	丑	寅	卯	辰	巳	午
廉贞	辰	巳	午	未	申	酉	戌	亥	子	丑	寅	卯
天府	辰	卯	寅	丑	子	亥	戌	酉	申	未	午	巳

（11）安天府诸星表

天府	子	丑	寅	卯	辰	巳	午	未	申	酉	戌	亥
太阴	丑	寅	卯	辰	巳	午	未	申	酉	戌	亥	子
贪狼	寅	卯	辰	巳	午	未	申	酉	戌	亥	子	丑
巨门	卯	辰	巳	午	未	申	酉	戌	亥	子	丑	寅
天相	辰	巳	午	未	申	酉	戌	亥	子	丑	寅	卯
天梁	巳	午	未	申	酉	戌	亥	子	丑	寅	卯	辰
七杀	午	未	申	酉	戌	亥	子	丑	寅	卯	辰	巳
破军	戌	亥	子	丑	寅	卯	辰	巳	午	未	申	酉

为便于查阅使用，将上述两表合并成一张表。

安紫微诸星、天府诸星表

紫微	子	丑	寅	卯	辰	巳	午	未	申	酉	戌	亥
天机	亥	子	丑	寅	卯	辰	巳	午	未	申	酉	戌
太阳	酉	戌	亥	子	丑	寅	卯	辰	巳	午	未	申
武曲	申	酉	戌	亥	子	丑	寅	卯	辰	巳	午	未
天同	未	申	酉	戌	亥	子	丑	寅	卯	辰	巳	午
廉贞	辰	巳	午	未	申	酉	戌	亥	子	丑	寅	卯
天府	辰	卯	寅	丑	子	亥	戌	酉	申	未	午	巳
太阴	巳	辰	卯	寅	丑	子	亥	戌	酉	申	未	午
贪狼	午	巳	辰	卯	寅	丑	子	亥	戌	酉	申	未
巨门	未	午	巳	辰	卯	寅	丑	子	亥	戌	酉	申
天相	申	未	午	巳	辰	卯	寅	丑	子	亥	戌	酉
天梁	酉	申	未	午	巳	辰	卯	寅	丑	子	亥	戌
七杀	戌	酉	申	未	午	巳	辰	卯	寅	丑	子	亥
破军	寅	丑	子	亥	戌	酉	申	未	午	巳	辰	卯

（12）安时系诸星表

生时支		子	丑	寅	卯	辰	巳	午	未	申	酉	戌	亥
文昌		戌	酉	申	未	午	巳	辰	卯	寅	丑	子	亥
文曲		辰	巳	午	未	申	酉	戌	亥	子	丑	寅	卯
火星	寅午戌年	丑	寅	卯	辰	巳	午	未	申	酉	戌	亥	子
	申子辰年	寅	卯	辰	巳	午	未	申	酉	戌	亥	子	丑
	巳酉丑年	卯	辰	巳	午	未	申	酉	戌	亥	子	丑	寅
	亥卯未年	酉	戌	亥	子	丑	寅	卯	辰	巳	午	未	申
铃星	寅午戌年	卯	辰	巳	午	未	申	酉	戌	亥	子	丑	寅
	申子辰年	戌	亥	子	丑	寅	卯	辰	巳	午	未	申	酉
	巳酉丑年	戌	亥	子	丑	寅	卯	辰	巳	午	未	申	酉
	亥卯未年	戌	亥	子	丑	寅	卯	辰	巳	午	未	申	酉
地劫		亥	子	丑	寅	卯	辰	巳	午	未	申	酉	戌
天空		亥	戌	酉	申	未	午	巳	辰	卯	寅	丑	子
台辅		午	未	申	酉	戌	亥	子	丑	寅	卯	辰	巳
封诰		寅	卯	辰	巳	午	未	申	酉	戌	亥	子	丑

注1：表中的"天空"有的书中叫做"地空"，另外在（年）支系诸星中引入天空星的概念。

注2：表中所列的火星和铃星在巳酉丑年的定位是坊间常见版本，例如，《紫微斗数全书》中就是按照上表排列的。但是，有一种说法认为这种排列有误，按照宋版，应改为：

（宋版）年干为巳酉丑之年火星和铃星的定位表

生时	子	丑	寅	卯	辰	巳	午	未	申	酉	戌	亥
火星	戌	亥	子	丑	寅	卯	辰	巳	午	未	申	酉
铃星	卯	辰	巳	午	未	申	酉	戌	亥	子	丑	寅

（13）安月系诸星表

生月	一	二	三	四	五	六	七	八	九	十	十一	十二
左辅	辰	巳	午	未	申	酉	戌	亥	子	丑	寅	卯
右弼	戌	酉	申	未	午	巳	辰	卯	寅	丑	子	亥
天刑	酉	戌	亥	子	丑	寅	卯	辰	巳	午	未	申
天姚	丑	寅	卯	辰	巳	午	未	申	酉	戌	亥	子
天马	申	巳	寅	亥	申	巳	寅	亥	申	巳	寅	亥
解神	申	申	戌	戌	子	子	寅	寅	辰	辰	午	午
天巫	巳	申	寅	亥	巳	申	寅	亥	巳	申	寅	亥
天月	戌	巳	辰	寅	未	卯	亥	未	寅	午	戌	寅
阴煞	寅	子	戌	申	午	辰	寅	子	戌	申	午	辰

（14）安日系诸星法

诸星	安星方法
三台	从左辅上起初一，顺行，数到本生日。
八座	从右弼上起初一，逆行，数到本生日。
恩光	从文昌上起初一，顺行，数到本生日，再后退一宫。
天贵	从文曲上起初一，顺行，数到本生日，再后退一宫。

（15）安干系诸星表

生年干	甲	乙	丙	丁	戊	己	庚	辛	壬	癸
禄存	寅	卯	巳	午	巳	午	申	酉	亥	子
擎羊	卯	辰	午	未	午	未	酉	戌	子	丑
陀罗	丑	寅	辰	巳	辰	巳	未	申	戌	亥
天魁	丑	子	亥	亥	丑	子	丑	午	卯	卯
天钺	未	申	酉	酉	未	申	未	寅	巳	巳
天官	未	辰	巳	寅	卯	酉	亥	酉	戌	午
天福	酉	申	子	亥	卯	寅	午	巳	午	巳
化禄	廉贞	天机	天同	太阴	贪狼	武曲	太阳	巨门	天梁	破军
化权	破军	天梁	天机	天同	太阴	贪狼	武曲	太阳	紫微	巨门
化科	武曲	紫微	文昌	天机	右弼	天梁	太阴	文曲	左辅	太阴
化忌	太阳	太阴	廉贞	巨门	天机	文曲	天同	文昌	武曲	贪狼

（16）安生年博士十二星法

以禄存所在宫安博士，再按照阳男阴女顺行，阴男阳女逆行的规则在各宫分别按：力士、青龙、小耗、将军、奏书、飞廉、喜神、病符、大耗、伏兵、官府。

（17）安年支系诸星表

生年支	子	丑	寅	卯	辰	巳	午	未	申	酉	戌	亥
地空	丑	寅	卯	辰	巳	午	未	申	酉	戌	亥	子
天哭	午	巳	辰	卯	寅	丑	子	亥	戌	酉	申	未
天虚	午	未	申	酉	戌	亥	子	丑	寅	卯	辰	巳
龙池	辰	巳	午	未	申	酉	戌	亥	子	丑	寅	卯
凤阁	戌	酉	申	未	午	巳	辰	卯	寅	丑	子	亥
红鸾	卯	寅	丑	子	亥	戌	酉	申	未	午	巳	辰
天喜	酉	申	未	午	巳	辰	卯	寅	丑	子	亥	戌
蜚廉	申	酉	戌	巳	午	未	寅	卯	辰	亥	子	丑
破碎	巳	丑	酉	巳	丑	酉	巳	丑	酉	巳	丑	酉
孤辰	寅	寅	巳	巳	巳	申	申	申	亥	亥	亥	寅
寡宿	戌	戌	丑	丑	丑	辰	辰	辰	未	未	未	戌
天才	命宫	父母	福德	田宅	官禄	仆役	迁移	疾厄	财帛	子女	夫妻	兄弟
天寿	由身宫起子顺数到生年支安天寿。											

（18）安五行长生十二星表

五行阴阳	水二局		木三局		金四局		土五局		火六局	
	阳男 阴女	阴男 阳女	阳男 阴女	阴男 阳女	阳男 阴女	阴男 阳女	阳男 阴女	阴男 阳女	阳男 阴女	阴男 阳女
长生	申		亥		巳		申		寅	
沐浴	酉	未	子	戌	午	辰	酉	未	卯	丑
冠带	戌	午	丑	酉	未	卯	戌	午	辰	子
临官	亥	巳	寅	申	申	寅	亥	巳	巳	亥
帝王	子	辰	卯	未	酉	丑	子	辰	午	戌
衰	丑	卯	辰	午	戌	子	丑	卯	未	酉
病	寅	寅	巳	巳	亥	亥	寅	寅	申	申
死	卯	丑	午	辰	子	戌	卯	丑	酉	未
墓	辰	子	未	卯	丑	酉	辰	子	戌	午
绝	巳	亥	申	寅	寅	申	巳	亥	亥	巳
胎	午	戌	酉	丑	卯	未	午	戌	子	辰
养	未	酉	戌	子	辰	午	未	酉	寅	卯

（19）安截路空亡表

出生年干	甲	乙	丙	丁	戊	己	庚	辛	壬	癸
截路空亡	申	酉	午	未	辰	巳	寅	卯	子	丑

（20）安旬空表

甲子旬戌亥空，甲戌旬申酉空，甲申旬午未空，甲午旬辰巳空，甲辰旬寅卯空，甲寅旬子丑空。

甲子旬	甲戌旬	甲申旬	甲午旬	甲辰旬	甲寅旬
甲子	甲戌	甲申	甲午	甲辰	甲寅
乙丑	乙亥	乙酉	乙未	乙巳	乙卯
丙寅	丙子	丙戌	丙申	丙午	丙辰
丁卯	丁丑	丁亥	丁酉	丁未	丁巳
戊辰	戊寅	戊子	戊戌	戊申	戊午
己巳	己卯	己丑	己亥	己酉	己未
庚午	庚辰	庚寅	庚子	庚戌	庚申
辛未	辛巳	辛卯	辛丑	辛亥	辛酉
壬申	壬午	壬辰	壬寅	壬子	壬戌
癸酉	癸未	癸巳	癸卯	癸丑	癸亥
戌亥空	申酉空	午未空	辰巳空	寅卯空	子丑空

（21）安天伤、天使表

命宫位	子	丑	寅	卯	辰	巳	午	未	申	酉	戌	亥
天伤	巳	午	未	申	酉	戌	亥	子	丑	寅	卯	辰
天使	未	申	酉	戌	亥	子	丑	寅	卯	辰	巳	午

注：天伤一定在仆役宫，天使一定在疾厄宫。

（22）安命主表

命宫位	子	丑	寅	卯	辰	巳	午	未	申	酉	戌	亥
命主	贪狼	巨门	禄存	文曲	廉贞	武曲	破军	武曲	廉贞	文曲	禄存	巨门

（23）安身主表

生年支	子	丑	寅	卯	辰	巳	午	未	申	酉	戌	亥
身主	火星	天相	天梁	天同	文昌	天机	火星	天相	天梁	天同	文昌	天机

（24）起大限表

局 \ 大限	水二局		木三局		金四局		土五局		火六局	
	阳男 阴女	阴男 阳女	阳男 阴女	阴男 阳女	阳男 阴女	阴男 阳女	阳男 阴女	阴男 阳女	阳男 阴女	阴男 阳女
命宫	2-11		3-12		4-13		5-14		6-15	
兄弟	112-121	12-21	113-122	13-22	114-123	14-23	115-124	15-24	116-125	16-25
夫妻	102-111	22-31	103-112	23-32	104-113	24-33	105-114	25-34	106-115	26-35
子女	92-101	32-41	93-102	33-42	94-103	34-43	95-104	35-44	86-105	36-45
财帛	82-91	42-51	83-92	43-52	84-93	44-53	85-94	45-54	86-95	46-55
疾厄	72-81	52-61	73-82	53-62	74-83	54-63	75-84	55-64	76-85	56-65
迁移	62-71	62-71	63-72	63-72	64-73	64-73	65-74	65-74	66-75	66-75
仆役	52-61	72-81	53-62	73-82	54-63	74-83	55-64	75-84	56-65	76-85
官禄	42-51	82-91	43-52	83-92	44-53	84-93	45-54	85-94	46-55	86-95
田宅	32-41	92-101	33-42	93-102	34-43	94-103	35-44	95-104	36-45	96-105
福德	22-31	102-111	23-32	103-112	24-33	104-113	25-34	105-114	26-35	106-115
父母	12-21	112-121	13-22	113-122	14-23	114-123	15-24	115-124	16-25	116-125

（25）起小限表

小限之岁 \ 生年支 小限官地支										寅午戌		申子辰		巳酉丑		亥卯未	
										男	女	男	女	男	女	男	女
1	13	25	37	49	61	73	85	97	109	辰		戌		未		丑	
2	14	26	38	50	62	74	86	98	110	巳	卯	亥	酉	申	午	寅	子
3	15	27	39	51	63	75	87	99	111	午	寅	子	申	酉	巳	卯	亥
4	16	28	40	52	64	76	88	100	112	未	丑	丑	未	戌	辰	辰	戌
5	17	29	41	53	65	77	89	101	113	申	子	寅	午	亥	卯	巳	酉
6	18	30	42	54	66	78	90	102	114	酉	亥	卯	巳	子	寅	午	申
7	19	31	43	55	67	79	91	103	115	戌	戌	辰	辰	丑	丑	未	未
8	20	32	44	56	68	80	92	104	116	亥	酉	巳	卯	寅	子	申	午
9	21	33	45	57	69	81	93	105	117	子	申	午	寅	卯	亥	酉	巳
10	22	34	46	58	70	82	94	106	118	丑	未	未	丑	辰	戌	戌	辰
11	23	35	47	59	71	83	95	107	119	寅	午	申	子	巳	酉	亥	卯
12	24	36	48	60	72	84	96	108	120	卯	巳	酉	亥	午	申	子	寅

（26）安流年岁前诸星表

流年支	岁建	晦气	丧门	贯索	官符	小耗	大耗	龙德	白虎	天德	吊客	病符
子	子	丑	寅	卯	辰	巳	午	未	申	酉	戌	亥
丑	丑	寅	卯	辰	巳	午	未	申	酉	戌	亥	子
寅	寅	卯	辰	巳	午	未	申	酉	戌	亥	子	丑
卯	卯	辰	巳	午	未	申	酉	戌	亥	子	丑	寅
辰	辰	巳	午	未	申	酉	戌	亥	子	丑	寅	卯
巳	巳	午	未	申	酉	戌	亥	子	丑	寅	卯	辰
午	午	未	申	酉	戌	亥	子	丑	寅	卯	辰	巳
未	未	申	酉	戌	亥	子	丑	寅	卯	辰	巳	午
申	申	酉	戌	亥	子	丑	寅	卯	辰	巳	午	未
酉	酉	戌	亥	子	丑	寅	卯	辰	巳	午	未	申
戌	戌	亥	子	丑	寅	卯	辰	巳	午	未	申	酉
亥	亥	子	丑	寅	卯	辰	巳	午	未	申	酉	戌

注：这十二个星曜乃"流年岁前诸星"，用于推断某个流年的运程。因此首先需根据该流年的流年支确定它们分别落在哪一官，然后再进行推断。而在排命盘（先天盘）时，只有生年干，尚未知道具体的流年干，如果根据生年干对它们定位，与"流年岁前诸星"的"流年"内涵不符，因此，推断的结果是不准确的。关于这一点，在目前关于紫微斗数的各种书籍、资料中均未强调，容易误导读者。

（27）安流年将前诸星表

流年支	将星	攀鞍	岁驿	息神	华盖	劫煞	灾煞	天煞	指背	咸池	月煞	亡神
寅午戌	午	未	申	酉	戌	亥	子	丑	寅	卯	辰	巳
申子辰	子	丑	寅	卯	辰	巳	午	未	申	酉	戌	亥
巳酉丑	酉	戌	亥	子	丑	寅	卯	辰	巳	午	未	申
亥卯未	卯	辰	巳	午	未	申	酉	戌	亥	子	丑	寅

注：这十二个星曜乃"流年将前诸星"，用于推断某个流年的运程。因此首先需根据该流年的流年支确定它们分别落在哪一官，然后再进行推断。而在排命盘（先天盘）时，只有生年干，尚未知道具体的流年干，如果根据生年干对它们定位，与"流年将前诸星"的"流年"内涵不符，因此，推断的结果是不准确的。而且，前面"流年岁前诸星"是直接根据每一个流年地支定位，而此处的"流年将前诸星"则是将十二地支按照三合局的规则分为四组进行定位。关于这一点，在目前关于紫微斗数的各种书籍、资料中均未强调，容易误导读者。

（28）安子年斗君表

生时 \ 生月	正	二	三	四	五	六	七	八	九	十	十一	十二
子	子	亥	戌	酉	申	未	午	巳	辰	卯	寅	丑
丑	丑	子	亥	戌	酉	申	未	午	巳	辰	卯	寅
寅	寅	丑	子	亥	戌	酉	申	未	午	巳	辰	卯
卯	卯	寅	丑	子	亥	戌	酉	申	未	午	巳	辰
辰	辰	卯	寅	丑	子	亥	戌	酉	申	未	午	巳
巳	巳	辰	卯	寅	丑	子	亥	戌	酉	申	未	午
午	午	巳	辰	卯	寅	丑	子	亥	戌	酉	申	未
未	未	午	巳	辰	卯	寅	丑	子	亥	戌	酉	申
申	申	未	午	巳	辰	卯	寅	丑	子	亥	戌	酉
酉	酉	申	未	午	巳	辰	卯	寅	丑	子	亥	戌
戌	戌	酉	申	未	午	巳	辰	卯	寅	丑	子	亥
亥	亥	戌	酉	申	未	午	巳	辰	卯	寅	丑	子

注：从子年斗君所落的官位起子，顺数到流年年支，即为本流年之斗君。

8. 以生月论命

按出生月份论命

（1）正月生人：此月生人，前年四月受胎，立春后出生。为人忠厚，富有侠义心，同情心深，会牺牲自己而成人之美。但带有神经质。凡事仔细，若不失机，能招四方之财。幼年平常，中年运开，晚年荣富。无刑克之命。

（2）二月生人：此月生人，前年五月受胎，惊蛰节后出生。性情温良，为人诚实。出言无毒，善作阴德。初限辛苦，中年发达，四十兴荣后，可终年利路亨通。

（3）三月生人：此月生人，前年六月受胎，清明节后出生。志气不凡，内心坚强，交际巧妙，头脑清晰。宽宏大量，善于忍耐。但应慎防因色情而损害良缘。三十岁前逢盛运，财来财往，有虚无实；四十岁后安然，凡事顺遂。

（4）四月生人：此月生人，前年七月受胎，立夏节后出生。能广交朋友，多才巧智。学艺能成功。其人义侠心强，肯牺牲自己，抑强助弱。有遇贵人提拔而扬名的机会。三十七岁后事业有成，并可得到领导职位。

（5）五月生人：此月生，前年八月受胎，芒种节后出生，为人善良，性情温和伶俐。如果行正道，则能成功。但若做事虎头蛇尾，无耐性和毅力，则即使遇到良机也不能成事。其人离祖成家，有半途婚姻之可能。三十一岁或三十五岁后，方能事业有成。

（6）六月生人：此月生人，前年九月受胎，小暑节后出生。为人豁达，心巧伶俐，思虑致密，艺术多能。若做事努力有恒，终能发达。若贪小利则必败，若重色情则必破家。难得祖业，须白手成家。初限艰难，中年平顺，晚运富贵。

（7）七月生人：此月生人，前年十月受胎，立秋节后出生。心地慈善，作风仔细，为人亲切，外刚内柔，意志坚强，有始有终。少年辛苦，初限破财。会为子女和配偶而烦恼，须提防阴人。中年后开泰，晚年家庭圆满，财源大旺。

（8）八月生人：此月生人，前年十一月受胎，白露节后出生，文章显达，记忆机敏，多才艺，有创意，正直无私。但不宜独立创业，须与人合作方能成事。初限幸福，中年离乱，会于不经意中失败，晚年福禄济美。

（9）九月出生：此月生人，当年十二月受胎，寒露节后出生。智慧敏锐，能招四方之财。但有聪明自误之虞。宜养温柔之心，不可有失仁和，则自然会有贵人扶持，而获得权柄。至四十岁会大发，子孙兴隆，凡事顺利，晚景幸福。

（10）十月生人：此月生人，前年正月受胎，冬至节后出生。为人性情刚强，心灵艺巧。但无论男女，多相克，夫妇难和睦。会由于心情易变动，而导致失败。初限不理想，晚景安逸。

（11）十一月生人：此月生人，当年二月受胎，大雪节后出生。伶俐、性急。近贵却多计较，易招障碍。初限难有作为，中年灾涉色情，晚运大好，享子孙福。

（12）十二月生人：此月生人，当年三月受胎，小寒节后出生。为人心直口快，兄弟难靠。出外风光好。衣禄有足余。能广交朋友，但爱管闲事；抱负甚大，志气恢宏。如果心贪，则易遭失败。初限有福，中年辛劳，晚景大吉。

注：世上人口有数十亿之众，如果按照十二个月的划分来推断，只能有十二种类型，重复率太高，每一种类型的人数都超过一亿，无疑太粗。因此，上述按生月推断的规则只能作为辅助参考之用。

第二章 十二宫

先天命盘中有命宫、兄弟宫、夫妻宫、子女宫、财帛宫、疾厄宫、迁移宫、仆役宫、官禄宫、田宅宫、福德宫、父母宫等十二宫。在大限盘、流年盘中也有相应的十二宫，只是名称为大限命宫、大限兄弟宫、……流年命宫、流年兄弟宫……先天命盘中的一个宫，例如兄弟宫，在某个大限盘中也许是该大限的命宫，而在另一个大限盘中也许是该大限的财帛宫，而在当年的流年盘中也许又是流年父母宫。也就是说，处于先天命盘中某个位置的宫，尽管宫中的星曜不变（"四化星"另论），但是在大限盘和流年盘中的宫名则会发生变化。其中的区别有两点：

其一，在先天盘中的宫名持续一生，而在大限盘中的宫名只在该大限的十年内有效，出了这个大限，这个宫名就变成其他的宫名；流年盘中的宫名只在当年有效，过了一年，这个宫名就变成其他的宫名。

其二，先天盘中有四化星，但在大限盘中，由于该大限宫的天干往往不是生年的年干，所以大限四化一般来说不是先天盘中的四化（除非大限宫的天干与生年天干相同，则是双化），因此，大限盘的四化一般是与先天盘中的四化不同。同理，流年盘的四化除非该流年的年干与生年天干相同，否则也是不同的。由于四化在紫微斗数中非常重要，是其他术数中没有的概念，这也正是紫微斗数独特之处，所以必须明白上述四化的特殊性。

男性以命、身、财帛、官禄、迁移、福德、仆役、夫妻、兄弟等九宫为主，其中以命、身、财帛、官禄、迁移、福德六宫为最重要。

女性以命、身、福德、夫妻、子女、父母、兄弟等七宫为主，其中以命、身、福德、夫妻四宫为最重要。（注：这种说法与"力尊女卑""女子不登庙堂"的观念有关。）

此外，无论推断命盘（包括先天盘、大限盘、流年盘）中的哪一个宫，不能孤立而论，必须结合该宫的三方四正（后文将介绍何谓"三方四正"），一共四个宫之间的相互影响和作用综合在一起推断。

十二宫之间的相互关系

十二个基本宫位都是以命宫作为太极点（或者叫原点）而设置的。若将太极点移到其他宫，则各宫的定位相应改变。例如，以父母宫为太极点，再重布十二宫，那么命主父母的财帛情况就要看子女宫（因为子女宫是父母宫的财帛宫），命主父母的事业情况就要看仆役宫（因为仆役宫是父母宫的官禄宫）。

注：先天命盘上的十二个基本宫位都可以单独作为太极点，这样每个宫位就可以延伸出无数的宫位关系。这正是紫微斗数活用的关键之一！

命宫是官禄宫的财帛宫，又是财帛宫的官禄宫……

兄弟宫是官禄宫的疾厄宫，又是疾厄宫的官禄宫……

夫妻宫是官禄宫的迁移宫，又是迁移宫的官禄宫……

子女宫是官禄宫的仆役宫，又是仆役宫的官禄宫……

财帛宫是官禄宫的官禄宫，又是财帛宫的财帛宫……

疾厄宫是官禄宫的田宅宫，又是田宅宫的官禄宫……

迁移宫是官禄宫的福德宫，又是福德宫的官禄宫……

仆役宫是官禄宫的父母宫，又是父母宫的官禄宫……

官禄宫是官禄宫的命宫，又是命宫的官禄宫……

田宅宫是官禄宫的兄弟宫，又是兄弟宫的官禄宫……

福德宫是官禄宫的夫妻宫，又是夫妻宫的官禄宫……

父母宫是官禄宫的子女宫，又是子女宫的官禄宫……

十二宫的家宅类象

田宅宫为家、房子、客厅、家庭、家族人员会聚点。

命宫为卧室走廊。

迁移宫为庭院、门外、出门的路。

疾厄宫为客厅、办公室。

兄弟宫为卧室的交友，因此为床位。

夫妻宫为厨房、火神位。

子女宫为家的对面。

官禄宫为书房、左邻。

福德宫为饭厅、右邻。

仆役宫为家庭中的"佛堂""神龛"位。

根据天干和紫微十二宫可以看家中保险柜（或金库）的朝向：

甲干位于某宫，说明保险柜（或金库）朝向该宫时，助力最大。

己干位于某宫，说明保险柜（或金库）朝向该宫时，助力中等。

庚干位于某宫，说明保险柜（或金库）朝向该宫时，助力最小。

1. 命宫、身宫

1）命宫

命宫属阴，为无形。命宫所主的是人的容貌、性格、才能、一生的成败关键，以及与父母、子女、夫妻、朋友间的关系。为其他十一宫的枢纽。命宫中星曜所呈现的吉凶是推断一生的命的过程中最重要的部分之一。同理，大限命宫、流年宫中星曜的吉凶，也是决定该大限或该流年期间吉凶的关键。

命宫为财帛宫之官禄宫，因此，命宫为管理钱财的能力，命宫的宫干（注：不是生年干）引发财星化忌的年、月、日决定了其人的钱财在什么时候有损失。

若武曲、文曲庙旺，且从左右来夹命宫，主其人乃将相之才（注：中州派的王亭之先生认为，这种情形仅指命宫位于丑、辰二宫，且丑宫较优）。

凡四煞星之中有入身命者，其人破相难免。

若女命的命宫中有四煞、空、劫、天刑、天姚、昌、曲、咸池、化忌之中的四五颗星曜同时坐守者，主其人有淫乱倾向。

若命宫的宫干引发迁移宫中的主星化禄，主其人想出外或能出外。

若命宫落在四马之地（寅、申、巳、亥），主其人劳碌、事业变化大，常在外地奔忙。若命宫中再有落陷之星化忌，主其人会往外走。其中，若在这四个宫中（即寅、申、巳、亥）有两颗主星，其人往往会同时有两份工作或从事两种行业。如果大限或流年落在这四个宫位，且宫中有紫微、天府、天同、太阳、太阴、昌、曲、禄存、化禄等星曜，则吉，主其人在此期间财运旺，或者会添人口。

若命宫或迁移宫落在四败之地（子、午、卯、酉），主其人喜欢交友和游乐，运好时屡有出外观光之喜。

若命宫落在四墓之地（辰、戌、丑、未），主其人六亲刑克，宜外出发展。其中，由于辰为"天罗"、戌为"地网"，故若命宫落在辰、戌，主其人一生辛劳，多主异地发展。如果再有太阳、太阴、天机、天梁等星曜入命，则其人一生的环境多变动，经常工作在外，或与外地人有生意往来。若大限或流年落在这四个宫位，且这四个宫中有廉贞、七杀、羊、陀、火、铃、空、劫、化忌、天伤、天使等星曜，主其人在此期间不吉。

若命宫的宫干引发迁移宫中的主星化忌，主其人会出外或出门，再加会天马者更应验。

在推命时，若命宫中无二十八颗甲级主星（十四颗主星、六吉星、六凶星、禄存、天马），则以对宫的星情推断，且吉则减半，凶则加凶（详见"命宫无主星"专论）。但多主其人自私小气，对钱财看得很重，轻者斤斤计较，重者处处算计别人，为人不豪爽，因此别人对其反感。

若大限或流年宫中有北斗星曜（即紫微、天机、太阳、武曲、天同、廉贞等六颗星）坐守，则各颗星曜引发的吉和凶影响都会加剧。若大限宫或流年宫中有南斗星曜（即天府、太阴、贪狼、巨门、天相、天梁、七杀、破军等八颗星）坐守，则各颗星曜引发的吉和凶影响都会减轻。

若命宫中有文曲、右弼、天钺、咸池、天姚、沐浴、化禄、空、劫、天马诸星之一或多个星曜者，乃桃花之象。

凡命宫的三方四正有太阳、太阴者，乃桃花之象。

命宫的三方四正有文昌（文曲）、化科；或命宫中有禄、权、科，或者迁移宫及三合宫中有禄、权、科；或命宫中有禄存或化禄，迁移宫及三合宫有文昌、文曲或化科，其人学历多为大学程度。

凡命宫、父母宫、疾厄宫均有煞星者，主其人多病、残疾甚至夭折。

命宫与迁移宫互为对宫，二者之关系：命宫表示现在、本地、自身的特质，而迁移宫表示未来、外地、他人对自己的看法；若命宫比迁移宫好，适合在本地发展，反之，适合外地发展；若命宫与迁移宫中有主星化忌，其人本身未必有危险，但会很忙碌，闲不住。

若命宫的宫干引发化权入财帛宫，主其人是管理现金的，并且可以根据该天干对应的年、月、日推断其人管理现金的时间。

（1）"命宫无主星"专论

<1> 总论

命宫无主星，是指命宫中没有十四颗正星坐守而言。此时需将对宫（迁移宫）中的星曜与命宫中的副星一起论吉凶（星的庙旺失陷状态仍以原宫为准）。若命宫中无煞忌星，对宫的吉凶都要打折扣，约可影响60%；若命宫中有煞忌星，则对宫吉曜约可影响40%左右；凶者，则凶性不是打折扣而是倍增。

命宫无主星者，其人往往有空虚不实或迟疑不决的性格特点，喜怒哀乐常受外界的影响而起落（注：这里说的外界影响，主要是由迁移宫的状态带来的）。其人较自私小气，六亲缘薄，少小离家或由他人带养。若父母宫也无主星或星情不好者，则更应验；若对宫有巨门、破军，则有可能为两姓延生，尤其女性的可能性更大。且其人幼年多映，宜外乡发展。

即使命宫无主星，若命宫非主星的吉星多，无煞星，且命宫的三方四正：财帛宫、官禄宫、迁移宫中有吉星拱照，也会组成好的格局，其人经过努力亦能富贵荣显。但仍主其人幼年多磨难，且宜出外发展。若本宫有落陷的煞、忌星坐守，则为下格，即使三方有吉，亦主其人成败多端；三方又有恶煞冲照，则凶性倍增，多为破祖败家之命，二姓方可延生，离祖才可成家发展。

此外，命宫无主星时还需要将福德宫（十二宫中第二个重要的宫）、父母宫、疾厄宫的状态与命宫中的副星一起加以判断。

<2> 命宫无主星时，根据紫微定位判断

命宫无主星时，还可以根据紫微的定位加以判断。紫微星系主星的排列，会有以下六种组合：

① 命宫无主星，紫微入兄弟宫

紫微入兄弟宫，其人的兄弟有社会地位，故会依赖兄弟朋友。

天机入夫妻宫，其人喜欢聪明能干的配偶，选择对象时容易三心二意、见异思迁。

太阳入财帛宫，太阳乃官禄主，其人有四方之志，以工作地位及名声来求财。

武曲入疾厄宫，武曲乃财星，其人对金钱、权力的欲望甚高，且易患有呼吸系统疾病。

天同入迁移宫，其人的人际关系不错，能给人留余地，也会兼顾别人的利益。

廉贞入田宅宫，其人对不动产有追求，有很强的企图心与占有欲。

② 命宫无主星，紫微入夫妻宫

紫微入夫妻宫，其人宜配年长的配偶，但会受制于配偶。

天机入子女宫，其人对子女像朋友，会尽心尽力照顾与教育他们。

太阳入疾厄宫，其人操心劳累，对权力有掌控欲。需注意眼疾或心脏病。

武曲入迁移宫，其人宜从事国际贸易，会为求财而打拼。

天同入仆役宫，其人有不错的朋友运，但彼此关系不密切。

廉贞入福德宫，其人有极端完美主义的倾向，导致身忙心乱不得闲。

③命宫无主星，紫微入子女宫

紫微入子女宫，其人对子女的要求高，尽心尽力栽培，会被子女予取予求。

天机入财帛宫，其人对追求财富会不遗余力，劳心费力，赚智慧财。

太阳入迁移宫，其人有四方之志，在家闲不住，要出外发展。

武曲入仆役宫，其人性格过于刚毅，跟朋友的关系容易出问题。

天同入官禄宫，其人过于懒散，重视享受，总想不劳而获。

廉贞入父母宫，其人重情惜缘，会受到父母的约束，也会对父母有要求。

④命宫无主星，紫微入疾厄宫

紫微入疾厄宫，其人创业艰难，一生奔波，劳累异常。

天机入迁移宫，其人不宜静守，出外拓展能得到朋友资助。

太阳入官禄宫，太阳乃官禄主，主其人最在意事业的成败，可能会大成大败。

武曲入田宅宫，武曲乃财星，主其人节俭惜财，喜累积不动产。

天同入福德宫，天同乃福德主，主其人心胸宽广，必能享福。

廉贞入兄弟宫，其人对兄弟朋友有索求，彼此有竞争，容易招怨。此外，此时若天梁入迁移宫，其人应该出外拓展，不要太计较，愈放得开，路愈宽广。

⑤命宫无主星，紫微入迁移宫

紫微入迁移宫，其人宜出外发展，交际越广，则声望及社会地位越能被肯定。

天机入仆役宫，其人出外靠朋友，广结善缘，但会选择性地交友。

太阳入田宅宫，其人的不动产会伴随着事业变化而起伏。

武曲入福德宫，其人劳心费力，到老都在为赚钱而不得闲。

天同入父母宫，其人的父母慈祥，彼此沟通良好，能孝顺父母。

廉贞入夫妻宫，其人会感情用事，对配偶要求甚高，婚姻容易波折。

⑥命宫无主星，紫微入福德宫

紫微入福德宫，其人有不错的贵人运，能逢凶化吉。

天机入父母宫，其人的父母为善良、重视教育之人，对子女尽心尽力。

太阳入兄弟宫，其人事业的成败要靠兄弟朋友的扶助。

武曲入夫妻宫，由于武曲过刚，故其人对配偶要求高，双方容易有摩擦。

天同入子女宫，其人会溺爱子女，子女的个性比较柔弱，有依赖心。

廉贞入迁移宫，其人不宜安居于家，在家少，外出发展能有大成就。

<3> 命宫无主星时，亦可根据命宫的定位判断

①命宫位于子、午宫

若对宫有天同或太阴，其人性格刚强，有才艺，吝啬钱财，对酒、赌有兴趣。

②命宫安于丑、未宫

若日、月同入对宫来会照（日、月必在丑、未二宫同宫），再有吉无煞者，为"日月同临格"。命宫在未宫比在丑宫好。其人心高气傲，喜欢研究政治问题。古人云："日月同临居侯伯"。若加吉化吉，则官位可达厅长级。丙、戊、辛年生人

遇之为上格；庚年生人较次，会有成败。若昌、曲同宫或相夹，主其人有出世荣华；若加会左右则较次。最忌逢煞、忌，虽也是"明珠出海格"，仍主有刑伤。

若对宫有武曲或贪狼，主其人个性急躁，动荡不安，劳神费力过一生。

若对宫有天同或巨门（注：天同、巨门同宫于丑、未二宫），其人为人圆滑，处世颇为得体。但一生必然感情多波折，会恋爱多次。

此时若太阳在卯、太阴在亥相会，此乃"明珠出海格"。若此格无煞入命宫，且有吉扶者，则为富贵格局。主其人心地善良，光明磊落，有才华，兴趣较广泛，少年得志，若也无煞会照，则主其人财官双美，出外有发展前途。且家世好，家族的助力较大。若再有昌、曲守照，则更有成就。凡女命，主其人清秀可人。若是卯时生人，又为"昌曲同宫格"（注：酉时生人亦有昌、曲同宫），主其人出世荣华，大富大贵。此乃金榜题名之格，壬年生人为上格，丙年生人较次。三方不见吉者亦为凶，主其人先勤后惰。此格命无主星，最忌擎羊守于命宫，则为破格，主虚名虚利，飞灾横祸。亦忌加会火、铃、空、劫。

③命宫安于寅、申宫

若对宫有太阳或巨门，主其人善理财，兴趣广，但保守多虑，多学而少精，一生起伏大。古人云："巨日对照，食禄驰名"（但需太阳、巨门庙旺才合此格，落陷则不合此格）。

其中，若命宫在申，太阳或巨门在寅宫冲照，即是此格。因太阳旺地，官禄宫在子宫，宫中有天同或太阴；财帛宫在辰，宫中有天梁，皆旺，所以主其人很有才干，先成名而后得利。再无煞者，主其人食禄驰名，可为医师、律师、财经界。此时最喜禄存、天马来扶，则其人非贵即富。但因命宫无主星，故其人不依祖业，需背井离乡。最忌煞星入命宫、迁移宫，则为破格，其人只可为九流术士。若得科、权、禄在左右拱照，其人的工作才能达一流水平，财官双美。癸年生人乃上格，丙年生人亦佳，丁年生人有科、权、禄会合，但有化忌冲照，主其人先劳后逸，可富。若加会禄存、天马，主其人离乡发财，多为医师、律师，可富。

若命宫在寅，太阳或巨门在申宫冲照，即是此格。因太阳落陷，官禄宫在子宫中的天同或太阴，以及财帛宫在辰的天梁均陷弱，主其人无才干，不吉。

若对宫有天机或太阴，主其人热情豪爽、健谈、有度量、喜热闹、广交游，但易招误解和是非。此时太阳与巨门在命宫三方拱照，若太阳居庙旺且逢众吉守照，主富贵，先名后利。若命宫在寅，太阳在午，为旺地，合格。凡甲、丁、己、辛年生人，会吉星者，主大富贵。若命宫在申，太阳在子，落陷，不合格，平常而已。凡戊、癸年生人仍吉。此时命宫最忌有四煞，多主其人背井离乡，刑克伤残，或官司牢狱。若空、劫在命宫和迁移宫，则其人仅有虚名虚利，破财败业。

若对宫有天同、天梁（注：天同、天梁必同宫于寅、申二宫），亦为"巨日拱照格"。若命宫在申，太阳在辰为旺，合格。若命宫在寅，太阳在戌落陷，较差。因紫微天府在命宫的左右相夹，故亦为"紫府夹命格"（注：仅限寅、申宫，其他宫不是贵格）。若无煞冲破，主其人富贵双全。思想浪漫，博学多能，一生宁静、安逸，不怕凶危，且有寿。因命宫无主星，仍须吉星多者，方论富贵，若无吉星，则平常。但若有煞冲破，则为破格，此时因紫微入六亲宫，即使有吉星来扶，亦主格局不高，其人虽辛劳，却事业难成。

④命宫安于卯、酉宫

若对宫有天机或巨门（注：天机与巨门必同宫于卯、酉二宫），主其人善于待人接物，懂人情世故，生来福分丰盛，且一生较为顺遂、愉快。凡乙、丙、丁、戊、辛、壬生人，若加会吉星，亦有富贵。但若加煞、忌，则其人一生多是非口舌和灾凶，且主其人阴险、奸诈、狠毒。

若对宫有紫微或贪狼（注：紫微与贪狼必同宫于卯、酉二宫），其人稳重踏实，温和内向，善解人意，喜静不喜动，好五术宗教，思想较单纯，办事效率不高。衣食丰足，人生快乐。若有天府、天相在三方来会，有吉无煞者，则为"府相朝垣格"。其人一生事业稳定，宜在公务机关工作，不宜经商作老板。最忌见四煞，则为破格。见六吉星，则主富贵，有权柄。若对宫有火、铃，亦为吉格。

单论"府相朝垣格"：若天府与天相在财、官二宫拱命，即是此格。若安命于卯、酉，对宫有紫微或贪狼；若安命于巳、亥，对宫廉贞或贪狼；若安命于丑、未，对宫有武曲或贪狼，皆为"府相朝垣格"。由于天府为财库，天相为衣食星，若无煞，且有吉曜守照者，可为富贵之格，主其人衣食丰足，会享受，人际关系好，六亲情厚。此格不忌火、铃二星；但若羊、陀入命或对冲，则为破格。若安命于寅、申，且有主星入命，则为上格；若命宫无主星，则平常。若逢煞、忌、空、劫加会或拱照命宫，主其人劳碌艰辛，但不致贫贱（此格仍要天府逢禄、天相逢吉来夹才算上局）。若安命丑、未，命宫无主星，则其人丰衣足食。其中，安命丑宫者，凡丙、戊、庚年生人富贵；安命于未宫者，凡甲、戊年生人富贵。若加会昌、曲，主其人会在文艺界扬名。若加会左、右，主其人事业稳定，收入丰厚。若有四煞入命，主其人凶顽，不务正业，会有刑伤，甚至发配千里。但对宫若有贪狼，又见火、铃者，反主爆发，武职荣显。

若对宫有太阳或天梁，命宫在酉者吉，在卯者不吉。主其人凡事费心、操劳，物质上还能有享受。但吉凶均要打折扣，且命宫、迁移宫最忌逢煞、忌星。

⑤命宫安于辰、戌宫

若对宫有天机或天梁，主其人口才好，善辩，善谈兵，聪明机智，身怀特殊技能或手艺，能白手成家。心多计较，自命不凡。但一生宁静、安逸，大多为公务机构之基层员工。即使吉曜少，亦可为人师表，从事教学或与口才有关的工作。若加吉或化吉，可成为巨商大贾，且有寿。若加会煞、忌，则其人为人奸诈，事业有成有败，为江湖术士，挟技走天下，但易有牢狱官司。若见羊、陀，主其人少年刑克，老年孤独，六亲缘薄。若命宫有旬空、截空、空劫等，又无吉星，主其人孤独贫困，多半晚年出家为僧、道。若命宫在戌，太阳入官禄宫于寅，旺，则甲、丙、庚、丁、己年生人，有富贵。若命宫在辰，又有太阳入申宫，此时太阳为平，不合局，但庚、癸年生人会吉曜者，亦主吉利。

⑥命宫安于巳、亥宫

若对宫有廉贞或贪狼，主其人福分浅薄，劳心甚于劳力，惟晚年可享福。

（2）命宫有主星时的推断

① 命宫安于子、午宫

子、午、卯、酉为四败之地（亦称为四花之地），故命宫在此四地者，主其人得意时，容易陷于过度的乐天及乐观；失意时，却容易过度的消极和悲观。

子、午、卯、酉也称为桃花之地，命宫在此四地者，其人往往比较灵活外向，对人热情，很好相处，人际关系比较活络，也会善用人际关系。是一个会努力工作，也懂得享受人生的人，很可能年轻之时就离家在外发展，且其人创造力较强。

其人的能力较强，性情孤傲，有威严，令人望而生畏。人生观大多比较特别，有机会成为行业的领袖人物。若再有天机化忌（由戊干引发）入此二宫者，其人往往会成为发明家或一代宗师。

命宫在子，其人气质文雅，聪明笃实。想象力丰富，情绪起伏大。喜标新立异，对事物的判断与众不同。颇为主观，意志坚强，性情乖僻。对朋友有念旧之情，不会喜新厌旧。遇事能就事论事，不因人而异。凡事经常轻于承诺，又容易反悔。有可能成为各行各业的"一代宗师"。例如大文豪、命理大师、军队将领、商场名人或名嘴等，而命运乖舛的人则也可能会大起大落，败得很惨。夫妻之间能彼此忍耐，易犯桃花，喜欢交游，感情和婚姻易见波折，会有特异的姻缘。婚前的感情际遇变化多端，而婚后即使不幸福，也很难离异。即使离了，也会藕断丝连。在婚后感情可能存在着许多花月，也会有风雨。

命宫在午，其人的个性较为积极，如果不是个性强悍，也会是能力较强之人。但有高傲自大，风流好色，喜欢交游，喜欢出人头地，性情开朗等性格特点。能主动照顾他人，对人宽宏大量。容易让人有一种高傲的感觉，或者一种使人望之生惧的威严。善于巧言令色，吹牛拍马。凡是有利于自己的好处，不惜利用他人或心口不一，说好听的话来取悦他人，家运兴旺，即使夫妻相处不愉快，但为维持颜面，往往不会让家事外扬。在职业上则多为：医生、电影导演、老师、教授、教务主任、将军、记者、民意代表、立法委员、心理咨询师等。

② 命宫安于丑、未宫

其人多为个性怪异、自我意识强、孤芳自赏之人，往往是工薪阶层或小老板。

命宫在丑，其人有孤高不群的人生观，自我优越感强，孤芳自赏，喜欢用高傲的态度去教训别人，锋芒太露，希望别人对他尊敬，信任，赞美。外表沉着，六亲无靠，带病延寿，别人反对他的意见时，容易发怒，劳碌，是属于上班族的主管阶层或当老板，或是当官的公职人员，或是企业的经理人，其可贵之处在于懂得自我设限，尽管思维很奔放，做事会有冲动之时，但不会逾越该遵守的规矩。宜早离乡背井，到他乡发展。喜欢立功，志向蓬勃，且能不计较本身利害关系，愿意身负重大责任。

命宫在未，其人的个性怪异、敏感、易怒、孤独、气量不大、多忧虑。自我意识较强，不易沟通，也不容易接受他人意见。外表柔顺，内心坚强。做事谨慎，工作认真。喜欢以浮夸或吹嘘来掩饰自己的不足。理想虽多，但实现的少。六亲少靠，适合及早离家发展，子女中有一人常年在外。适合为：政治家、政客、公务人员、杂货店老板、经济学家、商人、委员会代表、公司或商号老板等。

③命宫安于寅、申宫

寅、申、巳、亥为四生之地，又为四马之地。命宫在此四地者，多主其人定力和执行力稍嫌不足，善变。是一个坐不住、闲不下来的人。个性通常较为活泼，喜欢到处溜达、旅游，而且比较奔波。

其人不管从事什么职业，劳心劳力难免，做事喜欢找捷径。属于自信型的乐天派，但时常会有焦虑倾向。若命宫安于申，宫中无正曜，对宫为天机、太阴，则为人豪爽大度，热情外向，语言丰富健谈，胸无城府，喜欢凑热闹，交游广，但一生常招人误解，命宫在寅者比在申吉。

命宫在寅，寅宫是"人马宫"，命坐此宫之人，聪明活泼好奇心重，非常善于建立人际关系，并且善用人际关系，有时会自寻烦恼。为达目的喜欢觅捷径。不喜欢受约束，或受制于人。目光锐利，谈吐会给人留下深刻印象。有仁者风范，凡事喜与人共享其成，交游广阔，个性刚毅。一生的贵人运不错，其人多属劳心、劳碌类型，能吃苦耐劳，辛勤工作。虽然是劳碌命，但在劳碌之余，能相当乐观。做事会按照计划行事，喜欢从事投资性的企业，或与人合伙当股东。其人很难安于一般的薪水阶级，也不太适合当公职人员。适合成为传播媒体的经营者、节目制造或主持人、旅行业、航空、交通、货运类，也可能会是高级将领。而且在此宫坐命的人，若是老板级的人物则会相当杰出。

命宫在申，申宫是日落月升之地，申时阳衰阴盛，故命坐此宫的人，性情多变，顾虑多，多愁善感，也容易意志不坚，缺乏恒心。有时自信，有时自我矛盾。有自律力，理解力强，做事沉稳，有责任感。但有忧郁或焦虑倾向，其人具有唯美主义或完美性的人格特质。职业的倾向是：科学家、研究人员、法官、律师、老师、司机、医护人员、保险从业人员、作家、工程承包商等。宜晚婚。为人机警。言论姿态颇佳，有表演天才。凡事会先有得失心。一生皆靠自己努力。宜动不宜静。心性不定，做事毅力不足。

④命宫安于卯、酉宫

参见①命宫安于子、午宫。

命宫在卯，其人机智灵敏、好动，追求高雅情趣，多为辅佐型人物，但有些文武全才的大人物也出自此类。其人对事物的感觉灵敏，且感受能力较强烈。多为允文允武的全才。对待人生的态度积极，并注重精神享受及生活情趣。无论在哪一个行业，适合做辅佐型人物，如副总经理、副董事长、副局长等。由于生性积极，并具有较强的感受能力及揣摩力，所以有机会成为很有名气的影视歌星或命理师、心理医师。但其人易犯桃花，为人风流，喜欢交游。少年时期体质弱，至壮年会转强健。有神经过敏之倾向，易怒，常会因小事而酿成争执。会因为经历挫折而使个性变得谨慎。能克己自律，观察力强，对人对事有深度观察。六亲无助，凡事需靠自己奋斗。善恶分明，气质独特。

命宫在酉，由于酉属金，金有收敛性，也具果断力，所以立命在此的人多半较淡泊名利，自我控制力强，能以较客观、冷静的心境去冷眼旁观社会百态，属于现实主义者类型的人。为人沉默寡言,心地善良,忠实可靠。有时会自作聪明而导致经常失败。性情刚愎,不屈服于人。凡做事常常单独而行。喜欢游山玩水,尤其是名胜古迹。在失意时能自我安慰,有烦恼也能自行排解。喜欢宁静的环境。凡女命,为人伶俐,性生活需求多。凡男命,容易沉迷于酒色。夫妻不和,易犯桃花。凡命宫在酉的人,其职业多为司法界、教职人员、总辑、专栏作家、文学家、会计、稽核人员等。

⑤ 命宫安于辰、戌宫

辰宫与戌宫在斗数命盘上合称为"天罗地网"宫。其人多为不肯屈居人下,自尊心极强的主官型人物(一把手)。古人云:"自古辰戌出帝王"。如果是英雄、大人物、风云人物或问题人物的命宫坐落辰、戌,则其人往往是成者为王,败者为寇的状况。若是个性激烈的人在此坐命,则如非英雄、枭雄,就是狗熊。如果力道不足以冲出"天罗地网"局限者,往往仅是"凡夫俗子"。其职业多为皇帝、总统、董事长、院长、部长、校长、主席、将帅等,当然也有可能成为黑道老大等。

命宫在辰,其人的自尊心强,但易有自卑感。孤独,外表沉着,性情温顺,行为举止彬彬有礼。为人太随和,遇事缺乏果断,思虑周到,行事公正,不偏袒。故喜欢做中间人,为他人排忧解纷。但容易好心没好报,惹祸上身。六亲无靠,适合及早离家,在外发展。

命宫在戌,其人的性格孤独,外表沉着,轻易不会激动。自尊心强烈,不喜欢别人的批评或攻讦,多半是即知即行之类的人物,有些相当杰出的主管型人物往往命宫在戌,例如统帅、总经理、县(市)长、议会首长、校长、各种社团的领导人等。但可惜缺乏忍耐性,而且偶受刺激就会心灰意冷。在事业上需要有人在后催促。六亲少靠,以早离家为好。

⑥ 命宫安于巳宫

坐命在巳,巳宫为日行天顶,阳光极盛的位置,故命宫坐此的人,多半比较开朗,或不善与人计较,待人大方,比较不重视钱财。通常相当劳心,不属于劳力付出者。个性较为直率且聪颖,有志气,聪明,心细,手段精明,态度沉着,思虑太多,喜欢吹毛求疵。顾小失大(有狷介的倾向)。对事情的看法及分析能力很强,也有独到的见解,也常见到一些很会钻牛角尖的人。其人不喜待在家里或家乡,不是因为搬迁,就是因为工作性质需要到处奔波,乃劳碌命,易孤独。能勤奋工作,易受制于人,能积少成多,适合从事贸易或经商。在职业上多为运动员、球员、体育明星、企业顾问、调查员、军警人员等。命宫在巳宫的人也能成为很好的重要幕僚人物。

⑦ 命宫安于亥宫

亥宫是"双鱼宫",乃水旺阴盛之地,也是木头的长生地,命坐此宫的人,个性随和,善变,多半具有多愁善感的特质,辛勤劳碌,心软,多愁善感,情感浓厚,为人谦让,易受环境刺激而感动流泪。待人接物很热情,聪明,一闻既悟。不重视个人财富,喜欢与人共享其成。但易自寻烦恼。有丰富的想象力及具备牺牲奉献的精神（如毛泽东、孔仲尼、梅兰芳等人）。命坐寅、申、巳、亥这四个宫位之人，一生都比较动荡漂泊，也会是拥有特殊才艺及天赋之人。其职业适合为哲学家、思想家、音乐家、教授、演员、牧师、出租车司机、民意代表等。

2）身宫

身宫，属阳，为有形。关于身宫的作用，各说不一。有些观点认为身宫全无用处。笔者认为这种观点有失偏颇。一般认为，身宫主要用来看一个人处事的方法和态度，也用来看四十岁以后的运势。

身宫代表后天运势，通过后天的努力，往往可以改造命运，为辅助命宫之宫垣。身宫是辅助命宫的，与财富有关，主管一个人中晚年（四十岁后）的贫富情况（但贵气及成就仍要参看命宫）。命宫宜福寿之星坐守，身宫宜清贵之星坐守。身宫的具体分析方法和命宫一样。在实际分析论断中，身宫的作用除了落在财帛和官禄二宫上述作用比较明显外，落在其他诸宫的上述作用确实不明显。应对身宫所落之宫加以综合分析。若命宫无主星亦宜参看身宫。

身宫是根据生时定位的，在紫微斗数中只入命宫、夫妻宫、财帛宫、迁移宫、仆役宫、福德宫等六个宫位。具体的定位规则是：

子、午时生人，身宫在命宫。卯、酉时生人，身宫在迁移宫。寅、申时生人，身宫在官禄宫。辰、戌时生人，身宫在财帛宫。巳、亥时生人，身宫在夫妻宫。丑、未时生人，身宫在福德宫。

凡女命，身宫中不宜桃花星多。

若七杀入身宫加煞，主其人短寿，若寿长，则贫贱。

若羊、陀夹身宫，主其人易招怨恨，若身宫再有化忌，则主其人灾病破败。

若火、铃夹身宫，主其人身体残障，或一生波折辛劳，发展困难（注：实例证明，应为夹疾、父宫才作此论）。

若空、劫夹身宫，主其人一生坎坷，或身体有缺陷。

（1）与身宫有关的格局

①"武贪守身格"：

参见1）命宫之（1）"与命宫有关的格局"。

②"荫印拱身格"：

身宫临田宅宫，天相、天梁来拱冲。此时怕坐空亡之宫。

（2）身宫的作用

身宫主要影响作用有三种：

①修正作用：所谓修正作用是指，一个人的性格将随年龄的增长而逐渐表现出身宫中星曜所赋有的特性。例如，某人的命宫为空（无十四颗主星之中的星曜），但其身宫有，则可能早在二十多岁（不必在四十岁以后）时，身宫中的星曜就会逐渐发挥作用。一般论命多以命宫为主，但随着时间、年龄的增长，身宫所扮演的比重亦随之增加。一般大约在四十岁后发生作用。例如，一个人命宫弱、身宫强，则年轻时可能比较劳累或不顺，但中年后就会慢慢渐入佳境。反之，若命宫强身宫弱，就往往是先盛后衰。

② 加强作用：所谓加强作用是指，身宫落于十二宫中的某个宫，会使那个宫位的吉凶增强，且此人一生所注意的重点就是该宫。例如，某人身宫与夫妻宫重合，则此人一生很注重感情，关注幸福美满的家庭生活，容易有感情困扰，尤其在中晚年更为突出，且在感情方面的吉凶比其他宫位更容易凸显。又如身宫与迁移宫重合，则此人一生注意追求圆满的人际关系，会得到别人的尊重与敬佩，即使其他某些方面不如意，影响也不会太大。

③ 对比作用：一个人对一件事的作风往往前后不一，命宫往往代表前半段，而身宫代表后半段。例如，某人的命宫中有武、贪、地空，身宫中有紫、杀，则此人在开始做一件事时，方向比较掌握不住、犹豫不决；但一旦事情一做下去后，却会有很好的持续力以及执行力；反之，将此例的命身宫颠倒，就会有虎头蛇尾的现象。

（3）身宫与其他宫同宫时的分析

身宫无独立宫位，身宫的定位原本是用来作宅居风水的取用。在紫微斗数命盘上，一定与命宫、夫妻、财帛、迁移、官禄、福德宫等同宫。而因其所在的宫位性质，也会对命盘主人造成某些特质的变化：

① 与命宫同宫（子、午时生人）：其人性格固执，不通情达理，顽强。行运的趋向最为明朗，为人主观强烈，不易受外在环境影响，行事之功过大都自己作为承担。根据《系辞传》的观点，此人为人心善，一生起伏波折很多。

② 与夫妻宫同宫（巳、亥时生人）：其人对感情很敏感，一生特别注重感情问题。注重家庭生活气氛，对家庭有责任心，易受配偶的影响。若宫中有吉曜，则男命会因妻得富贵。根据《系辞传》的观点，此人工作上容易遇到小人，容易命犯桃花，虽然最后结局不会影响家庭，但是桃花很难驱走。

③ 与财帛宫同宫（辰、戌时生人）：其人一生颇为劳碌，很注重钱财，且重财不重名，凡事皆以钱财为目的。偏重钱财价值观，行事以赚钱为目标，容易因为经济因素而左右其行为。根据《系辞传》的观点，此人命多劳累，工作上起伏很大，可以遇到贵人相助但是身体晚年多病。

④ 与迁移宫同宫（卯、酉时生人）：若身宫落在迁移宫，其人一生多搬迁移动，或经常变换职业，或变换居住环境。易受环境变迁的影响。依古人的观点，若去认个义父、义母，或给神祇做干儿子、干女儿会比较安定。成效如何，则未曾验证过。

⑤ 与官禄宫同宫（寅、申时生人）：其人对名看得很重，喜欢搞政治活动。乃事业心较重之人，一生行事以追求事业成就为目标，热衷于名位，注重自己的工作感受。根据《系辞传》的观点，此人因为寻求事业、名利会出现家庭裂痕。

⑥ 与福德宫同宫（丑、未时生人）：其人一生好享受，喜游乐，较注重生活品质，但缺乏积极进取、努力奋斗的精神。与祖德关系深厚，喜欢承袭祖上余荫之生活方式，而不愿去做改变。有因果关系的观点。根据《系辞传》的观点，此人会安于现状，特别是男士，会失去上进心。

3）命宫和身宫的关系

命、身宫之间的关系：命宫为先天、为体、为基础，亦即为精神、心智、体魄等先天遗传的禀赋。身宫为后天、为用、为发展，亦即为物质、体能、活力等后天的发展。命身两宫同参，能较准确地判断其人的性格好坏和外貌美丑。命、身二宫在子、午同宫。

命宫和身宫的内涵，是斗数入门概念的第一个关键点，命乃人之外在表现，相当于计算机系统的硬件部分；身乃人之精神内涵，相当于计算机系统的软件部分。命宫和身宫犹如一个有机组合构成的生命整体，其特征必然是它赖以生存环境特征的外现和模拟。

若命宫好，身宫也好，则其人富贵双全，一生吉利。

若命宫好，身宫不好，则早年亨通，但财源不聚，只有贵气而无实利，晚景也不好，相当于英雄无用武之地。

若命宫不好，身宫好，则早年艰辛，经过自己的艰苦创业，中晚年后可发福，但贵少富多。

若命宫不好，身宫又不好，则一生不利，贫困终生。

（注：身宫入财帛宫、官禄宫和迁移宫才如此推断，入其他宫以寄宫的论述来推断。）

2. 兄弟宫

兄弟宫用于推断一个人与兄弟姐妹，包括同事、朋友、合伙股东等类人物之间的缘分、聚散、融合、是非、争执等关系状况，也可用于推断其员工或下属是否得力。兄弟宫对宫为仆役宫，将之与兄弟宫参照而看，则更利于推断。

注：有些书中照例地写入兄弟宫用于推断兄弟姐妹的人数。实际应用证明，根据兄弟宫中的星曜，只应验于兄弟姐妹之间的感情或相处状况，很难准确地推算兄弟姐妹的人数。

一般而言，一个人的命运往往与兄弟姐妹之间的相互影响不大，故兄弟宫与命宫之间的关系不必关注。但是，如果运限兄弟宫（即大限兄弟宫和流年兄弟宫），或者运限命宫（即大限宫和流年宫）为先天盘中兄弟宫的三方之一，或者运限命宫会照先天盘中的兄弟宫时，则此人会有与兄弟姐妹较多的接近机会，而且若兄弟宫的状态好，则彼此会有合作或相互帮助。

兄弟宫若有凶星、忌星同时并入，则兄弟间易有吵架、打官司、纠纷甚至凶杀之事发生。兄弟宫若有六吉星以及科、权、禄等群聚，则其人的朋友、合伙人、读者、职员等会增多。

兄弟宫与仆役宫互为对宫，它们之间的关系如下：

兄弟宫表示兄弟姐妹与自己的关系，仆役宫表示自己与朋友、部属之间的关系。

兄弟宫是早期人际关系的基础，仆役宫则为人际关系的开展结果。兄弟宫与仆役宫均好，表示其人与母亲缘深。

兄弟宫为财帛宫的财库。根据"命疾一体、一六共宗"的规则，若迁移宫的宫干引发兄弟宫中的主星化禄，表示其人的财库会增加财富。

兄弟宫与子女宫、仆役宫、田宅宫在财富方面的关系，参看田宅宫。

若本命盘中兄弟宫、命宫、父母宫这三宫皆有财星，例如天府入父母宫、禄存入命宫、武曲化禄入兄弟宫，则主其人容易发财。

3. 夫妻宫

从夫妻宫内星曜的特性、状态，再配合三方四正相互影响可以推断以下状况：其人配偶的相貌、体型、个性、从事的行业、夫妻双方是否刑克；其人的感情倾向（即结交异性朋友的方式）；其人处理感情的态度与方法；其人婚姻生活是否美满以及离异之变数；其人较赏识的异性类型；夫妻间感情的浓淡；其配偶是否重视精神抑或物质的享受，等等。

如果男女双方两盘同参，再配合兄弟宫、命宫、官禄宫、财帛宫、福德宫等宫来推断夫妻间关系，则推断的结论更为准确。如果再配合身宫推断，还可以了解其人的性能力。

若夫妻宫无主星，又落空亡者（即宫中有空亡、截空等星曜），主其人晚婚。若不落空亡，且已成婚者，则主其人夫妻双方聚少离多。其原因有三种可能：家中经济来源出问题，所以必须出外工作赚钱，补贴家用；或因为工作场所之故需南北奔波而导致聚少离多；或因外来人为因素介入，形成不正常之婚姻关系。

若夫妻宫落在四马之地（寅、申、巳、亥），且宫中又有煞星或有煞星来冲者，其人可能会有两次婚姻。

若夫妻宫无主星，且仆役宫有化忌，则其人的婚姻难成。这是因为仆役宫的化忌冲对宫兄弟宫，表示其人在交往过程中谈及婚嫁总是不顺，这时有化忌来冲，无法生助夫妻宫，加上夫妻空宫，故无助力促成姻缘。

若夫妻宫自化忌，说明其人的住房不大。

若女命的夫妻宫中有四煞、空、劫、天刑、天姚、昌、曲、咸池、化忌之中的四、五颗星曜坐守者，则其人有淫乱倾向。

夫妻宫和官禄宫互为对宫，它们之间的关系如下：

夫妻宫表示配偶的特点，以及自己与配偶的关系；官禄宫表示自己的事业，也表示别人对自己配偶的看法。夫妻感情不好的，会影响官禄宫，使自己的事业至少毁了一半。若夫妻宫中有主星化权，则对其丈夫的事业有助。

4. 子女宫

从子女宫中星曜的吉凶，并配合三方四正可推断：其人有无子女、多寡，是否孝顺，子女将来发展的情况。还可推断子女的健康、优劣，生产时是否顺利，以及其人的生殖能力强弱、夫妻生活关系、与子女的缘分厚薄等。

从子女宫一般只能推断子女的发展与状态好坏，而其人自身与子女的关系还需要参照其人命宫的好坏综合推断。有些人子女宫很好，子女也事业有成、衣食无忧，但如果其自己的命宫不佳，则子女可能不孝顺或者子女虽然孝顺但远离膝下，老来仍孤独无靠。

子女宫与兄弟宫、仆役宫、田宅宫在财富方面的关系，参看田宅宫。

从各宫的关系看，子女宫乃财帛宫的父母宫，故可以从子女宫的纳音数推断其一生购屋数。推断规则详见下面第5节（财帛宫）中的论述。

注：生产子女是否顺利或难产，主要不是看子女宫。若在孕妇生产当年，其本命宫及三方有六煞星之一同宫，就有可能难产。若孕妇在该流年有血光之灾，却正要生产，则很有可能剖腹产或难产。所谓"血光之灾"，主要看其代表星曜——擎羊星。此外，若逢白虎、天梁等星，则也有可能剖腹产或难产。

女命的子女宫中有四煞、空、劫、天刑、天姚、昌、曲、咸池、化忌之中的四五颗星曜坐守者，主其人有淫乱倾向。

若子女宫中有主星化忌，则其人离婚的可能性要比夫妻宫有化忌导致离婚的率要大。

子女宫与田宅宫互为对宫，它们之间的关系是：

子女宫表示子女特点，也可以看夫妻间的"恩爱"关系。田宅宫表示不动产的状况。子女宫有主星化忌而发生夫妻离婚的几率比夫妻宫有主星化忌而导致离婚的几率往往会高；由于阴宅决定子孙性格，故若田宅宫有阴煞，需要考虑重置祖坟。

在断财运时，子女宫代表合伙的事业。这是因为子女宫是仆役宫的官禄宫。

若子女宫中有主星化禄，主其人靠学生的学费，或靠手下赚钱。

若财帛宫、福德宫、子女宫与田宅宫的星情均好，才算其人真正有钱。

若大限宫落在子女宫或田宅宫，其人在此期间屡遇与房子有关之事，例如搬家、买卖房子、盖房子等。

兄弟宫与子女宫、仆役宫、田宅宫在财富方面的关系，参看田宅宫。

5. 财帛宫

财帛宫决定其人的财富多寡、财运、理财能力、进财方式。但是，看一个人的财运不能单看财帛宫，需要结合命宫、官禄宫、福德宫的状态进行推断。推断的结论有以下几种情形：

（1）钱财来自何处：是自己赚的，还是别人馈赠？若是自己赚的，是用什么方法赚的？从事什么职业赚的？

（2）钱财的多寡：是否够用？能否存钱？

（3）其人对钱财的态度如何：是无所谓还是锱铢必较？

（4）因钱财享福还是因钱财招灾？

（5）何时发财？何时受穷？

财帛宫与福德宫互为对宫，它们之间的关系是：

财帛宫可以看财运以及物质生活，福德宫看前世修为（前世之修行，今世之所得）。以及精神生活；福德宫可以表示内心所企望之事，例如，武曲入福德宫，往往表示其人企望发财。福德宫表示别人对其人的物质生活的看法。

注：这已经融入了佛教的观点，紫微斗数源于中国的《易经》，但在后世的传承过程中，吸纳了外来的佛教的一些观点。

若财帛宫或福德宫中有主星化禄，均主进财。

若财星（武曲、禄存、化禄、天府等）叠加进入财帛宫，主其人财运特好。例如，财帛宫有武曲，并有化禄。又如，财帛宫中有禄存，大限宫的宫干又使财帛宫中的主星化禄。

若财帛宫有化禄，田宅宫有财星，主其人会进大财、财运好。

若财帛宫有化权，主其人会掌财权。

若财帛宫有"双财夹日月格"，其人现金很多，是一种有大财和暴发现象。

若财帛宫有三奇（注：天干三奇为乙、丙、丁，地支三奇为卯、巳、午，即看年、月、日有无上述干支）来会，主其人的财运好。如果再有天魁、天钺，且多财星者，则其人的财运很好，是经商能手。

哪一宫化禄入财帛宫（即哪一宫的宫干使得财帛宫中的主星化禄），就表示钱从那里赚来的。例如，财帛宫有武曲，父母宫的宫干为已，武曲逢已干化禄，说明其人的钱是用头脑（父母宫）赚来的，或者钱是从文书类（父母宫）赚来的，或者钱是依靠人际关系（父母宫是仆役宫的财官）赚来的。又如，财帛宫有破军，子女宫的宫干是癸，破军逢癸干化禄，说明其人是靠学生的学费赚钱的。诸如招收学徒之类、培训等。

根据财帛宫的宫干引发哪一宫的主星化禄，可判断现金去了何方。

若子女宫有财星或化禄，主其人有点财，但往往中看不中用。有时会得不到。不如财星或化禄在田宅宫的好。

若财帛宫有武曲，福德宫有主星化禄，此乃财对财，主其人财运好。

若财帛宫、福德宫、子女宫与田宅宫均好，才算真正有钱。

本命盘财帛宫的父母宫（即本命盘的子女宫）的纳音数（所谓纳音数是指，其人属于五行的哪一局，五行纳音数是：水为1、火为2、木为3、金为4、土为5。它的依据是五音：宫、商、角、徵、羽与五行：土、金、木、火、水之间的对应关系）

代表一生购屋数目。

　　具体的规则是：看子女宫的宫干支是什么，然后查阅该甲子在"六十甲子纳音"（见下表）中对应于哪一个五行，即可得出子女宫的纳音数。

五行	干支	五行	干支	五行	干支	五行
金 4	甲子 乙丑	海中金	壬寅 癸卯	金箔金	庚辰 辛巳	白蜡金
	甲午 乙未	沙中金	壬申、癸酉	剑锋金	庚戌 辛亥	钗钏金
水 1	丙子 丁丑	涧下水	甲寅 乙卯	大溪水	壬辰 癸巳	长流水
	丙午 丁未	天河水	甲申 乙酉	泉中水	壬戌 癸亥	大海水
火 2	戊子 己丑	霹雳火	丙寅 丁卯	炉中火	甲辰 乙巳	佛灯火
	戊午 己未	天上火	丙申 丁酉	山下火	甲戌 乙亥	山头火
土 5	庚子 辛丑	壁上土	戊寅 己卯	城墙土	丙辰 丁巳	沙中土
	庚午 辛未	路旁土	戊申 己酉	大驿土	丙戌 丁亥	屋上土
木 3	壬子 癸丑	桑松木	庚寅 辛卯	松柏木	戊辰 己巳	大林木
	壬午 癸未	杨柳木	庚申 辛酉	石榴木	戊戌 己亥	平地木

　　举例说明，某人的子女宫位于乙亥宫，乙亥乃山头火，火的纳音数为2，故此人一生购屋数为2（可能是2套或2栋）。

6. 疾厄宫

　　疾者，疾病；厄者，厄运。所以疾厄宫用于推断一个人的健康状况、易患何种疾病或哪种器官易患病；同时还用于推断困厄、车祸、危险等情形。由于命宫为十二宫之首，因此，在用疾厄宫推断时，除了三方四正之外，还需要参照命宫的状态。在推断时要注意"运动可以补运"的规则。一般人皆知运动有益健康，但往往不知道运动还可以补运。人的一生中，有些人的命宫即可反映其人一生容易与运动接近，或者即使命宫中不直接表明其一生易与运动接近，但一生中至少有一个以上的大限易与运动接近。此时，不能仅仅从疾厄宫推断，一定要结合命宫或大限宫加以推断。在命宫或大限宫有下列现象时，其人需要进行运动，以达到趋吉避凶的效果：

　　（1）命宫或大限宫与对宫有双禄交流。

　　（2）命宫或大限宫有天机、天马同宫，或对宫有天机、天马同宫。

　　（3）命宫或大限宫有天机化禄（即生年干或大限宫干为乙）。

（4）命宫或大限宫有火星、地劫、天空、火星、铃星之一，或会照上述诸星三颗以上者。

（5）命宫或大限宫有化禄。

（6）命宫或大限宫落在子、午二宫，宫中有廉贞、天相同宫。

（7）命宫或大限命宫中有落陷的太阳或太阴。

疾厄宫与父母宫互为对宫，它们之间的关系是：

疾厄宫表示自己的身体状况，以及吉凶祸福；父母宫表示父母，尤其是父亲与其人的关系；父母宫又表示文书、父亲生病、其人考试考不好等状态；疾病与遗传有关，所以疾厄宫往往会与父母宫有关联。

命宫、父母宫、疾厄宫均有煞者，主其人多病、残疾甚至夭折。

疾厄宫还象征工作的地点，若疾厄宫有财星（武曲、天府、太阴、禄存、化禄等），主其人在工作地点上赚钱（或其工作地点上摆着钱）。若疾厄宫的宫干引发父母宫中某个主星化禄，主其人会得财。若父母宫或疾厄宫有化禄入（乃其他宫的宫干、或大限宫的宫干、或流年干引发这两个宫中的主星化禄），主其人依靠工作单位或店面赚到钱。（注：有一种观点认为，疾厄宫的宫干引发父母宫中的主星化禄才是比较正式的进财现象，这点有待验证。）

疾厄宫与田宅宫的关系：若疾厄宫的宫干引发田宅宫中的主星化忌，主其人会因意外而生病，但能花钱消灾。如果田宅宫的宫干引发疾厄宫中的主星化忌，主其人会因意外而残疾；若是引发的化忌冲疾厄宫（即引发疾厄宫的对宫父母宫中的主星化忌），主其人会破相留下疤痕。

7. 迁移宫

迁移宫位于命宫的对宫，因此，宫中星曜的吉凶能直接影响命宫的格局。迁移宫主要用来推断其人外出、远行、旅游、迁徙的状况，以及社交能力。迁移宫状态好的基本条件是：

（1）没有坏的格局。

（2）没有六煞星和化忌之中任何一星或数星同宫。

（3）宫内有甲级星，且没有坏的格局和煞星。

迁移宫好的人，无论男女，多有下列一种或几种现象：

① 出生不久，即随父母搬迁，或十几岁之后背井离乡。

② 一生中在大城市居住、工作、求学的时间较长。

③ 从事向外地发展、开拓、旅游、大众传播、公共关系、交通运输及贸易等行业的机会较多，也较有收获。

④ 有移民的愿望，且成功机会较大，一生中会有多次搬迁。

⑤ 可以因后天的努力而建立良好的人际关系。

迁移宫不好的人，无论男女，多有下列一种或几种情况：

① 若在外地发展，精神孤独，较不顺利，难有大收获。

② 不利于长途旅行，易发生意外事故。

③ 不宜发展与周围人群中迁移宫好的人相同的事业。

但是，迁移宫属于上述三种情况不佳者，仍然可以趋吉避凶。

若迁移宫有禄、权、科，其人学历多为大学程度。

若迁移宫中有主星化忌，则其人从事教育、研究类职业者居多。

若迁移宫的宫干引发命宫中的主星化禄，其人往往有迁移现象。

若某宫的宫干引发大限迁移宫中主星化禄，而流年落在该宫，其人在该年会有迁移现象，而且是一种好的迁移现象（但不绝对）。

若某宫的宫干引发大限迁移宫中主星化忌，而流年落在该宫，其人在该年会有迁移现象，而且是一种坏的迁移现象（但不绝对）。

8. 仆役宫（又称交友宫）

无论其人为主或为仆，此宫用于推断其上、下、左、右之人际关系的好坏，以及部属的忠诚度、辅佐能力等情况，还用于推断其人能否服众。

如果能获得部属的出生资料，则可以对部属的命盘进行推断。需要对命宫中的星曜情况加以合参。例如，若部属的命盘中天相入庙坐命，则表示此人能干、谨慎、稳重、有辅佐之才，适合作秘书使用。若是紫微、贪狼同入命宫，则其人可作为委以重任的经理人选。若是天同、天梁同入命宫，则此人适合作为特别护士或生活秘书；若破军入命，则其人适合从事开创性事业。若天府于入庙之地入命，其人适合作为稳住阵脚、踏实经营的人选。若贪狼入命，其人适合做人事工作。若巨门化权入命，其人适合远派（或出国）公干，容易完成任务。

若仆役宫的宫干引发命宫的主星化禄，主其人如果去讨债会比较顺利。

仆役宫与兄弟宫、田宅宫、子女宫在财富方面的关系，参看田宅宫。

9. 官禄宫（又称事业宫）

官禄宫用于推断其人一生从事何种职业，有无自行创业之可能。但是，对于职位之高低，则需要与迁移宫、命宫及财帛宫合参。在现代社会，也可以用来推断其人与上司或事业合作伙伴之间的关系。

由于一个人的事业与家庭关系有关，所以看官禄宫，还要参照夫妻宫的状态一起推断（注：许多书籍中往往忽略此点）：

（1）官禄宫除了推断其人自己的事业状况，也蕴涵着他人对其人的配偶的看法。

（2）若夫妻关系不好，则其人的事业至少毁了一半。

（3）若夫妻宫有化权，则其配偶可以荫佑其事业。

若官禄宫中有化忌，其人大多从事教育、研究一类的职业。

若官禄宫有武曲、天府、禄存，且大限宫干使武曲化禄时，主其人会在该大限宫干对应的年、月、日大发特发。

10. 田宅宫

用于推断其人的置业能力，或能否继承祖业还是自置不动产。还可用于推断其人住宅、办公室（或工作场所）的环境状况、邻居情况等。

田宅宫还可以从风水的角度推断其他的一些情况：

（1）可以看幼年时其家庭状况，父母是否有争吵之倾向，生活富裕与否。

（2）可以看居家的环境变化及家里布置的情形，也可以看邻居状况。

（3）可以看迁徙，若本命宫动，田宅宫也动，则有迁移搬家的可能。

（4）可以看有否购置房地产，若田宅宫化科易有购房地产的事。

（5）田宅宫又为藏财之库，是否有财须看田宅是否能容纳，否则财帛宫、福德宫再好，所赚的钱也难留下来。

（6）可以看是否有车祸意外。

（7）代表女性意愿宫（也称为生殖力宫），也可以根据田宅宫的星情推断其人是否有桃花运，若田宅宫中的星曜是桃花星，且福德宫也有桃花星化忌、冲破者，主其人感情浪漫，交友随便。

（8）田宅宫的宫干四化，能用于推断其人何时购房，何时破财，何处方位的房屋适合其人居住。这种方法准确率极高，具体方法是：当大限宫中有主星化禄，且大限宫的宫干引发流年子女宫中的主星化忌去冲流年田宅宫时，其人在此流年能购房或增值不动产。

（9）当大限宫有主星化忌，且大限宫的宫干引发流年子女宫中的主星化忌冲流年田宅宫时，其人在此流年在房屋或不动产方面有损。

（10）除了化忌（坏方位）之外，以禄（最吉）、权（次吉）、科（小吉）为好方位。但还要参看是哪一宫的宫干引发命宫中的主星化禄，或哪一宫的宫干引发命宫中的主星化忌。

（11）看办公桌坐向和商场柜台方向：将天盘（本命）、地盘（大运）、人盘（流年）官禄宫的宫干引发四化所入之宫及对宫为吉方向（但须除去化忌方向）。

（12）看流年是否搬迁，若见天机、太阴、太阳、天府、天马等星曜，其人很可能在该年会搬迁；若见破军，其人很可能在该年拆迁、装修或盖房子。

古代推命主要着重于有无祖产、土地多少、房屋大小等情况，在现代社会，除了上述内容，从田宅宫还可以推断居住环境、邻居等情况。

田宅宫为财帛宫的本身，根据"命疾一体、一六共宗"的规则，若田宅宫中有主星化禄，主其人的钱财会增加。

田宅宫和兄弟宫是财库，但性质不同。田宅宫这个财库是收藏，兄弟宫这个库虽然是正宗的财库，实质上是过路财库，往往会变成费用和支出。因此，田宅宫所主的财富易存，而兄弟宫所主的财富易出。由于这个原因，再加上仆役宫是兄弟宫的对宫，故兄弟宫和仆役宫为费用、支出或破出。处于对角线的兄弟宫和迁移宫宜静不宜动，亦不宜化忌，凡这两宫中有主星被某个天干引发化忌者，主其人在该天干对应的运限期间会有费用和支出发生。

田宅宫最喜禄存、化禄、财星，主存钱，且进财能存。

若田宅宫中有财星，而且子女宫中有化禄，主其人进财。若再有财帛宫中的主星化禄，则主其人进大财。

若田宅宫有天中府，子女宫中有化禄，主进财。

若田宅宫中有天府，财帛宫中有化禄，主进财。

若田宅宫中有禄存，官禄宫中有化禄，主进财。

若禄存入命，田宅宫中有化禄，主进财，而且财进能存。

若流年宫与大限宫重合，宫中有化禄，且田宅宫中有禄存，主进财而能存。

若兄弟宫与仆役宫，子女宫与田宅宫都有忌星进入时，这时费用最大、支出最多，情况最为不妙，往往花钱如流水，甚至会倾其所有，或大破其财。结果负债累累。尤其当同宫的星曜化忌时更甚。

财帛宫、福德宫、子女宫与田宅宫的星情皆好，才算真正有钱。

田宅宫不宜坐天干为丙、丁、己、辛、壬之宫，因为这些天干引发廉贞、巨门、武曲、文昌、文曲这些最宜导致事非、口舌、官司的星曜化忌。此时若又汇聚了其他是非星、口舌星、官司星，更主其人之宅会多招是非、口舌、官司。

若田宅宫自化忌：主其人购置第一间房子易出问题（或产权不清，或房子买贵了）。三十五岁前不宜以自己名义置产。田宅宫自化忌还主其人的房子会改建；或者其人因忙碌而疏于家教。

若大限宫落在本命盘的子女宫或田宅宫，在此期间会屡有与房子有关之事，例如搬家、买卖房子、盖房子等。

田宅宫所在宫位可以确定其人家住何地：若田宅宫位于四马之地（寅、申、巳、亥），主其人的房子在郊区；若位于四墓之地（辰、戌、丑、未），主其人的房子在市区；若位于四败之地（子、午、卯、酉），主其人的房子在市区与郊区之间。

田宅宫纳音代表公尺数，如木三局表示宅外300米有学校。（注：这一点很特别：用五行局的"数"推断出现代计量单位的"公尺"。而且是推断出附近有学校。均需要验证！）

若田宅宫无主星表示其人的住宅附近有空地。

住宅环境要根据行运的田宅宫（即大限田宅宫或流年田宅宫）所在宫位和宫

中的星曜两者综合判断，方能正确无误。例如，天机加太阴入田宅宫（四马之地），主其人住在山沟旁。

住宅发生火灾往往是因为田宅宫内有火灾之星，例如火星、太阳、廉贞等。尤其是火星、在火灾事件中，火星在田宅宫的出现率最高，可以说火星是最正宗的火灾星，其次是廉贞。

此外，须看田宅宫是否坐在丙干或己干、午火或寅、卯木之宫上，例如，若田宅宫有火星，且坐在丙干之宫；或有太阳，且坐在丙干之宫，皆主更容易爆发火灾。又若田宅宫在寅宫，且该宫的天干为丙，则暴发火灾的几率最高。若子女宫有火灾星，也会招来火灾。但爆发火灾的事件比较少。

还要注意田宅宫中的火灾星是否有临空之星同宫，例如，此时田宅宫是否有地空、旬空、天虚等，因为火空则易着火。

如果官偶线有化忌（所谓"官偶线"是指官禄宫与夫妻宫互为对宫），尤其当夫妻宫有化忌，田宅宫有火灾星时，最易发生火灾。或者是官偶线有火星化忌或太阳化忌（尤其是火星或太阳化忌入夫妻宫），也易发生火灾。

若本命田宅官有火星、夫妻宫有化忌，其人家中易突发火灾。至于火灾原因，则要看夫妻宫中的化忌是被哪一宫的宫干引发的，这是因为夫妻宫为厨房位（夫妻宫也称为"火神"），而厨房是住宅中与火最有关联的地方。

有时仅田宅宫有火星、廉贞、禄存，而夫妻宫没有化忌，并不表示一定会发生火灾。此外，若夫妻宫有天机化禄，或天机化忌，也会发生火灾。

若大限宫的宫干为庚，宫中有火灾星，夫妻宫有太阳化禄，也会导致火灾。

若夫妻宫的宫干引发田宅宫的主星化忌，主其人的家宅中没有厨房。

若田宅宫的宫干为甲，引发太阳化忌，而太阳入子女宫，主其人的家宅中没有窗户（若子女官中无太阳，则不论）。

若田宅宫的宫干引发命宫的主星化忌，主其人的家宅中没有走廊。

若田宅宫的宫干引发命宫的主星化禄，主其人家宅的走廊很大。

若田宅宫的宫干引发命宫的主星化权，主其人家宅的走廊很好。

田宅宫与疾厄宫的关系是：田宅宫化忌入疾厄宫（即田宅宫的宫干引发疾厄宫中的主星化忌），主其人会因意外而残疾；若是冲疾厄宫，主其人会破相留下疤痕。若疾厄宫化忌入田宅宫，主其人会因意外而生病，但能花钱消灾。

若流日田宅宫的宫干引发流年夫妻宫中的主星化忌，主其人家的厨房在该日会漏水。

若流日田宅宫中有自化忌（即流日宫的宫干引发宫中的主星化忌），主其人在该日会晚睡或临睡前之工作很多。

古代推命的观点认为，子女也是不动产的一部分，而田宅宫又与子女宫互为对宫，所以，田宅宫应与子女宫合参。

若化忌落入田宅宫，犹如驿星动，这未必是坏事，甚至好的成分会多一些。

（注：推命应该注意时空关系，在紫微斗数中主要是以时间为轴进行推断，空间的应用比较少，而田宅宫正是紫微斗数中最主要的空间概念的应用。）

11. 福德宫

福德宫的作用相当重要，又名"次命宫"。但通常分析命盘时往往会被忽视。

此宫推断其人一生是否辛劳，辛劳或安逸、趣味及嗜好、生活的品位、物质生活的优劣、福分之厚薄等。同时，福德宫在推断寿命长短及健康状况、家庭支出、管理能力方面，也有参考作用。（注：根据福德宫中的星情也可以推断婚姻的情况，目前的书籍和资料中甚少介绍，读者可以多加注意和推敲。）

福德宫对于健康、寿命等很有影响力。（注：但不能像有些书中所说的用来推出人的具体寿数。）

福德宫位于财帛宫的对宫，故此宫对于人的财运影响很大，尤其是钱财在外的情况（投资在外的钱）。若福德宫中有化禄，主赚钱的情况好。若福德宫中有化忌，往往会有意外破财之事，或者会因为享乐而破财。因为钱为养命之源，俗话说"和气生财"，生气之时往往是福德宫中有化忌。

若财帛宫、福德宫、子女宫与田宅宫的星情皆好，才可推断其人真正有钱。

若福德宫有武曲化禄，主其人有大财。若再有禄存同宫，则一发即大发。

若禄存入命，福德宫有武曲，财帛宫有化禄，主其人会大发致富。

福德宫与择日之间的关系：普遍流行的择日方法是用黄历为依据的。实际应用证明，福德宫的状态更为重要，流行的择日未必是唯一的决定因素。甚至会由于福德宫不好，虽然择了吉日，有个好的开头，但是其后的过程和最终结果未必一定好。这里所说的并不是否定目前流行的择日方法，是让人们明白，正确的择日只能解决所办事情能有个好的开头。而福德宫的吉凶对所办事情发展过程和最终结局的好坏影响更大。

若流日福德宫中有自化忌（即流日福德宫的宫干引发宫中的主星化忌），其人在该日睡到半夜会被噩梦惊醒。

若女命的福德宫中有四煞、天空、地劫、天刑、天姚、文昌、文曲、咸池、化忌之中的四五颗星曜坐守者，主其人有淫乱倾向。

12. 父母宫（又称相貌宫、文书宫）

父母宫所主之事包括：父母（包括祖父母）对自己的影响，有无荫佑或有损，与父母的感情，父母方面的亲友对自己的影响，等等。

须注意的是，论父母之吉凶，除了看父母宫，也可以从太阳、太阴推断。以太阳为父，太阴为母。太阳落陷者先克父，太阴落陷者先克母。若太阳、太阴皆非庙旺（注：有些书中说太阳、太阴皆落陷的状态，不可能同时出现）则昼生人主父存，夜生人主母存。

中国的传统将地方官称为"父母官",因此,此宫亦可用于推断其人与政府、长官、老师之间的关系,所以此宫又有"文书宫"之称。

人之相貌多肖似父母,故此宫又称为"相貌宫"。

父母宫与疾厄宫互为对宫,疾病和体质又与遗传有关,故此宫对于健康、疾病、灾厄等也有直接的影响力。

若本命盘中父母宫、命宫、兄弟宫这三宫皆有财星,例如,天府入父母宫、禄存入命宫、武曲化禄入兄弟宫,主其人易发财。

若父母宫有化禄,主其人进财。若大限或流年父母宫中有化禄,主其人在此运限期间会进财。而且是做坐地有客人上门的生意而进财。

若武曲入父母宫,再有三奇(天干三奇为乙、丙、丁,地支三奇为卯、巳、午,看年、月、日有无上述干支)来会,主此人经商和生意头脑一流。

若父母宫的宫干引发命宫、疾厄宫、财帛宫、官禄宫、田宅宫或兄弟宫中某个主星化禄,多主其人可广招四方之财。这是因为父母宫乃仆役宫的财宫。

凡命宫、父母宫、疾厄宫皆有煞曜者,主其人多病、残疾甚至夭折。

若父母宫中有化忌或六凶星,主其人的身体会有灾厄。

若父母宫中有会狼、咸池、红意、天喜、天姚等星曜,主其人有继母,或其父有偏房,或其父多有外遇。

若父母宫中有羊、陀、天刑、化忌等星曜,主其人与父母有刑克,或父母有危症,及遭遇意外之灾,或其幼年时不被父母爱护。

推断父母有无两重婚姻(或外遇),除了参看桃花诸曜同宫之外,还须视辅佐诸曜是否同宫而定。例如,若同时有左辅、右弼,则极有可能有两个母亲。但再加会文昌且不见文曲,才有可能其父有外遇或偏房。

第三章　星曜

一、星曜总论

紫微斗数是一个完整的体系，这一特点与中医相同。在紫微斗数命盘中有一百一十二颗星曜，各个星曜除了其自身的特性之外，相互之间还会因同宫或加会、互为对宫、相夹等关系而构成各种格局。面对一个紫微斗数命盘，无论要断什么，都首先要详看格局。这是提高准确率的关键之一，也是紫微斗数的秘诀之一。

1. 星曜一览

斗数者，诸星在天上为斗（分南北斗），在地上为数，故名斗数。紫微斗数者，因紫微乃诸星之首。

紫微斗数中共用到一百一十二颗星曜：

紫微、天机、太阳、武曲、天同、廉贞、天府、太阴、贪狼、巨门、天相、天梁、七杀、破军、文昌、文曲、天空、地劫、台辅、封诰、火星、铃星、左辅、右弼、天刑、天姚、天马、解神、天巫、天月、阴煞、三台、八座、恩光、天贵、禄存、博士、力士、青龙、小耗、将军、奏书、飞廉、喜神、病符、大耗、伏兵、官府、擎羊、火星、天魁、天钺、天官、天福、化禄、化权、化科、化忌、地空、天哭、天虚、龙池、凤阁、红鸾、天喜、孤辰、寡宿、蜚廉、破碎、天才、天寿、长生、沐浴、冠带、临官、帝旺、衰、病、死、墓、绝、胎、养、天伤、天使、截空（截路空亡）、旬空（有二颗）、岁建、晦气、丧门、贯索、官符、小耗、大耗、龙德、白虎、天德、吊客、病符、将星、攀鞍、岁驿、息神、华盖、劫煞、灾煞、天煞、指背、咸池、月煞、亡神。

按星系分类如下：

紫微星系：紫微、天机、太阳、武曲、天同、廉贞。

天府星系：天府、太阴、贪狼、巨门、天相、天梁、七杀、破军。

时系星：文昌、文曲、天空、地劫、台辅、封诰、火星、铃星。

月系星：左辅、右弼、天刑、天姚、天马、解神、天巫、天月、阴煞。

日系星：三台、八座、恩光、天贵。

干系星：禄存、擎羊、陀罗、天魁、天钺、天官、天福。

四化星：化禄、化权、化科、化忌。

支系星：地空、天哭、天虚、龙池、凤阁、红鸾、天喜、孤辰、寡宿、蜚廉、破碎、天才、天寿。

十二长生：长生、沐浴、冠带、临官、帝旺、衰、病、死、墓、绝、胎、养。

博士十二星：博士、力士、青龙、小耗、将军、奏书、飞廉、喜神、病符、大耗、伏兵、官府。

天伤、天使。

截空（又名截路空亡）。

旬空（二颗）。

流年十二岁星：岁建、晦气、丧门、贯索、官符、小耗、大耗、龙德、白虎、天德、吊客、病符。

流年十二将星：将星、攀鞍、岁驿、息神、华盖、劫煞、灾煞、天煞、指背、咸池、月煞、亡神。

注：上述星曜中，博士十二星和流年十二岁星中均有"病符""小耗""大耗"，其作用之区别，未见任何论述，这正是紫微斗数的缺失之一。好在这几颗星的级别较低，因此影响力不大。

2. 星曜的五行属性

每颗星曜都有阴阳五行属性。一般来说，阳代表显性外露，表现在外；阴代表暗地内在，存于内心。

五行的特征：金，代表锐利、果决；木，代表思虑、观察；水，代表亲近、和善；火，代表热烈、礼仪；土，代表厚重、包容。

注：如果在紫微斗数中将阴阳与五行结合而论，作用往往不明显。因此，改革派根本不论星曜的五行属性，以及相互间的生克。而古传派则认为星曜的五行属性有一定的作用，但是也没有见到透彻的分析，也许在若干年内尚无权威的论著问世。例如，星曜有五行属性，人的脏腑也有五行属性，因此推断人的疾厄时，星曜应该是有关系和影响的，但这个课题十分难解决，目前还未见结论。这是留待我辈和后人研究的课题。

主要星曜的五行属性列表

紫微	阴土	天机	阴土	太阳	阳火	武曲	阴金
天同	阳水	廉贞	阳木、阴火	天府	阳土	太阴	阴水
贪狼	阳木	巨门	阴水	天相	阳水	天梁	阳土
七杀	阴火	破军	阴水	文昌	阳金	文曲	阴水
左辅	阳土	右弼	阴水	天魁	阳水	天钺	阴水
擎羊	阳金、阳火	火星	阴金、阴火	禄存	阴土	火星	阳火

铃星	阴火	天空	阴火	地劫	阳火	天马	阳火
化禄	阴土	化权	阳土	化科	阳水	化忌	阳水
天刑	阳火	天姚	阴水	咸池	阴水	天喜	阳水
天哭	阳金	天虚	阴土	三台	阳土	八座	阴土
龙池	阳水	凤阁	阳土	太岁	火	天才	阴木
天寿	阳土	恩光	阳火	天贵	阳土	天官	阳土
天福	阳土	台辅	阳土	封诰	阴土	孤辰	阳火
寡宿	阴火	蜚廉	阳火	破碎	阴火	天伤	阳水
博士	水	力士	火	青龙	水	小耗	火
将军	金	奏书	金	蜚廉	火	喜神	火
病符	水	大耗	火	伏兵	火	官府	火
官符	火	丧门	水	白虎	金	吊客	火

3. 与财富有关的星曜

在所有的星曜中，与财富有关的星曜很多，而且各有功能和特点。其中：

（1）武曲、天府、禄存、化禄是钱财的象征。若它们遇天魁、天铖、文昌、文曲等文星，则象征与票据有关的财富。

（2）太阴象征与财务计划有关的财富。

（3）与财运好相关的有下列星曜：天喜、喜神、青龙、长生、帝旺、恩光、天贵、天才、天德、龙德、天福、月德等。

（4）与钱财和财务迁移和调动相关的有下列星曜：七杀、破军、贪狼、天机、天马、岁驿、攀鞍、左辅、右弼、天使等。其中比较正宗的迁移和调动的相关星曜是：七杀、天机、天马、岁驿。

（5）象征钱财与财物上的平稳、安定、调整或不动现象的星曜是：天相、禄存、火星、寡宿、息神、伏兵等。

4. 与桃花有关的星曜

在命理学中有一个重要的名词——"桃花"。命理学的各个流派都会论及这个命题，紫微斗也不例外。所谓"桃花"是指：一个人的人缘、异性缘、对异性的吸引力以及与婚姻关系。并不是简单地理解为"好色"。紫微斗数一百一十二颗星曜中具有桃花属性的主要星曜是：廉贞、贪狼、天姚、红鸾、天喜、咸池、沐浴等。其中特别要提到的一颗星是咸池（属于流年十二将星），它就是所谓的"桃花煞"。虽然它的级别低，但由于其特殊性，在论命时需要注意。此外，太阴、左辅、右弼、天魁、天钺、文昌、文曲、生年化禄及生年化科等星曜也具有桃花的属性。另外有一些星曜对桃花有破坏、阻碍、发生婚外情甚至中断恋爱和婚姻的作用，如六煞星（擎羊、火星、火星、铃星、天空、地劫）、天刑、阴煞等。

上述桃花星的作用的发挥，和该星与其他主星的组合（同宫、对宫、三方、夹、形成的格局等），以及位于哪一宫有关。

分析一个人的桃花的基点是命宫，然后看哪一颗桃花星进入命宫，哪一颗桃花星进入夫妻宫。一般认为，进入夫妻宫的桃花为正桃花，进入子女宫、官禄宫、田宅宫的为偏桃花。

以下是按照桃花属性从强到弱的顺序排列的桃花组合：

（1）廉贞、贪狼入命宫，天府入夫妻宫：贪狼乃第一大桃花，廉贞乃第二大桃花，因此，这是桃花属性最浓的组合。若是男命，其人常有艳福及异性的追求，终日花天酒地，流连风月场所，且能娶到温柔、贤淑、高贵的配偶。若是女命，则反而不佳，容易出轨，甚至流落风尘（注：这种观点与中国历来的夫权思想提倡的"男尊女卑"有关，值得商榷！）。

（2）紫微、破军入命宫，夫妻宫中无主星：若是男命，紫微、破军同入命宫者，其人多为情场浪子。由于夫妻宫中无主星，其人有可能会"博爱"，甚至滥爱。

（3）紫微、贪狼入命宫，天府星入夫妻宫：其人要求有心灵互相沟通的高品质的爱情生活，对情欲和权力都有追求。

（4）贪狼入命宫，紫微、天府入夫妻宫：贪狼乃第一桃花，其人多才多艺，有风流纵情的本性，不论男女都容易出轨。

（5）廉贞、破军入命宫，夫妻宫无主星：其人对待爱情比较随便，结果大多是自己出轨、受伤害、被骗。

（6）紫微、天相入命宫，贪狼入夫妻宫：其人感情困扰甚多，把爱情变成对欲望的满足。若是女性，容易成为小老婆或偏房。

（7）廉贞入命宫，七杀入夫妻宫：廉贞乃第二大桃花，其人往往追求的是清秀、冷艳有个性美与野性美的人，其爱情来得快得的也快，是属于一见钟情的干柴烈火型。

（8）紫微、天府入命宫，破军入夫妻宫：这种组合是最能激发桃花性质，其人擅长交际。男命，其人好色风流，喜欢沉迷女色。女命，其人自视甚高具有强烈的个性，容易有桃色纠纷产生。

（9）破军入命宫，夫妻宫中无主星：其人不拘小节，行事大胆泼辣，自尊心强，不接受他人束缚，喜欢照顾人，具有非常强的社交能力，异性缘不错。若是男性，容易给人造成花花公子的印象。

（10）廉贞、天相入命宫，贪狼入夫妻宫：其人颇有个性，对待爱情较为理智。但如果遇到爱情高手，会有被"束手就擒"的可能。

（11）太阴入命宫，夫妻宫中无主星：其人属于神经纤细型之人，是感性、浪漫之人，容易散发吸引异性气息，有很好的社交手腕，但容易动感情，所以常有花边新闻出现。

（12）天同入命宫，天梁入夫妻宫：天同乃人缘星，天梁乃多管闲事之星，二者的组合主其人的人缘既佳又随和，与异性相处非常圆融，于不自觉中吸引异性接近，而自己却不甚积极（注：因为天同入命之人比较懒）。

（13）天机入命宫，太阳入夫妻宫：天机乃保守、凡事多虑的星曜，故这种组合之的人少有桃花，对情爱的追求偏向稳定中求发展，却反过来希望其爱情的对象是比较好动活泼开朗型的。

（14）太阳入命宫，天同入夫妻宫：因为太阳光芒四射，所以其人是天生的交际高手，人缘极佳，追求异性的方式非常浪漫和理想化。

（15）廉贞、七杀入命宫，天相入夫妻宫：其人的个性勇于冒险有冲劲，但对爱情不太积极，因此婚恋会迟到。

（16）天相入命宫，贪狼入夫妻宫：其人个性单纯，喜欢稳定的生活，不喜欢变化，欣赏年纪较长的人。由于容易轻信他人，所以在爱情上易受欺骗。

（17）天府入命宫，破军入夫妻宫：其人的个性偏于保守，忍耐力强。对感情相当执著，喜欢追求稳定的婚姻。

（18）巨门入命宫，太阴入夫妻宫：其人有才华、灵巧、口才好。常因工作关系而产生桃花纠纷或外遇，但自己并没有罪恶感。对自己的感情世界很会保密。

（19）武曲入命宫，七杀入夫妻宫：武曲为孤独刚烈之星，故其人的桃花来去匆匆，而且由于有孤独的特点，怕受到伤害，其爱情往往是以热情开头，以冷淡结尾。

（20）天梁入命宫，巨门入夫妻宫：这种组合的桃花很弱。其人的人缘极佳，但对爱情相当保守，即使爱上了对方，也只是默默放在心中，多为暗恋。

（21）七杀入命宫，天相入夫妻宫：其人的个性直爽有冲劲，喜欢变动，但对爱情却总缺临门一脚，结果是拖久不决甚至泡汤。

注：在分析一个人的命盘时，可以首先根据上述各种桃花的组合，对其人的婚恋情况作出总体判断。

5.　常用星曜

上述一百一十二颗星曜中，在分析命盘时，常用的只有下列三十多颗星曜。对于分析命盘的基本要求，用好这些星曜已经足够。

（1）十四颗主星：紫微、天机、太阳、武曲、天同、廉贞、天府、太阴、贪狼、巨门、天相、天梁、七杀、破军。

（2）六吉星：文昌、文曲、左辅、右弼、天魁、天钺。

（3）六煞星：火星、铃星、天空、地劫、擎羊、陀罗。

（4）四化星：化禄、化权、化科、化忌。

（5）另外几颗星：禄存、天马、红鸾、天喜、天姚、截空、旬空、咸池等。

注：近年来，命理学界常会用到一个以往不常用的星曜——天厨（在有些古籍中根本没有天厨）。天厨星属阴土，为俸禄之星，主吉。若天厨入命宫、官禄宫等宫，主其人有终身公职；若加会廉、贪、巨、阳等星，主其人多应酬、能研究厨艺；若遇天才星同宫，则更显其人的烹饪之才。安天厨星的口诀是"甲丁食蛇口，乙戊辛马方，丙从鼠口得，己食于猴房，庚食虎头上，壬鸡癸猪堂。"天厨星的基本意义为"盛宴"，一般论命很少采用"天厨星"，因它只是代表厨艺的一颗星，代表有烹饪天分或对食物的美味有鉴赏天分。近年越来越多人重视"天厨星"，因为能享受美食的它也象征着高收入、高职位的机会。

天厨的优点：主其人聪慧机敏，学习力强，负责敬业能吃苦耐劳，亲切和睦、人缘极佳，有口福且能尝美食。

天厨的缺点：主其人操心操劳，顾虑繁多，思绪难安而容易分心，对人无防致使容易吃亏，食欲旺盛、易造成身体负担。

6. 星曜的旺度状态

既然采用星曜，那么自然会引出星曜的亮度问题。而亮度就是星曜的状态。状态分为庙、旺、得地、平、陷五种。它们的含义是：

（1）庙：星曜最亮。处于此状态时，吉曜极吉，凶曜不凶。

（2）旺：星曜次亮。处于此状态时，吉曜则吉，凶曜不凶。

（3）得地：星曜尚亮。处于此状态时，吉曜尚吉，凶曜渐凶。

（4）平：星光已弱。处于此状态时，吉曜力微，凶曜肆凶。

（5）陷：星曜无光。处于此状态时，吉曜无力，凶曜最凶。

关于确定星曜在各宫状态的规则，至今没有见到权威的论述来说明是如何确定的。至少，仅用各宫的五行属性与星曜的五行属性之间的关系无法解释清楚。当今紫微斗数有改革派和古传派两大流派。改革派基本上屏弃了庙、旺、得地、平、陷的概念（以中国台湾的了无居士为代表）。古传派则始终认为星曜的庙、旺、得地、平、陷状态是有作用的，认为只有这样才能区分星曜之间各种排列的差异（以中国台湾紫云先生为代表）。有些书中将星曜的状态分得更细，本书不作介绍。

笔者认为，既然使用了星曜，而星曜必然有或亮或暗的状态，这应该是古人引入星曜概念的本意。因此，本人倾向于古传派观点。

注：在有些书和资料中将旺度划分的状态更多，笔者并不认为越多就越好。

诸星曜在十二宫庙、旺、得地、平、陷一览表

宫位	庙	旺	得地	平	陷
子	天机、天府、太阴、天相、天梁、破军、禄存、化忌、解神、丧门	武曲、天同、贪狼、巨门、七杀、天魁	文昌、文曲	紫微、廉贞、天空、化权、化科、天刑、天姚	太阳、擎羊、火星、铃星、地劫、红鸾、化禄、天哭、天虚

宫位	庙	旺	得地	平	陷
丑	紫微、武曲、天府、太阴、贪狼、天相、七杀、文昌、文曲、擎羊、红鸾、化权、化科、天哭、天虚、官符、陀罗	天梁、破军、天魁	火星、铃星	廉贞、化禄、化忌	太阳、天同、巨门、天机、天空、地劫、天刑、天姚
寅	廉贞、天府、巨门、天相、天梁、七杀、禄存、火星、铃星、红鸾、化禄、天刑、天贵、解神、天官、天福、贯索	紫微、太阳、太阴、天钺、天马	天机、武曲、破军、化权、化科	天同、贪狼、地劫、天姚	文昌、天空、化忌、文曲、陀罗
卯	太阳、巨门、天梁、禄存、天魁、红鸾、天刑、天姚、天哭、天虚、解神、天官、天福	紫微、天机、七杀、文曲	天府、化权、化科	武曲、贪狼、文昌、火星、铃星、天同、廉贞、天空、地劫、化忌	太阴、天相、破军、擎羊、化禄
辰	武曲、天府、贪狼、天梁、七杀、擎羊、红鸾、化忌、天贵、解神、陀罗	太阳、破军	紫微、天相、文昌、文曲、化科	天机、廉贞、天同、化禄、天刑、天姚、化权	太阴、巨门、火星、铃星、天空、地劫、天哭、天虚
巳	天同、文昌、文曲、禄存、天官、天福、天空	紫微、太阳、巨门、天钺	天府、天相、火星、铃星、地劫、化禄、化科	天机、武曲、七杀、破军、天马、化权、化忌、天刑、天姚	廉贞、太阴、贪狼、天梁、红鸾、陀罗
午	紫微、天机、天相、天梁、破军、禄存、火星、铃星、天魁、天空、地劫、解神、丧门	太阳、武曲、天府、贪狼、巨门、七杀、化科		廉贞、化权、天刑、天姚	天同、太阴、文昌、文曲、擎羊、红鸾、化禄、化忌、天哭、天虚
未	紫微、武曲、天府、贪狼、七杀、擎羊、官符、陀罗	天梁、破军、文曲、天钺	太阳、天相、化权、化科	廉贞、文昌、火星、铃星、天空、地劫、化禄、化忌	天同、太阴、巨门、天机、红鸾、天刑、天姚、天哭、天虚
申	廉贞、巨门、天相、七杀、禄存、天钺、天空、地劫、化禄、化忌、天哭、天虚、天官、天福、贯索	紫微、天同、天马、化科	天机、太阳、武曲、天府、破军、文昌、文曲	太阴、贪狼、化权、天刑、天姚	天梁、火星、铃星、红鸾、陀罗
酉	巨门、文昌、文曲、禄存、天钺、天空、天刑、天姚	紫微、天机、天府、太阴、七杀	天梁、火星、铃星	武曲、贪狼、太阳、天同、廉贞、地劫、化权、化忌	天相、破军、擎羊、红鸾、化禄、化科
戌	武曲、天府、贪狼、天梁、七杀、擎羊、火星、铃星、红鸾、天刑、天姚、解神、陀罗	太阴、破军	紫微、天相、化权、化科	天机、廉贞、天同、地劫、化禄	太阳、巨门、文昌、文曲、天空、化忌
亥	天同、太阴、禄存、红鸾、天姚	紫微、巨门、文曲、天魁、地劫	天府、天相、化禄	文昌、火星、铃星、天机、七杀、武曲、破军、天马、化权、化科、化忌、天刑	太阳、廉贞、贪狼、天梁、天空、陀罗

7. 其余星曜的吉凶分类

（1）吉曜：天马、化禄、化权、化科、天喜、天才、天寿、台辅、封诰、恩光、天贵、天官、天福、三台、八座、龙池、凤阁。

（2）凶曜：天伤、天使、天空、地劫、天刑、天姚、化忌、天虚、天哭、孤辰、寡宿、劫煞、华盖、空亡。

（3）流星：流年十二岁星、流年十二星、流羊、流陀、流火、流铃、流马、流禄、流鸾、流喜、流魁、流钺、流昌、流曲、流年四化。

8. 十二宫与星曜常用术语

（1）三合宫：按照十二地支中的三合局规则，命盘十二宫也有四组三合宫：申、子、辰为三合宫；寅、午、戌为三合宫；亥、卯、未为三合宫；巳、酉、丑为三合宫。

（2）三方四正：指本宫与三合的其他二宫，再加上其对宫，合称为三方四正。例如，本宫在子，则申、辰二宫为三合的其余两宫，再加上其对宫为午，合起来申、子、辰、午为三方四正。这个概念是紫微斗数中推断论命时的主要着眼点。

（3）入、坐、居：凡吉星入某宫为坐或居。但更多的时候入命宫之星称之为"入命"。例如，紫微入命宫为"紫微入命"。凡凶星入某宫为居。例如，擎羊入命宫为"擎羊居命"。（注：在有些古籍中将"居"称为"踞"。）

（4）朝、冲：凡吉星入某宫的对宫，为朝某宫。凡凶星入某宫的对宫，为冲某宫。

（5）辅、夹：凡两颗吉星分入某宫的两个邻宫，则为辅。凡两颗凶星分入某宫的两个邻宫，则为夹。（注：现在大多数人将二者并称为"夹"，很少用"辅"。）

（6）拱：星曜见于对宫，如天相坐守某宫，对宫有武曲、破军，称为武曲、破军来拱照。（注：这个概念与上面的"朝"类似。）

（7）守、照：某星坐于本宫曰"守"，"照"是指本宫之三合宫及对宫之星曜与本宫所发生之感应。

（8）加会：指本宫、对宫、三合宫中的某些星曜会合而言。

（9）拱照：三合宫的任意两宫与另一宫构成拱照的关系。

（10）六吉星：文昌、文曲、左辅、右弼、天魁、天钺。

（11）四吉星：禄（禄存、化禄）、贵（天魁、天钺）、权（化权）、科（化科）。

（12）七吉星：文昌、文曲、左辅、右弼、天魁、天钺、禄存。

（13）三吉化：化禄、化权、化科。

（14）六煞星：擎羊、陀罗、火星、铃星、天空、地劫。

（15）四凶星：擎羊、陀罗、火星、铃星。

（16）加煞：六煞星之中的一颗或数颗星落在某宫，为加煞。

（17）加吉：七吉星之中的一颗或数颗星落在某宫，为加吉。

（18）天罗地网：天罗指命盘中的辰宫，地网指命盘中的戌宫。

（19）格局：多个星曜，按固定的规则组合，产生某种作用，称为格局。

（20）竹箩三限（杀、破、贪）：七杀、破军、贪狼三星，永远在命盘上互相会照，成三合的关系。大限、流年逢之，机运多有变化。

（21）冲破、相冲：凶星居本宫为冲破，凶星居对宫为相冲。（注：也叫冲破）

（22）四生、四败、四墓：四生之地指命盘中的寅、申、巳、亥宫，此为五行长生之处；四败之地指命盘中的子、午、卯、酉宫，此为五行沐浴之处；四墓之地指命盘中的辰、戌、丑、未宫，此为五行入墓之处。

二、星曜个论

1. 紫微星

1）星情总论

紫微乃北斗主星，群星之首，至尊之宿，作为帝座之星，属阴土。紫微主造化之枢机，故为官禄宫主，入官禄宫者为得位。

紫微有化解凶厄、保康延寿、制化羊、陀、火、铃、空、劫、忌各星之能。紫微喜擅权、爱吹牛、好施令、易受人煽动、翻脸无情、看高不看低、喜交权贵之人、自己骄傲又喜逢迎讨好。紫微入命之人有通才而不专才。

紫微星的代表人物为周文王的长子伯邑考，掌"尊贵"，为"帝座"，育万物，形貌厚重，腰背肥满，为人忠厚老实，谦恭耿直，又有自负倾向，耳根软易受影响，善变、多疑、心地狭小，易感情用事，主权威显贵、带倨傲之气。

2）风水、地理类象

天时类象：高气压、晴天、北极星。

地理类象：高地，黄红色或黄紫色土壤，富贵豪门之家，名人坟墓，山坡丘陵，砖窑，楼上，街门，中心地带。主慈宜静，以吉论。加煞为冲，半吉。

3）旺度

紫微在各宫的旺度：于丑、午、未为入庙；于寅、卯、巳、申、酉、亥为旺；于辰、戌为得地；于子为平。紫微星无落陷之地。

4）与紫微有关的格局

（1）百官朝拱格：紫微入庙，有六吉星、禄马相会。此乃最上等之格局。成格者多为社会上的名人，掌握权力，宜在政界发展。此外，一些杂曜（如龙池、凤阁、天官、天福、三台、八座、台辅、封诰、恩光、天贵等吉曜）还能提高此格局的贵显程度。

（2）在野孤君格：紫微无六吉星、禄马相会，亦无四煞并照。此时如孤君在野，故此格局的成就不大，但其人仍可在专业范围内掌权。若遇天空、地劫、截空、旬空、天空等诸曜冲会，在古时多断其人有为僧道之可能，在现代则断其人宜向哲学研究发展。

（3）无道之君格：紫微有四煞来并照，紫微虽能制化四煞，但若四煞并照，则紫微力有不逮。此时，紫微的缺点，如自大骄傲、志大才疏等尤为突出。

（4）辅弼拱主格：紫微入命，若有辅、弼二星来拱，则合此格，为贵局。（所谓"拱"，是指某个星曜入宫，另一个吉星入其对宫，则后者对前者构成"拱"的关系。如天相入寅、申二宫，武曲、破军入申、寅二宫，称为武曲、破军拱照。如果进一步细说，则还有"朝"和"冲"的概念，凡吉星入某宫的对宫，为朝某宫。凡凶星入某宫的对宫，为冲某宫。）

（5）君臣庆会格：紫微入命，且有天府、天相、左辅、右弼、文昌、文曲、三台、八座、龙池、凤阁、恩光、天贵等吉星在三方四正会合，又无煞者方合此格。紫微为君，天府、天相、文昌、文曲、左辅、右弼诸星作臣，故为君臣庆会。若再加禄存并吉化更佳。但若有四煞、空、劫、忌诸恶同宫或加会，谓之奴欺主，臣蔽君，反为祸乱，则不合此格。凡合此格者，不大贵即当大富。

（6）紫府朝垣格：紫微、天府于庙旺之地（须紫微和天府同时入庙或旺，故仅有：丑、寅、午、未、酉诸宫）合照命垣，命宫三方四正有禄存、化科、化权、化禄、文昌、文曲、左辅、右弼、天魁、天钺诸吉星者合格。此格有以下四种情形：

① 武曲、天相在寅、申入命，三合有紫微、天府。

② 廉贞在寅、申入命，三合有紫微、天府。

③ 廉贞、天相在子、午入命，三合有紫微、天府。

④ 天相在丑、未入命，三合有天府，对宫有紫微。

入此格者，不大贵即当大富。换言之，紫微、天府按照三合局的排列来朝命宫。例如，寅宫安命，午、戌二宫有紫微、天府来朝。

（7）金舆扶御驾格：紫微入命，前后有日、月（太阳、太阴）来夹（因为太阳和太阴为吉星，故也称为"来夹"），此乃贵格。（注：实际上，无论紫薇入哪一宫，太阳和太阴不可能同时入其前后两宫。）

（8）紫府同宫格：紫微在寅、申入命，此时必与天府同宫，如果再与禄存、科、权、禄、昌、曲、左、右、魁、钺加会者，即合此格。此格生人，必主大富大贵，福寿隆昌。若是甲年生人，再有化吉者，乃极佳之格局。若是丁、己、庚、癸年生人亦吉。但若不见吉星并吉化，则不合此格。

（9）极响离明格：紫微在午宫入命，三方四正无煞凑，则合此格。紫微为北极，午宫属离卦位，故有此名。此格乃紫微在午入庙，若不加煞星，纵无吉辅，亦主富贵不小。若会吉星，得此格者，不是朝中显宦，也是商界巨富。紫微在子坐命，远远不及在午宫之威势。此为贵格。

（10）四正同临格：紫微、天府、太阳、太阴于旺地入命者，文可为辅弼之臣，武可为掌兵权之将。此为贵局。（注：它们不可能同时入命，紫薇、天府同时入命于寅、申，太阳、太阴同时入命于丑、末）

（11）三奇加会格：三吉化会于命宫，拱向紫微所在之宫。此为贵局。

（12）极居卯酉格：紫微、贪狼在卯、酉二宫同入命宫，又遇煞星。凡紫微、贪狼于卯、酉入命者，并非都是贫贱之命或僧人道士。若遇紫微化权、化科，贪狼化禄、化权，或禄存在命宫，或加会火星、铃星、左辅、右弼、文昌、文曲等情形，皆不能以贫贱定之，反主富贵有成（但女命不宜见昌、曲）。

又若无上述任何一个星曜会合，而命宫三方见擎羊、地劫、天空、旬空、截空、化忌、天哭、天虚、孤辰、寡宿等星宿，其人必一生无成，贫穷孤单，名利俱无，宜出家为僧道。若再有空亡入命，主其人与宗教之缘分颇强，古人云："极居卯酉遇劫空，十人之命九为僧。"

凡是紫微与贪狼在卯、酉入命，其人多有如下特点：① 较讲义气，出生在很平常的家庭；② 有虔诚的宗教信仰，其人相信玄学、算命、占卜、气功、医学，好神仙之术，甚至会投入时间去研究；③ 与异性打交道的时候多，个性和外在形象富于魅力，容易吸引异性。男子爽快大方，不太重视钱财，女子身材性感，想法太多，不安于室，宜嫁离过婚的老公，或结婚前有较多波折方可偕老；④ 为"桃花犯主"之格，男女皆易有桃花，婚姻关系有过问题或有不正常之事，加空亡不论；⑤ 其配偶体态较为肥胖；⑥ 其人自己的寿命较长。

古人云："北极加凶煞，为僧为道"、"极居卯酉，多为脱俗僧人""女命，紫微贪狼同宫，落风尘"（注：命宫、福德二宫加煞方合）"紫微贪狼同宫于卯酉，不忠不义，匿近奸人"。若无文昌、文曲、左辅、右弼会合，其人会近小人而远君子，与坏人沆瀣一气，喜欢同不三不四的人一起鬼混。"紫微贪狼同宫，如无制，是无益之人"。但若得辅、弼、昌、曲夹制，则不作此论。

（13）帝遇凶徒，纵获吉而无道格：紫微入命，有煞星来会照，此时即使化权入命，也没有用。此处的凶徒是指四煞星：擎羊、火星、火星、铃星。纵然逢吉星进来与凶星在一起也一样。其人为人心术不正，乃无道之君。此处的吉星指六吉星：文昌、文曲、左辅、右弼、天魁、天钺。凡紫微居午宫会煞星太多之人，口德不好。会有周期性的孤寂感，易曲高和寡。若有三吉化加会，则吉星多者可解。其人宜修身养性。否则，若加会的煞星多，则雪上加霜。

5）紫微入十二宫分论

（1）紫微入命宫

① 性格、外貌、运气，与其他星曜的关系分析

紫微为帝星，所以会有特别多的谗言在其左右，而听信谗言，正是紫微的最大缺点。必须化权、化科或见百官朝拱，然后才可化解听信谗言的缺点。

紫微入命最普遍的现象是其人有耳软心活、无所不好的习性。

凡紫微入命者，主其人形貌敦厚，腰背肥满多肉，脸型似瓢，瘦长略带圆形，

面色紫红或黄白色，眉毛很浓，眼睛大但不算亮（注：实例证明此言不准），中高身材。为人多心高气傲，易信人言。气质虽佳，却易受外界影响。若无吉星拱照，其人的性情多孤僻、专横、倔强，但常游移不定。若再加煞星拱照，则易在失意时自暴自弃。但无论是否加遇煞星或遭遇凶厄之事，都能减少伤害与损失。

若紫微入命宫及兄弟、夫妻、子女、父母诸宫，又无其他吉星同宫者，主孤。但若三方无煞，则男女皆吉。尤其是与天府同宫，或与天府分值命、身二宫者最吉。此外，若是男命，紫微入上述诸宫及疾厄宫者，虽紫微庙旺亦不作吉论。

在紫微斗数中，紫微是北斗之首，它有六种星曜组合："紫微独坐""紫府""紫贪""紫相""紫杀""紫破"。以下对这六种组合分别论述：

紫微独坐

紫微星需要有文武百官，若与天府、天相、左辅、右弼、天魁、天钺、文昌、文曲、三台、八座、禄存、天马、天贵、恩光；台辅、封诰、龙池、凤阁。其中文昌、文曲、三台、八座（又称为"辇舆"，即有如帝皇的侍从车驾）等星曜同宫或会照，因为有了这些吉星辅曜，紫微便能作威作福，无往不利。若无吉星，反与恶星凶曜聚会，则是忠贤远离，小人弄权的局面，或是小人在朝君主在野的情形，主其人灾祸连连，而且其人多假心假意，奸诈刁滑。例如，紫微需要左辅、右弼的辅佐。若无左、右则仅为孤君，凡事需自己干，多劳碌，成败不一。

《紫微斗数全书》云："不入庙，无左右，为孤君，亦清闲僧道。"并未将孤君的星系结构和盘托出。应读作："不入庙，无百官朝拱，为孤君。"

注："无道之君"与"在野孤君"不同。无道是指没有吉曜同宫或会照，而三方四正之宫中却有多个恶煞，主其人横悖习诈。而孤君（在野孤君）则仅主其人大权旁落，谋为费力。这是与无道不同的。

若紫微独坐命宫，无百官朝拱（即无上述辅佐之星曜同宫或在对宫来拱），如果三方四正有空曜及华盖（所谓空曜是指地空、天空、截空和旬空），主其人好研究哲理，或有虔诚的宗教信仰。

若紫微入命，但没有左辅、右弼、天魁、天钺等星拱照，同时紫微不入庙，则是君王在野，成了孤君，主其人性情孤独，思想超脱，可以出世为僧、道之流。

"紫府"组合

若紫微与天府、天相、左辅同入命宫，又有右弼来会。主其人一生富贵双全。但是如果有火星、化忌来冲破（在对宫），则结局不佳。

若与天府同入命宫，但无吉星加会者，主其人自私小气，对钱财看得很重，轻者斤斤计较，重者处处算计别人。为人不豪爽，因此别人对其反感。

若与天府同入命宫，又有破军入夫妻宫，这种组合最能激发桃花性质，其人擅长交际。男命，其人好色风流，喜欢沉迷女色。女命，其人自视甚高，个性很强，容易发生桃色纠纷。

若紫微入庙，且会照天府、天相、左辅、右弼、文昌、文曲、禄存、天马、化禄、化权、化科，主其人必定富贵双全。若再有禄马（禄存、天马）交驰，而没有空、劫加会，则更主其人大富大贵。

"紫贪"组合

若与贪狼同入命宫，又有天府入夫妻宫，此乃桃花之象，其人要求有心灵互相沟通的高品质的爱情生活，对情欲和权力都有追求。此时若无吉星同宫，其人多为奸诈虚伪之辈，不是真小人，就是伪君子。

在紫微六个星系组合中，凡"紫贪"组合入命，又见空曜及煞曜者，主其人易有宗教的信仰。

"紫相"组合

若天相、禄存、天马三星会照紫微星，而且没有空、劫、恶煞同宫者，主其人一生富贵双全。

注：紫微与天相同宫或会照的情形，仅有"紫微在子、午独坐"，"紫微破军在丑、未同宫"，"紫微天府在寅、申同宫"，"紫微、天相在辰、戌二宫同宫"几种组合。无论哪一种组合，都喜见禄马（禄存、天马），亦喜见"辇舆"之星（三台、八座）。

天相为印星，若与紫微同宫或会照，有如帝皇持玉玺，如果再有禄马或辇舆之星（三台、八座），如同一位能持权柄且国库充盈、有声有色的帝皇。但若同时恶煞来同宫或会照，则为"无道之君"，这是因为富贵与无道并不相悖。

《紫微斗数全书》云："紫微辰戌宫得地与天相同，乙己甲庚癸人财官格"。即，如果紫微与天相同宫于辰、戌，则为财官之格。

这是因为乙年生人的生年干引发天机化禄、天梁化权、紫微化科，且紫微化科入命。己年生人的生年干引发武曲化禄、贪狼化权、天梁化科。甲年生人的生年干引发廉贞化禄。庚年生人的生年干引发武曲化权。癸年生人的生年干引发破军化禄、巨门化权、太阴化科。

其中，真正起作用的四化是：甲年生人有廉贞化禄来加会；乙年生人有紫微化科入命，戊年生人有贪狼化禄来加会；己年生人有武曲化禄来加会；庚年生人有武曲化权来加会。

上述几种格局之中，以由乙干引发的天机化禄、天梁化权最为上品，这是因为天相最喜财荫相夹。

（注：然而虽有禄、权、科，仍需见禄存、天马才可以断为其人得富。否则，即使有昌、曲、辅、弼、魁、钺来会，亦不过在政界发展顺利面已。因此，凡紫、相同宫，见化禄、化权者为上格的说法，还需加上见禄、马的条件。王亭之先生所传的口诀是："紫微天相辰戌宫，最喜权禄喜相逢"，也需补充这一点。）

紫微、天相同入命宫的组合，以见化禄为佳，见禄存则次之。如果再有左、右、昌、曲者，则主贵。

但是"紫、相"组合不宜见羊、陀。若见擎羊，主其人有词讼，而且其人会破相；若见陀罗，主其人淹滞，而且其人的牙齿有缺。总之，如果"紫相"组合见羊、陀，主其人只宜经商，若从政，则多争执是非，或者独立离群。

若有擎羊、陀罗、火星、铃星这四个煞星加会，主其人乃普通经商的命，只要四煞入庙，而且有其他的吉星同宫或会照，其人也能发财，但是麻烦纠纷、事非口舌很多。如果会照落陷的擎羊，则会有词讼口舌。

注：在紫微所有的星系组合中只有"紫府"的组合，能在见煞后仍宜经商。但见煞者，主其人奸诈刁猾。若更遇空曜，则主其人与六亲无缘。

若与天相同入命宫，又有贪狼入夫妻宫，主其人感情困扰甚多，把爱情变成对欲望的满足。若是女性，容易成为小老婆或偏房。

"紫杀"组合

紫微能化杀为权（又称作化煞为权，实际上是指化七杀），因为紫微为帝座，能赐予七杀权力。故紫微与七杀同宫者喜当老大。若七杀与紫微同宫，再有吉星会照，则七杀的刚勇便会有英雄有用武之地，主其人有权有势；若无吉星会照，则仅是草寇霸道，主其人横发横破。

紫微能化七杀的煞气而成权威，能化解并中和铃星及火星的不祥之气。

若与七杀同宫（必在巳、亥二宫），此时紫微旺，再有昌、曲同宫者，主其人不贵即大富。凡丙、戊之年生人为财官之格（注：有些书中说是乙、戊年生人，有误！）。这是因为丙、戊之年生人，禄存在巳，或与紫、杀同宫，或与紫、杀相对。中州派的王亭之先生有一句师传口诀："紫微七杀与禄同，化杀为权逞英雄"。此即以见禄为化杀的条件，其实称为制杀更准确。

但若七杀并未与紫微同宫，而是在对宫或三方，则属于"将在外君命有所不受"，不能算是化杀为用，其人易有刑剋或刑伤。

《紫微斗数全书》云："紫微七杀化权，反作祯祥"。又云："紫微七杀同宫，会四煞不贵，孤独刑伤"。可见关键在于能否"化杀为权"。

但若紫、杀同宫见火、铃、羊、陀同宫或会照，则不成"制化"之局。若无禄存吉曜，亦不见煞，即使不落亡，不见空曜，亦主其人仅得虚名。

"紫破"组合

若紫微与破军同入命宫或会照，且无煞星，其人宜在政界谋发展。如会照禄存、天马，则经商者能发，但是宜经营公共事业或与政府有关的事业。古人云："紫微破军坐命，甲乙戊己庚生人，富贵堪期。"但若不见三吉化，又无吉曜来辅佐，则其人虽从政，却局面不大。古人云："紫微破军无左右吉会，凶恶胥吏。"

若紫微入天罗地网（辰宫为天罗，戌宫为地网），对宫是破军，无吉星辅曜会照者，称之为"无义"。因为破军有冲锋陷阵破敌的先锋的意义，受对宫皇帝之命后，便唯君命是受，不顾一切，远离家室，杀敌无算，所以称之为无情无义；对于人，或则精神受刺激，或则心脏不健全。若有吉星会照，虽然能化无情为有情，但其人的一生，定然一波三折，过程不会平静，而且常常会有意无意间，表露出情义淡薄的一面。

若紫微与破军同入命宫，也是桃花之象，主其人有淫欲。如果此时夫妻宫中无主星，若是男命，其人多为情场浪子。由于夫妻宫中无主星，有可能会"博爱"，甚至滥爱。若与破军加四煞入命，其人多为奸诈虚伪之辈，不是真小人，就是伪君子。

在上述六种主要组合之外，紫微入命与其他星曜（包括凶星）同宫或会照也会形成格局或组合而发生作用。论述如下：

古人云："紫禄同宫日月照，贵不可言"，"紫微、武曲临财宅，更兼权禄富贵翁"。（注：如果有禄存同宫亦是如此。反映出紫微喜见禄存的性质。）

最好的格局是禄、权齐全，如果只有化禄、不见化权，则主其人仅有虚名。若无禄存、吉曜，亦不见煞，即使不落亡，不见空曜，亦主其人仅得虚名。若紫微入命（尤其是入命于午宫为佳），此时昌、曲入福德宫者，称为"玉袖天香"。

若紫微与昌、曲同入命宫，或与昌、曲在三方会合，或昌、曲夹命，其人的学历多为大学程度。

紫微喜化权，即使没有百官朝拱，亦主其人可操权柄。但紫微化权后，其人往往会想要获取更高权位，从而更加辛劳。紫微最喜化科，主其人有声誉，地位高。无论紫微化权或化科，都作"在野孤君"论。

紫微怕有落陷的四煞（羊、陀、火、铃）无制来冲，形成奴仆欺主的局面。若大限逢之，同论。凡军警界之人行运逢此组合，多壮烈牺牲，而得身后之哀荣。

若与四煞同入命宫，尤其与火、铃同入命宫，又无吉星同宫，其人多为奸诈虚伪之辈，不是真小人，就是伪君子。而且其人自私小气，对钱财看得很重，轻者斤斤计较，重者处处算计别人，为人不豪爽，因此别人对其反感。

若与空、劫同入命宫，且无百官朝拱，其人常会有出家的思想。

若紫微入运限（大限宫或流年宫），主其人在此运限期间福禄皆厚，经商者主发展，从政者主升迁。此时若有天府同宫，更会有贵人帮助，或者会突然名利双收。此时若与破军同宫或会照，则有去旧更新之事发生。若逢空、劫、耗星，则其人会经济困难、破财、停滞。若与擎羊、陀罗、火星、铃星相会，则会有虚惊纠纷，降职停业的遭遇。

（注：上述关于大限或流年见紫微的论断仅可参考，仍需参详与紫微同宫或会照的各个星曜的性质。）

凡女命，古书中认为，如果紫微入命，有天府同宫，以及吉曜会照，则是封诰的夫人之命。若是擎羊、陀罗、火星、铃星、空、劫照会，再有破军照拱，则其人一生喜欢自作主张，虽能发财，但难免淫巧多夫。如果紫微入夫妻宫，加天府及吉曜者，亦主其人乃夫荣子贵之命。

注：上述说法并不完整，实际上，女命有"紫府"同宫，不一定"夫荣子贵"，必须"百官朝拱"才有可能，若不见吉而见煞，仍主婚姻不利。

而且，"紫破""紫相"两种结构，对于女命，主其人的婚姻很难完美。如果所见的辅佐诸曜不成对（如见天魁不见天钺等），又有煞、空曜等同宫者，往往会再嫁。

②所入宫位（十二地支）分析

紫微入命于子、午

此时紫微皆为独坐（无其他主星同宫）。在子为平，在午为庙。其人往往独断专行、脾气暴躁。若无左辅、右弼相助，或仅有左辅、右弼之一同宫，则即使有其他吉星相辅，也显力量不足。故其人往往会有雄心万丈，却壮志难伸之感慨。

若没有六吉星会照，却有六煞星之一在三方冲会，其人往往只是一个空有理想、却牢骚满腹的空想家。

古人云："紫微在子，丙戌壬生人，悔吝破财灾殃"。这是因为凡丙年生人，若紫微在子入命，此时官禄宫中（辰宫）有廉贞化忌，主其人易犯小人，有桃花煞，感情与安全皆不利。戌年生人廉贞虽不化忌，但仍火星同宫，亦不吉。壬年生人则有武曲化忌于财宫（申宫），主其人的财务、感情事业皆不利，甚至有车祸、刑伤或破大财之可能。

紫微在午入命者，心情沉闷，有孤寂感。若有煞星同宫，且流年夫妻宫、福德宫有煞、忌，则其人在该年感情问题十分不利。凡子年生人，情绪会出现低潮。

若紫微入命于午，此时紫微入庙，主其人富贵双全。若这时有煞星同宫，其人宜为僧道。尤其是紫微入命于午，且无羊、陀者，则甲、丁、己年生人可位至公卿。

紫微入命于丑、未

丑、未二宫为贵人出没之门户，故紫微的本位在丑、未宫（因为丑、未二宫乃日、月出没之地，日月合其明，故有贵人）。

此时紫微入庙，与破军同宫。三方会合七煞和贪狼，形成"杀、破、狼"的格局。主其人一生大起大落。凡紫微入此二宫，不论男女，其领导能力、独立性、判断力极强，若加会吉星，则必当大权。但多思虑，辛劳不免，为劳心型人物。若是十月生人，则有左辅、右弼同宫，若是九月生人，则左辅、右弼夹助。此时，凡甲、乙、戊、己年生人富贵双全，男宜政界发展。若再有煞星来冲会，则主其人多波动、多思虑，但仍事业有成。若又有华盖同宫于丑，且福德宫、夫妻宫中的星情不佳，则其人有宗教狂热，为领导型人才，但家庭欠和谐。

紫微入命于寅、申

此时紫微与天府同宫，旺。由于紫微为北斗星，天府为南斗星，二者同宫，能与之配合辅佐之星有限。其人幼年时往往身体有伤残或家庭有缺陷，但是其人有领导能力，慎行保守，有才智。

一般而言，紫微、天府入申宫比入寅宫为好。

若与禄存、天马同宫，主其人富贵双全，但须视祖德的好坏方知其人能否安享福泽。（注：此处明确指出一个人的命并非孤立，与六亲的状况有关联。）

若与空、劫同宫，主其人有名气，但有名无利，且生活困难。男命不宜自己创业，宜任公职或民营大企业。女命宜专心家政，且要注意修身养性。

女命，若紫微、天府入寅、申宫，主其人旺夫益子。若入寅宫，则壬申年生人，主富贵（注：因为壬干引发紫微化权）。

紫微入命于卯、酉

此时与贪狼同宫，旺。这是紫微在十二宫中最吉的宫位。主其人个性直爽、性格坚强、反应敏捷、有才干，事业上会有成就。

由于贪狼是多才多艺的第一桃花星，无论男女，多主淫邪，奸诈巧语。若再有咸池、天姚、沐浴、文曲、化科、红鸾、大耗同宫者，男好色，女淫荡。故其人易有感情困扰，往往是一个风流好色之人。尤其是若与六煞星同宫，往往会成为脱俗僧人。在大限中遇之，需配合每个流年宫的好坏来论。若流年好，则吉；若流年不利，则平平。

但若有左辅、右弼来夹紫微、贪狼，则贪狼受制，不作淫邪论。

凡乙、己、庚、辛年生人，若有三方会照六吉星和天姚等星曜，则为贵格，主其人文武全才，富贵双全。

凡紫微、贪狼同于卯宫入命，甲年生人较不利；同入酉宫，则庚年生人不利。

紫微入命于辰、戌

此时紫微与天相同宫，得地。辰、戌二宫为天罗地网宫，且紫微、天相皆为得地的状态，故力量不足，难以冲出天罗地网。若其人有特殊技能，或许会有幸运的机会。若再与辅、弼同宫，则甲、己、庚年生人会有所表现，宜任公职、文职。若逢煞星，只宜工薪阶层。若不遇空、劫、化忌，能独当一面，创业能有成。

凡紫微入命于辰、戌，且无吉星来朝拱者，主其人一生所遇灾难比别人多。

紫微入命于巳、亥

紫微在巳、亥皆为旺，必与七杀同宫。主其人坚毅勇敢，做事有魄力，雄心万丈，喜当老大或第一号人物，能白手起家，有权势。但做事易虎头蛇尾，好强健谈，男命较有表现。凡乙、丙、戊、己年生人武职峥嵘，文职亦有所成就。

女命，宜做职业妇女，若加四煞，为美玉瑕玷，中年之后不美。凡紫微、七杀同宫，再会四煞者，主其人不贵、孤独、刑伤。若遇紫微化权（壬年生人，或者流年干、大限宫干为壬），反作祯祥，为吉。

③ 运限、流月、流日分析

若流年宫或大限宫位于子、午，有紫微独入，则在此期间：

凡甲、己年生人为贵格，宜从事公教职。若不逢煞星，经商者会有所表现。若其人行运于子（即流年命宫或大限命宫落在子），三合有六吉星，则为一帆风顺之运，尤其利于科名或发表论著，甚至一举成名。而且，若己年生人的子女正在求学考试期间，则子女考运理想。但若己年生人生于子、辰、申之时，则易破财或招灾，故需要对钱财、合同等多加小心。

凡丁年生人要注意饮食卫生，保持心情愉快，防止肠胃疾病和消化系统疾病。

凡丙年生人，若紫微在子入运限（大限宫或流年宫），其运限官禄宫中（辰宫）有廉贞化忌，主其人易犯小人，有桃花煞，感情与安全皆不利。

凡戊年生人，廉贞虽不化忌，但仍有火星同宫，亦不吉。

凡壬年生人，武曲化忌于财帛宫（申宫），主其人的财务、感情、事业皆不利，甚至有车祸、刑伤或破大财之可能。

凡壬年生人行乙干运者（流年干或大限宫干为乙），其人出门在外会左右逢源，对事情能坚持己见，且易遇到盛情的招待。若行癸干运，此时贪狼化忌，或癸年生人行壬干运，此时紫微化权，宜变换工作环境。凡经商者须妥善处理和运用金钱。若心存侥幸，则必有损失，且开销会加大。在此期间出门机会增多，与异性接触的机会也多，进而容易影响夫妻、情侣之间的关系，故不可三心二意。而且，此时配偶或情侣的身体较弱。

若流年宫或大限宫位于丑、未，有紫微独入，则在此期间：

主其人在该年或该大限期间无论健康状况、事业经营、居住环境或感情问题都会有突飞猛进或急转直下的大转变。若有吉星会照，则会突飞猛进地变好；若有煞星冲克，则为"竹罗三限"之局，会急转直下地变坏，宜谨言慎行。（注：若既有吉星又有凶星，则需要看下一个流年或下一个大限之好坏，才能评判现运的吉凶祸福与进退得失。）

凡甲年生人，廉贞化禄于巳，破军化权于丑，武曲化科于酉，为"科、禄、权"三方拱照。只要没有空、劫、火、铃来干扰，其人的事业上会有突出成就。外出常有人招待，口福不浅。但需要注意子女的健康与安全，正在上学的子女的视力会衰退或恶化。

凡乙年生人，其人在事业上表现不俗，但往往会"名重财轻"。外出期间要注意门户安全。搬家时，注意放妥贵重物品。要注意子女出门时的安全，对父母要多加关心。

凡丙年生人，其人要注意在工作忙碌时不要冷落了配偶或异性朋友。与朋友交往时应多忍让，免伤和气。凡子时生人，其子女的考运很好。凡九月、十月生人，多远行机会，且多贵人。

凡丁年生人，又是九月、十月生人，其人得到的助力大。配偶或异性朋友以及他们的家人会给予帮助，但出门要注意安全。

凡戊年生人，其人凡事如意。但兄弟姐妹或朋友中会有人不顺，应避免与他们争执。

凡己年生人，其人的进取心强，事业上有成效。但丑、寅、巳、午、酉、戌时生人对财务问题须谨慎。

凡庚年生人，其人也许会有外财，但进得多，用得多。外出的机会多，受招待的机会也多，但要注意卫生，防止染病。子女表现不错，已就业者会有高收入，正在上学的会有好成绩。

凡辛年生人，凡丑、寅、巳、午、酉、戌时生人要注意钱财。尤其是巳、酉、丑时生人更要避免为他人作担保。午时生人的子女考试或表现很好。其人要注意子女的安全，尤其要防止他们接近危险场所或危险品。还要注意自己的健康，一旦患病，不易痊愈。

凡壬年生人，若流年宫中有文曲化忌，其人易在票据、文字、契约、金钱等方面有困扰。若壬年生人行庚运（即流年干或大限宫干为庚）或庚年生人行壬干运（即流年干或大限宫干为壬），又是十一月戌时生人，千万不可为财务问题与他人争执。其他方面的运气较顺，尤其是十月生人，有权威、得人望、得助力。

凡癸年生人，其人可能会因事业的关系而增加金钱的支出。若搬家或装修，可使环境更加理想。夫妻间会有小问题困扰，或者对方的心情不好。若是未婚男女想在当年结婚，需大费心思。

若流年宫或大限宫位于寅、申，有紫微、天府同入，则在此期间：

寅、午、戌年生人会有搬家之事，或工作调换、出门远行的机会。

凡甲年生人，其人远行的愿望能够实现，工作有良好的表现，父母或自己可能会患病微恙。凡未婚者，感情上会有新发展，但九月、十一月生人的情况会稍复杂。凡有子女者，要注意子女的健康和视力。

凡乙年生人，行运于申者（流年宫或大限宫位于申），其人不论公事、私事都会有人帮忙，甚至不知是谁在帮忙。女命比男命更理想，但交异性朋友时务必要了解其身份和背景，谨防上当。无论男女，对父母要多尽孝道。

凡丙年生人，其人宜安心本职工作，若匆忙调换工作，往往会空欢喜，事与愿违。在工作、感情、家庭等问题上，应持"以不变应万变"的态度，可以省去许多烦恼。

凡丁年生人，其人的工作表现不凡。但不宜购买房地产，否则容易惹是非。

凡戊年生人，注意不要与兄弟、朋友发生纠纷，凡事退一步。购物时需斟酌是否必要。八月生人的父母、长辈会有好运气。

凡己年生人，行运于申者（流年宫或大限宫位于申），不论公事、私事其人都会有人帮忙。若买卖房地产，易有麻烦。尤其是丑时生人，更要细心看清合同的内容。除了寅、午、戌时生人，其余时辰生人在工作上会有表现，受赞赏。

凡庚年生人，要注意多孝顺父母。工作中使用金属工具时，要防止因心绪不宁而伤到自己。除此情形，均为顺利，尤其是武职或从事工业者，会有好的成果。

凡辛年生人，其人的子女会为其挣得荣誉。若想买卖房地产，正是好时机。但若出远门则不顺，最好等下半月或下半年再走。申、子、辰时生人，要注意财务处理。巳、酉、丑时生人，对任何事要细心。

凡壬年生人，其人易发生财务缺失问题，故要谨慎处理。凡已婚之人，要多关心配偶。未婚之人，要多关心异性朋友。外出要注意交通安全。

凡癸年生人，不管心情如何苦闷，也不要与兄弟姐妹争执。与配偶或异性朋友可能要分开一段时间，这样反而有好处。

若流年宫或大限宫位于卯、酉，有紫微、贪狼同入，则在此期间：

凡甲年生人，其人的子女在此期间有需要操心之事。自己的财运与事业相当不错。不宜进行房地产买卖，若已经交了定金，可能会发生问题，但最终会化险为夷。若此时流年宫或大限宫在卯，而紫微、贪狼同宫于酉，则子女问题较多。房地产问题较大，若是租房而住，则可能会搬家。

凡乙年生人，在此期间有出名的机会，尤其是演艺界人士更明显。子女运和房产运很好。子女的成绩不错，但要注意幼儿的安全。若流年干或大限宫干为壬，引发天梁化禄、紫微化权，主其人在此期间会大出风头，既有名气，又有权势。若流年宫或大限宫在卯、酉，宫中无主星，而紫微、贪狼同宫于酉、卯（即流年宫或大限宫的对宫），亦即流年迁移宫或大限迁移宫来会照者，主其人远行有利，贵人在远方。例如，南方人宜往北方，国内人宜出国，国外人宜回国等。

凡丙年生人，其人在此期间风头十足，但易招非议。尤其是三月生人，在男女之间交往时要小心把握分寸，切勿上当。

凡丁年生人，在此期间会与父母争辩，且要关心父母的饮食卫生。兄弟姐妹中有人表现突出，令你自豪。

凡戊年生人，要劝导自己的兄弟姐妹凡事需认真。所谓百事通的人往往浮而不实。爱情上想左右逢源，却往往两头落空。若有火星、铃星同宫，且没有天空、地劫冲破，则经商者会有获利，但不能违法或损人利己。

凡己年生人，其人的工作上会有新的好局面，且下半段运程（即流年的下半年或大限的后五年）比上半段好。因此，需未雨绸缪，做好计划，以便在下半段运程中有所发展。但是，凡亥、卯、未时生人，要提防契约、票据、金钱方面的问题，凡事防备为先，先小人后君子。若流年宫或大限宫在卯、酉，且宫中无主星，而紫微、贪狼同宫于酉、卯（即流年宫或大限宫的对宫，亦即流年迁移宫或大限迁移宫）来会照者，主其子女的成绩颇佳。

凡庚年生人，要注意健康或出门时的安全。不要因为事业上的小麻烦而影响情绪和健康。总的来说，在此运程中，钱财运颇佳。

凡辛年生人，其父母、长辈对其会有助益。子女表现令人欣慰，尤其是申时生人，儿女表现尤为突出。但是，在此运程中，钱财易有损失。

凡壬年生人，财源不绝，却到手成空，无法积存。轻易不要辞去原来的工作。

凡癸年生人，若流年宫或大限宫落在卯、酉，而紫微、贪狼同宫于酉、卯（即流年宫或大限宫的对宫：流年迁移宫或大限迁移宫），则外出开销加大，却又不得不外出。男性要避免去那些会留下后遗症的场所与人应酬。女性，尤其是她的福德宫（也包括流年福德宫和大限福德宫）中有武曲化忌（由壬干引发）时，应更换衣服款式或发型。

若流年宫或大限宫位于辰、戌，有紫微、天相同入，则在此期间：

凡甲年生人，若三方有化科、化禄、化权拱照，主其人能名利双收。但不要忽略或冷落子女。

凡乙年生人，其人在此期间比较辛苦，但名利都不错。但不要冷落配偶或子女。若非必要，以不出门为宜。

凡丙年生人，凡事容易慢半拍，故不如静观其变，而后伺机而动。若是工薪阶层，一定要做好本职工作，不可耽误公事。

凡丁年生人，对自己的兄弟姐妹和朋友说话要小心。凡四月生人，外出时要注意门户安全，把贵重物品保存好。

凡戊年生人，子女与你的关系十分良好。但在处理与兄弟姐妹之间的关系或其他某些事情上，会有些麻烦。

凡己年生人，若是单月生人，而且不是丑、亥、申、子、辰这几个时辰生人，则在此运程期间必能飞黄腾达。

凡庚年生人，要注意人际关系，尤其对部下、学生不宜大动肝火，以免伤身。

凡辛年生人，自己的兄弟姐妹中有人很有口才，因而只要动口，就能钱财到手。子女很忙碌。凡丑、亥、寅、午、戌时生人，对钱财、票据、契约要小心，以免破财又不消灾。

凡壬年生人，若紫微、天相同入辰宫，则不要出门。要提防钱财方面的纠葛。凡丑、亥时生人，更不宜出远门，以免有麻烦。

凡癸年生人，其人在处理感情、婚姻问题时要特别小心，往往会有"来者不善，善者不来"的情况发生。故宜避避风头。已婚者须以家庭生活为重，感情丰富未必是福。

若流年宫或大限宫位于巳、亥，有紫微、七杀同入，则在此期间：

凡甲年生人，若子女宫有太阳化忌，则要多关心子女，即使成绩不好，也不宜苛责。至于自己，若没有煞星冲会，可以调换工作，以期更上层楼。

凡乙年生人，不宜搬家。不要因为工作忙而牺牲睡眠，从而影响健康。而兄弟姐妹的事业却是越忙越佳。

凡丙年生人，要注意自己的事业，千万不可大意。可多向外发展，争取出差远行，也许会有贵人欣赏你的才华。

凡丁年生人，对子女要多加照顾，尤其要注意子女的饮食卫生。在学子女，宜多学外语。

凡戊年生人，"损友有三"，故交友须先分清损益。对自己的兄弟姐妹要谦让。

凡己年生人，财运奇佳，要把握时机。但是，未、亥时生人要注意票据或钱财亏损。

凡庚年生人，要注意孝顺父母，并注意自己的健康。凡寅、午、戌时生人，要小心处理财务，不要冒险增资或扩充业务。

凡辛年生人，其人可购置自己中意的房产。子女会为其挣得荣誉，并可鼓励他们从商或另谋高就。

凡壬年生人，其人的事业上会出现破耗或亏损，但要坚持下去，开源节流，不轻举妄动，会有转机。购物时要防止"贪小便宜而吃大亏"。出门要防止小偷。且不能涉赌。

凡癸年生人，其人子女的运气颇佳。但其人自己心情不宁，钱财留不住，需尽快还欠款。

凡辰年或戌年生人，若流年或流月行到此宫，可以在此期间准备结婚。

若紫微入流日宫，其人在该日会请客，由于紫微星比较好面子，故花费较大。

（2）紫微入兄弟宫

许多紫微斗数的古籍或现代的一些书中说，兄弟宫可以用来看兄弟姐妹的数量。例如，"与天府同宫者，有兄弟三人，若再加会辅、弼、昌、曲，可达三五人；与天相同宫者，有三四人，若有六煞，则二人"，等等。实际应用的结果却无法证实上述论断，尤其是现代社会的计划生育政策影响，推断兄弟姐妹的具体人数往往不准确。

（注：但作为参考，本书仍然将有关规则列出，以供参考。）

笔者的实践经验是：兄弟宫主要用来看其人与兄弟姐妹之间的关系。而且，这里所说的兄弟姐妹不仅仅狭义地指有血缘关系的兄弟姐妹，可以广义地延伸至好朋友、同事等。

在推算流年大限之时，如果认真查看兄弟宫中的星情，会有助于对其人的事业运势作出更详尽的推断。

兄弟宫又可用来推断自己的同僚、同学，若见紫微而会吉曜者，则主其人有能提携自己的同学、同事，不过自己必须甘心处于辅佐的地位，双方的关系才能和好。尤其是既见吉星，又见恶曜的场合，更需小心处理人际关系。

若吉星的力量不足，而煞、忌、刑、耗的力量反而很大，则主其人会受制于同僚，甚至连自己的下属亦可能不服自己的指挥。

紫微入兄弟宫，若其人为长子女，则自尊心强；若不是，则其人有依靠兄姐的倾向，并能得到兄姐的帮助。其人的长兄为聪明、有信心、自尊心强之人。

紫微独坐兄弟宫者，主孤，若有吉星同宫或加会，则有可依靠的长兄。

紫微星在兄弟宫，主其人的兄弟近贵，会有可依靠之兄长或宽厚富裕之兄长。

若与天府同宫或会照，主其人会有兄弟三人。能得到兄弟姊妹的帮助。且亲情融洽，兄弟有余力而得助。

若与贪狼同宫，会有兄弟三人，但若见煞、忌，仅有兄弟二人。会有晚婚或不结婚之兄弟姐妹。

若与天相同宫，主其人会有兄弟三四人。能得兄弟帮助，又主亲情诚实，兄弟有困难也能鼎力相助。

若与七杀同宫，会有兄弟二人，见煞、忌者，仅有一人。兄弟不和，或虽和而不同心，喜欢支使或利用兄弟，易对兄弟姐妹有克害，无实际帮助。

若见七杀、羊、陀、火、铃，如果兄弟姐妹为双数则不克，否则会克至双数。紫微见破军，虽主其人可能会有异父或异母的兄弟姐妹，但如果是"紫相"组合对破军，有时仅主其人乃双胞胎。

若与破军同宫或会照，则兄弟间有刑克或拆产分居。其人有兄弟三人，或异母所生。会有同父异母的兄弟姐妹，或者相互间有克害。兄弟兴趣志向各异，因利害、酒肉等原因而产生摩擦刑克。或兄弟姐妹为异母所生，或会克害兄弟姊妹。

若与左辅、右弼同宫，其人有兄弟五人以上。

若与六吉星同宫，其人兄弟姐妹间感情和睦。

若有擎羊、陀罗、火星、铃星、空、劫、天刑同宫或会照，则其人兄弟姐妹之间有刑克或欠和，或兄弟中有破败衰落者。

若与六煞星同宫或六煞星会照，主孤，其人即使有兄弟亦欠和，甚至克害。尤其是与羊、陀、火、铃同宫者，多有嫌贫爱富的兄弟。

若与禄存同宫，主其人能得兄弟物质上的助益。

若有天马拱照，主其人的兄弟各奔东西。

（3）紫微入夫妻宫

其人的配偶有统治欲，但也有责任感，双方需要互相适应，尤其是当紫微与擎羊同宫的情况下，须配偶年长。若是女命，其人更须注意忍让。

其人对选择配偶的眼光较高，故不宜早婚，如果晚婚，则婚姻变化小。

若是男命，主其人之妻性情刚强、有丈夫气、有统治欲，希望对方能惟命是从，故夫妻不和谐。早婚不宜，晚婚可改善夫妻关系，方能偕老。若加会吉星，则其配偶俊美，因而得贵，但易形成桃花之象。

若与天府同宫或会照，主夫妻能白首偕老。其中，若与天府同宫（不是会照，必在寅、申二宫），紫微必为旺。若是男命，其人的老婆会出轨。但若有吉曜会合，又见禄存，则仍有可能与配偶百年好合。若再有左辅、右弼同宫，却可能会分离。若再有空、劫同宫，则主其人与配偶会生离死别。另有一种说法是，若紫微、天府在寅、申同人夫妻宫，并非吉兆，夫妻间多貌合神离，或会再婚。若加煞，则会离婚，但不硬克刑伤。若有文昌、文曲、左辅、右弼同宫或会照，则配偶和其人皆有外遇，并有分离之兆。

注：上述两种说法证明，在紫微斗数领域，各家的看法和推断结论不尽相同，甚至是矛盾的。需要读者自己在应用的过程中加以验证。

据王亭之先生的理论，紫微与天府同宫，夫妻双方未必一定"白头偕老"，无论男女，有时亦主为二婚之命。必须有吉曜会合，又见禄存者，方能推断其人夫妻和美。否则双方虽然表面上维持关系，而内心仍有隐衷，婚姻并不美满。

若与贪狼同宫，且有吉星扶持，则其人的婚姻虽有周折，仍可免克。若与贪狼同宫于卯、酉，紫微必为旺。则夫妻性情相投，婚姻美满，配偶多才多艺。若再有六煞星同宫，则会因其人的淫荡而伤到配偶。若再有天魁、天钺、化科、化禄同宫，则夫妻能互相鼓励，事业有成。

若与天相同宫或会照，配偶的年纪宜小于其人。若与天相同宫于辰、戌，紫微为得地，夫妻能偕老。但妻子宜年长。若再逢流年星曜不佳，则配偶会遭遇意外突发事件。

若与七杀同宫，紫微必为旺。主其人夫妻不能常相厮守。若再与六煞星、左辅、右弼同宫，则宜晚婚，否则刑克。若再与天府、右弼同宫，主其人会再婚。

与破军同宫，紫微必为入庙。主其人夫妻间不和睦，且刑克配偶。但再逢天魁、天钺同宫者，刑克可免，若是男命，宜娶年长之妻。

若会照破军，则其人结婚前会遭遇破坏、困难或周折等事。若紫微入辰、戌二宫，则主其人夫妻之间薄情。若再与天刑、擎羊、陀罗、火星、铃星、空、劫会照者，主夫妻间有刑克，若是男命，甚至可能是三妻之命。

若加会吉星，其人的配偶俊美，因而得贵，但易形成桃花之象。

若与六煞星和化忌同宫或加会，则其人在恋爱期间常有争执，婚后也互不相让，原因是彼此的自尊心太强，而且因对方精神烦恼或身体问题也会引发争吵。尤其是，若紫微与地劫同入夫妻宫，必主离婚。

凡紫微入夫妻宫，除了三方四正的辅、佐、煞、化等星曜的作用外，有些杂曜的影响也须重视。例如，若紫微会合天寿，则主夫妻之间年龄有差距。

有些辅佐星曜，有时亦主其人的婚姻会有第三者介入，尤其是在夫妻宫有紫微时，这种情况更为明显。若再见煞、忌、桃花，则其人的婚姻状况会非常复杂。尤其是在现代社会，复杂程度更大为增加。

凡女命，若夫妻宫中有紫微、天相同宫，如果合"财荫夹印格"，则其丈夫比自己年长八年以上者为佳。若是紫微、破军同入夫妻宫，见煞、忌、刑，则不利。但若见三吉化，则反主配偶事业广大，不利的性质会转化为聚少离多。

（4）紫微入子女宫

许多紫微斗数的古籍或现代的一些书论述了如何从子女宫中的星曜来推断子女数量。但是实际应用中与兄弟宫的情况一样，无法从子女宫中的星曜准确推断子女的数量。

注：下面列出了推断子女数量的相关规则，仅供参考。也许有朝一日，有人会给出准确的推断规则。与此类似，后面章节中凡是从其他星曜入兄弟宫或子女宫的状态，来推断兄弟或子女的数量的规则，只是为了参考，读者可以自行验证之。

与天府同宫，再加吉星者，主有四五人。与贪狼同宫，有三人；再加四凶、天刑、化忌，有一二人。与七杀同宫，加吉星，有三人，否则一二人。与破军同宫，有二人，加吉星三人。与昌、曲、辅、弼同宫，有五人。与四凶星同宫，有二人。

若紫微入子女宫，主其人的子女以迟得为佳，而且门生弟子以及得力的主要下属，皆主迟得（注：这一点比较独特！）。

紫微入子女宫，主其人的子女优秀，但性情倔强，志气高。有三男二女。

若与天府同宫，若再加会文昌、文曲、左辅、右弼者，主生贵子，且子女容易在钱财上发迹。

若与贪狼同宫，若再加四凶、天刑、化忌者，主其人的男女关系混乱。

若与天相同宫，紫微为得地。若再加会文昌、文曲、左辅、右弼者，其人的子女在政界会有大发展。

若与七杀同宫，紫微为旺。主孤，尤其是若见六煞星者，子嗣全无，纵有，亦是不成器、强横败家之子。

若与破军同宫，紫微入庙，主其人亲子之间意见不合，或会生离。

若与破军、擎羊、陀罗、火星、天刑、空劫等星会照，主其人的长子有刑克，或破相，或产时不足月。其中，若与擎羊同宫，则其人的子女即使不刑克、破相，也主父子之情不浓厚，或者其人生前无法享受子女的孝养。

若紫微和破军，或者紫微和天相同入子女宫，如果有四煞、刑、忌会照，或合"刑忌夹印格"，则主其人与主要下属或学生、门徒不和，其中会有反叛之人。若与化禄、化权、化科会照，主其人能有强父胜祖之子，但以迟得为宜。

若紫微庙旺，再有文昌、文曲、左辅、右弼同宫者，主贵，且其子女健康活泼，心地善良，头脑聪敏，子女中有成就大事业者，夫妻间性生活幸福充实。

若与左辅、右弼、天府会照，主其人的子女有五胎以上，如果同时与四煞、破军、天刑等星曜会照，则会见多留少。

若与文昌、文曲、化科会照，主其人的子女聪明。

若与左辅、右弼会照或相夹，主其人的子女忠厚，且其人的晚辈得力，可以帮助自己。除了辅、弼之外，若会照其余吉曜，仅主对其人的晚辈本利，而其人自身的人际关系恶劣。

若与天魁、天钺、化权会照，主其人会有贵子。

若与禄存、化禄会照，主其人会有富子。

若与天马会照，其人宜远离子女。

若与四凶同宫，其人的子女往往是偏室所生，或是招祀之子居长。亲子之间感情不和睦。

若紫微入子女宫，三方四正会合擎羊、陀罗、火星、铃星、空、劫等星曜，则其人的偏室或填房（续妻）宜生子，或先招祀子，否则极迟得子。

若紫微独入子女宫，无吉星会照煞星者，主孤独。

注：紫微坐子女宫，一般情况下主头胎生子。不过现代人喜欢婚后立即避孕。所以可能使这项推断变得不准。而书中提到有关长子的情形，如破相、强父胜祖之类，亦影响准确性。所以在现代社会，与其用子女宫中的星曜的性质来推断长子，倒不如用来兼视其人的主要下属或学生、门徒的性质。因为这些人不受现代节育措施的影响。

（5）紫微入财帛宫

紫微入财帛宫，主其人财运亨通、富裕。但这种富裕往往仅主其人有财可用，或收入丰厚，并不主可成巨富。因为紫微不是财星，偏重于权力与名誉。

若紫微入财帛宫，见煞，又合"禄马交驰格"，则其人为背井离乡经商的命。除非有财气丰厚的大运配合，否则不能成为富商巨贾。

若与天同、禄存、化禄会照，主其人能积蓄财富。

若与天府同宫，主其人一生富足。其中，若同宫于寅、申，紫微为旺，主其人充盈巨富，终身保有。但是，紫微、天府同入财帛宫时，必须天府见禄（注：所谓"天府见禄"是指天府会合化禄、禄存），方能主其人一生富足，否则只是"空库"，主其人财运困乏。

若与贪狼同宫，紫微为旺。主其人能守现成家业，中晚年更丰盛，先难后易。

若与天相同宫，紫微为得地。主其人财运亨通，名利双收。若再逢四凶，则成败不一。

若与七杀同宫，紫微为旺，主其人能横发，但须有吉星扶助，才能有效。且会有意外横财。但晚年会破败。

若"紫微七杀"同入财帛宫的组合与左辅、右弼会合，仅主其人为财赋之官。若与破军同宫，则其人虽有财，但会有波折、破败。

若与破军同宫，紫微入庙，主其人先破后成，先难后易。年少时不聚财，中晚年财源滚滚。

若与左辅、右弼同宫或会照，其人多为财赋之官，财帛丰盛。其人的财源来自多方面。但是，同样由于紫微是偏重于权力与名誉的星，不是财星，因此，即使会合辅、弼，亦不主其人会成为富翁，只是财源亨通。而且此时还有火星、天虚、大耗等星曜加会，则主其人仅仅表面风光而已，并不代表财富丰盈。

若与六煞星同宫，其人的财运不旺，先易后难。且往往为了保持体面，导致支出大于收入。

若与擎羊、陀罗、火星、铃星等星曜同宫，主其人能横发，但时间不长。

若有大耗、空、劫同宫或会照，主其人会因被剥削而破耗，财来财去，难以积蓄。

紫微与有些星曜同入财帛宫的组合，仅主其人会暴发，如"紫微七杀""紫微破军""紫微贪狼"。而且即使见煞曜亦能暴发，但这种暴发之后，往往蕴藏着暴败之机。

如果有四煞会照，更见空、劫、刑、耗诸曜，则不但暴发的时间不长，而且暴败之后，往往会比未暴发前更加贫困。

因此，凡紫微入财帛宫，性质虽完美，倒不如不求暴发，但求财源充盈，反而安定。因为紫微本身储财的能力不强，只是具有运用财帛的能力而已。

（6）紫微入疾厄宫

紫微入疾厄宫，若宫中吉星多者，灾少，其人一生少有大病。即使有，亦能遇良医而愈。而且疾病的程度可以减轻，或者对疾病的感受较易适应。反之，其人会有肠胃之疾，胸闷气胀、呕吐腹泻之症。

紫微属阴土，故一般主其人有消化系统疾患。但是在皮肤方面，则可能患有湿气。尤其是紫微、天相同入疾厄宫的组合，见煞者，主其人皮肤过敏，或为肾结石、胆结石、膀胱结石的象征。

紫微入疾病宫，若宫中煞、忌重重，主其人吸收营养不佳；但如果辅佐诸曜重重，却又须防过度摄取营养。二者都易引发消化器官的运作紊乱，因而导致患上其他疾病。

由于紫微为帝星，所以若与桃花诸曜同宫或加会，便带色欲的性质或主妇女暗病。这一点正是当桃花诸曜会照之时，即使见辅佐诸曜，亦难以化解桃花诸曜带来的不良影响的原因。

若与天府同宫，主其人的身体很好，一生少灾。但若有六煞星同宫，会患上脑神经系统的疾病。若又有武曲化忌，而且刑、忌、虚、耗等星曜太重，再有煞来冲照者，则其人很可能会有严重的胃病，或消化器官病变，出现肿瘤、溃疡，更严重则为癌症。

若与贪狼同宫，主其人性喜色欲。虽然其人灾少，但可能因房事过度而生病。

若与天相同宫，主其人灾少。若有病灾，多为内分泌疾病或轻微皮肤病。若再逢四凶，则皮肤羸黄。

若与七杀同宫，主其人灾少。但常身心疲惫，四肢乏力。若再加六煞星，则会有受伤之事。

若与破军同宫，主其人灾少。若有病灾，则属于心脏、血压、神经系统不调和之病，或者会患性病或暗疾。若再逢诸凶，则气血不和。

若与擎羊、陀罗、火星、铃星同宫，其人易患头部疾病。

若与擎羊同宫，男命，其人包皮长；女命，其人有暗疾。

若与擎羊、陀罗、铃星、天刑会照，主其人会因病动手术。

若与火星同宫，主其人有湿气或皮肤病。

若与空、劫同宫，主其人有眼昏、胃疼之疾。若再有化忌同宫，其人易患支气管及肺部疾病。

若与天姚、咸池等星曜同宫，其人有手淫、遗精等症。

若与红鸾、天喜同宫，女命，其人有经期不准、白带及子宫暗疾等疾病。

若与左辅、右弼、天府会照，主其人有胃病。

注：所有星曜只要化忌于疾厄宫、父母宫（所谓"化忌于疾厄宫或父母宫"，是指该星曜位于上述二宫：被生年干、或大限宫干、或流年干引发化忌，则其人十之八九会得病，且被运限之干引发化忌者，在该运限期间会得病。尤其是双化忌时，往往主其人父母之一不安、病危、病故）。

（7）紫微入迁移宫

紫微入迁移宫，主其人外出时会有人敬重。

若会照左辅、右弼，则其人外出时会有贵人扶助。

若与天府同宫，主其人外出时富贵双全，在外发展吉，亦主其人会由于调职、迁移而通达发福。

若与天府同宫，见空、忌，则主其人在外落落寡合。必须有吉星祥曜会合，才能富贵双全。

若与贪狼同宫，其人会得到贵人提拔相助。若加煞，劳力生财。

若与天相同宫，主其人外出时能发财。若无煞相侵，则主其人大吉大利，离乡展才华，外地带财运。

若与七杀同宫，且若无煞相侵，则吉，其人外出的愿望可实现。

若与破军同宫，对宫有天相入命，凡命宫吉者，则吉。如果其人外出，会有成有败，或会有贵人扶助，却有小人破坏，或者会有小人心生怨恨。

若与辅、弼同宫，主其人出外有长辈或贵人扶持，大吉大利。

若与六煞星同宫，主其人出外不能安宁。

若与擎羊、陀罗同宫，主其人的人缘不佳，或出门多麻烦纠纷。

若与火星、铃星、大耗、天刑、空、劫会照，主其人在外多是非，会破财，而且不安宁。

若与禄存同宫，主其人出门虽能得利，但须防被小人挤兑。

若有禄存、天马、化禄会照，主其人外出时有财。

凡紫微入迁移宫，如果合"七杀朝斗格"或"七杀仰斗格"（即七杀在申、寅两宫守命），并不表示外出或迁移一定有利。而且即使紫微得到"百官朝拱"，只是主其人的下属众多，但仍应在出生地发展，而不是外出发展。

若一个人的命宫位于卯、酉二宫，宫中无正曜，而紫微、贪狼同入迁移宫，且有吉星会照，则主其人外出或迁移有利。

（8）紫微入仆役宫

紫微入仆役宫为尊星列贱，主其人多劳累。其朋友之中多权贵，故其人需要去逢迎拍马而劳心。即使其本人当上老板或领导，但其员工、佣人将来的成就也会超过其人。若紫微庙旺，其人会拥有得力助手和下属，并且会有人格高尚的朋友帮助自己。

紫微在仆役宫，应该从两个角度来推断：

第一，其人的下属、同僚或事业合作伙伴的性质是好是坏（所以有时亦应参看"兄弟宫"的情况）。

第二，其人跟他们的人际关系如何。

基于上述概念，紫微入仆役宫时，不喜见"百官朝拱"得太完美，亦不喜见这些辅佐的星曜太有权威，否则反而对其人不利。例如，若紫微、破军同入仆役宫，如果见诸吉，反可能变成不能得到友人或下属之力。如果更见煞曜，则可能会变成"恶奴欺主"的局面。

紫微入仆役宫，若紫微入庙，且有吉辅星会照，主其人会有宽厚诚实之友，并得到手下拥护。但不宜见煞、忌、刑、耗并会，主其人的人际关系恶劣。

若与天府同宫，主其人大吉大利，能获得部属和朋友的帮助。

若与贪狼同宫，主其人少年时无得力的朋友和部属，年老时可有得力的朋友部属协助。若又有吉星拱照，则更吉。

若与天相同宫，主其人能拥有众多得力的部属，能旺发，若有吉星拱照尤美。

若与七杀同宫，如果有吉星拱照，则其人会有得力部属。否则，无。但是，对于紫微、七杀同入仆役宫最宜注意的是，即使会照吉曜，亦主其人的下属难以驾驭，若再有禄存，即主其人自身奔波而下属安逸，如果与人合作事业，更验。关于这一点，中州派的王亭之先生有颇多的实例验证。

若与破军同宫，与贪狼同宫的情况相同，参见"与贪狼同宫"。

若与破军、空、劫同宫或会照，主其人会因友破财。

若与四凶同宫，主其人无得力的朋友和部属，甚至会坏事。

若与擎羊、忌同宫，主其人的手下人无义，即使赐恩，却反招怨报。

若与陀罗同宫，其人会为朋友之事而硬出头，结果引起纠纷麻烦。

若与空、劫、化忌同宫，主其人与部属、朋友有纠纷，甚至反目成仇。

（9）紫微入官禄宫

紫微入官禄宫，应该从两个角度来推断：

第一，如果有多个煞曜同时会照，则主其人从事独当一面的工作，或为自由职业，或为部门主管。若从政，则不甚有利。尤其是现代社会，见煞者从商比从政为宜。

第二，若有科、文、空曜同宫，则虽不见煞亦不宜从政，否则宜树敌。以自由职业或专业工作为宜。

若紫微庙旺，主其人会成为最高阶层的主要领导。若再有六吉星同宫或拱照，则其人的事业平步青云，位至极品，中晚年发达。

紫微入官禄宫，主其人工作上有独立性，故容易发展成能独当一面之人。但独当一面亦并不等于事业一定有成就，须根据会合诸曜的吉凶而定。

紫微入官禄宫，不太怕见四煞，因为见四煞仅主其人竞争与忙碌，这是现代社会中的正常情况，未必是坏事。但若四煞或三煞并照，又见刑、忌、耗等星曜，则主其人一生屡经重大的挫折。尤其以紫微、破军同入官禄宫，或紫微、天相同入官禄宫为然，此时多主其人的主观能动性较差，所以事业失败往往是受客观环境影响。尤其是紫微与天相同入官禄宫者，其人最不宜从政，易受压力。

紫微入官禄宫，若入庙，且无煞星，又与天府、左辅、右弼、三台、八座、天魁、天钺等吉星同宫或会照者，其人为一品大员、国家栋梁、名利权贵。

若与天府同宫，主其人的事业出类拔萃，收入高，职位亦高，财官双美。

若与贪狼同宫，主其人从事文武职皆吉，权势大。若加火、铃，则宜武职。

若与天相同宫，主其人的职位清高，名利双收，且能掌大权。

紫微、七杀同入官禄宫的组合乃是管理能力的象征；紫微、破军同入官禄宫的组合则属于开创能力的象征。因此这两种组合皆主其人辛劳。如果又见煞，则主其人多劳身。如果见文曜，则主劳心。但这两种组合最宜见禄存，能充分发挥其人的管理能力或开创能力的优点。但是，如果紫微、破军的组合见禄，却又主其人的事业多变，而且容易负担额外工作，无事奔忙。

若与七杀同宫，主其人武职峥嵘。

若与破军同宫，主其人于忙碌中安身，能见贵人，闹中发达，且多主其人的事业会有变动，此时若兼看仆役宫的星情会有更多的启示。

若与破军会照，主其人一生的事业成中有败，多波折。

若与六煞星同宫，主其人一生平凡。

若与禄存、天马、化禄会照，主其人善理经济、财政。

若与禄存、化禄同宫，主其人应握经济大权。

若与天刑、擎羊、武曲会照，且紫微入庙，主其人能握军警大权。

若紫微入官禄宫，又有乙干引发化科，其人宜在政界机关或公众事业谋发展。

若紫微与文曲同入官禄宫，且文曲化忌（由己干引发），则其人如果去买楼，容易因签署契约文书不小心而受损失。

若有空、劫、大耗拱照，主其人一生的事业多破耗。但总体而言，其事业海阔天空，会由空中楼阁或幻想变成事实，宜在工厂、实业等领域发展。

若与地劫同宫，其人时常会出现节外生枝问题。

由于紫微为事业主（官禄主），故若紫微入大限官禄宫，则在此大限中，其人有创业的欲望。若紫微入流年官禄宫，且紫微化权（即流年干或流年宫干为壬），其人在该流年创业的愿望十分强烈。同理，若紫微入先天盘的官禄宫，其人有事业心，且有权欲。

（10）紫微入田宅宫

其人乃富贵之家，有祖业，亦能自置家产，但紫微不是生财之星，对置产立业影响不大，反主财来财去，若无左辅、右弼等吉星会合，则终会有破败。

其人的住宅高大、高级、宽阔、地势较高，近邻有公家机关或富贵人家、高楼、名人坟墓等。

其人与土地有缘，可经营房地产，也喜欢自置不动产，不惜花精力和财力为不动产而奋斗，而且较为顺遂。加吉，则置业顺遂，会拥有多处财产。

如果逢运限（大限或流年）见紫破组合、或紫相组合同入田宅宫，主其人在此运限期间会有迁动，但若煞重，则仅主装修房屋，或内部调动。

若流年田宅宫中有化忌（包括自化忌或被引发的化忌），或有煞星入该宫，去冲会大限宫中的煞星，又见阴煞、丧门、白虎等星曜，且命宫、或父母宫、或田宅宫中有昌、曲，主其人家中在该年会有老年亲人的孝服。

若流年田宅宫中有吉星、三吉化、红鸾或天喜，又有流昌、流曲入宫，则其人家中会在该年增添人口。若不见吉星，仅主有亲友来访暂住。这种星情下，居室一般不受风水影响，但若见煞及阴煞者，仍应注意风水。

若田宅宫中有化权（包括自化权或被引发的化权），主其人的住宅高档豪华，能自置不动产。若子女宫中无凶曜，则可生贵子。

若田宅宫中有化科（包括自化科或被引发的化科），主其人的家居文雅，家庭幸福，能自置不动产。

若田宅宫落在子、午二宫，主其人可继承祖业，并能自置产业，能聚财。若再加吉，则其人的家庭、家居良好。若加煞，则其人的住宅有缺陷，难聚财。若田宅宫落在午宫，则其人的住宅多为高楼高地。

若与天府同宫，主其人的祖业丰厚，并有继承之福，还能再发展，自置亦吉，田宅茂盛。命宫吉者乃大富之命。若加吉，则大吉大利。若加煞，则平常，需经奋斗后方可有积累和购置不动产。

若与贪狼同宫，主其人的住宅较漂亮，附近热闹。其人有祖业，继承较难，即使继承了也不能保住，自置则吉。有搬家之象，且置业、迁动较频繁。若加化权，则可保住祖产。若加吉曜，其人的不动产会增多，且住宅较豪华。若吉星与桃花星同临，则其人的家宅较华丽，会有金屋藏娇之事。若加煞，主其人破祖业，自己置业亦不利，难聚财，且子女不利。若加火、铃，其人的产业会突增，但若再加煞、刑、耗，则会横得横失。

若与天相同宫，主其人的祖业丰厚并能继承，自置亦吉。且其人的大部分不动产乃自置。若加辅、弼、昌、曲等吉曜，主其人不但有祖业，更能自置。其人安居乐业，田园茂盛，可经营房地产而获利。若加煞，则主其人住旧宅，家宅不宁，或破祖卖田庄，多纠纷，而且其人所服务的机构已衰落，需调换。

若与七杀同宫，主其人即使有祖业亦无缘，最宜自置，但为数不多。且其人的财产会反复得失。若加吉，则其人的财产稳定。若见四煞，则其人家居不宁，有灾祸。若见空、劫，主其人居无定处，无产业或贫困。若对宫（子女宫）有天府，且天府见禄，则能自置，若无天府见禄，则产业动摇。

若与破军同宫，其人的住宅附近较凌乱或有杂货市场。若无吉曜，主其人会先退祖卖田庄，而后自置，中晚年有成。若加吉曜，则可勉强保住祖业，亦能自置，且可得意外资产，所服务的机构为新兴的机构。若加煞，主其人的住宅破旧，且会退尽祖业，又多是非纠纷，为了住宅的各种问题而烦恼，亦难聚财和置不动产。若加天巫，主其人会有争产之事。若加刑、耗，须防发生词讼之事。若见禄存或破军化禄，主其人能自置住宅，但宜置旧宅。

若与文曲同宫，且文曲化忌，则其人如果购置不动产，容易因签署文书契约不当而起纠纷、受损失。（注：这一点与紫薇、文曲同入官禄宫相同。）

若加煞，主其人有进有退，成败不定，或家居有缺陷。

若与四凶同宫，主其人自置艰难，买入卖出不少，但所剩无几。

若与空、劫同宫，主其人无不动产运。

若与火星同宫，再见羊、陀、空、劫，主其人的家宅易有火灾，且在羊、陀叠并之年应灾。

注：所谓"羊陀叠并"是指，本命盘中的擎羊、陀罗与某个流年的擎羊（流羊）、陀罗（流陀）重合叠并（此时流年宫落在本命宫，且宫中有羊、陀）；或本命盘中的擎羊、陀罗与某个流年的擎羊、陀罗都位于命迁线（因为命宫与迁移宫互为对宫），此时流年宫落在本命迁移宫，且宫中有羊、陀。

若与禄存同宫，其人乃豪富之家。

若与桃花星同宫，主其人的住宅邻居附近有女人多的场所或女人用品店等。

（11）紫微入福德宫

凡紫微入福德宫，若庙旺，主其人的福根极厚，能享福，寿达八十四（注：仅作参考）。其人为人勤勉，热心公益，深获大众喜爱。且其人的气质高出同辈，故因此易感孤立。但要视命宫及福德宫均吉，方可认定。若加恶煞，则福分递减。

凡男命，若紫微入福德宫，其人的志向很高，但会因为无法实现而很痛苦。

凡女命，且紫微庙旺者，则此女喜欢安逸享乐。

紫微坐守福德宫，有劳逸之别，需要加以分析：若见辅佐吉曜者，主安逸；若见刑、煞、忌曜者，主辛劳。

若逢"羊陀夹忌格"（例如，紫微、贪狼化忌同宫，且在某个流年有流羊、流陀来夹，则合此格局），多主其人奔波劳碌而无成果，且易生追悔之心，从而影响事业。

紫微入福德宫之人，比较主观，且喜凡事亲力亲为。尤以紫微、破军同入福德宫的组合为然。

若见虚、耗之曜，则其人凡事必事倍功半。

若与天府或天相同宫，主其人终身福厚。若与天府同宫于寅、申，主其人福禄双全，且主贵。其人一生不愁衣食，可以过安逸幸福的日子。

若与贪狼同宫，主其人先难后易。早年辛劳，无福可享，晚年福分好，生活好转。但若此时遇煞冲，色欲伤身之事难免。

若与天相同宫，主其人一生安逸，福禄兼享，仅次于紫微、天府同宫。

若与七杀同宫，主其人早年奔波劳碌，至晚年方可享清福。

若与破军同宫，主其人的福分较薄，劳心劳力，但晚年可过安逸生活。

若与破军会照，主其人劳心劳力。

若与六煞同宫，主其人的福分薄，一生劳碌。

若与陀罗会照，主其人会自寻烦恼。

若与擎羊、火星、铃星、大耗、空劫、天刑会照，主其人福薄、多烦恼之事。

若与火星同宫，其人性急，做起事来急如星火。

若与化忌相会，主其人多忧多虑。

（12）紫微入父母宫

凡紫微入父母宫，多主其人的父母有权威。其父较严肃，因此受其父的约束较大，若宫中无煞，则可得到父母福荫，幼年时生活富裕高雅，父母留有财产。此外，须参看所会合的星曜来确定其父母"权威"的性质。若无"百官朝拱"，则仅主其人的父母主观，在家庭为暴君。如果再有煞、忌、刑曜加会，则主其人不被父母爱护。但若见文科诸曜时，却主其人受父母偏爱，受父母恩泽很多。而且父母有高度学识修养，寿长、身心健康。若得众吉拱照，则大吉大利。

若与天府同宫，主其人的父母富贵，无刑克，且主其人受父母恩泽很多，父母福禄寿三全，不克双亲。

若与贪狼同宫，主其人父母双全，但与父母间心灵沟通不够，感情不融洽。如果有天相等星同宫或会照，主其人与父母无刑克。若再有四凶，则父母不全，或重拜父母。

若与天相同宫，主其人受父母恩泽很多，不刑克父母，父母能享天伦之乐。

若与七杀同宫，主其人对父母有轻度克害，且克害其中一人，但若加吉曜，则可免，若再见六煞，则父母不全。

若与破军同宫或加会，主其人早离家庭为宜，否则早年即有刑克，且主其人早年即克害双亲。若加会众吉星，则克害轻；若加会四凶，则有刑伤。

若与六煞同宫，主其人与父母缘分薄，甚至会与父母生离死别。若加会羊、陀，则克父。

若父母宫中有擎羊、陀罗、天刑、化忌等星曜，则主其人与父母有刑克，或父母有危症，及遭遇意外之灾，或者其幼年时不被父母所爱护。

2. 天机

1）星情总论

天机星为南斗第三延年益寿之星，主寿，化为善星。在五行属阴木，花草之木，因此具有屈屈不伸，不直爽，给人以多疑的感觉。阴木为乙木，居卯位（甲木为阳木，居寅位），因此能出头。所谓天机"化善"是指凡天机入命之人喜欢讲道理，并非说天机坐命的人善良。

天机为多计谋，机变多端之星，对于人而言，主其人有权变、机敏的特点。且好动、好学。但由于性急好动，往往缺乏三思。一生多波动，出头或成功之前需付出艰辛。且有见异思迁、博而不精、欲望高。因此常常会因为事与愿违，实现不了理想，而生出缺憾。导致其人多操心操劳。但其人处理事务颇有条理。故天机适合成为谋臣或辅佐之士，不宜独当一面。

天机为兄弟宫主，因此，要推断兄弟姐妹的数量应该从天机星入手。具体规则如下：从其人命盘中的命宫开始逆时针数到天机星所在的宫位，数过的宫位数就是其人的兄弟姐妹数。（注：实际证明，即使不考虑现代社会计划生育的因素，这个规则也并不准确！）

所谓天机为"兄弟主"，这个"兄弟主"也暗示其不忠于一主（注：遇丙干引发天机化权时最为应验。），其人在达到目的后，就会转向，但大多只是言辞上有所反应，不至于损人伤亡。

天机也是智能之星，好动脑筋，若遇丙干引发天机化权，则其人很可能会动脑筋害人。若遇丁干引发天机化科，主其人在此期间不爱动脑筋。若遇戊干引发天机化忌，主其人在此期间是发明家、思想家，喜欢苦苦思索。若遇乙干引发天机化禄，主其人在此期间想的多做的少。

天机星的代表人物为姜子牙，为智能之神，司掌"智能""精神"。主思想，化气为善，化忌为恶，脸细长身材适中，不高不矮，个性急，谈吐斯文，神经过敏，多愁善感，有异性缘。天机星在事物中代表机器、设备。

2）风水、地理类象

天时类象：风云莫测，温和的阵雨。

地理类象：树木，花卉，电杆，木桥、木牌、木棚，破屋，露骨，棚架，草堆，柴堆，后窗，多变的地形，机械，农具，编织器具，交通要道，或谨慎辛勤之家。有荣枯之别，吉凶之分。

3）旺度

天机在各宫的旺度：于子、午入庙；于卯、酉为旺；于寅、申为得地；于辰、巳、戌、亥为平；于丑、未落陷。

4）与天机有关的格局

（1）机梁加会格：天机、天梁二星在辰、戌宫入命，与文昌、文曲、左辅、右弼、天魁、天钺、禄存、化科、化权、化禄加会者，合本格。多主其人学有专长，博学过人，关心政治，妙算神策，掌兵权。若会吉星多者，主其人大富大贵。若会吉星少，从事的工作多为军警、司法等有关。若又见煞者，多为宗教教主、邪教创始人、神学家、哲学家、思想家、气功师。无吉而见煞星则破格，主其人思想邪异，乃舌辩之辈。多为江湖术士、九流、僧道、技艺。古人云："机梁入庙最堪言，得地教君福寿全。妙算神策应盖世，威风凛凛掌兵权"。又云："（天机）更逢天梁，必有高艺随身""（天梁）与天机同行，居翰苑，善谈兵"。

（2）机月同梁格：凡三合方（命、财、官三宫位）内会齐天机、太阴、天同、天梁四颗星，即为此格。或者身宫、命宫逢此四星又会吉者，亦为本格，所谓"会吉者"是指三合方有文昌或文曲。入此格者，多在公家机构、大规模企业中任职，从事管理工作、外务工作、案牍工作、文秘工作、设计策划等工作。事业稳定少风险。格局佳者，富贵不小。见煞星则破格。亦有从事自由职业者，但仍以其专长技艺而成名。于他宫守命会齐四星亦算此格。诗曰："寅申四曜命加临，祖宗根源定有成。刀笔之中宜作力，荣华发旺在公门"。经云："机、月、同、梁作吏人""机月同梁福临""寅申最喜同梁会""巳亥会同梁机月，多主作吏人（加身宫会齐四星方是）""太阴与天机昌曲同宫于寅，男为奴仆女为妓"。

（3）巨机同临格：又名"巨机居卯格"，若是男命，凡乙、丙、辛年生人，有巨门、天机二星于卯宫坐命，与文昌、文曲、左辅、右弼、禄存、化科、化权、化禄同宫加会，即合此格。合此格之人，有一流的学问，宜从政，主大富大贵，名扬世界。格局稍次者，经商可成为富翁。若巨机在酉宫入命，则不是此格。若是女命，不论在卯或在酉，主其人风骚。古人云："巨门庙旺遇天机，高节清风世罕稀。学就一朝腾达去，巍巍德业震华夷"。又云："巨机居卯，乙辛丙生人位至公卿""女命，巨门天机为破荡（卯酉同论）"。

（4）巨机化酉格：天机、巨门在酉宫坐命，有化忌同宫，合此格。巨机在卯，可为贵格，在酉则一般不以富贵论之。因为酉为天机木之死地，巨门水之败地。若安命于酉宫，乙、辛、癸年生人吉利。如果命宫无禄存和化禄、化权，仅为寻常之格，纵会吉星，富贵也有限，远比在卯宫逊色。若不见吉星，逢巨门或天机在命宫化忌，则以凶命论之。主其人一生不顺，不能发达，且自私自利，心胸狭窄，往往言不择语，出口伤人，因长舌利口，故常祸从口出。古人云："兑位天机巨曜过，化凶辛苦受奔波。心高意勇何曾歇，语话无情句亦讹"。又云："巨机在酉，会羊陀，男女邪淫""巨机酉上化吉者，纵遇财官也不荣"。

女命，为破荡之格，若非娼妓，亦必主淫乱，在卯宫亦然。古人云："女命，巨门天机为破荡"。

5）天机入十二宫分论

（1）天机入命宫

① 性格、外貌、运气、与其他星曜的关系分析

凡天机入命，主其人中等身材，脸形长而瘦，稍有点尖，且有棱角（但不如七杀入命者鲜明），多是单眼皮小眼睛，眼睛细长。少年时面青白色，老年则青黄色。皮肤不错。若天机入庙，则其人身长肥胖。若天机落陷或与巨门同宫，主其人消瘦，中高身材。面长瘦略带圆形，亦有长圆形。

若天机入命于子、午，主其人体胖。

若天机入命于丑、未，主其人瘦弱。

凡天机入命，主其人眼光锐利，性格温和、有礼貌，聪明秀丽。性急好动，机谋多变。多心机，情绪不稳定，充满热情，口才好，心思灵敏，颇劳心，对事物颇有分析能力。而且为人坦白、乐助他人，重感情，说话很实在，多愁善感。既能会为自己的利益动脑筋，也会热心公益，心地仁慈，乐善好施，但有时会脾气暴躁。做事认真、辛苦。能孝顺父母。会有子女，且能为子女操心。有多才多艺的表现，如跳舞、演艺等。

凡天机入命之人，好的方面是机变灵活，不好的方面则是游移不定。所以必须详察命宫三方四正所会合的星曜，然后才可以推断它的好坏倾向。

若是男命，主其人机谋多变、多才多艺。

若天机入命，且天机入庙，主其人最善谈兵。

凡天机入命，其人宜从事专业类工作，这样可以凭借后天的力量改变其多学无成的缺点。但天机有好高骛远的弱点，所以对学习专业技能会有不利影响。如能克服这个弱点，则其人可以多学多能，尤其是如果学习术数，会学有所成。

由于天机主好动，故天机入命者，较适合从事运动、交涉、策划等工作，往往是为他人服务的专业人才。不宜经商或自行创业。

若天机独入命宫，或者与太阴同宫，这种格局颇佳。但是，还有"天机太阴同居寅申，难免跋涉他乡"之说，是指出现这种格局，虽然颇佳，但仍然难免跋涉他乡，外出发展。

若流月宫中有天机化忌，且有天马同宫，其人在该月会有车祸。

若天机入命，且有吉星扶持，主其人会身兼数职，或有专门技能、艺术的成功人士。

若天机在子、午入命，且对宫有巨门，主其人乃权、富皆有之人。

若天机在申宫入命，且有紫微、天府夹命，主其人一生权重禄凑。

若天机入命于子、午、卯、酉宫，庙旺，主其人富贵、吉利。但天机入命于子宫者，多主男克妻，女克夫。入命于丑、未、辰、戌宫，乎或落陷，主其人狡诈。

若天机入命宫，太阳入夫妻宫，天机乃保守、多虑之星，故遇到这种组合之的人比较没有桃花的迹象，对情爱的追求偏向稳定中求发展，却反过来希望其爱情的对象是比较好动活泼开朗型的。

若天机入命，而夫妻宫的宫干引发命宫中的主星化忌，主其人的配偶要求其外出（注：这种规则往往可以用来判断外出的原因。）。

若天机入大限宫或流年宫，主其人在此运限期间会有变动转机，新机会多。或会有住宅搬迁、床位搬移之事。

与天机关系比较重要的星曜，主要是太阴、巨门、天梁，下面是古人流传下来的一些论断可供参考："天机天梁同辰戌，必有高艺随身。""机梁会合喜谈兵，居戌亦为美论。""机梁辰戌命宫同，加吉曜富贵慈祥。加羊陀空曜僧道。"

注：这三个论断专论"天机天梁"同入命宫组合的性质。须注意的是"机梁"组合的孤克性质以及好自我表现的特点，会使得这种组合入迁移宫时，对命运的影响，反而会比入命宫的格局更好。（相传孟子的命局，即是迁移宫在戌，机梁同宫，即"机梁加会格"。）

古人云："机梁左右昌曲会，文为贵显，武为忠良。"除了天机巨门在卯酉二宫同入命宫之外，其余十个宫位都有可能构成这个格局。所以，机梁二曜的关系也特别的重要。

若与天梁同宫，其人个子矮，为人慈祥，但性好计较，且喜欢算命，常常会有出世之想。其人口才好，善辩善谈，性情敏感，随机应变。此乃"机梁加会格"，其人多为能言喜辩之人，或有特殊技艺，心地善良，有宗教信仰。若有吉星会照，则其人虽能发达，但不长久，虽能贵，却徒负虚名。尤其若同在辰、戌入命，再逢空亡者，宜为僧道出家之人。

若天机入命，且与天梁、文昌、文曲、左辅、右弼三方会照，主其人清高、忠诚，文为清显，武为忠良。尤其是若与天梁会照者，其人善于谈兵，是良好的军师人才，或者是僧道之流。

若天机、天梁加会四煞，化忌入命宫或迁移宫；或天机于巳、亥入命，有煞星守照者，则其人多为奸诈虚伪之辈，不是真小人，就是伪君子。但如果被四煞冲破，虽属下格，却为人好善。

若与天梁、七杀、破军冲会，乃空门谈禅之客。

若与天梁、天同、太阴会照，其人宜在政府机关或公众事业中谋发展。若加会昌、曲，其人宜从事大众文化事业。

若与天梁、太阴会照，且贪狼入身宫，主其人日夜奔忙、劳碌异常或有酒赌等嗜好。

古人云："机月同梁作吏人。"是指，凡天机、太阴、天梁入命组合之人，适合做小吏或现代所说的公务员。

这两个论断专论"机阴"同入命宫组合的性质。若命宫的星情为吉，则主其人有权变，若为凶，则主其人善权术。若星情很差，则权术会成为阴谋。

所以凡有"天机太阴同宫"的组合之人，以从事计划、设计工作为宜。若见禄、文诸曜者，亦宜从事金融经济领域的计划管理工作。

若与太阴同入命宫或夫妻宫，乃桃花之象。若天机、太阴同入命宫于寅、申，其人难免跋涉他乡，若再有文昌、文曲、左辅、右弼同宫者，其人有淫乱倾向。

若与太阴同宫或会照，主其人内秀，有权术，重情感。古人云："天机太阴巳亥逢，好饮离宗奸狡重。"这是指，若天机太阴于巳、亥二宫入命，但须有四煞及刑、忌会照，才符合这个论断。

古人云"天机与巨门同卯酉，必退祖而自兴"，又云："机巨酉上化吉者，纵遇财官也不荣。"这两个论断专论"机巨"同入命宫组合的性质。若"机巨"在卯、酉同入命宫，即使有财、禄之星来会，亦主其人会先失去祖业，然后自置。

凡天机在卯宫入命，比在酉宫入命为佳。见禄存者又比不见禄存者为佳。

此外，若天机在子、午入命，巨门在对宫（迁移宫），这种状态比二者同宫为佳。

若"机巨"同入命宫，又见禄存，更见辅佐诸曜，主其人会有富贵，但不耐久。若有煞曜同宫，则为破格，主其人多有背面是非。这个格局受煞、忌、刑曜及辅佐、化曜的影响，因此变化甚大。

古人云："天机加恶煞，狗偷鼠窃。"这是天机入命的最下格。根据中州派王亭之先生的经验，其人多会遭遇意外或寿夭之事。

若与巨门同宫，主其人的感情易生波折。其人有心不定的倾向，若再加煞，其人多为奸诈虚伪之辈，不是真小人，就是伪君子。

若与巨门同入命宫或疾厄宫，其人易有呼吸困难、心闷、胸痛、肠胃等疾病。

若再有擎羊同入，则易得心脏病、内伤，且易与父母发生冲突。若与巨门同宫于卯、酉，其人必退祖而自兴。但是，若与巨门在酉宫相遇并化吉，纵有财官之星也不荣。

若天机、巨门、禄存同入命宫，或同入迁移宫，且无恶煞，主其人大贵。

若天机入命，贪狼入身宫，主其人交际忙碌，但却可能是无事奔忙。

若在寅、卯、辰诸宫会合七杀及破军，主有意外不测之血灾。

若天机入命，并会照左辅、右弼、文昌、文曲、化禄、化权、天魁、天钺者，主其人一生权贵。

若有禄存、天马拱照，主其人财源丰厚。

若有文昌、文曲会照或来夹者，主其人禀性聪明，文章出众。

若有三吉化会照，且无煞曜，主其人乃人民领袖、朝廷重臣。

若有化忌同宫或会照，主其人游移多变，趑趄不决，多忧多虑。

若与四煞同宫，则其人虽会有富贵，但不长久。以经商为宜，但多变动。

若与擎羊、陀罗、火星、铃星会照，主其人多灾多难，或落地后即他迁，或祀出，否则遭遇虚惊。

若加会擎羊、陀罗、火星、铃星、空劫、天刑、再遇化忌者，主寿夭。

若与火星同宫，其人易患脑部神经血管的疾病。

若会照天马，主其人会有升迁职位、出门远行等事（运限遇之，同论）。

若会合三吉化及禄存、天马、文曲、文昌、天魁、天钺诸吉星，主其人的事业能得到发展，添财添福。

若有擎羊、陀罗、火星、铃星、空劫、化忌、巨门等星会照，主其人口舌连连，家事纷纷，心烦气闷，诸事多变，不得安宁。

若流年宫或流年田宅宫中有天机化忌，主其人的住宅或办公室在该年会搬迁，但须注意风水方面的问题，还应详细分析星曜组合的状况全面评定。

若与昌、曲、禄存同入命宫，主其人的性格灵巧机智。

天机对四煞非常敏感，而且没有抵抗空、耗、刑、忌等恶曜的力量，因此如果在大运、流年，受到流煞的冲会，往往会引起不良反应。且最不喜与化忌同宫，或直接化忌。尤其在行限时化忌，再遇煞，又无吉星扶救者，务须防止灾厄。天机化忌（由戊干引发）时，其人易有精神幻想症、失眠、爱钻牛角尖。而且由于其人头脑好反应快，常会幻想不切实际的事情。

若天机与煞星同入命宫，主其人不宜经商，以从事专业类工作为宜。

若天机入命，三方会齐了四煞星者，其人多为鼠窃狗偷之辈。

若天机入命，若有羊、陀、火、铃四煞并照者，其人有夭寿之险。

羊、陀、火、铃四煞逢天机会善三分，但天机不喜与四煞同宫，若同宫，虽不失孝义，人生却不理想。此时若能会照吉星，尚可补救；若无吉星，则可能为狗偷鼠窃之辈，不过其人仍然心地善良，不会对穷苦可怜之人下手。

若与天姚同宫，主其人的桃花（异性缘）不必经人介绍。

女命，若天机入命，主其人表现刚强，机巧聪明，旺夫益子，持家有方，有福有寿。但必须入庙并会吉，才可断为持家有道，推断天机入命之女命的婚姻好坏，主要应查看其人夫妻宫的星情。

女命，若与太阴同宫，主其人容貌美丽，富情感，善机变应对。

女命，若有巨门会照，主其人多口舌。

女命，若与太阴、巨门、天梁同宫，又遇擎羊、陀罗、火星、铃星冲合者，主淫贱、偏房、娼婢，甚至伤夫克子。尤其是天机、巨门同入命宫者，其人有淫乱的倾向。

女命，若有禄、权、科三吉化相会，则其人乃诰命夫人。

女命，若天机化忌入命，又见权、科会照，则主其人喜玩弄感情，若更见煞、刑诸曜者，其人的婚姻始终不幸。凡天机化忌，主其人多忧善虑，有刺激性，易受外界影响而起感触，为男性既恨又爱的对象。如果天机、巨门、天梁、太阴会合，更遇化忌、擎羊、陀罗、火星、铃星、天刑、空、劫等煞星者，主刑克，其人宜做继室、偏房、迟婚，否则伤夫克子。

古人云："女命天机在寅申卯酉，虽富贵不免淫佚，福不全美。"又云："女命天机，会太阴巨门天梁，遇四煞冲合，淫贱偏房娼婢，否则伤夫克子。"

这种推断，在现代依然有意义，因为天机入命的人，一般主感情易生变化，爱好也易生变化，所以有人不喜欢这种女命。

凡女命，若天机与太阴在寅、申同入命宫，主其人虽富贵却贱，福不完美，会与已婚的男人苟且。若再加会桃花星，则多为偏房。若加四杀，则多为娼妓（并非绝对，但至少其工作以服务男人为对象，或者工作环境中多男性，很多命例之人从事导游或歌星）。若再有巨门、天姚入福德宫，三合方见文昌、文曲、天魁、天钺，其人会有不正常的姻缘（甚至风尘生涯）。宜从事美容、护理工作，有个别人会是风尘女。即使天机、太阴会吉星，其人也有神经质，甚至会发神经。

凡女命，若天机、太阴分守身命（如太阴在卯，天机在丑），尤为不利，经常为感情而吃亏上当。

②所入宫位（十二地支）分析

天机入命于子、午

天机在此二宫皆入庙。对宫必有巨门，故只要巨门化禄（由辛干引发）、化权（由癸干引发），对天机均有助，主其人办事条理分明，有口才，应对能力强。

若有六吉星相助，再逢羊、陀，主其人乃专业人才。若逢天刑、擎羊同宫，再加会六吉星或化禄、化权、化科，主其人为卓越的医师、律师或工程师等。

凡天机在子、午入命，其福德宫皆会照天同、天梁，故若无其他吉星会照，男命，其人会因工作枯燥而不安心。女命，其人会因家务枯燥而懒于整理家务。

凡天机于子、午入命，若不加煞，其人的学历多为大学程度。

天机入命于丑、未

天机在丑、未皆独坐，且落陷，故难以表现出天机的"动"的特性。但若有辅、弼相夹（五月或九月生人），则对天机帮助甚大。由于天机落陷，故在天机入运限期间（入大限或流年）不聚财，不宜自力经商，只宜为人服务，替人经营。

宜为工薪阶层，方能有成。若遇四煞冲破，为下格，只宜经商（且是为他人经营）或习艺。

天机入命于寅、申

天机在寅、申皆为得地。必与太阴同宫，太阴为母星，主母、妻。故男性易与女性接近，温柔体贴。女命为柔中带刚，理家有方的贤妻良母。容貌姣好，但易思淫。天机与太阴同宫者难免跋涉他乡。

天机于寅、申入命者，最忌加会文昌、文曲。女命，多主其人感情不顺；男命，多主其人一生发展不大。

若有天梁、天同于三方会照，主其人做事按部就班，有条理。但不宜自己创业，宜担任公职或在民营大企业工作。

男命，凡甲、丙、丁、己、庚、癸年生人，若会照辅、弼、魁、钺，主其人事业有成。若遇昌、曲、咸池、天姚、沐浴，其人宜从事演艺工作。若加会煞星，则应注意艳遇和"桃花劫"。

女命，若逢煞星，主其人的感情有波折，不顺利。若四煞冲合，主其人多为淫贱之人或是偏房、娼婢，否则克夫伤子。

天机入命于卯、酉

天机在此二宫皆旺。必与巨门同宫，由于巨门主口舌，故其人易遭是非。性格坚强，有主见，有口才。凡天机、巨门入命者，多主其人博学多能，才思敏捷、利于升迁、考试，但易招惹是非。须历尽艰辛，方能有成。往往这种成功比较踏实。宜担任服务类公职。在产业上，必退祖而自兴，但是，入酉宫者，虽化吉，遇财官运，仍不吉利。

女命，其人虽富贵，却不免淫逸。若再遇四煞冲合，则主其人淫贱、偏房、娼婢，否则伤夫克子。

天机、巨门同入命宫者易患呼吸系统疾病、心闷、胸痛、肠胃病。若再会擎羊，则易得狭心病或内伤，且会与父母有大冲突。

天机入命于辰、戌

天机在此二宫皆为平，必与天梁同宫。天梁主贵、主寿，为解厄之星。且必会照天同、太阴，乃"机月同梁格"，尤以辰宫为佳。主其人机智聪明、好说善辩，有策划、分析能力，遇事能慎思化吉。但必经艰难之路而后有成，或先遇难而后呈祥。若有特殊技艺，则主其人心地善良，但有宗教信仰，甚至易有神经质的倾向。若逢空亡、羊、陀，则其人更会有偏向佛道的倾向。若天机化忌（由戊干引发）或天梁化禄（由壬干引发），会使其人心神不宁，困扰甚多。若居戌宫，其人善谈兵。若加吉星，主其人富贵慈祥。

凡天机与天梁同宫于辰、戌二宫者，其人必有高艺在身。

女命，若遇四煞冲合，主其人淫贱、偏房、娼婢，否则克夫伤子。

天机入命于巳、亥

天机在此二宫皆为平，且独坐。对宫有太阴入庙，对天机会产生重大影响。此乃"月朗天门格"。不论男女，皆好酒，且背井离乡。男命，主其人与异性有缘，多艳遇，有端正贤淑的妻子。其人宜担任公、文职。在这段运程中多波折，博而不精。女命，主其人有感情困扰。

若天机于巳、亥入命，主其人机灵、狡猾；若再有火星同宫，主其人有投机取巧、阴谋害人的倾向。

若加会六煞或化忌，主其人一生多波折和困扰。

若天机在亥宫，因对宫的太阴落陷，故不如天机在巳宫的情况。

③运限、流月、流日分析

若流年宫或大限宫位于子、午，天机入此二宫，则在此期间：

凡甲年生人：其人应注意不要因为过于关心子女而冷落了配偶。未婚者应多关心、探望异性朋友。

凡乙年生人：若其人认为工作上不舒心，不妨到外地散散心。不要妄想扭转乾坤，免得心烦意乱。凡天机在子宫入大限或流年，因为有天魁同宫，故钱财方面能得到帮助。此时若财帛宫再有天梁化禄，则相得益彰，财运更佳。

凡丙年生人：其人须防止与朋友在金钱方面发生纠纷。在工作上会拖泥带水，但钱财方面却比较顺手。

凡丁年生人：其人宜专心准备考试。若有事务需要接洽，宜找人代劳，自己把精力集中于策划上。

凡戊年生人：其人宜全神贯注于业务的策划和研究。不要希望谋得好职业或受人赞扬。从事理工科的人在此运程期间会有成就。使用家用电器时，要小心看清说明书。

凡己年生人：此运程是运用知名度和智慧获利的好时机。但是，凡申时生人对文字性东西（著作、讲稿、契约之类）要审慎。

凡庚年生人：在此运程期间，其人以保守为宜，切勿轻举妄动。对钱财的处理和运用应多与家人商议，以免有失。还要注意子女安全，更要注意幼童损伤。

凡辛年生人：其人应积极对外交涉或争取获得各种权利的机会。若需要追讨债款，需要有耐心。若是寅、午、戌时生人，不可轻易为人作担保或代垫金钱。

凡壬年生人：其人若是政法、税务、警界人士，或许会有意外之财，但若处理不慎，易带来意外之灾。若其人是掮客、经纪人，则在此期间的财运不错。若遇天同化权（由丁干引发），则财运上佳。要关心子女的情绪、健康、金钱支出等问题。对正在恋爱的子女，要多加指导。不可疏忽长辈或上司交办的事情。

凡癸年生人：此时禄存在子，巨门化权、太阴化科，而且天魁、天钺夹官禄宫（命宫在子），故若天机在子宫入运，主其人的事业一帆风顺，最多有一些无足轻重的小烦恼。无论是考试、晋升或向上级提建议，均顺利。但是，若大限、流年逢文昌、文曲化忌于三方，则会大打折扣。若是教职人员，须注意师生关系。

若流年宫或大限宫位于丑、未，天机入此二宫，则在此期间：

由于天机在丑、未皆落陷，故其人在此运限期间中不聚财，不宜自力经商，只宜为人服务或为人经营。适合做工薪阶层，方能有成。若遇四煞冲破，为下格，只宜经商（且是为他人经营）或习艺。

凡甲年生人：其人在此期间会忙碌不已，但做事总是不圆满。而且这种烦恼无法向配偶倾诉。因为对方在此期间的情绪不佳、或健康不佳、或正与你闹意见。但子女表现不错。兄弟、朋友也有不错的事业成就。

凡乙年生人：若其人在此期间进行计划、交涉、谈判等工作，则成功率颇高。天机在未宫时，若无左辅、右弼入申、午宫（非五月生人），再得文昌、文曲会照，主其人幼年坎坷，但创业有成。若逢六煞同宫或会照，其人有心思紊乱，易生波折等状况。而且凡天机入未宫者，务必不要让子女去危险的地方。

凡丙年生人：其人应避免或减少出门，否则易有意外的麻烦。在此期间的收入会增加，或有多种收入。要注意与兄弟姐妹、朋友的相处。凡教职人员在带学生郊游、参观或实验时要注意安全。

凡丁年生人：其人在此期间应少开口，说话要小心。即使受了委屈，也需等待适当的时机再作解释。出门要小心，避免发生意外。在此期间以保持现状为佳。

凡戊年生人：在此期间会发生不如意的变故。容易动辄得咎。凡事要放宽心，不要争功、图表现，也不要进行房地产买卖。

凡己年生人：如果其人在此期间出门，难免会有意外，却很风光。子女若已就业，会有可观的成就。若是午时生人，对子女处理财务问题要多加指导。

庚年生人：尽量不要出门，以免发生意外和烦恼。财运不佳的人轻易不要为人作担保、背书，或借钱给别人，外出时要注意"财不露白"。

凡辛年生人：其人在此期间比其他年份的奔波多，但会有较多的回报。可以借助配偶或异性朋友，取得成就。若是巳、酉、丑时生人，要注意票据、契约方面的问题。且要慎言。若是寅、午、戌时生人，要注意节约，如有开支，应与亲朋好友商量。还要注意子女的安全。

凡壬年生人：在此期间要注意子女游泳时的安全。对青春期的子女要指导他们如何选择异性朋友。若有人送礼，要搞清楚性质后再决定是否收下。在此期间会有与长辈或上司接近的机会。

凡癸年生人：其人须注意四肢或脊椎不要受伤。房地产运不理想，但工作上会有助力和机会。若不想自办公司，则上司会重用你。

若流年宫或大限宫位于寅、申，天机入此二宫，则在此期间：

凡甲年生人：其人与兄弟姐妹之间意见未必一致，但相互会有助益。与配偶或异性朋友相处，要多体谅对方。若出远门，反而会增进夫妻间的感情。子女的表现不俗。

凡乙年生人：其人在此期间所办之事往往未必办得好，但在此运程的下半段，会名利双收。要注意亲人的健康。与人交谈时要注意口气，以免被误会。

凡丙年生人：其人会有丰硕成果，但往往需要费尽口舌。在使用机器或金属工具时，要注意安全。

凡丁年生人：其人在此期间大多只是做些跑腿或琐碎事。若参加考试，成绩颇佳。若是费口舌的工作，最好请人代劳，别着急说话，以免"祸从口出"。尤其是参加口试或与异性朋友初次见面，说话前要细思量。

凡戊年生人：由于戊干引发天机化忌，导致本来可以顺利的事也会发生波折，但因为有太阴化权同宫，因此不会有不利的变化。其人在思路上不如以往清晰、敏捷。若是正月、五月、九月生人，应找好友或亲信研究对策，会有帮助。若是卯、酉时生人，对金钱的处理不可大意。在感情问题上，最好顺其自然。

凡己年生人：若是寅、午、戌时生人，要注意票据、契约、文书或其他文字方面的问题，慎防出错。且要养成"今日事今日毕"的习惯。其他时辰出生的人，考试运甚佳。若是三月出生的女性，或肖虎、肖马、肖狗的女性，在与长辈或上司相处时要注意时间和场合，以免被人误解或节外生枝。

凡庚年生人：若与太阴同入运限迁移宫（大限宫或流年宫的对宫），其人在此期间会出远门或参加比赛、竞技、会考等。若是五月、十一月生人，要注意感情问题。若是正月生人，要注意父母和自己的健康。子女的表现上佳。

凡辛年生人：若与太阴同入寅宫，其人出门可能会不顺，但其他方面颇顺，尤其是往往只要开口，就会有收获。

凡壬年生人：其人若有处于青春期的子女，要多与他们沟通感情，并了解他们的钱财情况。夫妻双方对子女的教育要保持一致。若有分歧，要冷静讨论，切勿发生冲突。

凡癸年生人：若其人是学生，则利于应考。若其人是工商人士，则利于拓展业务。兄弟姐妹如果发生问题，要多予关心，切勿责备。

若流年宫或大限宫位于卯、酉，天机入此二宫，则在此期间：

凡甲年生人：若是正月、七月生人，在此期间可能会因病而动手术。对配偶或异性朋友要有耐心。

凡乙年生人：乃"三奇连珠"之格。其人的运势颇佳，在此期间若有机会来临，往往目标在远方。但容易因此而冷落了配偶或异性朋友。若加会六吉星，其人可任要职，名利双收。

凡丙年生人：在此期间运气不错。但易与朋友之间发生麻烦，故不要与朋友争风吃醋，也不要有金钱来往。利于求财谋职，尤其是失业之人，若大限宫干为午或流年干为癸，则正是求职的好时机。若加会六吉星，其人可任要职，且能名利双收。

凡丁年生人：不可口无遮拦。但如果参加辩论会或研讨会，却可能一鸣惊人。若参加考试，成绩颇佳。若要面对官员的质询，务必将资料准备充足，拟好应对之策，否则以回避为宜。在此期间，财运颇佳，易有意外之财。

凡戊年生人：凡事以守成为宜，不宜出征或行动。利于埋头研究或创造发明，也利于学习各种技术，往往会事半功倍。

凡己年生人：只要三方不会照文曲，其人就不会有大损失。子女或兄弟姐妹会有理想的发展。注意多给配偶精神安慰。

凡庚年生人：其人应减少出门，出门时要注意交通安全。在工作上进展缓慢，需待下半个运程才会畅顺。金钱收支频繁，积存无多。对父母和配偶需多加照顾，也别让他们为你操心。

凡辛年生人：其人宜全力向外拓展，且一定会多劳多得。但要小心自己的健康。若加会六吉星，可任要职，名利双收。凡卯时生人，对财务要谨慎，别轻信朋友。若是巳、亥时生人，适宜参加考试。若是丑、未时生人，对处理契约、金钱等事宜要谨慎，切勿感情用事。

凡壬年生人：其人在此期间比较劳碌奔波。若是十二月生人，要多注意子女的感情问题。若行运于迁移宫（即大限宫或流年宫位于本命迁移宫），宜为人排解困难。若想买家具，待搬家后再订购。在此期间会有意外财运，但要搞清对方的目的，不可贸然接受。

凡癸年生人：须避免与兄弟姐妹或朋友之间发生金钱往来。会有兼职的好机会出现。若是丑时生人，要对父母孝顺、多关心。

若流年宫或大限宫位于辰、戌，天机入此二宫，则在此期间：

不论何年出生的人，会有惊险之事，只要不再逢煞、忌之星来冲，则可有惊无险。在这段运程中利于搞设计、策划、读书、思考。而且，在这段运程中财运不佳，即使赚到钱，也会由于各种原因而使钱财到手仍成空。儿女中已成家者，往往因其工作或居所的变动而聚少离多。

凡甲年生人：要注意与配偶或异性朋友协调好关系。若是三月、五月出生的男性，由于其人有魅力，会有艳遇，但要谨慎。若是女性，其人的感情易有发展，但往往是两地相思，或者双方的家庭有人作梗，需要有时间来考验双方的感情。

凡乙年生人：若是女性，有结识异性的机会，但不宜结婚，尤其是上半段运程期间。若是二月生人，出门要小心。若大限宫或流年宫位于本命迁移宫，往往劳而无功。凡事宜以静制动，到下半段运程，会畅顺。如非必要，尽量不出门。

凡丙年生人：应注意与兄弟姐妹、朋友之间的关系。办事往往不顺，但只要坚持，终会成功。若加会六吉星，则因其人才能出众，必能身居要职，文为清显，武为忠良。若天机入戌宫，不如入辰宫为佳。但是丙、戌年生人由于会照擎羊，仍会有成就，只是异常辛苦。

凡丁年生人：注意在财运亨通、事业顺利时，不要冷落了配偶或异性朋友。为人谦让者，可以避免冲突。若大限宫或流年宫位于本命迁移宫，或位于戌宫者，热心助人时不要多嘴。从事教育的人要谨言慎行。不要与上司搞对立，否则升迁的机会往往会落空。若加会六吉星，则因才能出众，必能身居要职，文为清显，武为忠良。天机入戌宫，不如入辰宫为佳。

凡戊年生人：做事要有恒心，切勿见异思迁、虎头蛇尾。凡事不能企图一步登天。可以专心搞研究或技术工作。

凡己年生人：其人在此期间有升迁的机会，要把握住。若是申、子、辰时出生的人，注意不要出风头，尤其在文字、账目等方面要细心。子女表现优异。房地产买卖顺利，但是要注意上述两方面的安全。从事文艺的人士，利于发表作品。其他行业的人士利于考试。

凡庚年生人：配偶的收入明显增加，子女的状况颇佳。从商者，成果不小。自己不要买卖不动产。若打算搬家，宜在下半段运程进行。若对家居进行调整或装修，需小心搬动家具，尤其要当心贵重物品。

凡辛年生人：其人的业绩卓著。若是学者，会经常奔波做报告。若在辰宫入限，则不宜外出，只宜在家读书研究，凡事交给配偶处理反而会好些。若三方逢昌、曲，则在订立契约或贷放资金时要慎重，否则易出问题。

凡壬年生人：在辰宫入限者，要对钱财收入的来源辨明利害关系，尤其是帮人消灾的钱财，若对方是无妄之灾，则帮他消灾无妨；若是罪有应得，则帮他消灾会惹一身腥。还要注意子女的钱财、感情方面的问题，以及自己的住宅问题。若外出往往多波折、拖延、诸事不顺。若在戌宫入限，常常会有令人头痛之事发生。若大限宫或流年宫位于本命迁移宫，出门时难免惊险之事，但最终会有惊无险。已婚之人，夫妻之间要避免互揭伤疤。未婚之人，不要为小事而怄气，不可小事闹大。总之，这段运程中应淡泊名利，知足常乐。

凡癸年生人：其人的手足或朋友有赚钱机会。在辰宫入限之人，财运不错。其配偶利于对外谈判、谋事。要注意子女，尤其是幼儿的安全。对青少年子女要训诫其不可好斗。若大限宫或流年宫位于本命迁移宫（辰宫），出门时要妥为保管机密文件，若搬家，容易将贵重物品遗忘在旧址。

若流年宫或大限宫位于巳、亥，天机入此二宫，则在此期间：

凡大限、流年逢天机，且天机庙旺又遇吉星者，主其人的事业或环境会有所改变，或会搬家，或会移动床铺，且忙碌非常；但若天机居平陷之地，只宜守成，不宜求变或创业。

凡甲年生人：若是未婚男女，在此期间易出现感情危机，需冷静和有涵养的方式处理，方可免除麻烦。已婚男女应互相体谅，协力渡难关。若平时已经貌合神离，则此时往往会摊牌。如能悬崖勒马，方可渡过。或者双方利用出差等机会小别一阵，反而会好。若购置不动产，此其时也。不必去争取升迁或调换工作，凡事以顺其自然为宜。

凡乙年生人：与朋友相交要真诚，不要占便宜，也不要奚落别人。即使与朋友不合，只宜慢慢疏远，不要断然绝交。非要出门不可时，要注意交通安全。配偶会有升迁的机遇，但会因此而减少与你相聚的时间。在这段运程中，上司会欣赏你，或许会派你做特殊工作。

凡丙年生人：要注意搞好人际关系。其人会因为地位的提高而东奔西走，格外忙碌。其财运会因为业绩甚佳而水涨船高。若是巳、亥、未时生人，业绩突出，利于升级考试或参加竞赛。

凡丁年生人：在此期间可得远方之财。但易因财而生出口舌是非。因此，对于财务处理要保守，不可大意。若参加考试或竞赛，会有佳绩。若是子、午时生人，对钱财问题更要小心翼翼。

凡戊年生人：此乃其人处于虎落平阳之时期。不利于开创或争取，宜卧薪尝胆和蓄势待发。

凡己年生人：其人的子女运佳。配偶有相当的知名度，是考试、晋升的好时机。

凡辛年生人：其人的事业、财运、感情都会步入顺境。但要处理好手足之情，免生后悔。若是亥、卯、未、子、午时生人，要小心处理财务、文字、契约。

凡壬年生人：会有出远门的机会。夫妻间会有小麻烦。应多把心思用于照顾子女，不要为子女之事影响家庭和谐。对父母要多孝顺，多去探望。

凡癸年生人：可趁远行的机会，考察各地的房地产。把精神集中到购房、装潢方面。若在上半段感到运气不佳，借机缓冲，待下半段运程再有所作为。

若天机在小限或流年加会天马，因天机主头脑波动，天马主身体动，故其人会远走他乡，且容易有变动。若没有天马加会，则往往只是环境有变动。

（2）天机入兄弟宫

一般而言，天机入兄弟宫者，主其人兄弟分离，同胞兄弟少或无。

若天机入庙，主其人有兄弟二人。若有巨门、天梁或太阴会照，皆主其人有兄弟二人。若天机落陷，则兄弟之间意见不合。若会合擎羊、陀罗、火星、铃星、天刑、天马者，则兄弟间有刑克，会分离。

若与天梁在辰、戌二宫同宫，或在丑、未二宫相对（即天机、天梁分别入丑、未宫），主其人的兄弟姐妹中有人流产或小产。亦主其人的兄弟姐妹容易分离。

注：也可以用这个规则来推断与同僚、同学、同事之间的关系，主其人较易落落寡合，或容易变换合得来之人。

若与天梁同宫，更有天刑同宫，主其人易起争讼。

若与巨门同宫，宫中又有化忌者，主其人多纷争口舌。

若与太阴同宫，且于三方四正见禄存，再有天巫同宫，主其人的兄弟姐妹间有争夺遗产之事。王亭之先生的口诀是："机月不宜见禄巫"。

若兄弟宫中有天机化忌，并会照左辅、右弼，其人极可能有异母兄弟，但需要同时参照父母宫来推断。

若与禄存同宫，兄弟之间相处自然，能得到兄弟在物质上的援助，或兄弟颇有势力。

若与六吉星同宫，可常得到兄弟姐妹的助益。

注：实际应用证明，根据兄弟宫中的星曜，只应验于兄弟姐妹之间的感情或相处状况，较难完整地推算兄弟姐妹的人数。但是，为了本书的完整性，依然将有关推算兄弟数量的论断列出，读者可以自行验证。但如果天机入兄弟宫，其人兄弟较少的断语则比较应验。

若天机庙旺，则其人有兄弟二人，能得到帮助，其中尚有贵者。若落陷，仅有一人，且兄弟相悖，虽有若无。但在困苦时求助，仍可获得帮助。

若与太阴同宫，其人有兄弟二三人，能得到精神鼓励。若加煞星，仅一人。

若与巨门同宫，且庙旺者，其人有兄弟三人，虽能得到兄弟在物质上的帮助，但兄弟乖违不一心、不合作。若加煞星，则仅有兄弟一二人。

若与天梁同宫，其人有兄弟二人，能得到兄弟姐妹的帮助，主要是精神鼓励。若加煞星，仅有一人。

若与六煞星同宫，仅有兄弟一人，且不和，有克害。相互之间有单向感情支援之情形，如长兄代父职，姊代母职。

（3）天机入夫妻宫

天机入夫妻宫者，多主其人夫妻间口舌多，争吵不断。配偶较劳碌，因天机主家务事，所以天机入女性的命宫、福德宫者，其人常会为家务事而忙碌。

天机入夫妻宫，配偶双方的状况是：男妻年少，但性刚强；或女夫长。

天机入夫妻宫，主其人的婚姻宜小配，须相差三岁以上。且主其人性情机巧，持家有方。

若与太阴同宫，乃桃花之象。其人的配偶貌美，多才多艺。但婚姻生活是非不免，遭人议论。妻宜年少。若加昌、曲，无论男女，一生恋爱多，在外与人同居（注：这条规则的准确率几近绝对！），甚至年届花甲依然有年轻女郎伺候。若是男命，主其人之妻有内助，而且美丽。

若天机与太阴互入对宫，比同宫为佳。若见文曜，再见桃花者，则其人的配偶易为异性追求。但若见三吉化，则主其人的配偶有秀发。

若与巨门同宫，主其人婚前感情多波折，婚后不美满。若再逢六煞星、辅、弼同宫，则有生离之可能。若天机与巨门相对，主其人夫妻之间貌合神离。若二者同宫，再有禄存同宫，则比天机、巨门互入对宫为佳。

若与天梁同宫，主其人的配偶貌美，婚姻宜长配，或者小六岁以上。

若与天梁会照，若不迟婚，或男女方于结婚前，与第三者解除婚约或已发生过恋爱变化者，则主婚后会生离或离婚。

天机与天梁相对，亦比同宫为佳。男女皆主与配偶年龄有差距，或相反，丈夫反比妻子年轻。

注：在天机入夫妻宫的星曜组合中，以"天机天梁"或"天机对天梁"的组合最易滋生弊端。

"天机太阴"（或天机对太阴）的组合较为完美。"天机巨门"（或天机对巨门）的组合，必须见化禄、化权，婚姻才会美满。

若与六吉星同宫，主其人的配偶非常贤明。

若与煞星同宫，须迟娶，或订婚后会发生变化。

若与擎羊、陀罗、火星、铃星、天刑、化忌会合，主双方有刑克。

若与擎羊同宫，则不利其配偶。夫妻之生活方式宜聚少离多，感情比较好。与配偶的年龄差距较大，男得贤妻，个性刚烈，女性的丈夫必有学术专长。

若夫妻宫中有天机化忌，从小的方面论，主其人自己有病，使配偶担心；从大的方面论，主其人可能会因病致亡，使配偶万念俱灰。

在合婚时，若在夫妻宫中无化忌、辅、弼、六煞星同宫者，宜早婚；反之，宜晚婚。配偶以从事演艺、娱乐、设计、新闻、写作等行业较佳。

（4）天机入子女宫

天机入子女宫，多主其人子女稀少，或得子极迟。而且其人的下属或追随其的晚辈稀少（或时时更换配偶，关系不长久）。

天机入子女宫者，子女具有特殊技能，好动活泼，头脑灵活，会有杰出表现，自己的性生活（无论是与配偶或外遇）均会满意。子女中可能会有同父异母或同母异父的现象。

若与太阴同宫，如果宫中桃花诸曜重重，且又见左辅、右弼，则主其人乃"姑子归宗"，即以女儿所生的儿子承祀。（注：在现代，可能已少有"姑子归宗"的情形。）

若与天梁同宫，或天机与天梁各入丑、未宫相对，且宫中见煞，凡女命，主其人易流产或小产。流年子女宫见到这种星系，常常为人工流产的征兆。尤其以擎羊或流羊同宫为确，此外，若流年命宫或疾厄宫中有动手术的星曜，同论。

天机入子女宫，又遇煞星者，主其人子息稀少，而且来得很迟。

若与六煞星同宫，主其人无嗣，即使有，亦会刑克，且与子女缘分浅。

天机化忌入子女宫，再有煞星会照者，其人难有子，但可能会有女儿。

注：与天机如兄弟宫一样的是，以子女宫中的星曜来判断子女的数量，目前尚有争议，没有定论。但作为参考，依然列出有关规则。

若天机入庙，主其人有子女二人，聪明机巧。庶生则三胎以上，会合巨门，只一子。在申宫会合红鸾、天喜、大耗等星，女多子少。太阴同度，有二女一子。在寅宫会合天梁星，主有子女三人。遇擎羊、陀罗、火星、铃星、空劫、天刑等星者，刑克无子。

若有吉星同宫，则自生二人，庶出三人，赘婿得力。若加六煞、天刑、化忌，则无嗣。

若与太阴同宫，有子女二人；加吉星，则有子女三人。子女容貌端正。

若与巨门同宫，有子女一人；加吉星，则有子女二人。子女富有创意，在社会上出类拔萃。

若与天梁同宫（必在辰、戌二宫），女多男少。若同宫于辰，则有子女二三人，若同宫于戌，则有子女一人。子女容貌端正。

（5）天机入财帛宫

天机入财帛宫，主其人白手成家，劳心劳力，晚年有成。但会有财来财去之可能。若见恶星，则主其人光破后成。若加四凶，则主其人巧艺生财。若有吉星拱照，则主其人财运旺盛。

若天机落陷，主其人费心劳力，多变化。

古人云："天机太阴同居财帛，见禄存化禄，为财赋之官。"这种见解，今日尚有其社会意义，可断为其人在银行、财务机构、税务部门工作。

若与太阴同宫，主其人白手成家，先难后易。

若天机在巳、亥二宫，与太阴相对，则为"财赋之官"的意义减少，转而断为其人作为专业人士得财。在现代，天机又主机械文明，所以亦可断为其人从事研究发明创造。

若与巨门同宫或会照，则其人凡事皆须伤劳精神，破费唇舌，多竞争暗斗；凡事在没有进行时，别人不加注意，一旦可以谋取时，则他人会群起争夺。

"天机巨门"的组合，古人认为宜"闹中取财"，在现代，所谓"闹中取财"含有在竞争中取财之意，亦可断为其人从事自由职业及传播界工作。且可获意外之财，但成败多端。

若天机居子、午，与巨门相对，竞争尤其剧烈，求财甚为费神。若与天梁会合，则主其人谋财多巧计，多机变。

"天机天梁"的组合，古人认为是"机谋巧计以求财"，在现代，若得吉曜拱照，可断为其人靠发明专利求财。若见煞，则可断为其人宜在工艺方面发展。

若与天梁同宫或会照，其人会用机谋巧计生财，财富万贯（但未必一定富有）。若再逢六煞、截空、空亡，主其人贫穷。

天机在丑、未二宫，与天梁相对，主其人的求财之心更为炽烈，所以"机谋巧计"的性质更重。而且其计谋偏重于商业方面。若与禄存同宫，虽得财，但其人若是小人，会不满足。

若与六吉星同宫，主其人一生辛劳，但可聚财。

若与禄存、化禄、天马会合，主其人富裕。

若与六煞星同宫，主其人劳心劳力，有成有败。

若擎羊、陀罗、火星、铃星、空劫、大耗会照，则其人一生机缘虽多，但聚散无常。

（6）天机入疾厄宫

天机抵抗煞、刑诸曜的力量不强，因此天机入疾病宫，主其人易受疾病侵扰。

天机主思虑，因此主其人神经衰弱。而且由于天机属木，因此天机入疾厄宫者，主其人易患肝胆疾患，肝火旺盛，身体易疲劳。且有肝胃疾、头昏、耳聋、眼花等肝阳上升的症候。若加火、铃，主四肢及眼睛有疾。若居陷地，则头面有受伤破相之徵。若逢煞星，则体弱。婴儿时多灾多病，有惊风、热毒湿气之疾。

女命，阴分虚亏（"阴分虚亏"乃内分泌失调引发的暗病。古人称之"阴分虚亏"），经血枯少，若与太阴、红鸾、天喜、咸池、天姚同宫，主其人经期不准，有暗疾或子宫不正。若与擎羊、天刑、大耗同宫，主其人因为疾病而动过手术。

若天机入疾厄宫，见桃花诸曜过重，由于这些星曜多属水，水多以生木，反而主患病，主要是内分泌失调引发的暗病，即"阴分虚亏"。

若与太阴同宫，其人要注意皮肤病或痔疮。若逢诸恶，主其人幼年有疮疾。

若与巨门同宫，其人易有呼吸困难、心闷、胸痛、肠胃病，以及高血压或神经系统疾病。若再有擎羊同宫，其人易得狭心病。若天机、巨门在卯、酉入疾厄宫，其人眼睛不好。

若与天梁同宫，落陷并加煞，主其人的下腹及膀胱部分容易患病。

若与天梁同宫，或对拱，见羊、陀、天刑者，主其人患盲肠炎；再见火、铃、忌、星，且加会阴煞、天虚、劫煞等杂曜，主其人患胃癌或乳癌。

若与昌、曲、六煞星、化忌等星曜同宫于卯、酉、丑、未诸宫，主其人易患胃病。若同宫于寅、申，则应注意肝病。

（7）天机入迁移宫

天机是活动多变的星曜，所以天机入迁移宫，则出门反而有利，居留本地便会多生是非、心烦意乱。但在现代社会，由于不必背井离乡亦可以得外地之财，所以有时天机亦仅主变动，如转业、调换工作等。

凡天机入迁移宫，主其人结交的朋友中，有人很聪明。

若与太阴、禄存、化禄同宫或拱照，主其人出门得财。且愈忙愈吉，加众吉者，更佳。

若与巨门同宫或会照，主其人宜出外创业。且愈忙愈吉，动中得吉。若再加四凶，则不利。

但若天机独入迁移宫，而巨门入命于子、午二宫，加会太阳化忌，则主其人以离开出生地或久居之地为宜。

若与天梁同宫，乃桃花之象，如果三方有四煞、昌、曲者，其人有淫乱倾向。

若会照天梁，其人出外时称心如意。从事艺术可展才华，有贵人扶持，且有现成的机缘可得。

"天机天梁"的组合，主其人虽然离乡，却仍恋故土。在现代社会，可以断为其人在外埠及本地均有商业机构成立。若见诸吉、禄存、天马，则其人的事业很有可能发展成为跨国企业。

若与四煞同宫，其人在外多是非，身心不安宁。

若会照擎羊、陀罗、火星、铃星、空、劫，主其人出门不利、破财，有口舌是非、虚惊及意外之灾。

若与天马同宫，且有煞星，主其人奔忙不定，劳碌非常。如果有戊干（大限宫干或流年干）引发天机化忌，则其人在此运限期间会出车祸，甚至丧命。

一般来说，天机、天梁同入迁移宫的组合利于迁移，且在外地发展的机遇颇多。但若与四煞同会，则主其人在外多忧、多虚惊、多困扰。

若天机入迁移宫，流日干为戊，引发天机化忌，主其人在该日去找人难找到。

（8）天机入仆役宫

凡天机入仆役宫，主其人交友广阔，有各阶层及各方面的朋友，但会时时变换，结交的朋友流动性大。

若天机入庙，主其人能得到朋友的助力，并会有得力的部属。若天机落陷，则其人与部属不能融洽相处，招怨。

若与太阴同宫，若天机庙旺，其人可得到助力。若天机落陷又逢煞，则部属和朋友虽多，却不得力。

若天机、太阴与桃花诸曜会照，又见化忌、刑煞，其人须提防误交匪人。

若与巨门同宫，其人的部属会对其阳奉阴违，貌合神离，有不如无。

若与巨门相对，其人易与友人发生误会，引致是非口舌。古人云："天机巨门交人，始善终恶"，即是此意。故天机入仆役宫者，应注意"君子之交淡如水"。

若与天梁同宫，则其人与朋友之间的关系先难后易，早年与下属和朋友不同心，晚年可得助力。若天机庙旺，尚可，若天机落陷又逢煞，则欠力。若与擎羊、陀罗会照，主其人会受朋友之累或被小人陷害，多纠纷、是非。

若天机与天梁相对，而天梁有吉曜同宫，则主其人会得到年长的友人扶持。

若与四煞同宫，主其人的部属不得力，往往成事不足。若与空、劫同宫，会互相嫉妒，以怨报德。

若与火星、铃星同宫，主其人与朋友或部属之间多争斗、多气恼。

若有空、劫、大耗会照，主其人会因朋友而破耗钱财。

凡天机入仆役宫，如果有左辅、右弼、三台、八座同时会照，主其人会得到助力。若虽见辅佐诸曜，但上述星曜不是同时会照，则仅主其人交游广阔。

若有戊干引发仆役宫中的天机双化忌（如生年干加流年干，或流年干加大限干等），主其人在此期间易被朋友出卖。

（9）天机入官禄宫

天机入官禄宫，主其人一生的事业多变动。

天机于入庙之地入官禄宫者为贵格，主其人职高权大。若加会文曲，其人为良臣。若天机落陷，则其人仅为小公务员。而且天机入官禄宫者，其人一生的事业变化大。（注：由此可以引伸出：若天机入大限官禄宫或流年官禄宫者，其人在此期间的事业变化颇大。）

由于天机主变动，所以天机入官禄宫，主其人可从事多项经营或身兼数职。若宫中有凶星，则主其人不守一业，浮荡无根。

若与太阴同宫，天机庙旺者，主其人名声远播。天机落陷者，主其人虽然名声远播，但不会持久。

若与巨门同宫于卯宫者，其人名声远播；同宫于酉宫者，其人虽名声犹可，但不持久。

若与天梁同宫，其人乃文武之材，位高权重。若再有吉星来拱者，则其人富贵双全。但若见煞曜，主其人仅落拓江湖。

若与左辅、右弼等吉曜同宫，主其人的事业会有多种的发展或兼任数职。

若有文昌、文曲、化科会照，其人最宜在文化、大众工业等领域谋发展，或具有专门技能。

若与四凶同宫，其人仅为闲官，或是暗路功名。

若天机入庙，与化禄、化权、化科会照，主其人名震四海，国家之栋梁，政界要人，能文能武。

若天机落陷，其人宜在公共机关中任职或大公司的服务工作。若再有擎羊、陀罗、火星、铃星会照，则会时常调换职业或流动性的职业。若再有空、劫、大耗会照，其人宜办实业、开工厂。如果从事投机事业，结果必然倾家荡产。

（10）天机入田宅宫

天机入田宅宫，多主其人难以守业。若加会诸吉，则主时常搬迁。有祖业也会退去。若庙旺，且有众吉星拱照，则其人中年能自置产业，但不能久持，时有迁动。若加四煞，主其人自置艰难，晚年才有。

天机入田宅宫者，其人常搬家，家住马路旁，对面有柱子。（注：由此可以引伸出：天机入大限田宅宫或流年田宅宫者，其人也会在此期间搬家。）

若天机落陷，其人的住处嘈杂、不安静，或近处有工厂等嘈杂声。

由于田宅宫也可以用来推断自己的服务机构，因此，若天机入田宅宫，亦主其人易转换工作机构或从事外务，多奔波。

若天机入田宅宫，落陷，且有戊干引发天机化忌，主其人的资金周转困难。

若流年干为戊，引发流年田宅宫中的天机化忌，主其人可能在该年会搬家。

若与太阴同宫，天机庙旺者，主其人有祖业。若再逢吉曜，主其人中年还能自置产业，因此有无数产业。若天机落陷，则不吉。

若与太阴同宫，主其人一生多奔走、多出外或在外。若与太阴同宫于四马之地（寅、申、巳、亥），主其人住在山沟旁。

若与巨门同宫或互入对宫，主其人易引起产业纠纷，亦主其人较难置业。而且，若再有忌、刑加会，主其人与邻舍不和。若与巨门同宫于卯，则其人可守住祖业；若同宫于酉，则其人会退祖，产业先大后小。

若与天梁同宫，无煞曜，主其人有自置之福，且为数不少，中晚年乃富有之命。若加六煞，则产业全无。若有天梁会照，则其人晚年能增产业。

若与擎羊、陀罗、火星、铃星、空、劫、大耗会照，其人会因住屋而发生纠纷和麻烦。

若与禄存同宫，表示财库有存，但由于天机多奔走调动，因此财入库虽然有存，但会屡屡往外支出。

天机不宜化忌于田宅宫，如果再有煞、刑，主其人会因产兴讼。

（11）天机入福德宫

天机入福德宫，主其人多思虑，易患得患失，操心操劳，工作多，不得安宁。而且其人拥有求知欲和好奇心。早年辛勤努力，晚年安逸。寿达六十三（注：仅作参考），若本宫及命宫吉，但再加会煞恶，则递减福寿，且辛苦艰难。

天机入福德宫，亦主其人有多方面的嗜好，但有多学不实的倾向。

由于天机抵抗煞曜的力量弱，所以凡天机入福德宫，与煞曜同宫者，主其人心烦，因之精神享受欠缺。

若与太阴同宫，主其人福厚，虽安逸，但心忙难免，在闹中喜静趣。若同宫于寅，则忧心重；若同宫于申，则福厚、快乐。如果宫中无煞或煞少，则其人的第六感官特别强。

若与巨门同宫，天机庙旺者尚吉。天机落陷者，则其人劳碌欠安，无清福可享，劳心劳力。而且，天机与巨门同入福德宫的组合，仅主其人敏于思辩，但却未必办事机敏。

若与天梁同宫，主其人能自寻享受。天机庙旺者，其人福禄丰盈，安逸一生。天机落陷者，欠宁。

若与六煞同宫，其人福分浅薄，奔波劳碌过一生。

若有擎羊、陀罗会照，主其人会自寻烦恼，终日碌碌。

若与火星、铃星、空劫、天刑、大耗会照，主其人劳碌奔忙，福薄心烦。

若天机化科，又见华盖、文曲，则其人有喜爱术数或神秘事物的倾向。

若天机化忌，由于忧则伤肝，所以，若天机化忌于福德宫，而疾厄宫又不吉者，多主其人会患肝病。而且其人多顾忌，进退多虑，不安宁，操劳失眠。

若宫中有空曜、华盖，则多人生空幻的感觉。

（12）天机入父母宫

天机入父母宫，主其人宜远离父母，否则有刑克。

若天机入庙，主其人的父母和蔼可亲，对子女呵护备至。受父母恩泽不小，父母有福禄，且不刑克父母。若天机落陷，则宜过房重拜。若再加六煞，则会与父母生离，此时凡二姓寄居、或重拜父母、或招赘者，可吉。

由于父母宫亦可用来推断自己的上司与主管或师长，所以若天机、天梁同入父母宫，加会吉曜，尤其是当天梁化科，而且无太多煞曜会合之时，主其人可受长辈恩惠、提拔，或得严明的上司或师长。

注：紫微斗数中有很多断语提到"父母双全"或"父母不全"，这一点值得商榷。因为这个断语与推断的时间有关，例如，在某人二十岁时推命，得到"父母双全"的断语，但如果在四十岁时再推命，很可能其父母已经不全。因此，"父母双全"的断语只能供在某个时段作参考，不可作为终身可用的断语。

若天机入父母宫于丑、未二宫，且破军坐子、午二宫，多主其人的父母早衰。

若与太阴同宫，主其人的父母昌荣，而且双全，得父母恩泽，虽不刑克，但易早离父母。

若与太阴、天梁会照，则可化解其人与父母之间的刑克。

若与巨门同宫，主其人早年不利父母，受父母恩泽小。父母感情不睦。其人易与父母发生冲突。若天机落陷，再加煞，宜过房或重拜。

若与天梁同宫，天机庙旺者，不刑克父母。父母吉利、寿长。天机落陷者，则宜重拜。

注：上述三种天机星系组合中，以天机、太阴的组合最利父母。而天机、巨门的组合，以及天机、天梁的组合，均主其人早年对父母不利。

若与擎羊、陀罗、火星、铃星、空、劫、天刑会照，主其人与父母有刑克，或重拜父母，或祀继他人，幼年过房。

若与天马同宫或会照，主其人幼年离家，年长入赘。

凡天机入父母宫，若见桃花、天马等星曜，主其人会入赘，或供养岳家而不供养父母。

若父母宫中有天机化忌，主其人需动用车辆外出，此时若天机落陷又化忌，轻则车坏，重则车祸、甚至血光之灾。若再加破碎星，小心车胎爆破。

若父母宫中有天机化忌入，未必一定是父母寿短，此时须看田宅宫，若田宅宫吉，本身大限亦吉，则仅主其人早离父母。

3. 太阳

1）星情总论

太阳星为中天斗星，不分南北，五行属性属阳火，在天为日之精，化为贵，象征男性。在男命中，为父星及子星。在女命中，作为父星、夫星及子星。宜昼生人，不宜夜生人。不论男女，皆主其人个性仁慈，慷慨好施，肚量宽宏，不计是非。

太阳乃官禄宫主，最喜入官禄宫，入官禄宫为得位。若遇天刑，为武职。尤其人官禄宫于午宫者更佳。

太阳在命盘十二宫中，在寅、卯为初升，在辰、巳为升殿，在午为"日丽中天"，上述状态皆主其人大富贵。在未、申为偏垣，主其人做事先勤后惰。在酉为西没，主其人贵而不显，秀而不实。在戌、亥、子、丑为失辉，主其人一生劳碌奔波，易惹是非，与人不合，若再与四煞冲合，更主其人有疾病。

太阳主贵不主富，其富裕系由贵而来，故多易表现为其人之名大于利。

太阳在十二宫中，各有专门的名称，分别解说如下：

太阳入子宫，名曰"天宜"。主其人富于情感，生贵子。

太阳入丑宫，名曰"天幽"。此时日、月同宫，主其人的性情忽阴忽阳，不易捉摸。

太阳入寅宫，名曰"天桑"，乃"日出扶桑格"。此时正是旭日正拟东升之时。主其人福厚名显。

太阳入卯宫，名曰"天乌"。此时乃太阳刚刚升起之时，主其人英明俊伟，有大丈夫气概，多才多艺，名显，富裕。

太阳入辰宫，名曰"天爽"。此时乃日出龙门之时，为太阳刚升殿，主其人少年显达，权名远扬。

太阳入巳宫，名曰"幽征"。此时太阳已升殿，主其人志高气傲，锋芒毕露，乃禄厚、权高、功名显达之士。

太阳入午宫，名曰"日丽中天"。主其人福厚禄重，志高气壮。但虽主贵，由于日光太烈，亦主其人有目疾。

太阳入上述寅、卯、辰、巳、午五宫皆主其人有大富贵。

太阳入未宫，名曰"天辉"。此时日、月同宫，主其人权重，为人豪爽。

太阳入申宫，名曰"天暗"。主其人多学少成，处事多周折。

太阳入未、申二宫为偏垣，主其人做事先勤后惰。

太阳入酉宫，名曰"九空"。主其人做事亨通，但有始无终，最忌遇煞星，会有刑囚之灾。此时为太阳"西没"，主其人贵而不显，秀而不实。

太阳入戌宫，名曰"天枢"。此时日藏光辉，主其人有眼病、近视、散光等情况，亦主其人名虽不扬，遇吉曜反能成富。

太阳入亥宫，名曰"玉玺"。此时日、月反背，故反主其人能大发，能少年立功。但必须遇禄存、化禄、天马方合格。

总之，太阳以贵为主，而富次之；太阴以富为主，而贵次之。而且，太阳之财为动产，太阴之财为不动产。

因为太阳乃中天星主，对昼生人有利，对夜生人不利。

太阳也是星主，所以亦喜"百官朝拱"，不宜孤立，这个特点与紫微相同。

由于日初升于寅，沉落于申，所以太阳喜寅、卯、辰、巳、午、未六宫，不喜申、酉、戌、亥、子、丑六宫，夜生人更甚。若是夜生人，则不利父亲、儿子；凡女命，更不利于丈夫（若未婚，则对男友不利）。

太阳本身带有光芒散射的性质，所以不宜见有散射性质的星曜。但若见天梁，则反能收敛其光芒，变得更为沉潜。

有一个基本思想须注意：太阳不喜过分散射热力，因此，入巳、午二宫时便不主富，反而入戌、亥两宫的太阳，若遇吉曜则可成富局，这则是因为光芒收敛的关系。（注：这种推断，是基于儒家的"中庸"思想而来。）

太阳光芒四射时不畏煞星，故在庙旺宫位（寅、卯、辰、巳、午），煞星的侵袭只会影响其人的阳性近亲，于其本人丝毫无损，只增辛劳而已。

凡太阳入运，利于中、少年人，其人体力充沛、活跃奔波。而对于老年人，恐其体力不济，故格外辛苦。一般而言，限逢太阳者，要"夕剔朝乾"（出自《易·乾》），以防做事虎头蛇尾，有始无终。

太阳代表的事物为电话。

太阳的代表人物为纣王之忠臣比干，为光明之神司掌"光明""博爱"，乃权贵之星能文能武，相貌方圆体格雄壮，若化忌则瘦高。男性坦率，女性有男子态。个性强、异性缘佳。不论男女心直口快，喜争论易生气，做事积极不偏袒，喜外交活动善交朋友。

2）风水、地理类象

天时类象：晴天、阳光、太空、强辐射线。

地理类象：高岗，圆形墩阜，丘陵、坟墓，郊野，空地，广场，采光充足的房子，主有刚强竞争之人，或富足隆盛之家。有冲为破，半吉。落陷失辉，见煞主孤苦。阳光太过亦不吉。入酉、戌、亥、子、丑各宫，可推断为院屋墙壁物品均属黑暗或潮湿。

3）旺度

太阳星的旺度与天象中太阳的运行规律一致：于卯为入庙；于寅、辰、巳、午为旺；于未、申为得地；于酉为平；于子、丑、戌、亥为落陷。

4）与太阳有关的格局

（1）巨日同宫格：太阳、巨门同入寅宫，三方四正加会禄存、科、权、禄、左、右、昌、曲、魁、钺等吉星为本格。此格生人，主大贵，宜从政，或为社会知名人士。其人一生总是名大于利。若是庚、辛、癸年生人，无四煞、劫、空加会为上格。太阳、巨门同入申宫次之，纵三方无煞亦不全美。古人云："巨日同宫，官封三代"，又云："巨日寅宫守命，无劫空四煞，食禄驰名"。

（2）金灿光辉格：太阳独入命宫于午宫，与禄存、科、权、禄、昌、曲、左、右、魁、钺加会，方合此格。人命得此，主其人一生不但大贵，而且大富，但若无昌、曲、左、右，或见空、劫，则美景大减。凡庚、辛年生者，富贵全美，甲、癸、丁、己年生者次之。古人云："太阳居午，谓之日丽中天，有专权之贵，敌国之富"。

（3）日照雷门格：又名"日出扶桑格"，其人乃白天生人，太阳、天梁在卯宫坐命，与禄、存、科、权、禄、昌、曲、左、右加会，合此格。但只有乙、辛、壬年生人合格，且乙、辛年生人最佳。他年生者亦主吉利，须三方四正无煞冲。若加煞，则为破格，终必遭肖小暗算。古人云："太阳卯位贵堪夸，必主平生富贵家。纯粹少年登甲第，征战声势动夷华。"又云："日照雷门，富贵荣华"。

（4）日月反背格：若太阴入卯、辰、巳、午、未，而太阳入申、酉、戌、亥、子，皆为失辉，乃此格。

（5）日月并明格：日入巳，月入酉，坐命于丑，凡辛、乙年生人合格，丙年生人主贵，丁年生人主富。若加六煞星，则平常。

（6）明珠出海格：日入卯，月入亥，坐命于未，合此格，有蟾宫折桂之荣，主其人财官双美。

（7）日月照壁格：破军在辰、戌二宫入命，太阳、太阴入田宅宫于丑、未二宫，且破军与禄、存、科、权、禄、左、右、昌、曲、魁、钺同宫或加会此乃"日月照壁格"，主其人大富，尤多不动产，如楼宇、田土、山林、豪宅，或能继承祖业。此格生人，仍须命宫三方四正有吉星并吉化，方为真正合格。若命宫三方会凶煞多，仍属贫贱之命，田宅宫之吉并无大用。

（8）阳梁昌禄格：乃"日照雷门格"的特例，太阳、天梁在卯宫坐命，须乙年生人，命宫有禄存，再有文昌同守方是。人命得此，学业超群，考运极佳，为国家重臣，政界闻人，大贵。古人云："天梁太阳昌禄会，胪传第一名"。

（9）丹墀桂墀格：太阳在辰宫或巳宫入命，太阴在酉宫或戌宫入命，二星皆临旺地，太阳为丹墀，太阴为桂墀，故为此格。命入此格，皆主其人少年得志。如考上大学，继承财产，出国读书，在非常好的公司工作，年纪轻轻被重用，作为未来接班人，或经商发财，等等。如果三方四正会吉星，则其人今后还有其锦绣前程。古人云："二曜常明正得中，才华声势定其雄。少年际得风云会，一跃天池便化龙。"，又云："丹墀桂墀，早遂青云之志。"

（10）双禄交流格："命宫的三方四正（即命宫、财帛宫、迁移宫、官禄宫）中有禄存、化禄者为此格，亦称'禄合鸳鸯格'。合此格者，主其人财官双美。"

5）太阳入十二宫分论

（1）太阳入命宫

①性格、外貌、运气、与其他星曜的关系分析

凡太阳入命者，主其人多为瓜子脸，或是圆脸（脸型饱满或长圆），眼睛不大，也算适中，但很吸引人。脸色红润、红黄或带紫红色。

若太阳于入庙之地入命，其人大多面色红润。其中，若太阳在午宫入命，主

其人身躯高大而潇洒。若太阳在陷宫入命，多主其人面色青白，中矮身材，身体多有异痣。

若太阳于庙旺之地（寅、卯、辰、巳、午）入命，不加煞。或太阳、巨门入命，不加煞，其人学历多为大学程度。

在寅、卯二宫，称为旭日东升，其人前程可期。

在辰、巳二宫为入殿或称日游龙门。

在午为日丽中天，主其人大富大贵。

在丑、未二宫，日、月同明，故有忽阴忽阳之称。

在申宫为偏西，主其人做事有头无尾，开始能勤于工作，做事认真，后来却疏懒随便，求学不求甚解。

在酉宫称作落日，贵而不显，富而不久，外表美观，内实空虚。

在戌、亥、子、丑四宫称失辉，主其人劳碌、做事虚浮而不实际。

若太阳于旺地入命，加煞者，其人多为公吏。

若太阳于庙旺之地入命，再有太阳化忌（由甲干引发），反而为福，因为化忌反可潜藏其人的光芒，否则锋芒太露。

太阳具有刑克特性，故太阳入命宫者，主幼年克父，或与父无缘。中年男性则刑克自己。且若于陷地入命，主其人之父早亡。

凡太阳入命者，无论男女，皆主其人晚年克子，或与子无缘。

凡太阳入命者，其人的住宅地势高，周围光线好。

凡太阳坐命的人，一般不喜廉贞、破军、巨门等星曜入大限或流年命宫。即所谓的"太阳怕逢囚暗破军"。

若太阳入命宫，天同入夫妻宫，由于太阳是天生的交际高手，故其人的人缘极佳，追求异性的方式非常浪漫和理想化。

与太阳有密切关系的星曜有太阴、巨门、天梁，或它们与太阳同宫同度，或相对，皆足以影响太阳的性质，所以除了庙旺利陷之外，仍须研究太阳跟这些星曜的组合特性。

太阳与太阴的组合会产生一些特别的作用，需"日月合论"如下：

若日、月夹命或夹财，加吉星者，其人不贵则富；若加羊、陀冲守，宜僧道。

若太阴入卯、辰、巳、午、未，而太阳入申、酉、戌、亥、子，皆为失辉，乃"日月反背格"。

日入巳，月入酉，坐命于丑，为"日月并明格"。凡辛、乙年生人合格，丙年生人主贵，丁年生人主富。若加六煞星，则平常。

日入卯，月入亥，坐命于未，为"明珠出海格"。有蟾宫折桂之荣，主其人财官双美。

若日、月同入田宅宫，因日、月喜居墓库之地，故其人田宅大吉，为"日月照壁格"。

若日、月同入未宫，坐命于丑，其人乃侯伯之材，但需化吉才是。若三方无吉，则反为凶。若坐命于子、午、辰、戌，则吉，而且丙、辛年生人尤吉，若再有昌、曲夹之，其人贵且显。

若日、月、科、禄同入丑、未，其人定是侯伯之辈。

若太阳与太阴同宫于丑、未，彼此会互相影响，反而互相拖累，使太阳的放射性与太阴的性命性皆不纯粹，所以有"忽阴忽阳"之称。

在辰、戌二宫的太阳，必与太阴相对，由于是相对而不是同宫的关系，反而容易调和。在辰宫称为"日游龙门"，在戌宫的"日月反背"，若再遇吉曜，则反而能有所成就。

若日、月同入丑，坐命于未，同上断之。

若日入辰，月入戌，即日坐命于辰，月入戌对照，或月坐命于戌，日入辰对照，主其人富贵。

若日居卯、辰、巳，月入酉、戌、亥，如果其人在此六宫安身命，则主其人早遂青云之志。亦喜见昌、曲、魁、钺。

若日、月同入命宫，吉星多者主吉，凶星多者主凶，反不如日、月对照并明之美。

若日、月、左、右相合者甚佳。

若日、月与擎羊、陀罗同宫，主其人会克亲。

若太阳或太阴于落陷之地入命，再加化忌者，皆主其人缺乏教养，难免坐牢。

若太阳、太阴于丑宫入大限宫，其人会多次暴发，财势惊人。尤其再有化禄入本命的田宅宫或本命的福德宫时更主暴发。

若日、月入疾厄宫或命宫，又逢空亡，必主其人腰驼目瞽。

若与太阴同宫，加会三吉化，且福德宫有化禄，主其人富有、或主暴发。

若与巨门同宫，其人一定是瓜子脸。中等身材，体格壮硕，度量宽，有福有寿。脸色红白或红黄，老年赤色。刚强好动，个性豪爽，不拘小节，不爱计较他人过失，但易招怨。且其人奔波劳心，但会有好的表现。

若太阳、巨门在寅、申同入命宫，由于巨门为暗曜，会消耗阳光，所以在寅宫较在申宫为优。这一组合，其主要特点为传播，有时亦可用来观察跟异族的关系。若巨门化忌，则主是非口舌，但亦主其人适宜担任是非口舌的职务，例如律师、翻译等。

若太阳在巳、亥二宫与巨门相对，一般而言，在巳宫优于在亥宫，古人认为巳宫的太阳乃"入殿"，故若见诸吉，其人可成大贵，即使见诸凶，亦能成为公卿门下士；而亥宫的太阳落陷，为"失辉"，再与巨门相对，则主其人与人寡合招非。

若太阳、天梁在卯、酉二宫同宫，在卯宫称为"日照雷门"，日生人主贵显；在酉宫，太阳落陷，称为"落日"，因此古人认为"贵而不显，秀而不实"。

若太阳入子、午二宫，必与天梁相对，则太阳、天梁皆有缺陷。在子宫的太阳因热力不足难以解天梁之孤，所以其人的六亲多不完美，亦主与人寡合。在午宫的太阳光芒毕露，则易招人妒忌，而且若不见权、禄诸吉，便容易空虚不实。若与天梁同入命宫，其人为人正直、忠诚。

若太阳、天梁同入流日宫（即流日命宫），并被流日干引发四化者，其人在该日会遇到好朋友。

太阳入命，再有文昌、文曲、天魁、天钺、左辅、右弼夹命，主贵。若与三台、八座、文昌、文曲、天魁、天钺、左辅、右弼等吉星会照，主其人事业盛大，既贵且富。

若太阳入命又与六吉星加会或同宫，主其人一生大吉大利，声望高。若与太阴、禄存加会，主其人财源广进，身份高贵，财官卓著，但需要不停地操劳。若只与禄存同宫，亦主财帛，但辛苦不轻闲。

太阳不甚忌诸凶煞曜。见煞仅主辛劳。

若与擎羊、陀罗、火星、铃星相会，主人横发横破，贵不能久，富不能长。

若太阳居卯、擎羊居酉，大限或流年遇到者牢狱官非难免。

若与火星同宫，主其人有眼疾、爱流泪。尤忌落入夫妻宫、子女宫、父母宫。

太阳除卯宫以外，不喜与化忌同宫，若逢化忌，且太阳落陷者，对眼目不利。

若太阳在卯宫入命，再得化禄，则为上格。

若太阳入亥宫，遇禄存、化禄、天马，虽能富，但幼年不利父亲。

若太阳化忌（由甲干引发），不但主六亲有损，而且主其人有眼目、心脏的疾患。许多先天性心脏病者，即属于此类。

若太阳入命，田宅宫有化忌，主其人会大出财。

若太阳于陷地入命且化忌，或太阳与四煞同入命宫，均不吉。若日、月同入命宫，有羊、陀同宫或加会者，主其人有残疾、破相，若凶星多，则主凶亡。

若太阳于陷地入命，加会天刑，大限或流年遇到者牢狱官非难免。

若太阳化忌，加会天刑、白虎，大限或流年遇到者牢狱官非难免。

若太阳化忌入流年宫或大限宫，主其人在此运限期间会破财、有是非、奔波。

若太阳入大限、流年，逢庚干引发太阳化禄，且与巨门同宫，主其人在此期间会得到异国人或异乡人的提拔。

凡三台、八座、恩光、天贵等日系星可助太阳增辉。

若太阳落陷，有刑、忌凑合，又见阴煞、天虚，主其人猥琐。

凡男命，若太阳于庙旺之地入命，主其人性情豪放，心慈好施，禀性聪明，志高气傲。若再得左辅、右弼、天魁、天钺、文昌、文曲、禄存、天马、化禄、化科、化权会照，主极品之贵，文武全才。但必须太阳入庙及日生人无煞曜方合。

凡女命，若太阳于入庙之地入命，或是日生人，主其人的性格贞烈豪爽，有丈夫气，喜夺夫权，有克夫之嫌。且易接近男性。若太阳于戌、亥、子入命，其人为寡妇命。若再有左辅、右弼、文昌、文曲、天魁、天钺、禄存、化禄、天马、三台、八座等吉星会照，主其人乃贵为一品夫人，能旺夫益子。若禄、权、科三化星拱照命宫，亦主其人乃册封夫人之格。

女命最喜逢太阳星，若太阳入庙，多主其人聪明慈祥，福大量宽。若太阳落陷，则其人做事多进退，性情躁急。若与火星同宫，其人性情天真，会感情用事，辛劳少人缘。若太阳化忌，则其人少年克夫，老年克子，必须迟婚或者做继室偏房方可化解。若加会擎羊、陀罗、铃星、天刑、空、劫者，主刑克，多为空门师太或独身服务社会者。因太阳逢煞星，性情必刚贞，故其人端庄凝重。若太阳落陷、反背，则其人双目近视散光，或一大一小。遇破军者，主非礼成婚。

女命太阳入庙吉，落陷凶。古人云："女命端正太阳星，早配贤夫信可凭。"即指入庙的太阳而言，而且以昼生人较利。又云："女命太阳陷地失，六亲刑克且带疾。"即指落陷的太阳而言，而且夜生人更差。现代妇女多有自己的事业，在推断时，亦应详视星系的性质，作出整体的评断。

若太阳入运限（大限或流年），且太阳入庙，又遇吉星，主其人在此运限期间必然平步青云，添财进福，结婚得子，富贵声扬。但若太阳落陷，又逢四煞、空、劫，主其人做事空虚，多争少成，小人侵害，横争破财，易患头昏之疾。

② 所入宫位（十二地支）分析

太阳入命于子、午

太阳在子、午皆独坐，在子为落陷，在午为旺。

由于在子为落陷，主其人辛劳，劳碌，贫穷，与人寡合且招非。又不利于目。若不会照吉星，其人多为近视眼或散光；若加会煞星及化忌，又逢流年、大限者，易患眼疾。此命之人，年轻时努力工作，中年后变得懒惰。若与空、劫同宫，其人会有不得志之感，若与四煞、化忌同宫，且福德宫不吉者，其人有失明之虞。若是男命，主其人幼年坎坷。若是女命，宜晚婚。

在午宫为旺，其人的个性有孤独倾向，且身体可能有缺陷。无论在政界、财界都能成功。凡丁、己、庚、辛年生人，遇六吉星者，财官双美，有好声誉，但易遭忌。若与火、铃同宫于午，主其人于官途上得钱财，为公卿门下士。若与羊、陀、空、劫同宫，则主其人奢侈、浪漫、手脚很大。若与昌、禄同宫或会照，主其人的考运佳。若在午宫会天刑，大多是武职显荣。若是女命，甚吉，主其人贞洁、贤淑、旺夫益子、事业有成就。

太阳入命于丑、未

太阳在丑、未必与太阴同宫。在丑宫为落陷，与入庙的太阴同宫，主其人做事先勤后懒，有始无终。若加会吉星，无论男女，皆主其人个性保守，处事谨慎，不逾越规矩。因太阴入庙，故女命尤佳，既具女性之柔美，又有男性之刚强，无论是职业妇女或家庭主妇，均能处理好各种事情。凡太阳在丑入命者，其人不宜自力经商，只宜任公教职或民营大企业。若加遇六吉星，主其人会有意外发迹的机会，能任要职。若逢六煞星及化忌星，主其人固执，空有抱负而不能实现。

太阳在未宫为得地，且与太阴同宫，太阴为平。主其人谨慎保守，适合安定的工作，能拥有地位和声誉，但业绩平平，其人也是先勤后懒。若与六吉星同宫，则其人官运亨通，财运亦佳。若与六煞星同宫，主其人凡事一意孤行，只求表面，不重现实，故成败不定。凡丙、戊、辛年生人为吉。

太阳入命于寅、申

太阳在寅、申必与巨门同宫。太阳在寅宫为旺，主其人个性稳重谨慎，有修养，志向远大，但不宜经商，适合研究学问或艺术。只要不会照煞星，担任教师者可

"桃李满天下"。若太阳、巨门、化禄同宫，若逢红鸾、大耗、咸池、天姚、化科加会，其人大多在演艺界发展。若再遇化权，可在传播界任要职。若加会天刑，则其人武职显荣。若加会六吉星，庚、辛年生人利于在法律界发展，癸年生人会是文教界领导人或外交人才。若再遇恩光、天贵，则可成为外交家。

太阳在申宫为得地，主其人随和，不计较得失。少年勤勉，中年怠惰。做事先勤后懒，有始无终。宜在文教界任职。若再逢六煞星同宫，则一生辛苦劳碌。此时，除癸年生人较吉利外，其余多宜晚婚。女命易遭感情波折或陷落风尘。

太阳入命于卯、酉

太阳在卯、酉必与天梁同宫。在卯为入庙，主其人热情正直，心胸宽大，喜爱助人，不计是非，历经艰险而后事业有成。若与六吉星同宫或会照，主其人大富大贵。若见诸凶，乃公卿门下士。凡乙、己、辛年生人，大吉。若太阳、天梁、文昌、禄存同宫，为"阳梁昌禄格"，其人可经过考试或考核而成为国家要员。凡太阳入命于卯，昼生人主荣华富贵，即"日照雷门格"。此时若酉宫有天空会照，乃"万里无云格"，其人心胸宽大。情怀恢弘，有"以天下为己任"之志，再加会六吉星者，其人事业有成。若与昌、禄同宫，则考运甚佳，前途光明。

太阳在酉宫为平，此时太阳已近落山，主其人贵而不显，秀而不实，且迟婚。遇化忌反吉。中年以后事业上才会发迹。凡乙、己、辛年生人，加会六吉星者，吉。其人宜任公教职或从事命卜、神学的研究。女命，主其人婚姻多波折，但中年后顺利。

太阳入命于辰、戌

太阳在辰、戌皆为独坐。太阳在辰为旺，其对宫太阴亦为旺，为"日月相照格"，即使不加会吉星，亦为极美之格。此命之人无论男女，皆少年得志，耕耘有收获。为人正直机敏，不管在外交界、文艺界、传播界都能升任要职。凡庚、癸年生人，若加遇六吉星，其成就更加非凡。若加会天刑，多是武职显荣。若是女命，有早婚现象，事业不让须眉，若无煞星加会，主其人旺夫益子。

若太阳在戌宫，太阴在辰宫，此时太阳、太阴皆落陷。若再逢巨门，则为"日月藏辉格"。主其人劳碌、贫穷、孤寡、眼目有伤、成败不定。但出外离祖可化解。若逢恶煞之星，主其人劳碌奔波、克父母。加会凶煞之星者，主其人有疾。若与化忌同宫，反吉，但有目疾。凡庚年生人，若遇六吉星，大吉，宜公教职。

太阳入命于巳、亥

太阳在巳、亥皆为独坐。在巳宫为旺，对宫巨门亦旺。其人志向远大，少年得志，但自信心不足。若有吉星会照，则为贵格。由于对宫巨门的不利影响，使其人在青少年时期做事会觉得"后继乏力"，中年后渐渐好转。凡太阳在巳入命宫、大限宫、流年宫者，其人在婚姻、感情上都会有波折，但仍会有好转的结局。凡太阳在巳宫入运限（大限或流年），已婚者要有生活情趣，对事业要始终如一，防止虎头蛇尾。

太阳在亥宫为落陷，对宫巨门为旺，此时太阳失辉。其人个性刚强，见解独特，但奔波辛劳。若不遇吉星，则有离宗改姓，幼年不利父亲的现象。若逢凶、煞星，主其人孤寡、贫穷。凡申年生人，为下格之命，只宜任公、教、大众传播之职。此时即使有化禄或化权，却仍为凶，主其人先勤后懒。若与化忌同宫，反吉，但有目疾。凡太阳在亥宫入运，在此期间其人往往白天困乏，夜晚精神，应对作息时间加以调整。若是女命，加会吉星，则事业上有收获，中年后家庭幸福。

③ 运限、流月、流日分析

若流年宫或大限宫位于子、午，太阳入此二宫，则在此期间：

凡甲年生人：若是学生，务必注意保护视力，青年人易有失眠或睡眠不足，中年以后的男性易患眼睛、心脏、血压、头部的疾病。若是女性，可找一些兼职的工作，把精力多用于工作中，少谈情说爱为宜。或者外出数日，或者夫妻分床而眠，反而会有好处。不论哪个年龄段的人，对父母都要多尽孝道，不要让父母动怒或伤心，更要关心他们的健康。对上司、师长要尊重、谦虚。在此期间，自己的心情会不开朗，故应该豁达些。

凡乙年生人：其人应少开口，多做事。在使用金属工具时，要专心致志，不可分心，以免受伤。凡外出处理事务，会遂心所愿。子女的成绩不错。而自己的心情不开朗，洒脱不起来。

凡丙年生人：其人出门时要注意交通安全，而且在外要注意卫生，防止患上隐疾。要注意肠胃疾病，尤其是先天盘中太阳在子、午入命者，要小心患肠癌。凡辰、午、戌时生人，考试会有佳绩。

凡丁年生人：其人以少开口为宜。适合去学习外语。其配偶或情侣的表现不错。要注意自己的健康，若有病，在此运程中动手术比较适宜。在上半段运程中，不要指望朋友会对你有什么承诺或实质性的帮助。若需要帮忙，应找自己的兄弟姐妹或子女。加会六吉星者，能任公教职或民营大企业，工作有始有终，且会有高职位，财官双美，有好名声，但易遭忌。

凡戊年生人：其人会有不少麻烦之事，故宜安于现状。不要期望过高。处理钱财要谨慎，不要有发横财的念头。下半段运程中，工作会顺手，故不要性急。

凡己年生人：除了子、寅、申时生人，其他时辰生人的考运不错，要把握好。除午、戌两个时辰，其他十个时辰的生人，要小心在钱财方面受损，尤其是避免为别人作担保或背书。若加会六吉星者，其人能任公教职或民营大企业，工作有始有终，且会有高职位，财官双美，有好名声，但易遭忌。

凡庚年生人：其人的钱财来路正当又顺畅。对子女要多加关心，注意其安全。若与配偶或异性朋友有问题，宜请父母或师长帮忙。若加会六吉星者，主其人财官双美，有好名声，但易遭忌。

凡辛年生人：其人能充分发挥口才。若是工薪阶层，在此运程内必会晋升。若是申时生人，则其人的考试运不错。若是寅、午、戌时生人，其人对数字或文字要多加小心，以免财物损失。若是二月生人，在与配偶或异性朋友接触时，要多忍让，若对方不适，应陪其去医院。若加会六吉星者，主其人财官双美，有好名声，但易遭忌。

凡壬年生人：与朋友和兄弟姐妹之间不宜有金钱往来，以免因财伤情。除非是金钱馈赠，不指望回报。与子女的感情不错。要小心自己的头部或眼睛，以免受伤，夫妻间会有不易沟通的问题，但在下半段运程中会烟消云散。

凡癸年生人：其人对父母要多尽孝道，勤关心问候。工作上顺利，上司或部属都对你言听计从。凡三月、九月生人，对子女要多费心神。在此期间其人的住所也许或办公地点会有改变。

若流年宫或大限宫位于丑、未，太阳入此二宫，则在此期间：

凡肖龙（辰年生人）和肖狗（戌年生人）的未婚男女，只要在此运程中无化忌或四煞来冲破，会交上容貌秀丽的异性朋友。

凡甲年生人：其人的上半段运程期间的情绪欠稳定，应外出旅行或多读书。若行运（即大限宫或流年宫）在未，而太阳、太阴在丑者，要注意夫妻感情。凡酉时生人。若非破财，则必是与子女相处不理想，需妥善处理。其人父母的睡眠、血压、心脏等功能欠佳，要让他们少动怒或操心，自己的心情要保持稳定。

凡乙年生人：其人的情绪会受月亮阴晴圆缺的影响，月缺时较平稳；月圆时反而亢奋不稳。已婚者最怕行此运，往往会有岳婿困扰、婆媳不和、妯娌相争之事，若能互相忍让，必会海阔天空。

凡丙年生人：其人在此运程期间切忌动肝火，逞血气之勇，要学会忍让，以免官非和血光之灾。少去风花雪月场所，以免染上隐疾。平时多吃水果，防止便秘、痔疮。

凡丁、戊年生人：其人利于参加各种考试。若七月生人，行限（大限宫或流年宫）在未，要避免因金钱问题与人争执。对诸事要乐观，不必争功，不求闻达。凡丁年生人，需注意言行，以免犯无心之过。出门注意安全。

凡己年生人：若是学生，会有较多的社会工作，但成绩甚佳（但丑、酉时生人另当别论）。若是经商者或财务人员要注意收支金钱的数目、核对账目，尤其是巳、酉时生人更要谨慎。若是文艺工作者要注意校对文字的内容。

凡庚年生人：其人在此期间会处于既忙碌又捉襟见肘的时期，来财不易，又不易积存，需要煞费苦心。

凡辛年生人：其人颇为忙碌，却无法忙中偷闲，但财运亨通。子女易有意外之灾。凡行限（大限宫或流年宫）于丑、未，而太阳、太阴在迁移宫者，则利于外出，可得远方之财。尤其是在未宫入运之人，财运更佳，利于开口进财。但此时不可忽略对父母的孝道。

凡壬年生人：其人的手足之中有人易在钱财或感情方面有困扰，对嗜赌或好色的兄弟，要规劝他们及早回头。凡行运（大限宫或流年宫）在未，太阳太阴在丑之人，不宜与酒肉朋友厮混，以免代人受过。

凡癸年生人：其人在此期间应少管闲事，安分过日子，免得吃力不讨好。未婚者在此期间感情问题不利，故不要急于推动个人感情问题的进展。

若流年宫或大限宫位于寅、申，太阳入此二宫，则在此期间：

凡甲年生人：其人易有视力衰退、头痛、心脏等问题，心情易烦躁不安。此时只有兄弟姐妹或朋友可以帮忙。若太阳、巨门入流年迁移宫（即流年宫的对宫），则要注意发生血光之灾，出门不宜。无论其人婚否，感情都不错。教育界人士言谈要谨慎，防止失言。公务员要注意与上司相安无事。对父母要孝顺、顺从。

凡乙年生人：其人学有专长或是名流、名家。在此运程中，工作往往无法如期完成，常会一波三折。金钱支出较多，尤其是双月出生的人更为明显。

凡丙、丁年生人：若太阳、巨门在寅宫入运限（大限宫或流年宫），其人在工作上，尤其是使用金属工具时要小心。而且健康不佳，要防止火气太旺。不要进出风月场所，以防染病。丁年生人不要轻易发言，以免词不达意或被人误会。太阳、巨门在流年迁移宫会照流年宫时，要经常问候、探访父母。在外工作时与上司相处，要谨慎、自制，以防是非。

凡戊年生人：其人在财务处理时需要稳重，若从事投机等冒险行业会血本无归。凡九月生人，其人声名昭彰。

凡己年生人：其人的手足中有人在此期间会声名显赫。其人自己也会因为声誉而带来财运，但仍需要靠心血、劳力获得。

凡庚年生人：此乃"双禄交流格"，主其人的人缘、财运均佳，只要努力，必有收获。

凡辛年生人：若是寅、午、戌、巳、酉、丑时生人，虽会有小的不顺，但只要下工夫或多费口舌，地位与声望必有提高，且财源滚滚。

凡壬年生人：其人的财运很好，会有意外之财。子女运和房地产运也不错，宜搬家或购置房地产。手足中有人需要帮忙，但涉及金钱要慎重。

凡癸年生人：其人在此期间可以大胆说出建议、意见，会被采纳。而且这段运程中宜调换工作或工作环境。上半段运程中不宜搬家，须等到下半段运程。

若流年宫或大限宫位于卯、酉，太阳入此二宫，则在此期间：

凡甲年生人：其人易视力模糊、眼睛酸痛，要抓紧就医。肚子常会发胀。

凡乙年生人：若运限宫中无正曜，则其人的状况颇为理想，利于外出，会名利双收。虽然奔波且费心机，但总会有收获。亲子间融洽。对父母要倍加孝顺，尤其是心情烦躁时，更要注意。若与天梁同入流年宫，其人容易发生小意外。财运稍差，支出多用于购置房地产或布置家居方面。子女表现甚佳，进取心十分强。

凡丙年生人：其人在外出时要注意卫生。保持饭后吃水果的习惯。凡与天梁同入流年迁移宫与流年宫对照之人，对父母要孝顺。自己若有不适，尽快就医。事业顺利、忙碌，但是没有烦恼。

凡丁年生人：其人在工作上不要求胜心切，不要言语伤人，也不要为小事而起争执。工作时须专心，避免发生意外伤害。迟回家时要与配偶多通气，免得发生矛盾。未婚者感情上会有困扰，要互谅、互让，才不至于破裂。

凡戊年生人：若是从事发明、设计、策划或工程技术的人士，会有较好的成就，其余人士财运不佳。尤其是从事投机事业的人士，财运很差。

凡己年生人：除巳、亥时生人，其余十个时辰出生的人士考运甚佳。若三方有文曲来会，则对文书、金钱、公文要谨慎。

凡庚年生人：其人时常会有"有惊无险"之事发生。但若是与配偶或异性朋友发生麻烦，则比较难办。未婚者，外来阻力颇大，需双方同心合力去克服。

凡辛年生人：其人工作顺利，外出办事有成效。夫妻间融洽。对父母要关心。兄弟姐妹之间的问题不易处理。要注意自己的安全。

凡壬年生人：其人要注意与手足间的感情。与朋友不要有金钱往来。对意外的好处，要慎重，防止后遗症。

凡癸年生人：其人对子女要多关心，注意他们的交友、情绪问题。适婚年龄的子女感情会不顺，要多加关心。

若流年宫或大限宫位于辰、戌，太阳入此二宫，则在此期间：

凡甲、乙年生人：凡丑、未、亥时生人，或二月、八月生人，出远门易有意外、节外生枝或受外伤，故尽量不要出门。不可有涉及法律边缘的行为，会因为外出而失去某些好机会。凡三月、四月、九月、十月生人须防止发生意外事件。青少年要注意视力。易失眠的人要多做运动。不失眠的人可能会有情绪困扰，甚至伤心落泪。

凡丙年生人：其人在此期间奔波、常出门，因此会影响健康。处事不必十全十美，即使多费心血或多下工夫，也不必计较。

凡丁年生人：其人在此期间会因为钱财或环境问题而不得不出门。考试运颇佳，有幼儿的人要小心照料。

凡戊年生人：其人在此期间多有较费心伤神之事发生。文艺界人士会有佳作。

凡己年生人：在此期间其人配偶的考试运甚佳。

凡庚年生人：其人在此期间会因故而使夫妻无法团聚。若在此期间搬迁，会有枝节问题。

凡辛年生人：其人在此期间财运甚佳。会有公开亮相的机会，但须防外伤。若是卯、酉时生人，对子女小心照顾，并要辅导他们的功课，不宜要求过高。若购置房产，须谨慎。若是正月、七月生人，利于参加考试或比赛。

凡壬年生人：若是寅、戌时生人，对朋友、手足要多加体谅，避免滋事。与女婿或媳妇会见面较少，他们往往忙于应酬或学习技艺。

凡癸年生人：其人在此期间可能会有新房居住，或购置房地产。若是寅、戌时生人，要防止破耗之事。

若流年宫或大限宫位于巳、亥，太阳入此二宫，则在此期间：

凡甲、乙年生人：不要眼红别人的轰轰烈烈，要保持心平气和，修身养性。要注意眼部、头部、胃部的疾病。

凡丙年生人：不宜加夜班，否则容易得病。

凡丁年生人：应少外出，多读书。不宜参加欢宴。

凡戊年生人：易心神不宁、心烦意乱。幼儿容易受惊吓。此时宜多读书。

凡己年生人：若是丑、未时生人，对文字、数字要当心。与别人的经济往来要慎重，言谈要注意措词和态度，以免惹出麻烦。

凡庚年生人：其子女易出人头地，光耀门庭。有机会得到居屋，且环境优雅。

凡辛年生人：对子女要多加照顾。若是待产者，要定期检查，尤以卯时生人更要注意。与兄弟姐妹要和为贵。外出交涉、办事，会因为稳健和成熟而得到丰硕的成果。

凡壬年生人：与兄弟姐妹之间会有财务问题，或者他们在感情问题上有麻烦。要注意父母和自己的身体健康，尤其是父母，易受伤害。在此运程中，宜变换居住环境或购屋。子女运甚佳。

凡癸年生人发表意见或建议容易被采纳。若是学生，则表现优秀。家庭内部关系不佳，尤其是与父亲、兄长之间会有对立、抵触，要注意疏通，不要伤和气。

（2）太阳入兄弟宫

若与太阴同宫，可有兄弟五人，感情深厚，能互相帮助。若太阳落陷，则欠和。若入兄弟宫于丑宫，主其人与姊妹不和睦；若入兄弟宫于未宫，主其人与兄弟不和睦。

若与巨门同宫，且无煞星同宫者，有兄弟三人，但感情较薄，其中有爱发牢骚的兄弟。

若与巨门同宫或会照，且有吉星，则其人的兄弟都是创立事业者。但若太阳落陷，其人又是夜生人，则其人兄弟之间多争执，不和睦，少依靠。

若与天梁同宫，有兄弟二人，感情深厚，能互相帮助。若太阳落陷，则欠和。

若与六吉星同宫，有兄弟三人，能得到帮助，共同创业获得成就。

若兄弟宫中的星情好（注：太阳过分强烈时，星情未必好。），而且命宫见左辅、右弼者，则是相当好的结构，主其人的兄弟富贵，或同学、同僚得意，且对自己有助力。若与六煞星同宫，兄弟之间意见不合，感情不好，甚至分离。

若与擎羊、陀罗、火星、铃星、空、劫、天刑同宫，主其人兄弟之间有刑克，或会因兄弟之事，受意外伤害。

若与禄存同宫，其人的兄弟较多，亲缘深厚，能相互助益。

若见禄存、天马，乃光辉之征。喜"百官朝拱"的格局。

若太阳化忌，则其人的长子有伤。且其人的父亲与兄弟之间不和，或父亲对家庭无责任感。其人很可能会受兄弟拖累。

注：如前所述，实际应用证明，根据兄弟宫中的星曜，只应验于兄弟姐妹之间的感情或相处状况，较难完整地推算兄弟姐妹的人数。但是，为了本书的完整性，依然将有关推算兄弟数量的论断列出，读者可以自行验证。

若太阳庙旺，有三人，且感情和睦，能互相帮助。有吉星者主贵。若落陷，则欠和，甚至有麻烦或有牵连。若与六煞星同宫，即使有亦不和。

（3）太阳入夫妻宫

太阳入夫妻宫，若是男命，主其人的妻子性情爽直，有正义感，性急，有丈夫志。若太阳入庙，则其妻聪明慈祥。但须迟婚，早婚有刑克。

太阳入夫妻宫者，以晚婚为宜，会因配偶的帮助而提高身份。若太阳庙旺逢吉星，若是男命，其人有贤内助，尊重妻子，妻能干体壮，因妻而贵。若太阳落陷加煞，则不利妻子，妻体弱多病或早丧。

若太阳在丑、未入夫妻宫，多主其人夫妻之间感情复杂。

无论男女，若太阳入夫妻宫，星情欠吉者，皆以迟婚为宜。若太阳落陷又化忌，再见刑煞者，须经恋爱多次挫折，且无正式婚礼的婚姻始可偕老。

凡太阳入夫妻宫，一般情况下男命胜于女命。且昼生人好于夜生人。古人云："太阳守夫妻宫，男逢诸吉聚，可因妻得贵。陷地加煞伤妻不利。"

若与太阴同宫，且与巨门同宫，其人极可能与异族通婚。若是男命，其人有贤美的妻子。得配偶的惠泽很大，能白发偕老。若是女命，再与辅、弼、六煞星同宫，其人会与丈夫生离。但若再与昌、曲、魁、钺同宫，则夫妻和谐。若太阳落陷又化忌，则男命之妻性急多疑，女命会有刑克，或丈夫有病史。

若与太阴同宫，见禄、权、科会诸吉者，则其人夫妻皆可互借助力发展。即使有煞、忌、刑曜，亦不主刑克，仅为婚前恋爱曾经有过挫折的征兆。但婚后则主新家不和，配偶自私。

若与巨门同宫或相对，不宜见煞、忌、刑曜，否则只是一对平凡的夫妻。且其人常有与配偶生离死别的征兆。又主与亲家不和，或与异族通婚。

若与天梁同宫或相对，见吉者，仅主其人夫妻年龄差距大，或主妻大于夫，且于婚前有波折，但配偶非常贤明。若见诸凶，则夫妻间互相疑忌。

若与破军同宫，主其人乃非礼成婚。如果再有四煞，更验。若再与辅、弼、六煞星同宫，则易与丈夫不和睦。若再与昌、曲、魁、钺同宫，会因结婚而富贵。

若与擎羊、陀罗、火星、铃星、空、劫、天刑会照，主刑克、生离。

凡太阳落陷又化忌，再会煞星者，主其人的元配夫妻，不能白头谐老。

若与陀罗、火星同宫，主其人初时热恋，终成冰炭。以继室迟婚或非正式结婚为宜。

女命，若太阳于入庙之地入夫妻宫，主其人会嫁富贵之婿。太阳落陷又化忌者，其人难求满意之对象，或主刑克。

女命，若太阳落陷，则易丧夫或离异。尤以夫妻宫在戌宫，太阳加煞化忌，更主配偶易早丧或离异者。而且感情易因忙碌工作而疏淡，不宜早婚。

女命，太阳入夫妻宫，若太阳不落陷，虽主贵，但丈夫较专制独裁。

凡女命，太阳在戌、亥、子入夫妻宫，或者若是男命，太阳在卯、辰、巳入夫妻宫者，皆主其人婚姻不美，再逢煞星者，会有外遇。

女命，若太阳入夫妻宫于子宫，又逢甲干，引发太阳化忌，主其人不但难找到满意的对象，却极易为男人所累。

（4）太阳入子女宫

太阳入子女宫者，其人的子女活泼爽朗，慷慨大方。晚年可得贵子。夫妻性生活美满。

凡太阳在六阳宫（子、寅、辰、午、申、戌）入子女宫者，主先生男。

若与太阴同入未宫，主其人的子女和晚幼辈数量多。

若与巨门同宫，主其人聪明，有辩才，有创业精神。但若太阳落陷，则会有刑克，不利长子。若再有化忌，则其人的子女多病多灾，头胎有损。且父子之间有严重代沟。若加会擎羊、陀罗、火星、铃星、空、劫，仅有一子送终。

所以，凡太阳于入庙之地入子女宫，昼生人吉；若落陷，则凶，夜生人尤凶。

太阳主动，所以又为父子分离的征兆，即使会诸吉，仍难改变这种性质。

子女宫也可以用来推断自己跟晚辈，如门生弟子，或有直接关系的下属之间的人际关系。而且也可以得到类似上面的论断。

若与天梁同宫或相对，最为吉利，乃"阳梁昌禄格"，主其人的子女及晚辈，必能发达。而且不像太阳、巨门同宫或相对之浮华，所以易对自身有助力。

若四煞并照，不见化忌，尚无妨，不过是感情上有隔膜。若见化忌，则长子有妨碍；或主其人提携子女后，反招怨报。

若太阳入大限或流年子女宫，定生男；若太阴入大限或流年子女宫，定生女。

注：同样，以子女宫中的星曜来判断子女的数量，目前尚有争议，没有定论。但作为参考，依然列出有关规则。

若庙旺，有贵子，有子女三男二女；若落陷，则有子女二人，且难成器；若再加四煞，则仅有一子送终。惟庶出者吉。

若与太阴同宫（必在丑、未二宫），有子女四五人；若同入未宫，且无煞星，则八胎以上。若落陷或加六煞、刑、忌，则有子女二三人。

若与巨门同宫，有子女三人，居前一二人易养。（注：在"紫微探源"书中的观点是："头子难养，次子吉"。）

若与六煞星同宫，凡子女数均减半，且子女欠和。

若与天梁同宫，同宫于卯者，有子女三人；同宫于酉者，有子女二人。

（5）太阳入财帛宫

太阳入财帛宫者，其人喜欢夸耀自己富有，但不会存钱，没有结余。若太阳庙旺，昼生人，财帛丰盛，由于太阳的特点是普照四方，故其人乐善好施，一生遭剥削的情况较重；若太阳落陷，则其人一生劳碌而有积蓄；若加诸恶，则不美。

凡太阳在财帛宫，无论入庙或落陷，有吉或无吉，均主其人不易聚财。若见刑、煞诸曜，则主其人一生为他人作嫁。所以太阳入财帛宫时，应检视夫妻宫及田宅宫有无守财的能力，如有，则财应交配偶；或注意置业的机会，以求趋避。

若与太阴同宫，加会辅、弼者，则其人发财不小。但由于太阳与太阴的星曜的性质一主散、一主聚，所以当二者同宫，且若会见吉星，主其人先散后聚，或其人既能散财亦能聚财。

若与巨门同宫，其人之财靠创业得来，或靠竞争、辛劳费神而得。在现代，若太阳、巨门化为权禄，则主其人会受到异族的赏识而得成富。若大限或流年见之，同论。

古人云："太阳守财帛于旺地，会诸吉相助，不为巨门躔，其富贵绵远。"由此可见，在财帛宫的太阳，不喜与巨门同宫或对照，主其人难以得财，亦会有纠纷，只易成为一时之富贵。

若与天梁同宫，主其人操心生财。若加会诸吉，则财源滚滚。太阳与天梁同入财帛宫的组合，主争夺。但若能凭专业知识或商标字号等无形资产求财，则比太阳与其他星曜的组合为佳，尤其喜欢与化科同宫。

若与禄存同宫，主其人操心生财，可大富；但加诸恶者，则不美。

若与禄存、天马照会，乃大富之格。但若太阳落陷，主其人会财来财去，费心劳力。

若与六吉星同宫，主其人不会浪费，逐渐积财致富。

若与昌、曲会合，又有化忌者，主其人一生会被别人牵累而破财，尤应避免替人作保。

若与六煞星同宫，主其人财进财出，浪费多。

（6）太阳入疾厄宫

太阳入疾厄宫者，主其人有头风寒温、高血压、脑溢血、双目昏花或发红、肝阳上扬、头痛、大肠干燥、痔疮便血、心火极重等疾病。若太阳庙旺，则其人身强体壮，逢灾有救；若太阳落陷，且逢羊、陀者，主其人有目疾。

若与擎羊、陀罗、化忌同宫或会照，主其人的眼目有损伤，或近视、散光及眼白不清，且易得风症。

太阳的基本性质为散射，五行属性为阳火，所以其人所患之病多为中医所谓的阳明症候。例如，易头痛、头晕等。

太阳又主眼目，故太阳在午、戌入疾厄宫者，乃其人视力不良的征兆。而且若化忌见煞重重者，须防失明或眼部手术。

太阳又主风疾，这是由于它具有常动不停，且发射阳光之故。因此，其人除易患头风之外，有时又为中风的征兆。尤其是太阳、天梁同入疾厄宫的组合，最易发生这种问题。

太阳、太阴无论是同宫或相对的组合，主其人灾少，但并不等于很健康。若有化忌、四煞同宫，则其人易患目疾、水火不调、阴阳不和、心肾不交的疾病，其表现为失眠、怔忡，还会发展为心脏、脑部疾患。若再有空、劫同宫，则主其人有神经疾病或疯病。

若与太阴同入疾厄宫，乃"日月疾厄格"，主其人眼睛较差，心脏、血液、大肠等易患病或有偏头痛。若太阳化忌，则偏左边痛。若太阴化忌，则偏右边痛。

若与太阴同宫，再见煞，又见刑、伤、空、劫，主其人会患破伤风。

若与巨门同宫，主其人有头风之病，尤其若有六煞星同宫者，更甚。

若与巨门同宫或对拱，其人须防口舌疮痛（不是牙痛）。若再有陀罗及天刑，则有半身不遂的可能。

若与天梁同宫，主其人易患内分泌失调之疾。如果再有煞、忌、刑曜重重，又有流煞冲合，且见天虚、阴煞，则女性易患乳疮、乳癌；男性易患胃癌。

若与天梁同宫，同宫于卯者，主其人灾少；同宫于酉者，主其人有目疾。

若与羊、火、铃、空、劫、忌同宫于卯者，要注意心脏病。若只与擎羊同宫者，须注意肝病。

若与铃星同宫，三合方再有羊、陀者，主其人有开刀、火伤、刀伤之事。

（7）太阳入迁移宫

太阳主动，性格外向，故其人不宜静守，出门则能近贵而发。但若太阳落陷，则主其人出门多忙碌。若太阳化忌，则主其人出门不利，会有病灾或碌碌奔忙。

太阳入迁移宫者，主其人出外则多福，多有贵人扶助，不宜静守。

凡太阳入迁移宫，利于其人求贵求名，不甚利于求财，这是太阳的基本性质。即使见禄，也未必聚财。

古人认为，太阳入迁移宫，主其人不利祖业，须移根换叶以成家。而女命，尤其不宜，因为古代女子无事业，离家迁移可能是改从别姓，再嫁二夫。

若与太阴同宫，出外忙中生吉，获财，多富贵，再得众吉者尤美。

太阳与太阴同宫或相对的组合（在辰、戌相对，在丑、未同宫），由于浮动无根，所以即使见吉，亦主其人奔波。若再见煞忌，则主其人出门往往徒劳。

若与巨门同宫，主其人劳心劳力，工作事倍功半。若二星均庙旺，则吉。若见煞忌，主其人客死他乡。

在太阳与其他星曜的各种组合中，以太阳、巨门的组合（在寅、申同宫，在巳、亥相对）最宜出门经商。此时若有三吉化，主其人易得外地人提携，但若有化忌，则主费唇舌。

若与天梁同宫，主其人出外近贵，受贵人之助。若太阳庙旺，则吉，且发达。若与擎羊、陀罗、火星、铃星、空、劫同宫，主其人出门多是非，不安宁，破耗。

太阳与天梁同宫或相对的组合（在子、午相对，在卯、酉同宫），最利其人出门求学、求名。所以，最喜见文昌、文曲。

若与六煞星同宫，主其人在外身心不清闲。

（8）太阳入仆役宫

太阳不宜入仆役宫，即使不见煞、忌，亦主其人即使施恩也无功；若见煞、忌，更主施恩反成仇，有不如无。

其原因是：虽然太阳的本质是豪爽好施，但施予人则可，有求于人则不得，是一个施恩却遭抱怨的星曜。就如在天空的太阳，是四方普照，是无条件地给人们温暖，却不能向人们收取任何酬报。同时，在很多的情形下，人们反而会咒骂太阳的热度太热了；在连连的雨季中，人们又在怪太阳偷躲在云里不露。所以，太阳入仆役宫，也有同样的意义。

一般而言，若太阳入仆役宫，主其人不宜从事政治活动，因为政治旋涡最为凶险，施恩反成仇的不良后果最大。

只有当太阳入庙或与太阴同宫，则其人会多得朋友。

若与太阴同宫或会照，虽可断为吉，但仅主其人的朋友和下属众多。须有吉曜会聚，才可断为其人的朋友和下属得力，乃吉上加吉。

若太阳落陷，又会照四煞、空、劫，便会是施之以恩，却遭报之以怨。其人手下的职员，会多有反上怨言。

若与巨门星同宫或会照，则主其人会有颇多无谓的口舌是非。但若有化禄或化权，则主其人宜结交异族。

若与天梁同宫或会照，主其人比较孤立。但若见诸吉，则仍主其人可得诤友或正直敢言的下属。同宫于卯者，吉利，得助；同宫于酉者，不得助，且相互嫉恨、招怨。

若与四煞同宫，主其人会因部属或朋友的背叛而蒙受损失。

若与空、劫同宫，主其人会遭人暗算。

（9）太阳入官禄宫

凡太阳入官禄宫，若宫中的星情吉，则主其人的事业广大，声名显赫。若宫中的星情凶，则主其人的事业空虚，浮夸不实。（注：这是推断太阳入官禄宫吉凶的基本规则。）所以太阳在午宫，是显赫还是浮夸，最容易明显表现出来。

太阳入官禄宫者，若太阳入庙，主其人无论从文从武皆能居高位，但十分忙碌，常常加班。若再遇六吉星、科、权守照，而不逢四煞空劫者，主其人贵至一品，或门徒众多。若太阳落陷，且逢甲干，引发太阳化忌，则其人的事业必见动荡，有改行之象。

若与太阴同宫或会照，主其人比较踏实，可成为内务人才。若与太阴同宫于未，主其人的职位显贵，再加昌、曲、辅、弼者，尤吉，能位至三品。

若与巨门同宫，主其人会得异族之财。在现代社会中宜经商，以进出口业务为宜。若巨门入庙，则其人富贵可期；若巨门落陷，则地位有起伏，进退不一。

若与巨门同宫于寅宫，且无煞星，主其人大富大贵。若与巨门会照，主其人为外交家。凡与巨门同宫或拱照之人，宜从事外务工作，但易流为浮夸。

若与巨门同宫或拱照，又见煞曜，则其人有偏财运，此时只要不见天刑、不化忌，主其人一般不会招官非口舌。

若与天梁同宫或拱照，主其人以从事专业为宜，尤利于医疗业。若从政从商，均宜爱惜名誉，最不宜籍名誉来浮夸取财。其中，与天梁同宫者，其人乃文武之才，职高权重。同宫于卯者，吉美；同宫于酉者，平常。

与天梁同入官禄宫所主之财乃名誉之财，经商者须注意商标及商誉的建立。

若太阳于入庙之地入官禄宫，与文昌同宫，加会四吉星、三台、八座等吉星；或者会照六吉星，主其人乃人民领袖或政府中行政者。

若与四煞同宫，主其人仅有职业性地位。

若太阳落陷，逢擎羊、陀罗，主其人劳碌奔走，多成多败。

若遇空、劫，主其人宜从技艺上成名，或由幻想中创立事业，多起家于空中楼阁的幻想中。

若与三吉化会照，主其人乃国家栋梁。此时若太阳在午宫，乃日丽中天，主其人能掌握大权，并主大富。

若太阳于官禄宫化权，主其人有创业的念头，但喜出风头，且急躁。

若太阳入官禄宫，又化忌，则无论太阳与什么星曜系组合，皆主其人事业上有压力，只有从事以口舌竞争为基本性质的行业，方可化解。例如法律、推销、教育、传播等。绝对不宜从政，否则口舌是非，以致词讼纠争难免。

若太阳入大限官禄宫，又有甲干引发太阳化忌，而流年又落在本命财帛宫，且有天机化忌，主其人的事业在此期间必会遇到大的波折，经济上亦会周转困难。

（10）太阳入田宅宫

太阳是一颗浮动的星曜，所以在田宅宫也有浮动的意义，多主其人祖传的产业会有退去的可能。即使太阳入庙，且有吉星扶持，仍不免会有浮动变换的事实。只有与巨门同宫于寅、申，再有吉星扶持，且不遇四煞、空、劫等星曜者，则主其人的产业会增多，但仍难免因产业而生出明争暗斗之事。若太阳与天梁同宫于卯、酉，亦主其人有公产斗争。

依照中州派的法则，田宅宫也可以用来推断自己所服务的机构，以及直辖主管机关之状况，有时还可用来推断父亲及上司的吉凶。

注：比较应验的是：若流年田宅宫中有太阳，且刑、忌、煞会集，又见流煞、太岁、白虎，则主其人之父在该年死亡，或宅中直系尊长逝世。

从一个人的田宅运分析，若太阳于入庙之地入田宅宫，主其人有祖泽，可继承祖业，但难守住。即使会集诸吉，可以自置，仍会时时变换。所以有时反而可利用这点性质来经营地产。若太阳落陷，主其人初期会有无数不动产，至晚年会逐渐减少。

只有当太阳、太阴同入田宅宫于未宫，且见吉曜时，才主其人的产业较稳定；若太阳、巨门的组合，见吉，宜在外国置业（亦宜服务于异族人为主脑的机构）。

若与太阴同宫，且命宫的三方四正有吉曜，主其人有祖业，且有份继承，数量多，自置尤佳。

若太阳、太阴于丑、未同入田宅宫（此时破军必在辰、戌宫坐命），且与禄存、科、权、禄、左、右、昌、曲、魁、钺同宫或加会，此乃"日月照壁格"，主其人大富，或能继承祖业，尤多不动产，如楼宇、田土、山林、豪宅。但合本格之人，仍须命宫三方四正有吉星并吉化，方为合格，若命宫三方会凶煞多，仍属贫贱之命，田宅宫之吉并无大用。

若与巨门同宫，其人乃先无后有之运。同宫于寅者，不动产丰盛，吉利。同宫于申者，退祖之运，靠出卖诗画度日。

若与天梁同宫，有祖业，且有份继承。同宫于卯者，除祖产之外，还能自置；同宫于酉者，不动产平平。

若太阳与天梁同宫或对拱，又有擎羊、天刑、空、劫、大耗同会，则主其人会因公产而兴讼，以不沾手为宜。

若与六煞星同宫，又落陷者，主其人不动产全无。

太阳入田宅宫者，其人住宅地势较高，周围光线好。

（11）太阳入福德宫

太阳入福德宫者，主其人忙中发达。若入庙，则其人福厚，寿达七十以上（注：仅能作为参考）。若落陷，再加诸恶者，则福分递减，且主艰辛。

太阳为浮动不宁且散射光热的星曜，所以太阳入福德宫时，主其人喜动而不喜静。若见擎羊、火星，尤主其人无事奔忙，或为朋友之事而忙碌。只有与左辅、右弼、三台、八座同会，方主其人有较为安静的可能。

若与太阴同宫，此乃日月同守福德，主其人阴阳调和，能享受快乐。若见吉曜，即使其人奔忙，却仍能有精神享受。

若与巨门同宫，主其人最为劳碌操心。若再有煞、忌，则其人会因误会而生是非，或受压力。

若与巨门会照，主其人福薄，操心费神，劳心劳力，且欠安。至晚年尚有清福可享。

若与天梁同宫或会照，见吉曜，主其人仅宜为幕后策划，不可直接出头；尤其是在吉凶交集的情形下，出头则易招怨成仇；若见科、文诸曜，则其人会忙于学术思考，气质比较优雅。但若见陀罗、铃星、天虚等曜，则主其人食古不化，主见极强。

若与天梁同宫，其人有名士式的情趣。若太阳庙旺，其人福禄双全，享福一生；若太阳落陷，其人心劳力拙。若落陷，主其人会自寻忙碌。

若逢四煞、空、劫，主其人奔走忙碌，不得安宁。

若与六煞星、大耗、化忌同宫，主其人福薄，忙碌奔波过一生。

女命，其人可嫁一贤明丈夫，享福终生，做事努力。而且因夫婿的热情而能享受快乐。若会诸吉，而且桃花诸曜不多，则主其人闺房之中多乐趣。但若桃花重，古人认为这样的女命会淫滥。若加煞，或三合有文昌、文曲者，乃桃花之象。

（12）太阳入父母宫

太阳入父母宫者，若太阳入庙，主其人的父母有福有禄，且与父母之间无刑克。父母心地善良、忠厚。此时若太阳入午宫，对宫有天梁亦旺，则主其人的父母善良、长寿，能与父母同住，易受父母福荫。若再有吉曜同宫，则主其人幼年受父母笃爱。父亲在事业上掌握权力，贵而且富。若再逢化忌、擎羊、陀罗、火星、铃星、空劫、天刑者，须注意太阴是否与煞星同宫，若是，则主其人克母。而且父亲在母亲死后，会成为孤独寂寞之人。若太阴有吉曜及天梁、天寿、解神、天福等星扶持者，则主先克父。

若太阳落陷，加煞，主其人先克母，后克父。但是，早离父母，或二姓，或入赘者，则可化解。

注：太阳的入庙与落陷，不但可根据太阳入父母宫时推断其人与父母无刑克，也可根据太阳入命宫或田宅宫来推断。

大限和流年的父母宫，可用来推断自己跟上司的关系。若太阳入庙，见禄存、天马，主其人的上司调动更换；若太阳化忌，则主其人与上司发生意见；若见煞曜，则主其人受上司压力。

若与太阴同宫，见吉曜，则其人与父母关系良好；若无四煞诸恶，则父母双全，不刑克；若见煞，则与其人良好关系的上司易于变换；若见忌，则其人与父母或上司初时关系良好，后来会因为误会，而关系转为恶劣。

若与巨门同宫，其人对父母有轻度刑克，与父母感情不睦，常发生争执，欠和。若再加六煞，则会早克父母。

若与巨门同宫，若有三吉化，主其人以服务于异族为宜，可受特殊提拔。但若有化忌，主其人宜从事自由职业。

若与天梁同宫，主其人与上司的成见极深，易生隔膜。若与天梁同宫于卯，不克双亲；同宫于酉者，克父。若再加六煞，克双亲。

若与六煞同宫，主其人早年与父亲无缘。

4. 武曲

1）星情总论

武曲为北斗第六星，属阴金。为将星，性格刚强内敛，做事干脆果断，律己很严，但往往做事不积极，且无桃花。

武曲又是"财星"，乃财帛宫主，化气为财，入财帛宫者为得位。武曲和太阴都为财星。但武曲多主行动，往往要行动起来然后有钱财。太阴多主计划，因此武曲往往是直接理财，太阴往往只是财务计划。

武曲之财是做生意或凭某种机会得来之财为正财。禄存之财是积聚而来的财，太阴之财是薪金或酬金之类的财亦为正财。

武曲不发少年人，三十岁以后方有财运。

武曲又为寡宿之星，故不利女命。女命多为职业妇女，但婚姻多摩擦，皆因个性刚强的缘故。

武曲不宜入六亲宫（兄弟、夫妻、子女、父母），入父母宫易有刑克，除非有天府、天寿化解；入兄弟宫无缘及不睦，但若有吉星拱照及武曲入庙者可免。

武曲有内敛特性，主其人若从事行政工作，适合当总经理或行政主管，但会给人不善外交、不合群的印象。

武曲的代表人物为文王的儿子姬发，即周武王，为财富之神司掌"财富""武勇""寿"，面白皙、额宽、眉粗、毛发粗硬、性格刚毅，诚实信用，重义气、直性子、死不认输，有新奇点子，做事有板有眼。

2）风水、地理类象

天时类象：秋天，冷风，霜雪。

地理类象：庙宇，寺塔，坟墓，孤坟，高屋，山石，山墙，土山，烟囱，突然而立之物，商业区，军营，寡妇的家，二手屋。

3）旺度

武曲的旺度：于丑、辰、未、戌为入庙；于子、午为旺；于寅、申为得地；于卯、巳、酉、亥为平。故武曲无落陷之地。

4）与武曲有关的格局

（1）日月夹财格：武曲守命，太阳、太阴来相夹，即为此格。

（2）贪武同行格：（含"日月夹命格"）贪狼、武曲在四墓守照命身宫。此格有二：① 命身宫在丑未，武曲贪狼二星坐守；② 贪狼、武曲在辰戌一守命宫，一守身宫。命宫三方四正须加吉星，方能成格。喜会禄存、辅、弼、昌、曲、魁、钺及吉化，并喜贪狼与火星或铃星同宫。此格生人，文人必做高官，武人兵权万里，经商者为大富翁。但少年运程不利，先贫后富，三十岁后方发达。古人云："武贪入庙贵堪言，必主为官掌大权。文作监司身显达，武臣勇猛镇边疆"。又云："贪武同行，威镇边夷""贪武墓中居，三十才发福""贪武不发少年人，运过三十才发福""先贫后富，武贪同身命之宫"。若贪狼、武曲入命于未宫，太阳在午宫、太阴在申宫，且不坐空亡，命宫中又有吉星者，又名"日月夹命格"。

（3）将星得地格：又名"武曲守垣格"。武曲于庙旺之地入命，与禄存、科、权、禄、左、右、昌、曲、魁、钺加会为本格。古人云："将星入庙实为祥，位正官高到处强。掠地攻城多妙筹，威风凛凛镇边疆"。又云："武曲入庙，与昌曲同宫，出将入相""武曲魁钺居庙旺，财赋之官""武曲禄马同宫，发财远乡"。

（4）铃昌陀武格：凡辛、壬年生人，有铃星、文昌、火星、武曲，四星交会于辰、戌二宫者，为此格。古人云："铃、昌、陀、武，限至投河"。若大小限、流年遇此格，在此期间，其人容易想不开而自杀。若铃、昌、陀、武入命，则同论。凡流年遇此格者，事业上容易大破败，也易有水厄。要注意的是：铃、昌、陀、武同宫的力量最强，而它们在三方四正会照者，则力量次之。喜多吉星加会。忌煞星加会，则雪上加霜。

（5）财为囚仇格：廉贞为囚星，武曲为财星，二星同入命宫者合此格。若武曲化忌，或廉贞化忌，加煞白虎来冲，主其人易有官司刑讼。再加右弼者，情况更严重，因为右弼有辅助增加的作用。若命宫再加火、铃，则一生之中易因钱财跟别人有纠纷。若得科、权、禄三奇加会，则较好。若加会煞、忌、则辛劳更甚。

（6）财印坐马格：武曲、天相、天马同宫于寅、申（此时天马为旺），再加吉星，乃此格，吉。尤其与天相同宫于寅、申者，其人宜尽早外出发展，在发财后会衣锦还乡。

5）武曲入十二宫分论

（1）武曲入命宫

① 性格、外貌、运气，与其他星曜的关系分析

武曲入命宫，主其人的面色青白或是青黑及青黄色。脸型方圆，上窄下方，以眼睛处为分界线（与紫微入命有共同点）。凡是武贪、武破、武杀、武府或武相等组合同入命宫者，都具有上窄下方的特点。脸色青白色或青黑色，体型中矮而壮硕，声音洪亮。性情至刚至毅，处事果决。

其人的性格刚直正直善良，遇事有判断力，度量大，刚毅，果决，勇讲信义，做事干脆率直，没有坏心眼，做事迅捷，富实行力，故在事业上多有表现。承诺之事会尽力去实现，但缺乏冷静而短虑，易冲动，心直无毒。

武曲入命者，有理财天分，但不擅外交。律己很严，脾气不太好。年少时喜欢动手动脚，宜闹中取财或身兼数职而生财，但所做之事业缺乏计划性。

若武曲入命，其人多有发财或暴富的机会（往往是在引发武曲化禄的己干之年、月、日）。但若武曲、贪狼同入命宫者，主其人小气自私，自我感觉良好，少年不利，先贫后富，乃吝啬之人，会有发横财的机会。又若武曲、贪狼入命，或武曲化忌入命，其人多是奸诈虚伪之辈，不是真小人，就是伪君子。

武曲入命者，往往晚婚，或夫妻不睦，或生离死别，需特别注意。更逢化禄、化权、化科及天刑入庙者，乃社会闻人。在陷地逢四煞者，刑克孤独。

武曲入命最忌行壬干之运（因为若大限宫的宫干为壬或流年干为壬，引发武曲化忌），此时若再遇桃花星，则为败运。

根据武曲入命之宫中和三方四正有煞或无煞的情况，可以推断其人，宜从事武职或是文职：若有煞，则宜武职；若无煞，则宜文职。而且当有煞之时，又有两种情况：若有煞同宫，宜武职文做；无煞同宫，宜从事军警刑法之职。

若武曲入命于子宫，且有吉星及天马会照者，其人可以远涉重洋，遨游国外。

若武曲在丑、未二宫入命，主其人少年时享受，但有克星。

若武曲在辰、戌宫入命，主其人身材瘦长。再有左辅、右弼、天魁、天钺、文昌、文曲等会照，更遇化禄、化权、化科拱照者，乃上格。

若武曲在卯宫入命，则肥胖。入其他宫位者，都是身形小而声高大，其量亦大。但若与七杀同在酉宫入命者，也有身长高大者。

凡武曲入亥、卯、未三个宫位，其人都有可能发生意外。例如，在亥宫武曲与破军同宫，且若又有贪狼化忌（由癸干引发），再见煞，则其人会发生意外。

若武曲在卯宫入命，其人身材矮小，说话带点沙音。再会照化忌及煞星，其人会有木压雷惊之险。若武曲在酉宫入命，会煞星者，其人也会有意外之灾。若再遇化忌及煞星，则会有牢狱之灾。逢壬干之年、月、日引发武曲化忌，在此期间可能会出现生死攸关的事件。

若武曲居卯、廉贞居亥、破军居未三合者，乃木压雷惊，必主破败。

若武曲入命于巳、亥二宫，必与破军同宫，武曲阴金生破军阴水，主其人有专门技能。若同宫于亥，主其人非常聪明；亥宫为阴水，水为智慧，比较深沉，故主其人有手艺，不但性情刚强，而且是独夫的性格，一生必多是非。人虽聪明，却难显贵，但可经商。且多主其人破祖、破家、劳碌。若同宫于巳，巳宫为阴火，火之智慧仅在表面，其人的聪明仅为表面现象，没有深度。如果又逢己干，引发武曲化禄者，其人为威震边疆之将领。但若与破军同宫，又逢昌、曲，主其人一生仅为寒士。

武曲入命者，其住宅周围有高塔、寺庙、烟囱、僧道院。

武曲不喜与廉贞同入或分守身命，财与囚仇，乃一生贫贱之局。

若流年命宫中有武曲，且流年干为丙，引发廉贞化忌，主其人在该流年期间有木压雷惊之险，大多是车祸或被兽类咬伤。

与武曲同宫及对拱的主要星曜只有天府、天相、七杀、破军、贪狼五颗。

武曲为财星，天府为财库，所以同宫便基本上主吉利。纵有煞曜，不过是一时损失（不一定是被劫）。

若与天府同入命宫于子、午，主其人长寿。

若武曲、天府、四煞同宫，其人会因财被劫。

若与天府同宫，加会左、右、昌、曲，主其人高第恩荣；若加会魁、钺，则其人为财赋之官。

若与天府同入大限宫，且分运宫（流年或小限）中主星被大限宫干引发化禄，或者禄存入大限宫，分运宫（流年或小限）中主星被大限宫干引发化禄，皆主其人在此运限期间大发。

若与贪狼同入命宫于丑、未，主其人为人吝啬，且需戒赌、戒酒，以免害自己。凡事先难后易，少年不利，三十后发福，先贫后富。这是因为武曲、贪狼同宫的组合具有很深物欲色彩，所以其人必须经过奋斗，然后才能发福。若少年就享受，则可能会影响以后的事业。

若武曲入命于戌、亥，三方或对宫见贪狼，又有化忌加杀者，定主其人少年不利。

若与贪狼同宫，加煞、忌，其人乃技艺之人。这是因为有煞、忌，则不宜经商，其人宜以技艺谋生。在现代，可以看成是专门技能，如餐饮业、雕刻业或外科医生、牙科医生等。

若与贪狼会照，再遇火星者，乃"贪武同行格"。

若入命于子宫，会照贪狼、破军、化忌及煞星者，主其人有溺水之灾或是有投河的不幸。

若与贪狼、文曲同入大限于丑、未二宫，又见煞、忌，其人须防溺水之忧。命宫在丑者防丑限，命宫在未者防未限。

武曲入命于辰、戌二宫时，对宫必有贪狼，主其人如果当老板，一定会亏本。武曲为阴金，贪狼为阳木，可做栋梁之才，但长成乔木需要时日，故三十岁后有财运的机会，但未必一定发达，因为，也许有些贪狼木此时已经腐朽了。但是，若武曲居亥，且与贪狼、七杀三合者，则其人宜经商。

若武曲入命于卯，而亥宫有贪狼，并有禄存会照，或有天马同宫，还有其他辅星吉曜者，主其人身体肥胖，或做事有气魄、有胆力、有作为，此乃"英雄末路得遇贵人"之象。

若武曲、贪狼、火、铃于庙旺之地入命，且无空、劫、刑、囚、耗、忌加会，男命主军旅成功，富贵兼享；女命则代夫行权，并主其人才识双美，志胜须眉。

若与巨门同宫，最喜武曲化权（由庚干引发），因为武曲为财星，若化权，则其人有财又有势。

若与天相同入命宫于寅、申，再逢昌、曲，主其人心灵手巧。这是因为技艺乃武曲的普通性质之故。但若同时再见左辅、右弼，则主其人有权有势，因为此时武曲的性质在左辅、右弼的帮助下转化为权力。

若与七杀同宫，主其人多刑伤。尤其加擎羊者，其人会因财持刀或肢体伤残（注：尤其是同入命宫于卯、酉者，更验）；若武曲入命加会七杀、化忌，其人乃技艺之人。若武曲与羊、陀同入命宫于辰、戌二宫，亦不吉。

若武曲入命，七杀入夫妻宫，武曲为孤独刚烈之星，故其人的桃花来去匆匆，而且由于有孤独的特点，怕受到伤害，其爱情往往是以热情开头，以冷淡结尾。

若与七杀、火星同宫，主其人会为财利之事而遇到意外灾祸，会因财被劫。如果再逢化忌及大耗，则会有被盗贼抢劫等事发生。

若与七杀、擎羊、空、劫同宫，则其人会因财利之事而持刀动武。

武曲、七杀同宫容易成为带凶灾性质的组合，但还要看禄存、天马入哪一宫。

需注意的是，武曲、七杀同宫是具有危险性质的组合，甚至会"因财持刀"。但有时可转化为军警、屠夫、外科手术医师等行业。

若大限宫或流年宫中有武曲、七杀同宫，又有煞曜或化忌，皆主其人在此运限期间会发生意外。

大限和流年不宜落在武曲、破军同宫的宫位，即使有吉曜同宫或会照，亦主其人多是非。

武曲入命，不喜见昌、曲，因为彼此气质不同。但若有吉星扶持，则其人可能会出将入相，掌百万雄兵，以武职最为相宜。若是文人，则其人多学多能。

若武曲于入庙之地入命，又逢昌、曲同宫，主其人出将入相。为武者，武职峥嵘；为文者，多才多艺。若居陷地，则仅为巧艺之人，虽命格较低，但仍不会挨饿。

若与文昌同入命宫，主其人多学多能、文武兼备。武曲与文昌或文曲同入命者，其人学历多为大学程度。

若武曲入命，且有昌、曲同宫者，凡己、辛、壬生人（注：己干引发文曲化忌、辛干引发文昌化忌、壬干引发武曲化忌。），当运限行至辰、戌（大限或流年落在辰、戌二宫）时会有意外，甚至是投河。

大限流年碰到由流昌、流陀组成的"铃昌陀武"的组合，须参看原局的文昌、陀罗是否在三方冲合而定。若冲合，则主灾厄挫折。宜小心趋避，不可任性妄为。

若与文昌、火星、铃星同入命宫于辰、戌，凡己、辛、壬生人，大限或流年行至辰、戌二宫时，主其人定遭水厄，甚至投河。

若武曲入命，有左辅、右弼同宫者，主其人外表刚强而内心忠厚。

若与魁、钺于庙旺之地入命，其人为财赋之官。

若与禄存同宫，且无空、劫，则其人虽富有，却是损人利己的自私者。

武曲与禄存、天马同入命宫者，主其人发财还乡、衣锦荣归。

若由己干引发武曲化禄，主其人财源滚滚，事业发展，威名无震。从商者可大富大贵。

凡武曲入命，若逢擎羊、陀罗、火星、铃星加会（或冲破），主其人孤贫不一，破相而延寿。其人乃从事技巧类工作者。或有擎羊、陀罗、火星、铃星、空、劫、天刑者，则其人是军人、武士或是杀猪杀羊、斩杀牲口的屠夫。但可能会因财丧命。

若与擎羊同宫，男克妻，女克夫。若与陀罗同宫。主其人宜晚婚，否则婚姻生活差。

若与火星或铃星同宫，且三方加会羊陀，主其人利欲熏心，会因财持刀。或者若与四煞同入命宫者，经常会被偷东西。

武曲入命不喜见陀罗、铃星。古人有"铃昌陀武，限至投河"的说法。其实不一定是投河自尽，而是指自己的作为会将自己引导致失败。

若武曲化忌入命者，其人多为奸诈虚伪之辈，不是真小人，就是伪君子。

若有壬干引发武曲化忌，主其人疾病或夭寿，或易有灾祸、车祸、刑伤、大破财或事业失败，甚至寿元夭折。但祖德佳者，则转化为少年遭遇很重的灾病。若化忌又逢天刑，则其人宜在军旅发展。若流年或大限期间，武曲在财帛宫化忌，其人必破财。（注：还需要参看在壬干的运限期间，武曲位于哪一宫。而且，如果武曲在本命宫化忌，一般不以出财破财论，而以工作和事业上有钱财、从事投资事业论。）

若武曲入命，逢禄存、天马、化禄、化科，主其人福厚。但要注意的是，武曲不喜单独见禄存。

武曲为内敛之财，故最忌遇空亡。

"中州派"认为，若武曲见桃花诸曜，主其人中年可以横发。但若有空曜、煞曜同宫，则主横发后会因色倾败。

若武曲于入庙之地入运限（大限宫或流年宫），有吉星会照，主其人的事业在此运限期间兴旺，财利茂盛。若再遇文昌、文曲、天魁、天钺，再化禄者（由己干引发），主其人在此运限期间会连升三级，能成大富。若武曲化权（由庚干引发），则主其人的事业在此运限期间发展顺利，谋望有成。若武曲化科（由甲干引发），则主其人地位崇高，名誉远震。若武曲化忌（由壬干引发）或落陷者，则主其人的事业在此运限期间会失败，有钱财纠纷，困难重重。若再逢擎羊、陀罗，则其人会因为钱财而遭遇讼词或狱灾。若逢火星、大耗，则主其人有虚惊或有灾。若遇空、劫、大耗、破军者，主其人有经济周转困难、事业搁浅的现象。

"命武田禄"（即武曲入命，田宅宫有化禄或禄存），主其人堆金累玉。这是一种发富的紫微命理征兆，许多商业能手都是"命武田禄"。

武曲为寡宿星不利女命，又有妻夺夫权现象，故女命最好为职业妇女，并且丈夫应大其七岁，选择个性温和者。配偶若非命硬（注：强星坐命者谓之"命硬"），恐会死别，即使命硬，也会生离。

女命，武曲不适合坐命，因为武曲又是寡宿之星，若加吉星者虽佳，但多早寡，不然也是独守空房的时间多（注：此规则已有多个命例验证，且可用于看流年，若流年宫有武曲，且流年干为壬，则"寡宿"的表现是离婚。）。其人往往是职业女性，且因个性太刚强、能干，妻夺夫权，而使婚姻多摩擦。若再有武曲化忌入命，主凶恶。

女命，凡武曲入命，都主其人会妇夺夫权。这是因为"武曲之星为寡宿"。必须妇夺夫权，然后可免刑克，否则会生离死别。

古人认为，武曲宜男命，不宜女命。（注：这与自古以来"男尊女卑"的观念有关。）时至今日的现代社会，男女趋于平等，因此，若武曲于入庙之地入命者，其人有男子丈夫气概，能握大权，更可富贵。如果会照天府、左辅、右弼、天魁、天钺、禄存、天马、三台、八座等吉曜者，其人是女中豪杰，处事果断，志气极高，乃富贵双全之上格。

女命，武曲入命者，最喜天魁、天钺，若武曲入庙，有魁、钺，无擎羊、陀罗、火星、铃星、空、劫者，主其人能掌握经济大权，或是财政界要员，为大富大贵之格。若加会禄存、天马，其人更能在他乡远地发大财。最不好的情况是，武曲落陷又化忌，或会照煞星，主其人寿短凶亡，刑夫克子，此时若再加会文昌、文曲、咸池、廉贞、天姚等星，则主其人行为轻荡。但如果有化权、化科、化禄、天刑者，则其人不是行为轻荡之人。

注：现代社会的女命，若武曲入命，会诸吉者，其人往往无正式婚姻。若武曲于辰、戌两宫入命者更验。若见桃花及煞曜，则即使会吉，亦仅主其人表面风光，内心多感情上的不安，时生外向之心。

若女命有武曲于辰、戌二宫独入命宫，则七杀入夫妻宫，此时若擎羊或陀罗同入命宫，主其人乃守空房之命。

凡女命，若有昌、曲、天姚、咸池、沐浴、化忌加会，主其人有淫乱倾向。

②所入宫位（十二地支）分析

武曲入命于子、午

武曲在子、午均为旺。必与天府同宫，且天府庙旺。主其人长寿。

若与禄存同宫，加会六吉星，主其人会成为巨富。若有煞星同宫或加会，主其人多辛劳，宜从事公职。

若与天府在子、午同入命，福德宫有煞星或夫妻宫不吉者，应注意婚姻问题。

若父母宫会照煞星者，主其人幼年得不到家庭温暖。

女命，凡武曲、天府在子、午入命者，其人有男子之志。若加会吉星，主其人有领导之才。若再有武曲化权，其人刚毅，有主见。

武曲入命于丑、未

武曲在丑、未为入庙，必与贪狼同宫。主其人个性刚强，具有才艺。但由于与贪狼同宫，故其人少年时期不利。自古有论断云："武贪同宫不发少年人"。其人需三十岁后方有可能发达。但是，若三十岁后，贪狼的阳木可能已为朽木，则不能发达。（注：至于贪狼是否为朽木，需另加分析。）

若加会煞星，对其人的才艺不会发生影响，但对其福泽会有不利影响。

若与空亡同宫，须防家庭破裂。

若与擎羊同宫，主其人乃技艺之人。

若与贪狼在丑、未入限，乃横发之局，但因武曲不发少年人，三十岁以下的人不易发。而在三十到三十五岁期间，逢武曲、贪狼入限，且不被忌煞之星冲破，主有突发之财，甚至在武曲、贪狼值守之年，若购买彩票，或许会中大奖。

肖龙（辰年）、肖狗（戌年）、肖鼠（子年）、肖马（午年）、肖虎（寅年）、肖猴（申年）之人，在此运程中适合成家，已婚者或许会添人口。

武曲入命于寅、申

武曲在寅、申皆为得地，必与天相同宫。其人辛劳难免，为最佳幕僚人才，也往往是手艺人，不过不会挨饿。

若与辅、弼、昌、曲同宫，其人能执掌权威。若逢昌、曲，其人聪明巧艺。若与禄存、天马同宫，主发财还乡。若与四煞同宫，会因财被劫。若逢擎羊，则刑杖难免。若有火、铃冲破，则健康堪虞，有残疾的可能。

武曲入命于卯、酉

武曲在卯、酉为平，必与七杀同宫。主其人有胆识、有谋略，性急、能干，但少年时期不利。若再逢火星同宫，会因财被劫。

若加会擎羊，其人会因财持刀。若与禄存、化禄会照，商场上会有得意之时。

武曲、七杀同坐于卯宫较吉，若是男命，其人有志向，宜在公职和政界发展。

武曲、七杀于酉宫同入命者，若再逢煞星加会或化忌同宫，主其人会有心脏、脑神经方面的疾病。

女命，若逢吉星，且夫妻宫亦吉者，会有美满婚姻。

武曲入命于辰、戌

武曲在辰、戌均为入庙，独坐，对宫为贪狼，亦入庙。其人若是经商者，必然会亏本。若逢化权，再遇六吉星，则成就颇佳，但属于大器晚成者。若逢昌、曲同宫，则其人会出将入相。若加魁、钺，则其人为财赋之官。若与四煞同宫，其人会因财被劫。

武曲在辰、戌入命，有火星同宫者，主其人贪得无厌，善巧取豪夺。

凡肖龙（辰年）、肖狗（戌年）、肖牛（丑年）、肖羊（未年），或西北生人，有富贵，但少年不利。

女命，武曲于辰、戌入命宫者，若加会煞星，主其人幼年身世坎坷，有沦落风尘的可能。

武曲入命于巳、亥

武曲在巳、亥为平，必与破军同宫。若同宫于亥，其人非常聪明。凡武曲入巳、亥者，其人个性刚强，直爽。少年不利，弃祖离宗，辛劳奔忙，难显贵，只宜经商。

武曲在巳、亥入命，有火星同宫者，其人诡诈浮虚、东劫西骗。

凡武曲、破军入命于巳、亥，又逢天马、禄存或化禄，男主浪荡、女主多淫。

若与昌、曲同宫于巳、亥，则如果其人从事学术研究或任公教职会有表现。若与羊、陀同宫，主其人会有残疾，且有是非困扰。若与火、铃同宫，主其人奔波劳碌，会有是非困扰或官非争斗。若加会煞星，则主其人手艺安身。若逢禄存、天马，男主浪荡，女主多淫。

凡运限（大限或流年）有武曲、破军同宫者，是非难免。

③运限、流月、流日分析

若流年宫或大限宫位于子、午，武曲入此二宫，则在此期间：

凡甲年生人：甲年生人最吉，宜武职。其人容易成功并富裕，但更应该对父母要多加关心、尽孝道。

凡乙年生人：其人的事业上有竞争，可利用自己的名望，经过努力，获得成功。田宅运尚佳，但要多费口舌。

凡丙年生人：特别要注意交通安全。工作上会有阻力，不必急功近利。夫妻间要防止因钱财而闹矛盾。在此运程中，房地产方面的投资机遇较佳。

凡丁、己年生人：此时禄存在午宫，对照位于子宫的武曲、天府，故财旺遂心。财官双美，且己年生人主贵。

凡戊年生人：其人周围的环境嘈杂，或会有诸多好友欢聚；或会因搬家或重新布置而忙碌、繁杂。用钱要节制，不要奢侈。要注意子女在外的生活习惯。

凡庚年生人：此时，禄存星入财帛宫，三方拱禄，利于财运。财官双美。

凡壬年生人：在此期间宜静不宜动。不可盲目进行投资或投机，以免血本无归。未婚者，感情方面会有痛苦之事。女性要提防爱情骗子。已婚者，夫妻间可能要长时期相隔，但未必是坏事，可避免困扰。男性要注意尽量回家吃饭，不可在外拈花惹草。

凡癸年生人：其人能在艺术类行业中一展才华。从事建筑或房地产人士，要勤于推销，必有利可图，财官双美。凡五月生人，要注意父母、亲长的健康。

若流年宫或大限宫位于丑、未，武曲入此二宫，则在此期间：

凡甲年生人：财运甚佳，但不能忘了孝敬父母、长辈。但要注意心脏和头部的健康，宜多休息。

凡乙年生人：利于买卖房产或搬迁。

凡丙年生人：宜在下半段运程再进行搬迁或买卖房屋。要注意节约。也不宜与仅有点头之交的人应酬。不宜与酒肉朋友多接触。

凡丁年生人：与父母、长辈接触要注意礼貌，与上司接触要注意措词，不可逞口舌之快。外出时注意交通安全和“财不露白”，或许可以委托兄弟姐妹代为出门。在此期间，可以变换居住环境。

凡戊年生人：若得到外快，可能会惹出麻烦，不要急于置产。对兄弟姐妹和朋友，不要轻易动气。在下半段运程，子女的学业会有进步。若有火、铃同宫，为贵格，宜在商界发展，虽多坎坷，但仍会有表现。

凡己年生人：不要为获利而冒险，不计后果。防止意外伤灾。子女外出考试的成绩理想。若有火、铃同宫，为贵格，宜在商界发展，虽多坎坷，但会有表现。

凡庚年生人：要处理好与兄弟姐妹和朋友的关系，避免金钱往来。若有火、铃同宫，同戊年生人。

凡辛年生人：在此运程中，其人的父母或长辈声势如日中天。但子女易受撞擦之伤，尤其是正在学步的幼儿，更要注意。若有火、铃同宫，同戊年生人。

凡壬年生人：感情上容易出问题。未婚者，不要因小小口角而产生误会。女性对于异性朋友，应该宁缺毋滥。男性不要自命风流，而误中美人计。已婚者不要为小事而争吵，在外不可有越轨行为，以免破财又生灾。若夫妻聚少离多一段时间，反而是好事。凡五月、九月生人，贵人较多，只要不贪求，就不会有大风浪。

凡癸年生人：要远离酒、色、赌。交际应酬或红、白帖子比其他时段多。购衣物的机会也较多，这段运程中宜购物。搞艺术的人，在此运程中会有佳作。但要注意，癸年生人在此运程中发不耐久。

若流年宫或大限宫位于寅、申，武曲入此二宫，则在此期间：

凡甲年生人：由于有三吉化在三方拱照，利开创事业，名利双收，但要防止财重伤身。

凡乙年生人：应改善子女的读书环境，尤其是照明条件，对他们要多加鼓励。本人若角逐公司内部的升迁或晋升考试，会有好消息。肖猴（申年）、肖鼠（子年）、肖龙（辰年）之人可能会外出，而且不宜取消。

凡丙年生人：不要贪图发横财，宜把节约的钱购置衣物或家具，购买时要夫妻商量，也可以购买房产。凡巳时、亥时生人，子女的学习和考试甚佳。

凡丁年生人：对兄弟姐妹要谦让，即使难听的话也不要争辩。在配偶外出时，宜整理家居。

凡戊年生人：不宜买卖不动产，否则会有意外麻烦事。

凡己年生人：只要不逢化忌及空、劫在三方冲破，则其人的财运平顺，事业有助力。夫妻之间会因为公务繁忙而常有人外出。

凡庚年生人：有职务升迁的机会。子女的考试运相当顺利。

凡辛年生人：凡事宜安步当车，不疾不徐，即使完不成工作计划，也不可心急。使用金属工具或操作机器时，不能心烦意乱，防止受伤或出事故。

凡壬年生人：其人易心绪浮动，肠胃欠佳。掌管财务的人要随时清点账目和支票。购物时要注意其实用价值，以免花钱买气受。恋爱中的男女，要防止得陇望蜀的心态，若觉得对方不合适，也应该以不伤害对方的方式解决。已婚者不要有外遇，以免破财又伤家庭和气。凡事以静制动为上策。

凡癸年生人：其人的子女需要得到家长的鼓励和安慰。与兄弟姐妹要和睦相处，避免口舌。夫妻宜聚少离多，并应鼓励对方在文学艺术方面一展才华。

若流年宫或大限宫位于卯、酉，武曲入此二宫，则在此期间：

凡甲、乙年生人：应注意眼睛、头部或心脏的健康。乙年生人，福厚，在此期间行财官双美之运。

凡丙、壬年生人：虽然收入较多且注意节约，但仍会感到入不敷出。外出时要注意门户安全，贵重物品需存放妥当。出入公共场合，要提防扒手。在此期间工作会有变化的机会，但不理想，容易横生枝节。

凡癸年生人：会因交际应酬频繁而增加开支。工作上会有升迁的机会，但往往是名美财虚，不实惠。

若流年宫或大限宫位于辰、戌，武曲入此二宫，则在此期间：

凡甲年生人：其人在此期间的福厚，财官双美。若加会吉星，可于公职或民营大企业发展。要注意肠胃，并多休息。对父母要恪尽孝道。

凡乙年生人：福厚，财官双美。若加会吉星，可于公职或民营大企业发展。兄弟姐妹或朋友中有人为感情而困扰。下半段运程期间，事业会顺利。即使本身有事，均可大事化小。

凡丙年生人：对钱财的处理要谨慎保守。有可能花钱办喜事，当属正常支出。

凡丁年生人：要注意自己的健康，尤其是参加应酬时，饮食应适可而止。已成家的子女会夫妻间闹矛盾，应顺其自然，不要多管。

凡戊年生人：工作地点或环境可能会改变。平时外出，须当心门户，尤其是对重要文件要保管好。

凡己年生人：利外出，财运亦佳。子女运和田宅运欠稳定，容易多事故。

凡庚年生人：若逢吉星，主其人武职峥嵘。但容易与兄弟姐妹或朋友发生纠纷，要忍让，尽量大事化小，小事化了。已婚者宜聚少离多。未婚男女择偶要慎重，不宜仓促决定。

凡辛年生人：须防血光之灾。若是未婚者，主其人在感情问题上多暗流。

凡壬年生人：对钱财要谨慎，以免因损财而影响健康，或情绪烦躁。对父母要多顺从、多关心。若犯了小人，要容忍。饮食要节制，须定时定量。感情方面以保守为上，避免口舌。若女婿或媳妇有不中听的话，装作听而不闻。在此运程中宜学习一些特殊技艺，反而会趋吉避凶。

凡癸年生人：外出时要注意不管闲事，尤其不要介入别人的感情纠纷或意气之争。女婿或媳妇的表现也许会压倒自己的子女。

若流年宫或大限宫位于巳、亥，武曲入此二宫，则在此期间：

凡甲年生人：运气甚佳，利于开创、变化。与父母、长辈相处时，需知道应对进退。

凡乙年生人：工作出色，被人刮目相看，而且收入会增加。若在此期间购买不动产，易有损失。装修房屋时要注意进度。

凡丙年生人：除正常应酬外，须注意避免接近酒色。利于搬迁或置业。对钱财处理要谨慎，尤其要避免背书、担保、贴现等事。要注意健康，防止伤灾。子女的感情有困扰，或其配偶会有惊险。

凡丁年生人：与朋友相处，避免口舌是非。子女容易因钱财而与人摩擦。

凡戊年生人：若加会六吉星，其人虽然初时奔忙，但下半段运程会有所成就。不宜购置不动产。居住环境会有变动，或者会出远门。对子女不要疏忽，尤其要多给精神鼓励。

凡己年生人：凡丑、亥时生人，遇事常会感到力不从心。此外，丑、未时生人，对票据、契约，须多加小心，不可感情用事。

凡庚年生人：利于变动。田宅运佳。夫妻相处要忍让。凡正月、七月生人要多关心配偶。

凡辛年生人：夫妻间会短暂分离或聚少离多。对岳父母或公婆应多尽孝道。

凡壬年生人：若加会六吉星，其人虽然初时奔忙，但下半段运程会有所成就。切勿盲目投资或新开事业。此时最宜进行策划、市场调查及分析等工作，但不要付诸实施。凡子、午时生人，容易动辄得咎，故诸事不吉，但配偶运气佳。

凡癸年生人：与异性的交往需掌握分寸，不要失去控制。事业上顺利，钱财方面不会感到窘迫。

（2）武曲入兄弟宫

武曲入兄弟宫者，主其人的兄弟状况不佳，兄弟少，无法得到兄弟姊妹实质上之照顾与帮忙，凡事要依靠自己，且易精神孤独。兄弟间欠和，相互之间无帮助。若再有壬干引发武曲化忌，则关系更是恶劣。但如果有吉星拱照及入庙者可免。兄弟之中有人性情暴躁、孤僻。而且兄弟之中有人具有莫测高深之谋略和学识，且好动，斗志强。若遇擎羊，其兄弟在外称霸搞是非。

武曲入兄弟宫时，还需要参考命宫中星曜的性质以及各类星曜组合的特性加以综合分析：

若与天府同宫，或与昌、曲、辅、弼同宫，可有兄弟三人，且能得到物质上的帮助。

若与贪狼、七杀或破军同宫，可有兄弟二人，但关系不和，常有争执。若落陷，仅兄弟一人。尤其是与七杀同宫者，其兄弟争强好胜。

若与七杀同宫，再加会擎羊或火星，皆主其人与兄弟姐妹或与同事、同僚、同学有财帛上的冲突。

若与破军同宫，兄弟欠和，兄弟浪费任性，易生争执。

若与天相同宫，且武曲庙旺，无煞，可有兄弟二人，兄弟长相和人缘均佳，并能得到物质上的帮助；若加煞，则仅有兄弟一人。

若于庙旺之地入兄弟宫，与文昌、文曲、左辅、右弼、天魁、天钺同宫，其人能得兄弟在物质上的帮助。若失陷者，则会生离死别。

若与禄存同宫，主其人兄弟虽少，但关系和睦，能得到物质上的援助，且其人希望获得兄弟之敬重。

若与六煞星同宫，兄弟多者会减少或欠和；兄弟少者难免孤单。即使能和睦，亦各奔东西，不能长久相处。

若有壬干引发武曲化忌，又有羊、陀来夹，此时武曲所入之宫中必然有禄存，则主其人的财富会受到兄弟（或好友）的剥削。

若武曲与火星或铃星同入兄弟宫，如果与流煞（运限宫中的煞星）会合，主其人与兄弟之间会有争夺，引起是非。

若有壬干引发武曲化忌，兄弟中有人性急躁，喜怒无常，乱闯，有突变之象，易有血光之灾。若再见天刑、擎羊，且在三方有孤辰、寡宿、红鸾、大耗、截空等星曜，或者有廉贞、七杀，则必有凶事。

若武曲入兄弟宫，加会桃花及煞星者，兄弟中有桃色之纠纷，但理财能力佳。

（3）武曲入夫妻宫

凡武曲入夫妻宫，主其人夫妻间生活平淡，缺少和谐气氛。夫妻双方会有刑克，有可能离婚后再婚。但若武曲入庙，且迟婚者，则可免。若双方年龄相同则更验。

若武曲在四墓（辰、戌、丑、未宫）入夫妻宫，多主其人的配偶性格内向。若武曲于丑、未入夫妻宫，再加煞者，主配偶先死。

若武曲入夫妻宫，逢庚干之生年、流年、大限、流月、流日等时段有武曲化权，夫妻间易有争执。男命，其妻的个性刚烈，独立性强，不喜串门子；女命，其人性格孤独，晚婚，其夫的性格暴躁，独断独行。

武曲入夫妻宫，男命比女命为佳。虽然主妇夺夫权，但孤克的成分反而较小。

若与天府同宫，其人会因配偶而发大财。

若与贪狼同宫，男命，主妇夺夫权。宜晚婚，且夫长于妻，否则刑克难免。若加煞，刑克更难免。

若与天相同宫，无论男女皆主性刚，故夫妻欠和，半吉。

若与七杀同宫，无论男女皆克，会与配偶生离死别。若再与右弼、文曲同宫，主其人会再婚或发生三角恋爱。

若与七杀或破军同宫，男命，主其人乃三妻之命。

若武曲、破军同入夫妻宫于巳，或武曲、天府同入夫妻宫于午，且吉曜齐集，或有七杀带财禄（即有禄、马同宫）来会，主其人会因妻财而致富。但必须位于巳宫和午宫才是上格，若位于其他诸宫，则力量单薄，其人可能需靠妻子出外谋生，帮补家用。

若与破军同宫，无论男女皆克，夫妻之间冲突迭起。宜晚婚。宜有吉星来解。易离婚后再婚。

若武曲入庙，加会吉星及文昌、文曲、化科，男命，主其人的妻子贤能。

若与煞星同入夫妻宫，乃桃花之象，尤其与擎羊、火星、化忌、火星同宫者，夫妻易生离死别。加左辅或右弼者，亦主婚缘不妙。

若武曲在酉宫入夫妻宫，遇擎羊、陀罗、火星、铃星、破军、七杀者，主其人有意外灾祸，或因妻子而破财。

若与火星同宫，主其人的夫妻会死别生离。

若加会禄存、天马，男命，主其人因妻得财。

若与化忌同宫，且无科、禄、权、魁、钺同宫者，主其人婚姻多波折。若再与火星同宫，则其人半生孤独，会与配偶生离死别。若与化禄同宫，其人的配偶乃财经要员；若与化权同宫，配偶为栋梁之材；若与化科同宫，其人会名利双收。

若加会天姚，双方须是自然相识、自由恋爱者始能配合，若是奉父母之命，媒妁之言，则必生悔恨，非克即离。

女命，武曲入夫妻宫，迟婚者才能遇到好的配偶。

女命，若武曲入夫妻宫，加会破军、煞星、化忌者，主其人会再婚或续室、置偏房，否则，其人夫妻双方刑克极重，或无子女，或丈夫有不治之症，或丈夫不能人事，肺病吐血等症。

女命，若武曲入夫妻宫，又被壬干引发化忌，再见煞，主其人的丈夫无能；如果还有桃花星，则主其丈夫会移情别恋。

（4）武曲入子女宫

凡武曲入子女宫，主其人子女少。追随其人的后辈亦少。

凡武曲入子女宫之男性，其结发之妻多是有花无果或无所出，而是继室或偏房生子。

若武曲入子女宫，主其人迟得子女，有迟至四十岁后得子者。且子女性格刚强。若遇化忌及四煞，则无子。

若与贪狼同宫或会照，主其人得子很迟，往往四十后得子，或者会有婚外之子。且子女或晚辈的风光恐难持久。

若与天相同宫，主其人先须祀继他人之子，方能有自己之子。或有婚外之子。

若与七杀同宫，主其人有性格刚强或破相之子，且其人易与子女不和。

若加会七杀、擎羊、天刑，又见流煞者，主其人的子女出生时需动手术。

若与破军同宫，主其人有一子，但有刑克，仅破相过继者可免，且其人易与子女不和。

若有壬干引发武曲化忌，再有四煞、空、劫加会，主其人无子，即使有，也会刑克，而且其子女一出生即有灾病。

若与吉星同宫，主其人可有三子，或先有女后有男。

若与煞星同宫，主其人仅有一子。

若武曲入子女宫，见左辅、右弼，主其人会得到子女或晚辈、下属的助力；但若见昌、曲，则不是。若禄马交驰，子女可能早离家庭自立，而自己提拔出来的晚辈，则易远离，或者疏远。

注：古代有一些关于武曲入子女宫推断其人子女数的规则，至少在现代已经被证明不尽正确。收录如下仅为提供给读者参考。

若庙旺，二人；若陷地加煞，仅有子女一人。赘婿得力。庶出可有二三人。子女间不和睦。自己的性生活沉溺于肉体之爱。

若与天府同宫（必在子、午二宫），有子女二三人，但欠和。若加四煞、刑、忌，仅有子女一子，且有轻克。子女在财富方面有发展。

若与贪狼同宫，庙旺者，可有一子；迟生者吉，可有子女二人。子女幼小时可能会死别或子女不睦。

若与天相同宫，可有子女二人，先招养一子，后生一子。子女的财富有发展，性格属于沉静严肃型。

若与七杀同宫（必在卯、酉二宫），无子，纵有亦主伤残。

若与破军同宫（必在巳、亥二宫），有子女一二人，有克；若加吉，三人。

若与六煞星或大耗、化忌同宫，主其人绝嗣。

（5）武曲入财帛宫

武曲为财星，而且带在实质财富的内涵，而天府的财富内涵仅为财库，太阴的财富内涵比较抽象（例如，财权或财务计划）。

武曲乃财帛宫的主星，故若武曲入庙，且加会禄存、天马、化禄者，是大富之格，主其人家财万贯。但若无吉曜扶持，则主其人在劳心劳力中进财。若加煞，主其人仅财来财去。

若武曲独入财帛宫，最怕在三方之宫有被丙干引发的廉贞化忌来冲，主其人会因赌博或女色而倾家荡产。

武曲入财帛宫，若有太阳、太阴来相夹，即为"日月夹财格"。

若与天府同宫，必须加会禄存，或有己干引发武曲化禄方为富格。主其人终身富足，此乃最理想的财运。

若与贪狼同宫，主其人先难后易，三十岁后发达。若加会吉星，可积大财。若加会凶星，则破败不堪。

若有贪狼、火星拱照，乃富格，主其人会有意外之财。

若与紫微、天相会照，或与天相同宫，主其人财源丰足。但若再加四煞，则主其人白手生财。

若与七杀同宫，主其人白手起家。但若加会擎羊，或加会火星，则主其人会因财而有凶险。

若与破军同宫，主其人的财运跌宕起伏，财来财去，但晚年终能积蓄。

若与昌、曲同宫，其人需发挥才智才能获得财富。

若与魁、钺、辅、弼同宫，主其人可获得他人的帮助而财运亨通。

若与四煞同宫，主其人财来财去。其中：若与擎羊或陀罗同宫，主其人会因财遭灾；若与擎羊或陀罗同宫，且有火星，主其人会因财丧命。若与火星或铃星同宫，主其人会因财招劫。

若与空、劫同宫，主其人财运不通，一蹶不振。虽忙碌，但有破少成。

若有壬干引发武曲化忌，主其人会因为为经济问题而生活困难。

若武曲入财帛宫，出现双化忌，其人有破产的危险。

武曲入财帛宫，若遇"铃昌陀武格"，主其人有破败之倾向。

（6）武曲入疾厄宫

武曲属阴金，而五脏之中，肺属金，故一般主呼吸系统疾病。若见四煞、空、劫、刑、耗，则主其人会动手术。

武曲入疾厄宫者，主其人襁褓多灾，手足头面有伤。若武曲入庙，灾少；若武曲落陷，则四肢带疾。

武曲若于子、午入疾厄宫，主其人有胆病。

武曲若于丑、未入疾厄宫，主其人肾亏。

武曲若于寅、申入疾厄宫，主其人有暗疾。但若见煞，多主其人会破相或有暗疾，且有疮癣，多在呼吸器官。有时亦可能患血癌。

武曲若于子、午入疾厄宫，主其人灾少；但若加六煞。则有恶疾。

武曲若于卯、酉入疾厄宫，主其人血液循环易有问题，或有痔疮、疯疾。若加四煞，手足伤残。若又会照煞，多主其人会破相，或者手足有伤残。

若与破军同宫，又见煞，多主其人有目疾或牙痛。再逢六煞，主疯癫。且会破相，或有疮癣，多在呼吸器官。

若与擎羊、陀罗、铃星、火星、天刑、空、劫同宫，主其人一生多灾或会因病动手术。

若与火星同宫，且有煞、刑并会，主其人患有因小儿麻痹症引起之伤残。

若与天马、火星同宫，主其人有咳嗽、吐血、肺病、气喘等症，或容易鼻衄、胸闷气结。

凡武曲化忌入疾厄宫者，其人之病有轻重之分，轻如牙病，重如肿胀或结石等。主要看煞星会照的情况，若羊、陀、铃一同拱照，而以三星均不进入本命宫时情况最轻；最严重的是三星之中有双星入本命宫，而另一星会照。

凡有壬干引发武曲化忌入疾厄宫，如果大限顺行，则其人一生不会有武曲化忌入夫妻宫，但此时须注意某个流年的流年干引发遇武曲双化忌入流年夫妻宫。

（7）武曲入迁移宫

凡武曲入迁移宫，必须见吉曜齐集，才能推断其人在异域的事业顺利。若见煞忌，必生是非纠纷。

凡命宫或财帛宫见武曲，容易构成异乡发财的星曜组合。例如，武曲与破军同宫、或武曲与七杀同宫，又见禄、马交驰等组合。但仅当迁移宫中的武曲与贪狼同宫时，方可推断其人会在他乡得财。尤其是当安命于丑宫，宫中无正曜，对宫有武、贪组合；或安命未宫，宫中无正曜，对宫有武、贪组合时，其人更宜异乡求财。

若与天府同宫，主其人忙中进财，有巨商之福。

若与贪狼同宫，主其人会海外作客，他邦得禄。尤其当武曲庙旺、得吉时，经商者会得心应手而成巨商，但为人骄狂。

若与天相同宫，主其人大吉大利，在外发达发财。

若与七杀同宫，主其人为财而劳心劳力，不得安宁。宜动中求吉，但易屡生纷争。

若与七杀、破军会照，主其人在外心神不宁。

若与破军同宫，劳心劳力，为财而辛劳，身心不宁。且不免奸佞。

若与六煞同宫，主其人在外易惹是非纠纷。

若会照擎羊、陀罗、火星、铃星、天刑、天虚、空、劫等煞星恶曜者，主其人在外多是非纠纷，思想消极。

若有壬干引发武曲化忌，且武曲落陷，主其人流落他乡。

若壬干引发武曲化忌，再加会羊、陀，或羊、陀来夹，主其人客死他乡。若再加会廉贞化忌，主其人会有交通意外。

（8）武曲入仆役宫

武曲入仆役宫者，其人多有卖友之客。若武曲庙旺，则其人的部属、朋友众多，而且会得助力。若武曲落陷，则多招怨。

凡武曲入仆役宫，一般情形下主其人交游不广。但若与天府同宫，则其人的部属朋友众多，得助，旺发。且武曲入庙，再会吉星者，其人有食客三千。

若与贪狼同宫，其人的部属、朋友虽多，却无助，少了反而有助，易招嫉恨而导致失败。

若与贪狼、咸池、天姚同宫，主其人多酒肉之友。

若与天相同宫，其人的部属、朋友众多且得力，众扶旺发。

若与七杀同宫，如果其人的部属和朋友众多，则会有心生埋怨或背弃之人；如果部属和朋友少，则犹可。但皆须防卖友之客。

若与七杀、擎羊同宫，或者与七杀、火星同宫，则其人的交友运不吉。

若与破军同宫，其人的部属、朋友之中会有欺瞒背叛之事，无助，若再逢四煞，其人会因部属或朋友而遭损。

若与破军、大耗同宫，主其人会因朋友而破财，或施恩与人，却反遭怨恨。

若与文曲同宫，且有己干引发文曲化忌，则主其人会受骗。

若与四煞同宫，主其人与部属、朋友聚散无常。

若与空、劫同宫，其人的部属或朋友之中会有人因财背叛，反恩为仇。

若逢己干引发武曲化禄，主其人心神不安，日夜奔波，为友人或下属而伤神。

凡遇武曲化忌，主其人会被下属侵吞，或因为下属的错误而招致损失。

（9）武曲入官禄宫

武曲入官禄宫，最宜武职，但经商者亦主事业鼎盛。

若与天府同宫，庙旺且有吉拱者，既富且贵。若加会空、劫，则职位平常。

若与贪狼同宫，无煞，则武曲庙旺者吉美，但易成贪官而失败。若加煞，其人多为奸诈虚伪之辈，不是真小人，就是伪君子。其人如果从商，则有经商暴利的行为；如果从政，则为墨吏，会有贪取之事。

中州派认为，若与天相同宫，其人会是武职文做或文职武做。若再见文曲，更见桃花诸曜者，其人为伶人。

若与天相同宫，武曲庙旺得吉者，可为权贵，但需离乡背井方可得。

若与七杀同宫，其人能为国立功。庙旺，又有吉曜者，横立功名。

若与破军同宫，军旅中发达，再加权、禄、昌、曲同宫，则地位显赫。

若与破军、天刑同宫，主其人出身军旅。

若武曲入庙，且与昌、曲、辅、弼同宫，主其人武职显荣，常人亦会发达。若与科、禄、权同宫，乃财赋之官，会发财。若武曲落陷，则职位平常。

若与魁、钺同宫，且武曲庙旺，其人乃财赋之官。

若与左辅、右弼、天魁、天钺、文昌、文曲会照，其人乃将相之材，威烈边疆，号令百万雄师，尤其当武曲入子、酉二宫，且无煞者，更验。

一般而言，武曲若与煞曜同宫，其人不宜武职；但若有煞曜会合（注：不是与煞曜同宫），则反主其人宜武职荣身。除武职之外，任财经之职，或依工艺发身，皆可详星曜组合性质而定。

若与四煞同宫，则不宜宫中火旺（注：宫中的五行属性为火的星曜不宜旺，因为火克金），否则当大小二限或流年重逢之年、月、日，主其人会被剥官卸职。

若与擎羊、陀罗、火星、铃星、空、劫、大耗同宫，主其人的事业多谋少成，多纠纷和困难。

若与陀、铃、劫、忌同宫，主其人功名无分。

若加会化禄、化权、化科、禄存、天马，其人可为财政要员，掌握经济大权。

若有壬干引发武曲化忌，主其人的事业颠簸，常会进退不决。

（10）武曲入田宅宫

武曲入田宅宫，为吉曜祥星。若武曲入庙，主其人可得祖先的大产业。若武曲落陷，则先退祖后方成，但亦艰难。

武曲入田宅宫最需要宫中同时有财星，这样才能形成真正的财格，能在经济上真正有比较大的发展、回收和留存。

若与天府同宫，主其人既有现成家业，又能自置很多不动产。

若与天府会照，主其人既能发又能守。

若与贪狼在辰、戌二宫冲照，主其人的产业先小后大，至中晚年方可自置不动产。三十岁后能增产业。

若与贪狼、火星同宫或会照，主其人的产业增加（注：不仅是三十岁以后）。

若与天相同宫，主其人有祖业，而且有份继承，但会卖掉旧宅，失去后再自置者吉。

若与天相会照，主其人的不动产运先败后成。

若与七杀同宫，主其人会退祖，先破后成，与不动产缘分低，晚年置者，吉利。但若福德宫中有化禄，则其人有财运，易大发。

若与破军同宫，主其人的祖业破荡，即使有不动产亦不能持久。

若与破军、空、劫、大耗同宫，主其人的家产破荡。

若与羊、陀、空、劫同宫，主其人的产业成败不一，最终产业全无。

若与火、铃同宫，则其人的产业乃至美之运，田园阡陌。

若与火星同宫，更见天虚、大耗等曜，主其人会遭遇火灾。流年遇之，若有流煞、流化忌冲会，即为火灾克应之年。若有壬干引发武曲化忌，则其人会因产业而发生纠纷。

若加会四煞、空、劫、大耗，主其人的不动产有进有退。

一般而言，武曲守田宅宫，可视为产业增加之兆。最喜贪狼带火星同会，主其人的产业会骤然增加或由产业致富（且不会有火灾）。

若武曲入田宅宫，主其人有大财。若再有己干引发武曲化禄或有禄存同宫，主其人会有巨款。

若与禄存同宫，且夫妻宫中有化禄对照官禄宫，其人会有巨款给予配偶，或工作前就有巨款。

若有壬干引发武曲化忌，其人一不宜置产业，二慎防公司、家宅被人打劫。如果购置，很可能会发生纠纷或一些意料不到的麻烦。例如，其人会因置业而成破耗，或有纠纷。但亦另有一种意义：若田宅宫武曲化忌，再加会廉贞化忌（由丙干引发），则其宅中会有人死亡，尤对老亲不利。

凡武曲入田宅宫者，其住宅周围有高塔、烟囱、寺庙、僧道院。

（11）武曲入福德宫

武曲为财星，临福德宫，能享福，但须加会吉星，且武曲入庙者方为合格。而且若武曲入福德宫，其人所享之福是以物质享受为基础，缺乏风雅的内涵。

武曲入福德宫，其人乃性急顽固之人。若武曲落陷，主其人福薄，劳心劳力。

若武曲受制于廉贞（所谓受制于廉贞，是指于三方四正出现由丙干引发的廉贞化忌），则主其人在精神上有挫折感。

若与天府同宫，主其人早年操劳辛苦，晚年安乐享福。

若与贪狼同宫，主其人早劳晚逸。若贪狼为平或落陷，则主其人一世艰辛。

若加会贪狼、咸池、天姚，主其人有花酒之乐。

若与贪狼同宫，又见桃花星，主其人有风月之事；若见文曜，亦主其人有风月之事。这里所说的风月不可视为风雅。

若与贪狼、火星同宫，主其人快乐享受。

若与天相同宫，武曲庙旺者，主其人福禄寿昌荣。落陷者，晚年有福可享。

若与七杀同宫，主其人生活不安定，独力经营身心劳累，福薄。先难后易。

若与七杀、天马同宫，主其人形神碌碌。

若与破军、陀罗同宫，主其人奔走忙碌。

若与破军同宫或会照，见煞，皆主其人奔波不安。早辛劳，晚安逸。

若有壬干引发武曲化忌，主其人不得清闲，费精费神。

武曲入福德宫，若武曲庙旺，其人安乐享福，寿达六十以上（注：仅作参考）。若武曲为得地，则主先难后易；若落陷，并加四煞者，福薄，劳心劳力过一生。

（12）武曲入父母宫

由于武曲带孤克的性质，所以武曲入父母宫不利父母。主其人刑克父母。但若武曲入庙，又有吉星扶持者，则如果其人过继或离开父母居住，则可免。若其人在少年时，祖产就已破耗者，可免刑克。

武曲入父母宫者，其人与父母亲缘分浅。武曲入庙者尚吉。其人父母的个性顽固，行事谨慎，但对子女呵护关怀备至。若武曲落陷，再加羊、陀，则先克母后克父。但是若退祖、早离或二姓重拜，则灾轻或不克。

武曲入父母宫，若有天府、天寿同宫来化解，则父母健壮，事业很有成就。若加会六煞诸恶，则刑克。

若与天府、天寿同宫，则可免刑克。

若与天相同宫，与父母缘分深厚，但稍有克，若加众吉，则不克；若加六煞，则刑克。

若与天相同宫，且合"刑忌夹印格"，主其人与方面之间的刑克颇重。但若合"财荫夹印格"，则主其人的父母长寿。

若与贪狼同宫，其人对父母有刑克。庙旺者，克轻；陷地加煞者，刑克重。

若与七杀或破军同宫，主其人与父母之间的刑克最重。凡刑克重者，宜早岁离家或过继出祀，可以减轻。其中：若与七杀同宫，其人早年就对父母有克，以致生离死别；若加会六煞诸恶，则有重克；若与破军同宫，其人与父母缘分浅，对父母有克，且为早克。

若与六煞诸恶同宫，则主其人有刑伤。

若加会擎羊、陀罗、火星、铃星、空劫、天刑，刑克甚重。凡刑克重者，宜早岁离家或过继出祀，可以减轻。

若有壬干引发武曲化忌，且有羊、陀来夹，主其人须二姓延生。否则先克母，再克父。

若根据父母宫中的星情推断其人与上司、老板的人际关系，亦不以武曲为善曜，所以逢武曲居父母宫多频频转换工作环境。仅当武曲、天相同宫，合"财荫夹印格"时，其人会受提携扶持。

5. 天同

1）星情总论

天同星为南斗第四星，属阳水，化福，是命盘中福德宫的主星，入福德宫者为得位，为福德主。有解厄制化之功，不怕劫煞相侵，不畏诸恶同度，在十二宫中皆以福论，又为益寿保生之宿。

一般星曜均不喜煞星同宫，以免受到牵制或构成坏的格局。只有天同因为有太多的福寿，故喜欢有煞星的冲动来激励。不畏擎羊的凶焰，不忧化忌来捣乱。所以若天同在午宫与擎羊同宫，称为"马头带箭格"，反主其人能为国效劳，掌握兵符大权，是立功战场的大将。但会使其人有奇志而无亢激，常常会流于安逸。

天同属温和之星，行事不激烈，且又有多方面的才能，喜欢追求精神上的完美，思想细腻，对物质欲望不高，但实际上是外表温柔，内心却比较挑剔。

天同入命者往往不喜欢劳动，希望坐享其成。有口福，且有偏食倾向。喜欢游山玩水。

若天同在辰、戌二宫，主其人社交手腕很高明，待人接物面面俱到。

天同在辰宫且同时加会禄存或化禄，反为上格，能富能贵，乃否极泰来之象。

天同的代表人物为周文王，为温顺之神，司掌"温顺"、"协调"，天同星主福又主寿，什么都好不拒绝、不积极的个性，面貌似孩童，体形胖圆（注：实际证明此言准确率颇低！），幽默、人缘好，不与人计较，知足常乐。

2）风水、地理类象

天时类象：晴天，夏天的及时雨。

地理类象：水道，沟渠，井泉，洼地，山涧，湖滩，港口，江海大小之河，外交部，公寓，贸易公司，有文武流合之人或积蓄小康之家。以半吉论。

3）旺度

天同的旺度：于巳、亥为入庙；于子、申为旺；于寅、卯、辰、酉、戌为平；于丑、午、未为落陷。

4）与天同有关的格局

（1）机月同梁格：参见2、天机之4"与天机有关的格局"。

（2）月生沧海格：此格有二：①天同、太阴星在子宫入命，与禄存、科权禄、左右、昌曲、魁钺加会为本格。②或者天同、太阴在子守田宅宫，与吉星会合并吉化亦是，但须命宫和三方有吉方作此论。

命宫在子，有天同、太阴，且会吉星者，其人清秀、优雅、学问过人，主得财富与名声。格局佳者，大富大贵。

（3）马头带箭格：又名"马头带剑格"。此格有三：

① 天同、太阴在午宫入命，丙戌年生人，有擎羊在命宫，再会吉星，为马头带箭格，乃大将之命。其余年生人不入此格。

② 贪狼在午宫入命，凡丙、戊年生人，若有擎羊同入命宫，再有火、铃、辅、弼同宫加会者，更吉。这是因为午为马，擎羊为箭，故名此格。入此格者，主武职贵显，统兵边关。今人则宜经商，创办实业。但要远走他方，奔波外出方能开运，早年多辛苦劳碌而无所成，中晚年能有意外好运，克服困难，而有大富贵。女命不宜见此格，不一定能有富贵，反属刑克之命。古人云："马头带箭，镇御边疆""贪狼擎羊居午位，丙戌生人镇边疆（富而且贵）"。

注：对于此格，作者未见真正有富贵者，曾见一二人却皆是犯法枪毙之徒（会有火、铃）。

③ 命官临午宫，擎羊单守。擎羊在午为落陷，此格主大凶。命宫在卯、酉、子者，若擎羊独入命宫，亦主大凶。三方遇火铃劫空忌天刑，难免夭折。命入此格，其人外表豪迈大度，其实狠毒奸狡，残暴凶恶，不但品性不端，且主一生招凶，刑妻克子，身患恶疾，具犯罪倾向，中年夭亡。命有吉星入庙，其人亦颇有豪气，干脆利落。行限于午、卯二宫，若有擎羊独入，亦主其人有灾。

故古人云："羊刃切忌午之方，若来陷内最为殃。刑妻克子生闲事，残病中年要早亡"。又云："擎羊在子午卯酉守命，非夭折则主刑伤"、"擎羊火星在陷地守命，下格"。

（4）化星返贵格：天同在戌宫入命，丁年生人遇之；巨门在辰宫入命，辛年生人遇之，合此格。天同在戌，为平，本属不利，但丁年生人，寅宫有太阴化禄、天机化科，命宫天同化权，对宫巨门化忌来冲，反为大富大贵之格。又，巨门在辰，为落陷，本属不利，辛年生人巨门化禄，与酉宫禄存暗合，财帛宫有太阳化权，必主富贵。若有文昌化忌（由生年干为辛引发）在命或迁移，不作凶论，亦主富贵。若加火铃空劫，则破格。古人云："天同戌宫为反背，丁人化吉主大贵"、"巨门辰戌为陷地，辛人化吉禄化吉禄峥嵘"、"辰戌应嫌陷巨门，辛人命遇反为奇格"。

5）天同入十二宫分论

（1）天同入命宫

① 性格、外貌、运气、与其他星曜的关系分析

凡天同入命，其人多为圆脸，小眼睛、单眼皮，脸型丰满、眉满目秀、唇厚。少年时面白，老年微黄。入庙者微胖，陷地者体弱矮小。

天同入命者，为人稳重，性情温和，心慈耿直，谦逊而不外傲，文墨兼通，志趣高超，思想聪敏，能学能成。但没有耐心，常常有各种远大计划和构想，却无法实现。

天同为阳水，故好动，属于活泼型的好动。且虽然好动，却不外向，仍较保守，

有被动之性质。天同的好动与天机不一样，天机之好动乃波动性质，是出于无奈，历经艰辛的人生之动。而天同做事能三思而行，天机却由于反应太快，往往做事欠考虑。

天同的阳水之智表现在才学、学术等方面。天机阴木之智表现在阴阳五术、宗教、哲理、策划等方面。太阳之智则表现在文章方面。

天同入命者，若会吉星，主其人长寿（注：此时需天同入庙，且不遇煞）。

凡天同入命者，乃桃花之象，而且其人长得漂亮。

若天同入午宫，则丙、戊年生人为"马头带剑格"，主其人既富且贵，会去镇戍边疆。但其人须经历艰难而有成。

若天同入四马四生之地（寅、申、巳、亥四宫），主其人感情易有问题，尤其是女性更为明显。而且，凡天同入命之人，在老年更容易有感情问题。

若天同在戌宫入命，如果对宫有化忌拱照，但兼会禄存与化禄者，此乃否极泰来，属能富能贵之上格。

若天同在亥宫入命，逢庚干则天同化忌，如果兼会四煞、空、劫、天刑等星曜，则主其人刑克孤单、或极为劳碌、或破相、或有病灾等事。

若天同入命宫，天梁入夫妻宫，天同乃人缘星，天梁乃多管闲事之星，二者的组合说明其人的人缘佳又随和，与异性相处非常圆融，于不自觉中吸引异性接近，而自己却不甚积极。

若与太阴同宫于午宫，再加会四煞者，主其人残疾、孤克。

若与太阴同宫于子宫，且有禄存同宫，再逢左右，则主其人贵显。这是因为太阴在子宫为入庙，宫中的天同、太阴不需要擎羊的激发，所以喜见辅佐诸曜，主其人清贵。

若天同入卯、酉二宫，则与太阴相对，再加会禄存，则主其人乐天享受。

若天同入辰、戌二宫，则与巨门相对，此时若天同化禄（由丙干引发）或巨门化禄（由辛干引发），则吉，但若天同化忌（由庚干引发）或巨门化忌（由丁干引发），则凶。

若与巨门、火、铃等星曜同宫，主其人必生异痣。

若与巨门同宫，因为天同本身情绪化颇重，再受巨门暗曜的影响，会发生不足为外人道的隐痛之事。不加会吉星者，由于此时不能会照太阳，纵不化忌亦不美妙，主其人多为奸诈虚伪之辈，不是真小人，就是伪君子。但晚年吉。除非其中有一星化禄（或由辛干引发巨门化禄，或由丙干引发天同化禄），或者有吉星拱照，方可消除不良影响。但若天同、巨门于丑、未同入命宫，主其人自私小气，对钱财看得很重，轻者斤斤计较，重者处处算计别人。为人不豪爽，因此别人对其反感。再有羊、陀同宫者，其人有淫乱倾向。

若与天梁同宫，乃其人有桃花之象。而且其人多是高个子。再有左辅、右弼、天魁、天钺、文昌、文曲等吉星照会者，主其人一生福寿、和谐，不怕凶厄，但并不贵。若煞星守照；或天同、太阴同入命宫于午宫，其人多为奸诈虚伪之辈，不是真小人，就是伪君子。若与天梁同入命宫于寅、申，则甲、乙、丁年生人福厚（但须由丙干引发天同化禄，或由丁干引发天同化权才合格，这样就符合了"机月同梁作吏人"的古训）。天同入戌宫为反背，凡丁年生人化吉，主大贵。

若与天梁同宫，再加会天马，其人一生多奔走，多出外或在外。其中，若天同、天梁在寅、申同入命宫，三方四正必是天机、太阴、天同、天梁四星交会，再与禄存、科、权、禄、左、右、昌、曲、魁、钺加会，乃"机月同梁格"。合此格之人，多在公家机构、大型企业中任职，从事管理、外务、文秘、设计策划等工作。一般而言，其人的事业稳定少风险。格局佳者，富贵不小。若见煞星则为破格。亦有从事自由职业者，但仍以其专长技艺而成名。

若逢四煞、刑、耗、空、劫，主其人会有精神上的困扰，或患病。

若有煞星冲破，主其人易破相、孤单。

若与擎羊同宫，主其人的身体会受伤。凡大限或流年遇到者会有牢狱、官非或受伤难免。

若与火星同宫，主其人肥满、目渺。

若与禄存同宫，且有火星会照，最为上格，主其人财福双美。

天同不喜化禄，因为天同为福星，若加化禄，其人会更懒，没有冲劲。反而如果天同化忌却比较有冲劲，且因为天同乃福星，不太怕化忌。

天同最不宜的状态是入亥宫又化忌（由庚干引发），主其人刑克孤单，为他人作牛马；或破相病灾。但须会照擎羊、陀罗、火星、铃星、空、劫、天刑时才有可能，否则，即使有此类事件，也可以化解。

男命，若天同化忌入命，主其人易对现实不满，而且十分感情用事。

若大限或流年有天同入庙，且有吉星，主其人在此运限期间会添财增福，事业发展有新机会；迁居新屋或出外游历。增添人口，喜气洋洋。若天同星落陷或会照擎羊、陀罗、火星、铃星、空、劫、天刑、大耗者，则主其人做事多变，有倾家、官非、破产、虚惊、刑克、疾病等情况。有三吉化会照者，先凶后吉或先破财后进财。

若天同入运限（大限宫或流年宫），主其人在此运限期间会有"更新"之事发生，很可能是感情的"更新"。

若流月宫或流日宫中的有天同化禄（由月干或日干为丙引发），则其人预计之财在该月或该日可以得到。

若流日宫中有天同化禄或化权，主其人在该日开讨论会时很出风头。

女命，其人大多有文艺气质，审美能力强，善于打扮。但是在处理感情问题时往往会过于随便和浪漫，而且比较懒。甚至有淫乱的倾向。

女命，天同入命者，主贤惠，聪明伶俐。若天同入庙且有吉星会照，及禄存、化禄拱照者，主其人帮夫教子，福禄双全。若逢煞星冲破，则主刑夫克子。其人富有文艺气质，审美能力强，善打扮，但很懒，且易轻率处理感情问题。若与太阴同宫，其人虽美，却淫荡，喜修节美容，财禄虽足，但福不全，仅宜偏房侍妾。除非有化禄、化权、化科者，则福足，但以迟婚为宜。尤其是天同与太阴在午宫入命，再有煞星者，多有淫乱倾向。若与天梁同宫，只宜作偏房。凡子年生人命坐寅（此时喜有天马位于对宫），或辛年生人命坐卯（此时喜对宫有太阴化禄），或丁年生人命坐戌宫者（此即"反背"），乃入格。凡丙、辛年生人，若守命于巳、亥，逢天同者，化吉，主其人虽美貌，却必淫。凡天同入命于巳、亥、子、丑诸宫之女性，此时与天梁相对或会照，格局不好，主其人易有感情波折，人缘却很好，有孩子气会撒娇而得人宠，所以此类女性容易与人同居，还多为姨太太身份。

凡天同入命者，其住宅周围地形较低，有湖、河、古井。

② 所入宫位（十二地支）分析

天同入命于子、午

天同在子为旺，在午为落陷。必与太阴同宫。主其人性情开朗，温柔有个性，但易发生感情问题。

天同、太阴在子入命者，天同为旺，太阴入庙，三方会照天机、天梁，乃"机月同梁格"，富贵之格。主其人身居要职，为人忠诚。若与禄存同宫，又有辅、弼会照者，主其人富贵。若再有文昌，主其人贵显。若与擎羊同宫，其人的身体会受伤。男命，其人风流倜傥，若逢煞星，须注意感情纠纷。女命，其人秀外慧中，温柔贤淑，为贤妻良母。若逢煞星，感情易生波折，且易与人同居。

天同、太阴在午入命者，俱落陷，无论男女，皆主其人漂泊不定。若逢辅、弼、昌、曲，则主其人贵显。若逢恶煞星，则主其人奔波劳碌。若逢煞重，则主其人肢体黄弱。尤其当火、铃同宫或会照时，其人有阴狠毒辣、甚至杀人越货的倾向；或者与擎羊同宫时，其人天生薄命，有残疾刑伤之灾。

女命，天同、太阴同宫于午宫者，主其人劳碌。若有吉星辅照，则主富足，但以晚婚为宜。若逢煞星会照，要注意健康。

凡肖猪（亥年）、肖兔（卯年）、肖羊（未年）的未婚者，在天同、太阴入大限宫、流年宫期间，有结识异性的机会。且乙、丙、丁、己年生人所结识的异性，条件相当理想。其他年份的人，虽也有接近异性的机会，甚至是对方主动，但往往不可靠，多有苦果。

天同入命于丑、未

天同在丑、未皆落陷，必与巨门同宫，且巨门亦落陷。无论男女，皆主辛劳，是非不免，若加会煞星者，尤甚，且主其人幼年坎坷不顺。若见羊、陀，无论男女皆主淫邪。若三方有煞星凑合，其人必遭火厄。若天同、巨门与火、铃同宫，则逢大小限厄运者，其人有死于外道之象，须特别注意。

若命宫位于未宫，宫中无主星，而对宫为天同、巨门，又有辅、弼来夹，再逢昌、曲、魁、钺，主其人财官双美；但若天同、巨门于未宫坐命，此时若有吉星相扶，尚吉。若逢煞星，则主其人劳苦挫败，即使稍有成就，亦逊色不少。

若夫妻宫中太阴落陷，或福德宫不吉，且夫妻宫中有煞星，则大限、流年遇之，其人的婚姻必有问题。

女命，天同在丑宫者，其人易与人同居。

天同入命于寅、申

天同在寅宫为平，在申宫为旺，且必与天梁同宫。其人心地善良，处世随和，清高、内涵精细，注重内在修养，不求外表华丽。但难免有困扰和麻烦，且易有感情问题，不过能得到贵人相助，故不怕凶厄。

天同与天梁在寅、申安命，财帛宫有太阴，官禄宫有天机，为"机月同梁格"。若见羊、陀，其人为伤风败俗之人。若遇火星，则为破局，主其人下贱、孤寡、夭折。若与天马同宫，主其人飘荡。

凡甲、乙、丁、己、庚年生人，福厚。若遇辅、弼、昌、曲，主其人贵显、有文名，适合出版著作。

天同入命于卯、酉

天同在卯、酉皆为平，且独坐。对宫有太阴，主其人稳定、踏实，可在稳定中求发展，但易有感情问题。天同喜会六吉星，主其人喜好文艺及悠闲的生活。宜在文教界、传播界任职。

若与擎羊同宫，主其人的身体遭伤。若与火、铃同宫，主其人的身体有微恙。

女命，主其人端庄淑美。

天同入命于辰、戌

天同在辰、戌皆为平，且独坐。对宫有巨门，且皆落陷。因此会有口舌是非。宜任教职、新闻工作者或民意代表等职业。

若遇辅、弼、昌，主其人贵显。若与羊、陀同宫，主其人身体遭伤、目渺。若遇火、铃，主其人有微恙。

天同入命于巳、亥

天同在巳、亥皆为独坐，且皆入庙。其人有搜集的嗜好，有生活情趣，但感情易有波折。若没有煞星来冲，往往会使人恃福而骄，遇事拖延懒散。天同在巳、亥二宫，喜煞星来冲照，以减低天同之福泽，而受到激励之效。

女命，天同在巳、亥入命者，其人的个性随和，容貌秀丽，讨人喜欢，但常有感情困扰，易与人同居。

凡肖鼠（子年）、肖马（午年）生人，则大限宫或流年宫落在巳宫或亥宫期间有决定终身的机会。

③ 运限、流月、流日分析

若流年宫或大限宫位于子、午，天同入此二宫，则在此期间：

凡甲年生人：其人易心情烦闷、焦虑不安。故应该冷静，以免因心情不好而口不择言，招惹是非。宜以子女的成就为寄托。若宫中无主星，宜在此期间卖掉旧居换新屋，较为有利。不要借钱给别人。注意不要让子女接近危险场所。要关心自己的健康，即使是小病，也要抓紧治疗。

凡乙年生人：事业有成时要注意休息和健康，让头脑安宁和冷静。宫中无主星的人，许多事情要借助于配偶或他人，才能解决。

凡丙、戊年生人：要防止交通事故或意外伤害。工作上只要坚持到底，总会有收获。凡天同、太阴在午宫入运之人，虽吃力辛苦，但终能成功。

凡丁年生人：要克服口无遮拦的缺点，尤其在成功之后、得意之余，更要防止失言。凡运限（大限或流年）临子、午宫，天同、太阴在迁移宫者，利于外出，财运甚佳，但要防止金钱纠纷。

凡壬年生人：未婚女性在交异性朋友时，易有伤感之事。有时是因为工作或健康等原因，使两人经常两地相思。或许是因为长辈的意见而干扰了双方的正常往来。所以，在此运程中须忍耐为上，并利用等待的时间冷静地评价对方。

若流年宫或大限宫位于丑、未，天同入此二宫，则在此期间：

凡甲年生人：情绪容易烦躁，多困扰。凡五月生人，天同、巨门入未宫者，应避免外出。

凡乙年生人：若加会昌、曲，又有辅、弼相夹，并有魁、钺会照者，其人有独立才干，在传播界能有表现，但须谨防口舌是非。夫妻间若意见相左，宜心平气和地沟通，不可意气用事。未婚者，应多接纳异性朋友的建议，不要计较对方的无心之过。若大限宫干或流年干为壬，对父母、尊长、上司说话要谨慎。

凡丙年生人：若加会昌、曲，又有辅、弼相夹，并有魁、钺会照者，主其人有独立才干，在传播界能有表现。对未成年的子女要多加照顾，若他们的身体不好，不必操之过急，只要悉心治疗，下半段运程会好转。已届婚龄的子女。感情问题可能会有波折，宜多给予建议，少用高压手段，以免影响亲子间的感情。

凡丁年生人：以少管闲事为上，免惹是非。与配偶或异性朋友小别会有好处。若流年干为癸，要处理好与兄弟姐妹、朋友之间的关系。若与地劫同宫，加会六吉星者，主其人会有所成就。

凡戊年生人：不必主动争取调换工作或变换环境，否则，往往事与愿违，白忙一场。凡在丑宫入限之人，会有贵人相助。

凡己年生人：若非丑、巳、卯、酉时生人，此时中心情愉快。若天同、巨门同入迁移宫，则其人会因名声而得财。凡卯、酉时生人，要防止发生口舌是非。

凡庚年生人：遇事应少安毋躁，到下半段运程时，会渐入佳境。外出易惹是非，或办事无法如意完成。

凡辛年生人：若加会昌、曲，又有辅、弼相夹，并获魁、钺会照者，其人有独立才干，在传播界能有表现。可以积极着手所订的计划，也适宜参加考试，但未必考得好，故最好多参加几种考试，可以多些选择。对配偶或异性朋友要体恤，不要让他们太操心和劳累。有子女者，对子女要多加照顾。

凡壬年生人：应多照顾父母和家人。若他们需就医，一定要找可靠的医院。对父母要孝顺，凡事以顺从为上。防止口舌是非。情绪易有波动。也许会有意外的钱财或礼物。凡十一月生人，破财难免。

凡癸年生人：出门时要小心。配偶或异性朋友的考运甚佳，故宜早作准备，以免错失良机。未婚者会遇到理想的对象。凡肖龙（辰年）、肖狗（戌年）之人，其对象温柔动人。

若流年宫或大限宫位于寅、申，天同入此二宫，则在此期间：

凡甲年生人：心情不易平静，常会着急或心慌意乱。对工作不积极。公务员要注意不可积压公文。对工作均应迅速处理，不可拖延。

凡乙年生人：外出不顺，或交通工具损坏，或遗忘东西，或遇交通堵塞。参加考试之人一定要把考试用的证件等东西准备就绪，以免麻烦。出入公共场所要防止小偷、扒手。配偶的表现很好，应给予鼓励。

凡丙年生人：其人比较奔波忙碌，但会有收获，或因被人赏识而升迁、加薪。若妻子在此运程中分娩，一定要做好检查，找好的医院。恋爱中的男女，会有相约出游的可能。

凡丁年生人：应注意关心配偶，不要给人留下"商人重利轻离别"的印象。如果在流年宫或大限宫中无主星，适宜外出发展，会有成就。在工作上与同事、上司应力求和谐，少说话，多做事。

凡戊年生人：事业上十分忙碌，需操心。若不是从事投机事业，则其人的财运不错。夫妻间相处，要相互忍让、关心。

凡己年生人：只要不是申、辰时生人，利于争取名声或参加考试、竞赛，或发表著作。在此期间不宜购房或搬迁，否则容易久拖不决或节外生枝、发生纠纷。

凡庚年生人：利于求名，不利求财。若行限在寅宫，而天同、天梁入申宫，外出虽然难免奔波，但会有成就。居家或外出旅行，要防止财物损失，尤其是卯、酉时生人更应该注意。

凡辛年生人：若天同、天梁在行限之宫，则利于参加考试，尤以辰、戌时生人为佳。未婚男女可筹办结婚。若天同、天梁在行限之宫（大限宫或流年宫）的对宫守照，主其人财运不错，事业出色，容易成功。

凡壬年生人：其人的心情安逸，会享受生活，有口福，财运不错，很可能有意外收获。若天同、天梁在行限宫的对宫，其人有外出远行的机会，心情愉快，得到享受，受礼遇，但有疏懒倾向。经商者，可能有财神从远处来，或得他方之财。曾有财务困扰的人，在此时或许会迎刃而解。

凡癸年生人：凡未婚者，可在此时段内成家。已婚者，应鼓励配偶在外充分发挥其口才。其人在此期间，工作顺利，一呼百诺，利于开口交涉、洽谈或进言。有儿女者，注意他们的学习和品德，了解他们的开支、交友情况，鼓励他们学习才艺，参加社团活动。

若流年宫或大限宫位于卯、酉，天同入此二宫，则在此期间：

凡甲年生人：其人的子女运和田宅运颇佳。但在上半段运程中，事业的发展需煞费苦心。

凡乙年生人：此时其人处于顺境之中，事业会有所表现，财官双美。但要注意健康、安全。

凡丙年生人：此时其人处于顺境之中，事业会有所表现，财官双美。凡六月生人，又有三吉化会照者，诸事大吉。

凡丁年生人：经商者会因钱财而大费口舌。公务员对钱财不可有非分之想。

凡戊年生人：此时其人宜外出，可以发挥自己的长处。工作上不要奢求表现和赞扬。若是学生，应对理工科下工夫。

凡己年生人：对数字、文字和印刷品要谨慎对待。文艺工作者要防止作品出问题。

凡庚年生人：要注意健康。感情问题会多费口舌。若想结婚，宜快速进行。

凡辛年生人：其人的财运颇佳，开口就会有收获。但会有财来财去的可能。

凡壬年生人：要多关心父母、配偶的健康和情绪。

凡癸年生人：应多用言词去争取自己的利益，能十拿九稳，但健康欠佳。

若流年宫或大限宫位于辰、戌，天同入此二宫，则在此期间：

凡甲年生人：精神上难免苦闷、烦躁。

凡乙年生人：出远门不吉。工作上会有变动，不必强求改变。居住环境舒适。

凡丙年生人：此时乃利达之运。行运在戌者（大限或流年位于戌宫），不利外出，但财运和事业都不错。行运在辰者，会遇到不顺心之事，进而影响情绪。

凡丁年生人：此时乃利达之运。尤以女命为佳，主其人事业有成。但不宜出远门。若在戌宫安命，有天同、天梁、太阴会照，且有三吉化会照，又有巨门、化忌冲照，则其人宜为人师表，或发表著作，或从事研究。不宜与女婿、媳妇一起居住。若子女年幼，要注意其健康、安全。

凡戊年生人：应安于现状，只宜耕耘，不可企求收获，以免自讨没趣。有女婿、媳妇者，他们可能准备搬迁或正在为孩子操心。

凡己年生人：财运尚可，会因名扬而财至，但无实发之财。子女运和田宅运不吉，要谨慎。这段运程中结识的女性，比以前的有灵智，但不及以前的艳丽。

凡庚年生人：福不耐久。工作较忙碌，但会得到精神鼓励。要注意与手足、朋友之间的关系。夫妻间宜聚少离多。若侄子女年幼，要小心照顾。对公婆、岳父母应多孝顺。

凡辛年生人：利于出远门办事、开拓业务。未婚者，好事多磨；已婚者，宜少见面，以免不愉快。

凡壬年生人：与父母不一起居住之人，要多去探望，关心其健康。若是三月、九月生人，如果有人欠自己的债，宜找朋友与自己一起去讨债，或许有转机。子女已成家者，或许正准备移民或出国。

凡癸年生人：福不耐久。利于考试、进言，要善于把握。公务员有出差或受训的机会。在此期间即使新居落成，也不要搬入。

若流年宫或大限宫位于巳、亥，天同入此二宫，则在此期间：

凡甲年生人：其人的心情易受外界影响，有些事情无法顺利，但此时可以搬迁或置屋。

凡乙年生人：夫妻可能聚少离多，反而对家庭有益。外出有利，且旅程较远，还可能要跋山涉水。

凡丙年生人：若遇六煞星会照，再加会六吉星者，其人宜任公职，或在民营大企业任职，能升任主管要职。但若加会的煞星在四颗以上，则主其人残疾孤克。兄弟姐妹中有人正在闹家庭矛盾，不宜介入，以免破坏自己的安逸状态。凡巳时、亥时生人，会有力不从心之感。因此，不如待机而动。已届婚龄的子女，这段时间感情多麻烦，劝他们修身养性，提高生活品质。

凡丁年生人：在此期间做事，总是事倍功半，因而导致信心不足，工作时应少说多做，免得惹是非。出门可能不顺，会发生遗忘东西、找人不遇、交通堵塞等。

凡戊年生人：若遇六煞星会照，再加会六吉星者，宜任公职，或在民营大企业任职，能升任主管要职。但若加会的煞星在四颗以上，则主其人残疾孤克。事业多变，有风险，故要镇定从容。不可轻易求变化，要有毅力。

凡己年生人：若是学生，利远行赴考。文艺界人士会远赴他邦，或者有名著、名作扬世。难免会有困扰，但可以解决。凡丑时、未时出生的女性，在此期间不要谈恋爱或接近异性。

凡庚年生人：其人的心情闲不下来，但田宅运不错。

凡辛年生人：其人心情愉快，事业顺利，与人接洽或交涉均能成功。

凡壬年生人：其人会有远行的机会，但出门前要把父母的生活起居安排好。

凡癸年生人：参见流年宫或大限宫位于辰、戌，天同入此二宫的情形。

（2）天同入兄弟宫

注：与其他星曜一样的是，古籍中关于根据星曜入兄弟宫看兄弟数量的规则在现代没有实际意义，下面列出的关于推断兄弟数量的这些规则只是为了提供参考，但并不影响推断兄弟之间关系的规则。

天同在兄弟宫，若天同入庙，多主其人的兄弟姐妹众多，有四人以上。若落陷，则稀少，仅有兄弟二人。

若与太阴同宫（必在子、午二宫），且庙旺、无煞，其人有兄弟五人。兄弟间感情深厚，能互相帮助。若加煞，则减半。

若与巨门同宫（必在丑、未二宫），且不加煞星，其人有兄弟三人，兄弟之间感情较薄，多有不和，有口舌之争。此时若见昌、曲或见红鸾、天喜，主其人有各胞的兄弟（不同生母）。若加煞，仅兄弟一人。

若与天梁同宫（必在寅、申二宫），无煞，其人有兄弟三人，兄弟间感情深厚，能互相帮助，但会有暗争。若煞、刑并见，且落陷者，则兄弟之间欠和。主其人有姐妹而无兄弟。这个规则也可用来推断同僚及事业上的伙伴，此时主其人的同僚及事业上的伙伴软弱无力，虽然关系和好，但助力不大。

若与六吉星同宫，其人兄弟间感情融洽，能互相帮助。

若与擎羊、陀罗、火星、铃星、空、劫、天刑同宫，或天同化忌（由庚干引发），主其人的兄弟少，且兄弟之间有刑克，感情不睦，宜分开居住。

（3）天同入夫妻宫

天同入夫妻宫，多主其人的婚姻不利，必须迟婚。而且男子宜娶比自己小八年或以上的妻子。女子宜嫁比自己大八年以上的丈夫，否则容易有两次婚姻。其人的配偶温顺慈祥。由于天同易情绪化，故天同入夫妻宫者，须迟婚方能白头偕老。或在早年已经订婚，后已解除婚约者为宜，否则多变动。若是男命，其人很有可能是三妻之命，妻子必须小配，则可免。

凡天同入夫妻宫，主其人的婚姻如果是同居不举行婚礼者可免离异。

天同入夫妻宫，若见辅佐诸曜，有时反为有第三者的征兆；若见煞刑曜重，则又主刑克生离，所以凡夫妻宫见天同星系，必须将命盘作全面观察，方能判断趋避之方在何处。

若天同于卯、酉、巳、亥入夫妻宫，乃桃花之象。其人的配偶聪明机智，但婚后会有是非和争执。若有六煞星同宫，则易生离死别。

若与太阴同宫，配偶姣美。男命，妻子治家有方；女命，宜夫长，可免婚姻波折；若加煞，则主刑克。

若与巨门同宫，且有庚干引发天同化忌者，其人与配偶会吵得天翻地覆。

若与天梁同宫，若是男命，主其人的配偶姣美，多才多艺，夫妻感情亲密，家庭幸福。若有昌、曲、魁、钺同宫，会因配偶而发财。但若有六煞星同宫，则夫妻欠和，但离婚后能再娶相貌美丽之女。

若天同于落陷之地入夫妻宫，再会照擎羊、陀罗、火星、铃星、空、劫、天刑者，主其人与配偶分居两地，或离婚，或刑克，或病重。

若天同入夫妻宫，出现双化忌时，则主其人引发化忌的天干对应的运限期间感情上多困扰，大多属情绪化表现，并非第三者介入，已婚者会发生分居甚至离婚之事。

女命，若其丈夫年长者，丈夫能温柔体贴，感情和睦，可偕老。但若天同于辰、戌、丑、未宫入夫妻宫者，而配偶年纪较小，则其人易有外遇。

女命，若天同落陷，则夫妻有刑克，再加四煞者，夫妻欠和，且主生离。但若有吉星扶持者，可免离婚。

女命，若与太阴同宫，主其人易生外向之心。

女命，若与巨门同宫或会照，主其人夫妻双方多感情纷扰，口舌连连，精神不痛快。

女命，若逢擎羊、陀罗、火星、铃星、化忌者，其人宜为继室或偏房，或迟婚，否则远离，或纵有夫妻之名，而无夫妻之实，空有虚名；或者离婚再嫁。

女命，若有天刑同宫，且天同落陷，则夫妻双方刑克，不利。

女命，若天同化忌入命，而且夫妻宫的星情不佳者，其人极可能沦落风尘。

男命，其人之妻年少者，乃贤内助，聪明美丽。

男命，若与天梁同宫，不见煞、忌，主其人的婚姻有波折，长配可免异离，会离婚后再娶，后妻胜前妻。

男命，若与巨门同宫，不见煞忌，主其人有外遇和同居。

男命的最佳组合是与太阴同宫，不见煞忌，主其人得貌美之妻。

（4）天同入子女宫

天同为感情浓厚的星曜，入子女宫者，主其人与子女感情易沟通，且与追随自己的晚辈或手下人亦有情感，但有软弱怕事的倾向。

若与太阴同宫或对拱，或者与天梁同宫或对拱，且宫中煞、忌、刑等星曜重重，则其人的子女可能弱智。因此必须详察大限或流年的星情吉凶，方可决定是否在该大限或两年生育。有时本命盘的子女宫不吉，如果逢怀孕之年见上述星曜组合，亦有可能生育弱智或自闭症的儿童。若见流煞（流年宫中有煞星）、流化忌（流年干引发天同化忌），将原局的煞、忌重重冲起，尤须小心。

若与天梁同宫，再加会天马，主其人一生多奔走，多出外或在外。

若天同于午宫入子女宫，主其人与子女有刑克，或子女会破相，但若过继或远离，则能免刑克。

（注：下述关于判断子女数量的规则，在现代并不应验，只供参考。）

若天同于入庙之地入子女宫，主其人有子女五人以上，以第一胎见女为佳。

若天同落陷，且有煞星同宫，其人有一子送终。若只是与煞星同宫，以祀他人子为宜。

若天同入庙，其人可有子女五人。若加四煞，仅二人。若遇天梁、空、劫、刑、忌，则庶出者吉，否则易刑克。

若与太阴同宫（必在子、午二宫），同宫于子者，可有五人，其中有贵者，且子女温顺可爱，女多于男。自己可享受适可而止的性生活；同宫于午者仅二人。女多于男。且常会因子女姣美而生烦恼。

若与巨门同宫（必在丑、未二宫），可有二三人，子女间欠和，亲子间有隔阂。若加四煞、刑、忌，仅一人。

若与天梁同宫（必在寅、申二宫），其人有子女，先女后男。同宫于申者，仅一子；同宫于寅，再加吉星者，三人。女儿与自己的缘分比儿子的深。

（5）天同入财帛宫

天同喜居财帛宫，主其人白手兴家或以薄资起家。（注：这种性质，比天同入命宫更为准确。）

凡天同入财帛宫，其人若从商，宜经营带享受性质的行业。且其人能白手生财，财帛晚聚。

若天同于落陷之地入财帛宫，则主其人破耗不聚财。

若加会四煞、刑、忌等星曜，如果其人乃九流人士，能生财成家，惟不能富。

若与太阴同宫，主其人会有意外收获。若天同入庙，又得众吉者，主其人富足终身。若再有禄存同宫，乃财运最佳组合，尤宜经营以女性为顾客对象的生意。

若与巨门同宫，其人能白手生财，九流人吉利。财运进退不一，财难积储，晚年方遂。天同与巨门的组合最难积聚财帛，其人宜从事专业工作，例如传播等行业。若有吉、辅星曜同宫，则其人可从事法律、外交工作。

若与天梁同宫，其人能白手生财，财禄茂盛，充盈旺发。如果会诸吉或禄马交驰，则其人可藉商业经营发财。但若与天梁对拱，并不主其人富有。

若与六煞星同宫，其人的财运属于财来财去型。

若与禄存、化禄、天马会照者，主其人富有。

若逢擎羊、陀罗、火星、铃星、空、劫、凤阁、龙池者，主其人由艺术技巧起家，有名士潇洒风度。

（6）天同入疾厄宫

天同属阳水，故代表膀胱、肾脏等水道之疾。将性质扩大，便成为淋病、疝气与痔疮。若是天同与天梁的组合（同宫或对拱），其人最易患此类疾病。

凡天同入疾厄宫，其人所患疾病主要是阴虚不足，肾脏、膀胱、尿道、疝气、子宫及淋病、痔疮等症。

若天同入庙，主其人病灾少；若天同落陷，逢吉星者，病灾不严重。

若天同独入疾厄宫，易患西医查不出的莫名其妙的疾病。

若与太阴同宫，主其人因气虚，导致各种亏损疾患，例如，胸闷、水胀、脚肿、湿气、瘫痪症。若加火、铃，主其人多灾，并主气血之疾。若加羊、陀，则主其人多病，血液循环不好。

若与巨门同宫，其人易患隐疾，以及心脏、血液、神经系统疾病。若加羊、火，要注意酒色之疾。若加化忌，易患耳目之疾。若与巨门对照，易得肝胆病。

若与天梁同宫，加四煞或落陷者，要注意心脏疾病。若加天马，则要注意肝、胃的疾病。天同与天梁同宫的组合，除主其人有"下部疾患"外，又是心气痛的现象。所谓"心气痛"，其实即肝胃气痛。但若有刑、忌齐会之时，则主其人会患心肌梗塞。

若与文曲同宫，加羊、陀、大耗者，其人要防止车祸类灾伤。

若有诸恶曜同宫，主其人有气疾、寒热及风邪之症。

若与凶星同宫于卯、酉、丑、未诸宫，其人易患耳疾。

天同入疾厄宫，若出现天同双化忌，主其人的脚部在引发化忌的天干对应的运限期间必有问题，可能是脓疮或动手术。

（7）天同入迁移宫

天同入迁移宫者，主其人在出外或迁移时，会有贵人扶持而发达，得福。若有众吉守照者尤美。

若与太阴同宫，由于太阴具有移动又不长久的性质，故其人出门能发，但奔走忙碌。若天同入庙，主其人出外能白手创业；若天同落陷，主其人劳苦艰辛。

若与巨门同宫，主其人出外会操心劳力，虽能在外创业，但多烦恼、口舌、纷争。

若与天梁同宫或对拱，由于天同和天梁本身具有流浪天涯的色彩，因此这种组合最宜出门，主其人在外会受到贵人、长辈扶持，福厚，发达。

若与六煞星同宫，主其人出外不能遂志。

若与擎羊、陀罗同宫或会照，主其人出外时多是非灾祸。

若与火星、铃星、天刑同宫，主其人在外会有斗争不安。

若与空、劫、大耗同宫，主其人旅途失败，在外破耗，滞留他乡。天同入庙者可免，但终不安。

（8）天同入仆役宫

天同带感情，而且随和，所以其人可交各方面的朋友，但须有辅佐诸曜，且煞曜少见者，才能得到助力。

天同入仆役宫，主其人有多方面的朋友。若天同庙旺，则其人的部属、朋友众多且得力，与部属关系融洽，并因此而获成功。若天同落陷，则不吉。

若与太阴同宫或会照，主其人会有益友、知交，其部属、朋友众多且得力，并因有助而旺发。

天同不喜与巨门同入仆役宫，因为巨门遮蔽天同，会使其人的情绪出现阴暗面，因而易与友人或下属产生误会。若见煞重，则主其人会误交匪人。若与巨门同宫，主其人先难后易。早年无助，晚年可得助。但部属和朋友与自己不齐心，多有纷争。

若与天梁同宫或会照，主其人会有诤友，且深得部属、朋友的拥戴、仰慕、协助，见众吉尤美。

若与四煞同宫，其人会有背主之仆。

若与擎羊、陀罗同宫或会照，且天同落陷者，主其人会受朋友之累或牵连，或遭手下人的不义陷害。

若与火星、铃星同宫，主其人会因朋友受闷气。

若与空、劫同宫，主其人会被部属的蒙骗而受损失。

若逢大耗、空、劫者，主其人会因友破财。

（9）天同入官禄宫

天同主享受，故若天同入官禄宫，其人适宜从事带美观及享受的性质的行业。

天同入官禄宫，其人宜白手创业或由小发展到大。若见吉曜（尤其是见禄存），主其人白手创业，但必历艰辛然后有成。尤其是如果有祖业遗产，其人会破尽祖业后自己创业。

若天同入庙，其人会有文武三品之职。若宫内无四煞，能位居高职。若天同落陷，其人仅为小吏，多在公众机构中任职员或在机关部门中任科员。（注：关于官衔的级别在现代仅作为参考。）

若与太阴同宫，其人宜在已成的局面下谋发展，若再有吉曜，主其人能守住祖业或守住现成的事业，若同宫于子，其人无论从文或从武皆吉；若同宫于午，仅为小吏。

若与巨门同宫，其人的事业常会半途而废，故以从事不需重大投资的行业为宜。须经艰难奋斗而后事业才会成功。若天同入庙，其人的职位先高后低，若有吉星拱照，则晚年发迹。若天同落陷，则其人一生平常。由于巨门主口舌传播，故亦宜担任广告、电台、报刊等职务。但应以消闲享乐为主要性质。

若与天梁同宫，其人宜任公职，即使有三吉化，亦只宜在企业任监察的职务。如自己创业，则必须组建有限公司，自己退居幕后，仅担任监察管理行政职务。若天同庙旺，则其人权位皆高。

若与文昌、文曲会照，主其人多在文化艺术中求进取。

若与六煞星同宫，主其人一生多波折，往往事与愿违，东倾西败。

若与擎羊、天刑同宫或会照，主其人在事业上多讼事纠纷。

若与陀罗、天马会照，主其人的业务多变动，多纠纷。

若与禄存同宫，如果其人是文职人员，则会有大成就。

若与三吉化会照，主其人事业鼎盛。

若会照火星、铃星，注其人处事多遇逆境。

若与空、劫会照，主其人的事业由幻想中发动，或由艺术技能起家。

（10）天同入田宅宫

天同虽为福星，但在一般情形下，不利购置田宅，这是因为天同仅主精神上的福泽，不主物质上的收获。

天同入田宅宫，其人所在的公司以带装饰、享受色彩，或是有商业艺术色彩者为宜。

天同入田宅宫者，主其人可以自己置业。最喜与太阴同宫或对拱，古人认为，其人可由购置鱼塘果园致成大富。在现代社会，尤其是生活在商业城市的人，可以将此项规则改为购置宁静地点（或静中带旺）的住宅。

天同入田宅宫，若见化禄及吉曜，主其人有庆典之事。若见昌、曲，主其人需修屋。若天同入庙，主其人的不动产状况会先难后易，先少后多。若得众吉星会照，则可顺利早置。若天同落陷，则需到晚年方能自置。

凡天同入田宅宫，主其人的住宅周围地势较低，有湖、河或古井。

若与太阴同宫，其人宜养鱼或种植树木花果，会大富。但需白手起家。同宫于子者，为大富之命；同宫于午者，为小康之家，平平。

若与巨门同宫，其人的不动产少，不宜置业，如果置业会招惹损失。天同庙旺者，自置吉利；天同落陷者，会退祖。

若与天梁同宫，其人只宜做物业经纪。先退后进，最初的不动产会失去，中晚年再自置。若再加会天马者，主其人一生多奔走，多出外或在外。

若与六煞星同宫，主其人不动产全无。

若会照擎羊、陀罗、火星、铃星、空、劫、大耗，主其人无产业。

若与火星同宫，且又有天梁同宫或会照，则主其人会有火烛虚惊。

若与火星同入流日的田宅宫，主其人在该日会换灯泡。

若流年干为庚，引发田宅宫中的天同化忌，子女宫又多煞星会照，则其人在该年会因添丁而带来极大的烦恼，即母子均有问题，为难产。

若天同双化忌入田宅宫，须看命宫三方四正是何星曜，如遇到不吉的星曜，或迁移宫有廉贞化忌与七杀同宫的话，则家庭内有愁云气氛，会有颇大的灾难，特别以远行为然，若吉星会照，其人会大肆装修居室或更换许多东西。

注：由此说明，"廉贞化忌逢七杀，路边埋尸"还与天同化忌入田宅宫有关。但是，廉贞逢丙干化忌，天同逢庚干化忌。这两个干不可能同时是时间的天干。其中一个是指时间（年、月、日、时）的天干，另一个是指对应的宫干。

"月生沧海格"：此格有二，① 天同、太阴星在子宫坐命，与禄存、科、权、禄、左、右、昌、曲、魁、钺加会为本格。② 或者天同、太阴在子守田宅宫，与吉星会合并吉化亦是，此须命宫和三方有吉方论。若天同、太阴在子会吉星，主其人清秀、优雅、学问过人，能得财富与名声。格局佳者，大富大贵。

（11）天同入福德宫

天同是福德宫主星，主享福，能快乐。天同主精神享受，而福德宫正是推断一个人精神享受的宫垣，所以天同入福德宫者，多主其人精神生活丰足，有生活情趣。如果有科、文诸曜会合，尤主其人格调高雅。

天同最喜入福德宫，但其人很懒。庙旺者，一生安逸，有福有寿，寿达九十三（注：仅作参考）。若天同为平，主其人一生先难后易。若天同落陷，且加六煞星，主其人艰苦维生，但不会懒。其人接人待物非常世故。

若与太阴同宫，主其人安逸享乐，无牵无挂，乐多忧少，福禄安康。

若与巨门同宫，由于巨门不利精神与情绪，故其人忧多乐少，自寻烦恼。早年辛苦，晚年安逸。

若与天梁同宫，庙旺者，此乃福禄寿三全的状态，主其人安逸快乐一生。但忌遇空、劫。

若与天福同宫，为福上加福。

若天同入福德宫，且有庚干引发天同化忌，主其人烦躁不安或有是非纷扰。

（12）天同入父母宫

天同入父母宫者，其人的父母双全，温厚老实，和蔼慈祥。父母对其关怀备至。天同入庙者，对父母不克；天同落陷者，宜重拜父母。

若与太阴同宫，主其人父母双全，与父母缘分深厚，备受父母呵护。若加会煞星，则有刑克。天同与太阴的组合最不宜有乙干引发太阴化忌。

若与巨门同宫，其人与父母感情疏远，时有争执、纷争，欠和，有轻克。入庙者，上述情形无妨。若加煞星同宫，则克害父母，或年轻时即与父母分离。

若与天梁同宫，其人的父母可能有婚姻波折。天同庙旺者，其人受父母疼爱，父母双全。若不加煞星，则其父母长寿。但若加六煞星，则父母不全。

若与六煞星同宫，主其人父母不全，有重克。

若与擎羊、陀罗、火星、铃星同宫，主其人幼年须过继或祀出，否则刑克。

若会空、劫、天刑，亦主刑克。

6. 廉贞

1）星情总论

廉贞乃北斗第五星，属阳木、阴火。阳木为内在的本质特性，阴火为外在表现形式，即阳木为体，阴火为用。阳木腾上而有理想性，木主仁，为人仁慈好善，木有曲直不伸之性，有心机，但心胸狭窄，这一点与天机的特点相同。阴火乃人间之火，是人为的表现，不同于太阳之火为自然之表现。故廉贞如同含苞欲放的桃花。火主礼，火旺者，有犯上失礼之象，火衰者，有下贱卑微之事。火炎上，阴火炎上需要依附，需要贵人帮助扶持。如果其人对自己要求严格，则适合在管理阶层任职。

廉贞为囚宿，主化气为囚。化气为囚者，司品秩和权令。有集中、组合的力量，但较保守自爱，性格刚烈。又因含苞欲放的桃花要开未开，有冲击性，因而能白手成家创业之象。若化囚为杀，主其人主观意识较强，爱钻牛角尖，使自己的意识被囚禁，以至于影响到他人。其人颇有概念性、认知性，看人注重第一印象，会设定框架与人相处，容易自以为是，不管别人的感受。

廉贞的保守性质与武曲的保守不同。武曲的保守特点是律己很严，才会有成就。而廉贞的保守仅指一个过程而已，本质上并不保守，其结果往往是闹中取财。

廉贞之火与太阳之火不同，廉贞是人间之火，故其人会计较得失。而太阳之火是自然之火，故其人不太计较得失。

廉贞又为官禄宫主，入官禄宫者为得位。司位阶、权令。喜掌权。若廉贞入身命宫，主其人政治嗅觉敏锐，常居领导阶层。且善于组织，有集合再加以创造的能力，并能处理复杂事务。但正因为处理复杂事务，导致易有口舌是非。其人有很强事业心和企图心，利于当公职人员，如公共关系、行政管理、与社会工作有关之职业等。做事有爆发性，动力十足，对功名利禄的成就很在意。

廉贞又为丹元之星。丹元者生命之动力也。其人自尊心强，个性直爽，喜欢批评别人，言语上喜欢逞一时之快，易得罪了人而不自知。然后会有弥补的动作，却不会道歉。好胜心强，不轻易认输，愈挫愈奋，能够任劳任怨，默默承受；能够担当重任，有毅力，目标高，容易成功。

廉贞入命宫，则为次桃花，故又名桃花星。其人内心兼有着温柔、热情的特性。温柔为木之性，热情为火之性。而且好赌博，好色，或因财色起纠纷。

在紫微斗数中带桃花的星曜是：廉贞、贪狼、右弼、文曲、红鸾、天喜、咸池、天姚、沐浴等。这些星曜中若有两颗以上会合在一起，则当限行（大限或流年）遇之，其人难免发生感情困扰。这样的人往往是天生的才子或佳人，若再加上其他吉星配合得宜，此人必为名人无疑。

廉贞的代表人物为纣王的大奸臣费仲，主邪恶之神，司掌"邪恶"、"歪曲"，化杀为囚，为次桃花，身长体健，精神旺，有野性美，记忆力好，个性硬，好冒险，好赌，风流。

廉贞在事物中表示精密仪器。

2）风水、地理类象

天时类象：晴雨不定，西北雨，春天，冰雹。

地理类象：树木，篱笆，瓦砾，荆棘，院落房舍，垃圾场，破烂谷物，财神庙，小庙，贫民区，简朴的房子，且主家中有善言舌辩谄佞妒妇之人，时常口角之家。有吉凶之分。

3）旺度

廉贞的旺度：于寅、申为入庙；于子、丑、卯、辰、午、未、酉、戌为平；于巳、亥为落陷。

4）与廉贞有关的格局

（1）廉贞文武格：廉贞入命，在寅、申为入庙，与文昌、文曲拱照则为此格。古人云："廉贞遇文昌，好礼乐"。

（2）权星朝垣格：又名"雄宿朝垣格"。廉贞在未、申宫守命，不加煞，则为此格。合此格之人，在年轻时就会一鸣惊人，骤然发财、扬名。若廉贞在未宫化禄，或在寅、申有禄存同宫，为"廉贞清白格"。古人云："申未廉贞得地方，纵加七杀不为凶。声名显达风云远，二限优游富贵中"。又云："廉贞在未申宫守命，无四煞，富贵声扬远播名"。

（3）杀拱廉贞格：此格有三：① 廉贞、七杀二星分守身宫和命宫；② 廉贞七杀在丑、未宫守命；③ 七杀在卯、酉守命，三合有廉贞。凡以上诸种，若命宫三方四正无吉星加会，反而加会羊、陀、火、铃、天刑、化忌、劫、空等诸多恶曜，即合此格。古人云："贞逢七杀实堪伤，十载淹留有祸殃。运至经求多不遂，钱财胜似雪流汤"。

凡此格生人，不但贫穷多灾，而且破败不堪。须注意者，要三方四正不见吉星方作此断，如不详审，则容易判断错误。古人云："廉贞、七杀，反为积富之人"、"廉贞遇七杀，显武职"。又云："七杀廉贞同宫，主残废，又主痨病"、"七杀廉贞同位，路上埋尸"。

（4）廉贞路上埋尸格：廉贞、七杀同宫于丑、未宫。逢煞星、忌星同宫或会照，谓之路上埋尸。如果没有煞忌星同宫或会照，就不以此论。廉杀加忌也是有官非的格局。流年走到廉杀加煞忌星，须注意出外交通安全。因为"路上埋尸"是指，易有出外灾难，尤其是血光之灾，或死于外道。（注：前面曾介绍，"廉贞化忌逢七杀，路边埋尸"之说不是必然的结局，还与天同化忌入田宅宫有关。二者需配合分析。）若廉贞、七杀同入巳、亥，主其人流荡天涯。若廉贞加四煞、刑戮，则与刑讼有关。若有三奇加会，吉星多者可解厄。若再有煞星加会，则雪上加霜。

（5）生不逢时格：廉贞入命，又有空亡入命（即命坐空亡），则为此格。

（6）刑囚夹印格：廉贞为囚，天相为印，擎羊为刑。廉贞（囚）、天相（印）在子、午宫坐命，若逢擎羊（刑）同宫，则构成"刑囚夹印格"。但廉贞、天相、擎羊同宫不一定有事。此格需有流年廉贞化忌、或者是流年擎羊同宫、或者流年白虎同宫或来冲、或者有化忌入流年宫，才会起作用。

遇见这种组合的流年要小心，易有官司。若廉相坐命居午宫，凡丙年生人，擎羊入之，又有廉贞化忌，此时发生官司的现象最能应验。因廉贞本为囚星、官符星。但若有吉星会照，廉贞、天相、擎羊，再会照天刑或煞忌星，有的时候不是自己的官司事情，而被冤枉的机会很高。若遇"权禄巡逢格"，可减其煞焰。此格最不喜右弼或白虎星加临，更忌其余煞忌星。

（7）财为囚仇格：参见4、武曲之4"与武曲有关的格局"。

（8）廉贞清白格：廉贞入命于未宫，且有甲干引发廉贞化禄，或入命于寅、申宫，见禄存者，合此格。

（9）天府朝垣格：若天府、廉贞二星在戌宫坐命，会禄存、科、权、禄、左、右、昌、曲、魁、钺诸吉星，无煞方合此格，且有左辅或右弼在命宫者，方佳，且甲、己年生人最佳，丁年生人次之。戌宫为乾卦位，为君，天府作臣，人命得此，主大富大贵。

5）廉贞入十二宫分论

（1）廉贞入命宫

① 性格、外貌、运气、与其他星曜的关系分析

廉贞入命者，其人身体强壮，眼神有光，眉浓黑且露骨，眉宽口阔而额高。眼睛大小适中，额宽口阔，面横。脸色黄或略带黄黑色。其人的相貌可以归入浓眉大眼一类，脸型接近于正方脸，但跟武曲不同的是，大多没有腮帮子。

若廉贞落陷又逢四煞，多主其人有麻脸或雀斑，性狂而狠，无礼仪。不拘小节，不司礼仪，洒脱豪放，个性坚强，但自信过度，好争斗。

廉贞入命，主其人心硬性狠，浮荡暴躁，不拘礼节。仅与天府同宫，主其人内心宽厚，且肥胖，皮肤粗黑。若与贪狼同宫，其人乃中型身材，以皮肤黄白为合局，外表圆滑。若廉贞入庙，主其人最宜武职。

凡廉贞入命者，乃桃花之象，且其人喜欢假正经。尤其是廉贞化忌入命，或廉贞加煞入命者，有淫乱倾向。

廉贞喜会紫微、天府。更喜见昌、曲、禄、马，主其人能够将创业的理想创成事业。但廉贞不喜会武曲、破军，尤其是如果有煞、忌、刑来凑会之时，主其人会发生意外。若与羊、陀同宫，又有丙干引发廉贞化忌，则主其人会有脓血之灾。

若与紫微会照（廉贞与紫微永不同宫或对拱），主其人能执掌权威，威权显赫，为老实威武型人物。若再加会禄存、化禄、天马，则富贵双全。

廉贞入命者，若廉贞落陷又化忌（由丙干引发），其人易因沉迷酒色而致祸。

若廉贞入命于子、午、卯、酉宫，凡丙年生人，会横发横破。

若廉贞于寅、申入命，不加煞，且有禄存同宫，为"廉贞清白格"。其中廉贞在申宫入命，廉贞入庙，若再遇将军，主其人威猛，比入命于寅宫为佳。

若廉贞在申宫，而七杀在午宫，有吉星会照，无四煞、空、劫、刑、耗等星曜者，是富贵双全之上格，称之"雄宿乾元格"。因为廉贞的阴火与七杀的阴金相制为用，好似荒山矿石经火煅炼后，乃成极名贵的原料。

若廉贞在巳、亥二宫入命，有忌星或煞曜同宫，主其人四海奔走。无论军人、商人都会在外风霜雨雪，艰苦劳碌。

在紫微斗数中，跟廉贞有重要关系的星曜，主要是天相、七杀、破军、天府、贪狼等五曜。或同宫，或对拱，构成各组星系。由于廉贞属于重感情、欠理智的星曜，但跟它有关的五颗星曜，却偏偏带有不同的物质色彩，所以便形成相当复杂的特性。分别论述如下：

若廉贞、天相入命宫，贪狼入夫妻宫，其人颇有个性，对待爱情较为理智。但如果遇到爱情高手，会有被"束手就擒"的可能。

若廉贞、天相同入子、午二宫，虽然亦能会照紫微，但必须得巨门化禄（由辛干引发）或化权（由癸干引发）相夹，或遇禄存，且不见煞、忌，方可断为其人富贵。若火星同宫，又会照天刑，则受对宫破军的影响，主其人会自杀；或因自身的错误招致倾败。

若廉贞、天相入午宫，当小限行至该宫时（午宫为小限命宫），主其人的屋顶漏水（即上方漏水）。

若廉贞、天相入子宫，当小限行至该宫时（午宫为小限命宫），主其人的屋内漏水（即下方漏水）。

若廉贞、天相、擎羊加会官符，同入流月或流日宫者，其人家中的冰箱会坏。

廉贞有两个主要格局："廉贞清白格"和"雄宿乾元格"。这两个格局中，廉贞都在未、申二宫，前者为廉贞、七杀同入命宫，后者为廉贞独入命宫。这两个格局在紫微斗数推断中非常重要。

若廉贞在未宫入命，必与七杀同宫，如果加会禄存，则是"廉贞清白格"。此外，若廉贞在未宫、申宫、卯宫入命，且有吉星会照，不遇四煞、空、劫者，都主其人富贵双全。

但廉贞与七杀同宫时怕遇丙干之限（大限或小限）、流年，在此期间易发生危险，因为此时廉贞化忌。古语云："廉贞化忌逢七杀，路边埋尸"。（注：前面曾介绍，"廉贞化忌逢七杀，路边埋尸"之说不是必然的结局，还与天同化忌入田宅宫有关。二者需配合分析。）

廉贞、七杀于丑、未二宫同入命宫，这是一个很复杂的组合。二者既可以构成"雄宿乾元格"以及"廉贞清白格"，也可能不合这两个格局，这时如果不见化忌（即没有丙干引发廉贞化忌），且无煞星加会，则符合古人所云"廉贞七杀显武职"的断语。因为此时得会紫微，有化杀为权的功能。如果见禄存、天马，其人亦能成就富贵。但若见煞、刑、忌曜，凡武职者，主其人会战死沙场，凡担任警界职务者，主其人会因公殉职。

若与七杀同宫，且有丙干引发廉贞化忌，以及擎羊、陀罗、火星、铃星、天刑等煞星会照，主其人马革裹尸。

特别要注意，凡逢丙干，廉贞化忌，这时如果七杀同宫（必在丑、未二宫），则"路边埋尸"（车祸、战死沙场之险或刑戮之灾等血光之灾），这一点除了廉贞入命宫之外，入迁移宫也会应验。而且，如果有四煞会照，也会应验。无论是本命还是大限、流年均须注意这个规则（见前一个注）。若没有丙干，则廉贞不化忌，且庙旺者，反为积福之人，或为武职。若与七杀同宫于未，或七杀在午、廉贞在申落陷，又逢化忌，则主其人贫贱、残疾。若与七杀同宫，则主其人流荡天涯。

凡廉贞入命宫，七杀入夫妻宫者，由于廉贞乃第二大桃花，其人往往追求的是清秀、冷艳、有个性美与野性美的人，其爱情来得快去得也快，属于一见钟情、干柴烈火型。

若廉贞与七杀同入命宫，无论居于何宫，男女皆不佳。其中，若廉贞与七杀同入命宫于丑，再见擎羊、火星、文昌者，主其人狡诈。此外，凡廉贞、七杀入命宫，天相入夫妻宫者，主其人的个性勇于冒险、有冲劲，但对爱情不太积极，因此婚恋会迟到。

廉贞入命最忌有七杀与破军拱照迁移宫，主其人会客死他乡。

若廉贞与贪狼同宫入命或行限（大限或流年）逢之，其人在此期间会有感情挫折或纠纷。古人认为这种组合甚差："廉贞贪狼，男浪荡，女贪淫。"

注：其实如果这个组合会合的星曜良好，则可情理兼顾，而且带风雅的色彩，在现代社会，其人可以从事设计类工作，并不如古人说得那么差。

若廉贞、贪狼同入命宫，或贪狼、廉贞分别入命、身，则其人桃花过盛，男女均多淫邪，多有淫乱倾向。此时如果天府入夫妻宫，乃桃花最强的组合。若是男命，其人常有艳福及异性的追求，终日花天酒地，流连风月场所，且能娶到温柔、贤淑、高贵的配偶。若是女命，则反而不佳，容易出轨，甚至流落风尘。

又，若廉贞、贪狼同入命宫，则逢己干引发文曲化忌，或逢辛干引发文昌化忌时，其人会遭刑，不善，且为人虚夸。

若逢贪狼、破军，且文曲在迁移宫者，其人宜作胥吏。

若廉贞入命于戌宫，必与天府同宫，无煞曜者，主其人为军政要人。若有吉曜，主其人会空手打天下，成大事立大业，声名远扬，但亦会有成有败。

廉贞最喜与天府同入辰、戌二宫，若再有昌、曲更佳，这是因为天府的保守性格，以及昌、曲之优雅风格，能使廉贞亦变为风雅高尚。

廉贞、破军于卯、酉二宫同入命宫，是一个很差的组合。古人云："廉破火铃同宫，狼心狗肺。"又云："廉破加四煞，公门胥吏。"主其人祖业必破，且其人疾患难免。可见破军的性质与廉贞冲突，形成不良的组合。如果再有天刑在酉宫与它们同宫，则是很危险的组合，主其人有覆车兽伤之祸。（注：二者同入迁移宫亦会有同样遭遇。）但须会照忌星煞曜方成立。古人云："廉破见天刑于酉宫，有覆车兽伤之祸。"如果再有火星与它们同宫于落陷之地，也是很危险的组合，主其人祖业凋零，更增加人生的艰苦。古人云："廉破火星居陷地，自缢投河。"但是廉贞、破军的组合也会有"反格"之例外，即当遇到丙干引发廉贞化忌之时，反主其人横发横破。总之，廉贞与破军的组合除非见禄存、化禄，又见昌、曲，且煞刑曜少，才能改善性质。

廉贞、破军入命宫，且夫妻宫无主星，其人在爱情方面比较随便，结果大多是自己出轨、受伤害、被骗。

若与破军火、铃同入命宫，其人为人奸诈虚伪，不是真小人，就是伪君子。

若与破军、火、铃同宫，其人乃狼心狗肺之辈。

若与破军、火星同宫，且廉贞落陷，其人有可能自缢投河。

廉贞还有两个比较差的组合：一是廉贞与破军在卯、酉同入命宫。因为破军主大幅度的改变，因此会伤害感情；二是廉贞与贪狼在巳、亥同入命宫。因为贪狼主物欲，跟廉贞重感情的性质有冲突。所以它们的组合，会导致物欲和感情之间产生矛盾。

凡廉贞入命，最怕落陷，主其人纸醉金迷，流连酒色赌博之乡，且因酒色赌博，而有讼词口舌之争。若再有丙干引发廉贞化忌，则其人有脓血之灾。

若流年命宫中有武曲，且流年干为丙引发廉贞化忌（注：廉贞与武曲必不同宫），则其人在该流年期间有木压雷惊之险，大多以车祸为主或被兽类咬伤。

或者若廉贞入命，三方会照武曲、破军，亦主其人有意外压伤及蛇兽咬伤。

凡廉贞入命，逢甲干引发廉贞化禄，又有贪狼或禄存同宫者，则其人在甲干之月、日会与异性发生性关系。

若廉贞独坐命宫，贪狼入对宫者，则反主其人清白（但异性缘仍很深）。

若与文昌、文曲加会，主其人好礼乐，喜音乐。

若与擎羊、陀罗、火星、铃星、天刑、大耗、化忌、空、劫会照，而无吉星化解者，主其人一生多风波周折，甚至会客死他乡。

若廉贞入命，见擎羊、火星，又逢丙干使廉贞化忌；或者巨门入命，见擎羊、火星，又逢丁干使巨门化忌者，主其人有伤残暗疾，且招刑。

若逢擎羊、陀罗、火星、铃星、空劫、天刑，主其人有不测之灾，有刑戮之危，或因病灾动手术而亡。

若遇擎羊，其人是非不断。再加火星者，脓血不免。

若与四煞星同宫，主其人遭刑戮，或终身不能发达。

若遇空、劫，其人可出任公职，且职位高。

廉贞化禄（由甲干引发）最佳，原本含苞欲放的桃花会盛开，故行限（大限或流年）至此会结婚。

廉贞最怕化忌（由丙干引发），若遇之，会成为坏桃花。若女命的本命宫或官禄宫、流年宫有廉贞化忌，其人易入烟花界。

凡廉贞化忌入命；或廉贞入命，遇四煞守照；或廉贞、破军和擎羊、火、铃于卯、酉同入命宫；或廉贞、贪狼于巳、亥加四煞入命；或廉贞、天府于辰、戌加羊、陀入命；或廉贞、破军入疾厄宫加四煞者，均主其人不吉，多病、残疾、夭折。

若廉贞化忌于申宫入命，加左辅、铃星者，其人多有走私犯法之事。

凡是出现廉贞双化忌之流日，其人会下痢。

凡廉贞入命，如果有天月拱照，无吉化，会煞曜，主其人会染病他乡。

若廉贞与白虎同入命宫或大限、流年，其人刑杖难逃。若流年太岁并小限坐宫，又值白虎加临，主其人有官非，遭刑杖。

若廉贞于卯、酉二宫入大小限、流年，擎羊居丑、未；或者廉贞于巳、亥二宫入大小限、流年，擎羊居卯、酉，其人必有牢狱官非。（注：凡命盘中廉贞入卯、酉，同时擎羊入丑、未；或者廉贞入巳、亥，同时擎羊入卯、酉者，已经构成了牢狱官非的前提。）但这里所说的"遇到"是指事件发生的时间：当廉贞入大限宫或流年宫（此时必然还有擎羊满足上述条件）时，即为牢狱官非发生之时。

凡廉贞入大限或流年，且入庙，并有吉曜扶持，主其人有财有福，且能积蓄，事业发展，地位高升。但怕有天刑及忌星同临，主其人有脓血之灾。若有擎羊、陀罗、火星、铃星、天刑、忌星会照，主其人有牢狱之灾。若再有破军、七杀、贪狼等星冲照，则其人的性命堪虞。

若廉贞入大限宫或流年宫，不喜白虎同宫，主其人会惹官非。亦不喜有丙干引发廉贞化忌，并见刑煞，其性质与在命宫的情形相同。

男命，廉贞入命者主其人有异性缘。若廉贞化忌于命宫，其人喜欢酒色、乱来。宜公教职、工业技术部门或自开商店。

男命，如果其流月宫或流日宫中有桃花星（廉贞、贪狼、天姚、咸池、红鸾、天喜、沐浴等），其人在该月或该日较易去风月场所。

凡廉贞入命的女性，古人认为仅"廉贞清白格"是好的。若安命于辰、戌、丑、未四宫（即"廉府"、"廉杀"的组合）而无禄存化禄会照，则主其人下贱。

注：这与古代主张的女子应"大门不出、二门不迈"观念有关，已不符合现代社会。今日的女命，应同男命推断。

女命，三方有吉星会照者，其人乃为命妇，富贵双全。

女命，若廉贞入庙，又逢禄存、化禄者，其人乃贞烈之妇，聪明机巧，助夫教子。若会照擎羊、陀罗、火星、铃星、空劫、天刑者，其人刑夫克子，为孤独之命。

女命，若与贪狼、破军、文昌、文曲、七杀会照，主其人有刑克或会离婚，以继室偏房或不举礼式之同居为宜。

女命，气质好，清秀端庄，冷艳，贞烈洁白。但若其命宫有廉贞化忌，或官禄宫、流年宫遇之，其人易入烟花界。宜从事柜台服务、护士，或经营艺术品店、装潢店、服装公司等。

女命，凡甲、己、庚、癸年生人，又安命于申、酉、子、亥宫；或乙、丙、戊、辛年生人，又安命于寅、卯、巳、午宫者，其人清白能守。但若是辰、戌、丑、未年生人，却反贱。

女命，若命宫的三合遇桃花星（廉贞、贪狼），其人会有与异性（非其配偶）发生性关系之可能。

② 所入宫位（十二地支）分析

廉贞入命于子、午

廉贞在子、午皆为平，必与天相同宫，且天相皆为入庙。因有天相同宫，故可制廉贞之恶，再有紫微会照者（注意：非与紫微同宫），可掌权威。其人宜服务公职。若命宫里没有煞星，其人会有平步青云、一帆风顺的事业。

若又逢昌、曲、辅、弼加会，主其人能职掌权威。且遇文昌者，其人好礼乐。

若逢武曲、破军，主破祖业。若遇禄存，主富贵。

若与擎羊同宫，其人多是非，甚至为社会垃圾，牢狱难免。

若有火星冲破，主其人有残疾。

女命，凡廉贞、天相于子、午入命者，若宫中无六吉星帮助，又不逢化禄或禄存，则须防有失足的可能。

廉贞入命于丑、未

廉贞入命与丑、未，不论何年生人，凡四、十月出生者，运气颇佳，或会有好的转变。

廉贞在丑、未皆为平，必与七杀同宫，且七杀皆入庙。主其人擅长理财，喜爱文艺，注重物质享受。若不加四煞，且入命于未宫，乃"雄宿朝元格"，主其人富贵、声名远播。若加煞星，则平常之运，宜武职。

若加会武曲、破军，主其人的祖业必败。若加会羊、陀，主其人会夭折，且与擎羊同宫者，主有是非；若与火星同宫，主其人脓血之灾难免。若与火、铃同宫，主其人会阵中身亡。尤其是廉贞在丑宫入运，又逢大限宫干或流年干为丙者，引发廉贞化忌，又与七杀同宫，则在此期间有路边埋尸之可能。

女命，主其人处理事务有才干，事业上有表现，宜晚婚。

廉贞入命于寅、申

廉贞在寅、申，皆为独坐，且皆入庙。其对宫有贪狼，皆为平。主其人有才华，长于交际，主其人会早发，易与酒色财气接近，因此要防止因赌博导致破败。

若会照武曲、天府，并与禄存或化禄同宫，且不逢煞星者，其人会在文艺、美术方面有大成就。

若在申宫守命，且无四煞星，为"雄宿朝元格"，主其人富贵，声名远播。若加会煞星，则平常。

若遇文昌，其人好礼乐。若遇禄存，主其人富贵。

若与羊、陀、火、铃同宫，主其人多繁琐之事。

凡廉贞在寅、申入限，不逢忌、空、劫、煞星者，此段运程多半是富裕之运，并常有口福食禄。

女命，主其人聪敏。若是己、庚、癸年生人，则端庄贤淑，事业家庭均美。若是丙、辛、戊年生人，为清白贞洁之女。

廉贞入命于卯、酉

廉贞在卯、酉皆为平，与破军同宫，且破军皆落陷。若不会照煞星，其人在文艺界有崭露头角的机会。若有廉贞化禄（由甲干引发），主其人少年时不得志，若有化忌或六煞星同宫，则虽然辛劳不免，事业终会成功。

廉贞在卯、酉守命，再加四煞，为公门小吏或巧艺之人。仅有天相、禄存能制其恶，故若廉贞入庙，见天相、禄存者，其人富贵有礼，且善舞。

女命，廉贞、天府入本命宫或大限宫、流年宫于卯、酉者，主其人易遭感情波折，宜晚婚。

廉贞入命于辰、戌

廉贞在辰、戌为平，且与天府同宫，天府皆入庙。若不会照煞星，主其人在文艺界会有崭露头角的机会。若廉贞化禄（由甲干引发），主其人少年不得志，若有化忌或六煞星同宫，则虽然辛劳不免，事业却终能成功（注：这一点与廉贞入命于卯、酉相同）。若与火星同入命宫，其人有残忍的倾向。若廉贞化忌入命，则其人心狠手毒，有虐待狂倾向。

女命，其人易有感情挫折，宜晚婚。

廉贞入命于巳、亥

廉贞在巳、亥必与贪狼同宫，且二者皆落陷。主其人下贱孤寒、弃祖离家，一生颠沛劳碌，经济困顿，宜军旅之职。若遇禄存，则其人可有富贵。若逢武曲、破军，主其人的祖业必破。若与昌、曲同宫，多主其人虚而不实，再加化忌同宫者，丙年生人会有祸，甲年生人亦不宜。

若入命或入大限宫、流年宫，其人易有感情挫折或纠纷，严重者会遭官刑。

若与贪狼在巳、亥入大限宫、流年宫者，其人在此运限期间交际应酬机会多，少回家。女性的购买欲甚强，因而善打扮。无论男女所遇的困扰，多与酒色财气有关。

女命，若不加会煞星，则乙、丙、戊、辛年生人乃清白贞洁之女。若加煞，则主其人易成为娼妓。若与贪狼同入命宫，主其人宜作偏房。

③ 运限、流月、流日分析

若流年宫或大限宫位于子、午，廉贞入此二宫，则在此期间：

凡甲年生人：若加会吉星，宜为管理人才。事业或职务皆光辉照人。若对现有工作或职位不满意，此时正宜跳槽。

凡乙年生人：财运较理想。对子女要多关心，即使他们的学习不好，也不要给予太大的压力。工作或许会不如意，有可能会受灾伤，应小心为上。但会有贵人相助，故无大碍。

凡丙年生人：横发横破，不耐久。注意不可作恶，应多举善事，以免官非。已婚者要悉心维护家庭圆满，不可见异思迁。凡十月、十二月生人，要清心寡欲，不能被色诱惑。未婚者，在此期间感情坎坷，不可见异思迁，否则会两头落空。女性要重视贞操，交友要慎重。易发生意外事故或伤灾，故凡事要谨慎。

凡丁、己、庚年生人：因为此时禄存在午宫拱照，紫微在财宫朝垣，故财运甚佳。若加会吉星，其人多为管理人才。丁年生人要注意顾及手足之情。

凡戊年生人：子女的表现令人欣慰。但不要冷淡夫妻感情。工作上易有波折。外出时须防止受伤。注意不可作恶，应多举善事，以免官非。

凡壬年生人：若在子宫入限，则即使有变迁的机会，也不宜变动，否则会不如意或有波折，增加烦恼。尤其是巳、未时生人，更为明显。

凡癸年生人：若加会吉星，其人宜为管理人才。利于外出或变动，事业上可得到发展。父母或自己的健康可能会出现问题。夫妻间要多体谅。与朋友、手足相处时言语要谨慎。

若流年宫或大限宫位于丑、未，廉贞入此二宫，则在此期间：

凡甲、庚年生人：会有贵人相助。且甲年生人大吉，财官双美。但要注意交友问题。庚年生人的田宅运欠佳，尤其在台风季节，须做好防台风的准备。

凡乙年生人：易招惹是非，有成有败。要注意头部和视力健康，保持充分的睡眠和休息。要注意子女的安全。若有龋齿，应及早治疗。

凡丙年生人：易招惹是非，有成有败。家运不顺，尤其要当心自己的健康，感情等问题。

凡丁年生人：不要苛求子女。要注意初生儿或幼儿的饮食卫生。

凡戊年生人：易招惹是非，有成有败。凡事要看开、看淡、忍让。不必杞人忧天。忧郁度日，反而会影响睡眠和健康。兄弟姐妹中有人会发生意外或虚惊，但只要小心，不会有大问题。

凡己年生人：外出要注意安全，若流年干为丙（引发化忌），则更要警惕。

凡辛年生人：行运于未（大限宫或流年宫在未）之人要小心住宅、门户的安全。子女的表现不错。

凡壬年生人：经商者，应结束或转让无利可图的业务。在此期间，有可能遇到久违的朋友。可以考虑旧地重游。工薪阶层不要轻易企图变动，即使工作上有挫折，也不要轻言离开，等到下半段运程，情况会好转。若没有财务困扰，可多参加一些应酬，或购买衣物，或捐款做慈善事业。

凡癸年生人：若逢壬干值限（大限宫干或流年干为壬），此乃雨过天晴的时期。若本命的格局好，可能会有意外之财。

若流年宫或大限宫位于寅、申，廉贞入此二宫，则在此期间：

凡甲年生人：此乃贵格，宜任职公营事业。在此期间易找到舒适宽大的环境，故宜搬迁。此时正适合改变工作或居住环境。但会有人利用你变换工作或搬迁的机会占便宜。大限宫干或流年干为丁、戊者，要注意健康，防止因工作或应酬而影响健康。不要忽视父母的健康。未婚男女在此期间有成家的机会。

凡乙年生人：子女表现优秀，或者能胜任重任。若外出，易有不顺之事。别为了帮朋友张罗或调解而自讨苦吃。此时适合调整家居环境。

凡丙年生人：已婚者要保持夫妻和谐，防止婚外情。配偶若已卧病多时，更要多加照料。未婚男女，要谨慎，若认为对方不合适，应好聚好散，不能意气用事。男性不可动武。无论男女都要避免介入他人的感情纠纷。

凡丁年生人：此乃贵格，其人宜任职于公营事业。宜搬迁或变换环境。尤其发现子女有异常情况时，更要当机立断。应保持良好的卫生习惯，饮食要定时定量，参加应酬要防止吃坏肚子。行运在申者（大限宫或流年宫在申），其人的田宅运佳，但子女多有虚惊之事。

凡戊年生人：不论有无困扰，都宜静不宜动，在此期间会有转机，不必心烦意乱，甚至心神不宁而伤四肢。外出时花费会大，但会有突发之财。若是五月、十月生人，多有助力。

凡己年生人：此乃贵格，宜任职公营事业。只要不是申、子、辰时生人，利于施展抱负。凡财税金融工作者更为有利，有外放担任主管的机会。若是丑、未时生人，子女的成绩不如人意。而其他时辰生人的子女有出息。

凡庚年生人：此乃贵格，其人宜任职公营事业。要注意父母的身体健康，对他们多加关心。其人与兄弟姐妹之间会有小隔阂，或难得聚首。在此期间，财运甚佳，但不利买卖不动产。宜搬动床位或装修。

凡辛年生人：要保持"得意淡然，失意泰然"的心态。不要因一时的不顺利而心神不宁。

凡壬年生人：要注意财务问题，经手钱财时要交接清楚，随时核对账目。离开工作单位时，也要移交清楚。经商者不可轻易投资或扩张。公司的重要文件务必妥善保存。夫妻间要相互忍让，多关心配偶。

凡癸年生人：不宜远行或搬迁。若外出，交际费用颇大。在申宫入限者（大限宫或流年宫），其人利于在财经界或商界发展。从事一般行业者，财运也较以往好。行运于寅者（大限宫或流年宫位于寅），夫妻宜聚少离多。

若流年宫或大限宫位于卯、酉，廉贞入此二宫，则在此期间：

凡甲、乙、己、辛、癸年生人：运气不错。即使在官禄宫中逢化忌，只要求安稳，不求变动，自然会有收获。但甲年生人为横发横破之运，发不耐久。乙、辛年生人甚为吉利，宜在政界、公职或传播界发展。

凡丙年生人：为横发横破之运，发不耐久。在此期间，凡事以保守为宜，甚至连交异性朋友或购物都不适合。

凡丁年生人：吉利，宜在政界、公职或传播界发展。但与手足或朋友、部属会产生不和。教职人员要注意师生关系。在此期间，适合买卖不动产。

凡戊年生人：凡事要看得开。注意四肢安全，小心扭伤或踩伤。

凡庚年生人：为横发横破之运，发不耐久。可以搬家，但不可选在下雨天。

凡壬年生人：工作上以保守为上。不要自作主张，以免出错。如果没有决定辞职，就不要计较待遇。

若流年宫或大限宫位于辰、戌，廉贞入此二宫，则在此期间：

凡甲年生人：加会六吉星者，博学多能，宜担任公职，可成为机关首长。文学、艺术界人士宜从事研究或去进修，必有收获。若是正月、七月生人，出门旅游会有收获。

凡乙年生人：加会六吉星者，博学多能，宜担任公职，可成为机关首长。对父母、长辈应多加照顾。尽可能多休息。凡事不必着急。夫妻间宜自然地聚少离多，反而会有好处。未婚者可能会有新对象或新情况。

凡丙年生人：最好不要外出，尤以巳、未、亥时生人更要如此。若运限逢壬干（大限宫干或流年干为壬），要小心处理财务，工作应倍加努力。若公司欲裁员，宜早作准备，另谋他职。财经单位的人士工作会很忙，宜步步为营。若祖父母还健在，应多加照顾。

凡丁年生人：不要买卖房地产。小心门户及火烛。对子女要悉心照顾。兄弟姐妹中若有人夫妻不和，以劝和为贵，不可介入他们的家务中。

凡戊年生人：要多运动，并保持充分的休息合睡眠。夜晚外出时，小心行路，防止被东西（如树根、石头等）绊倒，也要防止踩入水沟中。遇事要想开些。若子女与配偶有矛盾，不必太操心，他们自然有和解之法。

凡己年生人：加会六吉星者，其人博学多能，宜担任公职，可成为机关首长。事业较顺。行运在戌宫者（大限宫或流年宫位于戌），会获得较具实在的利益。对父母、长辈要多孝顺。

凡庚年生人：若买卖田宅，会有牵扯之事。子女若有异态，应与校方、老师多沟通。配偶或兄弟姐妹可能会有灾伤。

凡辛年生人：可买卖不动产，但不宜搬迁。子女运佳。在此期间，兄弟姐妹或朋友对自己有助力。

凡壬年生人：遇到困难不必意外，宜以静制动，不要主动出击。花费和应酬较多。兄弟姐妹或朋友中会有人为了意外之财而伤神费力。凡正月、七月生人，遇到困难较易解决。若公司不裁员或不调换你的工作，则可能会调整办公桌。

凡癸年生人：父母若是文艺工作者，在此期间会有名作问世。参加大型应酬时，会与久别的老友重逢。凡丑、卯、巳、未、酉、亥时生人，要谨慎处理钱财，多工作要多努力，并多忍耐。负责财务收支者，工作很忙，慎防忙中出错。购物时，不要贪小便宜。凡行运逢丙干者（大限宫干或流年干为丙），不论男女、已婚或未婚，都要避免激情。凡四月、十月生人，更要清心寡欲，以免后患无穷。

若流年宫或大限宫位于巳、亥，廉贞入此二宫，则在此期间：

凡甲年生人：其人虽然有福，但不耐久。下半段运程转好。当教师者要注意师生关系。已婚者的配偶情绪或健康不佳。

凡乙年生人：兄弟姐妹或朋友中有人不顺，需要援手。自己的运势强盛，心情平稳，有些本已放弃或遗忘的钱财，会不费吹灰之力返还。子女运或田宅运不顺，有不利的变化，因而面临搬迁的困境。

凡丙年生人：其人虽然有福，但不耐久。女性有可能患上妇女病。未婚者多感情纠葛，宜多习才艺。男性宜远离酒色财气。

凡丁年生人：要注意孝顺父母。不要与上司顶撞。应关心自己的健康。子女婚姻欠稳，要多关心，但不宜介入。

凡戊年生人：虽然有福，但不耐久。手足之中有人拟从事投机事业，应劝阻之。应引导未婚子女多充实自己，感情问题不宜操之过急。已婚子女与其配偶聚少离多为佳。不要过分求财。要注意自己的健康，尤其是手、脚、神经等部位。

凡己年生人：财运较佳，但在上半段运程需劳心费力。有福，但不耐久。

凡庚年生人：利于搬迁、变动。尤以军警、工程、机械、五金行业人士为佳。

凡辛年生人：未婚男女可考虑成家。已婚者，夫妻感情会转好，收入也会增加。若要搬家，须注意择日和气象变化。

凡壬年生人：其人虽然有福，但不耐久。要注意感情和婚姻问题，已婚者不妨分开一段时间。未婚者不宜对感情问题抱太高的希望。凡三月、九月生人，所遇的对象不理想。

凡癸年生人：此时颇为忙碌，但与以往的情形不同，成就会较大，应酬也多。在此期间，开支会加大，故购物时要精打细算，认真挑选。在公共场合要当心财物，还要注意家中的门户安全。

（2）廉贞入兄弟宫

廉贞入兄弟宫，主其人兄弟少而感情不睦，兄弟为固执而感情欠和之人。即使见辅佐吉曜，亦不超过五人。否则是有异胞兄弟姐妹。亦主其人的得力伙伴、同事稀少。若见吉曜，则得力，若见刑、煞，则无力。

若廉贞庙旺，主其人有兄弟二人。若落陷，若有吉星，仅一人，若无吉星，即使有，亦有克害。

若与天府同宫，有兄弟二三人，感情和睦，但兄弟不得力。若加煞，二人。

若与贪狼同宫，多主其人孤单，即使有兄弟亦不和，且兄弟招灾，互相拖累。尤其廉贞、贪狼在巳、亥入兄弟宫者，全无。凡廉贞与贪狼同入兄弟宫者，其人的朋友多为酒色朋友。

若与天相同宫，主其人有兄弟二人，且感情和睦，但得不到兄弟的助力。若落陷，仅一人。

若与七杀同宫，主其人有兄弟一人，兄弟间常发生争执，感情不和。若廉贞落陷，则全无。

若与破军同宫，有兄弟一人，感情欠和，兄弟狂傲任性，目中无人。若落陷且加煞者，全无。若更见火星，主其人与兄弟或得力伙伴之间会生出仇怨。

若加会左辅、右弼、天府、文昌、文曲、天魁、天钺等吉星，先有五人，后留三人。

若与六吉星同宫，兄弟间感情和睦，有富贵权势之兄弟，但不能获得助益。

若与禄存同宫，兄弟间感情和睦，但不能获得助益。

若与六煞星同宫，兄弟间有克害，且不和。

若加会擎羊、陀罗、火星、铃星、空、劫、天刑，主其人与兄弟之间有刑克，或兄弟有病灾，或与兄弟分居、不和。

注：与其他星曜一样的是，古籍中关于根据星曜入兄弟宫看兄弟数量的规则在现代没有实际意义，列出上述规则只是为了提供参考。

（3）廉贞入夫妻宫

廉贞不利婚姻的性质，是因为它既带浓厚的感情，亦重视精神生活，但意志力薄弱，因此就容易发生变化。古人的婚姻多为盲婚哑嫁，故廉贞入夫妻宫时，配偶往往难以婚姻感到美满，再加上凡廉贞坐夫妻宫时，命宫的星曜皆主感情欠稳定（如在丑、未宫的天相、紫微、贪狼；在寅、申宫的七杀；在辰、戌宫的破军等），因而就易生口舌纷扰，以致生离死别。

若是女命，廉贞入夫妻宫者，其人须做偏房方可免刑克，连作为继室都不能获吉，原因就是丈夫一般疼爱少妾。

在现代，若廉贞入夫妻宫，又见煞，若是女命，可以配年长之夫可以匡救；若是男命，则宜配年少之妻。

若廉贞于落陷之地入夫妻宫，若是男命，其人乃三妻之命。

在夫妻宫中，廉贞绝非善星。古人认为主夫妻纷争不和，甚至生离死别。若见煞、忌、刑，则无论男女，皆主三度婚姻。仅于会照天府的情形下，夫妻不和则可免克。

廉贞喜入夫妻宫于五行属性为水之宫（子、亥），此时若廉贞与水之星同宫或拱照，则灾轻。

廉贞入命或入行限之宫（大限宫或流年宫），遇甲干引发廉贞化禄，则其人在此运限期间有结婚的可能。

若与天府同宫或会照，且有吉星扶持，主其人夫妻有相同嗜好，能和睦相处，常相厮守，应酬多。而且若其人是性情刚强者，则夫妻免克。若无吉星，主夫妻会分居或离婚。若再有昌、曲同入夫妻宫，主其人会因配偶而发财。

若与贪狼同宫，乃桃花之象，且其人与配偶相互克害，争吵打架，几无宁日，严重者有几度生离死别之现象。

若廉贞加会贪狼，或廉贞加会七杀，主其人喜撒娇。

若与天相同宫，男命，其妻能力强，且温柔体贴。女命，其夫体贴善良。但若再逢六煞星、化忌、辅、弼同宫，则无论男女的婚姻多波折。

若与七杀同宫，主其人夫妻欠和，常打架，易生离。即使廉贞入庙，亦然。

若逢破军、七杀，主其人夫妻之间有刑克，或不和，甚至离婚。

若与破军同宫，其人与配偶刑克。若再有六煞星同宫，其人会更换几次配偶，且有未婚同居之现象。

若与昌、曲、辅、弼同宫，主其人感情易生波折。

若与魁、钺同宫，主其人可增加配偶的光彩。

若与六煞星或辅、弼同宫，主其人有生离死别之现象。

若与擎羊、陀罗、火星、铃星、天刑会照，主其人夫妻之间有刑克，或因男女之事发生诉讼、争斗等事情。更可能会因男女事发生口舌和烦恼。

廉贞会四煞星者，主其人夫妻之间有争斗，女方常挨揍，甚至男克妻，女嫁三夫。尤其与火星同入夫妻宫于巳宫者，必主离婚。

若与空、劫同宫，主其人的配偶有专才。

凡廉贞逢化禄（由甲干引发），主其人易有艳遇。

凡廉贞逢化忌（由丙干引发），主其人易有感情纠纷。

若廉贞入夫妻宫，又有丙干引发廉贞化忌，主其人会离婚再娶。

女命，廉贞入夫妻宫，主其人夫妻有刑克或分居，如果是继室则可免。若会照煞星、恶曜，但若是偏室或同居，则可免刑克，否则结果不佳。或有丈夫只是徒负虚名。

（4）廉贞入子女宫

廉贞入子女宫，主其人子女稀少。这是廉贞的特点。

若廉贞于庙旺之地入子女宫，其人与子女之间感情深厚，纵有误会，亦易化解。所以一般情形下，亦主亲近的晚辈与自己少隔膜。

若廉贞于落陷之地入子女宫，主其人与子女之间有刑克。

若子女宫中的廉贞被丙干引发化忌，主其人的子女多病灾或破相。

若与天府同宫，加吉星者，有子女三人；若加六煞、化忌，有子女一二人，亲子间不十分融洽。

若与贪狼同宫，主孤克无子，且亲子间缘分薄。若加会吉星，可有子女三人；若无吉星，仅有子女一人。

若与贪狼、破军、七杀会照，主其人的子女有刑伤。

若与天相同宫，其人有子女二人；若加会四煞、刑、忌，仅有子女一人。亲子间不融洽。

若与七杀同宫，主其人无嗣，加会诸吉者，仅子女一人。亲子间缘分薄，且有克害。

若与破军同宫，有子女一人，有刑克；若加煞，全无。亲子间缘分薄，且有克害。

若与破军和火星同宫，主其人的子女或亲近的晚辈会以怨报德。

若与六煞星、天刑等星曜同宫，主其人与子女有刑克，须立祀子。

廉贞入流年子女宫，若由于丙干之年引发廉贞化忌，则在该流年期间，其子女有血光之灾，谨防发生意外。

廉贞入子女宫者，若廉贞庙旺，仅有子女一二人；若居得地、平之地，会诸吉，则一二人，但刑克。若落陷，纵有吉星，亦仅一人，若无吉星，或加六煞星，全无。亲子之间刑克激烈，情感不睦。自己的性生活过分纵情恣意，易陷于自我本位，致身心疲惫。

注：与其他星曜一样的是，古籍中关于根据星曜入子女宫看子女数量的规则在现代没有实际意义，列出上述规则只是为了提供参考。

（5）廉贞入财帛宫

廉贞在财帛宫的特质，是在竞争和是非中求财，并且易惹词讼并破财，或被人侵吞偷盗。所以廉贞在财帛宫中，并非善星。

廉贞、天相的组合还有横发横破的性质，主要原因是廉贞、天相同入财帛宫时，命宫中必为武曲对贪狼，故喜见火星。擎羊则能对廉贞、天相的组合产生激发力。

若廉贞于入庙之地入财帛宫，主其人闹中生财。若廉贞落陷，主破耗，先难后易，多败少成，散聚无常，于艰难中得财。若加耗、刑、劫、忌，常会因官非而破财。

若与天府同宫，加吉者，主其人财帛丰足，即使无吉曜，亦是小康。

若与贪狼同宫，主其人会横发横破，但财富不稳定；尤喜见火、铃加会，主其人财富横发。

若与天相同宫，其人宜为商贾，富足仓丰。

若与七杀同宫，闹中进财。若同宫于未宫，主其人会成为大富。但若有四煞冲破，则主其人贫穷。

若与破军同宫，如果有吉曜同宫，主其人先难后顺，一生在劳碌中进财。若有煞曜来侵，则主其人贫穷。

若与破军同宫，喜命宫中的武曲、贪狼，带火星的组合，会入本宫，主其人横发横破。应对横发横破的趋避规则是"见好收篷"，得意之处不宜再往。

若逢擎羊、火星，主其人能横发。

若与空、劫同宫，或与化忌、擎羊、陀罗同遇，主其人常会因官非而破财。

若被丙干引发廉贞化忌，主其人因财生灾，或因财而多烦恼。

若遇大耗、空、劫，其人须防盗贼。

（6）廉贞入疾厄宫

廉贞为阴火，故于疾病，主其人阴分虚亏（注：参见2、天机5中的注释），心火躁急。当廉贞与其他星曜相会时，常会以此基本性质转化为别的病微。具体的疾病有：阴分虚亏、肝阳上升、流行性感冒、贫血、失眠、咯血、手淫、遗精，女子经期不准、经血不足及淋病、梅毒等症。

廉贞入疾厄宫者，主其人幼年多疮，或腰、足、目有疾。若入庙加吉星，则一生无大病。若遇六煞星于陷地，灾祸常临。

廉贞入疾厄宫，若在某个流年出现廉贞双化忌（由丙干引发），主其人在该流年期间会有疾病，包括严重的意外伤亡、癌症、肾病、脓疮，甚至性病。

若与天府同宫，主其人一生灾少，健康良好。若再加羊、陀、火、铃、空亡同宫，其人易患嘴唇溃烂，或耳病，或伤残。

若与贪狼同宫，如果廉贞落陷，则主其人灾多，易患眼病或性无能、性器官病、子宫不正、妇女暗疾。

若与天相同宫，其人应注意消化系统疾病。若加凶星，注意糖尿病、结石。若加六煞星，主其人的手足有伤残。

若与七杀同宫，其人易患眼病、疯病、肺病、咳嗽、过敏性鼻炎。若与四煞同宫，主疯病或手足伤残。

若与破军同宫，注意呼吸系统疾病、结石、意外受伤。若加六煞星，主其人有疯病或手足伤残。

若有羊、陀来冲，其人应注意头脑震动之灾祸。

廉贞对煞、忌、刑曜非常敏感，且少抗御之力，因此在会见诸凶的情形下，病徵往往转变为重病。如由血病转化为血癌之类。

若田宅宫的宫干引发疾厄宫中的主星化忌再冲父母宫，主其人的田宅、住房、房地产、家庭、家中人口等，易出现是非、麻烦、口舌、官司。（注：尤其当廉贞、文昌、文曲在父母宫或疾厄宫化忌时最应验。）

（7）廉贞入迁移宫

廉贞的特点是不宜坐守本地，故廉贞入迁移宫者以出门为利。主其人在外通达吉利，多人缘。

廉贞入迁移宫者，若廉贞庙旺，其人通达近贵。不宜安居于家，在家时少，外出发展能有大成就。

凡廉贞入迁移宫，有七杀、贪狼、破军同宫或相会，又有己干引发文曲化忌，主其人出门会受骗、或失窃。

若与天府同宫，主其人闹中进财，在外乡可成为巨商。

若与贪狼同宫，主其人忙中生财、立足，多应酬交际，费心劳神，但不易持久。若再加四煞星，则在外劳心劳力，生活艰难。

若与天相同宫，主其人动中得吉，辛勤努力，出门得利，成功可期。若加四煞，易招惹是非。

若与七杀同宫，主其人在外乡劳心劳力而生财。若有禄存或化禄会照，主其人在外发财。但最忌逢破军、七杀、天刑、化忌及大耗会合，主其人会客死他乡。

若廉贞、七杀同入迁移宫加四煞；或廉贞、破军同入迁移宫加四煞，皆主其人外出会遭遇车祸或外伤。

凡逢丙干，引发廉贞化忌，这时如果七杀同宫，则"路边埋尸"。（注：这一点除了廉贞入命外，入迁移宫也会应验。）

若与破军同宫，主其人在外虽可近贵，但仍操心劳力，艰苦维生。

若与破军、擎羊同宫于迁移宫，主其人会死于外道。

若与羊、陀同宫，三方再有恶煞拱冲，而无吉星来解者，主其人客死他乡。

若加会煞星、化忌，主其人在外会因财生灾或因酒色生祸。

凡会遇四煞、空、劫、天刑及化忌者，主其人在外会遭遇凶祸灾非。

（8）廉贞入仆役宫

廉贞入仆役宫者，若廉贞庙旺，主其人交友广阔。其人的部属、朋友众多且得力。若不入庙，则知心得力者稀少，且易结交损友，或受手下人拖累牵连而惹灾耗。若廉贞落陷，会被人嫉恨、出卖、背叛，若再有煞曜，则更验。晚年方吉。

若与天府同宫，主其人的部属、朋友众多且得力。若再逢四煞星，则会遭受损失。

若与贪狼同宫，廉贞庙旺者犹可。廉贞落陷者，主其人会因部属、朋友的背弃而受损失。

若与贪狼、咸池、天姚、大耗同宫或会照者，主其人多酒色好赌的朋友。

若与天相同宫，主其人早年不利，中晚年方可拥有得力的部属和朋友。

若与七杀同宫，主其人的部属、朋友中有背叛之人，因而受损害。

若与破军同宫，主其人无助，再加四煞者，必遭受损失。

若遇破军、七杀，会照擎羊、陀罗、火星、铃星、天刑、空、劫、大耗者，主其人会因友而受牢狱之灾，并主损财；或被手下人陷害而破耗。

若与七杀、擎羊同宫，或者与破军、擎羊同宫，或者与破军、火、铃同宫，或者与破军、文曲同宫，或者与贪狼、文曲同宫，皆主其人易招惹小人，以致受其诓或牵累。故凡廉贞在交友宫者，交友须慎，对手下人，尤须注意，远避阿谀奉承之辈。

若与四煞星同宫，其人的部属、朋友中有寡情薄义、背叛之人。

若与空、劫同宫，多主其人有凶。

若会照吉星、禄存或化禄，主其人会因友得财。

廉贞入流年仆役宫者，若出现廉贞双化忌（由丙干引发），其人在该流年期间会遇到为朋友所累或被朋友出卖之事，严重的可导致与朋友极大的冲突。因其属桃花星，故对异性朋友更应十分注意。

（9）廉贞入官禄宫

廉贞在官禄宫，为官禄主。若廉贞入庙，又有吉曜会照，主其人富贵双全。但若位于寅、申者，其人虽武职权贵，但不耐久。若廉贞落陷，则其人功名无份。若加会火、铃于入庙之地，则主其人晚年旺发。

古人论事业，重仕轻商。所以对廉贞入官禄宫的推断也有轻商的倾向，其实廉贞也是一颗商业的星曜。

若与天府同宫，庙旺者，主其人富贵双全。

若与天府、天相会照，主其人大富大贵，亦属文武兼全之人。主其人适合从事金融、证券、财务等行业。

若与贪狼同宫，主其人宜从事外交及交际应酬的事务，或对外接触的事业，或可从事设计或任职公共关系的职位。而且其人相当忙碌，但有成就，会身居高位。庙旺者，文武皆宜，但以文职为佳。

若与天相同宫，主其人文武皆吉。位高禄丰，富贵双全。其人乃研究市场计划或财务计划的人才，亦可成立顾问公司。但若有六煞星同宫，则以武职为宜。

若与七杀同宫，其人多为军警人士，且功名显赫。亦适合经营食品业或从事艺术或手艺类行业。

若与七杀同宫，且有擎羊、陀罗、天刑、火星、铃星、化忌者，其人会有牢狱之灾。尤其是与七杀、擎羊同宫时，其人宜从事刑法工作，否则一生至少会有一次惹刑事官非的事件。

若与破军同宫，主其人一生波折颠沛，文武皆不耐久，当小吏最吉。

若与六煞星同宫，主其人的事业成败变化多端，百事难成，职业不稳定。

若廉贞于陷地入大限或流年官禄宫者，主其人在此期间必有牢狱官非。

若与文昌、文曲、紫微会照，主其人宜为文职，且能掌握大权。

若与文昌、文曲、武曲会照，主其人文武兼备，或文事武做，或武事文做。在现代社会中，工程师或者纪律部队中的文职人员可以算是"武事文做"的工作。而广告公司的设计施工人员，则为"文事武做"的工作。

（10）廉贞入田宅宫

田宅宫不喜廉贞坐守。这有两个原因：其一是，廉贞与其他星曜的组合多有破败祖业的性质，此为古人所不喜；其二是，当自己置业之时，廉贞与其他星曜的组合又多困扰、纠纷以致破败的性质。但如果不单纯将田宅宫视为不动产之宫，而将之视为自己的服务机构之时，便不能武断为田宅宫不喜廉贞。

若廉贞独入田宅宫，主其人与不动产无缘，自置亦很艰难。即使有祖业亦必败，会变卖殆尽。

廉贞入田宅宫，若会照武曲，同时有流年干为丙，引发廉贞化忌，而且若田宅宫中再有孤辰、寡宿同宫，则该年其人家中必有老人亡故。

若与天府同宫，其人能守现成家业，且发扬祖业。但若宫中的星情不佳，则主其人家业破败。

若与贪狼同宫，其人虽有祖业亦会售尽。若庙旺，尚可在晚年置业。若再会照空劫、大耗、咸池、天姚、擎羊、陀罗、火星、铃星等，主其人会因酒色赌博或其他嗜好而破产。

若与天相同宫，其人少年时无产业，晚年才有。若加六煞星，则其人的祖业飘零、破荡。

若与七杀同宫，主其人自置家产，需退祖后中晚年方能自置。且会因祖业给自己带来厄运而对之冷淡。但稍加努力，可以自置。

若与破军同宫，先破后成。少年时变卖不动产，晚年时可有不动产。

若与四煞星同宫，即使晚年置产后，也会失去。

廉贞入田宅宫，若有丙干引发廉贞化忌，主其人会因产业而生灾祸。若在某个流年出现廉贞双化忌，往往应在该流年其人家中的老人身上有灾。但若家中有人生产，可解去此劫。

如果出现廉贞化忌，且见羊、陀交并，又见破军、七杀，此乃最凶险的结构，但其人若是服务于产科医院、外科手术室、化验所，或肉食业、饮食业，以及刑法纪律部队之人，则反而可以敬业乐业。

廉贞入田宅宫，若流月干或流日干为丙，引发廉贞化忌，则其人的居家在该流月或流日内会有漏水现象。

若廉贞与白虎同入田宅宫，家中发生火灾的可能性极大。

（11）廉贞入福德宫

廉贞入福德宫者，其人乃天生劳碌命，身心无法两闲，且心思善变。若会众吉，则忙中生福，寿达七十以上（注：仅作参考）。若廉贞为得地或平，则主其人奔波欠安。若廉贞落陷，且加四煞星，则贫贱辛苦。其人为个性善变之人。

廉贞守福德宫，有两种不同的性质，截然不同：一种是自得其乐；另一种是虽富裕仍多忧虑。前者为廉贞、天府同宫、或廉贞、天相同宫的组合；后者为廉贞独坐、或廉贞、破军同宫的组合。

若廉贞独入福德宫，主其人忙碌不清闲。

若与天府同宫，主其人禄多于福，身安心忙。若廉贞入庙，又与天府、天相会照者，主其人乃多福多寿，快乐享受之命。

若与贪狼同宫，其人属于自得其乐的类型，但如果会合昌、曲，则其人偏重于精神享受。如果会合羊、陀，则其人偏重于物质享受。但总体而言，主其人福薄，身心欠宁，劳心劳力，忙碌，生活困苦。

若与天相同宫，主其人福好寿长，且寿多于福，早年辛苦，晚年享福。

若与七杀同宫，主其人福禄皆薄，一生东奔西走，艰辛劳苦。这种组合之人不擅长思考，但却仍然思虑不休，所以当有陀罗同宫或廉贞化忌（由丙干引发）时，其人便会为一些琐事而不安，以致影响精神享受。但若有科、文诸曜会合时，其人却又能于忙碌中将精神平衡。

若与破军同宫，主其人劳心费力，不安定，艰辛。

若与四煞星同宫，劳苦终身，惟晚年稍有清福可享。

若廉贞落陷，又有丙干引发廉贞化忌，主其人终日忧虑不安，操心劳神，或失眠。

若与擎羊、陀罗、火星、铃星、空劫、大耗会照，其人乃无福奔忙。

（12）廉贞入父母宫

廉贞入父母宫为恶曜，主其人与父母有刑伤克害，或主其人不受父母荫庇（所以与上司的关系亦不和谐）。仅当廉贞、天府同入父母宫，才可视为和美。若廉贞、天相同入父母宫，则其人会受到父母或上司的荫庇。

若廉贞庙旺，主其人会弃祖重拜。若廉贞落陷，则不利于其人的父母，会有刑伤，父母不全，克害父母，相互之间的感情不易协调。或重拜父母，或祀继。父母的自我本位主义比较重，且为人内向。但若与天府、天相及吉星会照者，则可以化解。

若与天府同宫（必在辰、戌二宫），主其人幼年时很让父母操心。庙旺者不克父母。

若与贪狼同宫，主其人与父母感情不和，早年克父母。若陷地加煞，则父母不全。

若与贪狼、七杀、破军会照，主其人与父母会有刑伤。

若与天相同宫，主其人早年让父母操心，对父母有轻克。若廉贞陷地并加煞，则刑伤。

若与七杀同宫，主其人幼年时常令双亲担忧。早年即克父母。即使庙旺，亦克。若加煞，则刑克至重。

若与破军同宫，主其人早年即克父母。若陷地加煞，则有刑伤，且至重。

若与六煞星同宫，主其人与父母缘分很薄，早克且重，宜二姓延生。

若与擎羊、陀罗、火星、铃星、空、劫、天刑会照，主其人与父母有刑克。

若与天马、天虚会合，主其人会远离父母。

若有天刑、天姚、红鸾、天喜、咸池会照，主其人多为继室所出或偏房所生，或者上一代阴盛阳衰，或者其父有外遇。

若田宅宫的宫干引发疾厄宫的主星化忌去冲父母宫，主其人的田宅、住房、房地产、家庭、家中人口等，易出现是非、麻烦、口舌、官司。尤其当廉贞、文昌、文曲在父母宫或疾厄宫化忌时最应验。

若父母宫中有诸多桃花星聚集，则主其人乃偏房或继室所生，或上代阴盛阳衰。若将父母宫作为自己的服务机构来推断，则其人宜从事以异性为顾客对象的行业，或带精神享受色彩的行业。

判断父母死亡灾病之年，若见廉贞入流年父母宫，且有杀、破、狼会照，更见煞、刑、忌、耗交侵，则主其父母有妨。尤不喜白虎与擎羊同入流年父母宫。

若廉贞化忌（由丙干引发）会武曲化忌（由壬干引发），主其父母在该年有危症或死亡，或主其人被上司解雇。

7. 天府

1）星情总论

天府星为南斗第一星，是南斗的主星，属阳土。为财帛之主宰、库府、号令之星，又名禄库，乃富贵之基。为帝座之辅佐。

由于天府为南斗主星，又为府库，所以既有领导才能，而且亦表现得小心谨慎。

故天府的缺点是缺乏开创力。而天府的优点是擅于守成、善于在现成局面下发展。如果与其他星曜的组合能调和天府的特性，扬长避短，即是好的组合。反之，若和其他星曜的组合与天府的基本性质有冲突，则为不好的组合。

天府为阳土，阳土能生万物，一切财富源于土地，故天府既是财帛宫主，也是田宅宫主，入此二宫皆为得位。天府之财产皆与田地有关。太阴也主财富、田宅，但是，由于太阴为阴水，故若太阴的建筑源于土地的，都比较低洼，有水、塘之地。而天府乃阳土，为高位之土。

天府是财库征兆。例如，会计处、收费处、银行、证券公司等。天府比较善于储财，但未必善于生财。

天府入命之人喜施号令，凡事不喜欢自己动手，为人属于保守忠厚型，外温而内刚。

天府的代表人物为商纣王之妻姜皇后，为才艺之神，司掌才能、慈悲。

2）风水、地理类象

天时类象：晴天，不冷不热之天，静夜，雨过天晴。

地理类象：高峰，山头，土岗，土堆，牌坊，行政机关，巨宅邸院，主有争权夺利之人，来财甚旺之家，有不持久之憾。以吉论，加煞为冲，则为半吉。

3）旺度

天府的旺度：于子、丑、寅、辰、未、戌为入庙；于午、酉为旺；于卯、巳、申、亥为得地。天府无落陷之地。

4）与天府有关的格局

（1）紫府同宫格：参见1、紫微之4）"与紫微有关的格局"。

（2）紫府朝垣格：参见1、紫微之4）"与紫微有关的格局"。

（3）天府朝垣格：参见6、廉贞之4）"与廉贞有关的格局"。

（4）府相朝垣格：天府、天相二星分别入财帛宫和官禄宫，来合照命宫，命宫三方四正有禄存、科、权、禄、左、右、昌、曲、魁、钺加会方合此格，若有四煞、劫、空、化忌加会，则为破格。此格尚主与其人亲人朋友感情深，人情味浓。此格有三种情形：

① 丑宫安命，无正曜，巳宫有天府，酉宫有天相来朝；或未宫安命，无正曜，亥宫有天府，卯宫有天相来朝；或卯宫安命，无正曜，亥宫有天相、未宫有天府来朝；或酉宫安命，无正曜，巳宫有天相，丑宫有天府来朝。

② 天府在丑（未）安命，天相在巳（或亥）来朝；天府在卯（酉）安命，天相在未（丑）来朝；天府在巳（亥）安命，天相在酉（卯）来朝。

③ 廉贞在寅（申）安命，天府、天相在午、戌（子、辰）来朝。

古人云："命宫府相得俱逢，无煞身当待圣君。富贵双全人景仰，巍巍德业满乾坤。"

5）天府入十二宫分论

（1）天府入命宫

① 性格、外貌、运气、与其他星曜的关系分析

天府入命宫者，其人中高身材，三十岁后微胖、丰满，中高身材。长方脸型，

早年脸色为青白色，老年黄白色。若与廉贞同宫，亦有皮肤粗黑者。

天府入命之人的性格外和内刚，给人印象是脾气好，为人性情忠厚，聪明有毅力，敏感而能适应环境，善于为人排解纠纷。但有争权夺利之心。且高傲异常，喜欢发号施令，自己却不愿意动手。一生顺遂富足，爱惜钱财。

凡天府入命，其人居屋或办公场所高雅，或附近有高山、良田。

若天府独入命宫，不加会吉星，主其人自私小气，对钱财看得很重，轻者斤斤计较，重者处处算计别人，为人不豪爽。因此别人对其反感。

若天府入命宫，破军入夫妻宫，其人的个性偏于保守，忍耐力强。对感情相当执著，喜欢追求稳定的婚姻品质。

与天府同入命宫星曜有：紫微、廉贞、武曲。形成紫微、天府同宫，廉贞、天府同宫，武曲、天府同宫等三种组合。此外皆为天府独入命宫，并有天府与廉贞、七杀相对；天府与武曲、七杀相对；天府与紫微、七杀相对等组合。以下进行分别论述：

若与紫微同宫，再有左辅、右弼、天相、武曲、文昌、文曲、天魁、天钺会照，则为"君臣庆会格"，主其人大富大贵。

若天府入命于入庙之地，加会紫微星、文昌、文曲、左辅、右弼、天魁、天钺、禄存、天马、化禄、化权、化科，而无煞星、空、劫者，主其人必然出人头地，为人领袖，荣登首选。大富大贵，魄力极大之上格。从政者乃国家的栋梁，从商者乃商界的领袖。

注：古人云："天府遇太阳、文昌、文曲、左右，必中高第。"又云："与太阳昌曲会，必登首选。"有一种观点认为这个论断不准，是古人为了守秘而故意说错，因此不予采信。实际上这正是"中州派"的"紫微星诀"的内容。读者可以在应用的过程中自行验证之。

若天府独入命宫，且落陷，无吉星辅曜扶持，却会照擎羊、陀罗、火星、铃星等恶煞者，主其人善谋好诈。若会照空、劫，主其人孤独，福不全。若与天姚会照，主其人乃权术阴谋之士。

若天府入命于辰、戌二宫，又与左辅同宫或会照，皆为好的组合。相比之下，与左辅同宫比会照为更贵更富之奇格。但须有禄存加会，方合此格。因为天府星在戌宫立命，则紫微星正在午宫入庙，而太阳也正在旭日东升的卯宫之中，太阴在亥宫，此时如能会到左辅这样的吉曜同宫，且没有恶煞冲破，必主其人若非侯卿之命，必是将相之才。即使有煞曜冲破，亦主其人为商业巨子。若加会空、劫，主其人能从理想幻象中成就事业。

若廉贞、天府同入命宫于戌宫，乃最佳组合，此乃"天府朝垣格"。甲、己年生人吉。古人云："天府戌宫无煞凑，甲己人腰金又且贵"。这是因为甲年禄存在寅，廉贞又化禄；己年禄在午，武曲又化禄。实际上这个格局是以禄存或化禄为枢纽的。但若有四煞同宫，则有瑕疵。若再加会禄存、科、权、禄、左、右、昌、曲、魁、钺，须左辅或右弼同入命宫者，方合此格。甲、己年生人最佳，丁年生人次之。戌宫为乾卦位，为君（注：这里采用的是八卦的后天方位），天府作臣，主其人大富大贵。古人云："天府临戌有星扶，腰金衣紫"。

但是，判断天府格局的高低，不仅仅是天府入命于戌宫。凡天府入命皆喜见禄存。这是因为天府仅为府库，如果无禄存，则天府仅为空库。古人云："天府禄存昌曲，巨万之资。"又云："天府武曲禄存，必有巨万之资。"即是此意。

如果天府是"空库"，若有四煞并临，则主其人须出尽计谋以求财，所以古人云："天府守命，羊陀火铃会合，主人奸诈。"

天府不见禄固然是"空库"，而且若天府入命，又有空、劫同宫，则天府亦为"空库"，所以古人云："天府守命忌落空亡，主人孤立。"

若天府入命于巳、亥二宫，此时天府与紫微、七杀对照，若有吉星扶持或同宫者，此乃最有威权的组合，主其人大富大贵，或高寿，或突遇贵人提拔，平步青云。若再有昌、曲同宫，主其人不贵即大富。

若天府入午宫，戌宫有天相来朝，则甲年生人有一品之贵。

若天府入命于寅、申二宫，此时与紫微同宫，乃"紫府同宫格"，在此格中，天府虽为主星，但却处于"臣"的地位。如果无吉曜相助，主其人清高自赏，或是人师，或执教鞭。

若天府在卯入命，此时太阴在辰入父母宫，但太阴落陷；或者天府在巳入命，此时太阴在午入父母宫，太阴亦落陷。势必会影响其人的相貌。（注：太阴入父母宫的状态会影响其人的相貌。）

若天府入命于卯、酉二宫，天府独坐，对宫有武曲、七杀，遇吉曜，则主其人能职掌财权，因为武曲、七杀有财权之意。

若天府入命于丑、未二宫，天府独坐，对宫有廉贞、七杀，在现代社会中，主其人宜在专业领域中发展。

若天府与七杀相对入四马之地（寅、申、巳、亥）的对宫，且田宅宫有天马者，主其人多奔走、多出外。若再有命宫或大限宫的星情好，主其人会出国。

天府能制羊、陀为善，化火、铃为福。但若入空、亡（即宫中有空、亡），则以孤论，主不吉。

天府喜与禄存同宫，主其人富足，若再加文曲，主其人有巨万之资。

若天府与武曲、禄存同宫，则己、癸年生人必为巨富。

天府喜与六吉星同宫，主其人富贵；更喜有辅、弼、龙池、凤阁夹辅，主其人步步高升，可任财经主管等要职。

天府逢文曲、辅、弼者，主其人高第恩荣。但不喜与文昌同宫，其人会产生仇恨之事。

若天府入命，且巨门于落陷之地入田宅宫，则遇丁干之年家中易遭水灾（因为流年干丁引发巨门化忌）。

若与天相同宫，主其人食禄千钟，因为天府、天相为衣禄之神，官运必亨通，且其人有人情味。

天府、七杀入命，主其人的钱财从无到有，或从有到无。往往大费其财。例如举家大搬迁、买房子、盖房子。

若天府与四煞之一同入命宫；或天府入命，有四煞之一、二加会；或天府与天姚同入命宫，主其人多为奸诈虚伪之辈，不是真小人，就是伪君子。

若与空、劫同宫，即使见禄，其人亦不宜经商，因为既主孤立，又易生疑忌，经商者重人缘，人缘不佳，当然不适合经商。

若与天虚、大耗同宫或会照，又见桃花诸曜，主其人善于权术阴谋。若见文曲而不文昌，则主其人乃斯文败类。

凡天府入命，遇空、劫、耗、忌者，主其人易闲荡无所事事。（注：这一点是应予以重视的克应，当天府入大限或流年时亦然）。所以其人会忽然在工作岗位变成闲人，以致心情苦闷。

若安命于寅、申，天府、天相同在财帛宫、官禄宫者，此乃"府相朝垣格"，若在别宫，则次之。

若安命于寅宫，天府入午宫、天相入戌宫来朝（也是"府相朝垣格"），主其人能位登一品之荣，甲年生人尤佳。

若天府入大限或流年，主其人在此运限期间会得贵人提拔，平升三级，结婚添人口，得禄享受，受人尊敬，事业发展。若逢煞曜，则主其人在此运限期间多空想，少成事实，行动常落人后，多考试、但不理想，坐失良机。若逢化忌、大耗，则其人有病疾、胃痛、口舌等事情发生，或闲荡无所事的苦闷。若有流煞来冲会，则其人在此运限期间常易坐失良机。

女命，若天府入命宫，加吉星，主其人为人忠厚慈祥，聪明机巧，旺夫教子，清白贞洁，能急人之急、忧人之忧，有才能，在安定中求发展。若遇吉星及左辅、右弼者，乃夫人之命，有丈夫之威严，女握男权，大富大贵之上格。若有空、劫、擎羊、陀罗、火星、铃星、天刑、化忌等星曜会照者，主孤独，虽得人之尊重，惜福不全，非伤夫即克子，或再婚，或有女无子。

女命，若天府入命于巳、亥二宫，与紫微、七杀相对；或入命于卯、酉二宫，与武曲、七杀相对时，其人若无自己的事业，便可能会凌驾丈夫、影响家庭的和谐。其人最宜匡助丈夫立业，或本身有事业工作。

女命，凡天府入命，不喜夫妻宫中有廉贞、破军同宫，若见煞曜，又见单个辅佐诸曜来会照或同宫，主其丈夫有二心。

②所入宫位（十二地支）分析

天府入命于子、午

天府在子入庙、在午为旺。必与武曲同宫，且武曲为旺。主其人长寿。

若与禄存同宫，加会六吉星，主其人乃巨富。若有煞星同宫或加会，主其人多辛劳，宜从事公职。

凡天府、武曲在子、午入命者，若福德宫有煞星或夫妻宫不吉者，其人应注意婚姻问题。

若父母宫会照煞星者，主其人幼年得不到家庭温暖。

女命，凡天府、武曲在子、午入命者，主其人有男子之志。加会吉星，其人有领导之才。若再有武曲化权（庚干引发），其人刚毅，有主见。

天府入命于丑、未

天府在丑、未皆为入庙，独坐，对宫有七杀、廉贞，且七杀亦入庙，但三方会照的天相为得地，力量不足。故若天府得不到六吉星之助，主其人保守孤立，做事往往会半途而废。

天府在丑、未入命者，若得日、月夹命或夹财，再加吉星，主其人非贵即富。若逢左辅同宫，乃位居万乘之尊。若会照六吉星，其人有金榜题名之运。若与禄存同宫，主富贵，但不长守。若与空、劫同宫，主终身辛劳，物质不富裕。若与羊、陀、火、铃会照，其人奸诈；但是，若行运逢之（即大限宫或流年宫位于丑、未，天府入该宫），则不以凶论，因天府有解厄之功能。若落空亡，主其人孤立。

天府在丑、未入大限、小限、流年宫者，逢四月、十月生人运气最好。

天府入命于寅、申

天府在寅、申必与紫微同宫。旺。由于紫微为北斗星，天府为南斗星，二者同宫，能与之配合辅佐之星有限，导致助力不足。故多主其人幼年时身体有伤残或家庭有缺陷。但是其人有领导能力，慎行保守，有才智。

一般而言，天府、紫微入申宫比入寅宫为好。

若有禄存、天马同宫，主其人富贵双全，但须视祖德的好坏方知能否安享福泽。（注：此处明确指出一个人的命并非孤立，与六亲的状况有关联。）

若与空、劫同宫，主其人有名气，但有名无利，且生活困难。若是男命，不宜自己创业，宜任公职或民营大企业。若是女命，宜专心家政及注意修身养性。

女命，若天府、紫微入寅、申宫者，主其人旺夫益子。若入寅宫，则主壬申年生人富贵。

天府入命于卯、酉

天府在卯为得地，在酉为旺，皆独坐。主其人有领导才干，多为领袖人物。较重视物质享受，有自认为必须忙碌的倾向。

若与左辅同宫，其人乃位居万乘之尊。

若加会昌、曲、辅、弼，主其人高第恩荣。

若加会四煞星，主其人奸诈。若落空亡，主其人孤立。

女命，其人宜从事公教职，为称职的女性。

天府入命于辰、戌

天府在辰、戌皆入庙，必与廉贞同宫，且廉贞皆为平。若不会照煞星，其人在文艺界会有崭露头角的机会。若廉贞化禄（由甲干引发），主其人少年不得志，但若有化忌或六煞星同宫，则虽然辛劳不免，事业却终能成功。但是要注意，若与火星同入命宫，其人有残忍的倾向；若廉贞化忌入命（由丙干引发），则其人心狠手毒，有虐待狂倾向。

女命，其人易遭感情挫折。宜晚婚。

天府入命于巳、亥

天府在巳、亥皆为得地，独入。主其人性格保守，但会理财。

若三方会照辅、弼、昌、曲，主其人一生荣华富贵，金榜题名。

若与左辅同宫，其人乃位居万乘之尊。

若与昌、曲、禄存同宫，其人乃富足之人。

若三合或对宫有四煞加会，其人乃十足的小人，奸诈无比。

若与火星同入命宫于巳、亥者，主其人有牢狱之灾的可能。

若与化忌、空亡同宫，主其人一生孤独无伴。

女命，天府在巳、亥坐命或入限、入流年者，主其人擅长理财。

③运限、流月、流日分析

若流年宫或大限宫位于子、午，天府入此二宫，则在此期间

凡甲年生人：甲年生人最吉，宜武职。对父母要多加关心。尤其在事业成功和富裕时更要对父母尽孝。

凡乙年生人：主其人的事业上会有竞争，可利用本身的名望和斗志，得到收获。田宅运尚佳，但要多费口舌。

凡丙年生人：特别要注意交通安全。工作上会有阻力，不必急功近利。夫妻间要防止因钱财而闹矛盾。在此运程中，房地产方面的投资机遇较佳。

凡丁年、己年生人：此时禄存在午宫，对照位于子宫的武曲、天府，主其人财旺遂心。财官双美，且己年生人主贵。

凡戊年生人：其人所在的环境较嘈杂，或者会有诸多好友欢聚；或者会因搬家或重新布置而忙碌、繁杂。用钱要节制，不要购买奢侈品。要注意子女在外的生活习惯。

凡庚年生人：此时禄存入财帛宫，三方拱禄，利于财运。财官双美。

凡壬年生人：宜以静制动。不可盲目投资或投机，以免血本无归。未婚者，感情方面会有痛苦。女性要提防爱情骗子。已婚者，夫妻间可能要长时期相隔，但未必是坏事，可避免困扰。若是男命，要注意下班后尽量回家吃饭，不可在外拈花惹草。

凡癸年生人：能在艺术类行业中一展才华。从事建筑或房地产人士，要勤于推销，必有利可图。财官双美。凡五月生人，要注意父母、亲长的健康。

若流年宫或大限宫位于丑、未，天府入此二宫，则在此期间

凡甲、戊年生人：其人官运亨通，有连升三级的可能，可以得到来自不同方面或明或暗的助力。其中，戊年生人若加吉星，主财官双美，但对父母、长辈要多孝顺，不可顶撞，或让他们担心烦恼。

凡乙年生人：若加吉星，主财官双美。女性的心情愉快，有踏实之感。

凡丙年生人：若加吉星，主其人财官双美。男性不利外出，要小心。注意搞好人际关系。教师要注意学生安全，避免带学生外出。无论男女，若出门，易碰到难堪之事，故不宜出远门。

凡丁年生人：出门不利。搬家也不顺，即使环境不好，也要忍耐，另择时机。工作上总有波折，导致心情不佳，但为时不久。

凡己年生人：若行丙干运（大限宫干或流年干为丙），务必要注意交通安全。

凡庚年生人：子女运和田宅运欠佳，但夫妻运佳，且有贵人相助。

凡辛年生人：若加吉星，主财官双美。兄弟姐妹或朋友对自己的助力颇大。田宅运亦佳。只要多说好话，必会有收获。财运上收支自如。但运行丑宫者（大限宫或流年宫位于丑），要小心照顾子女和自己的健康，但不至于有生命之忧。

凡壬年生人：感情上要谨慎。女性凡事要坚持原则，切勿感情用事，五月生人尤忌。男性凡事要替对方着想，避免伤害别人，处理感情问题要冷静。

凡癸年生人：田宅运甚佳。也适宜学习技艺。夫妻间会聚少离多。

若流年宫或大限宫位于寅、申，天府入此二宫，则在此期间

凡甲年生人，远行的愿望能够实现。工作有良好的表现，父母或自己可能会患微恙。未婚者，感情上会有新发展，但九月、十一月生人的情况会稍复杂。有子女者，要注意子女的健康和视力。

凡乙年生人，行运于申者（大限宫或流年宫位于申），不论公事、私事都会有人或明或暗地帮忙，而且不知道是谁在帮忙。女命比男命更理想，但交异性朋友时务必要了解其身份和背景，谨防上当。在该流年或大限期间，无论男女命，对父母要多尽孝道。

凡丙年生人，宜安心本职工作，此时若匆忙调换工作，往往会空欢喜，事与愿违。在工作、感情、家庭等问题上，宜以不变应万变，可以省去许多烦恼。

凡丁年生人，工作表现不凡。但不宜购买房地产，否则容易惹是非。

凡戊年生人，不要与兄弟、朋友发生纠纷，凡事退一步。购物时须斟酌是否必要。凡八月生人的父母、长辈会有好运气。

凡己年生人，行运于申者（大限宫或流年宫位于申），不论公事、私事都会有人或明或暗地帮忙。若买卖房地产，易有牵扯不清的麻烦。尤其是丑时生人，更要细心看清合同的内容。除了寅时、午时、戌时生人，其余时辰生人在工作上有表现，会受赞赏。

凡庚年生人，要多孝顺父母。工作中使用金属工具时，要防止因心绪不宁而伤到自己。除此情形，均为顺利。尤其是武职或从事工业者，会有好的成果。

凡辛年生人，子女会为你挣得荣誉。若想买卖房地产，正是好时机。但出远门不顺，最好等下半个运程再走。凡申、子、辰时生人，要注意财务处理。凡巳、酉、丑时生人，对任何事要细心。

凡壬年生人，易发生财务缺失问题，故要谨慎处理。已婚之人，要多关心配偶。未婚之人，要多关心异性朋友。外出要注意交通安全。

凡癸年生人，不管心情如何苦闷，也不要与兄弟姐妹争执。与配偶或异性朋友可能要分开一段时间，这样反而有好处。

此外，寅、午、戌年生人在该流年或大限期间会有搬家、调换工作或出门远行的机会。

若流年宫或大限宫位于卯、酉，天府入此二宫，则在此期间

凡甲年生人：其人做事往往会有始无终，先盛后衰。心情苦闷，易头疼或心悸。较辛苦劳碌，有福难享。

凡乙年、辛年生人：财官双美。心情较稳定舒坦，收入有增无减，事业顺利。

凡丙年生人：财官双美。但不要接近酒、色、赌。已婚者，以家和为贵，不要与配偶发生冲突。若情绪不佳，不如外出逛街或购物。

凡丁年生人：要注意敦亲睦邻。若子女参加考试，应多加鼓励。

凡戊年生人：若子女参加联考，如果分在甲、丙组参考，则比较有利，尤其是数理成绩理想。

凡己年生人：主贵。外出有利。凡卯、未、亥时生人，对合同、支票等要小心。凡子、午时生人，财运不佳。

凡庚年生人：其人做事往往会有始无终，先盛后衰。外出注意安全。尤其是流年干为壬，或正月、七月生人，更要小心。

凡壬年生人：不宜出远门。一般人财运欠佳，会有损失，或开支增加。经商者易有钱财损失，故交易或借贷均要小心。

凡癸年生人：对于工作或感情问题，以安于现状为上。

若流年宫或大限宫位于辰、戌，天府入此二宫，则在此期间

凡甲年生人：加会六吉星者，博学多能，宜担任公职，可成为机关首长。文学、艺术界人士宜从事研究或去进修，必有收获。凡正月、七月生人，出门旅游会有收获。

凡乙年生人：加会六吉星者，博学多能，宜担任公职，可成为机关首长。对父母、长辈应多加照顾。尽可能多休息。凡事不必着急。夫妻间宜自然地聚少离多，会有好处。未婚者可能会有新对象或新情况。

凡丙年生人：最好不要外出，尤以卯、未、亥时生人更应如此。若运限逢壬干（大限宫干或流年干为壬），须小心处理财务，工作应倍加努力。若公司欲裁员，宜早做准备，另谋他职。财经单位的人士工作很忙，宜步步为营。若祖父母还健在，应多加照顾。

凡丁年生人：不要买卖房地产。小心门户及火烛。对子女要悉心照顾。兄弟姐妹中若有人夫妻不和，以劝和为贵，不可介入他们的家务中。

凡戊年生人：要多运动，并保持充分的休息和睡眠。夜晚外出时，小心行路，防止被东西（如树根、石头等）绊倒，也要防止踩入水沟中。遇事要想开些。若子女与配偶有矛盾，不必太操心，他们自然有和解之法。

凡己年生人：加会六吉星者，博学多能，宜担任公职，可成为机关首长。事业较顺。行运在戌宫者（大限宫或流年宫位于戌），会有实在的利益。对父母、长辈要多孝顺。

凡庚年生人：如果买卖田宅，会有牵扯之事。子女若有异态，应与校方、老师多沟通。配偶或兄弟姐妹可能会有灾伤。

凡辛年生人：可买卖不动产，但不宜搬迁。子女运佳。在此期间，手足或朋友对自己有助力。

凡壬年生人：遇到困难不必意外，宜以静制动，不要主动出击。花费和应酬较多。手足或朋友中会有人为了意外之财而伤神费力。凡正月、七月生人，遇到困难较易解决。若公司不裁员或不调换你的工作，则可能会调整办公桌。

凡癸年生人：父母若是文艺工作者，在此期间会有名作问世。参加大型应酬时，会与久别的老友重逢。凡丑、卯、巳、未、酉、亥时生人，要谨慎处理钱财，多工作要多努力，并多忍耐。负责财务收支者，工作很忙，慎防忙中出错。购物时，不要贪小便宜。凡行运逢丙干者（大限宫干或流年干），不论男女、已婚或未婚，都要避免激情。凡四月、十月生人，更要清心寡欲，以免后患无穷。

若流年宫或大限宫位于巳、亥，天府入此二宫，则在此期间

凡甲年生人：可出远门，但天府不适合劳动，故出门会感到又苦又累。在此期间，未婚男女有成家的机会。

凡乙年生人：加会吉星者，财官双美，宜公教职或文职。利于远行，并易受到贵人关注。但感情问题要小心处理。

凡丙年生人：加会吉星者，财官双美，宜公教职或文职。利于远行，有贵人相助，且财运不错。但感情上会有麻烦，女性此时宜与对方分手。

凡丁年生人：不要在此期间置产业。在此期间会有朋友常来家中闲聊。

凡戊年生人：加会吉星者，财官双美，宜公教职或文职。凡六月、十二月生人最佳。在此期间配偶会杞人忧天，或手脚受伤。子女的财运不稳定，其子女若从商，要避免添置设备或增资。

凡己年生人：其人心情愉快，事业顺利，会有收获。若本来健康不佳，此时宜认真治疗，会有起色。

凡庚年生人：应多孝顺父母，与兄弟姐妹友好相处。田产的购置会较顺心，但应征求配偶的意见。

凡辛年生人：加会吉星者，财官双美，宜公教职或文职。子女运和田宅运均佳。但手足或朋友中有人行运不吉，或彼此关系不顺。夫妻间宜冷静，或以聚少离多为宜。

凡壬年生人：此乃多事之秋，心情烦扰不已。经商者面临坚持下去或停止的抉择，只要摒弃杂念，殚思竭虑，或许会有一笔意外的解困财源。

凡癸年生人：与朋友或熟人应酬颇多，因而开销增大。要防止迷恋于赌博。

（2）天府入兄弟宫

天府入兄弟宫者，主其人兄弟姐妹众多，兄弟之间感情深厚，相处融洽。兄弟姐妹可以多达五人（注：这一点须没有六煞同宫，才有可能！）。

若与紫微同宫，参见紫微。

若与武曲或廉贞同宫，其人兄弟之间有伤克。其余参见武曲和廉贞。

若有文昌、文曲、天魁、天钺、左辅、右弼加会，主其人的兄弟多才多艺，且对其人有帮助。

若加会文昌、文曲、天魁、天钺，其人兄弟之间能相互支援。

若加会左辅、右弼，其人的兄弟对其人在事业上有很大助益。

注：中州派认为，若加会左辅、右弼，但若只会文昌而不会文曲，此乃"对星单遇"，其人的兄弟很可能是各胞兄弟。

若与六煞星同宫，尤其是加会天空、地劫者，可能仅二人，相互感情不和睦，甚至互相攻击。

若有禄存加会，主其人可得到兄弟物质上的帮助。

若加会化忌、擎羊、陀罗、火星、铃星、天刑、空劫、大耗，主其人兄弟之间刑克不和。或只一二人，需资助。

如果有煞、忌、刑、耗并会，主其人的兄弟姐妹少（或虽多，但有克）。

若加会天姚、天虚等曜，主其人的兄弟善于权术阴谋。

（3）天府入夫妻宫

天府入夫妻宫，其人注重精神享受。配偶能干，相互宠爱。但要注意的是：其人夫妻之间可能虽不主死克，会生离。且即使生离，往往未必离婚；即使离婚，仍会藕断丝连。男命，其人能尊重太太，其妻年少聪明能干，理财能力强，乃上班族，持家有道，贤惠之妻，会因妻得助。女命，其夫年长且贵，宜晚婚。

天府入夫妻宫者，男命，其妻能干。但若天府居卯、巳、申、亥（此时天府为得地，非庙旺），其妻可能会比较唠叨。女命，老公有大男人主义，沉默、守财，感情平淡。

天府在丑、未二宫独坐，对宫为廉贞、七杀，对于男命，这种组合不佳。主其人自身有外遇，甚至会休妻再娶，但还需根据所会的星曜而定。

若与紫微同宫，参见紫微。

若与武曲同宫，参见武曲。

若与廉贞同宫，参见廉贞。

若与六吉星同宫，主其人夫妻乃恩爱夫妻，婚姻美满。

若与六煞星同宫，其人会因配偶之才而不睦。宜晚婚，早婚则易生离。喜有诸吉来化解。其中，若与四煞同宫者，则耳根恐难得清静，宜晚婚。若与空、劫同宫，其人会因配偶的原因而导致破产。

男命，若天府落陷，或逢擎羊、陀罗、火星、铃星、空劫者，主其人会有"宠妾灭妻"的问题，乃二妻之命。宜配年少之妻，即可减少"宠妾灭妻"的可能。若加会吉星，则妻子虽有分离之事，但仍如离非离、如断非断的意味，因为天府乃厚诚之星，少刑克之灾。

女命，天府入夫妻宫，主其人的丈夫情感丰富、英俊有为；且若丈夫体格雄壮肥胖者为合格。若与武曲同宫，又会照擎羊、陀罗、火星、铃星、天刑者，其人以继室偏房为宜，否则刑克不如意。宜配年长之夫，以大六年以上为宜，可改变应为继室偏房的可能。

凡女命，其人有帮夫运，而且丈夫优秀、眉清目秀、英俊潇洒、衣着考究、善于接人待物、幽默，经常能博得妻子的欢心。

（4）天府入子女宫

天府入子女宫，一般主其人子女多，与子女感情温厚，且刑克的情形甚少。子女头脑灵活、个性温顺、孝顺。自己的性生活严肃而不枯燥。

若天府庙旺，可有子女五人；若加七杀、文曲，则二人，且宜庶出；若加四煞，子女均不得力；若见空、劫，则有子女二人。

若与紫微同宫，参见紫微。

若与武曲或廉贞同宫，主其人与子女有刑克，三子送终。其余参见武曲或廉贞入子女宫。

若有廉贞、七杀、擎羊入子女宫，并与天府同宫，主其人会开刀或动手术生子。

若与七杀同宫，主其人一生多奔走、出外、在外，且地点多变换。

若会照文昌、文曲、天魁、天钺，主得聪明多才之孝子。会左辅、右弼，五胎以上。

若有擎羊、陀罗、火星、铃星、空、劫、天刑同宫或会照，主其人与子女有刑克或冲破，或有性情倔强的子女，或子女的面部有破相。但是，如果四煞、空、劫并照，未必主其人刑克子女，仅主其子女会破相，或子女的性格与其人不合。

若天府入子女宫，又见禄存、天马，此乃子女离开其人发展的徵兆，然而即使离开后，子女仍能保持密切联系，时时关注父母。

（5）天府入财帛宫

天府入财帛宫，仅主其人有理财守财的能力，不主其人一定富厚。必须会合禄存、化禄，然后始能定论。但若天府庙旺，则主其人财帛丰盛，田宅广阔，遇吉者尤旺。若天府为得地（卯、巳、申、亥），主其人先难后易。若加四煞、大耗、化忌，主其人的财运起伏，成败不一。

若天府独入财帛宫，主其人自私小气，对钱财看得很重，轻者斤斤计较，重者处处算计别人，为人不豪爽。因此别人对其反感。

天府、天相二星一居财帛宫，一居官禄宫，来合照命宫，命宫三方四正有禄存、科、权、禄、左、右、昌、曲、魁、钺加会，方合此格，有四煞、劫、空、化忌加会，则为破格。参见"府相朝垣格"。

若与紫微同宫，参见紫微。

若与武曲同宫，参见武曲。

若与廉贞同宫，参见廉贞。

若与昌、曲、魁、钺同宫，晚年可望积财。

若与辅、弼同宫，主其人财帛丰盛。

若会照左辅、右弼，禄存、化禄、紫微、武曲等吉星，此乃大富之格。

若逢空、劫、大耗同宫或会照，主其人得到的财禄之中有破耗。

若会照擎羊、陀罗、火星、铃星、天刑，主其人因财而多纠纷或涉讼。

若与空、劫同宫，主其人进财的同时必会有损，但是进财之数大于损财之数。

凡天府入财帛宫，不喜有禄存同宫，主其人得财艰难，且易破耗。（注：中州派王亭之先生认为，凡天府坐财帛宫，不必有禄存同宫，其人用钱已非常有计划，而且将现金储蓄看成很重要，投资在物业及企业上的资金，几乎不当成是财富，一定要见现金才安乐。）

（6）天府入疾厄宫

天府属阳土，故天府入疾厄宫多主其人有脾胃病、脚气、黄肿、鼓胀等症，及由营养不足情形下引起的黄肿、水肿（注：但此时天府须是空库）。

天府入疾厄宫者，其人一生健康少病，逢凶有救。即使有病，多为胃溃疡或湿热浮肿之疾，亦轻微而无大灾。

若与紫微同宫，参见紫微。

若与武曲同宫，参见武曲。

若与廉贞同宫，主其人有湿火之症。而且，如果逢丙干之年、月、日引发廉贞化忌之时，多主其人会胃出血。其余参见廉贞入疾厄宫。

若与七杀、天刑会照，主其人有受伤之事。

若与右弼、天相或者，其人会因寒胃痛。而且由于受天相的影响，所以当天相所会的星曜不吉时，主其人患有胃寒之症。

若与六煞星同宫，其人体弱有伤。尤其在小限、流年遇之，不吉，有灾。

若与陀罗同宫，主其人患有胆病。

若天府入疾厄宫，又见禄存，且有火曜（如廉贞）同宫，主其人患有湿火之疾，或患胃热。再有煞同宫或会照者，会转为胃炎。

若会照华盖、天才，主其人有反胃、虚惊等症。

（7）天府入迁移宫

天府入迁移宫者，若天府庙旺，则大吉，出外得福，有贵人扶持，无往不利。若再有众吉拱照，则遂心发达。但须参详命宫中其他星曜的星情而定。

若与紫微同宫，参见紫微。

若与武曲同宫，主其人出外经商或远涉重洋会致富，其余参见武曲。

若与廉贞同宫，参见廉贞。或若命宫中有廉贞、七杀同宫，又见煞、忌，此时即使天府入迁移宫，亦不宜迁移出门。

若与文曲化忌同宫，主其人出门会破小财，尤须提防被扒窃财物。

若与擎羊、天月、天刑同宫，主其人出外时会有小人，或病灾。

若与陀罗、火星、阴煞同宫，其人出门时须防遭遇阴谋或损伤。

若与空、劫同宫，其人外出须注意财产安全，乃至生命安危。

若天府入流年迁移宫，其人可以考虑在该年转换工作环境。

（8）天府入仆役宫

天府入仆役宫，主其人的人际关系颇佳，一呼百诺，得助，营谋顺畅，如添双翅。但必须见魁、钺、辅、弼同宫，则主其人会有知交，且亦主下属得力。否则知己难求，应慎于择友。

若与紫微同宫，参见紫微。

若与武曲同宫，参见武曲。

若与廉贞同宫，参见廉贞。

若与天相同宫，须兼视天相星情的吉凶。如果天相落陷，更见煞忌，则会影响天府，主其人会受事业伙伴或下属的阴谋陷害。

若加会左辅、右弼，主其人能得到朋友的拥戴，得手下人之力，或得忠心的手下人。

若与四煞同宫，主其人散聚无常，会有背主之奴或背叛之友。

若加会擎羊、陀罗、火星、铃星、天刑，主其人虽诚意待人，却反遭怨恨，或受手下人之阴谋及不利。

若与空、劫同宫，其人的部属、朋友之中多无情无义之人。

若会照空、劫、大耗，主其人会因交友而破耗，或被手下人偷盗破损。

若加会化禄、化权、化科，主其人会得到朋友之助力。

（9）天府入官禄宫

天府入官禄宫，主其人的事业盛大。

若天府星于丑宫入官禄宫，会吉曜，主大贵，但须禄存在酉宫会照，方为合格，其人允文允武皆能成贵发富。若有空、劫同宫，主其人魄力大，宜于工厂实业方面发展，但若从事投机事业则不利。

若天府入庙，且有众吉守照，其人乃文武之才，功名显赫。若天府落陷，主其人过分慎重，非发展之才。再会昌、曲者，其人仅为刀笔吏之流。

若天府入流年官禄宫，见天姚及文曲化忌，则其人须防受骗，亦不宜投机。

若天府、天相二星一居财帛宫，一居官禄宫，来合照命宫，命宫三方四正有禄存、科、权、禄、左、右、昌、曲、魁、钺加会方合此格，有四煞、劫、空、化忌加会，则为破格。此乃"府相朝垣格"。

若与紫微同宫，参见紫微。

若与武曲同宫，参见武曲。

若与廉贞同宫，参见廉贞。

若与六煞星同宫，不吉。

若会照擎羊、陀罗、火星、铃星，主其人多纠纷，有波折。

（10）天府入田宅宫

天府入田宅宫者，若天府庙旺，其人祖业茂盛，能增田置产，能创能守。若会众吉，有福继承祖业，自置亦吉。

天府入田宅宫，又主其人工作安定，不变换工作环境。但若煞、忌、刑同宫，则主其人所服务的公司有人事纠纷。

若与紫微同宫，参见紫微。

若与武曲同宫，参见武曲。

若与廉贞同宫，参见廉贞。

若与七杀同宫，主其人一生多奔走、多出外、在外、且地点多变换。

若与七杀同入大限田宅宫，这十年中的前五年多奔走、多出外、在外、且地点多变换。

天府入田宅宫，最喜"文星入宅"，即与昌、曲加会，主其人家中发科名。若再遇禄存，则主其人置产得利。流年田宅宫最宜留意这个格局。如果流年田宅宫有天府坐守，流昌、流曲、流禄来交会，而无煞忌冲破，即合此格。

若与六煞星同宫，产业成败不一。祖业稀少，中晚年自置。

若与擎羊、陀罗同宫，主其人会有纠纷。

若与火星同宫，见劫、耗，且有流煞冲会，主其人家宅会有火灾。

若与空、劫、大耗同宫，主其人的不动产有破耗。

（11）天府入福德宫

若天府庙旺，其人福禄双美，一生富足，享用无缺，且易满足。再若本宫及命宫均吉者，寿达八十五以上（注：仅作参考）。若居得地、平之地，则先难后易。若落陷加煞，主辛劳。

天府入福德宫者，其人最大的特点是谨慎，但若与陀罗同宫，却可能变成小气，因此常有不必要的精神困扰。若与火星同宫，则不主其人小器，而是常有不必要的忧虑。

若天府入庙，主其人福厚，尤其是在寅宫，主其人少忧虑，能享福。若再加会吉星，主安宁。

若与紫微同宫，参见紫微。

若与武曲同宫，参见武曲。

若与武曲、七杀会合，主其人身安心劳。

若与廉贞同宫，参见廉贞。

若与昌、曲、辅、弼同宫或会照，主其人内心安定，若不见煞，则主其人泱泱大度。

若与六煞星、大耗、化忌等同宫，主其人劳碌奔波一生。

若与擎羊、天刑同宫，主其人心中烦闷，不安，内心常觉得有精神威协。

若与陀罗、火星同宫，主其人会自寻烦恼。

若与空、劫、大耗同宫，主其人忙碌。

（12）天府入父母宫

天府入父母宫者，其人受父母恩泽很大。父母待人和气，性情持重。若天府庙旺，且无煞忌会合，主其人幼年父母双全，且两代感情融洽，会得助力。若落陷、加煞，则主与父母之间有刑伤。

若与紫微同宫，参见紫微。

若与武曲同宫，参见武曲。

若与廉贞同宫，参见廉贞。

若与擎羊同宫，主其人父子间意见不合。

若会照陀罗、火星、铃星、空劫、天刑，主其人与父母之间有刑伤，或分居，或祀出。

天府不喜与擎羊、天刑同入父母宫，若流年父母宫见之，且有流羊冲合，主其父母有危症，需动手术。若流年父母宫见重重化禄或禄存冲合，亦需防有丧事发生。

若加会化禄及禄存，且见天巫，主其人父母的遗产丰厚。但若有禄存同宫，则主其父母喜独掌财权。

8. 太阴

1）星情总论

太阴乃南斗中天之星，属阴水，为雨露之水，故较为含羞，由此可引申出，阴柔、多嫉、多疑。故无论男女，凡太阴坐命者，皆有善嫉多疑之心性。

太阴为中天星曜，夜生人以此为主星，故亦有主星的性质。

夜生人喜太阴，日生人则不喜。女命较喜太阴，男命则较不喜。男以太阴作母星、妻星、女星；女则以太阴作母星、女星。

太阴为月亮，根据月亮的起落，太阴的状态是：在申、酉、戌、亥、子、丑宫为得垣；在寅、卯、辰、巳、午、未宫为失垣。可以说，以寅申二宫为枢纽。

太阴主明亮，在酉、戌、亥、子、丑诸宫为庙旺。此时太阴不反背（注：不反背者，乃太阴在上述诸宫庙旺也），其人外向而内心多疑。而且，在与其人初交时，第一印象显得内向，但深入交往就会发现，其实很外向。

太阳主贵，太阴主富；因为太阳主发射，而太阴则主收敛。

太阴化富为财帛主，象征阴性，为"母宿"，又作妻星。

太阴和武曲都为财星。但武曲多主行动，往往要行动后才会有钱财。太阴多主计划。因此，武曲往往是直接理财，太阴往往只是财务计划。

太阴为田宅宫主，入田宅宫者为得位。

太阴在不反背时，其人肌肤白皙、漂亮洁净，若庙旺，且若是夜生人者，则更是如此。太阴也属于桃花星，但以贞洁为主，不同于其他桃花星。

太阴的五行属性为阴水，在天为月之精，化为富。与太阳星为配。在命盘中作母星、作妻星及女星。喜夜生人，太阴星在十二宫也像太阳星一样，每一宫有一个名称，分别解说如下：

太阴入子宫，名曰"天姬"。主女命荣华，男命富贵。其人有人缘，深思虑，善计谋。

太阴入丑宫，名曰"天库"。此时日月同宫，主其人性情豪爽，官高禄厚。

太阴入寅宫，名曰"天昧"。象征旭日将升，月失光辉，主其人性多游疑，进退不决。

太阴入卯宫，名曰"反背"。如果加会吉曜，反主其人大富。

太阴入辰宫，名曰"天常"。此时喜与属金之星曜相会，若会照化禄、化权、化科，主其人会成为人中领袖，参与戎机，掌握军警大权，名震四海，此乃阴精入土之格。

太阴入巳宫，名曰"天休"，又称"失殿"。主其人有目疾，或近视、散光，或丈夫有名无实，常远离，或丈夫善为人谋，而不善为家室谋。如有化禄、化科、化权，反主其人富贵享受。

太阴入午宫，名曰"天衣"，或称"寒月"。主其人情感丰富，多幻想，自作多情，不利元配，或会因无配偶而遭遇刺激。

太阴入未宫，名曰"天圭"。此时日月同宫，主其人性情爽直，忽阳忽阴，但不利母星。

太阴入申宫，名曰"天潢"。主其人福厚禄重，事业盛大，善应变，有权术，富幻想，有雄心。

太阴入酉宫，名曰"天祥"。主富主贵。

太阴入戌宫，名曰"天助"。乃"月照寒潭格"，为上格。

太阴入亥宫，名曰"月朗天门"，又称"朝天格"。主其人大富，或得意外财，多计谋，善策书。

太阴的代表人物为黄飞虎之妻贾夫人，为清洁之神，司掌"清洁"、"住宅"，面色白皙微黄，男命有女态，聪明、文雅、温顺、小心、有肚量、耐心、重感情、爱干净，若逢乙干（生年干、大限宫干或流年干），则引发太阴化忌，主其人不爱干净，和女性相处不好。

2）风水、地理类象

天时类象：阴暗，月亮，夜，秋多，冰雪，彩虹，星光，薄雾，露水，春雨绵绵。

地理类象：参差疏落的房舍，洼地，水池，水道，低平空地，湖海，江河、井泉，山涧，河洲苇塘，树木，妓院，理容院，女人的家，阴暗地带，主有奔波远行之人，忽起忽落之家。太阴的类象有吉凶之分，失辉孤苦为半吉，暗则不吉，主其人孤独多病。

3）旺度

太阴的旺度：于子、丑、亥为入庙；于寅、酉、戌为旺；于申为平；于卯、辰、巳、午、未为落陷。

4）与太阴有关的格局

（1）月生沧海格：参见5、天同之4）"与天同有关的格局"。

（2）马头带箭格：参见5、天同之4）"与天同有关的格局"。

（3）丹墀桂墀格：参见3、太阳之4）"与太阳有关的格局"。

（4）天梁拱月格：此格有二，天梁在巳、亥、申为落陷，太阴在卯、辰、巳、午、未为落陷。① 天梁在陷地入命与太阴加会；② 太阴在陷地入命与天梁加会。以上二者，若命宫及三方无禄存、科、权、禄、左、右、昌、曲、魁、钺等吉星同宫或加会，反而有羊、陀、火、铃、劫、空、刑、姚、化忌、大耗等凶星，则合此格。人命逢此，主其人穷困而事业无成，不聚财，漂流在外，不务正业，成事不足，败事有余。男命，浪荡，好酒色嫖赌。女命，多淫，私通内乱，古人云："月梁落陷最堪伤，必定飘篷在外乡。唱舞酣歌终日醉，风流荡尽祖田庄"。但若逢吉星，则不做此论。

（5）月朗天门格：凡夜晚生人，若太阴在亥宫守命，与禄存、科、权、禄、左、右、昌、曲、魁、钺加会为"月朗天门格"。此格生人，不大贵者当大富。若有昌、曲同宫则最美，乙、丙、戊年生人最佳，丁、辛、庚年生人次之。命宫有煞星则破格。主其人，一生多奔走、多出外、多出国。

注：在"月朗天门格"中，若逢乙干引发太阴在亥化忌，迁移宫（巳宫）便有天机化禄正照，官禄宫（卯宫）则有天梁化科与禄存（年干为乙，禄存入卯宫）。此时虽然太阴化忌，但反而比丁干引发的太阴化禄（太阴仍在亥宫），却同时使福德宫（丑宫）中的巨门化忌为佳。

古人云："月朗天门于亥地，晋爵封侯。"但此时必须有太阴化禄（由丁干引发）或者有太阴化权（由戊干引发），再有昌、曲、左、右、魁、钺同宫，或有禄存同宫，且不见煞、忌，方为合格。

（6）机月同梁格：参见2、天机之4）"与天机有关的格局"。

此外还有"日月反背格"、"日月并明格"、"明珠出海格"、"日月照壁格"，参见3、太阳之4）"与太阳有关的格局"。

5）太阴入十二宫分论

（1）太阴入命宫

①性格、外貌、运气、与其他星曜的关系分析

凡太阴入命者，必先查其人生日为上弦日还是下弦日，以及生时为夜还是昼，夜生人吉，昼生人即使在旺地，亦打折扣。凡夜生人最不宜太阴落陷，多主克母，男命还主克妻。（注：弦是指圆的一条割线，月亮半圆中的那条线段称为月亮弦，当月亮弦在视觉的上面时，则称上弦月；反之，当月亮弦在视觉的下面时，则称下弦月。上弦月和下弦月都是半个月亮，上弦月的圆面朝西，下弦月的圆面朝东。简言之，上弦月是指农历初七、初八，下弦月是指农历二十二、二十三。这几日亦即上弦日和下弦日。）

古人云："太阴守命，日生人最不宜陷，陷则克母，男且伤妻。"又云："太阴在身宫逢之，主随娘继拜，或离祖过房。"其实不论身宫（必须身宫坐迁移宫始有克应）还是命宫，凡太阴落陷，与火星同宫，又有刑忌之星来会。再有桃花诸曜同宫，或有辅佐诸曜之"单星"同会，皆有此应。

太阴入命，主其人长得漂亮，中等身材，脸型大多是圆长或略带微方的两种。皮肤较白，但少年时脸色青白，到老年时会变成青黑色。性格内向，外表文静怕羞，聪明俊秀，内心好动性急，善用心计，多思多虑，温和耿直，态度端庄凝重。以月圆光辉之夜生人为上格；以晦朔月暗之夜生人次之；日生人更次之。易与女性接近。脾气不太好，但不会直接表露，而以别的方式表露，为人不阴沉，无心机。追求成就感之倾向极强，尤其是在田宅方面，若太阴居庙旺之地者更甚。

太阴坐命，可以推断母亲的吉凶。若母亲已经不在了，则男命代表妻子，女命代表自己；若妻子不在了，则代表女儿。

太阴有刑克特性，凡太阴入命，主幼年刑克母亲；女命，中年不利自己；男命，若太阴落陷，则不利妻女。

太阴入命者，其住宅周围靠近水道、河流、水井、泉水或海边。

太阳在亥宫称为"反背"，太阴则在卯宫称为"反背"。所以当太阳在亥、太阴在卯之时，若此二宫见辅佐及吉化，主其人可成为大富大贵之格，且年轻即有成就，在紫微斗数中属于上格。

若太阴入寅、申，天梁入巳、亥，女命值之，多主其人淫贫或为偏房侍妾。

若太阴入身宫，主其人随娘过房或离祖过房。

太阴入命宫，或大小限、流年有太阴化科（由庚干引发），皆为桃花之象。

若太阴入命，且夫妻宫中无主星，其人属于神经纤细、感性、浪漫之人，容易散发吸引异性气息，且有很好的社交手腕，但容易动感情，所以常有花边新闻出现。

若太阴于庙旺之地（酉、戌、亥、子、丑）入命，不加煞。且与文昌或文曲同宫，其人学历多为大学程度。

若太阴在庙旺之地入命，有乙干引发太阴化忌，反而为福，因为化忌反可潜藏，否则锋芒太露。

若太阴入大限或流年，主其人在此运限期间会得意外财富。婚嫁、添女，进人口，事业发展。但若太阴落陷，又逢擎羊、陀罗、火星、铃星、天刑，则主其人在此运限期间有刑克、官灾、是非。若加会空、劫、大耗，则主其人在此运限期间破耗。

与太阴同宫的星曜有三：天同、太阳、天机。其余诸宫为太阴独坐，分别与此三颗星曜相对。推断吉凶时，首先应看太阴是入庙还是落陷的状态，即使当太阳、太阴同宫时（丑、未二宫），也须根据太阴的状态推断，所以在丑宫比在未宫为佳。

古人云："太阴与天机昌曲同宫于寅，男为奴仆，女为娼。"即若太阴、天机于寅宫同入命，主其人本性犹豫，进退失据，而昌、曲则增加其聪明机巧，故古人以为乃奴仆娼婢之命。（注：在现代社会则未必如此，读者可以自己验证之。）

若与天机同宫或对拱，由于天机主动，增加了太阴的浮动性，故若太阴落陷，主其人多犹豫进退，或不顾家室。

若与天机在寅、申入命，加会昌、曲，女命感情不顺，男命一生平平。

若与太阳同宫，且有羊、陀同宫或加会者，主其人有残疾、破相，若凶星多，则主凶亡。

若与太阳同宫，加会三吉化，且福德宫有化禄者，主其人会发财，而且往往是暴发。（注：有些书中说是加会三奇。命理学中的三奇乃指天上乙、丙、丁和地上三奇卯巳午，即年、月、日之天干有乙丙丁者，或地支中有卯巳午，均需顺行方为三奇。且天干的三奇不如地支的三奇为贵。本书对三奇不作详细讨论。）

若太阳、太阴于丑宫入大限宫，主其人会多次暴发。财势惊人。尤其当本命田宅宫或本命福德宫的主星被某个天干引发化禄时更主暴发。

若太阴在戌宫入命，太阳在辰宫对照，主其人富贵。

若太阳与太阴同宫或对拱，必在四墓之位（即在辰、戌、丑、未四宫），其中以未宫最为不利，因为此时，太阳既已近日落西山，而太阴却尚未光辉。

若太阴、太阳的组合，三方会照昌、曲，主其人一世荣华。即若太阴、太阳坐命，财帛宫和官禄宫有昌、曲来会，或命宫有昌、曲，财帛宫、官禄宫有太阴、太阳来会。皆为为三方会照。但若太阳、太阴于落陷之地入命，再加化忌者，主其人缺乏教养，难免坐牢。

若与天同同宫或对拱，增加了太阴的内向特点，故如果同宫于午宫，除了成为"马头带箭格"之外，还主其人多虚浮不实的幻想，尤其是女命，主其人多花前月下的感喟。

古人云："天梁月曜女淫贫。"是指若落陷的太阴与天梁同入命宫，则主其人既淫又贫。

古人云："太阴居子，号水澄桂萼，得清要之职，忠谏之材。"（丙丁夜生人合格。）即若太阴在子，与天同同宫，虽主其人内向，但若有昌、曲、化禄、化权、左、右同扶，则转化为内才权变，故主其人会担任清要之职。

凡太阴入十二宫，均以见昌、曲、辅、弼、禄存、魁、钺、化禄、化权、化科为吉，见四煞为凶。

若太阴于落陷之地入命，又逢昌曲，仅增加其人的聪明，却反而增加浮荡之性。若逢辅、弼，但不成对地会照（仅逢辅、弼之一），则为其人有第三者之征兆；若与魁、钺相会，谓之"坐贵向贵"，皆主对其人的感情问题不利。

太阴喜与六吉星会照。若太阴入庙，主其人富且贵，一生快乐。亦喜与禄存同宫，能助长气势，大吉大利，大富大贵。

古人云："太阴文曲同宫，定是九流术士。"这是指如果太阴入命于落陷之地，见文曲，却不见文昌时的论断。（注：在古代的"九流十家"中，"阴阳家"名列第九，故称"九流术士"，并不是说其人乃术士的第九流。）

若加会文昌、文曲，其人乃身怀特长或专门技艺之人。

若与羊、陀、火、铃同入身命，无论其人富贵贫贱，多为奸诈虚伪之辈，不是真小人，就是伪君子。且若与擎羊或火星同入命宫，会因为车祸及其他事故而造成残疾。又，若与擎羊同入者，男克妻，女克夫。

若与羊、陀同宫或会照，主其人必是人离财散。

古人云："太阴落陷，与羊陀火铃同宫，肢体伤残。"实例证明这个论断可以参考，但未必绝对，不可武断使用。

若太阴与四煞同入命宫。主其人有淫乱倾向。若太阴再落陷，主其人多病、肢体伤残，甚至夭折。

若太阴落陷，逢煞曜，或太阴入身宫，主其人随娘过继，离祖出外。

若太阴落陷会擎羊、陀罗、火星、铃星、天刑、化忌、空劫、咸池、天月、天姚者，主其人酒色邪淫，多阴谋，心狠毒。

若太阴落陷，但若有化禄、权科，仍主其人富贵。

太阴最喜与化禄、化权、化科和禄存会照，因为太阴主富、主藏、主静，若与化禄及禄存同行，则气味相投。若与化权、化科会照，则刚柔相应。若有昌、曲夹持或会照，主其人文章秀发，博学多能。

太阴喜与科、禄、权相会，乃锦上添花。但若太阴落陷，则无法逢凶化吉，此时其人以出外离祖为吉。若遇四煞星，则主其人酒色邪淫，下贱夭折。

太阴入命宫，若在某个流年出现太阴双化忌者（由乙干引发），多主其人在此流年有忧心的东西或失眠，睡眠不好，易醒。

若太阴入命宫又自化忌，主其人多自卑及内向，有心事也不向人透露，如再有四煞会照，会有遇事看不开之兆；如果"身宫"或"父母宫"或"田宅宫"诸宫的星情不好，则其人会有自杀之可能。

若太阴化忌入命或行运（大限或流年）逢之，其人易有精神劳碌与痛苦。女命，会有神经质。

若与凤阁、天才同宫，主其人对琴、棋、书、画有兴趣。

若与红鸾、天喜、咸池会照，主其人博学多能，花酒文章。

若太阴入大限宫或流年宫，其人在此运限期间往往买卖房子。

若流日宫落在太阴、红鸾同入之宫，则其人在该日会去洗头。

女命，凡太阴入命，为旺夫益子之人。但若福德宫和夫妻宫星情不好，则太阴作为桃花星，若太阴庙旺，感情困扰源于自己，此时太阴虽为桃花星，但婚姻美满；若居平、陷之地，则宜作偏房，且感情困扰源于对方，若再逢煞星，其人反而内向、贞洁。尤其是天同与太阴在午宫入命，再有煞星者，多有淫乱倾向。

女命，若天机、太阴在寅、申入命，其人虽富贵也贱，福不完美，会与已婚的男人苟且。若加会桃花星，则其人可能为偏房。若加四杀，其人可能是娼妓（并非绝对，但至少其工作以服务男人为对象，或者工作环境中多男性，很多命例从事游览车或歌星）。若再有巨门、天姚入福德宫，三合方见昌、曲、魁、钺，主其人有不正常的姻缘（甚至沦落风尘）。其人宜从事美容、护理工作，个别的做"三陪"。凡天机、太阴入命，即使加会吉星，其人也有神经质，甚至会发神经。

凡女命，若天机、太阴分守身命（如太阴在卯，天机在丑），尤为不利，其人经常会因为感情问题吃亏上当。

凡女命，若太阴于入庙之地入命，此乃夫人之格，主其人端庄凝重，聪明敏感，重情感，助夫教子之命。但以无煞星恶曜会照者为合格。若在陷地会擎羊、陀罗、火星、铃星、天刑、空、劫者，主其人伤夫克子。加会天姚、咸池、文昌、文曲者，其人做继室、偏房为宜，否则性浮荡，不安家室。

凡女命，以夜生人太阴入庙为上格；日生人入庙次之；夜生人落陷尚可，若日生人落陷，则主其人有浮荡不安的本性，如果再加会桃花诸曜，主其人不安家室，喜欢寻求刺激。若加会四煞、劫、忌、刑曜，主其人与六亲之间刑克甚重。

②所入宫位（十二地支）分析

太阴入命于子、午

太阴在子为旺，在午为平。必与天同同宫。其人性情开朗，温柔有个性，易发生感情问题。

太阴、天同在子入命者，太阴入庙，天同为旺，三方会照天机、天梁，乃"机月同梁格"，此乃富贵之格，主其人身居要职，为人忠诚。若与禄存同宫，又有辅、弼会照者，主其人富贵。若加会辅、弼、文昌，主其人贵显。若与擎羊同宫，其人的身体会受伤。男命，风流倜傥，若逢煞星，须注意感情纠纷。女命，秀外慧中，温柔贤淑，为贤妻良母，若逢煞星，感情易生波折，且易与人同居。

太阴、天同在午入命者，太阴为平，天同落陷。无论男女，皆主其人漂泊不定。但若逢辅、弼、昌、曲加会，主其人显贵。若逢恶煞星，主其人奔波劳碌。若逢煞重，主其人肢体黄弱。尤其与火、铃同宫或会照时，其人有阴狠毒辣，甚至杀人越货的倾向；若与擎羊同宫，其人天生薄命，有残疾刑伤之灾。

女命，天同、太阴同宫于午者，主劳碌。若有吉星辅照，则主富足，但以晚婚为宜。若逢煞星会照，其人要注意健康。

凡肖猪（亥年）、肖兔（卯年）、肖羊（未年）的未婚者，在天同、太阴入大限宫、流年宫期间，有结识异性的机会。且乙、丙、丁、己年生人所结识的异性，条件相当理想。其他年份的人，虽也有接近异性的机会，甚至是对方主动，但往往不可靠，多有苦果。

太阴入命于丑、未

太阴在丑、未，必与太阳同宫。太阴在丑宫入庙，太阳在丑宫落陷，主其人做事先勤后懒，有始无终。若加会吉星，无论男女，皆主其个性保守，处事谨慎，不逾越规矩。因为太阴入庙，故女命尤佳，既具女性之柔美，又有男性之刚强，无论是职业妇女或家庭主妇，均能处理好各种事情。凡太阴在丑入命者，不宜自力经商，只宜任公教职或民营大企业。若加遇六吉星，主其人有意外发迹的机会，能任要职。若逢六煞星及化忌星，主其人固执，空有抱负而不能实现。

太阴在未宫为落陷，太阳为平，主其人谨慎保守，适合安定的工作，能拥有地位和声誉，但业绩平平。若与六吉星同宫，则其人官运亨通，财运亦佳。若与六煞星同宫，主其人凡事一意孤行，只求表面，不重现实，故成败不定。凡丙、戊、辛年生人为吉。太阳入命于未者，其人也是先勤后懒。

太阴入命于寅、申

太阴在寅、申入命，必与天机同宫，太阴在寅为旺，在申为平。太阴为母星，主母、妻。故男性易与女性接近，温柔体贴。若是女命，其人为柔中带刚，理家有方的贤妻良母。容貌姣好，但易思淫。天机与太阴同宫者难免跋涉他乡。

凡太阴在寅、申入命，此时最忌加会昌、曲，若是女命，多主其人感情不顺；若是男命，则其人一生平平。

若天梁、天同于三方会照，主其人做事按部就班，有条理。但不宜自己创业，宜担任公职或在民营大企业工作。

男命，凡甲、丙、丁、己、庚、癸年生人，若会照辅、弼、魁、钺，主其人事业有成。若遇昌、曲、咸池、天姚、沐浴加会，其人宜从事演艺工作，若加会煞星，其人应注意艳遇和"桃花劫"。

女命，若逢煞星，主其人感情有波折，不顺利。若四煞冲合，主其人淫贱，可能是偏房或娼婢，否则克夫伤子。

太阴入命于卯、酉

太阴入卯为落陷，入酉为旺。卯宫为太阴东潜之所，为平，其对宫有天同。无论男女，是否逢吉星，皆主刑克父母。其人自小离家，在外创业或过继离宗。若与昌、曲同宫，主其人以卜相为业。若逢恶煞，主其人劳碌奔波。若遇四煞星，主其人好酒色、邪淫、下贱、夭折，或肢体伤残。

太阴入酉宫，其对宫的天同为平，三方会照财帛宫之太阳星。故若无煞星冲照，主其人不缺钱财，一生快乐。女命尤吉，其人温柔贤淑，聪明能干，治家有方。但是，酉宫为桃花宫，太阴入之，其人易与异性接近，常有感情烦恼。若见昌、曲、魁、钺，主其人早遂青云之志。若与禄存同宫，又逢辅、弼，主其人富贵。若与羊、空、劫、火、铃同宫，主其人思想开放。

太阴入命于辰、戌

太阴入辰为落陷，入戌为旺。太阴在辰宫，若是男命，主其人克母、克妻、克女。若是女命，主其人克母、克女、克己。但因辰宫为天网宫，对煞星有抵抗之力，故平时太阴甚忌见到的擎羊星，在辰宫相遇时反而能激发能力，但仍然会克母、克妻。若加会羊、陀、火、铃，主其人会因为酒色而招致失败。若与昌、曲同宫，其人仅为江湖术士。若与辅、弼、魁、钺同宫，其人平易随和，心性端正。

太阴入戌宫，其对宫为太阳星。主其人少年得志，顽皮好动，一生快乐，有早婚现象，但不利于父母。若是男命，其人内向、机智、感情细腻、擅长思考。若是女命，其人温柔体贴、大方、有才智、擅理财。若与六吉星会照，主大贵。若与煞星同宫或加会，则成就稍逊，且一生中会有惊险之事，但能逢凶化吉。

命宫在辰宫或戌宫，太阳在戌宫，太阴在辰宫，此时太阳、太阴皆落陷。若再逢巨门，则为"日月藏辉格"。主其人孤寡、劳碌、贫穷、寡合、招非、眼目有伤、成败不定。但出外离祖可吉。若逢恶煞之星，主其人劳碌奔波、克父母。加会凶煞之星者，有疾。若与化忌同宫，反吉，但有目疾。凡庚年生人，若遇六吉星，大吉，宜公教职。

太阴入命于巳、亥

太阴入巳为落陷，入亥为入庙。太阴在巳，主其人幼年多坎坷、体弱、失怙，刑克直系女性近亲。宜外出，宜公教职，不宜经商创业。若是男命，其人具有筹划谋略之才。且其人嗜酒，受异性欢迎。若是女命，又加会煞星者，须防感情困扰。

太阴在亥，若独坐，不加会煞星，为"月朗天门格"，主其人晋爵封侯，一生快乐。利于公职或文艺界。若与昌、曲同宫，多为文艺界名人，再加魁、钺者，主早年遂志。若与煞星同宫，会有抑郁不如意之事在心，因而妨碍成功。凡子、丑年的夜生人，不贵即大富；昼生人则平。

若安命在未，无正曜，卯宫太阳天梁、亥宫太阴入庙旺合照命宫，三方四正见禄存、科、权、禄、左、右、昌、曲、魁、钺加会，则为"明珠出海格"。

若与火、铃同入命宫于巳、亥，其人可能有牢狱之灾。

③运限、流月、流日分析

若流年宫或大限宫位于子、午，太阴入此二宫，则在此期间

凡甲年生人：易心情烦闷、焦虑不安，应该冷静，以免因心情不好而口不择言，招惹是非。宜以子女的成就为寄托。若本宫无主星，宜在此期间卖掉旧居换新屋，较为有利。不要借钱出去。不要让子女接近危险场所。要关心自己的健康，即使是小病，也要抓紧治疗。

凡乙年生人：事业有成时要注意休息和健康，让头脑安宁和冷静。宫中无主星的人，许多事情要借助于配偶或他人，才能解决。

凡丙、戊年生人：要防止交通事故或意外伤害。凡事需要坚持到底才会有收获。凡天同、太阴在午宫入运限（大限或流年）之人，虽吃力辛苦，但终能成功。

凡丁年生人：要克服口无遮拦的缺点，尤其在成功之后、得意之余，更要防止失言。凡运限（大限或流年）临子、午宫，天同、太阴入其迁移宫（对宫）者，利于外出，财运甚佳。但要防止金钱纠纷。

凡壬年生人：未婚女性在交异性朋友时，易出现伤感之事。例如，因为工作或健康等原因，使两人分开两地，或者会因为长辈的意见而干扰了双方的正常往来。所以，须注意忍耐为上，并利用等待的时间冷静地评价对方。

若流年宫或大限宫位于丑、未，太阴入此二宫，则在此期间

凡肖龙（辰年生人）和肖狗（戌年生人）的未婚男女，只要在此运程中无化忌或四煞来冲破，会交上容貌秀丽的异性朋友。

凡甲年生人：上半段运程期间的情绪欠稳定，应外出旅行或多读书来舒解情绪。凡行运命宫在未，而太阳、太阴在丑者，要注意夫妻感情。凡酉时生人。若非破财，则必是与子女相处不理想，须多加照料。在此运程期间，父母有不利的情况，尤其是他们的睡眠、血压、心脏等功能欠佳，要让他们少动怒或操心。自己的心情要保持稳定，笑口常开。

凡乙年生人：其人的情绪会受月亮阴晴圆缺的影响，月缺时较稳定；月圆时反而亢奋不稳。已婚者最怕行此运，往往会有岳婿困扰、婆媳不和、妯娌相争之事，若能互相忍让，必会海阔天空。

凡丙年生人：在此期间切忌动肝火，逞血气之勇，要学会忍让，以免官非和血光之灾。少去风花雪月场所，以免染上隐疾。平时多吃水果，防止便秘、痔疮。

凡丁年、戊年生人：其人利于参加各种考试。凡七月生人，若行限在未（大限宫或流年宫位于未），要避免因金钱问题与人争执。对诸事要乐观，不必争功，不求闻达。凡丁年生人，注意言行，以免犯无心之过。出门注意安全。

凡己年生人：若是学生，会有较多的社会工作，但成绩甚佳（但丑、酉时生人另当别论）。若是经商者或财务人员，要注意收支金钱的数目、核对账目，尤其是巳、酉时生人更要谨慎。若是文艺工作者，要注意校对文字的内容。

凡庚年生人：此时正处于既忙碌又捉襟见肘的时期，来财不易，又不易积存，需要煞费苦心。

凡辛年生人：其人颇为忙碌，却无法忙中偷闲，但财运亨通。注意子女易有意外之灾。凡行限于丑、未（大限宫或流年宫位于丑、未），而太阳、太阴在该运限的迁移宫（大限迁移宫或流年迁移宫），利于外出，可得远方之财。尤其是在未宫入限之人，财运更佳，利于开口进财。但此时不可忽略对父母的孝道。

凡壬年生人：兄弟姐妹之中有人易在钱财或感情方面有困扰，对嗜赌或好色的兄弟，要规劝他们及早回头。凡行运在未，太阳、太阴在丑（该运限的迁移宫）之人，不宜与酒肉朋友厮混，以免代人受过。

凡癸年生人：应少管闲事，安分过日子，免得吃力不讨好。未婚者在此期间感情方面不顺，故不要急于推动个人感情问题的进展。

若流年宫或大限宫位于寅、申，太阴入此二宫，则在此期间

凡甲年生人：兄弟姐妹之间意见未必一致，但相互会有助益。与配偶或异性朋友相处，要多体谅对方。若出远门，会增进夫妻间的感情。子女的表现不俗。

凡乙年生人：上半段运程期间，遇事往往未必办得好，但在此运程的下半段，会名利双收。要注意亲人的健康。与人交谈时要注意口气，以免被误会。

凡丙年生人：会有丰硕成果，但往往需要费尽口舌。在使用机器或金属工具时，要注意安全。

凡丁年生人：多做些跑腿或琐碎事。若参加考试，成绩颇佳。若是费口舌的工作最好请人代劳，别着急说话，以免祸从口出。尤其是参加口试或与异性朋友初次见面，说话前要细思量，千万不能"脱口而出"。

凡戊年生人：此时与天机同宫，且天机化忌，本来可以顺利的事也会发生波折，但由于有太阴化权同宫，因此不会有不利的变化。但在思路上不如以往清晰、敏捷。若是正月、五月、九月生人，应找好友或亲信研究对策，会有帮助。若是卯、酉时生人，对金钱的处理不可大意。在感情问题上，最好顺其自然。

凡己年生人：若是寅、午、戌时生人，要注意票据、契约、文书或其他文字方面的问题，慎防出错，且要养成"今日事今日毕"的习惯。其他时辰出生的人，考试甚佳。若是三月出生的女性，或肖虎、肖马、肖狗的女性，在与长辈或上司相处时要注意时间和场合，以免发生不必要的误会。

凡庚年生人：若天机、太阴同入该运限迁移宫，主其人会出远门或参加比赛、竞技、会考等。若是五月、十一月生人，要注意感情问题。若是正月生人，要注意父母和自己的健康。子女的表现上佳。

凡辛年生人：若天机、太阴于寅宫入运限（大限或流年），主其人出门或许不顺，但其他方面颇顺，尤其是往往只要开口，就会有收获。

凡壬年生人：若有处于青春期的子女，要多与他们沟通感情，并了解他们的钱财情况。夫妻对子女的教育要保持一致。若有分歧，要冷静讨论，切勿发生冲突。

凡癸年生人：若是学生，利于应考。工商人士利于拓展业务。兄弟姐妹如果发生问题，要多予关心，切勿责备。

若流年宫或大限宫位于卯、酉，太阴入此二宫，则在此期间

凡甲年生人：较易为钱财操心。眼睛会逐渐变差。

凡乙年生人：宜外出，尤其是已婚男人，更宜外出一段时间。若太阴在卯宫入运限，加会禄存或六吉星者，可在平顺中有所表现。

凡丙年生人：外出有利，但外出期间要注意门户和煤气、电器等安全。若太阴在酉宫坐命，则财官双美。

凡丁年生人：努力工作，自会有收获。不可自我吹嘘或逞口舌之利。未婚者在此期间可以考虑成家。若太阴在酉宫入运限，则财官双美。

凡戊年生人：未婚男女要注意感情发展，应以事业为重。已婚男女宜聚少离多。若太阴在卯宫入运限，加会禄存或六吉星者，可在平顺中有所表现。

凡己年生人：此时最利于参加考试。

凡庚年生人：在此期间凡事不宜积极出击，宜以守为攻，不宜出远门。此时应努力工作，注意充实自己。

凡辛年生人：利于开口交涉，或提建议，此举必有收获。财运亦佳。

凡壬年生人：多注意自己的健康，肠胃可能不好。在此期间若有人送礼，千万要小心。若太阴在卯宫入运限，加会禄存或六吉星者，可在平顺中有所表现。

凡癸年生人：宜在公职、文教或传播界任职。对父母要多加照顾，事事以顺从老人为上。

若流年宫或大限宫位于辰、戌，太阴入此二宫，则在此期间

凡甲、乙年生人：不利远行，心情难免抑郁。对父母和亲人要多加照顾。已婚者会有一段时间夫妻离别。若工作繁忙、奔波，反而可以免去诸多不利。若是二月子时生人，易与女性近亲有刑克。男士应多体贴妻子。若是四月、十月生人，出门期间，须严防意外。

凡丙年生人：财官双美之运。但父母、长辈的健康或心情不佳，应多加照顾。女婿或媳妇也可能处于情绪不佳或健康不良的状态，他们易因小事而发生冲突。凡在戌宫入限者（大限宫或流年宫位于戌），此时不宜出远门，但工作业绩不错。

凡丁年生人：财官双美之运。若子女尚幼，则易有灾伤；若已成家，可能聚少离多。自己的运势颇佳，收入较丰，且能持盈保泰。工作上得道多助，富有权威。但平时的言谈要小心，免得有口舌。

凡戊年生人：工作上仍具有权柄，但财运不利，宜谨慎处理或避免接触金钱。家中若有侄子女同住，要好好照顾。

凡己年生人：除了子、辰、午、戌时生人，均利于读书研究。若参加考试，易金榜题名。但在工作上有追求安逸、缺乏开创精神的趋势。未婚男女，异性缘甚佳，常有异性接近。

凡庚年生人：利于外出，工作上会有或大或小的变化。与朋友和手足相处，要注意保持和谐。夫妻可能聚少离多。子女若学业不佳，要多加鼓励，下半段运程会好转。

凡辛年生人：外出要小心安全，骑摩托车要戴安全帽。若是子、午、寅、申时生人，要小心财务状况。不要从事商业投机，也不要为他人担保、贴现或背书。财务工作者要经常核对账目，现金要清点无误。

凡壬年生人：避免与朋友金钱往来。出门易有波折，若非出远门不可，则须早做准备，以免仓促生变，措手不及。儿女或媳妇会因公私事情而使小两口分开一段时间。

凡癸年生人：男命吉利，但波动难免。对父母的健康要多加注意。老人若是从事技艺工作，应帮助他们进行这方面的研究、创作，以便在下半段运程中得以发表。若是当年参加考试者，成绩理想。财运较佳，不愁钱财，但无暴发现象。

若流年宫或大限宫位于巳、亥，太阴入此二宫，则在此期间

凡甲年生人：其配偶心情不佳，或身体违和，或因两地分居而梦魂萦绕。事业上荆棘丛生，或常有困扰，此时以静制动为上，不可轻易冒险，免得又添麻烦。

凡乙年生人：其人的心情阴晴不定，生活飘摇，难有开朗。需要注意人际关系，若逞勇斗狠，则难免血光牢狱之灾。对手足、朋友如能忍让，无论出门、居家均会得道多助。若太阴于巳入限，主其人孤寡，不耐久。若太阴于亥入限，则为财官双美之运。

凡丙年生人：若为夜生人，则主贵。若是考生，且巳、亥时生者，考运极佳。但亲人的运势不佳，尤其是手足中有人在感情上会因波折而产生哀怨。

凡丁年生人：财官双美之运，若是夜生人，主贵。上半段运程不能逍遥自在，而下半段运程则会扶摇直上。经商者虽不能暴发，但属宽裕。文艺界人士或学生，此时正是一展才华的好时机。但要防止"喜时之言多失信，怒时之语多失礼。"

凡戊年生人：出门常有跌跌撞撞之事，因此，凡是出门夜归，要小心磕磕碰碰受伤之事。若太阴于巳入限，则戊年生人主孤寡，不耐久。若太阴于亥入限，则戊年生人财官双美。

凡己年生人：不动产运较好。工作上只要努力，若无名成也会利就。教师和学生在此期间的机运颇佳。

凡庚年生人：财官双美之运。工作待遇会提高。但使用利器时要小心。

凡辛年生人：事业运颇佳，可攻可守。未婚者可以准备成家，且婚姻美满。

凡壬年生人：若太阴于巳入限，则壬年生人主孤寡，不耐久。若太阴于亥入限，则壬年生人财官双美，且夜生人主贵。若是卯、酉时生人，不宜买卖房地产。利于读书。工作上应按部就班。对送礼之人要搞清其目的。

凡癸年生人：若是夜生人，则主贵。但如果远行，多虚惊或不顺。父母、长辈易有身心欠安之事。女婿或媳妇若在外工作，要防止介入他人的感情纠纷。

（2）太阴入兄弟宫

若太阴庙旺，可有兄弟五人，且能互相帮助；若落陷，则有兄弟三人，且欠和，难有助益。

若与天机同宫，主其人的兄弟颇有心机（或合作伙伴各怀心机）。其余参见天机。

若与太阳同宫，无煞、刑、忌，则和美，其余参见太阳。

若与天同同宫，这种组合对兄弟姐妹之间的感情最有利，参见天同。

若与昌、曲、魁、钺同宫，其人兄弟间感情深厚，能或许帮助。

若与辅、弼同宫，其人会因兄弟之助而发迹。

若加会禄存，其人兄弟之间和睦，可得物质上的援助。

若有三吉化，主其人的弟兄富贵多才，可有兄弟四五人。

若有乙干引发太阴化忌，其兄弟中有为其操心之人。

若与六煞星同宫，兄弟间相互克害，感情不和睦，易分离，宜异地分居。

若太阴于落陷之地入兄弟宫，且有羊、陀同宫或会照，宜防与合作伙伴拆股，以致破财。故若大运流年逢此组合，则不宜与人合作。

（3）太阴入夫妻宫

凡太阴坐夫妻宫，男宜配妻年少，女宜配夫年长。

若与天机同宫，加会昌、曲，无论男女，皆主其人一生恋爱多，在外与人同居（注：准确性几近绝对），甚至年届花甲依然有年轻女郎伺候。

若太阴入庙，男女皆具才貌，且女主夫长。若太阴落陷，则男女皆克，喜有吉星前来化解。

若太阴独入夫妻宫于卯、酉二宫，若是男命，仅主其人的恋爱有波折；若是女命，则主其丈夫易生外向之心。

若与天机同宫，男命，主其人能得到持家有方、聪明多才之贤内助，但需小配为宜，其余参见天机。

若与太阳同宫，其人能与配偶白头偕老，其余参见太阳。

若与天同同宫，男命，主其人能得到持家有方、聪明多才之贤内助，但需小配为宜，（这一点与天机相同）其余参见天同。

若与六吉星同宫，其人夫妻乃恩爱夫妻。若是男命，其妻贤淑，持家有方；若是女命，其夫内向温和，富有同情心。

若太阴于庙旺之地入夫妻宫，加昌、曲，其人学历多为大学程度。

若与文昌或文曲同入夫妻宫，主其人聪明非常，文章出众，学有专长。会吉曜，蟾宫折桂，研究任何技术学问，均能出人头地，名利双全。若是男命，并主得贤惠美丽的妻子。若与文曲同入身命宫，则其人仅为巧艺之人。古人云："太阴同昌曲于妻宫，蟾宫折桂之荣。"这是因为夫妻宫星曜与官禄宫星曜会合，故会"夫凭妻贵"。

若与六煞星同宫，配偶貌美，气质高雅，但有生离之象。其中，若与擎羊同宫，男克妻，女克夫。

中州派认为，"太阴化禄于妻宫，主得妻财以成事业"，是指如果太阴入夫妻宫，又有丁干引发太阴化禄，则男命者，能"夫凭妻贵"。

女命，夫妻宫喜见禄、权、科三化，则内能怀柔丈夫，外擅交际应酬。唯不喜化忌，主其配偶背井离乡。

女命，若太阴于巳、亥独入夫妻宫，其夫易有外宠，见煞曜及辅、弼者更验。

必须配夫长十年以上始可免。

（4）太阴入子女宫

若太阴庙旺，主其人的子女富有。若太阴落陷，则其人的子女软弱。若太阴落陷，再有煞、忌、刑诸曜，主其人与子女有刑克。故凡太阴落陷于子女宫者，以先领养为宜，养子则不受刑克（古代则以妾先生子为宜）。

太阴入子女宫者，主其人先花后果，且女多子少。若太阴庙旺，可有子女三人，先女后男，其中有贵子女。落陷者，仅有子女一人，且不得力，懦弱无能，虚浮无成。若是庶出，则有子女二三人。赘婿者吉。

若太阴入大限或流年子女宫，定生女；若太阳入大限或流年子女宫，定生男。

凡太阴于落陷之地入子女宫者，其人须先招子祀或先过继他人子为宜。

若与天机同宫，其人有二子送终。其余参见天机。

若与太阳同宫，参见太阳。

若与天同同宫，参见天同。

若与昌、曲同宫，主其人的子女聪明。

若与辅、弼同宫，主其人的子女有助力，能继承自己的事业。

若与六煞同宫，主其人与子女有刑克，且颇重。

若有禄存、化禄（由丁干引发），主其人的子女富裕。

（5）太阴入财帛宫

凡太阴入财帛宫，均须根据太阴的庙、陷状态定其吉凶。无论独坐或与其他星曜同宫皆然。

太阴为财星，入财帛宫最为相宜，主其人富足多财。若太阴入庙，与左辅、右弼、文昌、文曲、禄存、化禄等吉星会照，其人乃大富之命，能白手起家，或由自身创业起家。但若太阴落陷，则主其人多成多败，聚散不常，难有积蓄。

凡太阴入财帛宫，其人多为财赋之官。

若太阴独入财帛宫，与天同相对者，多主其人白手兴家；与天机相对者，多主其人自身创业，但创业基础则未必全由自己之力而来。与太阳相对者，须详察所加会的星曜而定，一般喜二曜皆入庙，但若二曜皆落陷，见化吉及辅佐，太阴又得禄存来会，则仍主富裕。

若与天机同宫，参见天机。

若与太阳同宫，主其人的财富会先散后聚。其余参见太阳。

若与天同同宫，参见天同。

若加四煞星、刑、忌，主其人辛苦中生财，且会因财起纠纷。其中，若与羊、陀同宫，主其人会破财；若与火、铃同宫，主其人会有纠纷。

若与禄存同宫再加辅、弼者，此乃大富之命。

若有乙干引发太阴化忌，且有煞同宫，主其人会受引诱而破财。

若与大耗、空、劫同宫，不宜见文曲化忌，其人有受骗或盗贼之虑。

（6）太阴入疾厄宫

太阴入疾厄宫者，一般而言，由于太阴属阴水，故太阴入疾厄宫者，主其人阴分虚亏，有亏损之疾，诸如阴痿、泻痢、鼓胀、脚肿、湿气、脾胃、小肠湿热阻滞之症。但若太阴庙旺，主其人健康少灾；若落陷，主其人病灾多，男有痨伤之疾，女有伤残、血气之疾。

太阳、太阴入疾厄宫，主其人眼睛较差，心脏、血液、大肠，易患偏头痛，若太阳化忌则偏左边痛。若太阴化忌则偏右边痛。

若与天机同宫，参见天机。

若与太阳同宫，参见太阳。

若与天同同宫或相对，女命，主其人有妇女暗病。男命，主其人有男子神经性阳痿，亦主其人神经系统有衰弱或过敏。而且由于天同属阴水，水多则主肾脏反不健全，可以象征为眼病。其余参见天同。

若与右弼同宫于辰，其人应注意肾结石或神经质等疾患。

若与四煞星同宫，主其人有眼疾。

若太阴入疾厄宫，再遇火星，主其人有眼疾；遇火、铃，则其人有灾。

若与空、劫同宫，主其人有神经疾病或疯癫。

（7）太阴入迁移宫

太阴入迁移宫，由于太阴主静、主藏，所以其人不宜亦不喜与人竞争（不必是争斗，例如商业竞争亦是）。

若太阴入庙，主其人多结人缘，出外会有贵人扶持而声隆发达，若再有众吉拱照，更吉；若落陷，则须防他人阴谋，且多是非和灾难。如果再加会铃星、陀罗等煞曜，主其人出外有灾，或虽奔忙却收效甚微。

若与天机同宫，主其人劳心、奔忙，多变动。其余参见天机。

若与太阳同宫，参见太阳。

若与天同同宫，且有吉星扶持者，主其人最宜出外或远涉他方，并能在异地白手创业成富，尤其当迁移宫位于子宫时更验。其余参见天同。

若与火星、擎羊同宫，主其人虽然奔忙，却无功。

若与空、劫、大耗同宫，主其人出外会有破耗。

若有乙干引发太阴化忌，则主其人遇事多游移进退，有口舌是非。

太阴入迁移宫，若在某个流年出现太阴双化忌（由乙干引发），则其人在该年不宜远行，在外不称心，一定无法如期归来（注：但绝对不会遇到意外或不能回来等事情）。

若太阴入迁移宫，且迁移宫与身宫同宫，主其人会随母改嫁。古人云："太阴（守迁移）身若逢之，主随娘继拜"。（注：现代社会已不多见，需验证。）

（8）太阴入仆役宫

若太阴入庙，主其人的好朋友和得力助手众多。若太阴落陷，其人须防损友，或会有阴谋，这种朋友有不如无。

若与天机同宫，其人会结交多方面的朋友，其余参见天机。

若与太阳同宫，其人有孟尝之风，但情感却时冷时热。若再加会昌、曲，主其人下属众多。其余参见太阳。

若与天同同宫，参见天同。

若与辅佐诸曜同宫，则其人的友人或下属有助力。

若与四煞星同宫，会因为与部属、朋友不融洽甚至背弃，而事业不成功。其中：若与擎羊或陀罗同宫，其人虽对朋友施恩，却会反遭报怨；若与火星、铃星同宫，其人为朋友之事而奔走忙碌。

若与空、劫同宫，会被人暗中算计。

若与空、劫、大耗同宫，主其人会因友破耗。

若与天刑同宫，其人会受朋友的压力或威胁。

凡太阴入仆役宫，不宜有乙干引发太阴化忌，否则易招尤怨或反受拖累。

凡太阴独入仆役宫，若太阴入庙，主其人能结交益友；若太阴落陷，则主其人结交损友。

（9）太阴入官禄宫

太阴主富，古人论命则偏重于贵显而轻从商，所以在推断太阴入官禄宫时，多偏重于是否为贵局。其实若太阴于入庙之地入官禄宫，且煞曜少，又有辅佐吉曜会拱或同宫，再有禄存，亦主其人能由于事业的进展而致富。

太阴入官禄宫者，若太阴入庙，且得众吉拱照者，主其人权贵，若太阴为平，再会昌、曲、辅、弼者，主其人有三品之职。若太阴落陷或逢四煞星，其人乃平常之人。

若与天机或天同同宫，主其人的事业多变动，或宜从事流动性事业。其余分别参见天机和天同。

若与天机同宫或相对，如果有乙干引发天机化禄、太阴化忌，主其人不宜竞争求财，否则反主损耗。

若与天机同宫，加会天梁，又逢化禄、化权、化科者，主其人宜在实业方面求发展。

凡太阴入官禄宫，与天机、天同、天梁同会，而化禄、化科、化权亦同会照者，主其人能掌握军警大权，或是威震边疆之将相大材。（注：这个论断颇为准确；但须无煞曜会照者方为合格。）

若会照天同、天梁、天机，主其人宜于机关工厂或公众事业中任职，或组织股份有限公司。

若与太阳同宫，参见太阳。

若与文昌、文曲会照，其人宜从事文化或公众事业。在古代主其人高第恩荣，在现代则转化为学术研究，或以文艺出人头地。

若与文昌、文曲、凤阁、天才、龙池同宫，主其人会在艺术界崭露头角。但若同时见煞，则其人以从事工程、工业为宜。见龙池、凤阁，则可从事艺术，亦主精巧手艺。

若与左辅、右弼相会，其人宜在政界发展。

若会照空、劫、大耗，其人宜在工厂方面谋进展，但多进退变动，或由空想幻想中成事实，或为发明家。

（10）太阴入田宅宫

太阴在田宫中为吉曜。若太阴入庙，主其人田园多，可置产设农场，以树木花果为利。得众吉曜者吉，自置亦吉。其人的住宅附近有林园、低洼地、水沟。在家常常晚睡，家中整洁；若太阴落陷，虽吉，仍会有盈亏，中晚年或可自置，再加六煞星、化忌者，则不动产全无。若有暗曜同宫，且有天刑加会，则其人的产业恐怕会损伤，且与其母会分离。

若与辅、弼、化权、化禄、禄存同宫，主其人家业丰隆。

若太阴化忌入流年田宅宫，其人在该流年有搬家之象。

太阴入田宅宫表示房内光线暗。

天机与太阴同入田宅宫（寅、申、巳、亥四马之地），主其人住在山沟旁。

若与天机同宫，主其人的不动产时进时退，且时有迁移或出游。其余参见天机。

若与太阳同宫，主其人家道兴隆。古人云："日月合璧于田宅，家道兴隆"参见太阳，即是此意。其余参见太阳。

若与天同同宫，主其人白手起家。其余参见天同。

若与擎羊、陀罗、火星、铃星等煞曜同宫，主其人有火灾虚惊，家宅不安。

若与禄存、化禄同宫或会照，主其人能多置地产。

若与空、劫、大耗同宫，主其人会有破耗。

若有乙干引发太阴化忌，主其人的家宅多口舌是非。

若有乙干引发太阴化忌于大限或流年田宅宫，主在此期间其人的家宅多口舌，或其服务的机构有是非、口舌、困扰。若再有煞曜同宫，或者天刑、白虎同入父母宫，则主其人在此运限期间有孝服。

女命，若有乙干引发太阴化忌于流年田宅宫，再加会太阳化忌（由甲干引发），见煞，又见桃花、昌、曲，其人在该流年须防因自身感情困扰而致家变。

（11）太阴入福德宫

太阴入福德宫者，若太阴入庙，主其人福禄双全，安乐享福。若日、月同宫，更佳。寿达七十五岁以上（注：仅作参考）。其人一生思想浪漫、博学多能。

若太阴为平，则有喜有忧；若太阴落陷，又加煞，则主其人劳碌、多咎。

若太阴入福德宫有自化忌，主其人多自卑及内向，有心事也不向人透露，如再有"四凶"会照，会有看不开之兆；再加"身宫"或"父母宫"或"田宅宫"中的星情不佳，会有自杀之可能。

太阴入福德宫，或大限、流年有太阴化科，皆为桃花之象。

太阴入福德宫加四煞，其人多为奸诈虚伪之辈，不是真小人，就是伪君子。

若与天机同宫，主其人不安宁。若再有火星、陀罗同宫，主其人自寻忙碌或自寻烦恼。其余参见天机。

若与太阳同宫，参见太阳。

若与天同同宫，主其人会享受，其余参见天同。

若与昌、曲同宫，主其人有高雅之享受。

若与六煞星同宫，一生操心，担忧度日。

若与擎羊、铃星同宫，主其人常会感到不满足。

若有乙干引发太阴化忌，主其人外表安静，内心不安。

若与空、劫同宫，其人的空想太多。

太阴喜静，故即使加会煞曜、空、劫，亦不主其人有是非口舌之心。

若太阴落陷，则日生人不宜，主其人精神孤寂，只宜僧道。

凡太阴入福德宫，主其人缺少竞争的能力。即使形成"机月同梁格"，太阴入福德宫仅仅主会有权变之事发生。

（12）太阴入父母宫

凡太阴入父母宫，宜入庙，独坐者更需入庙，否则幼年孤独，或远离父母，或刑伤生母。若入庙，即使见煞曜，不过主其人与母亲缘分浅而已。

太阴入父母宫者，若太阴入庙，主其人父母双全，无刑克。幼年时父母平和，亦有福禄。但其人虽与母亲缘分浅，却受母亲的恩泽很大；若落陷，则有克。若加四煞星、空、劫，则主弃祖，且与母亲的感情恶劣，克害母亲，改二姓者吉。

若与天机同宫，参见天机。

若与太阳同宫，若同宫于未宫，不利母；同宫于丑，不利父。其余参见太阳。

若与天同同宫，参见天同。

若与昌、曲同宫，主其人受母亲的恩泽颇深，双亲具有高深的教养，且经济富足。

若与擎羊、陀罗、火星、铃星、空、劫、天刑同宫或会照，其人需过继祀出，否则有刑伤。

若有乙干引发太阴化忌，主其人的母亲多灾病。且太阴化忌亦有早年克父之象者，因为一旦父死，则母寡苦无依靠。

太阴在父母宫，喜有天梁天寿同宫，则即使太阴落陷、化忌（由乙干引发），亦不主刑克，不过父母有灾病而已。

若太阴入流年父母宫见煞（流煞亦是），见天刑、白虎，主其母有灾。

若太阴化忌于父母宫，见羊、陀，主其人的上司对其不满；若再有文曲同宫，主有人会去进谗。

9. 贪狼

1）星情总论

贪狼属阳水、阳木，乃北斗第一星，是天上解灾排难的星曜。对于人，主其人好动圆滑，八面玲珑，喜欢诗酒烟赌，又好神仙修炼之术。会吉曜者，主其人富贵荣华，掌握军政大权。会恶煞者，主其人沾花恋色，好饮赌博。化气为桃花，故为桃花之宿，乃第一大桃花。又为祸福之主，这是因为贪狼的心机往往仅表现在计划层面，而计划不一定会成功，成败不一，有祸有福，故贪狼主祸福。

贪狼兼属水、木之原因是：其属木而根为水。贪狼之木，乃甲木（在天干中，甲属阳木）。由于根为水，所以贪狼之木在水上漂，有浮舟漂动之象，引伸为外向好动，缺乏耐性。少年时甲木太嫩，逢水即动，故其人比较花心而浪荡，但显得幽默风趣。中年后甲木落地生根，可成栋梁之才。但在少年进入中年之时，会显得矛盾，给人滑头的感觉。

贪狼所主的职业往往是小学教师，这是因为贪狼属甲木，为造化之始，小学乃人生接受教育的开始。而加会太阳、文昌则往往主其人为中学或中专教师。

贪狼的代表人物为妲己，为欲望之神司掌"欲望"、"物质"，贪狼化气为桃花，又为标准，可福可祸，脸色青白或黄白，男貌性格，女貌艳丽，生活多彩多姿，不拘小节，喜吃喝，爱过夜生活、善交际。敢赚敢花，多才多艺，喜神仙之学，感情不定，博爱随和，入水乡者桃花处处开。

在紫微斗数中带桃花的星曜是：廉贞、贪狼、右弼、文曲、红鸾、天喜、咸池、天姚、沐浴，这些星曜中若有两颗以上会在一起，行限（大限或流年）遇之，其人难免发生感情困扰。有这种组合的人往往是天生的才子或佳人，若再加上其他吉星配合得宜，此人必为名人无疑。

2）风水、地理类象

天时类象：台风，雷雨，水灾，旱灾，入夜后黎明前。

地理类象：娱乐场所，餐厅，旅馆，大树，森林警察局，电线杆，平原，沙漠，海洋，船只，公共场所，房檐，橡木，堆积柴草，破烂物品，院屋不净，或有青白色苍茫远地一片，新生地，运动场，主有性鄙贪取之人，辛勤劳动之家。

3）旺度

贪狼的旺度：于丑、辰、未、戌为入庙；于子、午为旺；于寅、卯、申、酉为平；于巳、亥为落陷。

4）与贪狼有关的格局

（1）马头带箭格：参见5、天同之4）"与天同有关的格局"。

（2）贪武同行格：参见4、武曲之4）"与武曲有关的格局"。

（3）三合火贪格：又名"贪火相逢格"或"火贪格"。贪狼入命，遇火星同宫或三方拱照，合此格。火星与贪狼同入命为佳，三合次之，若贪狼入辰、戌、丑、未，与禄存、科、权、禄、左、右、魁、钺加会，为极佳之格，主其人大富大贵。或以武职立功，掌握国家军警大权，或经商暴发，财运亨通。喜与铃星加会。古人云："贪狼遇火必英雄，指日边庭立大功。更得福元临庙旺，帐呼千万虎贲门。四墓宫中福气浓，提兵指日立边功。火星拱会诚为贵，名震诸夷定有封"。

（4）贪铃朝垣格：又名"贪铃相逢格"或"铃贪格"。贪狼守命，遇铃星在命或三方拱照为此格。铃星与贪狼同守命垣为佳，三合次之。若贪狼入辰、戌、丑、未，与禄存、科、权、禄、左、右、魁、钺加会，为极佳之格，主大富大贵。其人或以武职立功。掌握国家军警大权，或经商暴发，财运亨通。喜与火星加会。（注：上述论断实际上与"三合火贪格"相同。）古人云："贪狼更得与铃逢，入庙宫中福气隆。立地英雄为上将，提兵指日立边功"。又云："火星与贪狼在辰戌丑未安命，庙见诸吉，对宫及三合不加凶，立功边疆，将相之贵"、"铃星贪狼同在辰戌丑未宫守命，三方吉拱，立功边疆"、"贪狼火铃与四墓宫，富豪家资侯伯贵"、"贪狼火星居庙旺，名振诸邦"、"贪铃并守，将相之名"。

（5）君子在野格：若贪狼、四煞星、天刑交会，且吉星落陷，是为此格。

（6）贪昌贪曲格：无论贪狼入何宫，只要与文昌、文曲同宫或会照，即构成"贪昌贪曲格"。古人云："昌贪居命，粉骨碎死"。若逢忌星，其人易有水厄、溺水之忧，亦主高空跌落之险。若流年宫有此格，且逢忌星，则在该年不宜坐飞机、坐船及玩水。且该运程期间容易政事颠倒，做事反复。古人云："贪昌贪曲，面上刺青"（注：古代的罪犯脸上有刺青）。流年宫有"贪昌贪曲格"逢忌星者，其人脸上多青春痘，或在脸上留下疤痕，或在该运程期间会去文眉。合此格，又逢化忌入命之人，会有自杀的倾向。若命宫主星强，影响不大。若命宫主星弱，凶星多则影响较大。

（7）泛水桃花格：贪狼入子，再加四煞、天刑、化忌者，若是男命，其人浪荡；若是女命，其人淫娼。

（8）风流彩杖格：贪狼于寅宫入命（对宫为廉贞），有陀罗同宫。或者若与火星同入命于寅宫，皆为"风流彩杖格"，主其人风流倜傥。此外，若贪狼于寅宫入命，加会擎羊、天刑则为"风流彩杖格"的变格，主其人有牢狱之灾。

5）贪狼入十二宫分论

（1）贪狼入命宫

① 性格、外貌、运气与其他星曜的关系分析

贪狼入命，其人少年时脸色为青白色或略带黄色，老年为青黄色。圆长面型或多骨。若庙旺，其人身体强壮、肥胖；若落陷，其人体形瘦小、声高而量大。性刚威猛，深谋远虑，性格无常，多计较之心，奸诈险狠，酒色赌博皆爱，往往会弄巧成拙，随波逐流。有错误时，人们往往在起初时恨之入骨，最终却会原谅之；其人做事性急，好弄巧；有嗜好，酒色烟赌无所不好，无所不能。好施小惠于人，因此能化敌为友。

贪狼入命者，必须身命二宫同参。

贪狼之浮动性质决定其人喜学新东西，却缺乏耐心，其结果是多学少成而不精。但其人与五术、玄学、道术有缘。

贪狼入命者，其人毛发浓黑，在辰宫入命者必身材高大。且其配偶肥胖。

贪狼入命，遇吉则富贵，遇凶则虚浮。

凡贪狼入命，且入庙者，主其人长寿。尤其是若贪狼与长生同宫于寅、申、巳、亥，再加吉星者，必主其人长寿。

贪狼入命，不加煞者，其人学历多为大学程度。

贪狼入命者，其人爱好神仙修炼术，因此，若学习术数，会学有所成。

贪狼入命者，擅长交际应酬，也善解人意，在好的宫位（所谓"好的宫位"需看该宫的五行属性与贪狼的五行属性之间的关系，以及贪狼在该宫的状态是否庙旺）会有化敌为友的力量。

贪狼入身命、夫妻宫、子女宫、迁移宫、官禄宫、福德宫者，主其人有桃花或外遇。

贪狼也是财星，且是散发性质的财，往往发后不留，除非中年以后，但即使中年以后，也是所剩无几。而武曲之财是内敛性质的。贪狼在辰、戌、丑、未为入庙，为财库。

贪狼入身宫者，最怕遇到天机化忌，多主其人为多变、多忧虑、奔波劳碌或嗜酒嗜赌。

贪狼、七杀、破军三者并称为"杀破狼"，又称为"竹箩三限"，主变动、开创，但不主财。一般是攻财而不守财，并且往往是越攻越不守财，尤其是当父母宫与疾厄宫一线受冲，以及田宅宫不佳时更是如此。杀破狼之财，往往发后留不住，不能享用，前手接财后手空。

若贪狼于子、午、卯、酉入命（即寅、午、戌年生人，贪狼入命于午宫；申、子、辰年生人，贪狼入命于子宫；巳、酉、丑年生人，贪狼入命于酉宫；亥、卯、未年生人，贪狼入命于卯宫），其人终生无所作为。其中，贪狼入命于午宫为木火通明，主其人多计谋。

贪狼喜入辰、戌、丑、未四墓宫，其中，在丑、未二宫，贪狼与武曲同宫，在辰、戌二宫，贪狼与武曲对拱。此时，只要有吉曜相扶，皆主其人先贫后富，中年发达。但若无吉曜来相扶，或吉少煞多，或众煞并集，则主其人"为人谄佞悭贪，每存肥己之心，并无济人之意。"

贪狼于子、午二宫入命，必与紫微相对。若在子宫，乃"泛水桃花格"，即使不入格，古人云："若犯帝座，便为无益之人。"（注：此论未必绝对，若有吉曜加会，或有火、铃同宫，仍主其人能发达。若在午宫，较在子宫为佳，称为"木火通明"。）古人云："贪狼擎羊居午位，丙戌生人镇边疆"，此时乃"马头带箭格"若无煞、忌加会，则其人可在军政界发展，若有煞、忌加会，则其人宜从商。（注：中州派王亭之先生认为，须丙、戌年生人方合此格，此时擎羊位于午宫）。

若贪狼入命于寅宫，有煞星会照，主其人聪明，少年显扬，但虽能创立事业，而牢狱灾祸会与事业并来。若加会擎羊、天刑，主其人有牢狱之灾。若与陀罗同宫，则为"风流彩杖格"，主其人贪色或会因色遭灾。

若与廉贞同宫（必在巳、亥二宫），无论男女皆主其人贪淫，会因酒色丧身或遭刑。若同入亥宫，廉贞、贪狼皆落陷，乃"泛水桃花格"，更凶。所以在巳宫比亥宫要好。若有禄存加会或化禄，且加会辅、弼、魁、钺，则会有成就（会昌、曲反主虚名虚利，为人多虚少实）。

若贪狼入命于巳宫，必与廉贞同宫，主其人圆滑活络，虽一生灾遇极多，却都能脱危而安。若三方四正无煞曜、恶星会照者，则其人必威震边疆，出将入相，掌握百万雄师。若有煞星、恶曜会照者，其人只宜在商界活跃，但所交往之人者多为军警政界人士，但一生的波折颇多。

凡贪狼入命于巳宫，则天府必在卯宫入夫妻宫，又有武曲拱照（酉宫），主其人虽有妻却会再娶，且第二妻必聪明多才，持家有方，而且能相夫。

贪狼在寅、申二宫与廉贞对拱。古人并不以此格局为美，古人云："贪狼廉贞同宫，男流荡，女贪淫，酒色丧身。"又云："贪廉同宫于己亥，既不纯洁且遭刑。"又云："廉贪陷地加杀，不为屠宰亦遭刑。"这种组合，在寅宫不及申宫，因为在寅宫既有成"风流彩杖格"的可能，而且见煞、刑曜还主官非，除非禄存同宫或化禄，否则主其人难有作为。而入申宫的贪狼，乃吉凶交集。这是由于贪狼木被申金所制，主其人能流芳百世，亦能遗臭万年，被一部分人所指责反对，却又被另一部分人所钦敬崇拜；一生事业由艰苦奋斗中得来。但若享受淫乐，则事业又将在安乐中失去。若无煞星、恶曜会照，主其人由白手成大业。会煞星者，牢狱灾祸，一生东避西逃，尝尽甜酸苦辣。

若贪狼在辰、戌入命，对宫有武曲会照，其人先贫后富，三十岁后方能发达。

若贪狼于巳、亥（必落陷）二宫入命，且加煞者，其人若不是屠夫亦会遭刑，享福不久。即使不在巳、亥，只要会煞星，且无吉曜者，其人必为屠夫。

若贪狼入命于戌宫，遇天空者，主其人身材矮小，对神秘及宿命之事更具兴趣，但没有不良嗜好。

贪狼在午宫，主其人善计谋，雄才大略，若三方四正无煞星恶曜者，则事业极大，能左右经济形势，掌握财政大权；有煞曜，须在商界谋发展。

贪狼入命与巨门、太阳等星曜的入命截然不同。巨门、太阳入命者，虽无错误，每易被人指责（天梁、禄存星座命官者亦相同），而贪狼入命者，即有错误，结果多会不了了之，且有特殊作风，能与怨仇者相处，久则还能化解怨仇。

贪狼入命宫，紫微、天府入夫妻宫，贪狼乃第一桃花，主其人多才多艺，有风流纵情的本性，容易出轨。

若与紫微同宫，称为桃花犯帝座，无论男女，皆主其人至淫。而且其人乃无益之人。但若得辅、弼、昌、曲夹辅，则不作此论。如果有天刑及空曜，却主其人乃清白之人。若见吉，其人亦能发福。

若有紫微、太阳、太阴、辅、弼、昌、曲拱照，又大限或流年逢禄、科、权者，主其人贵显。

若与武曲同宫，主其人自私自利，小气，自我感觉良好，先贫后富，为人奸诈、贪婪。

若贪狼入命，有武曲会照，主其人先贫后富。有煞星，则少年多灾，命不长。

若贪狼与武曲、文曲入大限于午、丑（即位于午、丑的大限宫中有武曲、贪狼、文曲），又见煞忌，其人须防溺水之忧。本命宫在丑者防丑限（大限宫位于丑），本命宫在午者防午限（大限宫位于午）。

若与廉贞同宫，或贪狼、廉贞分别入命宫、身宫，男命，多浪荡，女命，多淫，且易酒色丧生。亦主其人飘荡，外乡发迹。尤其是廉贞、贪狼于巳、亥入身命者，多有淫乱倾向，且会遭官刑。

又，若与廉贞同宫，则逢己干引发文曲化忌或逢辛干引发文昌化忌时，其人会遭刑，为人不善，虚夸。

若贪狼入命，七杀入身宫，又会煞曜，则其人有偷花淫奔的作风。古人云："贪狼七杀守命身宫，女有偷香之态，男有穿窬之体，诸吉压不能为福，众凶集愈长其奸。以事藏机，虚花无实，与人交，厚者薄，薄者厚，故曰：七杀守身终是夭，贪狼入命必为娼。"

贪狼入命，破军入身宫，会煞曜，男命，主其人狂醉豪赌，视色如命。女命，主其人浮荡，不安家室，好交友，有嗜好。

若与破军会照，遇禄存、天马，男主浪荡，女主多淫。古人云："若贪狼在命，破军身宫，更居天马三合之乡，生旺之地，男好饮而好赌博游荡；女无媒而自私窃淫奔，轻则随客奔驰，重则游于歌妓。"（注：中州派的王亭之先生认为，贪狼不喜居旺地。）

若与昌、曲同宫，主其人虚伪不实。尤其若贪狼与文昌同宫，逢辛干引发文曲化科、文昌化忌者，主其人做事颠倒。

若贪狼与文曲同宫，在月干或日干为癸之日、月，引发贪狼化忌，如果这时贪狼入流月或流日宫，主其人在此流月或流日会因女事惹麻烦。

若贪狼与昌、曲入命，其人多为奸诈虚伪之辈，不是真小人，就是伪君子。

若与文昌、文曲、天虚、阴煞等星曜会照，主其人做事虚而不实，善取巧。

若贪狼与四煞同宫，其人有淫乱倾向。若与羊、陀加会，其人必风流成性。

一般而言，若贪狼与擎羊或陀罗同入命宫，主其人有无耻下流的倾向。但若与擎羊同宫于午宫，为"马头带箭格"，则其人既富且贵。若是丙、戊年生人，则其人镇戍边疆。除同宫于午宫之外，凡贪狼与羊、陀同宫者，其人乃屠宰之人。若与火星同入命宫于寅宫，则为"风流彩杖格"，主其人风流倜傥。

若与擎羊或陀罗同宫于亥、子二宫，为"泛水桃花格"，主其人自命风流，会因色而身败名裂。若同宫于辰、戌二宫，对宫有武曲对照，若宫中有吉曜，主其人三十岁后可发。

贪狼最喜火、铃。若与火星同宫，由于火星之火为短暂之火（如打火机之火），而贪狼遇火星则木火通明，故会横发。若与铃星同宫，由于铃星胆大出众，故木火通明之象会使其人成为将星之才。此乃"火贪格"，主其人财厚禄高。但以辰、戌二宫为上格，丑宫、未宫为次格，其他宫位更次之。

若与火、铃同宫于四墓宫（辰、戌、丑、未），不加羊、陀、空、劫者，主其人豪富，家财万贯，位至侯伯。其中，位于辰、戌尤佳，位于丑、未，次之。若不与火、铃同宫，但三方守照，也以吉论。但若加会羊、陀、空、劫，则不吉。

若与火星同宫于辰、戌、丑、未，且三方再有吉曜会照者，主其人名震诸邦。若与铃星同宫于辰、戌、丑、未，主其人乃名将名相。此时贪狼入庙，若三方再有吉曜拱照者，尤美。若在卯宫安命，无煞星者次之。若加会羊、陀、空、劫，不以吉论。

此外，若贪狼与火星、铃星同入四墓宫（辰、戌、丑、未），三方有吉星来拱者，其人会立边功。

凡贪狼入命，若有空曜、天刑同宫，反主其人清白端正。

贪狼入命，若三方四正无煞星，却有吉曜会照者，其人乃军警或政界人士。

若贪狼化禄（由戊干引发）会火、铃，主其人必有意外之财，包括生意或意外收获；或若破军化禄（由癸干引发）之财，更属意外之财。上述两种财皆为横财。

若贪狼入命遇化忌、空、劫，主其人好赌。

贪狼喜遇空亡（包括截空、旬空），若遇之，能使贪狼习正。

若贪狼入命，逢癸干引发贪狼化禄，主其人可从交际应酬中取财或得到好机会，若再遇火、铃，则会有意外横发之财。

若贪狼于陷地化忌（由癸干引发），再加会天刑，则大限或流年遇到者牢狱官非难免。

若与天姚同宫，其人乃多情种子。

贪狼主物欲，若见煞，则亦主情欲，但若见天刑、空曜，却反主其人清白。若见化禄、化权、魁、钺、辅、弼，则主其人会发福。

贪狼怕与红鸾、天姚等桃花星同宫，若遇之，主其人有淫乱倾向，会有桃花或肉欲行为。

若贪狼入大限或流年，则其人在此运限期间，会有不小的突发之财。

若贪狼入大限或流年，且有吉化，或逢"火贪"、"铃贪"格局，皆主其人的事业在此运限期间会变好，而且这种改变发生于不知不觉之间。但若见煞、忌，则在此运限期间其人的事业会于不知不觉间变坏，或蕴藏灾厄的危机。若无煞曜加会，主其人在此运限期间将去旧更新，诗酒应酬，性情愉快，创事业，进财利，添人口。再有化禄、化权、化科者，则会加官晋爵。若逢火星、铃星者，会得到意外之财。若会照煞星、恶曜、落陷、化忌者，主其人会因交际应酬而生灾非，或因投机赌博而倾家。若加会咸池、天姚者，其人会因色生灾，此时最喜见喜事或怀胎生产，可化灾为吉。

若流日宫中有贪狼，而且流日干（戊干）引发贪狼化禄，会有人请客。

凡女命，若贪狼入命，其人的脸型大多是圆脸但有下巴（不像天同圆脸却没有下巴），其眼睛大小适中，是公认的美女。嗓音沙哑，是典型的公鸭嗓。

女命，若贪狼入命，其人会有虽疏却亲之感觉，皆因贪狼幽默、浪荡的特点，会使人留念。若贪狼在亥、子入命，遇羊、陀，其人多嫉妒之心。若逢禄存、天马，则不美。若贪狼在巳、亥陷地入命，再加煞者，其人必为娼妓。

女命，若贪狼入命，主其人或嗜酒，或嗜赌，或嗜烟，或有其他嗜好，且多有嗜好宗教信仰者。凡入庙者都富贵。若有左辅、右弼、天魁、天钺、天福、天官、天贵等星曜会照者，主贵。若有禄存、化禄、火星、铃星拱照者，主富。

凡贪狼入命之女性，其人有丈夫志，性情刚毅，毛发颇重，旺夫益子。但贪狼落陷者，宜为继室偏房，否则有刑克破败。

女命，古人不喜贪狼入命，论女命时有"贪狼内狠多淫佚"的说法；又说："贪狼七杀廉贞宿，武曲加临克害侵。"将分布于十二宫的贪狼都说得一无是处。

凡贪狼入命，如果有流煞加会，再符合下列条件者亦合"泛水桃花格"及"风流彩杖格"：

凡申、子、辰年生人，若贪狼于子宫入命；

凡寅、午、戌年生人，若贪狼于午宫入命；

凡亥、卯、未年生人，若贪狼于卯宫入命；

凡巳、酉、丑年生人，若贪狼于丑宫入命。

以上各种组合，皆主其人性格爱贪小便宜，品行不正，有嗜好，倾败家产，或有行窃偷盗的行为，且是头脑不清、不明是非、黑白颠倒、恩怨不明、无理智、无理性的人。但如果有吉曜加会，则可减轻。

注：古人云："贪会旺宫，终身鼠窃。"（中州派王亭之先生按：子午卯酉为四旺宫）。"贪居旺宫"不过主其人物欲强烈（若见昌曲桃花同会，则为情欲强烈），未必一定是鼠窃之辈。

②所入宫位（十二地支）分析

贪狼入命于子、午

贪狼在子、午皆为旺，独坐，对宫有紫微。因受紫微的影响，主其人有口才、有文艺修养，但为人圆滑。

若与昌、曲同宫，主其人虚而不实。

若与火、铃同宫，又加会吉星，则戊、己年生人有将相之名。

若与擎羊同宫，其人多从事屠宰业。

若与空、劫同宫，其人乃财来财去，不能长久的财运。

若贪狼在子宫入命或入大小限、流年，遇羊、陀者，为"泛水桃花格"，男女皆易因贪花迷酒而丧生，有吉曜者稍吉。

贪狼入命于丑、未

贪狼入丑、未者，皆入庙，必与武曲同宫。主其人个性刚强，具有才艺。但由于与武曲同宫，少年时期不利。自古有论断云："武贪同宫不发少年人"。需三十岁后方有可能发达。但是，若三十岁后，贪狼的阳木已为朽木，也不能发达。而且其人吝啬，且需戒赌、戒酒，以免害自己。

若加会煞星，对其人的才艺不会发生影响，但对其福泽会有不利影响。若与空亡同宫，需防家庭破裂。若与擎羊同宫，主其人乃技艺之人。

武曲、贪狼在丑、未入限，乃横发之局，但因武曲不发少年人，故对三十五岁以下的人而言，这个运限来早了。若大运在三十岁到三十五岁期间，逢武曲、贪狼入限，且不被忌煞之星冲破，主其人会有突发之财，甚至在武曲、贪狼值守之年，若购买彩票，可能会中大奖。（注：但是不能将这个论断作为买彩票的依据！）

肖龙（辰年）、肖狗（戌年）、肖鼠（子年）、肖马（午年）、肖虎（寅年）、肖猴（申年）之人，在此运程中适合成家，已婚者或许会添人口。

贪狼入命于寅、申

贪狼在寅、申皆为平，独入，对宫为廉贞。主其人多才多艺，心高气傲，善与人交际，对政治有兴趣。

若与昌、曲同宫，主其人虚而不实。

若与火星同入命宫，或贪狼入寅宫时，如果三合方有羊、陀、天刑，主其人欲壑难填，易因色身亡。若与火星同宫于申，其人为屠宰业人士。若同宫于寅，乃"风流彩杖格"，其人风流倜傥。

若与火星同宫，再会羊、陀，主其人以技艺谋生。

若与铃星同宫，再遇空、劫，主其人宜担任公职。

贪狼入命于卯、酉

此时与紫微同宫，贪狼为平。这是紫微在十二宫中最吉的宫位。主其人个性直爽、性格坚强、反应敏捷、有才干，事业上会有成就。但若同宫于卯，甲年生人较为不利；若同宫于酉，庚年生人较为不利。

由于贪狼是多才多艺的桃花星，无论男女皆主淫邪，奸诈巧语。若再有咸池、天姚、沐浴、文曲、化科、红鸾、大耗同宫者，男好色，女淫荡。其人易有感情困扰，很可能是一个风流好色之人。尤其是若与六煞星同宫，往往会成为脱俗僧人。在大限中遇之，需配合每年流年宫的好坏来论。若流年好，则吉；若流年不利，则平平。

若有左辅、右弼来夹紫微、贪狼，则由于贪狼受制，不作淫邪论。

若是乙、己、庚、辛年生人，若有三方会照六吉星和天姚等星曜，则为贵格，主其人文武全才，富贵双全。

贪狼入命于辰、戌

贪狼入辰、戌皆为入庙，独入，对宫为武曲。辰、戌为天罗地网宫，故令贪狼的优点难以发挥。但其人三十岁后可发福。

若加会吉星，主其人长寿。

若与昌、曲同宫，其人虚而不实。若与火、铃同宫，且无羊、陀、空、劫冲破，主其人富贵。若与羊、陀同宫，其人从事屠宰业。

凡肖牛（丑年）、肖龙（辰年）、肖羊（未年）、肖狗（戌年）之人，若贪狼落空亡，能反贪狼之失为正。

女命，主其人事业有成，但感情有波折。

贪狼入命于巳、亥

必与廉贞同宫，且二者皆落陷。主其人下贱孤寒、弃祖离家，一生颠沛劳碌，经济不优裕，宜军旅之职。若遇禄存，则其人会有富贵。若逢武曲、破军，则其人的祖业必破。若与昌、曲同宫，多主其人虚而不实，再加化忌同宫者，若是丙年生人会有祸，甲年生人亦不宜。

贪狼入亥，为泛水桃花（因为亥与子均属水），再加四煞、天刑、化忌者，男浪荡、女淫娼。

若贪狼在巳、亥守命，主其人下贱孤寒，会弃祖离家。

若廉贞、贪狼坐命或入大限宫、流年宫，其人易有感情挫折或纠纷，严重者会遭官刑。

若与廉贞在巳、亥同入大限宫、流年宫者，在此期间交际应酬机会多，少回家。女性的购买欲甚强，因而善打扮。在此期间所遇的困扰，多与酒色财气有关。

女命，若不加会煞星，则乙、丙、戊、辛年生人乃清白贞洁之女。若加煞，则主其人易成为娼妓。若与天梁同入命宫，其人宜作偏房。

③ 运限、流月、流日分析

若流年宫或大限宫位于子、午，贪狼入此二宫，则在此期间

凡甲年生人：不利搬迁。出门时要当心门户以及煤气、电器等安全。收支较大，但仍有积存。若把经济交给配偶管理，较为有利。与父母不易沟通，凡事应以顺从为上，不要太坚持己见或原则。对子女要多费心，切勿让他们单独外出或到冒险场所。

凡乙年生人：外出有利，即使获利不多，但声势非凡。从事五金、工程业者在此期间可全力拓展业务，会有"自助人助"的好运。在搬动机械或使用工具时，防止工伤。利于买卖房地产，会有利可图。

凡丙年生人：若经济上困难，父母可有援助。而对于感情纠纷，则父母爱莫能助。未婚者在此期间要冷静思考，会比较安全。已婚者不可心猿意马，工作上不可烦躁妄动，若出门上路要注意安全。

凡丁年生人：凡事应多与兄弟姐妹商量，与父母的协调宜通过手足作为媒介。面对父母要恭敬、温和。注意自己的身体健康，也要关心父母的身心。

凡戊年生人：若与火、铃同宫，又加会吉星，会有将相之名。与配偶或异性朋友会聚少离多。注意安全和健康，以免血光之灾。避免与朋友发生金钱往来。

凡己年生人：若与火、铃同宫，又加会吉星，其人会有将相之名。子女成绩很好。凡申、子、辰、巳、酉、丑、亥、卯、未时生人，不要冒险扩充业务，以保守为宜。

凡庚年生人：与亲人要保持和谐关系，田宅运不错，要注意子女的安全和健康。若贪狼入午宫，则要注意家宅安全。在此期间注意不要患上任何病，否则不易治好。

凡辛年生人：其人虽然雄心万丈，但没有合适的合作伙伴与投资环境。

凡壬年生人：其人往往空有热情，却力不从心。在此期间的开支颇大。感情上常会有伤感，但接下去的运程中对感情有利。凡行运在午宫（大限宫或流年宫位于午）的人心情不会太差，有些事情聊可自慰，不必要求太高。

凡癸年生人：即使生年干引发贪狼化忌，亦主其人多才多艺，会有突出表现。

若流年宫或大限宫位于丑、未，贪狼入此二宫，则在此期间

凡甲年生人：财运甚佳，但不能忘了孝敬父母、长辈。

凡乙年生人：利于买卖房产或搬迁。

凡丙年生人：宜在下半段运程再进行搬迁或买卖房屋。要注意节约，也不宜与仅有点头之交的人应酬，不宜与酒肉朋友多接触。

凡丁年生人：与父母、长辈接触要注意礼貌，与上司接触要注意措辞，不可逞口舌之快。外出时注意交通安全和"财不露白"，或许可以委托兄弟姐妹代为出门。在此期间，可以变换居住环境。

凡戊年生人：若得到外快，可能会惹出麻烦，不要急于置产。对兄弟姐妹和朋友，不要轻易动气。在下半段运程中，子女的学业会有进步。若有火、铃同宫，为贵格，宜在商界发展，虽多坎坷，但仍会有表现。

凡己年生人：不要为获利而冒险，不计后果。要防止意外的伤灾。子女外出考试时，成绩理想。若有火、铃同宫，为贵格，宜在商界发展，虽多坎坷，但仍会有表现。

凡庚年生人：处理好与兄弟姐妹和朋友的关系，避免金钱往来。若有火、铃同宫，为贵格，宜在商界发展，虽多坎坷，但仍会有表现。

凡辛年生人：父母或长辈在其人的此运程中，声势如日中天。但子女易受撞擦之伤，尤其是正在学步的幼儿，更要注意。若有火、铃同宫，为贵格，宜在商界发展，虽多坎坷，但仍会有表现。

凡壬年生人：在感情上容易出问题。未婚者，不要因小口角而产生误会。女性对于异性朋友，应该宁缺毋滥。男性不要自命风流，而误中美人计。已婚者不要为小事而争吵，在外不可有越轨行为，以免破财又生灾，若夫妻聚少离多一段时间，反而是好事。凡五月、九月生人，贵人较多，只要不贪求，就不会有大风浪。

凡癸年生人：要远离酒、色、赌。交际应酬或红白帖子比其他时段多。购衣物的机会也较多，这段运程中宜购物。搞艺术的人，在此运程中会有佳作。但要注意，癸年生人在此运程中发不耐久。

若流年宫或大限宫位于寅、申，贪狼入此二宫，则在此期间

凡甲年生人：在此运程中与兄弟姐妹的缘薄。凡事应多体谅兄弟姐妹，在钱财方面，只要不影响生活，不妨答应其要求。只要自己努力，财运会亨通，若再加会吉曜，则财运更佳。未婚男女，感情如意，出门见财。

凡乙年生人：兄弟姐妹间要互助互谅。到下半段运程，诸多不顺之事，均可顺利解决。

凡丙年生人：不宜出远门。若有人要求其人帮助处理感情问题，不宜介入。使用工具或利刃时，要小心。

凡丁年生人：与父母、长辈交谈时，要注意礼节，不可逞一时口舌之快。接受邀宴时，要注意肠胃。

凡戊年生人：在此期间工作忙碌，但可能会有突发之财，若是三月、五月、九月、十一月生人，得到的助力大。

凡己年生人：学生参加考试要细心。本身的工作要注意时效，避免误时。若是寅、午、戌时生人，要注意票据和契约问题，防止口舌是非。

凡庚年生人：注意自己的健康。幼儿易跌伤或擦伤。财运甚佳。凡限行寅宫者，手足的表现优异。

凡壬年生人：已婚夫妇要注意夫妻感情，并关心配偶的健康。从商者要小心财务困扰。未婚男女，对感情不要太执著，应以事业为重。

凡癸年生人：在此运程期间宜开始学习技艺，或参加社团活动。但在此期间不要涉及感情问题。

若流年宫或大限宫位于卯、酉，贪狼入此二宫，则在此期间

凡甲年生人：子女有需要操心之事。财运与事业相当不错。不宜进行房地产买卖，若已经交了定金，可能会发生问题，但最终会化险为夷。若流年宫或大限宫在卯，而紫微、贪狼同宫于酉，则子女问题较多，房地产问题较大。若是租房而住，则可能会搬家。

凡乙年生人：在此期间有出名的机会，尤其是演艺界人士更明显。子女运和房产运很好。子女成绩不错，但要注意幼儿的安全。若流年干或大限宫干为壬，则会大出风头，既有名气，又有权势。若紫微、贪狼同宫于流年迁移宫或大限迁移宫，亦即流年宫或大限宫的对宫，主其人远行有利，贵人在远方。例如，南方人宜往北，国内人宜出国，国外人宜回国，等等。

凡丙年生人：在此运程期间其人风头十足，但易招非议。尤其是三月生人，在男女之间交往时要小心把握分寸，切勿上当。

凡丁年生人：不可与父母争辩，且要关心父母的饮食卫生。兄弟姐妹中有人表现突出，令你自豪。

凡戊年生人：要劝导自己的兄弟姐妹凡事需认真。所谓百事通的人往往浮而不实。爱情上想左右逢源，却往往两头落空。若与火星、铃星同宫，且没有天空、地劫冲破，则经商者会有获利，但不能违法或损人利己。

凡己年生人：工作会有新业绩，且下半段运程（即流年的下半年或大限的后五年）比上半段好，因此需未雨绸缪，做好计划，以便在下半段运程中有所发展。若是亥、卯、未时生人，要提防契约、票据、金钱方面的问题，凡事防备为先，先小人后君子。若流年宫或大限宫在卯或酉，且宫中无主星，而紫微、贪狼同宫于流年迁移宫或大限迁移宫，主其子女的成绩颇佳。

凡庚年生人：要注意自己的健康或出门时的安全。不要因为事业上的小麻烦而影响情绪和健康。总的来说，在此运程中，钱财运颇佳。

凡辛年生人：父母、长辈对其人会有助益。子女表现令人欣慰，尤其是申时生人，儿女表现尤为突出。但是，在此运程中，钱财易有损失。

凡壬年生人：财源不绝，却到手成空，无法积存。轻易不要辞去原来的工作。

凡癸年生人：若紫微、贪狼同宫于流年迁移宫或大限迁移宫，则其人外出开销加大，却又不得不外出。男性要避免去那些会留下后遗症的场所去应酬。女性，若福德宫（也包括流年福德宫和大限福德宫）中有武曲化忌（由壬干引发），应更换衣服款式或发型。

若流年宫或大限宫位于辰、戌，贪狼入此二宫，则在此期间

凡甲年生人：外出有利。钱财进出较大，但总有收获。不要太热衷于事业，多休息，以免血压上升，心悸头昏。子女较多虚惊。已成家者，小两口之间会有些烦恼。

凡乙年生人：其人易有灾伤，故要注意健康、安全。未婚男女在此期间要经受感情的折磨。兄弟姐妹中有人财运尚可，但情绪或健康欠佳。

凡丙年生人：避免酒、色、赌。子女可能多动少静，有虚惊。凡四月、十月生人，宜学习艺术类技艺。

凡丁年生人：子女的考试运不错。手足与朋友正春风得意，但不必急于与之攀比。在辰宫入运者，外出前一定要注意门户、火烛、电器的安全。对父母、长辈要尊重，注意其饮食和健康。

凡戊年生人：若得火、铃之助，主其人财官双美，能致富。但不可因有钱而好色。应多陪伴子女，他们需要精神安慰。不要拒绝配偶的手足提出的求助要求。

凡己年生人：若得火、铃之助，主其人财官双美，能致富，事业有成，工作如意。子女的考试运颇佳。

凡庚年生人：要谨慎处理与兄弟姐妹以及朋友的关系。若搬迁，会有波折，不宜在上半段运程进行。

凡辛年生人：出门要小心。年轻人不可见财起意，动邪念。若运限之干为壬（即大限官干或流年干为壬），且是二月、八月生人，出门不可多带贵重财物。

凡壬、癸年生人：外出时开支大而且不顺。女性在天黑后，不宜单独外出或参加成员复杂的旅游、集会等活动。夫妻间若有问题，最好让时间来冲淡或化解矛盾。要悉心照顾孙儿辈，以免媳妇或女婿有怨言。子女正在读小学者，最好亲自接送，既安全又可增加亲子之情。凡四月、十月生人，行动前应有充分酝酿。

若流年宫或大限宫位于巳、亥，贪狼入此二宫，则在此期间

凡甲年生人：其人虽然有福，但不耐久。下半段运程转好。教师要注意师生关系。已婚者的配偶的情绪、健康不佳。

凡乙年生人：兄弟姐妹或朋友中会有人不顺，需要援手。自己的运势强盛，心情平稳，有些本已放弃或遗忘的钱财，会不费吹灰之力返还或得到。子女运或田宅运不顺，会有不利的变化，因而面临搬迁的困境。

凡丙年生人：其人虽然有福，但不耐久。女性要注意妇女病。未婚者多感情纠葛，宜多习才艺。男性宜远离酒色财气。

凡丁年生人：注意孝顺父母。不要与上司顶撞。关心自己的健康。子女婚姻欠稳，要多关心，但不介入。

凡戊年生人：其人福不耐久。兄弟姐妹中有人拟从事投机事业，应劝阻之。应引导未婚子女多充实自己，感情问题不宜操之过急。已婚子女与其配偶聚少离多为佳。不要过分求财，要注意自己的健康，尤其是手、脚、神经。

凡己年生人：财运较佳，但在上半段运程需劳心费力。有福，但不耐久。

凡庚年生人：利于搬迁、变动。尤以军警、工程、机械、五金行业人士为佳。

凡辛年生人：未婚男女可考虑成家。已婚者，夫妻感情转好，收入也会增加。若要搬家，须注意择日和气象变化。

凡壬年生人：其人虽然有福，但不耐久。要注意感情和婚姻问题，已婚者不妨分开一段时间；未婚者不宜对感情问题抱太高的希望。若是三月、九月生人，所遇的对象不理想。

凡癸年生人：其人虽然忙碌，但与以往的情形不同，且成就较大，应酬也多。

在此期间，开支会加大，故购物时要精打细算，认真挑选。在公共场合要当心财物，还要注意家中的门户安全。

（2）贪狼入兄弟宫

贪狼入兄弟宫，主其人的兄弟少，互相帮助的机会少。若贪狼庙旺，可有兄弟二三人，其人不仅与兄弟之间的关系好，而且与友人及下属的人缘亦好。若贪狼落陷，则其人的兄弟姐妹之中有同父异母所生之人，且其人与兄弟如同陌路人，自我心重，因此，缘分浅薄，甚至会因兄弟而蒙受损失，遭伤害。

贪狼入兄弟宫者，其人的兄弟姐妹中，有人晚婚或独身主义。

若贪狼落陷，主其人有异母兄弟。（注：因为贪狼落陷必在巳、亥二宫，此时廉贞、贪狼同宫，又见煞曜及桃花，以及单个辅佐星曜，此乃兄弟各胞之兆。）

若与紫微同宫（必在卯、酉二宫），若贪狼入庙，则有兄弟二三人。其余参见紫微。

若与武曲同宫，且贪狼入庙，主其人兄弟孤单或异母所生，但须兄弟宫中无正曜，才能成立。（注：丑、未互为对宫，因此，若贪狼、武曲同入丑宫，则兄弟宫位于对宫的未宫；若贪狼、武曲同入未宫，则兄弟宫位于对宫的丑宫。）

若与武曲会照，且贪狼入庙，主其人兄弟孤单，即使有，多为异母所生。其余参见武曲。

注：贪狼有异胞兄弟的克应，在现代社会可能不准，而在推断人际关系方面，则可能得出其人与同僚、同学各怀异心的论断，但这一论断还需更多的案例验证。

若与廉贞同宫，若贪狼入庙，仅有兄弟一人，或虽不止一人，但兄弟不和，其余参见廉贞。

若与六吉星同宫，贪狼入庙，则兄弟虽然和睦，但得不到兄弟的帮助，尤其与文昌同宫时，不能得兄弟帮助的情况更为明显。若无六吉星同宫，则兄弟不和。

贪狼入庙临兄弟宫，会照左辅、右弼、天魁、天钺，主其人兄弟之间和睦，互相帮助，互相游乐。其人有兄弟三人。

若与擎羊、火星、天空、地劫同宫，主其人兄弟孤单，且会因兄弟而蒙受损失，遭伤害。

若加会火、铃，其人能得兄弟之帮助。

若会照擎羊、陀罗、火星、铃星、天刑，主其人兄弟孤单或有刑克不和。

若加会禄存，其人的兄弟感情关系好。

（3）贪狼入夫妻宫

无论男女，皆不喜贪狼入夫妻宫，不但不宜见煞曜，如果见桃花，女性的配偶恐有外遇（男命则主自身有外遇）。仅当贪狼有天刑、空曜同宫，其人的婚姻才会美满。

贪狼入夫妻宫者，主刑克，其人的婚姻运欠佳，但如果迟婚或婚期屡有阻碍周折，或有破坏者反而可以化解，否则主硬克。一生有多次更换配偶的现象。男性宜晚婚，若早婚，会有克害；若再加四煞，则易生离。而且会受任性或品格恶劣之妻的困扰，易娶离过婚的女人，若有煞星、化忌同宫者，更验。女命，主夫长，亦宜晚婚，其人好赌，易被好色的丈夫百般虐待。

贪狼入夫妻宫者，乃桃花之象，以迟婚或婚前曾遇波折为佳。而且，第一次双方认识时，根本没注意对方，相隔一段时间后，偶然再相才开始有约会，直到结婚。

若贪狼于辰、戌二宫入夫妻宫，因为辰、戌二宫为天罗地网之宫，故主其人的婚姻入罗网，即使有桃花亦会减色，仅主其人婚前多恋爱波折。

若与六煞星同宫，有离婚的可能。尤其若贪狼落陷，则无论男女，皆主三度婚姻。

若与紫微同宫，参见紫微。

若与武曲同宫，参见武曲。

若与廉贞同宫，乃桃花之象。其余参见廉贞。

若与六吉星同宫，则晚婚者可避免生离。

若会照擎羊、陀罗、火星、铃星、天刑，主其人的婚姻会发生离异，甚至乃三妻之命。

若会照咸池、天姚、廉贞、化忌，主其人有桃色纠纷，或宠妾灭妻，否则有刑克，或先生女后生子，或极迟得子者可免刑克。

若贪狼入夫妻宫，且被癸干引发化忌，无论男女，皆主其人对配遇不满。二人之学识、家世、年龄或面貌，有不相称之处。

女命，贪狼入夫妻宫者，主其人的婚姻有刑克，会离居。但丈夫有外遇者可免，宜作继室或偏房，或得子后可免刑离，或长配迟嫁。

（4）贪狼入子女宫

贪狼入子女宫，若加会桃花诸曜，古人断作其人正室无子，但由庶室生女。

贪狼入子女宫者，若贪狼庙旺，其人可有子女二三人。若落陷，则孤，且有克，且庶出者与赘婿不和，不得力，而义子则吉。子女任性顽皮，反抗心强。会因子女而导致精神苦恼。自己的性生活方面，性欲充沛，会使异性情乱意迷。

贪狼入子女宫乃桃花之象。若会照吉星，则其人的子女不少于三个。

若贪狼入庙，则其人的赘婿与庶子之间和睦，再加会左辅、右弼、天魁、天钺，其人有子女三人以上。若贪狼落陷，则赘婿与庶子不和。这个规则也可用来推断其人的下属之间的人际关系。

若与紫微同宫，其人极迟才有子女二三人。其余参见紫微。

若与武曲同宫，其人有子女三人。其余参见武曲。

若与廉贞同宫，其人有子女二人。其余参见廉贞。

若有左辅、右弼之中单颗星曜同宫或会照，则其人有入赘之婿。

若会照擎羊、陀罗、火星、铃星、天刑，若是女命，主其人小产或难产，或有刑克、动手术。

凡贪狼入子女宫，若逢运限的天干为癸干（大限宫干，或流年干、流月干、流日干），引发贪狼化忌，主其人的子女在相应的运限期间多病多灾，须过继。

若会照咸池、天姚，主其人先女后子，或继室偏房生子。

如果贪狼入子女宫，而子女宫的干支是癸巳、或者运限的干支是癸巳（大限宫的干支或流年干支或流月干支等），由于癸巳是长流水，癸干引发贪狼化忌，由于此时乃子女宫自化忌，去对宫（田宅宫），多主天气有连阴雨之象。若这时夫妻宫有巨门，易发生田宅进水，而且因为是长流水，故水从上面冲向房子。若再有白虎、擎羊、华盖与贪狼同宫，又有天府入本命疾厄宫，或更有天刑入本命宫，则会有狂风狂雨导致房顶被打开，天花板、砖瓦、墙等崩塌，在房子里的其人会被压伤或压死等事件发生。

（5）贪狼入财帛宫

若贪狼入庙，见禄存、化禄，主其人终能成富。但若与武曲同宫，则不宜有禄存同宫，只能会照禄存，否则主其人不富有。若与廉贞同宫，并有禄存，不佳。若贪狼入财帛宫，三方会照紫微与七杀同宫，则其人之财乃由正业所生之财，若再有廉贞化禄或破军化禄会照，则主大利，且其人一生的财帛由多种事业而来。

贪狼于庙旺之地入财帛宫，主其人终能成富，且横发；若贪狼落陷，则主其人贫困，若再加空、劫、大耗、化忌，则其人很穷。

贪狼喜欢与火、铃同宫，主其人富厚、横发，或得意外之财。但其人在三十岁前劳心苦志，成败不一；在三十岁后方能横发。而且须于大限流年找出破败的克应期，以便及时收手，作出应对。

若与紫微同宫，参见紫微。

若与武曲同宫，参见武曲。

若与廉贞同宫，参见廉贞。

若贪狼与廉贞相对（必在寅、申二宫），再有贪狼化禄，又见吉曜，主其人大富；若再有廉贞化禄，须不见四煞、刑、耗、空、劫同宫，才算做全美，否则每当进财的同时必然伴有损耗。

若与擎羊、陀罗、大耗、空、劫同宫或会照，其人会因为赌博、投机或其他嗜好而倾家荡产。

若加会空、劫、大耗，主其人财来财去。

若与禄存、化禄会照，主其人财禄丰足。

若与化禄、化权、化科会照，主其人既富且贵。

若有癸干引发贪狼化忌，则主其人操心费神。

若加会红鸾、天喜、廉贞、天姚、阴杀、咸池，主其人会因色破产。

若与天月会照，主其人会因病损财。

（6）贪狼入疾厄宫

贪狼入疾厄宫者，若贪狼庙旺，主其人灾少；若落陷，则灾病常伴其人。

贪狼属阳木，入疾厄宫，主其人有肝胆病或肝胃不和、头昏气闷或皮肤有癣瘢。风亦属木，故亦主惊风。

贪狼亦主内分泌系统疾患。故有鼻头红之克应，即为内分泌有疾之徵，尤主肝病。

若与羊、陀同宫，其人有痔疮或酒色之疾或性病。但若与火星同入疾厄宫者，多主多病、残疾甚至夭折。

若与火、铃同宫，其人会有眼病或目昏之疾。

若与紫微同宫或会照，主色欲，故主其人有色欲引起之疾患。若同宫，且加会煞曜，主其人有意淫、手淫、包皮长等症状，如果再有癸干引发贪狼化忌，则更验，并主阴亏阳升、阳痿及胃痛等症。女命，则主其人子宫不正，或宫冷无生育。其余参见紫微。

若与武曲同宫，参见武曲。

若与廉贞同宫，遇火星，主其人有肝胃气痛、头昏痛风、贫血等症。其余参见廉贞。若与廉贞相对，主其人阴虚、腰痛、亏损，且多由性事引发。若加会廉贞化忌（由丙干引发），则女命主血崩，男命主遗精、阳痿。

若与擎羊、火星同宫，主其人动手术；若与擎羊、陀罗、火星加会，主其人有肿血之灾或因病动手术，或者有痔病、痔漏、便血。

（7）贪狼入迁移宫

贪狼为诗酒应酬的星曜，故贪狼入迁移宫，若会吉曜及化吉，主其人在外快乐，且多与其人嗜好有关的应酬，好赌者多赌友，好酒者多酒友，好宗教者多宗教方面之应酬。

贪狼入迁移宫乃桃花之象。

贪狼入迁移宫者，若贪狼庙旺且独入，主其人闹中横发进财，但在外劳苦。

若与紫微同宫，参见紫微。

若与武曲同宫利于外出，且多贵人。但要注意心脏和头部的健康，宜多休息。其余参见武曲。

若与廉贞同宫，主其人无事忙碌。其余参见廉贞。

若与六吉星同宫，主其人外出可发财，且颇能享乐。

若加会左辅、右弼或化禄、化权、化科，其人甚得人缘，受人拥护和爱戴。

若与六煞星、天刑、化忌等诸恶同宫，会遇盗惊，流年遇之会遭灾。

贪狼入迁移宫，加会擎羊、陀罗、大耗、空、劫，主其人出门有灾祸，或遭遇盗劫偷失等情况。

凡逢癸干引发贪狼化忌，则其人常易被人夺爱。但化吉者无害。而且其人在此期间出外旅行时应小心防止失窃。

若加会咸池、天姚，或与廉贞同宫，主其人出门会因色遭灾或遭受阴人陷害，且以落陷化忌者祸重。

若贪狼于子、午二宫独入迁移宫，见吉曜吉化，则其人出门朋友众多，且有应酬之乐。但不宜化忌，主其人虽多应酬，却无收获。如果再有煞，则主其人会有争夺之事。

若贪狼于寅、申二宫独入迁移宫，见煞又见桃花，主其人出外时会因酒色致祸。

若煞轻且无桃花，则主其人多奔波。

若贪狼于辰、戌二宫独入迁移宫，无吉曜，主其人贪花恋酒，即使没有桃花，亦然。

若贪狼入流年迁移宫，如果宫中有煞，被流煞冲起，且见太岁、大耗、岁破等曜，又逢忌星会合，主其人在该年会遭兵贼之灾，或受贪官污吏诬枉。

（8）贪狼入仆役宫

贪狼入仆役宫者，若贪狼庙旺，会有人相助。若贪狼落陷，则无部属之运，即使有，亦非善类，常与部属、朋友争执，甚至受连累。

贪狼入仆役宫，若加会辅佐诸吉，虽主其人朋友下属众多，但却不得力，故一生多酒肉之交。必须见天巫、恩光、天福，方能主其人的下属得力。（注：这是根据杂曜作出的推断，由此可见有时杂曜的性质会显得非常重要。）

若与紫微同宫，参见紫微。

若与武曲同宫，若与武曲、擎羊、火星、化忌会照，主其人受朋友之陷害或手下人之拖累，多是非、口舌；或因桃色而争；或因钱财而争。其余参见武曲。

若与廉贞同宫，参见廉贞。

若贪狼入庙，有左辅、右弼、天魁、天钺、天巫、天福、恩光会照，主其人交友广多，受朋友之欢迎，或受朋友之拥护。

若与六煞星同宫，其人即使有部属，亦难用，甚至会遭人暗算。

若构成"火贪同宫格"，主其人的下属会突然增加。

若加会红鸾、天姚、陀罗、阴杀、大耗，其人多酒肉之交。

若与空、劫、天月、杀、大耗等煞星会照，主其人会因友破财。

若加会禄、科、权，主其人会受人重视、敬仰、拥护。

若贪狼于子、午二宫独入仆役宫，主其人可交年长有力之友；若见吉，亦主其人的下属众多；若见桃花，则其人会与下属恋爱。

若贪狼于寅、申二宫独入仆役宫，不见吉，此乃其人结交损友的征兆。若见煞、忌，主其人会被下属夺权或遭陷害。

若贪狼于辰、戌二宫独入仆役宫，无吉曜，主其人的下属吝啬，易生侵吞之心。若有吉曜，则下属得力。

若贪狼入流年仆役宫，且有癸干引发贪狼化忌，又见煞、耗，则其人须防被友人拖累；若见白虎或贯索等杂星，主其人在该年会被友人牵连而致讼遭祸。

（9）贪狼入官禄宫

凡贪狼入官禄宫，主其人宜从事外务工作。在现代社会，则宜为公共关系人才，亦主推销工作。而且其人能在交际应酬中获得事业成功，例如外交或创立娱乐事业。亦宜经营以异族为对象的娱乐享受业。

贪狼入官禄宫者，若贪狼入庙，主其人多变动，适合娱乐业、运输业、美容业，若再遇火、铃，主其人富贵双全，肩担重任，文武职均能成为权贵。若贪狼落陷，不吉，再加四煞星者，乃平常之人。

贪狼入官禄宫，乃桃花之象。

若与紫微同宫，若有辅星，主其人能文能武。若加会煞星，其人以在商场中谋进取为宜。其余参见紫微。

若与武曲同宫，若有火、铃同宫，主其人能开创事业。若与武曲、火星、铃星等星曜会照，主其人会掌握兵符，乃国家社会之柱石。其余参见武曲。

若与廉贞同宫，参见廉贞。

若与左辅、右弼、天魁、天钺、天贵、天巫、恩光、天官、三台、八座、台辅、封诰等吉曜会照，主其人乃政界红人，官爵显赫。

若与羊、陀同宫，为官者必是贪官污吏。

若与空、劫同宫，其人以创设工厂实业为宜。

若与大耗、地劫，主其人的事业多颠簸、多枝节。

若三方四正无煞星，有三吉化者，主其人会跻身政治舞台。

若贪狼于子、午二宫独入官禄宫，主其人容易独当一面，亦宜成为自由职业者，且以带艺术及享受色彩者的工作为宜。若再有辅佐星曜，且见三吉化，则可推断其人会投身政治。

若贪狼于寅、申二宫独入官禄宫，如果见煞，则其人不宜从政，恐因贪污致祸。如果从商虽多暴利的行为，但不会因此招惹官非。若有禄存同宫，主其人自私肥己，但能致富，颇验。

若贪狼于辰、戌二宫独入官禄宫，如果会吉曜。则其人可从政，利于任财赋之官。如果见煞，则宜经商，但不宜见武曲在对宫化忌，主其人经济周转困难。

（10）贪狼入田宅宫

凡贪狼星入田宅宫，主其人的财富多散少聚。

贪狼入田宅宫者，若贪狼庙旺，即使有祖业亦无缘，中晚年方能自置。若贪狼落陷，主其人退祖，一世贫穷，无产业。如果再有癸干引发贪狼化忌，主其人会因为田产房屋生出是非。

贪狼入田宅宫，有多方面的性质，基本性质为散耗。所以住宅虽美观，仍必有损坏，时须修理，但亦可以产业丰厚。但须时时搬迁或装修住宅，此乃人为的家宅不宁。

若贪狼入流年田宅宫，贪狼落陷，且有火、铃同宫（如果两星皆会照，则不是），更见煞、耗，被流煞冲起，或大耗入流年田宅宫，主其人的家宅在该年会发生火灾。

若贪狼入流年田宅宫，有戊干引发贪狼化禄，主其人在该年会买房产或装修。若有癸干引发贪狼化忌，主其人在该年会搬迁或住宅大修。

若贪狼入寅宫，并有癸干引发贪狼化忌，则当寅宫为流年田宅宫时，如果贪狼在流年田宅宫中双化忌，并且再遇到火星，在该年须十分注意防止火灾。

若与紫微同宫，参见紫微。

若与武曲同宫，参见武曲。

若与廉贞同宫，参见廉贞。

若贪狼入庙，与火、铃同宫或会照，主其人能自创基业，但所住之房屋常会损坏，需要修理。若与火、铃同宫，其人须自己创业而拥有不动产，但易遭火警，须小心。若与火星同宫，主其人住旧宅华厦。如果加会煞星、大耗、空、劫，主其人会遭遇兵灾火烧。若与铃星同宫，主其人住旧宅华厦。

若会照吉曜，主其人有虚惊之事。

若与化禄、化权、化科、禄存会照，主其人的产业丰厚。

若与红鸾、天喜、凤阁会照，主其人的房屋美观。

（11）贪狼入福德宫

贪狼坐福德宫，主其人奔波忙碌，见煞，主其人会无事奔波，且以奔波为乐。若贪狼化忌（由癸干引发），则多烦恼，凡事虽奔波却仍功败垂成。

若贪狼入庙，有三吉化，或会吉曜者，主其人喜享乐，有饮酒的嗜好，或喜赌博的消遣；虽至老年，仍喜说笑取乐。

若贪狼入庙，且命宫吉者，主其人贵且寿，寿达六十三岁以上（注：仅作参考）。若命宫的星情不佳，则福分浅，一生劳心不安宁。若贪狼落陷，加煞，主其人贫苦艰辛，且是不安现状，祈求过多之人。

贪狼入福德宫，乃桃花之象。

若与紫微同宫，参见紫微。

若与武曲同宫，参见武曲。

若与廉贞同宫，主其人东西奔走，福少不安。这是贪狼与其他星曜的各种组合中最为忙碌无功的组合。若廉贞与贪狼相对，见吉曜，仍主其人多无谓的应酬，但能得到朋友欢迎。其余参见廉贞。

若与羊、陀、空、劫、大耗、天刑同宫，主其人福薄不安，多烦恼，多纠纷。

若与火、铃同宫，主其人虽能享福，但性急气躁。

若与红鸾、天喜、咸池、天姚会照，主其人虽至老年，仍风流自赏。

若贪狼于辰、戌二宫独入福德宫，见吉曜，又见禄存或化禄，且有火、铃同宫，主其人多投机性的思维，会将全部精力放在投机方面，并以此为乐。（中州派的王亭之先生曾见一人，此人火、贪于辰宫入福德宫，在临死前一小时，尚吩咐来探病的友人代打电话投机黄金。）

（12）贪狼入父母宫

凡贪狼入父母宫，主其人两代感情和谐，但多自利之心。

无论贪狼独入父母宫或与其他星曜同入父母宫，均须贪狼入庙且会吉曜，方能无克，否则皆以远离父母或过继别人为宜，若贪狼落陷，除非其人乃庶生，否则有刑克。若更见煞忌，则有刑克，或早离父母，或过继祀出。可能为人养子，且父母不全。父母有惟我独尊的特点。

贪狼入父母宫者，即使贪狼庙旺，亦有刑伤，且克害父母，宜过房入赘。

贪狼入父母宫者，若逢癸干引发贪狼化忌，兼会红鸾、天喜、廉贞、咸池、天刑等星，则其人多为庶出。

若与紫微同宫，在贪狼与其他星曜的各种组合之中，与紫微同宫或相对为较佳的组合，主其人刑克较轻。但若有火星同宫，则仍主其人早岁离家，或父母于自己童年时多离家庭，或主自身寄养。其余见紫微。

若与武曲同宫，参见武曲。

若与廉贞同宫，如果与咸池、天姚、红鸾、天喜、天刑同宫，主其人乃继室偏房所生，否则会有刑克。其余参见廉贞。

10. 巨门

1）星情总论

巨门星为北斗第二星，在五行属阴土，又属阴金。由于土埋金，故化气为暗星，故又名"暗星"。巨门在斗数第一盘中位于亥宫，亥者为"核"，核有"藏"之意，源于后天八卦。由于藏，使事情发展之吉凶未知，故曰巨门化气为暗。关于巨门主是非之由来是指，如果巨门于亥入田宅宫，古往今来之争端和战事皆由土地、田宅引起，而且田宅又可喻为女人的子宫，女人也是引起战争和争端的根源之一，所以巨门主是非来源于此。

由于巨门化暗又主是非，故有猜忌、狐疑、度量小、多口舌、会搬弄是非。所以巨门在运限不好时易有是非，要注意的是，有些是非未必是其人自己引起的，而是别人来惹你的是非。正因为如此，所以巨门入命之人适合从事律师、外交家、老师、法官、命相家、理论家等行业。

巨门代表的事物多为能发声的东西，如喇叭等。例如，如果它与天机同宫，由于天机代表机械、电器类，二者相遇，就代表音响、电话等。由此可见，了解各颗星曜的特性后，读者自己可以触类旁通地联想其代表的事物，或者将一颗以上的星曜结合起来考虑它们代表的事物。能做到这一点，属于能活用的水平了。

巨门为是非之神司掌"是非"、"疑惑"。主口舌是非、食禄、口才、眼光锐利善察言观色、反应佳、有辩才。喜好研究学术有分析理解力。

2）风水、地理类象

天时类象：阴天，日食，黑夜，黑洞，乌云。

地理类象：河口，车站，火车经过之铁桥，烟筒，机场，港口，井，长巷，深渊，空地，山洞，阴沟，更衣室，古迹，破墙，豁口，道口，小道，小门，夹道，土山，土岗。主其周围有搬弄是非之人，口角争斗之家。以凶论。

3）旺度

巨门的旺度：于寅、卯、申、酉为入庙；于子、巳、午、亥为旺；于丑、辰、未、戌为落陷。

4）与巨门有关的格局

（1）巨日同宫格：参见3、太阳之4）"与太阳有关的格局"。

（2）石中隐玉格：巨门于子、午宫入命，与禄存、科、权、禄、左、右、昌、曲、魁、钺加会，为本格。此格唯有辛、癸年生人方入格。此格生人，理想高远，才华特异，脑力过人，其人若经商则大富，若从政则高官厚禄，或握兵权，不然亦是学术界、科技界之权威人士。但必须历尽风霜、艰苦奋斗后方有大成，故称为"石中隐玉"。若是辛、癸年生人上格，若是丁、己年生人亦吉，若是丙、戊年生人主困。若立命在子，庚年生人亦主吉利。古人云："巨门子午喜相逢，更值生人辛癸中。早岁定为攀桂客，老来滋润富家翁"。又云："子午巨门，石中隐玉"、"巨门子午科禄权，石中隐玉福兴隆"。

（3）"巨机同临格"：参见2、天机之4）"与天机有关的格局"。

（4）"化星返贵格"：参见5、天同之4）"与天同有关的格局"。

（5）"巨逢四煞格"：此格有二：① 巨门与火羚羊陀守命宫，居陷地；② 巨门守命，四煞守身或巨门守身，四煞守命，居陷地。此格生人，贫穷多灾，多是非，并具犯罪倾向，甚至会有残废、坐牢、凶死。若是女命，其人心性狠毒，淫贱无耻，极克夫。古人云："巨门落陷在身宫，四煞偏遇命里逢。若是吉星无救解，必然流配远方中"。又云："巨火擎羊，防遭缢死"、"巨门四煞于身命、疾厄，嬴黄困弱"、"巨门火铃，逢恶限，死于外道"、"巨门火铃，无紫微禄存压制，绝配千里，遭凶"、"巨门火铃，三合煞凑，必遭火厄"、"巨门守命，见羊陀，男女邪淫"。

（6）"巨机化酉格"：参见2、天机之4）"与天机有关的格局"。

（7）"忌暗同命身疾厄，困弱尪嬴（wang lei）格"：此处所指忌，为化忌星(亦指火星)。所指的暗星为巨门，其人容易有不明显的疾病。巨门化忌于身命、或疾厄宫为此格。凡身命宫、或疾厄宫有巨门逢擎羊，或火星，主其人生活困苦、体弱或有残疾，多会破荡产业，为奔波劳碌之人。（注意：巨门主水，代表肾藏，巨门代表暗曜，疾病有时是暗的看不到的。再加煞者，容易残疾在身，或患治不好的小毛病。）若巨、火、羊同宫，主其人有自杀倾向，或自缢而死，或破荡产业。但若有三奇加会，反而会成为"化星返贵格"。若所遇煞星多，则更严重。

5）巨门入十二宫分论

（1）巨门入命宫

① 性格、外貌、运气与其他星曜的关系分析

巨门入命者，有两种脸型：长方脸或长圆脸。多数人是单眼皮小眼睛。其人少年时脸色青白色，老年青黑色。若入庙，瘦长；若落陷，五短瘦小。

巨门入命者，多主其人目光锐利，善于察言观色，头脑反应快。性格忠厚，面目清秀，有专门技能，善口才，能急辩。有正义感，多奔忙，多学少精，爱学法律、机械、医学及星相杂艺或是大众师表，帮会领袖。有点傲气，不满现实。

巨门入命，其人幼年坎坷，六亲寡合，一生口舌是非不免，性好疑惑，做事进退，喜欢撒谎。若无吉星会照，则还会奔波劳碌。

巨门星入命之人适合从事律师、外交家、老师、法官、命相家、理论家等行业。

巨门坐命者，其住宅周围有水沟、破墙、火车铁桥等。

凡巨门入命，主其人有口舌是非，明争暗斗。若有癸干引发巨门化权，则其人可为人师表，声名远扬。

凡巨门入命，怕煞，喜禄、权，乃巨门的特性，尤喜庙旺的太阳同宫或会照。

若巨门入命宫，太阴入夫妻宫，其人有才华、灵巧、口才好。常因工作关系而产生桃花纠纷或外遇，但自己并没有罪恶感。对自己的感情问题很会保密。

凡巨门入大限宫或流年宫，喜见化禄、化权及流禄，若与本命盘的禄、权叠合、叠冲，则主吉利。但若有流煞、流化忌冲照，本命盘又有煞、忌，则主灾祸起于顷刻之间。

若巨门入大限宫或流年宫，又有化权（由癸干引发）或化禄（由辛干引发），或有禄存同宫，主其人的事业发展，能创大业、成大事，诸事似凶实吉，名利双收。但若化忌（由丁干引发）或会照擎羊、陀罗、火星、铃星，主其人有官非牢狱之灾，刑克，或遭火灾兵惊抢偷，多无妄之灾。

若巨门于子、午二宫入命，则为"石中隐玉格"，以巨门化权（由癸干引发）或化禄（由辛干引发）者为上格；若有禄存同宫者为次格；无禄存和吉化者更次之，皆主其人富贵双全，但凡事不宜追求最高峰，则一生能位高禄厚，若追求最高峰，则会有不良后果，或遭众人所指责，甚至身败名裂。此时必与天机相对。须见禄权或禄存，才算合"石中隐玉格"。主其人才智内蕴，但正由于宜隐不宜显，所以不宜取高峰职位，亦不宜出风头。

古人云："巨门子午禄科权，石中隐玉福兴隆。"即指此格。但若有擎羊同宫则为破格，主其人困滞。据中州派王亭之先生的经验，当流年命宫行至此局时，如果有流羊飞入则主不吉。

若巨门于辰、戌、丑、未入命；或巨门入命，不化禄、化权，却加四煞；或巨门化忌入命，其人多为奸诈虚伪之辈，不是真小人，就是伪君子。

巨门于辰、戌入命，若巨门落陷，仅辛年生人反为奇格，余皆不吉。

若巨门入命于申，天同入子，天梁入辰，又有三吉化在左右拱冲者，主其人才能突出。

若巨门在寅、申二宫入命，必与太阳同宫，皆主其人名利双收，能成大富，声名扬于他邦，而且以巨门入寅宫为上格，申宫次之。而且在寅宫时。如果其人身体发胖方算作合格。若与太阳同宫于寅，又无四煞、空、劫者，此乃"巨日同宫格"，主其人官封三代。在申宫则次之。若与太阳同宫于寅、坐命于申，或巨门、太阳同宫于申、坐命于寅，皆主其人食禄驰名。但若巨门入巳，太阳在亥宫入命，此时太阳落陷，故反而不美。

若与天机于卯宫同入命宫，此乃"巨机同临格"，凡乙、丙、己、辛年生人，位至公卿，不贵即富，且因为有化禄（由辛干引发巨门化禄或由乙干引发天机化禄），或化权（有癸干引发巨门化权或由丙干引发天机化权），或有禄存同宫，并有左辅、右弼、天魁、天钺会照者，主其人极贵。但甲年生人由于甲禄在寅，卯宫有擎羊破此格，故平常。

若巨、机同宫于酉，则不美，即使化吉，也是纵有财官亦不终。而且若孤贫，却多寿；虽巨富却夭亡，再加化忌者，尤凶。即使有化禄、化权或禄存同宫，仅主其人贵而不显，富而不久。相比而言，如果巨门、天机在卯宫入命，加会丑宫的太阳、太阴，较在酉宫借会未宫的太阳太阴为佳，所以见辅佐吉曜者，卯宫可贵显，富亦耐久，而酉宫则有贵而不显、富而不久的缺陷。

古人云："巨机居卯，乙辛己丙人位至公卿。"又云："巨机酉上化吉者，纵遇财官也不荣。"即为此论。

若巨门在辰宫入命，有化权（由癸干引发）或化禄（由辛干引发），主其人富格，若再会禄存，主其人大富。若与文昌同入命宫于辰宫，而且有辛干引发巨门化禄和文昌化忌，此最为奇格，主其人大富大贵。因为此时位于戌宫的天同能化解化忌之恶。

若巨门入命于巳、亥二宫，独坐，且必与太阳相对。以巨门在亥宫入命为吉，因为此时所会的太阳在巳宫，入庙；而巨门在巳宫入命时，太阳在亥宫，落陷，故不利父亲，且须经历艰危然后成业。而且位于亥宫的巨门易招是非，故不宜出风头，且应戒骄躁。其中：

若巨门入命于巳宫，则不利父亲，但其人幼年过继祀出可化解，否则伤父，或幼年灾重病多。其人宜学专门技能，但劳碌难免。若有禄存同宫，则其人福厚禄重，但性情俭朴而谨慎，主富。若有癸干引发巨门化权、或有辛干引发巨门化禄，则主其人魄力极大，善创业，主贵。

若巨门入命于亥宫，且有癸干引发巨门化权，或有辛干引发巨门化禄，或有禄存同宫者，主其人既富且贵、名震他乡，但会由于锋芒太露，志高而傲，易被人指摘。

需注意的是，以上所说的贪狼所入的各个宫位，均以三方四正不遇擎羊、陀罗、火星、铃星为合格。

若与天同同宫，主其人有刑克，辛劳，多是非。即使有化禄、化权，也是虽吉不长。若再有羊、陀同宫者，主其人有淫乱倾向。

若巨门与天同对照，其人易得肝胆病。

若巨门入命于戌宫，有化权（由癸干引发）或化禄（由辛干引发）者，此乃奇格，这是因为太阳在午宫，是日丽中天，会照巨门，则阴暗之气消尽矣。

若与太阳同宫，主其人面色红白或红黄。长方或长圆面。

若与太阳对照，此时巨门旺，主其人光明磊落，能富能贵。性情忠厚，面目清秀，有专门技能，善口才，能急辩，有正义感，无事奔忙，多学少精，能学法律、机械、医学及星相杂艺，或是大众师表、帮会领袖。

若巨门于辰、戌二宫独入命宫，对宫必为天同。但二者皆非吉位。古人云："辰戌应嫌墓巨门"，即是此论。但是入辰宫的巨门如果见化权或化禄，尚主富。

此外，若贪狼于辰宫入命，还有一个重要的组合：巨门与文昌同宫。主辛年生人富贵无伦（因为辛干引发巨门化禄和文昌化忌）。若贪狼于戌宫入命，见吉化者，亦为奇格。

若巨门与文昌同宫，多主其人丧志。

凡巨门入命，不宜有四煞同会，其人不遭官非亦主刑伤。其中：

若与火星、擎羊、同入命宫、大小限，又逢恶煞，其人可能会自缢身亡。

若与擎羊同入命宫，再加火星者，主其人凶死。

若于寅、申与火星同入命宫；或巨门与火星同入疾厄宫者，均不吉。巨门、擎羊、廉贞、火星同宫者，手足伤残。

若与擎羊、陀罗、火星、铃星、劫杀、天刑、阴杀加会，且无禄存、化禄、化权来化解者，主其人会有投河服毒、轻生自尽等情发生。或遭火灾，或被配发前线，或则奔波千里。做事颠倒，主张全无。

若与陀罗同宫，则主其人身有异痣。

若巨门入命，见羊、陀，主男女邪淫。且若见火星者，必生异痣。

若巨门入命，见擎羊、火星，又逢丁干使巨门化忌；或者廉贞入命，见擎羊、火星，又逢丙干使廉贞化忌者，主其人有伤残暗疾且招刑。

若与羊、陀同宫，或同入疾厄宫者，其人肤黄、体弱、贫困、残疾、祖业飘荡、奔波劳碌。

若与火、铃同宫，此乃"巨逢四杀格"，逢恶限（即大小限遇恶煞），主其人忧烦困扰一生，死于外道。若再无紫微、禄存前来压制，则主其人发配千里，遭凶。

若巨门见流煞，亦主其人流年不利。

若与空、劫同宫，其人一生坎坷，幼年有被遗弃之可能。

巨门坐命，三合有杀凑者，必遭火厄。此时若见太阳，则吉凶参半。

若巨门与煞星同入命，或巨门化忌入命，或与天同于丑、未入命者，主其人自私小气，对钱财看得很重，轻者斤斤计较，重者处处算计别人，为人不豪爽。因此别人对其反感。

巨门遇化禄（由辛干引发），再加会吉星者，主其人事业有成。再加遇红鸾、天喜、昌、曲、天姚、咸池、化科，其人多为演艺界名人。

巨门与化禄、化权入命，其人学历多为大学程度。

若有癸干引发巨门化权，或有辛干引发巨门化禄，并加会禄存，则主其人能富能贵。可以发挥巨门的口才而达到目的。但往往使人口服心不服。

若有丁干引发巨门化忌，主其人官场上多是非，口舌连连，灾祸纷纷。凡事多疑少决，举棋不定。还须严防暗失、骗子、小偷。再会照四煞等凶星且无吉星化解，则其人易发生投河、服毒、轻生等事件。

若巨门入命宫三方，且田宅宫或疾厄宫宫干为丁干，说明为窃贼。（注：需要验证的是：其人本身是窃贼，还是有外来的窃贼。参见"巨门入田宅宫"。）

女命，凡巨门入命，不吉，好处是细心，坏处是多疑，爱情常变，多作偏房。若与天机同宫，其人破荡。若与天机同入命于卯、酉，虽富贵，但淫逸难免。古人云："巨门天机为破荡。"是指女命遇巨门、天机同入命宫者。其人即使富贵亦主淫逸难免。

女命，若巨门于入庙之地入命或有禄存、化权、化禄，主富主贵，而且寿命极长。若巨门落陷或化忌，则口舌厌人，多事多非。而且化忌入命者，其人有淫乱倾向。尤其见羊、陀者更为明显。

若与擎羊、陀罗、火星、铃星、天刑会照，则主刑克寿夭，以继室偏房为宜，但仍多争多斗。

女命，巨门入命与男命的情况相同，亦宜见吉化及禄存。现代社会男女同有职业工作，巨门即使化忌，亦可投身以口舌才能为主的职业以求化解。如演艺、推销、公关、教师，均属此类。

女命，若与天同同宫，主其人感情特多困扰，即使化禄仅主终有结局而已。

② 所入宫位（十二地支）分析

巨门入命于子、午

巨门在子、午皆为旺，独坐，对宫有天机。若无煞星同宫或会照，主事业有成；若有煞星同宫或会照，则事业艰难，成就较差。

若加会三吉化，为"石中隐玉格"，主其人既富且贵，但属于劳碌晚发之格，其财富皆由竞争而得。

若巨门在子、午见羊、陀，主男女邪淫。

若三合有煞曜加会，则必遭火厄。

巨门入命于丑、未

若巨门在丑、未入命，且有丁干引发巨门化忌，其人有目无法纪的倾向。

巨门在丑、未皆落陷，必与天同同宫，且天同亦落陷。无论男女，皆主辛劳，是非不免，若再加会煞星者，尤甚，且主其人幼年坎坷不顺。若见羊、陀，主男女淫邪。若三方有煞星凑合，必遭火厄。若天同、巨门与火、铃同宫，则逢大小限厄运者，有死于外道之象，须特别注意。

若命宫位于未宫，宫中无主星（包括六吉星），而对宫（迁移宫）有天同、巨门，又有辅、弼夹丑宫或未宫，再逢昌、曲、魁、钺，为"明珠出海格"，主其人财官双美；但若天同、巨门同入命宫于未宫，则非此格，此时若有吉星相扶，尚吉，若逢煞星，则主其人劳苦挫败，即使稍有成就，亦逊色不少。

若夫妻宫中太阴落陷，或福德宫不吉，且夫妻宫中有煞星，则大限、流年遇之，婚姻必有问题。

女命，巨门天同在丑宫者，易与人同居。

巨门入命于寅、申

若巨门在寅、申入命，且有四煞星同宫者，其人有目无法纪和牢狱的倾向。

巨门在寅、申必与太阳同宫，且皆为入庙，主其人个性稳重谨慎，有修养，志向远大，但不宜经商，适合研究学问或艺术。只要不会照煞星，担任教师者可桃李满天下。凡太阳、巨门、化禄同宫（如庚年生人太阳化禄），若逢红鸾、大耗、咸池、天姚、化科者，其人多在演艺界发展；若再加遇化权，可在传播界任要职；若会天刑，多是武职显荣。凡庚、辛、癸年生人，太阳、巨门在寅宫，加会六吉星者，庚、辛年生人利于在法律界发展，癸年生人文教界领导人或外交人才。若再遇恩光、天贵，则可成为外交家。

与巨门同宫的太阳在申宫为得地，主其人随和，不计较得失。但少年勤勉，中年怠惰，做事先勤后懒，有始无终，宜在文教界任职。若再逢六煞星同宫，则一生辛苦劳碌。

女命，易遭感情波折或陷落风尘。除癸年生人较吉利外，其余多宜晚婚。

巨门入命于卯、酉

巨门在此二宫皆入庙，且与天机同宫，由于巨门主口舌，故其人易遭是非，个性坚强，有主见，有口才。凡天机、巨门同入命宫者，多主其人博学多能，才思敏捷，利于升迁、考试，但也易招惹是非。故须历尽艰辛，方能有成。而且这种成功比较踏实。宜担任服务类公职。在产业上，必退祖而自兴。但是，入酉宫者，虽化吉，遇财官运，仍不吉利。

巨门、天机同入命宫于卯、酉二宫者易患呼吸系统疾病、心闷、胸痛、肠胃病，若再会擎羊，易得狭心病或内伤，且会与父母有大冲突。

巨门、天机同入命宫者，感情易生波折。

女命，其人虽富贵，却不免淫逸。若再遇四煞冲合，则主淫贱、偏房、娼婢，否则伤夫克子。

巨门入命于辰、戌

巨门在辰、戌皆为落陷，独坐，对宫有天同。其人婚姻多变。辰、戌二宫为天罗地网宫，若没有煞星同宫，巨门会深受限制，主其人辛劳异常，难有表现。若有煞星同宫，则主贵，事业上中晚年有表现。

若与火、铃同宫，逢恶限（注：所谓"恶限"是指大小限宫中有恶煞之星）时，为"巨逢四杀格"，主其人死于外道。

若见羊、陀，主男女邪淫。

若巨门化忌入命，主其人有目无法纪的倾向。

若三合方有煞曜，主其人必遭火厄。

若巨门在辰、戌入大小限宫或流年宫者，在此期间，其人多奔波和口舌。适合从事教育或传播业。

巨门入命于巳、亥

巨门在巳、亥皆为旺，独坐，对宫有太阳星。主其人幼年命运多乖，易遭遗弃，但只要辛勤努力，日后仍会有表现。

若见羊、陀，主男女邪淫。

③ 运限、流月、流日分析

若流年宫或大限宫位于子、午，巨门入此二宫，则在此期间：

凡甲年生人：工作较费心费力。不要挑剔职务或环境，应随遇而安。注意子女的健康和安全，不要让幼儿接触利器。

凡乙年生人：利于外出交涉、办事。若田宅宫中的星情不佳，则其人必须为别人之事而外出奔波。在洽谈事务时，不可得意忘形而说漏嘴。已婚男性对妻子要关怀、体贴，不可疾言厉色。若妻子有病，更要好好照顾。女性与异性朋友或丈夫应好好相处，不可杯弓蛇影，自寻烦恼。

凡丙年生人：主其人困顿、孤寒，甚至有夭折的危险。出门时要小心手足、四肢受伤，尽量不出门为宜。对兄弟姐妹以忍让为上。若事业不顺或不理想，不必着急，下半段运程会好转。

凡丁年生人：已婚者配偶的运气较好。可以把事情或烦恼告诉对方，请对方出主意。平时尽量少说话，与上司或长辈交谈要谨慎，不可出言不逊。注意饮食卫生和定时定量。凡四月生人，若想动手术治疗肠胃病，此其时也。

凡戊年生人：主其人困顿、孤寒，甚至有夭折的危险。尽量不要出远门。有些事情可有通过父母、兄弟、配偶解决。以保持冷静，伺机而动为上策。

凡己年生人：不要招惹口舌是非，就会有好人缘。尤其是申时生人，更要注意说话技巧。在此期间利于买卖田宅或搬迁。

凡庚年生人：未婚者要注意情绪和感情变化。事业或田宅方面均有利可得。在此期间不可忽视子女的安全和健康。

凡辛年生人：此乃上格。其人事业春风得意，或得财，或得势。配偶或异性朋友会有微恙或灾伤。如果在此期间遇到搬迁问题，还需看田宅宫的情况。

凡壬年生人：巨门在午宫入运者外出不利，会有惊险。下半段运程中，许多工作会有眉目，但届时要防止没有干劲。在子宫入运者，要防止意外伤灾。夫妻或异性朋友聚少离多。若有意外之财，切勿随便受用。

凡癸年生人：此乃上格。财运颇佳。也利于建言、发表、交涉，且言词之间威风八面。未婚男女，在此期间会遇到有涵养、学识不凡、品貌温雅的对象。凡肖兔（卯年）、肖蛇（巳年）、肖鸡（酉年）、肖猪（亥年）之人可以考虑成家。已婚者，夫妻情深，相敬如宾。

若流年宫或大限宫位于丑、未，巨门入此二宫，则在此期间：

凡甲年生人：情绪容易烦躁，多困扰。凡五月生人，入未宫者，宜避免外出。

凡乙年生人：若加会昌、曲，又有辅、弼相夹，并有魁、钺会照者，其人有独立才干，在传播界能有表现。但需谨防口舌是非。夫妻间若意见相左，宜心平气和地沟通，不可意气用事。未婚者，应多接纳异性朋友的建议，不要计较对方的无心之过。若大限宫干或流年干为壬，对父母、尊长、上司说话要谨慎。

凡丙年生人：若加会昌、曲，又有辅、弼相夹，并有魁、钺会照者，其人有独立才干，在传播界能有表现。对未成年的子女要多加照顾，若他们的身体不好，不必操之过急，只要悉心治疗，下半段运程会好转。已届婚龄的子女，感情问题可能会有波折，宜多给予建议，少用高压手段，以免影响亲子间的感情。

凡丁年生人：凡事以少管闲事为上，免惹是非。与配偶或异性朋友，小别会有好处。若流年干为癸，要处理好与兄弟姐妹、朋友之间的关系。若有地劫同宫，但加会六吉星者，会有所成就。

凡戊年生人：不必主动争取调换工作或变换环境，否则，往往事与愿违，白忙一场。凡在丑宫入限之人，会有贵人相助。

凡己年生人：只要不是丑、巳、卯、酉时生人，这段运程中心情愉快。凡卯、酉时生人，要防止口舌是非。

凡庚年生人：遇事应少安毋躁，到下半段运程时，会渐入佳境。外出易惹是非，或办事无法如意完成。

凡辛年生人：若加会昌、曲，又有辅、弼相夹，并获魁、钺会照者，其人有独立才干，在传播界能有表现。可以积极着手所订的计划，也适宜参加考试，但未必考得好，故最好多参加几种考试，可以多些选择。对配偶或异性朋友要体恤，不要让他们太操心和劳累。有子女者，对子女要多加照顾。

凡壬年生人：应多照顾父母和家人。如需就医，一定要找可靠的医院。对父母要孝顺，凡事以顺从为上。防止口舌是非。情绪易有波动。也许会有意外的钱财或礼物。凡十一月生人，破财难免。

凡癸年生人：出门时要小心安全。配偶或异性朋友的考运甚佳，故宜早作准备，以免错失良机。未婚者会遇到理想的对象。凡肖龙（辰年）、肖狗（戌年）之人，其对象温柔动人。

若流年宫或大限宫位于寅、申，巨门入此二宫，则在此期间：

凡甲年生人：易有视力衰退、头痛、心脏等问题。心情易烦躁不安。此时只有兄弟姐妹或朋友可以帮忙。无论婚否，感情都不错。教育界人士言谈要谨慎，防止失言。公务员要注意与上司相安无事。对父母要孝顺、顺从。

凡乙年生人：其人学有专长或是名流、名家。在此运程中，工作往往无法如期完成，常会一波三折。金钱支出较多，尤其是双月出生的人更为明显。

凡丙、丁年生人：若在寅宫入运，其人使用金属工具时要小心安全。自己的健康不佳，要防止火气太旺。不要进出风月场所，以防染病。丁年生人不要轻易发言，以免词不达意而被人误会。

凡戊年生人：处理财务问题时要稳扎稳打，若从事投机等冒险行业会血本无归。凡九月生人。声名昭彰，有名望。

凡己年生人：手足中有人在此期间会声名显赫。自己会因为声誉而带来财运，但仍需要靠心血、劳力获得。

凡庚年生人：此乃"双禄交流格"，人缘财运均佳，只要努力，必有收获。

凡辛年生人：凡寅、午、戌、巳、酉、丑时生人，虽会有小的不顺，但只要下工夫或多费口舌，地位与声望必有提高，且财源滚滚。凡太阳、巨门入迁移宫者，对上司要尊重，因而会得到晋升。

凡壬年生人：财运很好，会有意外之财。子女运和房地产运也不错，宜搬家或购置房地产。兄弟姐妹中有人需要帮忙，但涉及金钱要慎重。

凡癸年生人：大胆说出建议、意见，会被采纳。这段运程中宜调换工作或工作环境。上半段运程中不宜搬家，待下半段运程再说。

若流年宫或大限宫位于卯、酉，巨门入此二宫，则在此期间：

凡甲年生人：若是正月、七月生人，在此运程期间宜因病而动手术。对配偶或异性朋友要有耐心。

凡乙年生人：此乃"三奇连珠"之组合。运势佳，在此期间会有机会来临，目标大多在远方。但却会因此而冷落了配偶或异性朋友。若加会六吉星，可任要职，名利双收。

凡丙年生人：运气不错。但易于朋友之间发生麻烦，故不要与朋友争风吃醋，也不要有金钱来往。在此期间利于求财谋职，尤其是失业之人，若大限宫干为午或流年干为癸，求职正是好时机。若加会六吉星，可任要职，名利双收。

凡丁年生人：防止言多有失。若参加辩论或研讨会，反而可能一鸣惊人。若参加考试，成绩颇佳。若要面对官员质询，务必将资料准备充足，拟好应对之策，否则以回避为宜。在此期间的财运颇佳，易有意外之财。

凡戊年生人：凡事宜守成，不宜出征或行动。利于埋头研究或创造发明，也利于学习各种技术，往往会事半功倍。

凡己年生人：只要三方没有文曲星，就不会有大损失。子女或兄弟姐妹会有理想的发展。注意多给配偶精神安慰。

凡庚年生人：应减少出门，出门时要注意交通安全。在上半个运程期间工作进展缓慢，需待下半个运程才会畅顺。金钱收支频繁，但积存无多。对父母和配偶多加照顾，也别让他们为你操心。

凡辛年生人：在此期间宜全力向外拓展，且一定会多劳多得。但要小心自己的健康。若加会六吉星，可任要职，名利双收。若是卯时生人，对财务要谨慎，别轻信朋友。若是巳时、亥时生人，适宜参加考试。若是丑、未时生人，对契约、金钱要谨慎，切勿感情用事。

凡壬年生人：比较劳碌奔波。若是十二月生人，要多注意子女的感情问题。若行运于本命迁移宫（即大限宫或流年宫位于本命迁移宫），宜为人排解困难。若想买家具，待搬家后再订购。在此期间会有意外财运，但要搞清对方的目的，不可贸然接受。

凡癸年生人：在此期间，避免与兄弟姐妹或朋友之间发生金钱往来。会有兼职的好机会出现。凡丑时生人，要对父母孝顺、多关心。

若流年宫或大限宫位于辰、戌，巨门入此二宫，则在此期间：

凡甲年生人：在此期间的开支较大。

凡乙年生人：要防止婚外恋。女性易碰上变态者。夫妻间或与异性朋友相处，易有口角，或常常会因故而分开一段时间。

凡丙年生人：有出远门的机会，但往往不如意。亲子关系相当融洽。

凡丁年生人：可出远门，但须努力工作，避免多言惹祸。要小心自己的肠胃。

凡戊年生人：夫妻若能分开数日，对家庭有利无害。若发生口角，应冷处理，不可激化。

凡己年生人：若是子、午时生人，说话要格外小心，以不开口为最好。

凡庚年生人：外出较辛苦，但财源不错。

凡辛年生人：只要不是子、午时生人，财源不匮，尤其是教职和传播业者更吉。自己的孙儿、孙女若还年幼，则易跌伤，要小心照料。

凡壬年生人：要注意自己的健康。子女已成家者，小两口会偶有矛盾，父母最好不要介入。

凡癸年生人：与岳父母或公婆相处要注意谦恭。若是丑、卯、巳、未、酉、亥时生人，利于研究数、理、工、医方面的知识。若是正月、七月生人，利于参加考试。

若流年宫或大限宫位于巳、亥，巨门入此二宫，则在此期间：

凡甲年生人：对男性的近亲要多关心。对父母、长辈更须孝顺。外出时（尤其是骑摩托车）一定要注意安全。多休息、少说话，可以减少事端。

凡乙年生人：要多关心父母或配偶的身心状况。待产者应找可靠的医院。财运虽然流畅，但不免奔波劳碌。

凡丙年生人：事业辉煌，财源丰盈，尤以巳、亥时生人更是名显利扬。但容易因过分忙碌而影响健康，也可能因此而忽略了对父母、长辈的孝心，子女的感情生活容易有涟漪。

凡丁年生人：易受流言的困扰或被人误会，工作上会有人把他不愿意做的事情推给其人。凡此种种，不可据理力争，只宜忍耐，多做事少说话。肠胃或呼吸系统不好的人要多注意保健。

凡戊年生人：钱财上要谨慎保守。凡行运逢壬、癸年者（大限宫干或流年干为壬、癸），对兄弟姐妹或朋友要多忍让，并避免金钱的借贷。

凡己年生人：易有口舌是非或不顺心之事。此时以多读书、修养自己为上策。

凡庚年生人：异性缘尚佳。未婚男女有成家的机会。出门有利，财运顺遂且有助力。已婚者，其配偶为文艺工作者，在此期间会有表现。

凡辛年生人：辛年干引发巨门化禄，主其人财官双美，富足。若再逢红鸾、天喜、天姚、咸池及六吉星者，其人为娱乐界知名人士。但要注意，不要为情所苦。兄弟姐妹或朋友中有人会因钱财问题而发生事故。

凡壬年生人：可在精神、人力方面多帮助朋友，金钱的帮助要量力而行，以免因钱财透支而急出病来。

凡癸年生人：癸年干引发巨门化权，主富贵。若遇六吉星，其人在传播界任职，有成就。且夫妻二人皆有可喜的成就，一个是舌冠群伦，另一个是才华横溢。

（2）巨门入兄弟宫

巨门入兄弟宫，不吉。多主其人兄弟少，兄弟个性稳重，易杞人忧天。而且兄弟爱发牢骚，多薄情寡义，较易分居。若巨门庙旺，可有兄弟二人；若巨门落陷，为同父异母所生，宜分居。

巨门入兄弟宫，古人认为"主骨肉不足"。故多主其人兄弟之间有口舌纠纷，或有异母兄弟。

若与六煞星同宫，主其人孤单，兄弟间会相互憎恨、攻击。

若与天机同宫，兄弟之间各有心机，面和心不和，东西分离。其余参见天机。

若与太阳同宫，同宫于寅宫为最佳组合。虽有化吉，亦不主兄弟会有助力，但主兄弟能创业有成。其余参见太阳。

若与天同同宫，其人会有结义兄弟，但始善终恶。无论与天同同宫或会照皆为不吉的组合，若有化忌，再有煞，则主刑克，否则亦易不和，尤不宜结拜兄弟，会始吉终凶。其余参见天同。

若与左辅、右弼、天魁、天钺、文曲、文昌、恩光、天福等星曜会照，并有化权、化禄及禄存等星曜同宫者，主其人有兄弟三人以上，且兄弟创业有成。但须与太阳同宫者方合。

若与擎羊、陀罗、火星、铃星、阴杀、孤辰、寡宿会照者，主其人兄弟之间有刑克和是非纠纷。

若与空、劫、六耗会照，主其人会受弟兄之剥削。

若有煞、刑、耗等星曜，主其人会因兄弟而破耗。

若有丁干引发巨门化忌，主其人兄弟之间有口舌是非，且有病灾破耗。

若与禄存同宫，主其人兄弟和睦。

（3）巨门入夫妻宫

巨门入夫妻宫，多为不吉。古人云："巨门在夫妻宫，主生离死别，纵夫妻有对，不免污名失节。"而且乃桃花之象，不吉。

巨门入夫妻宫，若是男命，刑妻，若彼此性刚，则夫妻间会发生对峙。其妻为人开朗。若是女命，夫长则吉，但其夫乖僻、善妒、难亲近，夫妻间纠纷迭起，夫长则可免。若加会四煞星，主生离。若遇文昌，亦主相克、生离。

巨门入夫妻宫，其人夫妻之间常有口舌之争、生闲气，以长配为宜。

巨门入夫妻宫，无论男女命，其人的恋爱必经波折，初恋不能结合。又主其人婚前易与已婚者恋爱，特别与天同同入夫妻宫者，更验。

合婚时，宜以天梁、太阳居庙旺之地，或紫微、禄存入命者为优先考虑对象。

巨门入大限夫妻宫者，若出现巨门化忌（由丁干引发），且有煞星拱照，如果是未婚者，有红鸾同宫，主其人在此大限期间结婚，但会迅即离婚。

若巨门于子、午二宫独入夫妻宫，且左辅、右弼分别入命宫和夫妻宫，主其人夫妻之间会生离。即是会吉曜，仅主其人夫妻之间感情和睦，仍主分居异地。

若巨门于辰、戌二宫独入夫妻宫，主其人的配偶能任劳任怨，但若见左辅、右弼，反主夫妻感情不佳。

若巨门于巳、亥二宫独入夫妻宫，主其人与夫家（女命）或与岳家（男命）不和。

若与天机同宫，如果遇三吉化，其人的配偶敏感聪明，美丽大方，持家有方。其余参见天机。

若与太阳同宫，其人的配偶性情豪爽，做事明朗，勇于负责。其余参见太阳。

若与天同同宫，其人的配偶虽然聪明，但有刑克，可能会生离。其余参见天同。

若与四煞星同宫，主其人婚姻多波折，有重婚现象。

若与擎羊、陀罗、火星、铃星、天刑、孤辰、寡宿会照，若是男命，主其人克二妻，且会生离、分居、口舌。

若与化禄、化权、禄存、魁、钺同宫，若是女命，主其丈夫事业有成。

若有三吉化、左辅、右弼等吉曜会照，女命，主其人能助夫教子。

女命，若有太阳、化权、化禄、禄存、左辅、右弼、天魁、天钺等吉星会照，主其人会嫁既贵且富之丈夫，多才多能，事业伟大，而为人所敬慕。但若有丁干引发巨门化忌，则主其人夫妻之间有口舌是非，且各说各理，多无意义的争闹。

若会照擎羊、陀罗、火星、铃星、天刑，主其人夫妻之间会刑克分离，三嫁之命。以继室、偏房、不举行婚礼形式之同居为宜。

女命，巨门入夫妻宫者，丈夫以长配为宜。因为一般情形下，女命有巨门者多口舌闲气，故宜丈夫迁就，此乃用后天人事补救。

（4）巨门入子女宫

巨门入子女宫，不吉，以迟得子女为宜，一般情形下主其人的长子难养。因为巨门乃暗曜，必须太阳入庙然后才足以解其阴暗。即使有太阳入庙，仍主其长子有损。

巨门入子女宫者，若巨门入庙，其人可有子女二人，先难后易。

若与天机同宫或相对，即使会吉曜，主其人父子之间各怀心机，故必须分离异地，或过继或分居，方可化解。否则有刑克。其余参见天机。

若与天机、辅、弼同宫于酉宫，其人可有子女五人。

若与太阳同宫，如果会照左辅、右弼、天魁、天钺、禄存、化权、化禄，其人有子女三人以上。且有既富且贵，聪明多才，强祖胜父之子。巨门与太阳同宫或会照，为最佳结构，尤其是同宫于寅宫者吉。且能得佳儿。如果会吉曜，主其子女多才，可以富贵。

若与天同同宫，如果加会煞曜，则宜招祀子。而且不宜与左辅、右弼同宫，否则主亲子不得力，庶子反而得力。其余参见天同。

若加会天同、辅、弼，主其人的亲子得力，但庶出送终。子女的反抗性极强。自己的性生活会因为不择手段或不光明正大而享受不到快乐。

若与天同同宫或相对，如果不会煞曜，则须防子女意志薄弱。如果会煞曜，则主其人子女孤单。

若与擎羊、陀罗、火星、铃星、空、劫会照，主其人子女孤单，且有刑克。若加会空、劫，则其人可能会绝嗣。

若有化权、化禄、禄存同宫，则其人的子女运祥和。

若有丁干引发巨门化忌，又有空、劫、大耗会照，主其人之子多病多灾，破耗金钱后还会再刑克。

（5）巨门入财帛宫

巨门入财帛宫，由于巨门为暗曜，主口舌是非，故主其人有是非、竞争，且劳神费力。其财富须凭脑力口才得到，能白手创业。

巨门入财帛宫者，若巨门庙旺，主其人能白手生财，但会由于太自傲或太贪心而易横破；若见诸吉，主先难后易。若巨门落陷，则财富须经辛劳可得。再加六煞星，主其人贫穷，财运成败多端。

若与天机同宫，主其人的财富多进多出，多变动。其余参见天机。

若与太阳同宫，主其人能得别人信赖，扩展已成的基业，并能得异国人士之推崇。其余参见太阳。

若有辛干引发巨门化禄、太阳化权，此乃最佳组合，主其人会受到异族人的提拔及恩惠。

若与天同同宫，主其人由技术和艺术或白手创业，或以从事律师、法官、医师等职业起家。如果再有丙干引发天同化禄，则更佳。其余参见天同。

若与擎羊、陀罗同宫，主其人多纠纷和涉讼之事。

若与火星、铃星、空、劫、火、耗同宫或会照，则其人会有兵灾、抢劫、火灾等损耗（注：巨门最忌火星、铃星）。

巨门喜会化禄及禄存，在财帛宫尤喜，主其人可以富厚。但由于巨门的本质主是非，所以不宜气傲。

若与化权、化禄、禄存同宫，主其人富厚，但最忌志高气傲、锋芒迫人，否则必受人挤对，遭遇极大困难，为众人所推翻，或为其子女所败耗。

巨门入财帛宫，若出现巨门双化忌（由丁干引发），且无吉星来解，其人不但破财，更要防官非。

（6）巨门入疾厄宫

巨门为阴土，故巨门入疾厄宫主脾病，亦主湿气湿疮等疾。巨门又为口道，故又主呼吸器官及胃病。

巨门乃暗星入疾病宫，还主其人有阴损、暗伤、肺病、阴疽、胃癌等病症。

巨门入疾厄宫，若巨门庙旺，逢吉，主其人少灾。若巨门平或落陷，则其人年少时易患脓血之疾。

若巨门入疾厄宫于子，须注意胃病。

若巨门独入疾厄宫，其人易患西医查不出的莫名其妙的疾病。

若与天机同宫，主其人肝胃不和或肠胃多气，心闷气结。其余参见天机。

若与太阳同宫，其人易患高血压，目疾头昏头痛、虚火上升等疾病。其余参见太阳。

若与天同同宫，由于巨门为口道，故主其人易患呼吸系统疾病。还易患骨神经痛、腰痛、肌肉萎缩、或脓血湿疮等症。其余参见天同。

若与天同对照，其人易患肝胆病。且又主骨病，如骨质增生之类，以及由此引起的神经痛。

若与辅、弼同宫于辰、戌，其人多有胃病。

若与四煞同宫，其人会因为好酒色而得病。

若与陀罗同宫，其人会半身不遂。

若见羊、陀、化忌、天刑，则其人有生胃癌及食道癌之可能。

若见火、铃、化忌、刑耗、天虚等星曜，则其人会因阴疽或肺病；如果煞重，则可能转化为肺癌。

若与禄存、化禄同宫，由于巨门主呼吸器官及胃病，故其人易患胃病。

若有丁干引发巨门化忌，主其人口疮病多。

若巨门化忌于身命或疾厄宫（由丁干引发）为"忌暗同命身疾厄，困弱尪羸（wang lei）格"。此处所指的"忌"，为化忌星（亦指火星）。所指的"暗星"为巨门，其人容易有不明显的疾病。凡身命宫、或疾厄宫有巨门逢擎羊，或火星，主其人生活困苦，体弱或有残疾，多会破荡产业，为奔波劳碌之人。（注：巨门主水，代表肾脏，巨门代表暗曜，故所患之病有时是暗的看不到的。）再加煞者，容易残疾在身，或患治不好的小毛病。若巨、火、羊同宫，主其人有自杀倾向，或自缢而死，或破荡产业。但是，若三奇加会，反而会成为"化星返贵格"。若所遇煞星多，则更严重。

若与化忌、天刑、大耗同宫，多有耳目之疾。

（7）巨门入迁移宫

巨门入迁移宫，最怕太阳化忌（由甲干引发），尤其是当太阳在庙旺的宫位时，主其人会受人怨尤或无端惹是非。

巨门入迁移宫者，主其人出外劳心劳力不安定，易招是非，与人不睦，落陷者尤甚。

若与太阳同宫，命宫中无正曜，逢辛干引发巨门化禄、太阳化权，则主其人离家发福，在异域可以创颇大的事业。出外风光，有意外收获。但太阳在巳宫、午宫者、易遭小人的忌恶。若与太阳同入流年迁移宫，在该年要注意血光之灾，出门不宜。若太阳、巨门同入流年迁移宫，在该年要经常问候、探访父母。在外工作与上司相处时，要谨慎、自制，以防引发是非。其余参见太阳。

凡巨门入流年迁移宫，如果宫中化煞，则主其人在该年会有牢狱之灾，或死伤、刑克。

若巨门入流年迁移宫，再有禄存，则主其人可以在外地投资。但若有流煞同宫，则主会有损失，如果煞重，则会惹上无妄之灾。

若与天机同宫，如果天机化禄（由乙干引发），主其人出外可以创立基业，若天机化忌（由戊干引发），则主其人既少人缘，又失意。其余参见天机。

若与天同同宫，如果巨门化忌（由丁干引发）或巨门化禄（由辛干引发）及禄存同宫，主其人出外白手创业，会因名显而得财。如果天同化忌（由庚干引发），则其人少奔波，但若有煞、忌、刑来凑，则主其人受灾厄。如果天同化禄（由丙干引发），或禄存同宫，或巨门化禄（由辛干引发）、化权（由癸干引发），则主其人出门可以立业，白手以成大富。其余参见天同。

若与六煞星同宫，是非愈多，愈恶。

若与擎羊、陀罗、火星、铃星、天刑等星会照，主其人出外会遭灾，少人缘，多是非。

若巨门化权（由癸干引发）、或化禄（由辛干引发）、或与禄存同宫，则如果巨门入庙，主其人出外大发，以演说善辩口才，名扬他方。从政者则为司法人才、外交要员；从商者则为公司营业负责人。

若巨门落陷又化忌，再有天姚同宫，主其人在引发巨门化忌的运限期间，一出门容易遇到脏水沟、厕所。

若有丁干引发巨门化忌，则主其人出外会有口舌纠纷，进退不决，多疑不定，东奔西走，劳碌异常。

（8）巨门入仆役宫

巨门入仆役宫者，若巨门入庙，其人即使有部属，早年亦不得力，晚年尚可。

若巨门落陷，则无属下运，即使有，多为心术不正、阴险狡猾之人，且多是非。

若与天机同宫，主其人的下属多浮滑之士，对其少助力。其余参见天机。

若与太阳同宫，主其人可得诤友或畏友，或可得仗义善说之好友。在巨门入仆役宫时与其他各星曜的组合中，以巨门与太阳同宫或相对为最佳组合。如果太阳入庙，主其人可得诤友。若有辛干引发巨门化禄、太阳化权，则主其人可结交异族而得益。仅当遇丁干引发巨门化忌时，主其人多是非。其余参见太阳。

若与天同同宫，主其人多口是心非、言行不一的朋友或下属。其余参见天同。

若与六煞星同宫，其人会因部属或朋友而遭受损失。

若与擎羊、陀罗、火星、铃星同宫，主其人会遭损友的拖累，有是非口舌，或手下人无义。

若与空、劫、大耗、阴煞同宫或会照，主其人会因友破耗，或被手下人盗窃。

巨门宜化禄，及见禄存，主其人能得益友之助创业。不宜见煞、或化忌，尤畏羊、陀，主其人受人反逆。此性质不仅指巨门入仆役宫，在所有十二宫皆然。

巨门入仆役宫，若有癸干引发巨门化权，或有辛干引发巨门化禄，或有禄存同宫，且会吉曜入庙交宫，主其人与朋友之间虽多口舌之争，但多为创业、谋划之友，或多为直率、好辩、但勤力多才的职员。

若有丁干引发巨门化忌，则其人少得朋友之助，却多口舌、纠纷。而且其下属无义。如果再有刑、煞，则自身多纷扰。

（9）巨门入官禄宫

巨门入官禄宫者，若巨门入庙，得众吉守照者，武职权贵，不利文人。若巨门落陷，主其人奔波、悔吝，凡事徒劳。

若巨门于入庙之地入官禄宫，主其人的创业多由专门技能发展而来，或为医师、法律家、政治家、军事家，以及在星相艺术上发展，或为帮会领袖、宗教宗主，以超人的头脑、灵辩的口才取得成功。

巨门入官禄宫，由于巨门以口才为主，所以在巨门与其他星曜的各种组合中，各有不同的特性。但无论何种组合，见禄、权则吉；见羊、陀则凶，即使有一时之得，但最终得不偿失。

若巨门入流年官禄宫，且有丁干引发巨门化忌，又有羊、陀冲起，再见大耗，则主其人在该年有官非。若与白虎或贯索同宫，则其人在该年有重病，或牢狱之灾。但若见禄、权、科，则主其人在该年有吉庆之事。

若与天机同宫，主其人变动多端，幻想多，欲望重，常变换职业。时文时武，时东时西。因此，其人需靠机变求财，不宜专守一业。其余参见天机。

若与太阳同宫，由于太阳主贵不主富，其人的职位名大于利，其余参见太阳。

若与天同同宫，主其人做事有头无尾，没有结果。由于其人感情重于理智，故宜自由职业，且有艺术潜能。其余参见天同。

若与擎羊、陀罗、火星、铃星、空劫、大耗、天刑等煞星同宫或会照者，则主其人在事业上多官事涉讼，纠纷争斗，职业不稳，事业不定，灾祸纷纷。时有意外之财，但横得横失，或奔波江湖，或遭受意外的失败，或特殊的打击。

若与六煞星同宫，主其人在工作中会失职。

若巨门入庙，有化权、化禄及禄存等吉星同宫，主其人为军政界的要人、社会的闻人、商业界的巨子。

若有丁干引发巨门化忌，则主其人的事业不安定，多是非口舌之争，多纠纷，成中多败。

巨门入官禄宫，若出现双化忌（由丁干引发），且无吉星来解，其人不但破财，更要防官非。

（10）巨门入田宅宫

巨门本身有飘浮之性，所以不宜入田宅宫，因为田宅要求稳定。但当巨门见化禄之时，则虽然其人产业不断变换，但始终拥有自置的产业。

巨门入田宅宫者，若巨门庙旺，主其人富足，不动产自置很多。若巨门落陷，则不动产无分，且会因不动产而发生纠纷。

若巨门入田宅宫，且仆役宫的宫干为丁，说明其人会被窃。

若与天机同宫，主其人的产业时起时落，易立易败。其余参见天机。

若巨门与天机相对，主其人的产业时时变动，且搬迁频繁。如果见煞、忌，则其人可能一生漂泊。凡流年逢此组合，主其人工作环境在该年可能会有变动。

若与太阳同宫，主其人虽有田产，但会因产业而明争暗斗、多闲气。而且宜同入申宫，这样能得到寅宫的太阳（旺）照会，此时只要不见化忌及羊、陀，则仍主其人发达。其余参见太阳。

若与太阳同宫，如果有丁干引发的太阴化禄、天机化科、天同化权来夹拱，而且巨门化忌，则主其人的田宅虽旺，仍多是非。倘若有羊、陀来夹巨门，则其人的家宅虽发财，却易惹灾病。

若与天同同宫，主其人多因低陷水田河沟等问题而起纠纷。其余参见天同。

若贪狼、巨门同入田宅宫或子女宫，主其人须防暗失、骗子、小偷。其中同入田宅宫者，多主其人的家宅被水淹。

若与六煞星同宫，主其人田宅全无。

若与擎羊、陀罗、天刑会照，主其人会因住宅或产业发生纠纷或涉讼，或家中人口多刑伤灾祸。

若与火星、铃星、空、劫、大耗、天月、阴煞会照，主其人的家宅会遭兵祸或火灾，或抢劫偷盗，或主其本人飘荡四海。

若巨门入田宅宫，且入庙，又有化权、化禄及禄存吉曜同宫者，自置产业。

若巨门入田宅宫，有癸干引发巨门化权，主其人的房子附近有大的暗沟。

凡巨门化忌，主其人家宅不安，因口舌是非而远离，或家宅中多是非。

若巨门化忌入田宅宫（由丁干引发），且宫中有天刑、白虎、将星、飞廉，引发巨门化忌之宫（即天干为丁之宫，引发巨门化忌）中有擎羊、官符、封浩等星，主其人的房地产、家庭里会发生事非口舌并产生打斗，导致产生受伤事件，由此会有官方前来调查和追究行凶执事者。

若巨门于落陷之地入田宅宫，逢丁干之年，引发巨门化忌，因为丁未的纳音是"天河水",故主其人的田宅在该年之中有问题:或黑暗、或水灾、或上面会滴水、或下面路多积水。因此,若是丁未之年,更要小心。

(11) 巨门入福德宫

巨门入福德宫,最大的特点是其人劳心不安,费精费神。

巨门无论在十二宫中的哪一宫入福德宫,都有这种劳心的特色,仅程度轻重问题。其中,巨门、天同同入福德宫为较佳的组合,劳心程度较小,但只要会煞曜,仍多踌躇不安。即使不见煞,这种安宁还会发生事端,而且一旦发生,必然追悔莫及。

巨门入福德宫者,若巨门入庙,主其人福厚,但好生是非。命宫中吉星众者,寿达七十以上(注:仅作参考)。若无吉星,主其人劳碌奔波,经常徒劳无功,无福可享。若巨门居平、陷之地者,主其人贫苦艰辛。

巨门入福德宫,其人多为不安现状,祈求过多之人。

若与天机同宫,主其人为人敏感。做事的恒心不足,多变,做事半途改动,或从头再做,或追悔,常觉得精神不畅,不痛快。其余参见天机。

若与太阳同宫,主其人虽然操心,但能享受。其余参见太阳。

若与天同同宫,如果无煞曜,则其人能快乐安宁。其余参见天同。

若与擎羊、陀罗、火星、铃星同宫或会照,主其人会自寻烦恼,胸闷气结,多忧多虑,口舌纠纷,易感到有压力,无福可享。

若有辛干引发巨门化禄,或有癸干引发巨门化权,主其人在此期间事业虽佳,但仍主费神,必须事事亲力亲为,然后放心。如果有化禄、化权同会,仅主其人追求物欲之心强烈,并不是精神上的愉快。

若有丁干引发巨门化忌,主其人心神不定,失眠,举棋不定,做事不能一气呵成,常半途生变,或取消重做。

(12) 巨门入父母宫

巨门入六亲的宫位都为恶曜,入父母宫亦不例外,不吉。尤其是如果有丁干引发父母宫中的巨门化忌,主其人的父母在此期间经常争吵。

凡巨门入父母宫,其人必须过继出祀,否则会有克害刑伤。

巨门入父母宫者,若巨门入庙,其人对父母有轻克,父母间关系淡薄。若巨门为得地或平,则其人少年时难养。若巨门落陷,则刑克父母或弃祖过房。父母较重视物质生活,且教子颇严。

若巨门入流年父母宫,有煞、忌、刑来凑,则主其人在该年之中与父母刑克。

若与天机同宫,这是最坏的组合,克害的程度最大,必须祀出或再拜父母,否则刑克分离。但在现代社会,当父母宫出现这种组合,往往会变成自小即寄养,因为父母要工作,无暇照看子女。这可以说是最自然的趋避。其余参见天机。

若与太阳同宫,主其人父子间有争吵,多闲气。其余参见太阳。

若与天同同宫,不利父母,其人的祖产会逐渐退败,或祖产被他人所夺。其余参见天同。

若与六煞星同宫,主其人的父母不全,宜二姓过房。

若与擎羊、陀罗、火星、铃星、空、劫、天刑同宫或会照，主其人与父母之间有伤害刑克，父母不能双全。

若有癸干引发巨门化权，或有辛干引发巨门化禄，及禄存同宫，这是巨门入父母宫最佳组合，主其人与父母之间无刑克，或主其人的父母富有，并有遗产。

若见禄存，必须没有煞、忌会照，方能主其人父母双全，否则仅为父母富有。

11. 天相

1）星情总论

天相属阳水，为南斗第五星。化气为印，为官禄主、善福。化气为印的"印"同"荫"，而且非荫自己，而是荫他人。由于荫他人，属于服务性质，到头来有徒劳无功之感，导致易对现实不满或感到怀才不遇。

故天相亦为为"印星"，在古代就是替皇帝掌玉玺的大臣。所以虽然正直、忠厚，但缺乏个性。印的本身是能善能恶的，但是这善恶的趋势是由执印的人去左右的。譬如法堂上的一颗印，能使人升官发财、骨肉团聚，也能使人受刑受罚、家破人散。这善恶的不同，便是由执印人的用途来区别它。

天相的阳水性质主流动，故有辛苦之相。

"天相"这个名称包含了相助的意思，处于宰相或军师的地位。其唯一的义务，便是忠于主人，为主人设计参谋，以主人的利害为利害。所以主人善的便助其为善，主人恶的便助其为恶了。故天相逢好则更好，逢凶恶则更凶恶。

它在十二宫的命盘上，无法简单确定其究竟是吉曜还是煞曜。它的善恶，是随着其他相遇拱照的星曜和环境而变的。

例如，天相入庙，或者入身宫，如果其左右宫中有化禄及天梁夹持，便是"财荫夹印格"，主其人富贵荣华，享受快乐。又如，天相于落陷之地入命或入身宫，左右之宫有化忌及擎羊来夹持，便是"刑忌夹印格"，主其人会遭受牢狱之灾，而且有刑伤。

天相既为财星，也是官禄宫主，入官禄宫者为得位。

在紫微斗数，常有相互制化的星曜。例如，紫微可驾驭七杀；太阳可化解巨门之暗；太阳可化解天梁之孤；廉贞可制化七杀的英华；太阴可以调和天机的浮躁。天相能调和廉贞星浮躁，这是天相唯一的独立功能。

天相的代表人物为纣王之忠臣闻太师，为奉仕之神，司掌"慈爱""服务"。为福善，化气为印，偏文事，相貌敦厚，诚实不虚伪，对人诚恳、随和、慷慨、有同情心、爱自由、打抱不平、喜结识权贵。女命好打扮、贪吃挑食、有笑容、一辈子不愁吃穿。

天相在物品中表示木器制品。在其人的住宅周围为溪水河流的交汇之处，或附近有水井。

2）风水、地理类象

天时类象：晴天无云，星夜皎洁，银河。

地理类象：水道，合流处，电影院，服饰店，百货公司，箱匣木器之类，合租的房产，与水道、水坑、河水、涧水、流来之水，与他水会合、交流主有调停多管经商流合之人。

3）旺度

天相的旺度：于子、丑、寅、午、申为入庙；于辰、巳、未、戌、亥为得地；于卯、酉为落陷。

4）与天相有关的格局

（1）府相朝垣格：参见7、天府之4）"与天府有关的格局"。

（2）财荫夹印格：天相守命，有武曲、天梁来相夹，或者有天梁、化禄来夹，皆为此格。主其人福厚。若有紫微、天府、文昌、文曲、辅、弼来会照或同宫，主其人财官双美，位至三公。尤喜与天府同宫于身命，主一生优厚安享。

（3）禄马佩印格：禄存或化禄与天相、天马同宫庙旺守命，为此格。

（4）刑囚夹印格：参见6、廉贞之4）"与廉贞有关的格局"。

（5）财印坐马格：参见4、武曲之4）"与武曲有关的格局"。

5）天相入十二宫分论

（1）天相入命宫

① 性格、外貌、运气与其他星曜的关系分析

天相入命者，其人的脸型多为方面型或略带微圆，下巴以上又很宽。少年时脸色为青白色，老年为黄白色。长得漂亮，但随着年龄增长会变差。天相庙旺者，身材中高；落陷者，身材瘦小，且偏食。

其人性情温和，语言诚实，性格内向，老实厚道，行事谨慎稳重，勤劳，思虑周详，有正义感，乐于助人。故其人丰衣足食，出仕飞腾，居家多财。性情宽厚，态度大方，举动稳重，有正义感，路见不平，能拔刀相助。信仰宗教，喜修行，感情容易冲动。对于任何人的困难或不良的遭遇，会生同情心。

天相入命者，无论男女，皆会藏私房钱。

若天相入命宫，贪狼入夫妻宫，主其人的个性单纯，喜欢稳定的生活，不喜欢变化，欣赏年纪较长的人。由于容易轻信人，所以在爱情上易受欺骗。

若天相入大限或流年，需要留意流煞及流化是否将原来的组合变成"财荫夹印格"或"刑忌夹印格"。这是推断大限及流年之重点。

廉贞为囚，天相为印，擎羊为刑。若廉贞（囚）天相（印）在子、午宫坐命，若逢擎羊（刑星）同宫，则构成"刑囚夹印格"。这个格局的详情参见6、廉贞之4）"与廉贞有关的格局"。

若天相入大限或流年，三方四正有左辅、右弼、化禄、化权、化科及禄存、天府等吉曜会照者，主其人财丰禄厚，位高爵重，结婚添子，名利双收。

若天相庙旺，即使不逢紫微，但有辅、弼者，其人亦能职掌权威。

若与紫微、禄存同宫，主其人有偏见的倾向，或主见极深，好争权，同时也

容易遭到小人的倾挤。

若天相入命，有武曲、天梁来相夹，或者有天梁、化禄来夹，皆为"财荫夹印格"。

若与武曲、廉贞、贪狼、天才、凤阁等星会照，主其人聪明好学，多才多艺。若天梁落陷，再与擎羊、陀罗会照，则其人以技术为生。

若与武曲、破军、文昌、文曲、左辅、右弼、陀罗、天马、化禄等星曜拱照者，则主其人的事业时成时败、忽起忽落。成功时则增田置产不可一世，失败时则牢狱灾祸，小人包围，刑克伤害。这是吉中藏凶，而凶中藏吉的变化。

若与廉贞、擎羊同宫或会照，主其人终身不美，易招横祸，刑杖难逃，只宜僧道。

天相可化解廉贞之恶。但天相怕煞星，其制煞的能力很弱。若遇火、铃，主其人残疾，尤其当疾厄宫也坏时，更验。

若与天府同宫，主其人有人情味。

若与破军、武曲或七杀、擎羊、陀罗等星曜会照，则主其人有口舌、官非，小人阴谋陷害，倾家破产。

若逢四煞星，被冲破，尤其逢羊、陀者，主巧艺安身。最怕与擎羊同宫，若大运逢之，流年又逢者必破财。古人云："限临天相遇擎羊，作祸刑殃不可当。更有火铃诸杀凑，须教一命入泉乡。"

天相最喜与左辅、右弼、天魁、天钺、三台、八座、天贵、恩光、天德、解神、天巫等吉星会照。若再逢化禄、化权、化科及禄存、天马同宫，则主其人位居极品，出将入相，国家砥柱，社会领袖，既贵且富。

凡天相入命，见文昌、文曲、龙池、凤阁、天才等星曜者，可增加其人的才艺。若不见煞，在官者仅为闲曹清贵；若见煞，则主其人以才艺成名，反而安逸。

若逢四煞星来冲破，尤其逢羊、陀者，主其人巧艺安身。

天相忌与陀罗同宫，主其人犹豫反复。

天相不太怕羊、陀来夹，但如果有重重夹制，则掣肘的影响变大。

若与火星、铃星、天刑、天月、阴煞、空劫、大耗等煞星、恶曜会照者，主其人有刑克，易惹灾祸，或自身残疾。

若与火、铃同宫；或只与火星同宫，皆主其人多病、残疾、夭折。

若逢火星、铃星、空劫、天刑、大耗、天虚等煞星会照，则主其人刑克重重，且自身时觉空虚，有自杀的企图。如果无吉星祥曜来化解，主其人有死亡灾祸。

若与禄存同宫，又有化禄、化权、化科者，其人靠专门技能或艺术起家。

天相喜见禄存或化禄，有禄存同宫，天相的破坏力会因此而变得温和。亦喜见辅佐诸吉曜来对拱或会照，诸如：左辅、右弼、天魁、天钺、三台、八座、恩光、天贵、台辅、封诰等星曜，此时若无煞，其人宜从政；若有煞其人可从商，皆得崇高地位。但对煞曜的抵抗力则较弱。

天相坐命，其人宜从事律师、会计师、医生、建筑师等职业。若受过高等教育，则工作的层次会相应提高。庙旺者，乃理想的幕僚人才，最适合担任秘书、参谋、助理等职。

与天相特别有关系的正曜，是紫微、廉贞、破军与武曲。共有六种组合：

天相在子、午二宫，与廉贞同宫，对宫为破军。天相与廉贞同宫甚为相宜，因为二者同宫时天相能化廉贞之恶。

若天相于卯、酉入命，为独坐，与廉贞、破军相对，由于廉贞有敏感的特点，且同时有点急躁，有了天相同宫或拱照，能将廉贞转化为聪敏。但天相的化解之力稍逊，运程可能较多波折。若加煞化忌，其人多为奸诈虚伪之辈，不是真小人，就是伪君子。

天相与廉贞的组合，以不从政从商为宜，不如以一己的聪明才艺来作为事业的基础。

天相在丑、未二宫为独坐。与紫微、破军相对。由于破军的反叛性影响，故其人反叛挫折的倾向很强。

天相在寅、申二宫，与武曲同宫。天相、武曲同宫不如对照。因为同宫时天相虽可减轻武曲的刑克性质，但同时亦减少了它本身的力量；不如跟武曲、破军对照，反而可以利用这种组合的冲刺力。

天相在辰、戌二宫，与紫微同宫，对宫有破军。天相因紫微同宫的关系，会变得独断独行，同时亦增加了其人的权力欲，所以适宜从政。若从商，会有寡头的味道。紫微、天相同宫不如对照。因为二者同宫时落于辰、戌的天罗地网宫，反而使人难以发扬奋斗精神。而二者相对时，则由于紫微、破军的冲刺力，可以激发起天相的力量。

天相在巳、亥二宫为独坐，此时武曲、破军对照。武曲、破军二曜的破坏力很大，给天相也带来不好的影响，遇事多从坏处着想，且时生改变之心。

女命，天相入命，主其人持重，再有丈夫志气，有化禄、化权、化科及禄存、左辅、右弼、天马等吉星会照者，乃夫人之命，旺夫教子，富贵双全。若文昌、文曲、化忌、擎羊会照，则主孤独，以出家修行，或以继室偏房及不举行结婚义式之同居为宜。否则刑克分离。

女命，古人喜见天相入命，因为天相之辅佐帝枢，恰似古代女人之主操内政，扶持夫主。所以喜见辅、弼、魁、钺、禄、马、三吉化来会。古人云："天相之星女命躔，必当子贵及夫贤。"即是这个道理。

女命，天相入命者，主得贤夫贵子。但若天相、昌、曲同入命宫者，其人有淫乱倾向。故天相入命之女性，绝不宜见文昌、文曲，因为昌、曲主聪明，古代女子聪明便薄命，因此古人云；"女命昌曲冲破，侍妾。"若再见煞忌，则对女命更加不宜，主其人的婚姻不利。

女命，若有天相入命，适合配年长的丈夫，甚至长十二年以上为好。

② 所入宫位（十二地支）分析

天相入命于子、午

天相在子、午皆为入庙，必与廉贞同宫。天相与廉贞同宫，可制廉贞之恶，再逢帝座者（注：天相只在辰、戌二宫与紫微同宫），可掌权威。其人宜服务公职。

若命宫里没有煞星，会有平步青云、一帆风顺的事业。

若逢昌、曲、辅、弼，主其人执掌权威。若单遇文昌同宫，其人好礼乐。若遇禄存，主富贵。若逢武曲或破军，主其人破祖业。若有擎羊同宫，主其人多是非，甚至为社会垃圾，牢狱难免。若有火、冲破，主其人有残疾。

女命，廉贞、天相于子、午入命者，若宫中无六吉星帮助，又不逢化禄或禄存，则须防有失足的可能。

天相入命于丑、未

天相在丑为入庙，在未为得地，皆独坐，对宫有紫微、破军。主其人刻苦耐劳，力求上进。若遇吉星，则事业有成；若遇煞星，则成就稍逊。

天相不喜与六煞星同宫或会照。若与火、铃会照，主其人心神不宁，事业成就稍逊；若与羊、陀会照，则其人的福泽减低；若与空、劫会照，其人不宜从商。

天相入命于寅、申

天相在寅、申皆为入庙，必与武曲同宫。其人辛劳难免，为最佳幕僚人才，也往往是手艺人，不过不会挨饿。

若与辅、弼、昌、曲同宫，其人能执掌权威。且若逢昌、曲，其人聪明巧艺。若与禄存、天马同宫，主其人能发财还乡。若与四煞同宫，其人会因财被劫。若逢擎羊，则其人刑杖难免。若有火、铃冲破，其人的健康堪虞，有残疾的可能。

天相入命于卯、酉

天相在卯、酉，皆为落陷，独坐，对宫有廉贞与破军。主其人保守、多思虑，有个性，擅理财，宜公职。

若有羊、陀、七杀凑合，主其人巧艺安身。

若加会擎羊、廉贞，其人刑杖难免。

若有火、铃冲破，主其人有残疾。

女命，天相在卯、酉入命者，其人有办事能力。

天相入命于辰、戌

天相在辰、戌皆为得地，必与紫微同宫。辰、戌二宫为天罗地网宫，且紫微、天相皆为得地的状态，故力量不足，难以冲出天罗地网，会产生"有志难伸，有才难展"之感慨。若其人有特殊技能，或许会有幸运的机会。若再与辅、弼同宫，凡甲、己、庚年生人会有所表现，宜任公职、文职。若逢煞星，只宜工薪阶层。若不遇空、劫、化忌，能独当一面，创业亦能有成。

若无吉星来朝拱，则其人一生所遇灾难比别人多。

天相入命于巳、亥

天相在巳、亥皆为得地，独坐，对宫有武曲与破军。主其人注重生活享受，擅理财，聪明不拘小节，宜公教职。

若天相入命于巳、亥二宫，此时夫妻宫有紫微与贪狼，若是男命，其妻能干有个性。若是女命，为相夫教子的贤妻良母。

天相入命于巳、亥二宫时，喜加会辅、弼、昌、曲，主其人能执掌权威。但不喜遇武曲、化忌，主多波折。亦不喜空、劫入本命宫、大限宫或流年宫，主其人在此期间的人生艰难倍增。亦不喜被火、铃冲破，主其人有残疾。

若与火星同入命宫，其人有目无法纪、犯罪的倾向。

女命，天相、空、劫在巳、亥入本命宫、大限宫或流年宫者，主其人的感情多波折。

③ 运限、流月、流日分析

若流年宫或大限宫位于子、午，天相入此二宫，则在此期间：

凡甲年生人：若加会吉星，宜为管理人才。事业或职务光辉照人。若对现有工作或职位不满意，此时正宜跳槽。

凡乙年生人：对子女要多关心，即使他们的学习不好，也不要给予太大的压力。工作或许会不如意，或受灾伤，应小心为上，但会有贵人相助，故无大碍。在此期间，财运较理想。

凡丙年生人：为横发横破不耐久之人。不可作恶，应多举善事，以免官非。已婚者要悉心维护家庭，不可见异思迁。若是十月、十二月生人，要清心寡欲，经得起"色"的诱惑。未婚者，在此期间感情坎坷，不可见异思迁，否则会两头落空。女性要重视贞操，交友要慎重。其人易受到意外事故或伤灾，故凡事要谨慎。

凡丁、己、庚年生人：若廉贞、天相在子，此时禄存在午宫拱照，紫微在财宫朝垣，故其人的财运甚佳。若是丁、己年生人，加会吉曜，主其人为管理人才。又，若廉贞、天相在午宫，则丁年生人要顾及手足之情。

凡戊年生人：子女的表现令人欣慰。但不要冷淡夫妻感情。工作上易有波折。外出时须防止受伤。注意不可作恶，应多举善事，以免官非。

凡壬年生人：若在子宫入限，即使有变迁的机会，也不宜变动，否则会不如意或有波折。不求变动，反而会减少烦恼。尤其是巳、未时生人，更为明显。

凡癸年生人：若加会吉星，主其人适合作管理人才。利于外出或变动，事业上可得到发展。父母或自己的健康可能会出现问题，夫妻间要多体谅，与兄弟姐妹、朋友相处时言语要谨慎。

若流年宫或大限宫位于丑、未，天相入此二宫，则在此期间：

凡甲年生人：利于外出办事，既可增加交际应酬的机会，又可结识权位人士，从而提高自己的身份地位，但不可因此而得意忘形。

凡乙年生人：若有六吉星会照，主其人财官双美，且其人有文艺方面的兴趣和才华。利于外出，可提高声望。行运于未者，对子女要小心照料，以免抱憾。

凡丙年生人：对配偶或异性朋友要多体贴，或许他们会有麻烦或疾病。女性要防止对方因感情失控而导致破财或患难言之疾。男性要注意配偶的情绪，以及妇科疾病。若因公外出而使夫妻少聚，反而会减少一些问题。

凡丁年生人：与兄弟姐妹相处时，少说为佳，即使说话，也要婉转。凡家中的问题，应由父母处置。女性与公婆相处，要多顺着他们的意思。

凡戊年生人：会有贵人相助。与朋友要保持距离，不要有金钱来往，更不宜与他们去花天酒地，否则容易与配偶或异性朋友发生矛盾而后悔莫及。

凡己年生人：配偶或许会因接受某件工作而外出一段时间。未婚者或许会因其工作忙碌而少见面，或者因为有人反对而使双方的交往受阻碍，但只要双方有耐心，过一段时间后，会冰雪消融。

凡庚年生人：在此期间心情难以平静。无论是否外出，总是心烦，事情总是不顺。但这种状况不会太久，诸多的困扰或波折都会有贵人帮助解决，故下半段运程会如日东升。

凡辛年生人：若有六吉星会照，主其人财官双美，且其人有文艺方面的兴趣和才华。若子女的学业不理想，不必苛责，只需要求他们尽力即可。若是子、午时生人，切勿买卖房地产，也不宜搬家。外出时千万小心门户。

凡壬年生人：利外出，声威不凡。感情上要守分寸，尤其是三月、九月生人，更应保守。女性应以事业为重，暂时放下感情不谈。

凡癸年生人：子女表现优越，考运理想。自己的感情问题有出轨倾向。已婚者，可能聚少离多，或是配偶身体欠佳。双方均应以家庭为重，切勿拈花惹草。未婚者不可见异思迁，要选定目标，即使有波折、阻力，也要冷静等待雾消云散。

若流年宫或大限宫位于寅、申，天相入此二宫，则在此期间：

凡甲年生人：如果有三吉化在三方拱照，利于开创事业，会名利双收，但要防止财重伤身。

凡乙年生人：宜改善子女的读书环境，尤其是照明条件，对他们要多加鼓励。其本人可角逐单位内部的升迁或晋升考试，会有好结果。肖猴（申年）、肖鼠（子年）、肖龙（辰年）之人可能会外出，且最好不要取消。

凡丙年生人：不要贪图发横财，宜把节约的钱购置衣物或家具，购买时要夫妻商量。也可以购买房产。若是巳、亥时生人，子女的学习和考试甚佳。

凡丁年生人：对兄弟姐妹要谦让，即使难听的话也不要争辩。在配偶外出时，宜整理家居。

凡戊年生人：不宜买卖不动产，否则会有意外麻烦事。

凡己年生人：只要不逢化忌及空、劫在三方冲破，则其人的财运平顺，事业有助力。夫妻之间会因为公务繁忙而常有人外出。

凡庚年生人：有职务升迁的机会。子女的考试运相当顺利。

凡辛年生人：凡事宜安步当车，不疾不徐，即使没如期完成工作计划，也不可心急。使用金属工具或操作机器时，不能心烦意乱，防止受伤或出事故。

凡壬年生人：其人易心绪浮动，肠胃欠佳。掌管财务的人要随时清点账目和支票。购物时要注意其实用价值，以免花钱买气受。恋爱中的男女，要防止"得陇望蜀"的心态，若觉得对方不合适，也应该以不伤害对方的方式解决。已婚者不要有外遇，以免破财又伤家庭和气。凡事以静制动为上策。

凡癸年生人：子女需要家长的鼓励和安慰。与兄弟姐妹要和睦相处，避免口舌。夫妻以"聚少离多"为宜，并应鼓励对方在文学艺术方面一展才华。

若流年宫或大限宫位于卯、酉，天相入此二宫，则在此期间：

凡甲年生人：利外出，会有收获。夫妻间偶有小别，反而使得两情相悦。宜从事贸易，财经工作，能掌握业务发展之权。

凡乙年生人：加会辅、弼、昌、曲者，主其人能执掌权威。对父母要多尽孝道。对子女不必苛求，尤其要注意他们的视力，若有不适，应尽快就医。对学龄前儿童，避免让他们学习书写汉字或外文。

凡丙年生人：不宜出远门，外出易有破耗。

凡丁年生人：子女的表现或成绩甚佳，使父母欣慰。与兄弟姐妹交往时，要谨慎措辞，避免口舌是非。

凡戊年生人：配偶的财运颇佳，但别忘了照顾父母。

凡己年生人：配偶运势强劲，既有财又有权，如同飞龙在天。

凡庚年生人：外出要谨慎，尤其正月、七月生人更要小心。多注意父母的手脚或神经系统，他们上下楼梯时要尽量搀扶。

凡辛年生人：加会辅、弼、昌、曲者，主其人能执掌权威。兄弟姐妹或拜把兄弟的成就辉煌。

凡壬年、癸年生人：注意健康，如果有病，要耐心治疗，切莫半途而废。夫妻间有事，应互相信任，平心静气地讨论。未婚者择偶时不可逞意气，要细心选择，以免碰上坏人。

若流年宫或大限宫位于辰、戌，天相入此二宫，则在此期间：

凡甲年生人：三方有化科、化禄、化权拱照，能名利双收。但不要忽略或冷落了子女。

凡乙年生人：比较辛苦，但名利都不错。但不要冷落配偶或子女。除了必要的出门，否则以不出门为宜。

凡丙年生人：凡事容易慢半拍，故不如静待以观其变，而后伺机而动。若是工薪阶层，一定要做好本职工作，不可耽误公事。

凡丁年生人：对自己的兄弟姐妹和朋友说话要小心，以免"话者无意，听者有心"。凡四月生人，外出时要注意门户安全，把贵重物品保存好。

凡戊年生人：其人与子女的关系十分良好。但在处理与兄弟姐妹之间的关系或其他某些事情上，会伤脑筋。

凡己年生人：若是单月生人，而且不是丑、亥、申、子、辰这几个时辰生人，则在此运程期间必能飞黄腾达。

凡庚年生人：要注意人际关系，尤其对部下、学生不宜大动肝火，以免伤身。

凡辛年生人：自己的兄弟姐妹之中有人很有口才，因而只要动口就能钱财到手。子女很忙碌。若是丑、亥、寅、午、戌时生人，对钱财、票据、契约要小心，以免破财又不消灾。

凡壬年生人：若与紫微同宫于辰，不要出门。要提防钱财方面的纠葛。若是丑、亥时生人，更不宜出远门，以免有麻烦。

凡癸年生人：在处理感情、婚姻问题时要特别小心，往往会有"来者不善，善者不来"的情况发生。故宜避避风头。已婚者须以家庭生活为重。感情丰富未必是福。

若流年宫或大限宫位于巳、亥，天相入此二宫，则在此期间：

凡甲年生人：要特别注意头部、视力、心脏的健康，应多休息，保持充足的睡眠。利于外出开创求变化。但子、午时生人不宜谋事，只宜静守。

凡乙年生人：注意照顾子女，对在学子女的视力不可忽视。

凡丙年生人：此乃福格。但须提防酒、色、赌的引诱。已婚者不要结交异性朋友。要注意父母、手足和自己的健康、情绪。

凡丁年生人：与兄弟姐妹相处，少逞口舌之能。子女的运势颇佳，并利于考试。若自己遇到困扰或不顺，会有贵人相助。心理上比较排斥浪漫、开放和新潮事物。

凡戊年生人：此乃福格。对亲人要小心照顾。并要注意自己的头部和视力。在此期间可能会出远门，或者是居住环境有大小不一的改变。若处于台风季节，则要注意防灾。

凡己年生人：上半段运程或会有不顺之处，但终究会因势利导、扶摇直上。若是子、午、丑、未时生人，对金钱和契约要小心处理，以免追悔莫及。

凡庚年生人：利于外出闯荡，理想可成，财富可得。子女的考运甚佳，也利于搬迁、置产。

凡辛年生人：若是肖鼠（子年）、肖马（午年）或三月、九月生人，应处事冷静，不可激动，以免后患无穷。

凡壬年生人：此乃福格。若是子、午时生人，诸事不宜，外出不利。处理感情问题要冷静，并应注意自己的健康。

凡癸年生人：子女的考运很好，应多加鼓励。外出有利，尤以下半段运程为佳。夫妻间应多妥协，不要在外结交异性，以免发生憾事。

（2）天相入兄弟宫

凡天相入兄弟宫，主其人兄弟之间和睦，但若武曲、天相同入兄弟宫，或天相入兄弟宫，对宫有武曲、破军，又见煞、忌，则主其人兄弟姐妹不和，或见刑克，或主兄弟姐妹之中有异母所生之人。

天相入兄弟宫者，兄弟虽然不多，但彼此感情和睦，能互相帮助。兄弟富有同情心，值得信赖，能为自己卖力。若天相落陷，又加煞星者，则主其人无兄弟。

若与紫微同宫，其人有兄弟三人以上，且兄弟好强。其余参见紫微。

若与武曲同宫，其人有兄弟二人，但兄弟间意见不合。其余参见武曲。

若对宫有武曲、破军来拱照，且有左辅、右弼者，则其人弟兄虽多，但有刑伤，或有异母弟兄，及有年龄相差颇多之小兄弟。

若与廉贞同宫，参见廉贞。

若与昌、曲、魁、钺同宫，兄弟间感情融洽，能互相帮助。

若天相于入庙之地入兄弟宫，且有左辅、右弼会照者，其人有兄弟五人以上。

若与六煞星同宫，主其人兄弟孤单。

若与擎羊、陀罗、火星、铃星、天刑会照，主其人有刑克，六亲无靠。

若与空、劫、大耗会照，主其人孤独。有三吉化及禄存同宫者，主兄弟能发达，有地位、有财。

若天相入兄弟宫，有四煞同宫或会照，则其人孤独。但若同时有三吉化者，则主其人的兄弟姐妹能发达，而孤独的性质不变。

（3）天相入夫妻宫

凡天相入夫妻宫，古人有"亲上加亲"的说法。在现代社会则未必如此。中州派王亭之先生认为，这个论断在现代社会已转变为同学、同事间的恋爱；或曾经交游，未发生感情，后来于疏隔一段时期后，忽然发生感情；又或为跟兄弟姐妹的同学、同事恋爱结婚，凡此种种皆属于"亲上加亲"。

"亲上加亲"的说法，是因为天相在十四正曜中最缺乏独立性，作为"印星"，需凭借家族的关系来完成婚姻。所以在现代社会中，无论男女凭友人介绍而恋爱婚姻者，亦属于天相的这个特性。

天相入夫妻宫者，男女皆吉。配偶貌美、贤淑，有责任心。若是男命，主其人可得聪明贤淑、持家有方、容貌美丽的妻子。且以长配或亲上加亲为宜。

天相入夫妻宫者，有"亲上加亲"之现象，配偶可能是亲戚、同事、老同学或以前的邻居。

若大限或流年的夫妻宫有天相，则配偶会藏私房钱。

若与紫微同宫，男命，主其人的妻子志向高远，做事有计划，但以迟娶为宜。其余参见紫微。

若与武曲同宫，主其人夫妻之间有灾伤或口舌，意见不合。其余参见武曲。

若对宫有武曲、破军来拱照，主其人夫妻会刑克分离，或在结婚前会与他人解除婚约，或结婚前阻碍极多，一再拖延者免克，否则，男命，其人乃二妻之命。

在天相与其他星曜的各种组合之中，以武曲、破军、天相的组合，导致婚姻的挫折机会最大。若是"刑忌夹印格"，且见煞曜，甚至主其人终身无婚姻的希望。对于女人即所谓"清福"之命。

若与廉贞同宫（必在子、午二宫），其人夫妻之间无刑克，如果又有化禄及禄存同宫者，其人会有美满结果，或男命会因妻得财。其余参见廉贞。

若与六吉星同宫，其人夫妻之间能互相体谅、合作。

若与六煞星同宫，其人夫妻可偕老。但若见羊、陀者，则会有刑克。

若与擎羊、陀罗、火星、铃星、空、劫会照，主其人夫妻之间刑克、分离、孤独。

若与禄存同宫，夫妻能同心协力，建立物质基础。

若与化权、化科、文昌、文曲、天才会照，男命，主其人可得多才多艺之妻。

若有化忌会照，主其人夫妻之间口舌不和，或多病多忧。

（4）天相入子女宫

天相入子女宫有一个相当重要的基本规则：若见辅佐诸曜齐集而不见煞，则其人子女众多，但若无辅佐，则极难得子（可以有女），必须招养外子或偏室先生子，然后正室始可得子。

天相入子女宫，若无四煞星同宫，则有二子，且贵显。若与四煞星同宫。则先招嗣子，然后再生一二子女，且可望在社会上出类拔萃。但易有刑克，若为偏房所生者，则可免刑克。

若天相、火星同入子女宫或福德宫，主其人有桃花。

若与紫微同宫，主其人会有志高倔强之子，三人以上。天相与紫微同入子女宫为最佳的组合，主其人的子女有独立能力。其余参见紫微。

若与武曲同宫，主其人有子二人。其余参见武曲。

若对宫有武曲、破军拱照，主其人有刑克，宜迟得。长子或首胎有小产、流产或损伤，以先花后果（即先女后子）为宜，或祀立他人之子，否则是继室偏房生子。这种组合最为不宜，主其人的子女有叛逆的行为而无叛逆的性格。

若与廉贞同宫，主其人有子二人。其余参见廉贞。

若同时会照左辅、右弼，主其人的前三胎有损伤，须继室偏房生子，但继室偏房之第一胎，仍有损伤或小产等情况发生。

若加会四煞星及破军，则其人的子女庶出或迟生者吉。

若与擎羊、陀罗、火星、铃星、空、劫、天刑会照，主其人有刑克。

若见空、劫、刑、忌，仅有子女一人，且早离。但自己的性生活美满。

若有化禄、化权、化科或禄存、左辅、右弼、天魁、天钺及天府会照者，主其人的子女有五胎（注："五胎"并不等于存活五人）以上。

（5）天相入财帛宫

天相入财帛宫者，若天相庙旺，主其人财帛丰足；若天相落陷，主其人劳碌生财，白手起家。

若天相、天府二星一居财帛宫，一居官禄宫，来合照命宫，命宫三方四正有禄存、科、权、禄、左、右、昌、曲、魁、钺加会者，乃"府相朝垣格"。但如果有四煞、劫、空、化忌加会，则为破格。此格尚主其人与亲人朋友感情深，人情味浓。

若与紫微同宫，主其人会有意外之财，因此能突然富有。其余参见紫微。

若与武曲同宫，主其人须依靠专门技能或艺术而得财利。其余参见武曲。

若对宫有武曲、破军拱照，主其人的钱财时得时失，忽成忽败，或先破祖业，然后有成。

若与廉贞同宫，如果其人从商，则长袖善舞，必然能发。其余参见廉贞。

若三方会照天府，且有化禄或禄存等吉星会照，主其人财源富足，有积蓄。

若与六煞星、化忌、大耗同宫，其人的财富不稳定，成败多端，极难积聚。

若与擎羊、陀罗、火星、铃星、天刑等凶曜会照，主其人会因财起争执、纠纷，倾家破产，甚至有牢狱之灾。如果再无吉化，则主其人有生命危险。

中州派的王亭之先生认为，天相最不喜欢与陀罗同入财帛宫，因为这种组合主其人得财必费心力，而且招人妒忌（因陀罗化气为忌），由是引起恶性竞争。如果再有火、铃来冲破，则其人必先破尽祖业，然后艰苦兴家，须在四十岁后始成家业。

若加会空、劫、大耗、主其人财来财去，时常寅吃卯量，很少积蓄。

天相入财帛宫，必须见禄存、三吉化，且以化禄为宜。因为化禄既可使会照的天府不成"空库"，又可化解廉贞、破军对拱的不良影响，还能使武曲成为财星得禄，因此，只要天相入财帛宫见禄，则天相的各种组合皆无所不宜。

（6）天相入疾厄宫

天相属阳水，故天相入疾厄宫主肾脏及排泄系统的疾患。若天相入庙，其人一生健康良好，但有轻微皮肤病、血气病，面色黄肿。若天相落陷，再加四煞星，且无化解者，其人多有残疾。尤其遇火、铃者，可能性更大。

若与紫微同宫，主其人有胸闷气胀，皮肤湿疮。而且，无论天相与紫微同宫或相对，皆主其人胆病或常生呕吐、反胃等疾病。其余参见紫微。

若与武曲同宫，参见武曲。

若对宫有武曲、破军拱照，主其人破相或面上有斑，或者其人有皮肤过敏，皮肤湿热，或由糖尿病引起皮肤痕痒等疾病。

若与廉贞同宫，主其人有尿道、膀胱、输精管、输卵管、糖尿病或肾结石等疾病。如果再有桃花及化忌，则为性病。其余参见廉贞。

若与四煞入疾厄宫，且无吉星来化解者，主其人多病、残疾、夭折。

若在丑、未、卯、酉诸宫与凶星同宫，其人需注意脾脏之疾。

若与右弼、禄存同宫，其人易有外火伤。

若与辅、弼同宫于丑，其人易有腰、眼、神经疾病。

若与擎羊、陀罗、天刑会照，主其人有风湿骨痛或动手术，并主其人有心律不齐或心脏衰弱、手足不便等症。

若与火星、铃星、天月会照，主其人易患感冒、呕吐或皮肤湿症。

若与空、天虚同宫或会照，主其人身体虚弱亏损，女子经痛带病。

若会照红鸾、咸池，则其人有淋浊、梅毒或遗精手淫等症。

（7）天相入迁移宫

凡天相入迁移宫，若遇"刑忌夹印格"，则其人绝不宜离乡背井以谋生；若遇"财荫夹印格"，则其人可在他乡立业。

天相入迁移宫者，若天相庙旺，主其人的人缘好，到处受欢迎，常有人跟随左右，喜出风头、管闲事。在外得贵人扶持，遂心发达，无往不利。

若天相入流年迁移宫，且有火、铃会照，又有流羊与白虎同宫，主其人该年在外会惹上刑事官非。

若与紫微同宫，其人地位崇高，被人敬慕。这是天相入迁移宫的最佳组合，但不宜见羊、陀会照，也不宜有火、铃同宫，否则主其人在外招灾。其余参见紫微。

若与武曲同宫，主其人在外会得意外之财，或名利双收。其余参见武曲。

若对宫有武曲、破军拱照，此乃最不佳的组合，主其人性情刚毅，出外有成有败，少人缘。必须见三吉化（如甲己年生人），始主其人能外出迁移发达。

若与廉贞同宫，参见廉贞。

若与六煞星同宫，主其人辛劳经营。

若与擎羊、陀罗、火星、铃星、天刑等凶曜会照，主其人出外孤独，少人助，或遭遇灾祸，或被小人陷害。

若与空、劫、大耗会照，主其人出外破耗，一生多波折。

若有化禄、化权、化科及禄存、左辅、右弼、天魁、天钺等吉曜会照，主其人在外会有贵人提拔，会有特殊机遇，且受人拥护，地位高，且能大发，并主其人会得到异邦人士之推崇。

（8）天相入仆役宫

天相入仆役宫，若天相庙旺，主其人的部属、朋友众多，且得力，遇众吉尤美。若天相落陷，主其人的部属、朋友欠力，有亦若无。

若与紫微同宫，主其人可得诤友或有正义感的朋友。其余参见紫微。

在天相入仆役宫与其他星曜的组合中，天相与紫微同宫的组合最佳，其他组合均不佳，多主无论其人的下属及伙伴如何忠诚得力，始终不能独自承当责任，需化精神去照顾。有一个特征是，凡天相入仆役宫，如果命宫中有巨门或巨门对拱，则必主其人无力可借，须自身劳心费力。

若与武曲同宫，主其人会有无义多争的朋友。其余参见武曲。

若对宫有武曲、破军拱照，主其人虽对朋友施恩，却会遭怨，或因朋友破财。

若与廉贞同宫，参见廉贞。

若与辅、弼同宫或会照，主其人的下属和朋友得力。

若与六煞星同宫，会因部属或朋友之背叛而受到伤害，轻则多散少聚。

若与擎羊、陀罗、火星、铃星、天刑会照，则所交往之人，多有剥削者或害群之马，无益匪人，或因友受害，多争不和，或被手下人偷盗或陷害。

若与空、劫、大耗会照，主其人所交之友空虚，多破耗，或会代友受过。

若会照化禄、化权、化科及禄存、左辅、右弼，主其人交友广多，且多助力，或会因友起家，并有忠心的手下人。

（9）天相入官禄宫

凡天相入官禄宫，其人无论处于什么地位，均不宜占取最高峰位置，以担当副职为宜，否则会有是非，遭遇攻击。

天相入官禄宫者，若天相入庙，且得众吉者吉，主其人文武权贵，食禄千钟，即使常人亦富足。若天相落陷，则其人成败不定。

若天相、天府二星一居财帛宫，一居官禄宫，来合照命宫，命宫三方四正有禄存、科权禄、左右、昌曲、魁钺加会者，乃"府相朝垣格"。有四煞、劫、空、化忌加会则破格。此格尚主其人与亲人朋友感情深，人情味浓。

若与紫微同宫，主其人会跻身政界。其余参见紫微。

若与武曲同宫，主其人会立功边疆。其余参见武曲。

若对宫有武曲、破军拱照，主其人有成有败，时得时失。

若与廉贞同宫，主其人能参与戎机，驰骋战场。其余参见廉贞。

若与昌、曲、辅、弼同宫，身居高位，权贵显荣。

若与六煞星同宫，职位平凡。

若有擎羊、陀罗、火星、铃星会照，主其人的事业多纠纷、多变化、多枝节、多逆境，且有官灾是非。从政或从军者会突遭撤职，从商者则会有颠覆、涉讼、倒闭等事情发生。

若与空、劫会照，其人宜由技能艺术起家或创办工厂实业，否则主失败、破耗，如果从事投机事业，则会倾家。

凡天相有煞星同宫，或有忌星会照，其人均不宜从政，否则一生多斗争灾难。常易被牵涉旋涡之中不能自拔。

若天相于入庙之地入官禄宫，且会照化禄、化权、化科及禄存、左辅、右弼、天魁、天钺者，主其人为国家要人、社会闻人、商界巨子、既富且贵，允文允武。三方四正无煞曜者，都于政治舞台上谋发展。

（10）天相入田宅宫

天相入田宅宫者，若天相庙旺，主其人能继承很多祖业，再得众吉者，可早得，且自置。若天相落陷，主其人田宅运艰难，中晚年自置。

若与紫微同宫，主其人在中年增田置业。其余参见紫微。

若与武曲同宫，参见武曲。

天相入田宅宫，最佳的星曜组合是逢甲干引发廉贞化禄、对宫破军化权，本命宫有武曲化科，且与天府同宫，会照武曲、天相，则其人虽无祖业，却主自置丰厚，而且最宜与人组织有限公司，自身掌财权，公司的发展可以异常顺利。

若对宫有武曲、破军拱照，主其人的家产和祖业会逐渐退败。

天相入田宅宫，若有武曲、天梁来相夹，乃"财荫夹印格"。

若与廉贞同宫，参见廉贞。

若见煞曜，主其人家宅或工作单位不宁，或受主管机构对自身诸多掣肘。如果又有武曲与破军对拱，则其人的住宅或办公室对风水非常敏感。又主其人终身多住旧宅，或者即使住新宅，必有缺陷。

若与擎羊、陀罗、火星、铃星会照，主其人的家业破荡或因牵连而起灾祸、涉讼、纠纷、是非。

若与空、劫、大耗会照，主其人的家产破耗。

凡天相入田宅宫必须见禄存，其人的产业才会丰厚。

若有化禄、化权、化科会照，或有禄存星同宫，主其人的产业丰厚。

若田宅宫中有化忌（注：天相无四化，乃其他星曜化忌），主其人家宅不宁，多病，多灾，多口舌事端。

（11）天相入福德宫

天相入福德宫者，其人为崇尚时髦，知足常乐之人。若天相庙旺，主其人安逸享福。命宫及本宫均吉者，寿达八十以上（注：仅作参考）。若天相落陷，再加会诸煞者，主其人操心劳碌。

若与紫微同宫，参见紫微。但若与紫微和破军相对，主其人颇有理想，但却最易成为政治上的反对派。若见煞，则会为人偏激，且不负责任。若见昌、曲，则其人表现温和，而且有责任心。

若与武曲同宫，参见武曲。

若对宫有武曲、破军拱照，主其人最有责任感、正义感及同情心，但却凡事欠缺主意，易受人支配。若见昌、曲，尤甚。若不见昌、曲，则其人的理智与感情可以平衡。若见煞，但煞少者，可激发起其人本身的意志（但不宜与陀罗同宫），若见煞重者，其人难免为人左右。若不见煞，则其人不会偏激。无论哪一种星情组合，皆主其人奔波劳神。

若有天府会照，并遇化禄或禄存、左辅、右弼，在三方四正者，主其人享受快乐，富贵寿考。

若福德宫中有化忌（注：天相无四化，乃其他星曜化忌），主其人多思多虑，心神不宁。

若与四煞会照，主其人无福，且不安定，凡事大多不能达到目的，多枝节。

若与空、劫同宫，主其人多幻想，少实现，福薄。

若与火星同入福德宫或子女宫，主其人有桃花。

女命，若天相入命，加煞，或三合有文昌、文曲者，乃桃花之象。

（12）天相入父母宫

天相入父母宫者，其人与父母缘分深，受父母恩泽厚。父母为明事理、品格高尚之人。可能会有两重父母。若天相庙旺，父母皆吉，即使加会煞星，危害不烈。若天相落陷，加煞，则刑克双亲，更宜二姓重拜。

凡天相于庙旺之地入父母宫，主其人无刑克。

若与紫微同宫，参见紫微。

若与武曲同宫，主其人对父母有刑克。其余参见武曲。

若与廉贞同宫，主其人对父母有刑克（于武曲同宫时相同）。其余参见廉贞。

若有左辅、右弼、天魁、天钺、解神、天德、天巫同宫或会照，其人无刑克。

凡天相入父母宫，若只有辅、弼之一同宫，则其人在工作单位往往要向两位主管负责。

若与六煞星同宫，主其人早年即克害双亲，与双亲之间的感情格格不入。

若与擎羊、陀罗、火星、铃星同宫，主其人早年有刑克。

若天相入父母宫，火星入命，见昌、曲，又见辅、弼之一，则其人很可能有两重父母。

中州派的王亭之先生认为，可以用父母宫来观察其人与上司的人际关系，因此，所谓有刑克，是指其人与上司不和或受钳制。所谓无刑克，是指其人与上司关系良好，且受提拔。

12. 天梁

1）星情总论

天梁星属阳土，为南斗第三星。化气为荫，主寿，有制厄化解之功能，故若行限逢之，纵有惊险之事，也能化危为安。

注：中州派认为，天梁也是刑星，因为天梁虽化气为荫，但亦掌宰杀之权，不仅仅擎羊为刑星。

天梁又为父母宫之主宰，入父母宫者为得位。

天梁之阳土能舒张发展，故能表现才能、学问好。其才能主要表现在策划方面。同时由于天梁的阳土特性，会有固执、发泄、宽厚等特点。

天梁为阳土，土地为财富之源，故天梁也主财，但天梁之财并非横财，而是来自学问、策划等才能。

天梁化荫是荫庇别人，故天梁入命者好管闲事，喜作老大，喜帮别人，对自己的家事却容易不闻不问。

天梁为寿星、荫星，亦为刑法纪律之星。不仅仅主寿、主荫。古人云："循直无私，临事果断""职位临于风宪"，这里所说的"风宪"即是御史，司弹核、监督的职责，这些论断说明天梁还含有刑法、纪律的内涵。

天梁无论入命宫、身宫或入运限（大限或流年），都主其人有名士风味，随便，懒散，拖延。若天梁入少年大限之宫（多为第一、第二大限），则其人即使逢灾祸亦能化解。若天梁入老年大限之宫（多为第六大限之后诸宫），则其人即使有病灾危症，亦主延寿。

天梁无论入命宫或身宫，都主逢凶化吉，遇难呈祥。往往是先发生灾难，再由天梁来化解，从而显示天梁化吉的力量。尤其当天梁入巳宫时最为灵验。

凡天梁入命宫、身宫或福德宫的人，多有宗教信仰，就如佛教所说的有慧根。如果又与天机同宫，则主其人很可能会是出世，或是看破红尘的僧道。

天梁的代表人物为李靖，乃恒常之神，司掌"恒常""统率"化气为荫，为福寿，形貌厚重清秀，行事大方、成熟，阅历丰富，胆大心大，喜出风头，有赌性，好吹牛。

2）风水、地理类象

天时类象：秋冬，光风霁月，晴天。

地理类象：土坡，山冈，沙丘，孤坟，微高的地块，独院建筑，养老院，木屋，公园，别墅，农村，巨树旁，主有文武耐劳之人，耿直，孤独，口舌相争，克妻之家。

有旺弱之分。

3）旺度

天梁的旺度：于子、寅、卯、辰、午、戌为入庙；于丑、未为旺；于酉为得地；于巳、申、亥为落陷。

4）与天梁有关的格局

（1）文梁振纪格：天梁与文曲（或文昌）于旺地入命，三方有禄存、三吉化、左、右、魁、钺加会，为本格。其人宜从政，吉星多者，主大贵。古人云："文星耿直遇天梁，位列黄门鸟府行。纲纪朝中功业见，逼人清气满乾坤"。又云："天梁文昌居庙旺，位至台纲""天梁庙旺，左右昌曲加会，出将入相"。

（2）日照雷门格：参见3、太阳之4）"与太阳有关的格局"。

（3）阳梁昌禄格：参见3、太阳之4）"与太阳有关的格局"。

（4）日月并明格：参见4、太阳之4）"与太阳有关的格局"。

（5）寿星入庙格：天梁于午宫入命，此时太阳入子宫相对。与禄存、三吉化、左、右、昌、曲、魁、钺加会者，为本格。天梁属土，司寿，在午宫入庙。此格生人，主其人正直无私、学识优秀、性格稳健，具有处理难题、统驭众人之才，且其人健康佳，寿命长。一生名大于利，主贵不主富。若所会的吉曜众多，则主其人大贵。丁年生人上格，己年生人次之，癸年生人主富。其余年份生人则不然，即使不见凶星，仅主其人有寿而已。古人云："命遇离明拱寿星，一生荣华沐深恩。飞腾鸿鹄青霄近，气象堂堂侍帝廷"。又云："梁居午位，官资清显"。

注：王亭之先生认为，"丁年生人上格，己年生人次之"的论断有误，因为凡丁、己年生人，禄存必入午宫，此时天梁亦在午宫，而天梁见禄存必多节枝。而己年的年干虽然引发天梁化科，必仍有弊端，而丁年生人更多咎吝，因此，丁、己年生人不合此格。

（6）"天梁拱月格"：参见8、太阴之4）"与太阴有关的格局"。

（7）"机梁加会格"：参见2、天机之4）"与天机有关的格局"。

5）天梁入十二宫分论

（1）天梁入命宫

①性格、外貌、运气与其他星曜的关系分析

天梁入命者，其人五官十分对称，长相显得稳重。面色黄白。面貌清秀，头脑聪明。长方面型，鼻直颧高，身体胖瘦不一。身躯中矮，亦有瘦长者。在午宫入命者多矮胖，在巳宫入命者多瘦长或微胖者。若天梁入庙，身材高且壮，若落陷，则矮而瘦。为人孤傲不群，但正直无私，性情温和，有名士风度，临事有机谋，善断，善言词。宜公教职。其人稳重大方，性情耿直。一生虽有灾厄，但主寿长。见凶能化，逢灾能解。

凡天梁入命者，若天梁入庙，且不遇煞，或者命宫或命宫之对宫（迁移宫）有天梁入庙者，则主其人多寿，但背有点驼。

天梁入命者有慧根，如果学习术数，会学有所成。

天梁入命的人大都有极强的预感，尤以在落陷之宫为然。但也并非一生始终都有，风水对其也有一定的左右力。

若天梁入运限（大限宫或流年宫），主其人在此运限期间纵有惊险之事，也能化危为安。

凡天梁入命，或入迁移宫、身宫，或入大限、流年、流月，主其人凡事必须退让三步，不骄不傲，提防小人，始能成大事、立大业。

若与太阳，或与天同同入命宫，则秋日生人长得漂亮。但若与天机同入命宫，则其人是小眼睛（是由天机入命引起的）。

若天梁入大限、流年，加会吉星祥曜，主其人在此运限期间福厚禄重，加官晋爵，事业发展，喜气冲动，并主延寿。但要注意的是，其人在此运限期间难免会发生麻烦困扰；若见凶煞，则事件的发生，往往来势汹汹，但必能化解。如果再有天同化忌（由庚干引发）会照，且煞、刑并凑，则主其人在此运限期间倾破甚大，而且还会有死亡的可能，或有倾家破产、或有阴害谋害等事情发生。若与禄存同宫，则须提防小人倾挤。若与擎羊、陀罗、火星、铃星、天刑会照，则主其人在此运限期间有刑克、病灾、狱灾、伤害。

若天梁入大限、流年、流月之宫，再有煞星加会，则主其人在此大限期间会有灾祸，但祸势较轻，且其人的职务跨政商二界，或会与政军界人士发生关系。

在天梁入命与其他星曜的组合中，有密切关系的星曜是天同、太阳、天机。它们对天梁各有不同的影响。太阳能增加天梁的原则性，并侧重于研究、探讨。天同则使天梁最具善荫之意，因此同时削弱了天梁的原则纪律性。天机会加强天梁孤克性质，但加强了天梁的灵动特点，同时激发了天梁对神秘文化的爱好（如宗教信仰虔诚、喜欢术数、喜欢哲学等）。如果天梁于入庙之地与天机同宫（必在辰、戌二宫），则主其人灵动机巧，喜欢纸上谈兵，炫耀才华。

若天梁入子宫，多主其人聪明太过、太露，自小便目空一切，结果是对人施恩反会遭怨。

若天梁入午宫，与文曲、天才同宫或拱照，三方四正加会天魁、天钺、三台、八座等吉星，或左辅、右弼的辅星，则如果其人从政，多是监察院或立法院的一把手。如果从商，其人多为公司的监事或理事等要职。其中文曲同宫者为上格，文曲拱照者次之。

若天梁入午、未二宫，主其人性情爽直，喜欢指点别他人的错误，锋芒太露。如果三方四正有吉星祥曜会照，则其人为政清廉，经商诚实，处事方正，虽喜欢批评别人，但别人能接受。若有煞曜会照，或入午宫，有禄存同宫，则不宜批评别人，否则易遭别人的怨忌而人缘不好。因为天梁象征正直的朝廷御史，可以直谏帝皇，但若有财星同宫，则宫中多财而不清高（因为清高者，多贫穷，所谓两袖清风），如此指责别人，必不能被别人敬服，进而生出怨恨和是非。

若与天同同入命宫，主其人一生福寿、和谐，不怕凶厄，但不贵。

若与天同同入寅、申二宫，且有禄存或化禄同宫或会照者，主其人聪明机巧，有多种事业，一生会担负数处职务。若无禄存或化禄者，则主其人的事业多变动，或有流动性。其中以寅宫为上，申宫次之。

凡在寅、午、戌三宫，天梁与天同、天机、太阴会合，如果不会煞星，则为"机月同梁格"，主其人一生伶俐聪明。但若天机与空、劫会合，则仅宜僧道。

若天梁入辰、戌二宫，则必与天机同入命宫，主其人个子矮，为人慈祥，但性好计较，且喜欢算命，常常会有出世之想。其人博古通今，善谈好学，并识兵机。

若天梁入卯、酉二宫，必与太阳同宫，主其人为人正直、忠诚。如果再有文昌、禄存同宫，为"阳梁昌禄格"，主其人名声大，富贵。

若与太阳同宫或会照，再有文昌、文曲同宫，主其人聪明出众，但多气傲好胜。若在卯宫会照文昌、文曲、天才、凤阁等星曜，主其人有专门技能或艺术出众。无论研究或从事哪一种技艺学问，都能出人头地，或登峰造极。若在酉宫，则其人虽然学有所成，但是声名远非卯宫之盛。

若天梁入酉，太阴入巳宫，其人为飘蓬之客。

若天梁入巳、亥二宫，太阴入丑、未二宫，主其人淫逸，因为此时天梁落陷，在巳宫之太阴亦落陷，因此主其人下贱；但若太阴在亥宫，则太阴入庙，此时，天梁入卯宫主其人衣禄顺遂。

天梁于巳、亥二宫入命，加煞，乃桃花之象。

天梁喜入庙，不喜落陷。入庙则安定，落陷则飘流。故不喜居巳、亥、申三宫。凡天梁于这三宫入命，会天马、咸池、天姚、红鸾、天喜等星曜，而且无禄存同宫或会照，主其人乃风流自赏、食色好淫、游荡好闲之人。

若天梁在落陷的巳宫入命，其人多为负有特殊任务或特殊职务之人，或身兼数职。既有公开的，也会是秘密身份。例如身为间谍者。

关于天梁入巳、亥二宫，古人还有不少论断可供参考：

"梁同机月寅申位，一生利业聪明。"主要说明天同对天梁的影响，使其人可以成为"能吏"。（注：这四颗星曜不可能同宫于寅、申二宫，而必然在寅、午、戌三宫构成"机月同梁格"。）

古人云："梁同对居巳亥，男浪荡、女多淫。"这一点需要会煞曜才会成立。这是因为天梁的原则性被削弱，使得天梁的孤克转化为浪荡。

若天梁于落陷之地入命，又有天马，则必主其人一生飘荡。若有羊、陀加会，则主其人会伤风败俗。若遇火、羊，则主其人下贱、孤寡、夭折。古人云："天梁天马陷，飘荡无疑。""天梁陷地见羊陀，伤风败俗之流。""天梁陷地，遇火羊破局，下贱孤寡夭折。"

天梁不宜与财星同入命宫，会照则可。尤其午宫为然，易遭人怨，少人缘。

若加会吉曜，则主其人会远游各地或远涉重洋。

若与文昌、文曲同宫于午宫，又会吉曜，主其人既富且贵，主其人出将入相，但喜直言，不畏小人，会被小人所忌。

若与文昌、文曲、凤阁会照，主其人乃文化界人士，或经营文化事业者，或从事新闻工作者。

若与左辅、右弼、天魁、天钺同入寅、申二宫，主其人在政府机构、大众事业中谋发展。如果自创事业宜建立股份有限公司。

若会照羊、陀、天刑三星，主其人一生中必有一次九死一生的危险。

若与擎羊、陀罗会照，主其人会多次遭遇灾险，有生命之忧，或有牢狱之灾，或危重病症。

若加会擎羊、天刑、陀罗等星，如果再有煞星，则于酉年或丑年，必主其人在该年会突然祸生。如果煞重，则会有九死一生之危险，但最终能化灾成祥。

若天梁落陷，又见羊、陀，其人为伤风败俗之流；若遇火星、擎羊，主其人下贱、孤寡、夭折。

若与火、铃同宫，主其人多虚惊，会有生自杀轻生之念，或火惊刑场。

若与空、劫、大耗同宫，主其人好游荡，无积储，多破荡。

若与禄存同宫；或与四煞之一同入命；或与火星或铃星入福德宫，主其人多为奸诈虚伪之辈，不是真小人，就是伪君子。

天梁不喜化禄，因为天梁乃清高之星，而化禄为财，故天梁不喜抱私利的求财行为。若天梁化禄入财帛宫，其人在此期间会寄存神明的钱。

若天梁入命宫，巨门入夫妻宫，这种组合的桃花很弱。其人的人缘极佳，但对爱情相当保守，即使爱上了对方，也只是默默放在心中，属于暗恋。

若与天刑同宫，在天梁被日干引发四化所对应之日，其人会去医院或庙宇。

若与太阳同入流日宫，并被流日干引发四化者，其人在该日会遇到好朋友。

天梁入命者，其住宅周围有土坡、坟地、庙宇或有神明等。

凡女命，若天梁入命，其人有老大姐心性，有男子志，能照顾人。但若天梁于寅、申、巳、亥入命，再有天马者，其人有淫乱倾向。尤其是入巳、申、亥三宫时，天梁落陷，其人还有飘荡的倾向。若再见煞，多主其人孤寡刑克，以迟婚为宜，配夫不宜年长，或丈夫比自己年少。

女命，若天梁入庙，会吉星财曜者，主其人富贵双全，多才多艺。若与太阳同宫于卯宫，又加会文昌、文曲、天才、凤阁，主其人有特长，聪明、口才好，以技艺谋生存。若与左辅、右弼会照，主其人能帮夫教子，心慈好施而爽直。若天梁落陷，会照擎羊、陀罗、火星、铃星，主其人孤独。

女命，天梁入命，古人认为天梁有孤克的特点，而且天梁与有些星曜的组合又带有流浪色彩，只有太阳、天梁的组合利于女命。

② 所入宫位（十二地支）分析

天梁入命于子、午

天梁在子午皆为入庙，独坐，对宫有太阳，此乃"寿星入庙格"，主其人官资清显。

若与禄存、辅、弼、魁、钺同宫，主其人富贵。

若与文昌同宫，对宫有禄存，若无煞星，则其人文名卓著，考试会得第一。

若与羊、陀、空、劫同宫，其人为平凡之辈。

若与火、铃同宫于子，其人乃平凡之人；若同宫于午，则会有过人的财富。

天梁入命于丑、未

天梁在丑、未皆为旺，独坐，对宫有落陷的天机星。主其人秉性正直，头脑聪明，有寿。

若与昌、曲同宫，主其人出世荣华，位至台纲。

若与辅、弼、昌、曲加会，主其人出将入相。

若有文昌、禄存来会，主其人文名卓著，会试可获第一。

若天梁入大小限宫或流年宫，容易有意外惊险之事发生，但只要不再加天刑、化忌诸凶，都能转危为安。正因为天梁有制厄化解之功，故在天梁入限的运程中，可望治愈以前的顽疾。此外，天梁乃清高之星，故大部分人在此期间会得到好评或高升，但钱财却付之阙如。

天梁入命于寅、申

天梁在寅宫为入庙，在申宫为落陷，且必与天同同宫。其人心地善良，处世随和，清高、内涵精细，注重内在修养，不求外表华丽。但难免有困扰和麻烦，且易有感情问题，不过能得到贵人相助，故不怕凶厄。

天同、天梁在寅、申安命，财帛宫有太阴，官禄宫有天机，为"机月同梁格"。

若见羊、陀，其人为伤风败俗之流。若与天马同宫，主其人飘荡。若遇羊、火，为破局，主其人下贱、孤寡、夭折。

凡甲、乙、丁、己、庚年生人，主其人福厚。若遇辅、弼、昌、曲，主其人贵显、有文名，适合出版著作。

天梁入命于卯、酉

天梁在卯为入庙，在酉为得地，必与太阳同宫。主其人热情正直，心胸宽大，喜爱助人，不计是非，其事业历经艰险而后有成。最喜与六吉星同宫或会照，主大富大贵。若见诸凶，乃公卿门下士。若是乙、己、辛年生人大吉。若太阳、天梁、文昌、禄存同宫，为"阳梁昌禄格"，可经过考试或考核而成为国家要员。凡太阳入命于卯，昼生人主荣华富贵，即"日照雷门格"。此时若在酉宫有天空会照，其人心胸宽大。情怀恢宏，有"以天下为己任"之志，再加会六吉星者，主其人事业有成。若与昌、禄同宫，主其人考运佳，前途光明。

若安命在未，无正曜，卯宫有太阳、天梁，亥宫有太阴入庙来合照命宫，三方四正见禄存、科、权、禄、左、右、昌、曲、魁、钺加会乃"明珠出海格"。若命身宫有众吉守照，无四煞、空、劫冲破，主其人名标金榜，大贵，必为政界要员，一生财官双美，福寿双全，乙、丙、辛、壬年生人上格。古人云："三合明珠生旺地，稳步蟾宫"、"日卯月亥，安命未，蟾宫折桂之荣"。

由于太阳在酉宫为平，此时太阳已近落山，遇化忌反吉。但贵而不显，秀而不实。主其人迟婚。事业上中年以后才会发迹。若是乙、己、辛年生人，加会六吉星者，宜任公教职或命卜神学的研究。女命，主其人婚姻多波折，中年后顺利。

天梁入命于辰、戌

天梁在此二宫均为入庙，必与天机同宫。天梁主贵、主寿，为解厄之星。且必会照天同、太阴，为"机月同梁格"，尤以辰宫为佳。主其人机智聪明、能言善辩，有策划、分析能力，遇事能慎思化吉。但必经艰难之路而后有成，或先遇难而后呈祥。若有特殊技艺，则心地善良，但有宗教信仰，甚至易有神经质。若逢空亡、羊、陀，更会有偏向佛道的倾向。若天机、化忌（由戊干引发）或天梁、化禄（由壬干引发），主其人心神不宁，困扰多。若居戌宫，其人善谈兵，若再加吉星，主其人富贵慈祥，且同宫于辰戌者，必有高艺在身。

女命，若遇四煞冲合，主其人淫贱、偏房、娼婢，否则克夫伤子。

天梁入命于巳、亥

天梁在巳、亥皆落陷，独坐，对宫有天同星。由于天梁好管闲事，故其人易有桃花，女命尤甚。其人好逸恶劳。男命，多漂泊；女命，易受外界引诱。

若遇擎羊、火星为破局，主其人下贱、孤寡、夭折。

若与火星同入命宫，其人有目无法纪、犯罪倾向。

若与天马同宫，主其人飘荡。

若见羊、陀，其人为伤风败俗之流。若再有七杀凑合，主其人下贱。

③ 运限、流月、流日分析

若流年宫或大限宫位于子、午，天梁入此二宫，则在此期间：

凡甲年生人：人际关系顺遂，但不可与朋友游山玩水。若天梁入运限于午，要注意子女的安危，尤其对青春期子女的交友，要多加辅导。

凡乙年生人：有外出的机会。若是常年在外的人，会有荣归故里的打算。经商者或财务人员，要谨慎处理财物。公务人员在辛劳之后，会苦尽甘来，权柄在握。运入午宫之人，夫妻间会意见不合，此时笔谈可以避免口舌、动肝火。若家庭不和，财运也会走背。

凡丙年生人：情绪较差，会因父母之事而操心，但不影响事业的成就。只要不贪求近利，工作的后劲十足，外出也不会有意外之灾。运限入午宫之人，易有意外，要小心。夫妻间会有争斗，应多忍让，多想对方的优点。未婚者对感情问题要有耐心。

凡丁年生人：古人云："天梁在子，丁巳庚人财旺遂心"。宜趁配偶或异性朋友身体不适之时，多示关怀，可以改善双方关系。在此期间，其人的感情、财运、事业皆如意。只是外出时不利，恐有意外之伤。

凡戊年生人：注意不要受到伤害。外出不利，故应尽量少出门。子女运和田宅运均不错。

凡己年生人：古人云："天梁在子，丁巳庚人财旺遂心"。但若夫妻宫有煞星冲入，凶，对感情十分不利。

凡庚年生人：古人云："天梁在子，丁巳庚人财旺遂心"。外出得利，宜向外求财。子女运和田宅运欠佳。此时以努力工作为上策。

凡辛年生人：在此期间常外出，且能得到别人的肯定，但财富无显著增加，需等待时机。夫妻间凡事应多忍让，有不同意见，需多沟通，不可意气用事。

凡壬年生人：若其人是中介人或经纪人，则此时大有可为，但要防止灾伤。一般公教、工薪阶层人士，对意外之财要搞清楚来源及用途，防止后遗症。工作上不可投机取巧。若想忙中偷闲，要看好时机，以免败露。多余的资金可存定期储蓄或买国债，以免朋友商借不成而伤感情。

凡癸年生人：此时宜利用声名进财。要注意子女的情绪和人格成长，尤其要注意他们是否涉猎色情出版物。配偶或异性朋友的运气甚佳，尤其是在言谈方面风光之极。

若流年宫或大限宫位于丑、未，天梁入此二宫，则在此期间：

凡甲年生人：其人易有虚惊，外出时要注意四肢及神经系统免受伤害。事业上会有惊涛骇浪，应小心应付。商人切勿冒险扩充或增资。工薪阶层，不要轻言离职。学生宜专心学业。

凡乙年生人：其人富贵双全。收入增加，但支出增大很多。因此，在钱财方面以保守为上策。若加遇六吉星，主其人担任公职、文教职会有成就。

凡丙年生人：与兄弟之间相处，要宽容、忍让。若他们有事，应予以援手。外出有利，能受惠晋升。工作上有许多助力。

凡丁年生人：对配偶要体贴忍让，并互相提醒注意健康。行运在丑之人，出门要小心行夜路，注意别碰伤了手脚或脊椎。

凡戊年生人：大贵之运。但尽量不出远门。在此期间财运无暴发之可能，但名望大有提高。

凡己年生人：利于参加考试、竞赛或发表作品。身体方面易有意外或虚惊。子女对工作积极、专注。不动产运甚佳，可以买卖不动产或搬迁。若加遇六吉星，主其人担任公职、文教职会有成就。夫妻间宜聚少离多，以减少无谓的争执。

凡庚年生人：其人会有困扰之事，且不易马上解决，但不至于形成难题，会有贵人相助，故心情应放开。

凡辛年生人：其人会由于工作表现而晋升，但不可因工作忙而忽视对父母的问候。财务人员要注意账目。若是卯、未、酉、亥时生人，对经手的钱财或票据要小心处理。

凡壬年生人：此乃富贵双全之运。但须谨慎处理人际关系，远离三教九流的朋友。若搬迁或订购房屋，应在下半段运程再打算，可以减少波折。公务人员要尽量避免接触财物，以免惹腥。

凡癸年生人：如果外出多虚惊或意外。要注意四肢或神经系统的安全。爬山或走夜路时，不要伤了手脚。工作上不顺，会有反复，但这只是短期现象，一段时间后会好转。应鼓励子女去学习各种才艺，会有收获。

若流年宫或大限宫位于寅、申，天梁入此二宫，则在此期间：

凡甲年生人：其人的心情不易平静，常会着急或心慌意乱。对工作不积极。若是公务员，不可积压公文。对工作均应迅速处理，不可拖延。

凡乙年生人：外出会不顺，或交通工具损坏，或遗忘东西，或遇交通堵塞。参加考试之人一定要把考试用的证件等东西准备就绪，以免麻烦。出入公共场所要防止小偷、扒手。配偶的表现很好，应给予鼓励。

凡丙年生人：虽然奔波忙碌，但会有收获。会被人赏识而升迁、加薪。若妻子在此运程中分娩，一定要做好检查，找好的医院。若与天同同入运限迁移宫，外出时或许会有小事故，但因收获颇丰，故不以为意。恋爱中的男女，会有相约出游的可能。

凡丁年生人：注意关心配偶，不要给人留下"商人重利轻离别"的印象。如果在流年宫或大限宫中无主星，其人适宜外出发展，会有成就。在工作上与同事、上司应力求和谐，少说话，多做事。

凡戊年生人：事业上十分忙碌，需操心。除了从事投机事业外，总的财运不错。夫妻间相处，要相互忍让、关心。

凡己年生人：只要不逢申、辰时生人，利于争取名声或参加考试、竞赛，或发表著作。此时不宜购房或搬迁，容易久拖不决或节外生枝、发生纠纷。

凡庚年生人：求名比求财有利。若与天同同入申宫，而行限在寅宫，外出虽然难免奔波，但会有成就。居家或外出旅行，要防止财物损失，尤其是卯、酉时生人更应该注意。

凡辛年生人：若与天同在行限宫的对宫（运限迁移宫）守照，则其人的财运不错，事业出色，容易成功。若与天同同入行限宫，则利于参加考试，尤以辰、戌时生人为佳。未婚男女可筹办结婚。

凡壬年生人：心情安逸，生活上有享受，有口福，财运不错，很可能有意外收获。若与天同同入运限宫的对宫（运限迁移宫），其人有外出远行的机会，心情愉快，得到享受和礼遇，但有疏懒倾向。经商者，可能有财神从远处来，或得他方之财。曾有财务困扰的人，在此时或许会迎刃而解。

凡癸年生人：凡未婚者，可在此运限期间内成家。已婚者，应鼓励配偶在外充分发挥其口才。在此期间，工作顺利，一呼百应，利于开口交涉、洽谈或进言。有儿女者，注意他们的学习和品德，了解他们的开支、交友情况，鼓励他们学习才艺、参加社团活动。

若流年宫或大限宫位于卯、酉，天梁入此二宫，则在此期间：

凡甲年生人：易视力模糊、眼睛酸痛，要抓紧就医。肚子总是发胀。

凡乙年生人：若流年宫无正曜，则情况理想，利于外出，会名利双收。虽然奔波且费心机，但不会白忙，总会有收获。亲子间融洽。对父母要倍加孝顺，在心情烦躁时，更要注意。若与太阳同入流年宫，该年可能会发生小意外。财运欠佳，支出用于购置房地产或布置家居方面居多。子女表现甚佳，进取心十分强。

凡丙年生人：外出时要注意卫生，保持饭后吃水果的习惯。若与太阳同入运限迁移宫，对父母要孝顺。若有不适，尽快就医。事业顺利、忙碌，但没有烦恼。

凡丁年生人：工作上不要求胜心切，注意不要言语伤人，也不要为小事而起争执。专心工作，避免意外伤害发生。迟回家时要与配偶多通气，免得发生矛盾。未婚者感情上会有困扰，要互谅互让，才不至于破裂。

凡戊年生人：从事发明、设计、策划或工程技术的人士会有较好的成就，其余人士财运不佳。尤其是从事投机事业的人士，财运很差。

凡己年生人：除巳、亥时生人，其余人士考运甚佳。若三方有文曲来会，则对文书、金钱、公文要谨慎。

凡庚年生人：时常会有"有惊无险"的事情发生。但若是与配偶或异性朋友发生麻烦，则比较难办。未婚者，外来的阻力颇大，需双方同心合力去克服。

凡辛年生人：工作顺利，外出办事有成效。夫妻间融洽。对父母要关心。兄弟姐妹之间的问题不易处理。要注意自己的安全。

凡壬年生人：注意与兄弟姐妹间的感情。与朋友不要有金钱往来。对意外的好处，要慎重，防止后遗症。

凡癸年生人：对子女要多关心，注意他们的交友、情绪问题。适婚年龄的子女感情会不顺，要多加关心。

若流年宫或大限宫位于辰、戌，天梁入此二宫，则在此期间：

不论何年出生的人，在这段运程中，大都会有惊险之事，只要不再逢煞、忌之星来冲，则可有惊无险。在这段运程中利于搞设计、策划、读书、思考。而且，在这段运程中财运不佳，即使赚到钱，也会由于各种原因而使钱财到手仍成空。儿女中已成家者，往往因其工作或居所的变动而聚少离多。

凡甲年生人：要注意与配偶或异性朋友协调好关系。三月、五月出生的男性，由于有魅力，往往会有艳遇，但要谨慎，切勿色迷心窍。女性的感情易有发展，但往往是两地相思，或者双方的家庭有人作梗。需要有时间来考验双方的感情。

凡乙年生人：女性有结识异性的机会，但不宜结婚，尤其是上半段运程期间。若是二月生人，出门要小心。若与天机同入本命迁移宫，往往劳而无功。凡事宜以静制动，到下半段运程，会畅顺。如非必要，尽量不出门。

凡丙年生人：注意处理好与兄弟、朋友之间的关系。办事往往不顺，但只要坚持，终会成功。若加会六吉星，则因才能出众，必能身居要职，文为清显，武为忠良。若与天机同入戌宫，则不如辰宫为佳。但是，丙戌年生人由于会照擎羊星，仍会有成就，惟辛苦非常。

凡丁年生人：在财运亨通、事业顺利时，不要冷落了配偶或异性朋友。宜谦让，这样可以避免冲突。若与天机同入本命迁移宫，或运限宫位于戌宫者，热心助人时不要多嘴。从事教育的人要谨言慎行，不要与上司搞对立，否则升迁的机会往往会落空。若加会六吉星，则因才能出众，必能身居要职，文为清显，武为忠良。若与天机同入戌宫，则不如辰宫为佳。

凡戊年生人：做事要有恒心，切勿见异思迁、虎头蛇尾，凡事不能指望一步登天。在此期间适合从事研究或技术工作。

凡己年生人：这段运程中有升迁的机会，要把握住。若是申、子、辰时出生的人，不要出风头，尤其在文字、账目等方面要细心。子女表现优异。房地产买卖顺利。但是要注意上述两方面的安全。从事文艺的人士，利于发表作品。其他行业的人士利于考试。

凡庚年生人：配偶的收入明显增加。子女颇佳。从商者，成果不小。自己不要买卖不动产。若打算搬家，宜在下半段运程进行。若对家居进行调整或装修，需小心搬动家具，尤其要当心贵重物品。

凡辛年生人：业绩卓著。若是学者，会经常奔波作报告。若与天机在辰宫入限，则不宜外出，只宜在家读书研究，凡事交给配偶处理反而会好些。若三方逢昌、曲，则在订立契约或贷放资金时要慎重，否则易出问题。

凡壬年生人：天机、天梁在辰宫入限者，要对钱财收入的来源辨明利害关系，尤其是帮人消灾的钱财，若对方是无妄之灾，则帮他消灾无妨；若是罪有应得，则帮他消灾会惹一身腥。还要注意子女的钱财、感情方面的问题，以及自己的住宅问题。外出往往多波折、拖延、不顺。若机、梁在戌宫入限，常常会有令人头痛之事发生。若与天机同在本命迁移宫入限，出门时难免惊险之事，但最终会有惊无险。已婚之人，夫妻之间要避免互揭伤疤。未婚之人，不要为小事而怄气，从而闹大。总之，这段运程中应淡泊名利，知足常乐。

凡癸年生人：兄弟姐妹或朋友有赚钱机会。机、梁在辰宫入限的人，财运不错。配偶利于对外谈判、谋事。要注意子女尤其是幼儿的安全。对青少年子女要诫其好斗。若天机、天梁在辰宫入限，而辰宫又是先天盘的迁移宫者，出门时要妥为保管机密文件，若搬家，容易将贵重物品遗忘在旧址。

若流年宫或大限宫位于巳、亥，天梁入此二宫，则在此期间：

凡甲年生人：难免为了钱财而奔波、伤神。在此期间，夫妻间有时会因为经济问题而起争执。宜把住宅稍作布置。避免从事买卖股票等投机冒险活动。

凡乙年生人：若有六吉星相辅，其人或为船长、或为学者，均能有成就，但难免漂泊。对金钱要谨慎保守，不可随便借钱给手足或朋友，以免因此而反目。

凡丙年生人：只要不是子、丑、巳、午时生人，为"双禄交流格"，财运佳，亦利外出。配偶的运势鼎盛，但辛劳不免。父母运和田宅运不如人意，要小心。

凡丁年生人：若有六吉星相辅，其人或为船长、或为学者，均能有成就，但难免漂泊。而且劳心费力难免，并易有小事故，但外出运气甚佳。与配偶或异性朋友之间不要为琐碎杂事发生争执。应鼓励对方研究学问或读书，必有成就。

凡戊年生人：财运、子女运、田宅运均佳。夫妻间会因为小事而产生麻烦，但如过眼烟云，只要疏导得当，反而更佳。

凡己年生人：在此运程期间利于读书、研究学问，考运也佳。若有困扰，可以解决。子女或女婿、媳妇的家运正隆。

凡庚年生人：田宅运佳，可置产。外出较辛劳，且易有虚惊。收入有增加的趋势，但要努力而得。

凡辛年生人：配偶较忙碌，但相当有成就。未婚男女有成家的机会。

凡壬年生人：有远行的机会。心情悠闲，无忧无虑，风平浪静。财运甚佳，且事事如意。但工薪阶层对外财的来源要了解清楚，以免惹出麻烦。要注意肠胃的健康，心情会因此而受些影响。女婿或媳妇可能会有异常情况，不要去干涉。

凡癸年生人：宜于准备应考。对子女要小心照顾，可以培养他们学习技艺，并注意他们的感情问题。若是子、午时生人，不要轻易投资。

（2）天梁入兄弟宫

若天梁入庙，主其人与兄弟和好，有兄弟四五人。若天梁落陷（必在巳、申、亥宫），则主其人兄弟少，且兄弟分离，无助力，并易生纷争。如果再有天刑同宫，又加会煞曜，主其人与兄弟有争讼之事。

由于天梁带有孤克的性质，所以即使兄弟和好，亦主各自独立，无合作互助的可能。若再有空、劫、刑、煞，则反主其人兄弟不和，或有词讼之争。

若与天机同宫或会照，主其人有兄弟二人。若与天机相对，又有煞忌，则兄弟之间各有心机。其余参见天机。

若与太阳同宫，主其人的兄弟之间会争夺家产或遗产，或互生误会妒忌。如果又有刑、煞，则主其人兄弟之间各持己见，每多纷争。其余参见太阳。

若与天同同宫，兄弟之中有同住者，兄弟二人；分居者，有兄弟三人。其余参见天同。

若与太阴、红鸾、天喜会照，主其人多姐妹。

若与昌、曲、魁、钺同宫，兄弟间感情融洽，能互相帮助。

若天梁入庙，会照左辅、右弼、天魁、天钺者，主其人兄弟有五人以上，相互之间和气。若无左辅、右弼会照，主其人有异母兄弟，同胞兄弟二至三人，彼此之间有暗争倾挤或分离。

若与六煞星同宫，主其人兄弟孤单，情缘较薄，不和，有刑克、分离、纠纷。即使相互有帮助，仅限于形式上的关心而无实质的帮助。

（3）天梁入夫妻宫

凡天梁入夫妻宫，若其人未经过灾难、挫折即成婚者，则必主婚后会有一段时期的生离。

天梁入夫妻宫者，其人每多长配，配偶比自己年长，以年龄相差三岁以上者为宜（或小配且相差三岁以上者）。配偶姣好美貌。男命，主妻长，贤达并刚硬。女命，宜夫长，亦性刚。若加权、禄，则吉；若遇六煞星，夫妻有刑克，欠和。

若天梁于入庙之地入夫妻宫，加会单个辅佐星曜，又见煞，主其人的初恋易因事端而失败，但却未能忘情，以致成为终身痛苦。

若天梁于落陷之地入夫妻宫，多主其人会再婚。女命，可能为偏房继室。若再有刑、煞，则主其人会生离死别，不一而足。

若与天机同宫，参见天机。

若与太阳同宫，参见太阳。

若与天同同宫，参见天同。

若与太阴会照，主其人容貌美丽，但以迟婚、再婚为宜，否则主离异。但虽分离，却藕断丝连，以结婚前会与他人有解除婚约者为宜，或极迟结婚可免。

若与四吉星同宫，夫妻相敬如宾，配偶事业有成。

若有壬干引发夫妻宫中的天梁化禄，则主其人的配偶往往是结过婚的。

女命，以迟婚，或继室偏房，或结婚前会与他人解除婚约者，或不以结婚礼式而同居，可免离异。若与天同会照，宫中又有化忌（注：天梁不化忌，故只是其他星曜化忌），且会照擎羊、陀罗、天刑、火星、铃星，主其人离婚后还会相克，或相克后导致离婚。

女命，其夫宜长配，大自己八年以上，若再有天寿同宫，甚至可以比其人大十六岁，否则便须其人大丈夫三年或以上。（注：这个论断与前面所说的"相差三岁为宜"有矛盾，因此在运用时均只能作为参考。）

（4）天梁入子女宫

由于天梁有孤克的性质，故天梁入子女宫，多主其人先得女。

若天梁庙旺，主其人有子女二人，先得女，子女孝顺优秀。若遇辅、弼、昌、曲，有一子庶出，再加四煞星，有亦不得力。若见空、劫、天刑、化忌，会早克或全无，或亲子间意见不合。自己的性生活能很好地配合。

若与天机同宫，凡女性，主其人有子女二人。但须提防小产，因为天梁与天机同宫乃小产、流产的组合。但见煞才是。若再会照辅、弼、昌、曲、天同，则主其人有庶出一子（亦主有私生子）。其余参见天机。

若与太阳同宫，参见太阳。

若与天同同宫，则以先花后果为佳，有子女三人。若再加会天马，其人一生多奔走，多出外或在外。其余参见天同。

若天梁入庙，会照左辅、右弼、化禄、化科、化权、天巫、恩光、文昌、文曲、天魁、天钺等星曜，主其人的子女秀发，聪明多才，既富且贵，五胎以上。或者其人手下人众多，且得力。唯辅佐诸曜及煞曜同见者，手下虽多谋略之士，但却亦可能对自己不利。

若与六煞星同宫，主其人与子女早克，或子息全无。

若与擎羊、陀罗、火星、铃星会照，主其人与子女有刑克，宜继祀。

若与空、劫、大耗、天刑会照，主其人子息孤单。

若有化忌会照（注：天梁不化忌，故只是其他星曜化忌），主其人的子女多病灾。

若天梁于落陷之地入子女宫，又见煞、忌、刑、耗者，主其人子息孤单，以祀继外子为宜。

（5）天梁入财帛宫

天梁入财帛宫者，若天梁庙旺，主其人大富，遇吉星尤美。若天梁落陷，主其人劳心苦志，辛勤求财。

天梁并非财星，入财帛宫与其说是发财，不如说是理财。所以凡天梁入财帛宫，其人宜从事管核财政账目的职业，反而安定。见科、禄、权吉化者，可在公共机构负责财务计划，则入息稳定，反比自行经营为宜。或从事自由职业，亦比在商场打滚为宜。

若天梁入子宫，主其人财有来源，但被剥削极重。

若与天机同宫，主其人财来财去，时发时破，或由辛勤劳动得来，但时有变化。此时即使见吉曜，主其人白手创业的过程特别艰巨，且每得必同时有失，不易积蓄财帛。其余参见天机。

若与太阳同宫，如果同宫于卯，其人虽能富能发，但会因财产而起争夺之事。如果见禄存，主其人可发达致富，但却易争起恶性竞争，并会在竞争中损失。其余参见太阳。

若与天同同宫，主其人能创立家财，由小而发展，或者白手起家。若见吉曜及禄存，主其人会历尽艰辛，白手兴家，但祖业必有破败。其余参见天同。

若与六吉星同宫，财帛富足，一生遂志。

若与六煞星同宫，先难后易，年轻时辛劳，晚年顺心，但所入仅足度日。

若与擎羊、陀罗、火星、铃星、空、劫、大耗、天刑会照，主其人会破产倾家，或因财而生灾祸，或因涉讼而破耗。即使有吉曜化解，也是先苦后安。或寅吃卯粮，勉强度艰难生活。

凡天梁入财帛宫，基本可以推断其人虽然会遭遇困难，但终会有财。此外，天梁无论在十二宫的哪一宫位入财帛宫，还是各有不足之处，分别论述如下：

若有壬干（年干、月干或日干）引发财帛宫中的天梁化禄，主其人会在此期间寄存神明之钱。

天梁化禄入财帛宫之流日（流日干为壬，引发天梁化禄），其人会寄付神明钱，再加空劫者，更验。

若天梁入庙，会照化禄、天巫、禄存、太阴者，主其人发达致富，或会继承遗产，或会有其他现成的财富。

若与禄存或化禄、化权、化科会照，其人乃茅屋公卿。

若会照化忌（注：天梁不化忌，故只是其他星曜化忌），主其人会因财多口舌、多纠纷、多是非，或因财而生精神上的痛苦。

（6）天梁入疾厄宫

天梁属阳土，主人体的脾、胃及乳房。

天梁入疾厄宫者，若天梁入庙，主其人灾少，即使有肠胃不调、消化不良等病症，也会转危而安。若天梁落陷，病灾亦轻，一生健康良好，与医院无缘。但天梁入疾厄宫者，胃、肝、肺稍弱，宜注意肝气犯胃之症。

天梁在巳、亥入疾厄宫者，主其人的血液含杂不清。

若与天机同宫，参见天机。

若与太阳同宫，参见太阳。

若与天同同宫，参见天同。

若与擎羊、陀罗、天刑会照，主其人会有外伤手脚，内伤筋骨、胸、腰，或盲肠开刀。

若与羊、陀同宫或会照，无天刑，见空、劫，主其人患有肠胃病或神经系统疾病；倘再见天刑，则会转为伤痛之症。

若与火星、铃星同宫，则主其人易患乳癌、胃癌、疮瘤等症。

若与火、铃同宫或会照，男命，主胃病。女命，主乳腺疾患。

若与空、劫、大耗同宫或会照，主其人有风湿、麻痹、酸痛等病痛。

若与羊、陀、火、铃、空、劫、天哭、天虚同宫，主其人多病、残疾甚至夭折。

若有壬干引发疾厄宫中的天梁化禄，或与禄存同入疾厄宫，主其人易患消化不良及胃病。亦主其人择食、偏食。

若与天月、阴煞同宫，主其人会有时症感冒、伤风头眩等疾病。若与天月同宫，又见煞，则其人患有诸如风湿麻痹之类的慢性病。

（7）天梁入迁移宫

天梁于入庙之地入迁移宫，又见吉化及辅佐诸曜（但不宜见文昌、文曲），主其人在外乡为富商。但不宜见羊、陀，否则仅为寻常商贾。

天梁入迁移宫者，若天梁庙旺，主其人出外受贵人扶助而成就发达。若天梁落陷，主其人独力辛苦，加六煞星者，尤不利。

若天梁于落陷之地入迁移宫，主其人东奔西走，劳碌多忙。

若天梁于午宫入迁移宫，主其人远游他乡。

若与天机同宫，主其人出门安定。但若三方有四煞、昌、曲者，则其人有淫乱倾向。其余参见天机。

若与天机同宫或相对，见吉曜（尤其是左辅、右弼），主其人出门多机遇而不安定，若见煞、忌（尤其是羊、陀同会），则其人难以把握良机。如果再有戊干引发天机化忌，则主其人在异乡会遭遇恶性竞争。

若与太阳同宫或相对，如果太阳化忌，则主其人会受人尤怨，替人受过。如果再有天刑和煞曜，则主其人会有官非词讼。其余参见太阳。

若与天同同宫，参见天同。

若加会吉曜，无羊、陀，其人乃巨商大贾；若加羊、陀，则平常。

若与擎羊、陀罗、火星、铃星会照，主其人出外会有灾祸，或遭遇小人阴谋。

若与禄存同宫，主其人会被小人排挤。

若会照化禄、化权、化科，主其人会远游他邦。

若会照化忌（注：天梁不化忌，故只是其他星曜化忌），主其人出外多是非口舌。

若天梁落陷，即使会吉曜，亦主其人浮荡无根，在他乡难以发达。（注：这是古代不主张远游的理念引伸出的论断，在现代社会却可以理解为其人常迁徙，无定所。例如可以推断其人乃从事航空、航海业者。）

（8）天梁入仆役宫

天梁入仆役宫者，若天梁庙旺，主其人的部属、朋友众多且得力。若天梁落陷，则有亦若无。晚年可有得力的部属和朋友。

要注意的是，天梁为孤克之星，故天梁入仆役宫，须加会辅佐诸曜，才主其人的下属众多。但如果推断与人合作，即使天梁入庙见辅佐诸曜，仍然不宜。仅与天同同宫于寅宫时，方可合作。若同时又有煞，则这种合作最终会分手。

若与天机同宫或拱照，主其人的朋友下属虽多，但会时常变换。且知交反而容易离散，且合作的机遇少。如果再见煞、忌，则更主其人会遭遇阴谋陷害或剥削侵吞。其余参见天机。

若与太阳同宫或拱照，主其人多贵友，如政军界人士或商界领袖、社会闻人。若与太阳拱照，又有壬干引发天梁化禄，亦主其人多交贵友或社会闻人，但若无辅、弼同宫，则主朋友无助力，仅仅是一般的社交而已。其余参见太阳。

若与天同同宫，主其人可得益友，或可得朋友的助力。其余参见天同。

若天梁入庙，会照左辅、右弼、天魁、天钺，或化禄、化权、化科，主其人可得到正直之友，并能得到朋友的助力，或手下人的拥护。

若与六煞星同宫，主其人会因部属或朋友的背弃、算计而受损失。

若与擎羊、陀罗、火星、铃星同宫或会照，主其人会因友受灾，多纠纷是非。

若与空、劫、大耗同宫，主其人会因友破耗，或会因下属不慎而损失钱财。

（9）天梁入官禄宫

天梁入官禄宫者，若天梁入午宫，再加会辅、弼、魁、钺，或有化禄、化权、化科，则其人文武皆可居高位，虽常人亦富足。但是，其人的高位，仅为清要之官，不负责实际行正职务，仅能居监察、审核、司法等正职。如果是从商者，则为财务审核、人事管理等人才。

凡天梁落陷，主其人从事自由职业虽有成就，终不如任管理之职、司计划管理等工作的运势稳定。尤宜在大企业任职可积累年资。

若与天机同宫，主其人会身兼数职，但多变动。其余参见天机。

若与天机拱照，主其人以服务于大企业、半官方或官方机构为宜。若从商，则往往多计划而少成就。亦可担任计划工作，但不宜经营推销。

若与太阳同宫，主其人无论从文从武，皆以才艺扬名。其余参见太阳。

若与太阳拱照，主其人可以从事传播、广告事业，亦可以是法律人才，否则可任社会工作。

若与天同同宫，主其人乃整理内务之人才，如秘书参议，握内权，善策划。其余参见天同。

若与天同拱照，其人如果从政，则为参赞、秘书等僚幕之职；如果从商，则为行政管理内务人才。亦可从事自由职业，或兼顾问之类为宜。

若与擎羊、陀罗、火星、铃星、空动、大耗、天刑会照，主其人乃负有特殊使命者。或会因事业而生灾祸，涉讼破耗。

若有流日干为乙引发天梁化权，主其人在该日会得到神明的东西。

（10）天梁入田宅宫

天梁入田宅宫者，由于天梁为荫庇之星，故主其人有得祖业遗产之可能。若天梁入庙，可继承或自置而拥有不动产；若落陷，祖业稀少，且无份。

天梁化权入田宅宫之流日（流日干为乙，引发天梁化权），其人会安神位。

若与天机同宫，主其人的产业须自置，且多迁移变动，或房屋翻造等事情。其余参见天机。

若与太阳同宫，主其人会因房产或公产而争斗。其余参见太阳。

若与太阳对照，见煞，主其人在服务机构内受人排挤；如果太阳化忌（由甲干引发）尤甚；如果天梁化禄（由壬干引发）主其人缘不佳。

若与天同同宫，如果再加会天马，主其人一生多奔走，或在外飘荡。如果天梁入巳、亥二宫，天梁落陷，必有天同拱照，则其人不但无祖荫可言，如果见煞，更主其人一生无恒产。由于田宅宫还有其人从事于交通运输业的性质，故还主其人的职业时常变动。其余参见天同。

若有辅佐诸曜同宫或加会，则主其人自置的产业丰盈。如果见煞，则易因田宅而起争讼，或家中人口离散。

若与六煞星同宫，主其人产业全无。

若与擎羊、陀罗、火星、铃星同宫或会照，主其人家宅不安，多是非、纠纷。

若与空、劫同宫，如果天梁入在巳、亥、申宫，主其人漂荡。

若与天巫同宫，则其人有遗产继承。

若会照化忌（注：天梁不化忌，故只是其他星曜化忌），主其人多口舌。

（11）天梁入福德宫

天梁乃清贵之星，入福德宫，主其人重视精神生活，喜欢安乐享受。且其人为乐意诲人、文学造诣高深之人。

天梁入福德宫者，其人福禄双全，命宫及本宫均吉者，寿达八十三以上（仅作参考）。

若天梁福德宫之日的天干为乙，引发天梁化权，其人在该日会得到神明的东西。

若天梁于入庙之地入福德宫，主其人安闲，有名士风趣。乐天派，不喜动。若天梁落陷（必在巳、亥、申三宫），则其人懒惰拖延，时常会延误正事，思想浮躁，或好哲思而仅属表面，或好言词辩驳；如果再加四煞星诸恶，则主其人奔走飘蓬。如果再加会天马、空、劫、大耗者，主其人浮动、奔走不安。

若与天机同宫，主其人的工作、生活颇为安定，但劳心劳神难免。其余参见天机。

若与太阳同宫，有左辅、右弼、天魁、天钺、天贵、恩光、天巫等星曜会照者，主其人福厚禄重，能富能贵。其余参见太阳。

若与太阳拱照，主其人好管闲事，以致自寻忙碌。如果见吉曜，则多为社会福利事业而忙，且乐在其中。如果此时有铃星同宫，则主其人欲为善。

若与天同同宫，主其人的工作、生活颇为安定。其余参见天同。

若与天同拱照，则主其人乐天知命。

若与擎羊、火星、铃星会照，主其人福薄，多纠纷、是非，不安定。

若与擎羊同宫，无吉曜加会，则反为主其人好学慎思；但若有吉曜加会，则主其人易招是非口舌。

若与陀罗同宫，主其人自寻忙碌。

若与火星同宫，主其人易烦躁不安。

若与空、劫同宫，主其人一生劳心劳力。

若与铃星同宫，主其人的思想多阴暗面。

若与化忌会照（注：天梁不化忌，故只是其他星曜化忌），主其人无福，多烦恼。

若有天巫同度，其人的思想尤为超脱。

若与华盖同宫，主其人有宗教信仰，多哲思。如果再逢空曜（空亡、截空），则其人的思想不易为一般人理解。

（12）天梁入父母宫

天梁为寿荫之星，天梁入父母宫者，主其人的父母活泼健朗、有责任心、心地善良。

若天梁庙旺，主其人父母双全，福禄长寿，若再有吉化及吉曜，则其人必得父母福荫。若居得地、平之地，主其人的父母平和。

若天梁落陷，主其人早年远离父母，或父母任何一方于自己少年时离家外出。若再见煞，则主其人的父母有离异等情况，但不主刑克。若再加四煞和孤克之星，则主克害双亲，亦主早离，与父母的缘分欠佳。但若宜二姓重拜，弃祖入赘、或更名、或寄人抚养，则克害可免。特别要注意的是，如果落陷、见煞且有火星同宫，又见化忌（注：天梁不化忌，故只是其他星曜化忌），则可推断为其人与父母有刑克，甚至有死亡之事。

若与天机同宫，主其人会与父母分离或分居。其余参见天机。

若与太阳同宫，有吉星会照无煞曜者，无刑克。若同宫于卯宫，主其人能得到父母的荫庇。其余参见太阳。

若与太阳拱照，又有空、劫、天刑，则其人与父母有极深之代沟。

若与天同同宫，主其人与父母之间无刑克。其余参见天同。

若与煞星会照，主其人与父母会刑克分离，或重拜父母。

若与擎羊、天马会照，主其人会离家，或再拜父母，或入赘。

天梁入父母宫，若火、铃二星，一居命宫，一居父母宫（必是亥、卯、未年生人始有此种结构），主其人会重拜父母、或入赘、或赡养岳家而不赡养父母。

若会照化禄、化权、化科，主其人有荫庇之福，或能得到遗产。落陷主刑克伤害，须祀出过继。

若化忌或会照擎羊、陀罗、火星、铃星者，仍主刑伤，或父子间意见不合，以过继为宜。

13.　七杀

1）星情总论

七杀星属阴火、阴金，乃南斗第六星。它是斗数中的将星。主肃杀，又是火花之金，为孤克刑杀之宿，司生死。是紫微斗数中的大将星曜。佐助紫微与天府，所以若遇紫微、天府，则其人乃国家栋梁，出将入相，得遇贵人提携，平步青云，指调百万雄师。若其人从商，则能在实业工厂方面得发展，因为其人能掌握大众，如工人职员等。若七杀入身宫加煞，主其人短寿，若寿长，则贫贱。

七杀的阴火特性，为向上升华，散发火花、发泄。而其阴金特性，则主要是内敛的特点。这两种特性相互矛盾并相克，因而导致了两个不平衡的极端，形成比较霸道的特点。阴火克阴金，金被火炼，成器者会成为将相，不成器时，只会成为地痞流氓。而且由于金被火炼，不管成器与否，均会经历艰苦奋斗的过程。因此，七杀入命者适合军警界或冒险性质的行业。

由于金被火炼，故其性格刚强、暴烈、沉默寡言、个性孤独。但往往做事积极主动，适合具体执行。因此，七杀的将星，一般适合担任打头的先锋。

七杀无落陷之地，且无四化，这是七杀的显著特点。

注：在紫微斗数的各个流派中对这一点各有己见。

例如，中州派的观点认为，七杀有落陷之宫："杀陷震兑"，即七杀于卯、酉二宫落陷。这是因为卯乃东方的震宫，酉乃西方的酉宫，故有"杀陷震兑"之说。而且中州派认为"七杀陷地，巧艺谋生。"因为古人重科名轻工艺，所以认为，凡七杀于落陷之地入命的人无法仕途，只能以巧艺谋生。在现代社会这种情形却未必是坏事。中州派又认为，如果七杀入卯、酉二宫落陷，若见煞、忌，则主其人的人生多反复挫折，六亲离散，际遇坎坷。若再见空曜（空亡、截空），则其人多有消极心态，在古代则推断其人很可能为僧道。古人云："主于数则宜为僧道，主于身必定历艰辛。"就是这个含义。而在现代社会，大多主其人会因人生孤寂而陷于消极，未必主其人定为僧道。又如，中州派王亭之先生公布了一条规则："杀居陷地宜见禄，再逢昌曲反流离。"认为七杀落陷时以见禄存为佳，但若见文昌、文曲，则主其人一生流离失所。

七杀的代表人物是黄飞虎，乃战斗之神，司掌威猛、肃杀。

2）风水、地理类象

天时类象：霜雪，凉风，冷风，秋天。

地理类象：山石，山顶，庙宇，高楼，楼窗，寺塔，坟墓，墙角，花瓦，兽头屋脊，公共场所，缺破缺陷的地物，屠宰场，主有刑伤刚强之人，孤独商贾武职之家。有吉凶之分。

3）旺度

七杀无落陷之地，于丑、寅、辰、未、申、戌为入庙，于子、卯、午、酉为旺，于巳、亥为平。

4）与七杀有关的格局

（1）七杀朝斗格、七杀仰斗格：七杀入命于子、午、寅、申宫，与禄存、科、权、禄、左、右、昌、曲、魁、钺加会，为本格。七杀在寅、申宫为入庙，在子、午宫旺地。七杀在申、午入命为"朝斗"，在寅、子入命为"仰斗"。此格带有杀气，自己发达而必有另一部分人会遭殃，或因此而有不少人死在他的手下。入此格者，多主武职显贵，统领百万雄师，不然也是公司创始人，商界英才，大富无疑。若有吉星加会，又有凶星加会，则属破格，主其人大起大落，暴发暴败，纵然一时发达也难长久保持，并且结局大多不佳。如果不加会吉星，则减为平常之格，不见吉星而见凶曜同宫加会，则为劣等格局，主凶恶、残疾、奔波、犯罪、牢狱，又恐寿难长永。古人云："格名朝斗贵无疑，入庙须教寿福齐。烈烈重重身显耀，平生安稳好根基。七杀寅申子午宫，四夷拱手服英雄。魁钺左右文昌会，科禄名高食万钟"。又云："七杀朝斗，爵禄荣昌""七杀寅申子午，一生爵禄荣昌""朝斗仰斗，爵禄荣昌""七杀守命，庙旺，有谋略，见紫微加见诸吉，必为大将""七杀守命，得左右昌曲拱照，掌生杀之权，富贵出众""七杀入命身宫，见吉，亦必历受艰辛"。

（2）雄宿乾元格：七杀独入命宫于午宫，或与廉贞同入命于未宫。七杀入命于在子、丑二宫则不入此格（尤其当七杀与廉贞同宫于丑宫时，乃"杀拱廉贞格"，则情形完全不同，另论。）古人云："廉贞七杀，反为积富之人"，即是指"雄宿乾元格"。若不入格，且无化禄、化权、化科，反见煞、忌交集，则不利，古人云："廉贞七杀同宫，主残疾又主痨病。"即是此论。

（3）"杀拱廉贞格"：参见6、廉贞之4）"与廉贞有关的格局"。

（4）"杀居绝地，夭年绝似颜回格"：七杀于寅、申、巳、宫入命，遇擎羊、火星，又在十二长生的绝地，乃为此格。此时即使三方四正有左辅、右弼、天魁、天钺等吉星会照，当流年行至本命宫中有七杀，且符合上述情形时（即遇擎羊、火星，又在十二长生的绝地），也要小心凶灾。若三方四正还有煞星会照，主此人操劳，劳心劳力，寿元不长。若三方四正有左辅、右弼、天魁、天钺，等吉星会照，则可减轻灾厄。若遇文昌化忌及加会的煞星多，则加重灾厄。

5）七杀入十二宫分论

（1）七杀入命宫

①性格、外貌、运气与其他星曜的关系分析

七杀入命，其人五官和面部轮廓和棱角分明。脸上有痘，不光滑。面型长方者或瘦长者较多；方脸者较少。中等身材。脸色少年时青白色，老年红黄色。若七杀入庙，主其人肥胖。若七杀落陷，主其人瘦小、残疾、或有微麻。

七杀入命之人性急、暴躁、喜怒无常、做事进退不当、多疑惑。不怒而有威，为众人所敬服。一生事业心重。看似处事果决，实则进退多虑。富计谋，善策划。能独当一面，事业有成，有谋略。不喜欢别人来管或寄人篱下，喜欢自己掌权。做事有谋略，而且喜欢从事投机行业。由于其人欲望大，常常结果与理想有差距，导致其人一生变化、起伏比较大。

七杀入命者，必须脚踏实地，如在实业工厂等方面发展，不宜从事投机，否则，若会照空、劫、大耗，从事投机会有倾家之忧，且少有恢复的机会。

七杀入命者，若其人在政界或军界、警界，则必会经过一次风浪波折转变。从事实业者，其工厂亦必遭有颠覆停顿或致于破产之难关发生，但不像投机的一蹶不振。在短时期内，便能东山再起，重振旗鼓。

若七杀入命于四马之地，这时天府位于对宫，其人一生多奔走。若再有天马入田宅宫者，其人非常能跑，常年在外。若再有命宫或大限宫局势好者，主出国。

若七杀入命，同时子女宫或田宅宫有化忌，其人一生多搬迁，但财运好时会盖房子。

若七杀于落陷之地入身宫，又加会煞星，主其人有夭折之虞，或巧艺谋生。

若七杀入大限或流年，且七杀入庙，会吉星，主其人在此期间能去旧换新，创立基业，名声远震，加官晋爵；若会照化忌、陀罗，则主其人在此期间会有尾大不掉等烦恼之事；若再见擎羊、空、劫、大耗，则主其人在此期间有刑克、家破、妻儿病灾等情况发生；若有化禄、化权、化科，主其人在此期间先艰苦后平顺；若七杀落陷，再有四煞、空、劫，天刑会照，主其人在此期间会死亡。

命宫、大限宫、流年宫最忌"七杀重逢"，即七杀入命、或大限宫、或流年宫，本命盘中羊、陀会照命宫，而流羊、流陀又来冲合，则主其人在此运限期间凶死。如果有化禄会照者，则可化解，而变为破财。

若七杀入大限宫（尤其是第三、第四、第五大限），同时子女宫或田宅宫有化忌，主在此大限期间多搬迁（或多买房盖房）；或此大限中的前五年多搬迁（或多买房盖房）。

若七杀入命，且刚好入第四大限的田宅宫，这是可能买房或盖房的征兆（注：但不绝对）。

若第四大限宫正好是本命盘的田宅宫或是田宅宫的对宫，在此大限中多会发生搬房、买房、盖房之事。

若七杀入命，子女宫有化忌，其人一走多奔走，多出外或在外。

凡七杀临身命，流年又遇羊、陀者，主其人有灾伤。但若逢紫微、天相、禄存，则可化解。

无论七杀入十二宫之中的哪一宫，对宫必为天府，而且与紫微、武曲、廉贞三颗星曜最有关系。

若与紫微同宫，主其人会得到贵人提拔，青云直上，而能富能贵。紫微化七杀为权（即"化杀为权"，注意：不是七杀化权，因为七杀无四化），但若七杀并未与紫微同宫，而是在对宫或三方，则属于"将在外君命有所不受"，不能算是化杀为用，主其人易有刑克或刑伤。

若与紫微、天府、禄存、化禄、化科、左辅、右弼、天魁、天钺、文昌、文曲会照，主其人得群众拥护。在国家为大将之才，极品之贵，在商界乃领袖人物，左右经济（七杀最喜与禄存、化禄会照同宫，因为禄存和化禄之柔化能七杀之刚暴），名震他邦。

若与武曲同宫，主其人多刑伤。尤其加擎羊者，肢体伤残；若武曲入命加会七杀、化忌，则其人乃从事技艺之人。

若七杀入命于子、午二宫，必与武曲、天府对拱，主其人能得到荫庇之余气，有贵人之提拔、朋友的协助，为美格。

武曲、天府皆为财星，同宫则同气，最宜见禄存。即使不见禄存，亦可藉二星同宫之力，化解七杀的孤嚣。因为在子、午二宫有武曲、天府同人对宫来拱，而在卯、酉二宫仅有武曲一颗星曜与之同宫，所以子、午二宫较卯、酉二宫为佳，不仅仅是因为武曲在子、午二宫旺，在卯、酉二宫平的原因。

若七杀入命于丑、未二宫，必与廉贞同宫，主其人志高好胜，名高于利，事业多由海阔天空中建立。若同宫于未宫或七杀入午宫，则为"雄宿乾元格"，此乃上格，主其人魄力雄厚。因为七杀的阴金被廉贞的文火所煅炼，可相制为用。

但若与廉贞同宫于丑宫，则为"杀拱廉贞格"，主其人有残疾或痨病。再遇丙干引发廉贞化忌时，则主路边埋尸。或者七杀入子宫者，亦不合"雄宿乾元格"。如果再见擎羊、火星、文昌者，主其人为人诈伪。

若与廉贞同宫，无论居于哪一宫位，男女皆不为良。（注：这一点与上面所说的"雄宿乾元格"有矛盾。）

特别要注意，凡逢丙干，廉贞化忌，这时如果七杀同宫，则"路边埋尸"，这一点除了廉贞入命外，入迁移宫也会应验。若非丙干，廉贞不化忌，且庙旺者，反为积福之人，或为武职。若与七杀同宫于未，或七杀在午，廉贞在申，又逢化忌，则主其人贫贱、残疾。

若与七杀入命于巳、亥，则主其人流荡天涯。

若七杀入命于寅、申二宫，对宫必是紫微、天府同宫，主其人为人清高，例如为人师表、帮会领袖等，乃独负其责、独当一面之人。

若七杀入命于辰、戌二宫，对宫必是廉贞、天府同宫，主其人多于艰苦中建立事业，魄力极大，调度经济，有韩信点兵多多益善的作风。富幻想，以事业追随其幻想，故始终不足以其对事业的欲望，多有新的计划和企图。

若七杀入命，天府必入迁移宫，主其人外表刚强而内富情感，花前月下，每生飘飘然的出世想。男命，其妻子多为志高聪明、性情外柔内刚、有丈夫气概之人，否则，夫妻之间多刑克，或分离，或病灾，或虽有夫妻之名，而无夫妻之实者。

七杀入命宫，天相入夫妻宫，其人的个性直爽有冲劲，喜欢变动，但对爱情却总缺临门一脚，结果是拖久不决甚至泡汤。

七杀、贪狼、破军，主变动、开创但不主财。一般是攻财而不守财。并且往往是越攻越不守财。尤其是父疾受冲时和田宅宫被毁时更是如此（注：宫中有落陷的主星，则称该宫被毁）。杀破狼之财，往往发后留不住，不能享用，前手接财后手空。

凡七杀于庙旺之地入命，又有辅、弼、昌、曲拱照，主其人掌生杀大权，富贵出众。

七杀入命者，最不喜落陷，若又有化忌（注：七杀无四化，乃其他星曜的四化）、擎羊、陀罗、火星、铃星、空、劫、天虚、阴杀等星曜，主其人孤独或福不全，很可能是解脱尘世为僧为道者。而且其人有幻想，时常觉得心灵空虚。

七杀入命，会煞曜者，其人的福分不全。即使能富贵者，也会与妻子有刑克，或分离，或子女无出者，或多女少男者，或疾病缠身者。若骨肉无缺，身体健康者，则不富也不贵。

若与四煞星同入命宫，主其人腰驼背曲，阵中亡。

若与擎羊、陀罗、火星、铃星、天刑、空、劫、大耗会照，主其人有刑克伤害。再落陷者，主其人性情倔强，刚愎自用，处世霸道，行为凶横而寿夭，或死于兵荒马乱，或阵亡灾死，或疾病开刀。故七杀最忌落陷会煞星。在庙旺之地，遇煞星，虽有破败灾祸病灾，但仍许富贵。

若与四煞星会照，主其人有刑克、伤害、颠簸等情况。

七杀入命，有羊、陀、火、铃同宫或会照者，主其人不残疾亦夭折。

若七杀于寅、申入命，又有空、劫来冲、照者，则主其人短寿。

若七杀入命，有擎羊、铃星、白虎会合，其人多沦为黑道，为犯罪团伙的头目。或七杀若与火星同入命，其人乃流氓。

若与火、铃同宫，既主其人有阵亡的可能，又主其人患有疾病。

七杀不喜与擎羊、铃星同入命宫。古人云："七杀破军，专依羊铃之虐。"而且不喜临"长生十二神"的"绝地"，又有见煞曜加会（必在寅、申、巳、亥四宫），则主其人有夭折之虞。古人云："杀临绝地遇羊陀，天年夭似颜回。"

七杀也不喜与羊、陀同宫于"长生"之地，主其人从事屠宰工作。古人云："七杀羊陀会生卿，屠宰之人。"（注：这是因为古人认为屠宰是贫贱的职业，在现代却未必认为屠宰工作不好。）

若七杀入大限或流年，加会羊、陀、铃，主其人牢狱官非难免。

若与擎羊、火星同入命宫，再有流年遇白虎，主其人在该年有刑戮灾伤。

若七杀入命，又有四煞星同入，主其人即使不遭官非，亦多残疾，若再在运限逢之，则为"七杀重逢"，最凶。但若逢紫微、天相、禄存，则可化解。

七杀入命，若见禄存或化禄，则可化解七杀的凶险之气。

若有禄存、化禄或左辅、右弼、天魁、天钺会照，则其人虽有困难遭遇，但能得众人之助力化解，从而逢凶化吉，迅速转机。

若与天姚同入命宫，其人乃多情种子。

古人云："七杀羊铃，流年白虎，刑戮灾屯。"此乃七杀入流年宫，与白虎同宫。又云："七杀流羊遇官符，离乡远配。"是指若七杀入流年宫，与流羊同宫，且有流年官符同宫，则其人会被离乡发配至远方。

女命，若七杀入命，主其人其人鼻挺、眼大，自信，年轻时很漂亮。而婚姻往往不和睦。但若其人的夫妻宫和福德宫好，反而容易勤俭持家。

女命，若七杀于庙旺之地入命，又会照三吉化，或与左辅、右弼、天魁、天钺、恩光、天巫会照，则其人必聪明多才，权威压众，为女中豪杰，旺夫益子，富贵双全，志气如丈夫，此乃上格。但若与化忌会照（注：七杀无四化，乃其他星曜的四化），则主其人灾病缠身。若与擎羊、陀罗、火星、铃星、空、劫会照，主其人孤独。以继室、偏房为宜，否则刑克无子女。

古人云："七杀寅申女命逢，恶煞加之淫巧容，便逢吉化终不美，婢妾侍奉主人翁。"因此认为女命不宜七杀入命。在古代，有人对此不予认同。在现代，中州派对这种论断也不以为然。

对于现代的女命，可与男命同断，若见煞曜，则主其人的婚姻最终不美，人生多孤寂。

古人云："七杀入命身宫，见吉亦必历尽艰辛，不见吉化必夭折。"是指，若若七杀入命宫或入身宫，即使见吉曜，其人亦会历尽艰辛。如果没有吉化，则其人必会夭折。又云："七杀重逢四杀，腰驼背曲，阵中亡。"均指落陷的七杀而言，其人腰驼背曲，很可能会阵中亡。

②所入宫位（十二地支）分析

七杀入命于子、午

七杀在子、午皆为旺，独坐，对宫有武曲、天府。其人个性及自尊心均强，有独立的主张，宜为公职人员。

若会照天刑、擎羊，再加遇吉星，其人可成为有名的外科或牙科医师。

若逢四煞星，主其人可能会夭折或阵亡。

若与禄存同宫，再逢武曲、化禄，其人可任财经主管。

凡七杀入大小限宫或流年宫，三方必会破军、贪狼，则在此运限期间容易有大变化。但如果七杀入子、午二宫，却变化较小。

七杀入命于丑、未

七杀在丑、未皆为入庙，必与廉贞同宫，而七杀皆入庙。其人擅长理财，喜爱文艺，注重物质享受。若不加四煞，乃"雄宿朝元格"，主其人富贵、声名远播。若加煞星，则平常之运，宜武职。

若加会武曲、破军，则其人祖业必败。若加会羊、陀，主其人会夭折，且与擎羊同宫者主有是非；若与火星同宫，主脓血不免。若与火、铃同宫，主其人阵中身亡。尤其是廉贞在丑宫入运，又逢大限宫干或流年干为丙之人，此时廉贞化忌，又与七杀同宫，有路边埋尸之可能。

七杀在未宫守命，且无四煞星，为"雄宿朝元格"，主其人富贵，声名远播。若加会煞星，则平常。

若是四月、十月生人（不论何年生人），其人的运气颇佳，或会有好的转变。

女命，其人处理事务有才干，事业上有表现，宜晚婚。

七杀入命于寅、申

七杀在寅、申皆为入庙，独坐，对宫有紫微、天府。紫微乃南北斗中至尊之星，天府为南斗第一星。故若七杀入寅，且不遇煞星，此乃"七杀仰斗格"，主其人辛劳，能独创并独当一面，成就辉煌。若七杀入申，且不遇煞星，此乃"七杀朝斗格"，主其人一生爵禄荣昌。若加会辅、弼、昌、曲，主其人乃大将之才。（注：七杀入寅，紫微、天府入申，居于上方，故为"仰斗"；七杀入申，紫微、天府入寅，居于下方，故为"朝斗"。）

若逢四煞星，主其人会阵亡。

女命，在事业上有成就，但应注意家庭问题。

七若杀在子、午入大限、流年，主其人在此期间的工作或环境会有小变化。

七杀入命于卯、酉

七杀在卯、酉为旺，必与武曲同宫。主其人有胆识、有谋略，性急、能干，但少年时期不利。若再逢火星同宫，会因财被劫。

若加会擎羊，会因财持刀。若与禄存、化禄照会，主其人商场上颇为得意。

七杀、武曲同入卯宫较吉，若是男命，主其人有志向，宜在公职和政界发展。

七杀、武曲同入酉宫者，若再逢煞星加会或化忌同宫，主其人会有心脏、脑神经方面的疾病。

女命，若逢吉星，且夫妻宫亦吉者，会有美满婚姻。

七杀入命于辰、戌

七杀在辰、戌皆为入庙，独坐，对宫有廉贞、天府。主其人一生历尽艰辛，只有努力才能成功。

若有煞星加会，但若有辅、弼、昌、曲或化禄、化权、化科相助，则其人历尽波折后，会有所成就。

七杀虽不畏煞星或化忌星，但不喜对宫的廉贞、化忌。若加会煞星，且流年或大限的夫妻宫不吉者，其人在此运限期间多感情困扰。

若大小限的财帛宫不吉，主其人在此期间（大限或小限）多钱财波折。

若大小限的疾厄宫不吉，主其人在此期间（大限或小限）身体健康有问题。

七杀入命于巳、亥

七杀在巳、亥皆为平，必与紫微同宫，旺。主其人坚毅勇敢，做事有魄力，雄心万丈，喜当老大或第一号人物。能白手起家，有权势。但做事易虎头蛇尾，好强健谈。男命较有表现。凡乙、丙、戊、己年生人武职峥嵘，文职亦有所成就。

若同宫再有化权者，为吉。（注：七杀无四化，这里是指同宫之中有其他星曜化权。）

女命，宜职业妇女，若加四煞，为美玉瑕玷，日后不美。凡紫微、七杀同宫，再会四煞，主其人不贵、孤独、刑伤。若遇紫微化权（壬年生人，或者流年干、大限宫干为壬），反作祯祥，为吉。

③运限、流月、流日分析

若流年宫或大限宫位于子、午，七杀入此二宫，则在此期间：

凡甲年生人：若有昌、曲、辅、弼等吉星会照，主其人乃大将之才；若无吉星辅助，却有一二煞星相激，其人仍可在公职中有所表现。在此期间要注意自己的头部、视力、心脏的保健。对父母或子女的健康安危也要关切。外出运好，利于奔波开创。凡七杀入子宫，其人的田宅运欠佳，宜保守。

凡乙年生人：要小心自己的头部和心脏的健康，并要保持充分的睡眠。从事机械、五金行业的人士，正是开创事业的时机。

凡丙年生人：子女的考运甚佳，故不必陪考。在此期间不宜外出，若非外出不可时，要注意"财不露白"，也不要为钱财而与人纷争。若七杀在午入运限（大限或流年），要特别注意血光之灾。生活宜平淡，不可沾惹酒色财气。宜接触文学、音乐、美术类事物。

凡丁年生人：防止头部、眼部受擦、撞之伤。多接近子女，辅导他们的谈话技巧，或让他们少说话、多读书，从而在学业上有长足的进步。在此期间，其人利于外出，求财得利，不忙碌。

凡戊年生人：引导子女学点新事物，或引导他们以动脑、动手的技术性工作为目标。凡肖鼠（子年）、肖龙（辰年）、肖猴（申年），且又是午、戌时生人，财运有突发的机会。凡肖虎（寅年）、肖马（午年）、肖狗（戌年），且又是巳、未时生人，也会有相同的财利。

凡己年生人：若有昌、曲、辅、弼等吉星会照，主其人乃大将之才；若无吉星辅助，却有一二煞星相激，亦可在公职中有所表现。在此期间利于出门，会有好的收获。但若是申、子、辰时生人，则应保守，不宜扩充设备或增资。要防止头部或眼部得病。配偶或异性朋友在工作上才气纵横，参加考试必有佳绩。

凡庚年生人：若七杀入运限于午，则军、警、工程、机械、五金界人士很适合向外扩展业务。一般人士要防止灾伤。

凡辛年生人：财运需多费心机。若是二月生人，对配偶或异性朋友要多尽心意，一起外出时，要注意彼此的安全，防止受灾伤。若配偶早有不适，在此期间宜进行诊断、住院或开刀治疗。子女已成年者，业绩颇佳，收获丰盈。

凡壬年生人：其人易患病或发生灾伤。未婚者宜在家与兄弟姐妹研习功课，他们会有明显的才华显现，自己也可获益，尤以八月生人为佳。已婚者遇事应交给配偶去处理。自己避免出门，以免增加花费，且易负伤或破耗。

凡癸年生人：兄弟姐妹中有人会碰到棘手的难题，且短时间内不易解决。朋友间也易发生牵扯之事。要注意自己和父母的健康。财运正遇到转机，故宜求新求变。出门办事必有佳绩。若是卯、丑、未时生人，对金钱处理要谨慎，不可漫不经心或感情用事。

若流年宫或大限宫位于丑、未，七杀入此二宫，则在此期间：

凡甲、庚年生人：有贵人相助。且甲年生人大吉，乃财官双美，但要注意交友问题。庚年生人的田宅运欠佳，尤其若是台风季节，须做好防台风的准备。

凡乙年生人：易招惹是非，有成有败。要注意头部和视力健康，保持充分的睡眠和休息。要注意子女的安全。若有龋齿，应及早治疗。

凡丙年生人：易招惹是非，有成有败。家运不顺，尤其是自己的健康，感情等问题。

凡丁年生人：不要苛求子女。要注意初生儿或幼儿的饮食卫生。

凡戊年生人：易招惹是非，有成有败。凡事要看开、看淡、忍让。不必杞人忧天。忧郁度日，否则反而会影响睡眠和健康。兄弟姐妹中有人会发生意外或虚惊，只要小心，不会有大问题。

凡己年生人：外出要注意安全，尤其是流年干为丙时，更要警惕。

凡辛年生人：行运于未之人要小心住宅、门户的安全。子女的表现不错。

凡壬年生人：经商者，应结束或转让无利可图的业务。在此期间，有可能遇到久违的朋友。可以考虑旧地重游。工薪阶层不要轻易企图变动，即使工作上有挫折，也不要轻言离开，等到下半段运程，情况会好转。若没有财务困扰，可多参加一些应酬，或购买衣物，或捐款做慈善事业。

凡癸年生人：若逢壬干值限（大限宫干或流年干为壬），此乃雨过天晴的时期。若本命的格局好，可能会有意外之财。

若流年宫或大限宫位于寅、申，七杀入此二宫，则在此期间：

凡甲年生人：主其人财官双美。在此期间可以搬迁或重新调换家具、桌子或床铺朝向。

凡乙年生人：在此运程中所发生的变化比甲年生人更有利。

凡丙年生人：运气中平。要慎重处理夫妻间或异性朋友间的关系和事情。未婚男女，若有新认识的异性，一定要先了解对方的背景、品格，方可进一步来往。

凡丁年生人：财官双美。与子女交谈时，要心平气和。若孩子年幼，则要注意其饮食卫生，防止病从口入。

凡戊年生人：运气中平。若与手足或朋友有不愉快之事，要妥善处理，以免伤感情。

凡己年生人：财官双美。但要注意契约、票据等问题，以免事后懊悔。

凡庚年生人：对父母要孝顺，有空多陪伴他们。

凡辛年生人：遇急事要缓办，否则会欲速则不达。

凡壬年生人：女性要坚强，再不如意之事，也会雨过天晴，不必伤心落泪。

凡癸年生人：可以花钱购买以往舍不得买的衣饰。交际费用也会增加。

若流年宫或大限宫位于卯、酉，七杀入此二宫，则在此期间：

凡甲、乙年生人：应注意眼睛、头部或心脏的健康。乙年生人，福厚，在此期间为财官双美之运。

凡丙、壬年生人：虽然收入较多但应注意节约，会仍然感到入不敷出。外出时要注意门户安全，贵重物品需存放妥当。出入公共场合，要提防扒手。在此期间，工作会有变化的机会，但不理想，容易横生枝节。

凡癸年生人：会因交际应酬频繁而增加开支。工作上会有升迁的机会，但往往是名美财虚，不实惠。

若流年宫或大限宫位于辰、戌，七杀入此二宫，则在此期间：

凡甲年生人：利于外出开创，也可以变换工作环境。配偶若是文艺工作者，会有成就或进步。兄弟姐妹或朋友的运势不佳，要多加注意。

凡乙年生人：不宜外出，也不要求变化。女性要注意下半身的疾患，故要多休息。子女和他们的配偶或异性朋友之间有不愉快，或他们的对方身体欠安。

凡丙年生人：不宜外出。女婿或媳妇的心情不佳，或是眼睛酸疼、或头昏。

凡丁年生人：对幼儿要小心照顾，注意他们的饮食卫生。父母、长辈中从事教育或文艺工作之人会有进步。如果兄弟姐妹中有人与他们的配偶有意见时，不可介入。

凡戊年生人：应多孝顺父母、长辈。如果有些事情无法迎刃而解时，需要耐心和毅力。

凡己年生人：如若不是子、午时生人，财运较佳，配偶也有表现，夫妻相得益彰。子女运和田宅运较逊色，要小心。

凡庚年生人：若加会吉星，则财官双美。运行（大限或流年）于辰宫者，夫妻可能聚少离多。未婚男女，与异性朋友要互信互谅，且要有耐心，以免分手。

凡辛年生人：正月、七月，以及寅、辰、午、申、戌时生人的运气最好。

凡壬年生人：在感情方面容易受伤害。未婚女性应与异性朋友保持距离。若是丑、卯、巳、未、酉、亥时生人，对钱财要谨慎保守。尤其是由配偶理财的人，更要提防损失。工作上暂无进步，但应酬增多。

凡癸年生人：不要贪小便宜，以免因小吃大亏。不要因好奇心而围观路边或风景区的事物，以免当冤大头。

若流年宫或大限宫位于巳、亥，七杀入此二宫，则在此期间：

凡甲年生人，若子女宫（若紫微在巳，子女宫在寅；或若紫微在亥，子女宫在申）有太阳化忌，要多关心子女，即使他们的成绩不好，也不宜苛责。至于自己，若没有煞星冲会，可以调换工作，以期更上层楼。

凡乙年生人，不宜搬家。不要因为工作忙而牺牲睡眠，从而影响健康。而兄弟姐妹的事业却是越忙越佳。

凡丙年生人，要注意自己的事业，千万不可大意。可多向外发展，争取出差远行，也许会有贵人欣赏你的才华。

凡丁年生人，对子女要多加照顾，尤其要注意子女的饮食卫生。正在就学的子女，宜多学外语。

凡戊年生人，交友须先分清损益。对自己的兄弟姐妹要谦让。

凡己年生人，其人的财运奇佳，要把握时机。但是，未、亥时生人要注意票据或钱财亏损。

凡庚年生人，要注意孝顺父母，并关心自己的健康。凡寅、午、戌时生人，要小心处理财务，不要冒险增资或扩充业务。

凡辛年生人，可购置自己中意的房产。子女会为你挣得荣誉，并可鼓励他们从商或另谋高就。

凡壬年生人，事业上会出现破耗或亏损，但要坚持下去，要开源节流，不轻举妄动，会有转机。购物时要防止"贪小便宜而吃大亏"。出门要小心小偷，不能涉赌。

凡癸年生人，子女运气颇佳。但自己心情不宁，钱财留不住，尽快还欠款。

凡辰年或戌年生人，若流年、流月行到此二宫，主其人可以准备结婚。

（2）七杀入兄弟宫

注：凡七杀入兄弟宫，不能简单地从兄弟宫的星情确定其人的兄弟姐妹之数，还需根据命宫的星情进行推断。例如，中州派王亭之先生有过这种推断经验：若其人命宫居丑宫，无正曜，对宫为有太阳、太阴同宫，加会辅、弼、魁、钺，七杀于子宫入兄弟宫，其人的兄弟姐妹竟达十一人之多。

注：下面列出的根据兄弟宫的星情推断其人兄弟数量的论断仅供参考。

七杀入兄弟宫者，主孤克。七杀于子、午、寅、申诸宫为独入兄弟宫。可有兄弟三人，但兄弟间争强好胜，易孤立，不和睦。其中，七杀于寅、申二宫入兄弟宫者，其人的兄弟多才清高；于巳、亥二宫入兄弟宫者，其人的兄弟之中有贵者；于辰、戌二宫入兄弟宫者，其人的兄弟之中有富者。

若入兄弟宫于其余诸宫，多主其人的兄弟体弱多病，脾气暴躁，性情孤僻，相互不睦，甚至没有兄弟。

凡七杀入兄弟宫，且命宫会照左辅、右弼者，主其人兄弟和下属众多，但有刑克，会分居，虽然情感较为融洽，而缺乏实在的助力。

若与紫微同宫，参见紫微。

若与武曲同宫，参见武曲。

若与廉贞同宫，其人与兄弟和下属之间的关系和谐，有助力。其余参见廉贞。

若与昌、曲、辅、弼同宫，兄弟之间能和睦相处，互相帮助。

若七杀会照左辅、右弼，主其人必然兄弟或下属众多。

若与六煞星同宫，兄弟间相互克害，不和睦。

若七杀入庙，会照化禄、化权、化科、左辅、右弼，主其人的兄弟或下属众多，但有刑克。

若会照煞星、天刑，主其人与兄弟、下属之间有刑克，孤单或分离。

若会照煞星、化忌（注：七杀无四化，乃其他星曜的四化），主其人的兄弟有灾病、有刑克或分离等情况。

（3）七杀入夫妻宫

凡七杀入夫妻宫，一般情形下均主不吉。即使加会禄存及吉化，也只是主其人可得有助力之妻而已，必须迟婚方可偕老，否则感情终有隔膜。

七杀入夫妻宫者，若其人早婚，则克害配偶，婚姻不顺，晚婚则可免。若加会四煞，则男克三妻，女克三夫。

七杀入夫妻宫者，配偶有独立处事的能力，能独当一面。若与擎羊、铃星同入夫妻宫，乃桃花之象。

若七杀于入庙之地入夫妻宫，又见吉，则无论男女皆主其配偶有才能，但男命者，会有嫌其妻夺夫权的问题。

若七杀于落陷之地入夫妻宫，又见煞、忌、刑、耗，主其人夫妻之间会生离死别，或遭逢意外，或有危症，或因配偶的拖累以致倾家。

若七杀在酉宫入夫妻宫，主夫妻之间有刑克，如果再会照煞星，则其人夫妻会遭遇意外灾祸。如果再加会空、劫、大耗，则若是男命，会因妻破产、倾家等事情发生。而七杀在卯宫入夫妻宫者，则祸轻。

若七杀在子、午二宫入夫妻宫，虽然此时七杀为旺，但由于对宫有武曲、天府同宫，受武曲的寡宿特性的影响，如果没有禄存加会，来发挥天府之力，则主其人婚前有波折；如果再见煞曜，则主其人夫妻之间志趣不投。

若七杀在寅、申二宫入夫妻宫，此时七杀入庙，对宫为紫微、天府同宫，由于受此两颗主星的影响，其人婚前必经多次恋爱，初恋定不能结合。且夫妻年龄必有一段差距。若是女命，凡见煞者，以作偏房继室为宜，否则防夫婿移情别恋，而且所恋者还不如其人。

若七杀在辰、戌二宫入夫妻宫，此时七杀入庙，对宫为廉贞、天府同宫，若见煞，则主其人夫妻不和，有情者无缘，有缘者无情。若是男命，多主二娶，否则刑克妻子；女命，以偏房继室为宜。

若与紫微同宫，参见紫微。

若与武曲同宫，参见武曲。

若与廉贞同宫，如果有煞星同宫，主其人夫妻会生离、分居，或为病灾所缠，妻子虽有却如无。其余参见廉贞。

若与左辅、右弼、天府、天魁、天钺、解神、天德等星曜会照，若是男命，主其人的妻子庄重有威，为众人所敬服，帮夫益子之上格，但必须迟娶，否则妇夺夫权；或则生离分居。

若与六煞星同宫，其人会有再婚现象。

若与四煞星、天刑同宫，主其人的配偶会坐牢。若不离婚，则易克死。

若与擎羊、陀罗、火星、铃星、天刑、空、劫会照，男命，其人乃三妻之命。

若七杀入庙，并会照禄存、化禄、化权、化科，主其人可得精明有为之妻，但在结婚前，多阻碍波折、破坏延期者方合。

女命，若七杀在庙旺之地入夫妻宫，加会吉星，主其人可得地位崇高的丈夫。若加会煞曜，则主夫妻刑克、分离，以迟婚继室为宜，或婚前迭遭周折，破坏延迟。若会照化忌（注：七杀无四化，乃其他星曜的四化），则其丈夫可能会移情别恋，或婚前有被夺爱的刺激。若夫妻宫位于卯、酉二宫，则主有灾祸，诸如：刑克、分离，或有痨病、心脏病、脑神经病。若再会照擎羊、陀罗、火星、铃星、天刑、空劫、大耗，主其人会有意外灾祸、刑伤，或有牢狱之灾等事情发生。

（4）七杀入子女宫

七杀入子女宫，主其人子女少。即使入庙旺的宫位，又见辅佐吉曜，亦不能增加子女数目，主仅有一子，但还会有女，以先女后子为佳。子女却能发家富贵。若加会煞星，则全无。若七杀居得地、平之地，亦主其人无子女，纵有一人，亦为不成器的败家子。而且其人在性生活方面与配偶不和谐。

凡七杀独入子女宫，则其人子女皆少，亦不宜招祀外子，恐反招叛逆。

七杀入子女宫，主其人迟得子女，在卯、酉二宫更迟，或是继室、偏房生子，且均不宜会煞忌。若有煞，则有绝嗣之虞。

若与紫微同宫，主其人有子女三人。其余参见紫微。

若与武曲同宫，参见武曲。

若与廉贞同宫，参见廉贞。

若七杀庙旺，加会左辅、右弼、天魁、天钺、天昌、文曲，主其人的子女富贵。但以先花后果为佳，或极迟得子为宜。

若与擎羊、陀罗、火星、铃星会照，主其人与子女有刑克，或不得子力。

若加会煞、忌、刑、耗，主其人的子女多灾病，而且有刑克。

若有化忌会照（注：七杀无四化，乃其他星曜的四化），主其人的子女多病灾。若再有空、劫会照，则会因子女而破耗。

（5）七杀入财帛宫

七杀入财帛宫者，若七杀入庙，主其人闹中生财，如果入子、午、寅、申宫（此时七杀庙旺），则有横发之运，且能得意外之财。但财运大起大落，暴得暴失，虽有横发之运，却无法守之。若七杀落陷，须劳心苦志生财。凡是七杀入财帛宫者，即使七杀入庙，往往难以在赚钱后再进财。

若七杀于辰、戌二宫入财帛宫，主其人富裕。但若见煞，则破耗难免。

若七杀于卯、酉二宫入财帛宫，不见煞，更加会吉曜，主其人横得横失，会慢慢消磨终成空白。

若与紫微同宫，若无煞见吉，其人可渐积成富，而且比七杀入丑、未二宫所得的财富为多。其余参见紫微。

若与武曲同宫，参见武曲。

若与廉贞同宫，主其人能发达致富，且是渐积成富。但在丑宫较次。其余参见廉贞。

若与四煞星同宫，主其人财运波折重重。

若与擎羊、陀罗、火星、铃星、天刑会照，主其人因财生灾，或遭遇抢偷。

若与空、劫、大耗会照，主其人财富不足，需靠劳力求谋，但多感困难，破耗多，剥削重，或患疾病，或遭灾盗，或人口不安。

若与空、劫同宫，主其人一世奇穷。

若七杀入庙，会照化禄、化权、化科、禄存，主其人财禄丰足，财源极厚，能得意外财富。

凡七杀入财帛宫，即使入庙，且加会化禄或禄存等吉曜，亦主其人一生必遇一两次经济困难，周转无方或至倾家破产者，但若有化禄或化存等吉曜者，则能在短期内有转机；若七杀落陷，再有空、劫、大耗等及煞星会照，无化解者，则其人会时时感到困难。

（6）七杀入疾厄宫

七杀属阴金，故主其人易患呼吸系统疾病（注：中医理论认为肺属金）。由于七杀乃带威杀之星，所以亦主伤痛之厄。

七杀入疾厄宫者，主其人幼年多灾病，或性情躁争，易怒。若七杀庙旺，亦主幼年多病。若居平、陷之地，灾殃尤多，不易养成，成年后有痔疮或肠炎等疾，并应注意肝炎、肺部疾病。若加六煞星，主伤残。

若七杀于寅、申二宫入疾厄宫，对宫有紫微、天府拱照，主其人有内伤，而且肠胃不和。

若七杀于落陷之地入疾厄宫，又见羊、陀，则主其人终身残疾。古人云："七杀逢羊陀于疾厄，终身残疾。"又若七杀入命于落陷之地，羊、陀入流年宫者，主其人在该流年有伤灾。

若七杀于落陷之地入命宫或流年疾厄宫，又见四煞，则主其人驼腰曲背。

若与紫微同宫，参见紫微。

若与武曲同宫，主其人有刑伤，而且其人的血液循环系统易有问题，或有痔疮、疯疾。若加四煞，手足伤残。其余参见武曲。

若与廉贞同宫（必在丑、未二宫），主其人有痨伤、肺病、咳血等疾病。古人云："囚同身命（王亭之的解释是'囚'指廉贞），折股伤肱，又主痨病。"其余参见廉贞。

若与昌、曲、六煞星同宫，主其人一生健康不佳。

若与文曲同宫于戌，其人易有肺、肝疾病。

若七杀加四煞、空、劫入疾厄宫者，主其人多病、残疾甚至夭折。

若与羊、陀同宫，其人多终身残疾、一生孤独，寿命不长。

若加会擎羊，主其人患有盲肠炎、瘤、便血等疾病。

若加会陀罗，主其人的手足有残伤。

若与火星同宫，主其人有目疾。

若与龙池同宫，主其人耳聋，（注：这个用杂星得到的论断颇为灵验）。又主其人患有哮喘、咯血或便血等病，轻者为鼻窦炎。而且多阴虚、内伤之症。

（7）七杀入迁移宫

七杀入迁移宫者，其人在外日多，忙中安身。但其人在外有地位、有威力，使人敬畏。

若七杀入流年或大限的迁移宫，主其人的事业在此运限期间会有变动，而变动的好坏情形需根据见吉或见煞来推断。

若与紫微同宫，主其人在外为人所敬重，并能得到贵人提拔，或主出门遇贵。其余参见紫微。

若与武曲同宫，主其人在外会交际、活动，因而有利可图。若有壬干引发武曲化忌，则主其人出门有病灾，或在外事业遭遇失败，并主一生中有涉讼或牢狱之灾。其余参见武曲。

若与廉贞同宫，主其人出外有声名，能发达。若与廉贞同宫于丑宫，则多是非。如果加会四煞，或有廉贞化忌，主其人外出或遭车祸外伤。其余参见廉贞。

若与六煞星、天刑、大耗、化忌、绝同宫，主其人流浪天涯，操心不得安宁。

若与四煞星、化忌、天刑、官府、官符同宫，其人目无法纪，有犯罪倾向。

若与擎羊或陀罗同宫，其人最宜武职，否则少人缘。

若与火星同宫，主其人会有意外之财。

若与铃星同宫，主其人武职峥嵘。

若与空、劫同宫，其人应以发展实业工厂为宜，否则主飘荡。

若与天刑同宫，主其人一生多刑克，出外有灾。如果落陷（注：七杀无落陷之地，仅在巳、亥二宫为平，其余诸宫皆庙旺；而天刑在丑、未二宫为落陷），则主其人会被人连累、陷害，或主在外受压力。

由于命宫于迁移宫互为对宫，所以推断迁移宫的星情时须结合命宫的星情一起进行，方能完整。如下所述：

若七杀入命，与火星、铃星同宫，为孤克之徵，不利父母；若七杀入迁移宫，与火星同宫，反主其人会突发。若与铃星同宫，则主其人武职峥嵘。

若七杀入命，见空、劫，其人常会感觉财禄不足；若七杀入迁移宫，则其人可从事依靠工业兴家。

七杀入命于寅、申二宫为独坐，主其人不宜背井离乡；若七杀入迁移宫于寅、申二宫，必然也是独坐，如果见禄马（禄存、天马），则主其人出外反可遇贵。

（8）七杀入仆役宫

七杀入仆役宫，多主不吉。若七杀入庙，有吉曜加会，仅主其人朋友或下属众多而已，但无助力，必须见化禄（注：七杀无四化，乃其他星曜的四化）方可以调和。若七杀为平，且见煞，则其人的下属会生变，且主其人时常更换下属，或生平落落寡合，无一知交。故七杀入仆役宫者，其人须戒听谗言，亦不宜与人合作事业。如果见忌星、煞曜，须重视管理制度及行政制度，以免下属有机可乘。

七杀入仆役宫者，主其人会被朋友所拖累、陷害，或遭小人妒忌，或被手下人偷盗。其人的部属、朋友中多有刚强欺主、偷盗家财之辈，若七杀入庙则尚可。

若与紫微同宫，参见紫微。

若与武曲同宫，且有化忌会照，主其人会因友破产，或因朋友或职员而事业失败。并主强奴压主。其余参见武曲。

若与廉贞同宫，参见廉贞。

若与六煞星同宫，会因部属、朋友而蒙受损失，他们会以怨报德，反恩成仇。

若与禄存同宫，主其人会受小人倾挤。

（9）七杀入官禄宫

七杀入官禄宫者，若七杀入庙，再逢众吉，则武职者可居高位，文职者不吉。若为得地或平，其人乃庸常之人。加四煞星者亦然。

七杀入官禄宫，主其人在军警两界皆能显发，或办工厂实业，而且以乃掌握多数下属或职工的职务为宜。

七杀入官禄宫者，其人喜投机，但绝对不宜投机，否则必生破败。

若七杀独坐庙旺之乡，主其人能武职荣身，但若见煞曜，则主其人会有意外，或多风波。

七杀入官禄宫者，不宜文职。若入巳、亥二宫，七杀为平，又见煞者，其人以从事工艺类行业，靠一技傍身为宜。（注：此即趋避之方。）

因为七杀宜武不宜文，所以从商不如从工，凡见吉曜，则可以发达，即使见煞曜，有波折亦可安然度过。

凡大小限或流年的官禄宫逢七杀，主其人有创业之心。或者本命宫中有化权（注：七杀无四化，乃其他星曜的四化），以及紫微遇杀、破、狼时，其人在此运限期间也会有创业之心。

若与紫微同宫，参见紫微。

若与武曲同宫，会左辅、右弼、天魁、天钺、天巫、三台、八座者，主其人威震他乡，掌握生杀大权，或主权贵。其余参见武曲。

若与廉贞同宫，主其人峥嵘同侪，出人头地。其余参见廉贞。

若与擎羊、陀罗、铃星、火星同宫，主其人武职威风，但一生多风波是非。

若有擎羊或陀罗会照官禄宫，则其人不宜从事军警，可从事外科手术、牙科或需用利器的行业。（王亭之先生见过一个命例：七杀于辰宫入官禄宫，独坐，加会羊、陀，见昌、曲，其人以雕刻竹木器成名。）

若与空、劫同宫，则其人以开办工厂实业为宜，否则一生多破败。如果能重视本身的观念，即使是空中楼阁的想法，一旦成为事业即可发达。

若加会化忌（注：七杀无四化，乃其他星曜的四化），主其人凡事多周折。

（10）七杀入田宅宫

七杀入田宅宫者，若七杀入庙，其人可继承祖业；居旺地者，可自置不动产；但如果是在巳、亥二宫，七杀为平，主其人的祖业稀少，且无份。

凡七杀入田宅宫，不宜独坐，否则即使入庙，见吉，其人也不能享受祖业。若独坐，又见煞，则其人产业倾败。须待星情好的大限期间才有可能恢复旧观。

七杀入田宅宫，主其人白手起家。但赚钱后难以再赚。除非逢绝地才有可能再发，这叫绝处逢生（所谓"绝地"是指十二长生的"绝"与七杀同宫）。

若七杀入田宅宫，化禄入命宫，则其人的财运颇佳。若再有武曲、天府入子女宫，会赚大钱。

七杀入田宅宫，需看哪一个大限宫有财星，往往在此大限期间会发生买房和盖房之事。

田宅宫也可以用来推断其人的主管机构，若七杀入田宅宫于巳、亥二宫，七杀为平，又见煞，则主其人会受主管机构的掣肘。如果更见化忌（注：七杀无四化，乃同宫的其他星曜的四化），则其人必会受主管机构处分。若再有壬干引发武曲化忌，且有煞曜，则其人有停职降黜之忧。

若与紫微同宫，参见紫微。

若与紫微拱照，主其人可得贵人之荫庇。

若与武曲同宫，七杀入庙，则其人的财运颇佳，易大发。若福德宫再有化禄者更主大发。其余参见武曲。

若与廉贞同宫，七杀旺，则其人能增置产业。若同宫于巳、亥二宫，七杀为平，主其人的产业破败。其余参见廉贞。

若与天府同宫，主其人一生多奔走、多出外、在外、地点多变换。

若与天府同入大限田宅宫，主其人在这十年中的前五年多奔走、多出外、在外、地点多变换。

若与四煞星同宫，主其人自置产业艰难。

若与擎羊、铃星同宫，主其人多争闹不安。

若与陀罗、火星同宫，主其人会有虚惊。

若与空、劫同宫，主其人产业破荡。

若与化忌同宫（注：七杀无四化，乃同宫的其他星曜的四化），主其人家宅不安、病灾、口舌、是非。

（11）七杀入福德宫

凡七杀入福德宫，若七杀入庙，会吉曜，主其人福厚志高，但主不利妻子，有刑克、迟娶等事情。

七杀入福德宫，主其人忙碌难免，即使七杀入庙，见吉星会照，亦主劳心。

七杀的特点是其人多偏重个人利益，因此每逢挫折，即感到命不如人，或有怀才不遇的感觉，满腹牢骚。

若七杀入福德宫于巳、亥二宫，七杀为平，又见煞，则其人思想必然消极。

至于由福德宫来推断婚姻的徵验，则甚值得读者注意，为坊本所无。

七杀入福德宫者，若其命宫吉，寿达六十以上（注：仅作参考）。若七杀入庙，主其人有福，但仍操劳，尤好争强斗胜。若七杀落陷，再加四煞星，主其人一生劳碌辛苦，无福可享，且其人性格放荡。

若与紫微同宫，主其人志向太高，常因事业不能符合理想而烦恼。其余参见紫微。

若与武曲同宫，主其人心烦不安，如果再有壬干引发武曲化忌，则其人多忧多虑，多是非。其余参见武曲。

若与廉贞同宫，主其人忙碌不得清闲。其余参见廉贞。

若与擎羊、陀罗、火星、铃星、空、劫、大耗、天刑会照，主其人费心费神，劳心劳力。

女命，七杀独坐福德宫者，主其人下贱，必为娼妓等职业，且若命宫、夫妻宫中有煞者，有淫乱倾向。

女命，七杀入福德宫，主其人克夫刑伤，以迟婚、继室、偏房为宜。

（12）七杀入父母宫

若七杀独入父母宫，会有刑克，即使七杀入庙，亦必少年即离父母。而且其人的父母的性格任性、固执，故亲子之间感情不和睦。

七杀入父母宫者，若七杀入庙，亦主早克而生离。若七杀为平，则会刑克父母及六亲。若加煞恶之星，刑伤尤烈，代沟极深，而且必主双亲有丧。

七杀入父母宫者，有早年弃祖离家之象，亦主刑克，若有紫微或吉星同宫或会照，则可免。

若七杀于子、午二宫入父母宫，对宫有武曲化忌（由壬干引发），或者七杀于辰、戌二宫入父母宫，对宫有廉贞化忌（由丙干引发），凡遇这两种组合，再见凶曜者，其人的父母多在自身早岁就有刑伤，或有重大倾败，或主恶疾缠身。

若与紫微同宫，会吉曜，则其人与父母无刑克。此乃七杀入父母宫的最佳组合。其余参见紫微。

若七杀独入父母宫，对宫有紫微、天府同宫，见煞，又单个的辅佐诸曜（左辅、右弼），则主其人有两重父母。

若与武曲、廉贞同宫，均主其人与父母有刑伤，其余分别参见武曲、廉贞。

若与擎羊、陀罗、火星、铃星、天刑、劫杀、孤辰等煞星会照，主其人与父母有刑克。

14. 破军

1）星情总论

破军属阴水，为北斗第七星。化气为耗宿，司祸福，乃不利六亲之星曜。

破军主智慧，故其人非常聪明、精明。从斗数第一盘可知，破军乃夫妻宫主，入夫妻宫，为耗，故为桃花。此桃花有金钱交换的性质，因此是非正常的桃花，具有耗的特点，不会爱惜。

破军化气为耗，故又名"耗星"，化耗为泄。但往往属于建设中有破坏，故破军带有建设性。因此，破军星利于开创新局面。破军之破并非如破竹一般，一破到底，而是每次受到挫折、破败之后，都会有好的转变。

破军具有波动的特性，凡破军入命者，一生奔波劳碌，但有创造力，喜欢投机性的事情。其人性急果断，说做就做，不犹豫。且刚强好胜，一生多变动。

破军是军队中的敢死队、先锋队，冲锋陷阵，以争夺、破坏为目的，但自身之危险性亦大，损兵折将，在所难免。且孤军深入，有接济不及之虑。如果有癸干引发破军化禄，则是后队补充接济，源源不绝，名之为"有根"。故破军有破坏而后建设的意思，并有去旧换新的意思。

破军之代表人物为纣王，乃破耗之神，司掌"破损"、"消耗"。破军之变动为主将，故知善于冲锋陷阵。

2）风水、地理类象

天时类象：肃杀的天气，（秋高气爽，凉燥）变化莫测的天气，霰、雹。

地理类象：河海江湖，水池，坑陷，古屋院落，市集，菜市场，杂乱的地方，铸造厂，烟火店，石屋，砖石，顺水流行，残破，草席，猪羊屠宰各生意，主劳碌、不宁、破相、孤独、商贾、游移、漂泊之人。

3）旺度

破军的旺度：于子、午为入庙；于丑、辰、未、戌为旺；于寅、申为得地（注：中州派认为破军在寅、申二宫为落陷）；于巳、亥为平；于卯、酉为落陷。

4）与破军有关的格局

（1）英星入庙格：破军入命居子、午宫，与禄存、科、权、禄、左、右、魁、钺加会者，为本格。离乡背井可获吉运。宜武职或经商，富贵双全，横发。甲、癸年生人上格，主大富或大贵，丁、己年生人次之。丙、戊年生人主困，不入此格。古人云："北斗英星最有权，坎离之上福绵绵。黄金建节趋廊庙，统摄英雄镇四边"。

又云："子午破军，加官晋爵"、"破军子午宫，无煞，甲癸生人，官资清显，位至三公"。

（2）日月照壁格：参见3、太阳之4）"与太阳有关的格局"。

（3）一生孤贫格：破军于落陷（卯、酉）之地入命，主其人弃祖离宗。

（4）众水朝东格：文、耗（即破军）与寅、卯入命，谓之众水朝东。此处所指的文，为文昌、文曲。破军若与文昌、文曲同宫于寅、卯二宫坐命，合此格。此时，若有文昌化科或文曲化科，其人贵显至三公。若无，则终生平常。若再逢忌星，则易有水厄。所以，合此格之人多为终生贫儒，有才难申。但若加会禄存（厚重之星）或三奇，则仍有成就。若煞星多，则平常。

（5）破军暗曜水中作塚格：破军居亥、子、丑三个宫位，逢文昌或文曲同宫，谓之水中作塚格。通常暗曜指巨门，但破军和巨门永远也不会碰在一起。故此处暗曜，是指文曲（注：文曲亦为暗曜）。古人云："破军与文曲入于水域，残疾离乡"。此处所指的共乡，指同入亥、子、丑三个宫位。破军逢文曲，同宫逢化忌，也容易有水厄。破军喜会照禄存及六吉星。若命宫主星弱，且凶星多，则影响较大。

（6）耗居禄位沿途乞食格：耗星指破军，居禄位，是指破军在官禄宫。例如：七杀坐命子宫，若是申、子、辰年生人，年干一定是阳干：甲、丙、戊、庚、壬，但合乎此格条件的只有丙年、壬年。例如丙年生人，廉贞化忌在福德宫，擎羊在午，火星在辰，冲命宫。此处所说的沿途乞食，表示其人赚钱较辛苦，赚了钱敢花，故人生较大起大落。若有吉星加会，则不验。若煞星多，且运不佳，则人穷志短。

5）破军入十二宫分论

（1）破军入命宫

① 性格、外貌、运气与其他星曜的关系分析

破军入命者，其人浓眉、大眼、口开鼻阔。居旺地者，五长身材，略胖，腰或渐斜。少年时脸色青白色，老年青黄色。若落陷，瘦高，主破相或麻脸。代表人物梁启超。女命，破军入命者，小圆脸，类似贪狼，但下巴很尖。

破军入命，主其人或口吃不清，或产时不足月，或难产。任性狂傲、遇事多疑、多凶暴狡诈、奸猾不仁、与人寡合、动辄损人、狂傲多疑。喜欢投机冒险、喜新事物、喜破坏现状，进行变化改革，言语不拘。

凡破军入庙，则性格好的方面是，好恶分明易走极端，为人坦白大方，个性倔强。其人忠厚善良，旺地，性耿直，处世有恒心、有毅力。若破军落陷，则其人性刚寡合，争强好胜。性格坏的方面，被人污辱时必要讨回公道，责问理由，甚至处罚对方。情绪起伏大，喜怒哀乐皆形于色，情感上易冲动。在单位或团体中常被视为异类，因为他人往往不知其人在想什么，有神出鬼没的味道。有虐六亲的倾向，但待骨肉却仁义。

其人有宗教倾向，而且如果在哲学、宗教、命相上有修养，会使事业运大开。喜欢努力奋斗，但做事颇辛劳。对金钱不太在意，存钱不易，多有投机心理，要

小心投资损失。

工作中性急缺乏耐性，做事易半途而废。凡事喜欢独立完成，非成即败，无中庸的情形。精神专注，有魄力，且有霸气，常常会孤注一掷地向逆境挑战。故他人往往怕与这种人为敌。

若是男命，不重外表。若是女命，则反之，爱虚荣、易浪费、多有神经质。

破军入命者，常常会在不知不觉中会做些刻薄寡恩之事，被人认为无情无义，难以得到别人的一致欣赏。

破军入命，若夫妻宫中无主星，其人的个性不拘小节，行事大胆威风，自尊心强，不接受他人束缚，喜欢照顾人，具有非常强的社交能力，异性缘不错，容易给人造成花花公子的印象。

幼年时身体不好。成年后身体亦不佳，易有血光之灾、开刀之病。常吃药、上医院。

若有癸干引发破军化禄（生年干、大限官干、流年干），定会升官，因为破军为精神欲望为主，能升即满足，只要官禄宫不破，则必升官。

破军化禄之财，主进财后仍会破耗而出。破军化禄之处，是进财，但这种财进后即破出，留不住，或过之则破。所以，破军化禄，财富不实，进后即破，或投后即破，不可不防。故破军化禄所进之财，不宜投资或不可投资。若破军化禄在夫妻宫或官禄宫，主其人会投资于所从事的工作和事业。但此财投进去后，即会耗出和破出，因此要小心这种投资。

破军、贪狼、七杀，主变动、开创，但不主财。一般是攻财而不守财。并且往往是越攻越不守财。尤其是父疾受冲时和田宅宫被毁（注：宫中有落陷的主星，则该宫被毁）时更是如此，前手接财后手空。

杀、破、贪三者的主要差异是：破军心灵空虚，追求精神享受者居多；七杀追求实权，喜当主官或老板；贪狼追求物质享受，只要吃得好，工作轻松即可。

破军怕于辰、戌入命，此时破军独坐，旺，有对拱的紫微、天相来冲，主其人一生风浪极大，且必遇到不寻常的灾害，或不守祖业。并主刑克妻子。富而不贵，有虚名。或患拖延时间甚长的疾病，如脑神经、心脏、肾脏或肠胃等部位的疾病。再加羊、陀者，主其人即使不残疾，亦会有牢狱，甚至会夭折。且主其人终身带疾。仅生命力强，有艺术气质，学有专长。如果有化禄则可调和，例如，见贪狼化禄（由戊干引发）则更为适宜。

破军最宜子、午入命，此时破军独坐，对宫有廉贞、天相，这是好的组合，带有感情色彩，对宫的廉贞、天相可以调和破军的躁决。只要无煞同宫，又有破军化禄（由癸干引发）或化权（由甲干引发），此乃"英星入庙格"，古人云："破军子午宫，无煞、甲癸人官质清显，位至三公"；在现代亦可从商，则为大企业的开创人才。如果有三吉化，或禄存临福德宫或命宫者，而无恶煞会照者，主其人福泽甚厚，既为国家之栋梁，又可为声望极高之儒将。但是若破军于亥、子、丑入命，加昌、曲同宫，其人身有残疾。

若破军在寅、申入命，破军独坐，得地（注：中州派认为破军在寅、申二宫为落陷），对宫有武曲、天相同宫，主其人性情倔强，不守祖业，好勇斗，横发横破，但有一技之长。幼年即弃祖离家，刑克颇重，或重拜父母。古人云："在身命陷地，弃祖离宗。"而且破军在寅、申入命，必有紫微入夫妻宫，其人既可能终身不婚，亦可能两度花烛者，须视所遇吉凶星而定。

若破军于巳、亥、寅、申四马之地入身命，加煞者，则当大限或流年遇到时，主其人在此运限期间牢狱官非难免。

若破军在辰、戌、丑、未入命，凡丙、戊年生人主富贵。

若与紫微同宫，对宫有天相。此时的破军受制于紫微，见吉曜及吉化者吉，尤其是在未宫，得化禄者贵，而且机遇出于偶然。古人云："紫破丑未宫，权禄位三公。"即是此意。但不宜有贪狼与禄马同宫的组合来会照，主其人有权威而生淫欲。古人云："破军贪狼逢禄马，男浪荡，女多淫。"即是此意。若与紫微同宫于未宫，主其人可得意外之献策，或突遇贵人，平升三级。而同宫于丑宫则次之。

若与武曲同宫，主其人有手艺。但若与武曲同入命宫，或同入财帛宫者，主其人会东倾西败。若与破军同宫于巳，又逢己干引发武曲化禄，或有癸干引发破军化禄，其人受人敬服，为威震边疆之将领。若与破军于亥同宫，则次之。

若与廉贞同宫（必在卯、酉二宫），此时破军落陷，廉贞乃调和之星，宜相对不宜同宫。主其人横发之后横破。古人云："破军廉贞于卯酉陷地，遇火羚羊陀，主官非疾病。"但若廉贞化忌（由丙干引发），或若卯宫中有昌、曲，皆为"反格"。所谓"与文昌入于震宫，遇吉可贵。"即是此意。再遇羊、陀、火、铃者，主其人有官非、争斗、疾病。

若与贪狼三方会照，遇禄存、天马，则男主浪荡、女主多淫。

若与昌、曲同宫，且见煞者，多主其人有水厄。尤其要注意的是，破军与昌、曲同入命宫于寅、卯者。

若与昌、曲同宫，如果与文昌同宫，破军入庙者，主财运亨通，否则奔波劳碌，流年或行限逢之，亦同。若破军入巳、亥二宫为平，入卯、酉二宫为落陷，则其人乃一生贫士、落拓书生，且劳碌。这是因为彼此的气质不相投契之故。若破军在卯、酉、辰、戌坐命，虽得昌曲，亦非全吉，主刑克劳碌。

若昌、曲、破军临虎（寅）兔（卯）之宫，如果有四煞冲破，主其人奔波。

若与四煞星同宫，其人脾气暴躁，孤独浮荡，且破军会倚仗羊、铃之虐，增加其破坏性。

若加四煞入命，其人极端自私，好赌成性。

若与羊、陀同宫，其人多有残疾。若与羊、陀同宫于官禄宫，主其人清贫，到处乞求。

若与擎羊同宫，而该宫为流月宫或流日宫，其人在该月或该日的开支会加大。

若与四煞之一入命，或破军、化权入命者，其人自私小气，对钱财看得很重，轻者斤斤计较，重者处处算计别人，为人不豪爽，因此别人对其反感。而且，破军与四煞入命，其人还有可能为奸诈虚伪之辈，不是真小人，就是伪君子。

若破军入命，有羊、陀会照，主其人多病、残疾甚至夭折。

若破军入命于巳、亥二宫，与火星同宫，主其人不残疾亦夭折。

若与火、铃同宫或会照，其人奔波劳碌，官非争斗，任性而不考虑他人，因此常会尝不必要的苦果，导致事倍功半。

若与空、劫同宫，主其人破荡无依。

若与地劫同宫，主其人劳苦，有神经质。对事情想得太远太多，因此有杞人忧天的倾向，人生观比较悲观。

若破军入命，又有化忌入命（破军无化忌，乃其他主星化忌），主其人会有水险，尤以逢己干引发文曲化忌之时为验。

若与天姚同宫，其人乃多情种子。

若破军入命，逢癸干引发破军化禄时，常有新机会和意外之财。但此时官禄宫必是贪狼化忌（也由癸干引发），表示新机会到来时，马上有人企图分一杯羹，前来争夺。

若与阴煞同宫，主其人常被人陷害。即使升迁或成功时，也会有人在背后中伤或嫉妒。

若破军入大限或流年，主其人会在此运限期间去旧换新，另谋新机，或出门旅行。如果再有癸干引发破军化禄，则其人可以从旧事业中产生新机会，如果逢煞星或武曲化忌相会，则主其人在此运限期间多破败、倾家，事业停顿，无法推动，有舟搁浅滩，推动不得之感。若见贪狼化忌，则其人虽有机遇却仍不感满足，如果见煞，则其人易失机遇。

若破军入辰、戌二宫，紫微在对宫拱照，如果再有擎羊，主其人在此运限期间会生产添子，或血光孝服等情。

破军化气为耗，所以最喜见禄存或化禄。若有紫微同宫或对拱，则能节制破军化气为耗的破坏力，此为制化之方。

若破军入命于亥、子、丑三个宫垣（此三个宫垣的五行属性皆为水，故称为"水域"），且与文曲化忌同宫，再有煞曜，主其人生带残疾，或早岁离乡背井。古人云："与文曲入于水域，残疾离乡。"《太微赋》云："破军暗曜共乡，水中作冢。"即是这个含义。

破军的开创力，主要为继旧换新，而且新的事业必因旧业而来，与七杀之突然发生改变不同，亦与贪狼之改变于无形，与移形换步不同。所以凡破军化禄（由癸干引发），其人必兼行兼业或兼职兼差。古人不喜欢女命有破军入命，正是由于这种观点。因为古人认为："女子无才便是德"，女人无事业，应以家庭为事业。所谓"继旧换新"，对于女人更有不利的解释，认为女人多主淫荡或者不要媒妁而自嫁。古人云："若女命逢之，无媒自嫁。"又云："紫微愧遇破军，淫奔大行。"都是这种含义。

女命，破军入命者，不吉。若与昌、曲同入命宫，其人有神经质。但若入命于子、午二宫，主其人福厚禄重，旺夫益子，但以迟婚为宜。若入命于巳、亥二宫，主其人性情刚强，有丈夫志。若入命于寅、申二宫，主其人刑夫克子，早离父母，重继他姓，自食其力，以偏室较宜，否则离克多次，又多终年不嫁者。若再遇擎羊、陀罗，则刑克更重。

女命，破军入命仅于子、午二宫吉利，其余宫垣皆有缺点。古人所谓"破军一曜性难明"，即是指女命而言，所谓"性难明"，是指女命逢此，其心性难明。

破军入命之人，其住宅周围易有大坑、地面多不平、破墙、老古井、菜园。

② 所入宫位（十二地支）分析

破军入命于子、午

破军在子、午皆为入庙，独坐。若运行于子宫，忌申、午时生人；运行于午宫，忌寅、辰时生人。尤其要避免去泳池、浴场等各种近水之处。

若没有煞星同宫或会照，则甲、癸年生人为"英星入庙格"，主其人官资清显，位至三公；丁、己年生人次之，主其人福厚；丙、戊、寅、申年生人，则主其人孤单残疾，富贵不耐久或夭折。

若与辅、弼同宫，其人能掌大权。

若与擎羊、空、劫同宫，其人为平凡之人。

若与昌、曲同宫，主其人孤寂、辛劳、无安定感。

女命，主其人有才能，家事兴隆，波折少。

破军入命于丑、未

破军在丑、未皆为旺，与紫微同宫。丑、未二宫为贵人出没之门户，紫微的本位在丑、未宫，故会有贵人。

若三方会合七煞和贪狼，形成"杀、破、狼"的格局。主其人一生大起大落。凡紫微在此二宫，不论男女，其领导能力、独立性、判断力极强，若加会吉星，则必当大权，但多思虑，辛劳不免，为劳心型人物。若是十月生人，则有左辅、右弼同宫，若是九月生人，则有左辅、右弼夹助。此时，凡甲、乙、戊、己年生人为财富之格，主富贵双全，男性宜在政界发展。若再有煞星来冲会，则主其人多波动、多思虑，但仍事业有成。若又有华盖同宫于丑，且福德宫、夫妻宫不吉者，其人有宗教狂热，为领导型人才，但家庭欠和谐。

破军入命于寅、申

破军入寅、申皆为得地，独坐，对宫有武曲、天相。因受武曲、天相的影响，主其人好胜心强，不易与人相处，有出外发展的趋势。但为人耿直，乐于助人。

若与火、铃同宫，主其人奔波劳碌。

若与羊、陀同宫，主其人有残疾。

若逢禄存、天马，男多浪荡，女多淫。

若与昌、曲同宫，主其人好色、多淫。

若无煞星、化忌、空、劫加会，则主贵。

女命，主其人有堕落风尘的倾向。

破军入命于卯、酉

破军在卯、酉皆为落陷，与廉贞同宫。若不会照煞星，其人在文艺界有崭露头角的机会。若有廉贞化禄（甲干引发）主其人少年时不得志，但若有化忌或六煞星同宫，则虽然辛劳不免，事业终会成功。

凡破军、廉贞在卯、酉入命，再加四煞，其人为公门胥吏或巧艺之人。仅天相、禄存能制其恶，若见天相、禄存者，其人富贵有礼，且善舞。

女命，廉贞、天府入本命宫或大限宫、流年宫于卯、酉，主其人感情易遭波折，宜晚婚。

破军入命于辰、戌

破军入辰、戌皆为旺，独坐，对宫有紫微、天相。其人有爱好艺术的嗜好，但宜从事武职，若从事其他行业，会感到力不从心。

若与火、铃同宫，主奔波劳碌、官非争斗。

若与羊、陀同宫，主残疾。

若与昌、曲同宫，主刑克劳碌。

若与辅、弼同宫，能掌握大权，财源滚滚。

破军入命于巳、亥

破军在巳、亥为平，必与武曲同宫。若同宫于亥，其人非常聪明。凡破军、武曲入巳、亥者，其人个性刚强，直爽。少年不利，弃祖离宗，辛劳奔忙，难显贵，只宜经商。若再有火星同宫者，其人诡诈浮虚、东劫西骗。若又逢天马、禄存或化禄者，男主浪荡、女主多淫。

若与昌、曲同宫于巳、亥，则从事学术研究或任公教职可有表现。

若与羊、陀同宫，主残疾，且有是非困扰。

若与火、铃同宫，主奔波劳碌，会有是非困扰或官非争斗。

若加会煞星，则主手艺安身。

若逢禄存、天马，男主浪荡，女主多淫。

凡大小限有武曲、破军同宫者，是非难免。

③ 运限、流月、流日分析

若流年宫或大限宫位于子、午，破军入此二宫，则在此期间：

凡甲年生人：若没有煞星同宫或会照，为"英星入庙格"，主其人官资清显，位至三公。因此，若大限遇之，此十年为腾达时期；若流年遇之，该年一年辉煌。在此运限期间，要关心手足，尤其不要顶撞兄长。合此格者，财运顺利，不但权柄在握，而且可得他方之财，或有财自远方来。在学习舞蹈、特技或进行运动时，要防止扭伤手脚。

凡乙年生人：其人的心情不太沉闷，但对配偶或异性朋友要忍让。子女经商者，虽有利可图，但仍要防止破耗。破军在午宫入运者，外出有贵人相助；在子宫入运者，凡事有人相助。

凡丙年生人：主其人孤单残疾，富贵不耐久或夭折。在此期间最容易受意外伤害。在子宫入运者，对各种计划应暂缓进行，不要行动，需要几经推敲、反复完善，等到下半段运程采取行动，往往会一举成功。此时不宜外出，深居简出是唯一趋吉之途。若破军在子宫，应凡事退一步，以保百年身。

凡己丁年生人：主其人福厚。要多照顾父母的健康，尤其要当心他们爬上爬下的行动时的安全。财运方面，进出均大，但手头仍宽裕。子女运和田宅运颇佳。但对手足或朋友不可畅所欲言，以免伤和气，甚至好心不得好报。

凡戊年生人：主其人孤单残疾，富贵不耐久或夭折。外出不利。自己和父母的身心均不太平。尤其要防止手脚或关节受伤。事业运和不动产运颇佳。

凡己年生人：主其人福厚。权位日隆，财运亨通，处处有贵人。只要不是子、午、寅、申时生人，应多注意自己的健康，并多孝顺父母即可。

凡庚年生人：不要让子女接近危险区域。外出时要注意门户安全。在子宫入运者，在此期间的财运可观。

凡辛年生人：凡子、午时生人，对事业要稳扎稳打，并注意保守自己的商业秘密。夫妻间若因公务而聚少离多，反而能增进情感。凡子、午、寅、申时生人，财运欠佳，易有票据或契约上的困扰。

凡壬年生人：要防止意外灾伤。若手脚扭伤，须认真治疗，以免恶化。破军在午宫入运的未婚男女，易有感情困扰，尤其是四月生人，或肖牛（丑年）、肖蛇（巳年）、肖鸡（酉年）之人，对于在入本次运后（或本流年中）认识的异性，不要以表取人，应了解其人品和过去的经历。

凡癸年生人：为"英星入庙格"，主其人官资清显，位至三公。且行运于午宫之人比行运于子宫之人更加完美。因此，若大限遇之，十年腾达；若流年遇之，一年辉煌。

若流年宫或大限宫位于丑、未，破军入此二宫，则在此期间：

主其人在该年或该大限期间无论健康状况、事业经营、居住环境或感情问题都会有突飞猛进或急转直下的大转变。若有吉星会照，则是突飞猛进地变好；若有煞星冲克，则为"竹罗三限"之局，则急转直下地变坏，宜谨言慎行。若既有吉星又有凶星，则需要看下一个流年或下一个大限之好坏，才能评判现运的吉凶祸福与进退得失。

凡甲年生人：廉贞化禄于巳，破军化权于丑，武曲化科于酉，为三吉化在三方拱照。若无空、劫、火、铃来干扰，事业上会有突出成就。外出常有人招待，口福不浅。但需要注意子女的健康与安全，正在上学的子女的视力会衰退或恶化。

凡乙年生人：事业上表现不俗，但往往会"名重财轻"。外出期间要注意门户安全。搬家时，注意放妥贵重物品。要注意子女出门时的安全。对父母要多加关心。

凡丙年生人：工作忙碌时不要冷落了配偶或异性朋友。与朋友交往时应多忍让，免伤和气。若是子时生人，子女的考运很好。若是九月、十月生人，多远行机会，且多贵人。

凡丁年生人：若是九月、十月生人，得到的助力大。配偶或异性朋友以及他们的家人或多或少会给予帮助。出门要注意安全。

凡戊年生人：诸事如意。但兄弟姐妹或朋友中有人不顺，应避免与他们争执。

凡己年生人：进取心强，事业上有成效。但丑、寅、巳、午、酉、戌时生人对财务须谨慎。

凡庚年生人：也许会有外财，但进得多，用得多。子女表现不错，已就业者会有高收入，正在上学的会有好成绩。外出机会多，受招待的机会也多，但要注意卫生，防止染病。

凡辛年生人：要注意子女的安全，尤其要防止他们接近危险场所或危险品。还要注意自己的健康，一旦患病，不易痊愈。若是丑、寅、巳、午、酉、戌时生人，要注意钱财。尤其是巳、酉、丑时生人更要避免为他人作担保。午时生人的子女考试或表现很好。

凡壬年生人：若流年命宫中有文曲化忌（注：这时流年宫不一定在丑、未），易在票据、文字、契约、金钱等方面有困扰。若壬年生人行庚运（即流年干或大限宫干为庚）或庚年生人行壬运（即流年干或大限宫干为壬），又是十一月戌时生人，千万不可为财务问题与他人争执。其他运气较顺，尤其是十月生人，有权威、得人望、得助力。

凡癸年生人：可能会因事业的关系而增加金钱的支出。若搬家或装修，会使环境更加理想。夫妻间会有小问题困扰，或者对方的心情不好。若是未婚男女想在当年结婚，需大费心思。

若流年宫或大限宫位于寅、申，破军入此二宫，则在此期间：

凡甲年生人：其人财官双美。在此期间利外出、开创、变化、领导能力得到加强、事业有进展，但辛劳难免。平时要多休息，保持充分的睡眠。要注意保养视力或头部，易有心悸、头痛、失眠的现象。

凡乙年生人：在此运限期间可搬迁，但若置产，可能会有麻烦。凡事少安勿躁，留待下半运程时再行动。

凡丙、戊年生人：对肠胃要多加注意。使用铁器或杀伤性强的机器时，要注意安全。

凡丁年生人：财官双美。但不可与朋友闹意气、争是非。忍气吞声不是懦弱，不可逞血气之勇。

凡己年生人：财官双美。利于外出开创事业，工作地位亦可提升。

凡庚年生人：财官双美。

凡壬年生人：不宜出门或迁徙。若是肖虎（寅年）、肖马（午年）、肖狗（戌年）之人，易有外出旅游的念头，但不宜付诸行动，否则会败兴而归。在此期间，感情方面也难完美。

凡癸年生人：生年干引发破军化禄，其人在此运限期间的状态良好，若搞文化教育，会有成就。女命更吉。其人能在困苦中建业进财，有实效。且在申宫比在寅宫强。

若流年宫或大限宫位于卯、酉，破军入此二宫，则在此期间：

凡甲、乙、己、辛、癸年生人：运气不错。即使在官禄宫中逢化忌，只要保持安稳，不求变动，则会有收获。但甲年生人为横发横破之运，发不耐久。乙、辛年生人甚吉利，宜在政界、公职或传播界发展。

凡丙年生人：为横发横破之运，发不耐久。在此期间，凡事以保守为宜，甚至连交异性朋友或购物都不适合。

凡丁年生人：吉利，宜在政界、公职或传播界发展。但与兄弟姐妹或朋友、部属会产生不和。教职人员要注意师生关系。在此期间，适合买卖不动产。

凡戊年生人：凡事要看得开。注意四肢安全，小心扭伤或踩伤。

凡庚年生人：为横发横破之运，发不耐久。可以搬家，但不可选在下雨天。

凡壬年生人：工作上以保守为上。不要自作主张，以免出错。如果没有决定辞职，就不要计较待遇。

若流年宫或大限宫位于辰、戌，破军入此二宫，则在此期间：

凡甲年生人：主其人有福。可能要开始独立生活或自行投资创业。女婿或媳妇易有小意外或者比较忙碌，因而影响其对方。做父母的此时应对他们提供帮助或加以辅导。

凡乙年生人：其人的出身对其名望会有或多或少的补益，但在此期间的安全堪虞。居住环境会有变化，或要对家居进行装修。

凡丙、戊年生人：主富贵，若再遇辅、弼、魁、钺，则更有表现。远行外出或出国计划会推迟。有时不如放弃。若是正月、七月生人，也许会有人帮助而成行。在此期间，易有感情方面的三角困扰。工作上利润丰厚，若官禄宫有火、铃者，更佳，但要防止有人眼红。还要防止受外伤。

凡丁年生人：与朋友相处要忍让，不要逞一时之快而伤及友情。若是正月、七月生人，应避免涉水或游泳。

凡己年生人：要注意头部和心脏的健康。一般而言，在此运限期间的变化比较大，若是子、丑、巳、午、未、亥时生人，最好以不变应万变。

凡庚年生人：若是肖鼠（子年）、肖虎（寅年）、肖龙（辰年）、肖马（午年）、肖猴（申年）、肖狗（戌年）之人的配偶或许在此期间要出远门。若想从事不动产买卖或搬迁，皆属可为。

凡辛年生人：来自朋友的助力颇大，有事可与他们商量对策。若是子、午时生人，在此期间不宜乘船、涉水、游泳。夫妻间聚少离多反而有利。未婚者对感情问题不宜性急。

凡壬年生人：出门不吉，变化也不如意。即使机缘凑巧而有所变化，也不如人意，且心情烦闷难免。

凡癸年生人：利于变化，尤其利于学习新技艺。不仅有外快可得，且能积存。

若流年宫或大限宫位于巳、亥，破军入此二宫，则在此期间：

凡甲年生人：运气甚佳，利于开创、变化。与父母、长辈相处，需知道应对进退。

凡乙年生人：收入会增加，工作出色，被人刮目相看。若购买不动产，易有损失。装修房屋时要注意进度。

凡丙年生人：除正常应酬外，避免接近酒色。利于搬迁或置屋。对钱财处理要保守，尤其要避免背书、担保、贴现等事。要注意健康，防止伤灾。子女的感情有困扰，或其配偶会有惊险。

凡丁年生人：与朋友相处，要避免口舌是非。子女容易因钱财而与人摩擦。

凡戊年生人：若加会六吉星，虽少年时奔忙，但中年后会有所成就。在此期间，不宜购置不动产。居住环境会有变动，或者会出远门。对子女不要疏忽，尤其要多给精神鼓励。

凡己年生人：若是丑、亥时生人，遇事常会感到力不从心。此外，丑、未时生人，对票据、契约，须多加小心，不可感情用事。

凡庚年生人：利变化。田宅运佳。夫妻相处要忍让。若是正月、七月生人要多关心配偶。

凡辛年生人：夫妻间会短暂分离或聚少离多。对岳父母或公婆应多尽孝道。

凡壬年生人：若加会六吉星，其人少年时奔忙，但中年后会有所成就。在此期间，切勿盲目投资或新开事业。此时最宜进行策划、市场调查及分析等工作，不要付诸实施。若是子、午时生人，容易动辄得咎，故诸事不吉。但配偶运气佳。

凡癸年生人：与异性的交往需掌握分寸，不要失去控制。事业上顺利，钱财方面不会感到窘迫。

（2）破军入兄弟宫

破军入兄弟宫者，若破军入庙，主其人有兄弟三人；若破军落陷，加煞星，则孤单。

破军入兄弟宫，主其人兄弟分居或刑克。而且其人自身多居长位，即使排行二、三，不是老大，但往往虽非长兄而形如长兄，如长兄过世、或继出、或长姐出嫁，或自身继出等情况，使其人成为长兄。

破军入兄弟宫，多主其人兄弟骨肉参商，或离散，或不和。如果煞重，则会导致刑克。凡破军守兄弟宫，有两个特别的现象：其一是如果其人不是排行老大，则其长兄或长姐必有事端。其二是若与紫微同宫，则其人兄弟姐妹的下属最多，但易反叛；若与廉贞同宫，下属最少，但反而可靠。

凡破军入兄弟宫者，不吉，主其人兄弟或朋友之间会因志向不同而分居或分手。其兄弟为个性坚毅，豪爽之人，但性情狂傲，不能依靠，也不能互相帮助。

若与紫微同宫，主其人有兄弟二人。其余参见紫微。

若与武曲同宫，主其人有兄弟二人。其余参见武曲。

若与廉贞同宫，主其人有兄弟一人，如果再有煞星会照，则主其人兄弟有刑克、孤独。其余参见廉贞。

若与文昌、文曲、左辅、右弼、天魁、天钺同宫或会照，主其人兄弟之间相互有依靠。

若与昌、曲、辅、弼同宫，其人可有兄弟三人，且感情和睦，能互相帮助。

若与六煞星同宫，主其人兄弟孤单，或兄弟间不相往来。

破军喜见昌、曲、辅、弼、魁、钺同入兄弟宫，主兄弟之间有助力。如果见羊、陀、火、铃，则主兄弟难靠，且易与知交分离。

（3）破军入夫妻宫

破军入夫妻宫，多主不利。且多于婚前同居。若是男命，其发妻年长于丈夫者为佳。若是女命，须丈夫较自己年长甚多为佳。

破军入夫妻宫，主其人夫妻之间有刑克、分离，或徒有夫妻之名而无夫妻之宝。早婚者，主克。若是男命，有三妻以上。如果迟婚，且在结婚前遭遇他人破坏中伤，而至风波周折，反主能偕老。但在结婚后再有出门、分居、远离等事情发生者方合。若是女命，则以继室、偏房，或不举行结婚礼式之同居为宜。

凡破军入夫妻宫，无论男女，夫妻之中的一人会有驾驭配偶的倾向，如果见煞，则夫妻容易离婚或分居。

破军入夫妻宫，乃桃花之象。破军乃带有金钱性质的桃花，为不正常的桃花，故不会爱惜。凡早婚者，男女皆克，故宜晚婚。破军入夫妻宫者，不吉，离婚者居多，配偶个性刚强。

若破军于子、午二宫入夫妻宫，主其人家庭中妻夺夫权。

若与紫微同宫，主其人的婚姻以长配为美。其余参见紫微。

若与武曲同宫，主其人夫妻之间有刑克。如果有壬干引发武曲化忌，且见羊、陀，主其人夫妻之间无闺房乐趣。在现代往往因此造成婚变。其余参见武曲。

若与廉贞同宫，主其人夫妻不和或另有外遇。若再有丙干引发廉贞化忌，则主其人与配偶的兄弟姐妹之间不和。其余参见廉贞。

凡破军入夫妻宫，若见昌、曲，则主其人的配偶有情趣；若见火、铃，则主其人的配偶无乐趣可言。

若有左辅、右弼会照，多主其人婚姻不利。

若与六煞星同宫，主其人会再婚或未婚与人同居，或更换对象。尤其加会四煞星于克地者，重婚的可能性颇大。

若与四煞、天刑、空、劫会照，主其人夫妻刑克不和，或灾病，口舌连连。

若与禄存同宫，主其人的配偶自私，因此与家庭不和（注：尤其若见煞者，更验）。或者其人的婚姻不为家庭亲友所同意，或遭受他人倾挤陷害，或搬弄是非，而分离不和。

若有癸干引发破军化禄，若是男命，主妻夺夫权，若是女命，主其夫能发达。

（4）破军入子女宫

凡破军入子女宫，不利长子，故以先得女为宜。

破军入子女宫者，若破军庙旺，其人可有子女三人。若加会煞星，一子之分，且有亦不得力，亲子间感情不睦，有背井离乡之象。

破军入子女宫者，不吉，长子易有流产、小产或不足月、破相等情况。或先花后果，并主迟得。或继室偏室生子，或先招祀子。亦主其人难以有得力的助手，大多迟得。

若遇诸吉，有庶出的二子，赘婿得力。性欲方面要戒太狂或过分。

若破军于寅、申二宫入子女宫，此时破军为得地（注：中州派认为此时破军落陷），主其人的子女及亲近的下属稀少，而且皆不得力。若再有化忌（注：破军不化忌，乃宫中其他星曜化忌）及加会煞曜，则主其人的子女或下属会有反叛之事。

若破军于辰、戌二宫入子女宫，此时破军旺，如果见煞，则其人子女稀少且无力，必须会诸吉然后方能得力。

若与紫微同宫，此时破军旺，主其人有兄弟三人。其余参见紫微。

若与武曲同宫，此时破军平，如果加会吉曜，则其人有兄弟三人。最忌有壬干引发武曲化忌，且有火、铃会照，则其人之子可能有残疾。其余参见武曲。

若与廉贞同宫（必在卯、酉二宫），参见廉贞。

若见昌、曲、辅、弼、魁、钺，主其人有子女三人，其子女个性刚强，但能创业发家。这个规则也用来观察亲近的下属，便于注意跟下属之间的关系。

若与擎羊、陀罗、火星、铃星、空、劫、天刑会照、主其人与子女有刑克，或即使有子也无靠。

若与六煞星同宫，且落陷者，主其人无子。

（5）破军入财帛宫

破军入财帛宫者，若在子、午，此时破军入庙，主其人财源丰裕；在辰、戌，破军为旺，财源亦丰；在其他落陷之宫，主其人的财富易散难聚。

若破军于天罗地网的辰、戌二宫入财帛宫，主其人富有或可得祖产。

若破军入财帛宫于寅、申二宫，这是对财帛最为不利的宫位，此时破军平（注：中州派认为，此时破军落陷），即使有吉曜加会，也难以改变衰败的趋势，其人不但祖业难守，倾败，且平生的事业往往一起即蹶，致富之后又复消耗。

只有破军入子、午、辰、戌四宫，才是富格，但必须有化禄、化权、禄存同会，不见四煞，或见煞曜少者，才真正能富裕。

若与紫微同宫，若同宫于未宫，主其人会得到意想不到之财或特殊之财。同宫于丑宫则次之。若再行运于丑、未宫（即大限、流年位于丑、未），则有可能破财。其余参见紫微。

若与武曲同宫，如果会吉曜，主其人辛苦得财，横发横破，最终难以聚财。如果还有禄存同宫，则其人吝啬，却并没有积蓄。若同宫于巳宫，主其人财来财去。其余参见武曲。

若与廉贞同宫，主其人一生破败多端。其余参见廉贞。

若与六煞星同宫，成败变化多端，贫苦难度日。

若与擎羊、火星同宫，主其人横得横失。

若与陀罗、大耗同宫，主其人有纠纷烦恼，且被剥削极重。

若与空、劫同宫，主其人入不敷出，寅吃卯粮。

若与禄存同宫，则其人事业的局面不大，常改变，而且每存利己之心。

若有癸干引发破军化禄于财帛宫，主其人最少会向两个行业发展。

（6）破军入疾厄宫

破军入疾厄宫，主其人童年体弱。多跌扑之伤，脓血之灾，或破相。

破军入疾厄宫者，若破军庙旺，主其人灾轻，但幼年有疮疫，且呼吸系统较弱，应注意支气管炎及肺炎。若破军落陷，主其人脓血羸黄。

若破军入大限疾厄宫，与武曲同宫，逢己干引发武曲化禄，再有三煞会照，而且火星同宫者，主其人患十年的牙病。

若与紫微同宫，参见紫微星。

若与武曲同宫，主其人患有牙痛、牙周病、拔牙，并主目疾、阴亏、遗精、阳痿、泻肚。女子又主痛经或赤白带下。其余参见武曲。

若与廉贞同宫，参见廉贞。

破军加四煞入疾厄宫者，主其人多病、残疾甚至夭折。

若加会六煞星，主其人有疯疾或肢体伤残。

若与擎羊同宫，主其人会因病开刀动手术等。

若与陀罗同宫，主其人多牙疾。

若与火星、铃星同宫，主其人会患突如其来病患，如天花、麻痘等。

若四煞并照，且有壬干引发武曲化忌，又见杂曜凶星，主其人有癌症之可能。

（7）破军入迁移宫

古人认为破军入迁移宫不吉，曰："在迁移，奔走无力。"其实若破军不落陷，且不见羊、陀齐会，则情形并没有古人说得那么严重。多主其人乃出外以技巧艺术或专门特长而被人敬服之人。但是，除破军于入庙之地入迁移宫，且见吉曜之外，入其余诸宫者不宜经商。

破军入迁移宫者，若破军入庙（必在子、午二宫），此时破军独入迁移宫，主其人在外发达；若破军落陷。辛勤劳苦，不得安宁。

若与紫微同宫，主其人会得到贵人提携。此时天相必在未、丑二宫入命，其人尤宜出外发展。其余参见紫微。

若与武曲同宫，主其人乃能文能武的技术或艺术之专门人材。其余参见武曲。

若与廉贞同宫（必在卯、酉二宫），如果加四煞，主其人外出或遭车祸外伤。其余参见廉贞。

若与昌、曲同宫，再加会武曲者，其人多为优伶。

若与四煞星同宫，主其人奔波劳碌，以巧艺谋生。出外主破败，遇灾祸，少人缘。

若与空、劫同会，则主其人在外常会功败垂成。

（8）破军入仆役宫

凡破军独入仆役宫，主孤立，多不吉利。这是因为破军缺少了其他正曜来加以调节和改善。古人云："在奴仆，怨谤逃亡。"在现代社会中，如果破军入庙，且有癸干引发破军化禄，又见辅、弼、魁、钺，则主其人能得到朋友的帮助。否则不宜与朋友合作经营事业。

无论破军是独入还是与其他正曜同入仆役宫，均不宜有煞、忌、刑、耗齐集，否则其人必会因为手下人而生灾。

破军入仆役宫者，若破军入庙，其人有得力之部属和朋友。若破军落陷，会与部属和朋友因招怨而成仇敌。

破军入仆役宫，主其人会因友破财，或因下属不忠而导致事业、钱财破败。

若与紫微同宫，主其人可得畏友。其余参见紫微。

若与武曲同宫，主其人所交之友多口是心非之人。其余参见武曲。

若武曲在对宫拱照，且有羊、陀与破军同宫，主其人会结交损友，且受拖累。

若与廉贞同宫，参见廉贞。

若破军于入庙之地入仆役宫，有左辅、右弼同会，且不见煞、忌诸曜，主其人的下属得力，且无是非口舌。

若与六煞星同宫，其人的部属会因积怨而背叛，施恩遭怨。若有众吉化解，则患轻。

若与擎羊、陀罗、火星、铃星、天刑、阴煞、劫杀、天耗等星曜会照，主其人因友遭官灾横祸，或遭手下之偷盗。

（9）破军入官禄宫

破军入官禄宫者，主其人有两种职业趋势：一为武职，二为靠技艺兴家。推断的规则是，若破军入庙，官禄宫内无羊、陀、火、铃、空、劫同宫（三方煞曜多者亦不吉，仅有一二壳煞曜则无妨），且见禄、权、科同会，又有辅佐吉曜（文昌、文曲最少效力），则其人宜武职。若破军落陷，又见煞，则只能藉一技之长以谋生。如果不以技艺谋生，而去从商从政，则必潦倒无成，反主困苦。古人云："破军羊陀官禄位，到处乞求。"即是此意。

还有一种情形，若破军庙旺，既有吉曜，又有煞曜，则其人乃寻常经商之命。如果处于两个极端之间，则会成败无常，且一生必有一段艰苦时期。对于这种情况，必须根据大限、流年的运程进行推断，以谋趋避。

凡经商者，如果官禄宫中有破军化禄（由癸干引发），则主其人以兼行兼业为宜，但所兼的行业性质彼此有关联。

破军入官禄宫者，若破军入庙，其人武职显发，威震华夷。再有众吉守照者，能居高位。若破军为得地或平，则其人仅小吏而已，且做得辛苦。

凡破军入官禄宫，无论破军入庙与否，都主其人的事业一波三折，风浪叠起。如果有化禄、化权，则其事业能败能兴，有毅力，凡事皆以事业为重。若无吉化和吉曜，则其人在出现困难时压力极重，无法推动。如果有化忌，或加会空、劫，主其人一生中会有倒闭破产等事情发生。

"耗居禄位沿途乞食格"：参见4）"与破军有关的格局"。

若与紫微同宫，主其人显贵。其余参见紫微。

若与武曲同宫，主其人宜为武职。其余参见武曲。

若与廉贞同宫，主其人为机关科员，又主其人适合创办工厂实业，能掌管数量众多的职工。其余参见廉贞。

若与四煞星同宫，主其人的职位低，且没长进。其中，若与羊、陀同入官禄宫，主其人清贫，到处乞求。

若与禄、权、科会照，主其人乃国家重臣。

（10）破军入田宅宫

若破军独入田宅宫，如果破军入庙，则主其人能旧业翻新；如果破军落陷，则主其人的房产破旧、祖业破败。

破军入田宅宫者，若破军庙旺，主其人先破后成。

若破军入田宅宫于戌，再有癸干引发破军化禄者，多主其人会有祖业。若破军不化禄，则要看父母宫中星情状态，若父母宫三方四正有吉星拱照，同样会有祖业。即使父母宫不吉，仍可得遗产，但这份遗产可能来自上一代长辈，如姨妈和叔父等。（注：这个规则的准确度奇高！）

若破军于入庙之地入田宅宫，主其人的产业丰厚。但很可能最终无份，且自己会有成败。

若破军于旺地入田宅宫，主其人有祖产。

若破军入流年田宅宫，破军入庙者吉，主其人在该年会迁新宅。若破军落陷，又见煞者，则主其人的家宅在该年会有破败。

若与紫微同宫，主其人会得到意外资产。其余参见紫微。

若与武曲同宫，参见武曲。

若与廉贞同宫，参见廉贞。

若与文曲化忌（由己干引发）同宫或会照，则主其人会因为受拖累或欺骗而变卖家产。

若与四煞星同宫，主其人会退祖，田地少。

若与空、劫同宫，尤为不吉。

若与擎羊、陀罗、火星、铃星、空、劫会照，主其人的祖产基业破败。

若与大耗、化忌同宫，主其人产业全无。

若与羊、陀同会，见大耗，主其人的田宅有水灾。

（11）破军入福德宫

破军入福德宫者，命宫吉者，寿达五十七以上（注：仅作参考）。若破军庙旺，其人善于决断，且凡事亲力亲为，故为人辛劳。若破军落陷，则其人多成见，少决断，凡事劳心劳力而无成，而且时生改变之心，以致举棋不定。福薄，有短命之虞。

若破军于入庙之地入福德宫，主其人安乐少思虑。

若与紫微同宫，主其人能自我陶醉，自得其乐。其余参见紫微。

若与武曲同宫，主其人劳心劳力。其余参见武曲。

若与廉贞同宫，主其人辛苦忙碌。其余参见廉贞。

若与六煞星同宫或会照，主其人有烦恼，不安定。劳心劳力过一生。

若加会四煞星，主艰辛，且寿元递减。其人十分严谨，丝毫没有轻松过。

若与火、铃同宫，主其人内心多焦虑。

若与羊、陀同宫，主其人内心多追悔。

若与空、劫同宫，主其人多空想而少实行之心。

若有化忌同宫（注：破军不化忌，乃宫中其他星曜化忌），主其人多忧多虑，常举棋不定。

（12）破军入父母宫

破军于父母宫为恶曜。若破军入庙，又加会吉曜，虽与父母无刑克，仍主其人少岁离家自立。若破军落陷，又有煞、忌来凑，则其人刑克难免。

破军入父母宫，不吉之兆。主其人有刑克、离家或祀继等情况。早年即克害双亲，纵有吉星加会也难免。但破军庙旺者克害轻；破军落陷者，早克且离祖。

破军入父母宫，最怕有武曲或廉贞同宫，均主刑伤。但若与紫微同宫及吉星拱照者，可免刑克。

凡破军独坐于六亲的宫度，均主其人孤独。所以推断有关其人与上司之间的人际关系时，必须详察破军的庙陷状态，以及与辅佐、煞化的组合关系。

若破军独入父母宫，会化忌（注：破军不化忌，乃宫中其他星曜化忌），且有羊、陀交并，则主其人可得长辈或上司的提拔，但有被上司夺功的可能。

若破军独入流年父母宫，且只有辅、弼之一同宫，又有流煞同宫，主其人的父母在该年重病。亦主其人在该年会与上司结怨。

若与紫微同宫，会吉曜者，可免刑克。其余参见紫微。

若与武曲或廉贞同宫，皆主其人有刑伤。其余参见武曲和廉贞。

若加会四煞星、天刑、化忌，主其人必克害双亲或六亲，一生孤独。如果离祖更名寄养，则可免刑克。而且其人父母的感情欠和，意见不一，但洞悉事物的能力很强。

15. 文昌

1）星情总论

文昌属阳金，乃南北斗中司科甲之星，文魁之首，为文学、文采，科甲之宿。文昌为时系星，即文昌在十二宫的位置是根据出生年支，再按照出生的时支而确定的。

文昌与文曲、左辅、右弼、天魁、天钺合称为六吉星，文昌为六吉星之首。故有制化之功能。

由于文昌之阳金属性须经火来历炼而就，故文昌之人性格烈且直，并类似紫微一样，具有领导和组织才能。其文章内涵成熟、文笔锐利、有隐意，且能指桑骂槐。

2）风水、地理类象

天时类象：清爽的气候，早晨，晨曦，朝日，晴天。

地理类象：书店，文具行，土岗，文笔山，笔架山，孔庙，文祠，学校，整齐划一的地形，重新规划区。

3）旺度

文昌的旺度：于丑、巳、酉为入庙；于子、辰、申为得地；于卯、未、亥为平；于寅、午、戌为落陷。

4）文昌与其他星曜的关系

文昌尤喜与文曲同宫，更能发挥文学才能。关于这一点，详见"昌、曲合论"。

文昌的制化功能，必须在文昌遇化科或化权于庙旺之地，方能显其威力，发挥作用。

文昌、文曲加会天巫者，其人爱好文学、学术。

● 文昌、文曲的异同：

文昌为正，文曲为副。文昌偏向于功名、学术教育等研究；文曲偏向于口才、旋律方面的发展。文昌一般多走正途；文曲易走极端，因此，文曲易有感情因扰。

昌、曲在仪表、谈吐、才华上均有吸引异性之处。故若二星庙旺，再加遇吉星者，多主有艳遇。但文昌的艳遇较无恶果，而文曲的艳遇会产生感情困扰。

昌、曲相同之特性为：二者都是清纯桃花。都有利于科举，而且文昌比文曲明显。二者入命，若无主星，都主早年艰辛，中晚年吉祥。

昌、曲相异之特性为：文昌重文书，文曲重口才。文昌入命者容易成为文学家，文曲入命者容易成为艺术家。文昌表达情感喜欢用情书，文曲表达情感喜欢用甜言蜜语。文昌化忌时易有生命危险，此时参拜文昌帝君可以化解；文曲化忌时易有婚姻问题，此时参拜观世音菩萨可以化解。

昌、曲同宫时的情况，其人允文允武。（注：古人所说的："昌曲同宫，女命淫荡"之说，不适用现代。）

● 文昌、文曲合论：

若昌、曲值守子、丑二宫，乃行运最佳之时期。

若安命于卯、酉、辰、戌、巳、亥，此时遇昌、曲者，主其人博学多能。

若昌、曲夹命，例如，安命于丑，文昌在寅，文曲在子，等等，又遇吉星者，为贵格，主其人不贵即富。

若昌、曲临巳、亥，其人不贵即大富。

若昌、曲入丑、未，时逢卯、酉者，得近天颜。

若昌、曲同入陷地，又有四煞星冲破，其人仅有虚誉而已。

若是己、辛、壬年生人，有昌、曲同宫，则行辰、戌运限（大限官的官干或流年干为辰或戌），其人有投河之虑。但若昌、曲入庙（昌、曲同入庙，必在巳、酉、丑三宫），命坐辰、戌，大限、流年俱到，则以吉论。

若昌、曲落陷之宫中有天伤，且命宫有四煞星，行限宫（大限宫或流年宫）有七杀、羊、陀者，主其人会夭折。

若命宫的三合方或对宫有昌、曲会照，再加会天机、太阴，其人必淫逸。女命尤为明显。

若昌、曲入福德宫，其人必掌大权，尤以紫微居午宫者佳。

若太阳、太阴同入命于丑、未，前后有昌、曲来夹，则男命必贵而显。

若文曲与武曲、贪狼入大限于午、丑（即位于午、丑的大限宫中有武曲、贪狼、文曲），又见煞、忌，其人须防溺水之忧。命宫在丑者防丑限（大限宫在丑），命宫在未者防午限（大限宫在午）。

若昌、曲与廉贞同宫于巳、亥（此时廉贞落陷），主其人多遭刑伤，为人不善，且虚夸。若昌、曲会照廉贞于巳、亥（命坐巳、亥），主其人丧命夭折。且辛年生人尤忌（因为辛干引发文昌化忌）。

若昌、曲逢破军，多主其人刑克、劳碌。若昌、曲、破军同入寅、卯二宫，乃"众水朝东格"，再有擎羊来冲破者，其人必奔波。

若昌、曲、辅、弼会羊、陀，其人必生异痣。

若昌、曲、禄存同宫，其人必为奇特之人。

凡流年的文昌、文曲，称为"流昌"、"流曲"。若大小限宫逢流昌、流曲，三方拱照太阳，又会照流年之化禄，且小限、太岁逢魁、钺、辅、弼、三台、八座，再有日、月、科、权、禄、天马在三方拱照者，其人必高中无疑。但是，必须上述诸星俱全，方为大吉，而且此项规则仅用于判断该流年的科甲情况。若运限（大限或流年）值之，又得上述吉曜中的二三颗拱照，亦必高中，若昌、曲在巳、酉虽入庙，主其人不富即贵，但可惜不能耐久。

凡己、辛年生人，若昌、曲入大限或流年疾厄宫，则在此运限期间要注意呼吸器官疾病，有时会火气旺。若是女命，要注意妇科疾病。若坐命于四墓宫，则更要提防流行性疾病。

若昌、曲化忌于福德宫，易遇烦恼。

若昌、曲入行运的夫妻宫，要防止感情纠纷。

5）与文昌有关的格局

（1）文桂文华格：此格有三：①命身宫入丑、未，文昌、文曲同宫，更加会吉星者，为本格；②安命在丑，昌、曲在未会照；③安命在未，昌、曲在丑会照。入此格者，其人必举止优雅，性情温和，聪明勤学，多才多艺。命宫与三方会吉星，其人在文艺、学术上必有较大成就，亦有政治上之发展，主富贵。若与凶煞同宫或加会，则为破格，主其人会以巧艺为生，于偏业、特殊行业上有发展。古人云："丹书一道自天来，唤起人间经济才。命内荣华真可羡，等闲平步上蓬莱。"又云："文桂文华，佐九重于尧殿"、"文昌文曲，为人多学多能"、"昌曲临于丑未，时逢卯酉，近天颜"、"女人昌曲，聪明富贵只多淫"。

（2）文梁振纪格：参见12、天梁之4）"与天梁有关的格局"。

（3）辅拱文星格：文昌入命，有左辅拱照。如洪承畴、严家淦之命。古人云："辅星拱命最堪言，敏捷才华众莫先。轻时帅臣兼五马，重须入相振威权"。

（4）文星遇夹格：文昌或文曲入命，遇空、劫二星来夹。命宫无吉曜，三方不加吉而会凶，作贫贱论之，主其人纵有才华，却终身不遇，凡事易半途而废，抑或学非所用，从事自己并不喜爱的职业，抱恨终身。昌、曲入身宫，空、劫二星来夹亦然。若命宫中的主星庙旺化吉，三方又会吉星者，则不作此论。古人云：

"夹地文星遇守身，一生劳碌败无成。逢财得禄世间好，数尽还教夭且贫"。

（5）文星失位格：文昌、文曲于落陷之地（昌、曲在寅、午、戌落陷）入命，又遇煞侵（如与四煞、空、劫、天刑、化忌同宫或加会），即为文星失位，纵有文章亦难科第。用现代的话来说，就是空有才华，也是怀才不遇。或虽然平时学习成绩优良，但关键的考试往往成绩不好。其人之学说、理论、人生观必有其怪异之处，难为世人所接受，甚或研习旁门左道之术，以及宗教、玄学、法术等。古人云："文星入命本为奇，冲陷还应事阻疑。任是灯窗勤着力，功名常于白头时"。又云："昌曲陷宫凶煞破，虚誉之隆（凶煞即羊陀火铃空劫）"、"文昌陷地加羊、火，巧艺之人，带疾亦能延寿，有斑痕"。

（6）众水朝东格：参见 14、破军之 4）"与破军有关的格局"。

（7）贪昌贪曲格：参见 9、贪狼之 4）"与贪狼有关的格局"。

（8）铃昌陀武格：参见 4、武曲之 4）"与武曲有关的格局"。

（9）破军暗曜水中作塚格：参见 14、破军之 4）"与破军有关的格局"。

（10）科星陷于凶乡格：天魁、天铖、文昌、文曲、化科，皆为科星。科星与煞、忌星同宫，为此格。主其人灯火辛勤，林泉冷淡。若命宫主星强，影响不大。若命宫主星弱，且凶星多，则影响较大。

（11）禄文拱命格：禄存入命，三方四正有昌、曲来拱冲，为此格，若不见煞星，则必主其人富贵。古人云："禄文拱命，富而且贵"。

6）文昌入十二宫分论

（1）文昌入命宫

① 性格、外貌、运气分析

文昌入命者，其人中等身材，圆脸或方脸型，皮肤白，眉清目秀，性烈且直。

（i）入申、子、辰、巳、酉、丑、亥、卯、未诸宫：主其人多学多能，做事磊落，聪明优雅，闻一知十，反应快，口才佳，喜欢装饰打扮，好大喜功。年轻时就能出人头地。性需求多。宜从事美术或学术领域，可望成名。在丑、巳、酉，文昌入庙，再与诸吉同宫者，主其人文章盖世，功名显赫。

若与吉曜同宫，其人可升高官。

若与四煞同宫，其人虽有特殊才艺，但由于卖弄小聪明，不成大器，容易被人利用。

若是女命，主其人眉清目秀，人见人爱。

（ii）入寅、午、戌诸宫：主其人一生孤独，生活贫困。

若再加四煞同宫、凡女命，其人有可能当娼妓。凡男命，其人面部有疤痕。

若文昌独入命宫，有凶曜加会者，其人擅长舌辩，且有高艺。

若文昌于落陷之宫入命（文昌在寅、午、戌落陷），又有六煞来破者，其人仅有虚誉之隆，且其人乃舌辩巧艺之人。

若昌、曲入命于丑、未，命宫在丑，运限逢酉（大限宫或流年宫在酉），或命宫在未、限逢卯（大限宫或流年宫在卯），且命局和运限皆见吉化。主其人能近贵人。

② 与诸星同宫等关系分析

若与天机、文曲、禄存会合于命宫，其人的性格灵巧机智。

若文昌入命，加会太阳、天梁、天同、禄存，主其人富贵。

若文昌与武曲同守命宫，其人文武兼备、多学多能。但是，若武曲入命，有昌、曲同宫者，凡己、辛、壬生人（注：己干引发文曲化忌、辛干引发文昌化忌、壬干引发武曲化忌），当行运于辰、戌时其人会有意外，甚至是投河。再有火、铃同宫者更验。

若与廉贞、贪狼、七杀、羊、陀同入命宫，其人多为奸诈虚伪之辈，不是真小人，就是伪君子。

若与贪狼同宫，政事颠倒，而且若于己、亥入命者，再加煞星、化忌，主其人粉骨碎尸，夭亡。

若与巨门同宫，主其人易丧志。

若昌、曲与破军同宫，其人乃一生贫士，且劳碌。但若破军与文昌同宫，且破军入庙，则主其人财运亨通，流年或行限逢之，亦同。若破军在卯、酉、辰、戌坐命，虽有昌、曲，亦非全吉，主刑克劳碌。

若破军与昌、曲同宫，且见煞者，多主其人有水厄。

若文昌入命，且三方有化科拱照，主其人少年登科。

若文昌、左辅、擎羊同入命宫，其人身有异痣。

昌、曲夹命，或昌、曲庙旺入命，或昌、曲与禄存同入命宫，其人学历多为大学程度，且其人甚为奇特。（注意：若昌、曲入命不见禄存、昌、曲、禄存，仅虚名而已。）

文昌（文曲）与左辅（或右弼）同入命宫，其人学历多为大学程度，其中若与左辅同宫，可位至三台。

若文昌落陷，又有天伤同宫，且命宫中有羊、陀、空、劫，则限至七杀、羊、陀迭并者，主其人夭亡。

昌、曲于命宫化忌者，其人自私小气，对钱财看得很重，轻者斤斤计较，重者处处算计别人，为人不豪爽。因此别人对其反感。而且，其人做事多疏忽大意，亦主善忘。

若文昌于陷地入命，又有化忌者，其人多为奸诈虚伪之辈，不是真小人，就是伪君子。

凡文昌化忌之月、日，要注意往来支票出问题，并少管闲事。若出现双化忌之月日，支票更加小心，否则会退票。

文昌喜金年生人（申年、酉年，尤其是庚申、辛酉，因其天干、地支皆属金），主其人富贵双全，先难后易，中晚年有名声。

文昌喜化科、化权，但嫌化忌。若文昌化忌（由辛干引发）于陷地，必主其人考试名落孙山，学业不佳，才志难申，甚至有失学之虑。若行运至此（大限或流年），还要防止在此期间因文书上的过失而招官非、困扰。凡文昌化忌入命，其人言谈不实，但学有专长。若文昌化科入命（由丙干引发），其人知名度高，尤其是，若文昌化科与廉贞化忌（皆由丙干引发）同宫，则其人必以桃花出名。

若文昌入庙，流年或大小限值此，主其人有科名。若限（大限或流年）至文昌平、陷之地，再有羊、陀、火、铃、化忌，主多官非、口舌、破家财、刑伤，运多晦滞。

若流日干引发文昌四化，则其人会在该日去银行办事。

若流月干为辛引发文昌化忌，或流月干引发为己引发文曲化忌，再有桃花星（廉贞、贪狼、天姚、咸池、红鸾、天喜、沐浴等）同宫者，其人易在该月期间闹出花边新闻。

女命，若与天相、文曲同入命宫者，有淫乱倾向。若命宫中有桃花主星，再有昌、曲同宫者，其人聪明富贵且多淫。

（2）文昌入兄弟宫

文昌、文曲入兄弟宫共同论之。若庙旺（注：文昌无旺的状态），其人可有兄弟四五人。兄弟教养好，感情融洽，能互相帮助。

若与四煞星同宫，文昌庙旺者，其人兄弟之间相互不克害；文昌落陷者，则孤单，兄弟间缘分薄。

若与其余四颗吉星（辅、弼、魁、钺）同宫，兄弟间能互相帮助。

（ⅰ）入申、子、辰、巳、酉、丑、亥、卯、未诸宫（文曲同论）：其人有兄弟三人。若与六煞同宫，兄弟之间感情不好，但相互不克。

（ⅱ）入寅、午、戌诸宫（文曲同论）：兄弟孤单。若与六煞同宫，没有兄弟，即使有，相互有克。

（3）文昌入夫妻宫

文昌、文曲同论。

文昌入夫妻宫者，其人夫妻恩爱，夫唱妇随。有文学或艺术才华，夫妻生活高雅。但若昌、曲同入夫妻宫，主其人有桃花。男命，其人妻子才色出众，有魅力、智慧，深得其欢心，但其人仍然会有艳遇、小妾或金屋藏娇等事发生。女命，其夫英俊潇洒，品格高尚，涵养好，有才华，但对妻子要求甚严。但其人仍然会有情人、姘夫、外遇。其人会有情人或姘夫或外遇。

文昌入夫妻宫时，不宜落陷。且辅、弼、昌、曲、魁、钺入夫妻宫者，为桃花之象。

若与紫微、天府、天相、太阳、太阴、禄存、魁、钺、辅、弼、文曲等星同宫，其人的配偶貌美、知识水平颇高。

若与廉贞同宫，主其人富贵，但感情易有波折。

若与破军同宫，主其人的配偶劳碌辛苦。

若与火、铃同宫，其人会降低配偶的文学修养。

若与太阴宫宫，其人的配偶显贵。男主得贤妻，女主可与丈夫白头偕老。若再有天机、文昌（或文曲）同宫，则主男命多妻妾。

若与武曲同宫，其配偶才华横溢，文武全才。

若与四煞星同宫，男女皆克。且主其人的配偶先死。

（4）文昌入子女宫

文昌、文曲同论。

文昌入庙者（注：文昌无旺的状态），其人可有子女三人。加会吉星者，更多；加会文曲、天府、辅、弼者，会有贵子；若与六煞星同宫，仅一子之份，且不得力又刑克。

文曲庙旺者，其人可有子女三人。若加吉星，三子得力；若文曲落陷，再加六煞星者，则子女数减半，且不得力又刑克。

凡昌、曲入子女宫者，其子女品学兼优，求知欲旺盛，与父母感情融洽，自己的性生活轻松。

（5）文昌入财帛宫

文昌入庙者，其人一生富足，再加诸吉，财运亨通。文昌落陷者，其人破耗不一，闹中进财。

若与巨门同宫，主其人财帛富足。

若与六煞星同宫，其人仅为寒士之流。

若命宫的三方有昌、曲化忌于财帛宫，其人易发生财务、文书、财务损失、纠纷、名誉受损等问题。

凡昌、曲于寅、午、戌入财帛宫者，其人的事业成败不定。若与六煞同宫，其人只是一个穷学者，有学问，无钱财。若与吉曜同宫，则其人生活没有问题。

凡昌、曲于申、子、辰、巳、酉、丑、亥、卯、未入财帛宫者，主其人一生富有，常能得到上司赏识而升官发财，且在学问艺术父母有成就。若与吉曜同宫，其人一生富裕。若与六煞同宫，主其人收支相抵后只是一个穷学者。

（6）文昌入疾厄宫

若文昌独入疾厄宫，且文昌入庙，又得众吉拱冲者，主其人一生灾少。身体的弱点在大肠，其次在肺、肝、胆、神经衰弱，且易积劳成疾，若文昌落陷，主其人常罹疾病。但若与吉曜同宫者，病灾少。若与六煞星同宫，一生灾病多，容易患感冒、外伤、肾病、耳病以及心、肺部的疾病。

若田宅宫的宫干引发疾厄宫的主星化忌再冲父母宫，主其人在田宅、住房、房地产、家庭、家中人口等方面，易出现是非、麻烦、口舌、官司。尤其廉贞、文昌、文曲同入父母宫或疾厄宫，且化忌时最应验。

（7）文昌入迁移宫

若文昌入庙，主其人出外会遇贵人而发达（文曲同论）。

若昌、曲于庙旺之地（文昌无旺的状态）入迁移宫，其人多为大学程度。

若与六煞星、天刑、化忌同宫，主其人在外不安宁，费心神。

（8）文昌入仆役宫

文昌、文曲同论。

若文昌入庙，独入，则吉。若昌、曲同宫更佳，主部属、朋友众多且得力。

凡昌、曲于寅、午、戌同入仆役宫，且皆落陷，主其人无得力助手，若再有六煞同宫，其人的部下会心生怨恨，甚至有背叛逃离之人。但若有吉曜回宫，则其人的部下会小有助力。若昌、曲于其他宫位入仆役宫，主其人的部下有助力，再与吉曜同宫者，部下忠诚，能尽心帮助。

若与六煞星同宫，则部下会小有助力，但会有无情无义的部属或朋友。

若文昌入仆役宫，出现文昌双化忌（由辛干引发），且流年财帛宫再遇天同化忌（由庚干引发），主其人在该年会受到朋友或手下人之牵连而破财。

（9）文昌入官禄宫

若文昌入庙，且遇日、月者，主其人权贵，有高官之职。若加会科、禄、权，乃文武之才。若与紫微、天府、文曲、武曲等众吉星，富贵双全。若文昌落陷，则欠佳。

若昌、曲化忌入官禄宫，其人易发生辍学或留级，也易遇到一些轻信寡诺之事，使其人感到失望，还须防备文件上的失误。

若命宫三方的官禄宫者有昌、曲化忌，则官位易失。

（10）文昌入田宅宫

文昌入田宅宫，主其人可守祖业，自置更吉。加会诸吉者，田园广置。加会四煞星者，退祖。加会空、劫者祖业破荡，自置亦无份。

若文昌、文曲入田宅宫，主其人的房子变迁颇多。而且是分期付款买房子，屋外有学校。

文昌入田宅宫者，其人喜欢买书。

（11）文昌入福德宫

若文昌入庙，加会吉星，且命宫亦吉者，寿达七十七或八十三（注：仅作参考）。其人的福分厚。若文昌落陷，加会六煞星，则其人的福禄递减，不安宁。

若昌、曲入福德宫，其人学历多为大学程度，且其人为拥有文学、艺术细胞之人。

若昌、曲同入福德宫，乃桃花之象。

若昌、曲夹福德宫，其人多是特殊聪明和喜读书之人。

（12）文昌入父母宫

文昌庙旺，加会吉曜者，其人与父母缘分深厚，可得父母恩惠。父母福禄俱全、健康、长寿。文昌落陷者，其人宜二姓重拜。

若与四煞星同宫，主其人与父母有刑克。父母身体欠佳，或退祖、二姓延生。遇空、劫者尤不美。

文昌入父母宫者，其父母热爱学问和艺术。

若文昌化忌入父母宫，主其人与父母无法沟通。若会合天机与煞星者，主其人早年即与父母分离。

若田宅宫的宫干引发疾厄宫的主星化忌去冲父母宫，主其人的田宅、住房、房地产、家庭、家中人口等方面，易出现是非、麻烦、口舌、官司。尤其廉贞、文昌、文曲入父母宫或疾厄宫化忌（由己干引发）时最应验。

16. 文曲

1）星情总论

属阴水，乃北斗第四星。司科甲，主名声、文墨，又为舌辩之士，异途功名及文雅风流之宿。

由于文曲属水，水主智慧、机智。文曲与文昌都是时系星曜，故反应快，来得快，去得也快。能言善辩，不忌讳，滔滔不绝。水有自由特性，希望任意奔流，但往往会被约束，所以，文曲之人多有对现实不满意的倾向，导致文曲之心胸没有文昌宽大。文曲又名"暗曜"。

文曲代表的事物是琴棋书画、卜算星象等才艺。也代表音乐、美术、劳作等非物质类却与文化有关的事物。

文曲为带桃花的星曜。在紫微中带桃花的星曜是：廉贞、贪狼、右弼、文曲、红鸾、天喜、咸池、天姚、沐浴，这些星曜中若有两颗以上会在一起，限行遇之，难免发生感情困扰。这样的人往往是天生的才子或佳人，若再加上其他吉星配合得宜，此人必为名人无疑。

2）风水、地理类象

天时类象：春雨，春风，小雨，微风。

地理类象：学校，公家机关，水池，水道，回廊，小坡，图书馆，艺品店，戏院，补习班，书点。

3）旺度

文曲的旺度：于丑、巳、酉为入庙；于卯、未、亥为旺；于子、辰、申为得地；于寅、午、戌为落陷。

4）文曲与其他星曜的关系

文曲、文昌加会天巫者，其人爱好文学、学术。

● 文曲、文昌的异同：

见"文昌"。

● 文曲、文昌合论：

见"文昌"。

5）与文曲有关的格局

因与文昌和文曲有关的格局相同，参见 15、文昌之 5）"与文昌有关的格局"。

6）文曲入十二宫分论

（1）文曲入命宫

① 性格、外貌、运气分析

文曲入命，其人中等身材，方脸型，皮肤白，外貌清秀。

（i）入巳、酉、丑、亥、卯、未、申、子、辰诸宫：其人博学多能，有文艺素养，喜欢看书，闻一知十。宜潜心从事研究发明，有望成为发明家。若参加考试，能金榜题名。

若是男命，其人英俊潇洒、衣着考究、宜在企业界发展。

若是女命，其人聪明、富贵、身材苗条、有气质、心地善良、有工作热情，身体健康，性需求高。

若与巨门同宫，无论男女均宜研究人生哲学。女命有水性杨花的特点。

若与廉贞同宫，其人宜从事公职。

若与破军同宫，其人会遇水灾。

若与贪狼同宫，其人乃公职人员，但会触犯刑法。

若与四煞同宫，其人虚有其表，言行不一，擅长用甜言蜜语欺骗女性。

（ⅱ）入寅、午、戌诸宫：其人一生孤独，生活贫苦。

若与火星同宫，其人的人际关系不错，但往往言行不一，或不守信用。

若是男命，擅长用甜言蜜语欺骗女性。若与四煞同宫，其人身体有疤痕，且有夭折之兆。

若是女命，其人反抗心强，情场多有失败，甚至可能红杏出墙、沦落风尘。性生活需求高，不尊重丈夫，家庭内时有风波。若与贪狼、破军、巨门等同宫，有做偏房的可能。若与陀罗同宫，其人虽颇具姿色，但自甘堕落。

② 与诸星同宫等关系分析

若文曲独入命宫，有凶曜加会者，其人擅长舌辩。

若与天机、文昌、禄存同入命宫，其人性格灵巧机智。

若武曲入命，有昌、曲同宫，凡己、辛、壬生人，当行运于辰、戌时会有意外，甚至投河。

若文曲、武曲同入命宫，且皆入庙，再逢辅、弼者，其人乃将相之才。若与武曲同宫于亥，其人学识渊博；若同宫于戌，可减低武曲的孤克和桃花特性。

若与廉贞同宫，其人仅为公吏（公务员）。

若与太阴同宫，其人多为九流术士或行医者。

若与武曲、贪狼三合同宫，此乃将相之格，但若与武曲，贪狼同宫于丑入限（大限或流年），则其人须防溺水之忧。

若与廉贞、贪狼、七杀、羊、陀同入命宫，主其人为奸诈虚伪之辈，不是真小人，就是伪君子。

若与廉贞、七杀、羊、陀同宫，主其人虚诈。若只与擎羊同宫，其人很倔，与人说话都像吵架。

若与贪狼同宫，其人做事颠倒。

若与巨门同宫，其人行为奸诈，丧志。尤不利于女性。

若与天梁同宫，其人位至台纲，若二星同入命宫于午，为上格，在寅宫次之。

若昌、曲同宫，其人乃一生贫士，且劳碌。但若与文昌同宫，破军入庙者，主其人财运亨通，否则奔波劳碌。且流年或行限逢之，亦同。若破军、文曲同宫，则为"众水朝东，水中作冢之格"，此乃破格。若破军在卯、酉、辰、戌入命，即使有昌、曲，亦非全吉，主刑克劳碌。

又若破军与昌、曲同宫，且见煞者，多主其人有水厄。尤其要注意的是，破军与昌、曲同入命宫于寅、卯者。

文曲喜与文昌同入命宫，再加会吉星者，其人必为科第之客、入仕之人。若昌、曲夹命，则次之。

若文昌（文曲）与左辅（或右弼）同入命宫，其人学历多为大学程度。

若与六煞星同宫，则主其人奸诈。

若文曲、右弼、火星同入命宫，其人身有异痣。

若文曲入命宫，逢辛干引发文曲化科，其人能获极快升职。

昌、曲入命于丑、未，若命宫在丑，而限逢酉（大限宫或流年宫在酉），或命在未、限逢卯（大限宫或流年宫在卯），且命局和运限（大限宫或流年宫）皆见吉化，主其人能近贵人。

昌、曲夹命，或庙旺入命，或昌、曲与禄存入命，其人学历多为大学程度，且甚为奇特。（注意：若昌、曲入命不见禄存、昌、曲化禄，仅虚名而已。）

喜与禄存同入命宫于庙旺之地，若加遇文昌，并再无其他星曜掺杂，为"禄文拱命格"，主其人在文艺方面有杰出表现。若禄存守命，三合有昌、曲，亦属此格，既富且贵。

若文曲入命官又自化忌（注：命宫干为己引发文曲化忌），主其人多自卑及内向，有心事也不向人透露，如再见"四凶"会照，便有看不开之兆；再加"身宫"或"父母宫"或"田宅宫"见破者，会有自杀之应。

若文曲于陷地入命，又有六煞来破者，其人仅有虚誉之隆，且其人乃舌辩巧艺之人。若又有化忌者，其人多为奸诈虚伪之辈，不是真小人，就是伪君子。

昌、曲于命宫化忌者，其人自私小气，对钱财看得很重，轻者斤斤计较，重者处处算计别人，为人不豪爽。因此别人对其反感。而且，其人做事多疏忽大意，亦主善忘。

若文曲于巳、酉、丑入命，其人可居侯伯。

若文曲入寅、午、戌，又有巨门、羊、陀冲破，多主丧命夭折，且有水火惊险。

若文曲入亥、卯、未，又与天梁、天相会合，主其人聪明博学。但若有煞星冲破，只宜僧道。

文曲在戌，乃独坐命宫，会寅宫（三合）有太阳、巨门二星，男女逢之，离婚的比例很高。再加四煞守照者，桃花浪滚。

若文曲与落陷的廉贞、擎羊、火星同宫，切勿担当重任。

凡在文曲被引发化忌所对应的流日（流日干为己），其人会去银行办事。

凡文曲化忌之月日，要注意往来支票出问题，并少管闲事。若出现双化忌之月日，支票更加小心，否则会退票。

女命，若文曲坐命。再逢水星者，其人为水性杨花，这时若有禄存同宫可解，但若福德宫也不好，则其人易流落风尘，或为侍女。若天相、文曲同入命宫者，其人有淫乱倾向。

（2）文曲入兄弟宫

参见文昌。

（3）文曲入夫妻宫

昌、曲、辅、弼、魁、钺入夫妻宫者，为桃花之象。

其余参见文昌。

（4）文曲入子女宫

参见文昌。

（5）文曲入财帛宫

文曲入财帛宫，若文曲入庙，主其人一生富足，若再加会吉星，则有贵人相助而生财。落陷者，破耗。

若与六煞星、大耗、化忌同宫，主其人成败不一，东来西去，难聚财。

若命宫的三方有昌、曲化忌于财帛宫，主其人易发生财务、文书、财务损失、纠纷、名誉受损等问题。

（6）文曲入疾厄宫

若文曲独入疾厄宫，且庙旺，又得众吉拱照者，则其人一生灾少。身体的弱点在胆，若文曲居平、陷之地，又逢六煞星，则参见文昌。

若田宅宫的宫干引发疾厄宫的主星化忌去冲父母宫，主其人的田宅、住房、房地产、家庭、家中人口等方面，易出现是非、麻烦、口舌、官司。尤其廉贞、文昌、文曲在父母宫或疾厄宫化忌时最应验。

（7）文曲入迁移宫

文曲入迁移宫者，若文曲庙旺，主其人出外遇贵人而发达；若再与众吉同宫，主得财；若加四煞星，意愿少遂。若文曲落陷，再逢六煞星、天刑、化忌者，主其人贫穷、孤独。

昌、曲于庙旺之地入迁移宫，其人学历多为大学程度。

（8）文曲入仆役宫

参见文昌。

（9）文曲入官禄宫

文曲入官禄宫者，若文曲庙旺，主其人乃文武全才；若落陷，又与天机、太阴同宫者，可任公务员。

若与紫微、天府、辅、弼同宫，其人可任高级官员，例如辅佐首长的助手。

若与六煞星同宫，主其人职位平常。

若三方有昌、曲化忌于官禄宫，则其人的官位易失。

若昌、曲、化忌入官禄宫，易发生辍学或留级，也易遇到一些轻信寡诺之事，使其人大感失望，还须防备文件上的失误。

凡女命，其人会牺牲色情。

（10）文曲入田宅宫

文曲入田宅宫者，若文曲入庙，主其人可守祖业，加吉星，自置更旺；若文曲落陷，其人的祖业稀少，自置艰难。加六煞星者，全无。

文曲入田宅宫者，喜欢买书。

时系星（文昌、文曲）入田宅宫，主其人的房子变迁多。而且是分期付款买房子，屋外有学校。

（11）文曲入福德宫

文曲入福德宫者，若文曲入庙，且加吉，主其人福禄双全，命宫吉者，寿达六十三以上（注：仅作参考）。若文曲居平、陷之地，再加煞，其人清寒欠宁，劳心劳力。

昌、曲同入福德宫，乃桃花之象。

若文曲入福德宫又自化忌（福德宫的宫干为己引发文曲化忌），主其人多自卑及内向，有心事也不向人透露，如再见"四凶"会照，其人会有看不开之兆；如果"身宫"或"父母宫"或"田宅宫"的星情不佳，其人有自杀之应。

昌、曲入福德宫，其人学历多为大学程度，且其人为拥有文学、艺术细跑之人。

（12）文曲入父母宫

文曲入父母宫者，其人与父母缘分深厚，可得父母恩惠。若文曲入庙，吉，不生刑克，受父母的恩泽很大；若文曲落陷，则不佳。

若田宅宫的宫干引发疾厄宫的主星化忌去冲父母宫，主其人的田宅、住房、房地产、家庭、家中人口等方面，易出现是非、麻烦、口舌、官司。尤其廉贞、文昌、文曲在父母宫或疾厄宫化忌时最应验。

若加破军，其人即使有灾亦不影响寿命。

若与六煞星同宫，主其人父母不全。

其人的父母反应灵敏，有修养，且重视生活情趣。

17.　左辅

1）星情总论

左辅属阳土，为南北斗中佐帝之星，乃主宰之宿，化气为善，行善令。在十二宫中无落陷，仅有旺弱之分，故到处降福。

左辅之土为辰土，是东方之土，东方有木气，故左辅之土的特点是舒展、茂盛，由此决定其人敦厚、稳重、耿直、有计谋、度量宽宏。而且，左辅的特点还包含有才华并有领导才能，循规蹈矩。

左辅为月系之星，即按照生月确定其宫位。所以不像昌、曲是时系星，来得快去得也快，其作用短暂而不明显。月系星的作用比较持久而明显。

左辅的性情缓和，循序而行，做事按部就班，尤其在遇见紫微时，更为明显。

左辅的才华主要表现在策划方面，而且其策划的方案多为渐进、保守、稳重的，所以，左辅之人不适合从事投机行业或创业，比较适合守业。

左辅善于交友，且光明磊落，喜济施，宽容，口才极佳，有幽默感。给人的感觉是性格既风流又敦厚，能文能武。

2）风水、地理类象

天时类象：上弦月。

地理类像：龙砂，左厢房，高坡，土山，在外侧的住宅，靠大厦旁之高楼，商业机构。

3）旺度

左辅星在十二宫皆以吉论，不论旺度。

4）左辅与其他星曜的关系

左辅最怕与廉贞同宫，此为破格。主有官非，易破败，会有不测之刑。若再加会擎羊时更糟。女命若遇此种组合入夫妻宫，会遭强暴之灾。即使没有擎羊，但若廉贞化忌，亦同此论。

左辅、右弼加会天巫者，主其人忠于职守，受人重视。

左辅若与巨门、破军等不吉之星同宫，破军为劳碌星曜，巨门为是非星曜，主其人不顺，会有挫折。若再加贵人（如魁、钺），则更加不利。若再与四煞星同宫，或被四煞星来冲。则主其人会有伤残（注：可依照四化星来推断何处受伤，是因工作受伤还是因外出而受伤）。此种组合入命者，主其人富贵不久，行运逢之，在此运限期间会有盗窃欺凌之事发生。

若与羊、陀同宫，其人多意气用事，易被人利用。

左辅最怕与煞星同宫或被冲。

● 左辅、右弼合论：

左辅与右弼的相同特性主要是：均无自主性。对以往的感情会铭记在心。为人热心，自助助人。若入夫妻宫，其配偶容易有婚外情，这是左辅和右弼共有最大的缺点。若左辅或右弼单独遇煞星，易助纣为虐。若它们独坐命宫，无主星，其人宜重拜父母。

若辅、弼同入命宫、迁移宫，其人终身福厚，入其余诸宫次之。

若辅、弼于辰、戌分别入命，凡正月、七月生人；或同于丑宫入命，凡九月生人；或同于未宫入命，凡四月生人；或同入卯、酉入命，凡六月、十二月生人，均主其人披罗衣紫。除上述情形之外，则不以此论。

若辅、弼同入四墓之地，主其人尊居八座之贵。

若辅、弼夹命，例如，命宫于丑，左辅入子，右弼入寅，则凡四月、七月、十一月生人为贵格，其人不富即大贵。

若紫微坐命，有辅、弼相夹，此乃上品。

若辅、弼、文昌同入命宫，主其人位至台辅。

若辅、弼与天魁或天钺同入命宫，主其人福寿全美。女命逢之，主其人能旺夫益子。

若左辅或右弼单独入命，无十四颗主星中的吉星同宫，则主其人离宗庶出。但若三方有紫微、天府、天相会照，则吉。

若命宫中有吉星，而辅、弼同入财帛宫或官禄宫者，其人衣绯着紫。

若辅、弼和财帛宫兼夹拱，即辅、强同入财帛宫、官禄宫，或财帛宫、官禄宫位于丑，左辅在子，右弼在寅来夹者，其人衣禄丰盈。

若辅、弼、廉贞、擎羊同宫，主其人会遭刑盗。

若辅、弼、昌、曲逢羊、陀，主其人易生暗痣。

凡行运期间遇辅、弼（大限宫或流年宫中有辅、弼），对运势必有帮助，便于进言，利于开导。若文艺工作者逢之，能得到谋士的助力而有卓越的成就。

若大限、流年宫及其对宫有辅、弼互相映照，官禄宫又有天马值守，则支领固定薪水之人在工作上会有或大或小的有利变化。

5）与左辅有关的格局

"左右同宫格"：命身宫入丑、未，左辅、右弼同宫，更与吉星同宫和加会者，为本格。入此格者，其人必为端庄高士，性喜助人，富计划、企划能力，凡事可解凶，圆满达成，加会众吉，主富贵，但多是居于辅佐他人的位置。若三方四正多凶少吉，仍属普通之人。诗曰："命宫辅弼有根源，天地清明万象鲜。德业巍然人敬重，名宣金殿玉阶前。""经云："左辅右弼，秉性克宽克厚"、"左辅右弼，终身福厚"、"墓逢左右，尊居八座之贵"、"左右同宫，披罗衣紫"。

6）左辅入十二宫分论

（1）左辅入命宫

①性格、外貌、运气分析

左辅入命者，其人中高身材，略胖，长方圆形脸，脸色黄白色。大眼睛、双眼皮，睫毛很长。相貌敦厚，性情稳重，举止端庄，乐观进取，慷慨大方，为人随和，不畏艰难，有逆来顺受的包容能力，精通文墨。（注：但是若命宫中有其他十四颗主星之中的星曜，首先是应依据主星推断。）

左辅入命者，不会主动惹是生非，一旦有事，则能挺胸、乐观应对。

左辅入命者，易患上火下冷，湿热之疾，或易被热水烫伤。

辅、弼入命之人喜欢开车。

②与诸星同宫等关系分析

若左辅入命，紫微、天府、化禄、化权在三方拱照，主其人为文武大贵之人。

若与天府同宫于辰、戌，三方再有吉星拱照者，主其人尊居万乘。

若与文昌同宫，且三方有吉星拱照，不加煞星者，其人尊居八座。但若加煞星，则不作此论。

辅、弼入命之人喜欢开车。

左辅（或右弼）与文昌（或文曲）同入命宫，其人学历多为大学程度。

若魁、钺、辅、弼四曜在三方四正相会，无煞忌，谋为毫不费力，一生遇贵提携。

若左辅入命，擎羊、铃星、空、劫同宫或会照，其人做事有始无终，即使富贵亦不耐久。

若左辅、文昌、擎羊同入命宫，其人身有异痣。

若左辅入命有四煞星冲破，主其人伤残，且富贵不久。

女命，若有左辅坐命，主其人温良贤惠，能干家务，加吉曜者更吉，宜为职业妇女。但须防婚前受凌辱而失身之灾。若与紫、府同宫，其人会有封赠之荣誉，且能旺夫益子。若与七杀、破军同宫，主其人寿元不长。若有四煞、化忌同宫，乃偏房得宠之命。

（2）左辅入兄弟宫

左辅入兄弟宫者，其人可有兄弟三人，兄弟间能和睦相处，相互帮助。

若与天同、昌、曲同宫，可有四五人。

若与羊、陀、火、铃同宫，有二人，兄弟不睦。

若与空、劫同宫，兄弟欠和，不能互相帮助。

（3）左辅入夫妻宫

左辅入夫妻宫者，其人定有二婚（注：需要验证！）。若见煞、忌，则主死别。若见火、铃，则主生离。

左辅入夫妻宫者，其人会因配偶的同心协力而大有发展。若逢昌、曲，男主其妻貌美。

若与天机、太阴同宫，男有妾，女夫吉。

若与日、月、巨门、火、铃、武曲、七杀同宫，主夫妻缘分浅。若与贪狼、廉贞、六煞星同宫，宜娶年长、性刚之女为妻。

辅、弼、昌、曲、魁、钺入夫妻宫者，为桃花之象。

若辅、弼入大限夫妻宫或流年夫妻宫，对配偶或异性朋友要多体谅，并且应多去适应对方。不要对他们要求太高，应尽量发掘他们的优点。

女命，夫妻宫有煞星者，主克夫。若与廉贞同宫，又加会擎羊，其人易遭强暴，或官非、失窃。无擎羊，但廉贞化忌者亦然。

左辅入夫妻宫，无论男、女命，即使夫妻宫无煞星，均主二婚，尤其是如果辅、弼之中仅一星入夫妻宫者，更易重婚。

左辅入夫妻宫者，若遇凶星劫煞，且福德宫无吉星，则其人必二婚。尤其在四库之地更验。若左辅单守官禄宫（夫妻宫之对宫），亦然。但若夫妻宫有吉星，福德宫和命宫亦有吉星坐守者，主婚姻美满。且若左辅单入夫妻宫者，必主其配偶先死。

若辅、弼、昌、曲、魁、钺之一单入夫妻宫，则夫妻间年龄相差悬殊。

（注：左辅、右弼乃离婚星，多主离婚、再婚、婚外情等情况。）但夫妻宫出现左辅或右弼星时，尚须要检视同宫里的其他星曜，如果说有化禄、化权、化科、化忌星，或有羊刃、火星、火星、铃星时，那么第三者介入婚姻的事件才能成立，因为婚姻里一定是发生不协调、不完美、脾气欠佳、太过强势，或经济财务有状况，或二者之一不甘寂寞等，才可能产生危机；而即使左辅、右弼星是离婚、再婚、婚外情、再婚星。但左辅、右弼在原始的意义上是表示配偶是位能力不错，在婚姻里曾扮演过"自己的贵人"，曾帮助过自己走过一段惨淡日子的人。二人世界有了问题，婚姻才会出现状况，而左辅、右弼出现在夫妻宫时，如果那是命造当

事者会有二度婚姻或婚外情的暗示，那么这二度婚姻是因为"被迫离婚"或在相当无奈的情况下才导致二度情的成立，那就须要探讨同宫中其他星曜的星性及四化星，才能作详细的分辨，而来自配偶出状况才导致情变、婚变的可能性也有可能，但不一定会离异。

（4）左辅入子女宫

左辅、右弼同论。

若左辅独坐子女宫，主有三男一女。若与紫微、天府诸吉同宫，会有贵子，且子女会获得成功。若与七杀、破军、六煞星同宫，仅二人，且为不成器的横暴之子。

右弼独坐子女宫，可有三人，子女孝顺。若加吉星，则有贵子；若见六煞星，则减半。

（5）左辅入财帛宫

左辅、右弼同论。

无论是左辅或右弼入财帛宫，皆吉，主财帛丰盛，经常有钱。若再加会诸吉，可得贵人财。若加会六煞星、大耗、化忌，则成败不一，不聚财。

（6）左辅入疾厄宫

左辅入疾厄宫者，主其人健康良好，但脾、胃较弱，不过逢灾有救。其人易患上火下寒之症、湿热病或被开水烫伤。若与六煞星同宫，主常有灾厄。

若左辅、右弼加四煞入疾厄宫，主其人会被窃。

（7）左辅入迁移宫

左辅、右弼同论。

左辅入迁移宫者，主其人不宜静守，动中可得贵人之助而发达。若与四煞星同宫。易招惹小人，且多是非或与人竞争。

凡右弼入迁移宫者，易与人竞争。

（8）左辅入仆役宫

左辅、右弼同论。

无论左辅独守或同入仆役宫，皆主部属、朋友众多且得力，能得到帮助。若有众吉拱照者尤美。

若与六煞星、化忌同宫，部属或朋友可能会越帮越忙，或有背主盗财之人，严重的会影响到自己的名誉和家庭。

（9）左辅入官禄宫

左辅入官禄宫者，主其人最宜为军警，不利文职。若三合有吉星，则为文武全才。若与六煞星同宫，会损伤名誉，有进退或被贬之事。

凡左辅单守官禄宫，对宫为夫妻宫，其人会再婚，但若有吉星同宫，则不验。

凡行运的官禄宫中有辅、弼同宫，则工作和生活中均得道多助，不会发生大风大浪或险象环生的情况。

（10）左辅入田宅宫

左辅、右弼同论。

左辅入田宅宫者，主其人能守祖业，会众吉者，自置亦不难。若加四煞星，中晚年方能艰难自置产业。若加空、劫，则产业全无。

（11）左辅入福德宫

左辅、右弼同论。

左辅入福德宫者，其人福禄双全，一生快乐。若命宫也吉者，寿达八十以上。但若左辅独坐福德宫，则晚年方可安逸。

若与六煞星同宫，则其人奔波劳苦，一生不安宁。

（12）左辅入父母宫

左辅入父母宫者，主其人与父母有缘分。若左辅独守，不刑克。若与廉贞同宫，则早年即刑克。若与文昌同宫，主父母高贵、有寿。若与四煞星同宫，主刑伤退祖，宜二姓重拜。

18. 右弼

1）星情总论

属阴水，为南北斗佐帝之星，司制令。右弼在十二宫中均无落陷，仅有旺弱之分，故到处降福。

右弼出自戌宫，位于西北，为九月秋末。秋末乃收成之时，其气收敛，故曰右弼司制令。有执行监督之责，且带有桃花性质。因此，右弼的性情很急躁、刚强，且有干涉和压迫的倾向。其人耿直、善计划、小心谨慎、讲义气、有责任心。

右弼为月系之星，即按照生月确定其宫位。所以不像昌、曲是时系星，来得快，去得也快，其作用短暂而不明显。月系星的作用比较持久而明显。

右弼为带桃花的星曜。在紫微中带桃花的星曜是：廉贞、贪狼、右弼、文曲、红鸾、天喜、咸池、天姚、沐浴，这些星曜中若有两颗以上会在一起，限行遇之，难免发生感情困扰。这样的人往往是天生的才子或佳人，若再加上其他吉星配合得宜，此人必为名人无疑。

2）风水、地理类象

天时类象：月夜，下弦月。

地理类象：右厢房，亲戚的家，深巷内的住宅，倚楼的小屋，别墅，弯曲的河道。

3）旺度

右弼在十二宫皆以吉论，不论旺度。

4）右弼与其他星曜的关系

左辅、右弼加会天巫者，其人忠于职守，受人重视。

● 左辅、右弼合论：

见"左辅"。

5）与右弼有关的格局

参见17、左辅之5）"与左辅有关的格局"。

6）右弼入十二宫分论

（1）右弼入命宫

①性格、外貌、运气分析

右弼入命宫者，其人中等身材，长圆形脸，大眼睛、双眼皮，睫毛很长。脸色青白。厚重清秀，度量宽宏，好助人，有机谋，精通文墨，为人大方随和。与左辅同为乐观进取，不畏艰难之吉星。

右弼入命者，与左辅入命相同，其人不会主动惹是生非，一旦有事，则能挺胸、乐观应对。

②与诸星同宫等关系分析

辅、弼入命之人喜欢开车。

若与紫微、天府同宫，主其人财官双美，文武双全。

若逢紫微、天府、天相、文昌、文曲会照，主其人终身福厚。

右弼入命宫者，若加会天府、天相、昌、曲，主其人终身福厚。

若与廉贞、擎羊同入命宫，主其人作盗贼，且遭伤（与左辅之情形相同）。

若与天相同入丑、未、亥坐命，其人不贵，纵贵亦不久；若同入卯、酉二宫坐命，此时天相落陷，故难称心遂志；若于其他宫位坐命，主福厚。

右弼（或左辅）与文昌（文曲）同入命宫，其人学历多为大学程度。

若魁、钺、辅、弼四曜在三方四正相会，无煞忌，其人谋事毫不费力，一生会遇贵提携。

若右弼、文曲、火星同入命宫，其人身有异痣。

若右弼入命，火星、火星、空、劫同宫或加会，主其人有福难享。

若被羊、陀、火、铃冲破，则福薄，但不凶。其人身体有痣或斑痕。

女命，右弼入命者，其人细心、胆小、害羞、但善体人意，有孩子气，喜欢幻想，有依赖性。为人贤惠善良，明理，节俭，喜欢布置家居，外表高雅。乃旺夫益子之星（与太阴相似），宜为职业妇女。即使有四煞冲破，亦不为下贱。

（2）右弼入兄弟宫

右弼入兄弟宫者，其人可有兄弟三人，兄弟间能和睦相处，相互帮助。

若与紫微、天府、天同、天相、昌、曲同宫，可有兄弟四五人。

若与四煞星同宫，其人的兄弟间不和睦。

（3）右弼入夫妻宫

右弼入夫妻宫者，主其人会因配偶的同心协力而大有发展。若逢昌、曲、男主其妻貌美。若与天机、太阴同宫，男有妾，女夫吉。若与日、月、巨门、火、铃、武曲、七杀同宫，主夫妻缘分浅。若与贪狼、廉贞、六煞星同宫，宜娶年长、性刚之女为妻。

若右弼独入夫妻宫，必主其配偶先死。

男、女命，即使夫妻宫无煞星，均主其人二婚，尤其是如果辅、弼之中仅一星入夫妻宫者，更易重婚。

右弼入夫妻宫者，乃桃花之象，其人必二度婚姻（注：需要验证）。不论男女，婚前多与异性交往。若婚后另有情人，则需看命宫中是否有桃花星而论轻重。相比左辅而言，右弼比较多嘴，且会有实际行动，故其人的两性问题比较严重，若再有贵人之星加入，则多是非。

凡行运的夫妻宫中有辅、弼者（即辅、弼入大限夫妻宫或流年夫妻宫），对配偶或异性朋友要多体谅，并且应多去适应对方。不要对他们要求大高，应尽量发掘他们的优点。

女命，右弼入夫妻宫，若有煞星同宫，主其人克夫。若与廉贞同宫，又加会擎羊，其人易遭强暴，或官非、失窃。若虽无擎羊，但廉贞化忌者亦然。

（4）右弼入子女宫

参见左辅。

（5）右弼入财帛宫

参见左辅。

（6）右弼入疾厄宫

右弼入疾厄宫者，主其人健康良好，但易患上火下热之症、湿热病或被开水烫伤。若与六煞星同宫，多灾。

若左辅、右弼加四煞入疾厄宫，主其人会被窃。

（7）右弼入迁移宫

参见左辅。

（8）右弼入仆役宫

参见左辅。

（9）右弼入官禄宫

右弼入官禄宫者，主其人宜为军警。若与紫微、天府、昌、曲同宫，主其人财官双美。尤其若与文昌同宫，则为贵格，其人文章出众。

若与四煞星同宫，主其人进退不一。

若与空、劫同宫，其人有被黜降之可能。

凡行运的官禄宫中有辅、弼同宫（即辅、弼入大限官禄宫或流年官禄宫），主其人工作和生活中均得道多助，不会发生大风大浪或险象环生的情况。

（10）右弼入田宅宫

参见左辅。

（11）右弼入福德宫

参见左辅。

（12）右弼入父母宫

右弼入父母宫者，若右弼独入，则不刑克。加吉星者，父母福禄双全，与父母有缘，且得到庇荫。

若与四煞星同宫，则主其人退祖、刑伤，宜二姓重拜。

19. 天魁

1）星情总论

天魁星又名天乙贵人，属阳水，乃南斗助星，为日贵，是上界和合之神。在数，利昼生人，主昼贵，能去凶化吉。

所谓"贵人"，并非指贵显之人。凡是对自己有益之人，尤其在急难之时，只要在精神或物质上（包括无形或有形）均能提供帮助、指点、救援之人，不论是否认识，均称为贵人。

天魁不入寅、辰、巳、未、申、酉、戌诸宫，上述诸宫乃天乙贵人不临之地。

天魁为干系星，即依据生年干来确定其宫位之星。

2）风水、地理类象

天时类象，晴天，温和的天气，阳光普照，日出后、日落前，冬至后、夏至前。

地理类象：牌楼，树林，亭台，高级场所，考场，高楼大厦，神明厅，巨宅。

3）旺度

天魁的旺度：于卯、午为入庙；于子、丑、亥为旺。天魁星不入其余诸宫。

4）天魁与其他星曜的关系

天魁、天钺与天巫同宫者，能得贵人提拔。

● 天魁、天钺合论

天魁与天钺性质相同之点：魁者鬼也，钺者业也，故均为前世业力及果报。二者皆有利于科举，以天魁较强。二者又均能逢凶化吉，消灾解厄，万事顺遂。具有侠义之风。二者又都具桃花性质，主其人风流，乃惹祸桃花，易惹情劫（桃花劫）。如果其人有外遇，外遇的对象一般比较年长。

天魁与天钺性质相异之点：天魁为男性，天乙贵人，白天出生者灵动力较强。天钺为女性，玉堂贵人，夜晚出生者灵动力较强。凡天魁或天钺入命、或者入限，均吉利。但天魁对阳年干更有利，天钺对阴年干更有利。

魁、钺二星的威力大致相等。凡在五十岁之前入命或入运，利于考试（注：一般而言五十岁以后已不存在考试问题）。而且凡事均有人或明或暗助之，其人的心情也舒畅。

凡魁、钺入命或入运（大限或流年），其人必能贵显而身居要职。若是文人，则文笔出众，声名卓著；若是武人，则威权显赫，职高任重；若是商人，则图谋顺利，生意兴隆；若是公教人员，能胜任，会升迁。

若天魁入命，天钺入身宫，或反之，再有吉星相会，主其人少年娶美妻，遇难有贵人扶助。

若魁、钺位于三方会照命宫，此为"天乙拱命格"，其人文章盖世。

若魁、钺夹命宫（注：天魁、天钺不可能同宫，这里是指：命宫在辰，天魁入卯，天钺入巳来夹命；或命宫在戌，天魁入亥，天钺入酉来夹命），更有吉里拱照，则无不富贵，福寿双全，位至台辅，或多主折桂，但无煞星来破者，方为合格。

若紫微于午宫坐命，且有昌、魁同宫，主其人位列三台。

若身命宫中有魁、钺，又有吉星、化权、化禄来助，逢之富贵。

若魁、钺、昌、曲、化禄相扶（同宫或会照），且无天刑、七杀来冲，则其人贵至台辅。尤以入身命为妙，余宫次之。若有天刑、七杀来冲会，则平常。

若魁、钺逢羊、陀、火、铃来加会，主其人多有痼疾。

若魁、钺分别居于流年宫和流年夫妻宫，则其人在该年，颇有人缘。因为此时不仅有同性贵人来助，还有异性贵人来助，甚至配偶或其家人、朋友皆会来助。

5）与天魁有关的格局

（1）"天乙拱命格"：又名"坐贵向贵格"。此格有二：

① 天魁、天钺一入命宫，一入身宫；

② 天魁、天钺一入命宫，一入迁移宫，若身宫位于迁移宫更佳。

以上两种情形皆称为"天乙拱命格"。但须命宫中的主星庙旺，三方四正有吉星加会，方入此格。本格生人，有学识，能取得高学历，为人端庄，一生多助人，亦多得众人相助，尤其逢凶化吉，遇难呈祥，富贵。若命宫再无吉星，纵有魁钺，虽能得人助，仍属普通之人。古人云："天贵相随命里来，定应名占少年魁。文章盖世追班马，异时当为宰相才"。又云："天魁天钺，盖世文章"、"魁钺同行，位居台辅"、"魁星临命，位列三台"、"魁钺命身多折桂"、"贵人贵乡，逢之富贵"。

（2）"魁钺凶冲格"：魁、钺入命身宫，且有众多凶煞同宫或加会，又无解救。则魁、钺之吉兆被破坏。古人云："魁钺文星守贵荣，何愁金榜不题名。若煞凶众无星救，痼疾缠身总无情"。又云："魁钺重逢羊陀空劫凑，痼疾尤多"。

（3）"科星陷于凶乡格"：参见15、文昌之5）"与文昌有关的根据"。

6）天魁入十二宫分论

（1）天魁入命宫

① 性格、外貌、运气分析

天魁入命者，中等身材，圆脸，腮帮大，显得有厚重感，值得信赖，脸色青黄色。性喜多管闲事，心直口快，头脑聪明，有文才，具有威严，却待人和气，仪表出众。（注：但是若命宫中有其他十四颗主星之中的星曜，首先应依据主星推断。）一生之中能逢凶化吉，有贵人扶持，且贵人以男性居多。

② 与诸星同宫等关系分析

凡天魁入命，宫中有主星（指十四颗主星），无煞星，主其人能逢凶化吉，一生顺遂。若独入命宫或有吉星同入，其人凡事一帆风顺，甚至位至台辅。若有羊、陀、火、铃加会，主得贵人相助，去凶返吉。

若有紫微、天府、日、月、昌、曲、辅、弼、化权、化禄相凑，主其人登科及第，且少年即得美妻。

若逢凶星，如果其人不是文章秀士，会是弟子之师。遇难时会有贵人扶助而解厄化险，而且，此类贵人往往来得既直接又明显，故称为"直接贵人"。

若魁，钺入命（乃独入命宫，魁，钺必不同宫）；或夹命；或一人命，一人身宫，其人学历多为大学程度，且有折桂之运。其中，魁，钺夹命乃奇格。

若天魁入命，天钺入身宫，且无煞星，则其人必少年娶美妻。

天魁最宜夹身命，或是与天钺相对，分坐命宫、迁移宫，此乃"坐贵向贵格"。

若魁、钺入命（乃独入命宫，魁、钺必不同宫），逢擎羊，火星，则在擎羊、火星迭并之运限（大限或流年）时，其人多有沉疴、痼疾。

若魁、钺、辅、弼四曜在三方四正相会，无煞忌，其人谋为毫不费力，一生遇贵提携。

凡行运（大小限或流年官）逢之，主常人增财，官员高升。

女命，天魁入命者多为贵妇。若再遇煞星，虽富贵，却不免淫逸。

（2）天魁入兄弟宫

凡天魁、天钺、化权、化禄、化科入兄弟宫，主兄弟中有贵显之人，且能相互帮助。

（3）天魁入夫妻宫

天魁、天钺同论。

天魁入夫妻宫者（乃独入命宫，魁、钺必不同宫），男娶宦家女，女主夫贵。不宜见六煞星，会反吉为凶，且刑克重者，会生离。

天魁入夫妻宫者，乃桃花之象，配偶貌美，机智非凡，能得贵人相助。再若与红鸾、天喜、天姚、咸池、沐浴同宫者，感情上易招惹不必要的麻烦和痛苦。

凡魁、钺入夫妻宫者，男命，其人会娶宦家之女为妻，女命，其人会嫁有财或有权势之男人。

（4）天魁入子女宫

天魁、天钺同论。

天魁入子女宫者，其人可有子女三人，且其中有贵者。若加煞星，亦有二人，其中一人有轻克。

（5）天魁入财帛宫

天魁、天钺、化禄、化权、化科入财帛宫，主其人一生富裕，且清廉中生财。（注：实例证明此项规则未必准确。见第七章的例一，此人一生的财运起伏颇大，而且绝对不是"清廉中生财"。）

（6）天魁入疾厄宫

天魁、天钺同论。

天魁入疾厄宫者，其人小病多，但无大碍；天钺入疾厄宫者，肝、胆、脾、胃、肺部有湿疾。

天魁入疾厄宫，若有吉曜同宫，主其人一生平安。若有六煞星同宫，则难免有灾厄。

（7）天魁入迁移宫

天魁、天钺同论。

天魁入迁移宫，主其人外出大吉，得贵人扶持而旺发，将来生活亦安定。若遇四煞星，主操劳。

（8）天魁入仆役宫

天魁、天钺同论。

天魁入仆役宫，主其人会有得力并忠诚的部属和朋友，再得众吉守照者，更吉。会因部属之助而提高地位。但若遇六煞星，部属和朋友中会有人背叛或算计其人。

（9）天魁入官禄宫

天魁、天钺同论。

天魁入官禄宫，若得众吉守照者，主贵，其人会被提拔，且有当高官之可能。若加四煞星，则成败进退。若加空、劫、天刑、化忌等诸恶星，其人乃庸常之人。

天魁入官禄宫，其人学历多为大学程度。且在求学或入社会初期，会对异性的师长或上司产生爱慕之情。

（10）天魁入田宅宫

天魁、天钺同论。

天魁入田宅宫，主其人必可守住祖业，若会众吉，则自置尤吉。若加四煞星，则中晚年方能置业。若遇空、劫，则无产业。

（11）天魁入福德宫

天魁、天钺同论。

天魁入福德宫，主其人一生受贵人相助，享福快乐。由于天钺带有桃花性质，主其人受异性贵人相助，且易发生感情。命宫吉者，寿达七十七以上。

（12）天魁入父母宫

天魁、天钺同论。

凡天魁、天钺、化禄、化权、化科入父母宫者，父母荣贵，福禄双全。若加会吉星，主其人父母双全，与父母缘分深厚，深受庇荫，不刑克。但若三化之星居陷地则不美。且上述诸星若加煞星，亦不吉。

20. 天钺

1）星情总论

天钺星又名玉堂贵人，属阴水，乃南斗助星，为日贵，主科甲，是上界和合之神。入命者，利夜生人，主夜贵，能去凶化吉。

天钺是桃花星，若其三合有其他桃花星，如天姚、咸池等，主其人易吃亏，但感情会有实质性发展。若天钺与红鸾同宫，则为糊涂桃花，会在不知不觉中对人发生感情，从而产生困扰。

天钺不入子、丑、卯、辰、午、戌、亥诸宫，上述诸宫乃玉堂贵人不临之地。天钺为干系星，即依据生年干来确定其宫位之星。

2）风水、地理类象

天时类象：晴夜，星月光辉，彩虹，日落后、日出前，夏至后、冬至前。

地理类象：微高的山坡，土岗，地块，公园，墓园，考场，高级场所，宿舍。

3）旺度

天钺星的旺度：于申、酉为入庙；于寅、巳、未为旺。天钺星不入其余诸宫。

4）天钺与其他星曜的关系

天魁、天钺与天巫同宫者，能得贵人提拔。

● 天魁、天钺合论：

见"天魁"。

5）与天钺有关的格局

由于天魁与天钺的格局相同，故参见19、天魁之5）"与天魁有关的格局"。

6）天钺入十二宫分论

（1）天钺入命宫

① 性格、外貌、运气分析

天钺入命者，其人中高身材，圆脸，腮帮大，显得有厚重感，值得依赖，脸色红黄。性慈心软，好济人之困，聪明伶俐，有威可畏。（见天魁之注）

② 与诸星同宫等关系分析

天钺入命，若命宫中有主星而无煞星，能逢凶化吉，其人一生顺逐，多贵人，且贵人往往是女性居多。

魁、钺入命（乃独入命宫，魁、钺必不同宫）；或夹命；或一入命，一入身宫，其人学历多为大学程度。

天钺与右弼的相同之处是，皆为桃花星，有桃花色彩，故贵人多半为女性。且容易与异性贵人滋生感情，贵人的助力多属于间接的和阴柔的。

若魁、钺、辅、弼四曜在三方四正相会，无煞忌，谋为毫不费力，一生遇贵提携。

若加会六吉星中其他诸星，主其人早年扬名，平步青云，男命得贤美之妻。

女命，天钺入命者，其人气质高雅，娇小玲珑，惹人怜爱，非常女性化。往往不会拒绝人，因此易被感动而被追到手。

（2）天钺入兄弟宫

参见天魁。

（3）天钺入夫妻宫

参见天魁。

（4）天钺入子女宫

参见天魁。

（5）天钺入财帛宫

参见天魁。

（6）天钺入疾厄宫

天钺入疾厄宫者，其人必有"小病不断，大病不患"之虞。其余参见天魁。

（7）天钺入迁移宫

参见天魁。

（8）天钺入仆役宫

参见天魁。

（9）天钺入官禄宫

天钺入官禄宫者，其人有当高官之可能。且其人学历多为大学程度，往往在求学阶段会对异性师长滋生暗恋之情。

其余参见天魁。

（10）天钺入田宅宫

参见天魁。

（11）天钺入福德宫

参见天魁。

（12）天钺入父母宫

参见天魁。

21. 擎羊（羊刃）

1）星情总论

又名羊刃、"夭寿煞"，属阳金、阳火，为北斗助星。在数，主凶厄。化气为刑，主刑伤、血光之灾、冲动粗暴。擎羊有坏的一面，也有好的一面，当然坏的多于好的。它是四大煞星中最具杀伤力的星曜。

利西北方生人，为福，四墓生人不忌。若居卯、酉，作祸与殃，刑克极甚，天生有犯罪倾向。若居子、午宫吉多可解。六甲、六戊生人，必有凶祸，刑克严重，纵富贵不久，亦不善终。其中，午宫最凶，卯宫次之，子宫、酉宫再次之。但在午宫为"马头带箭格"，若再有多颗吉星，则为例外。

其人若是九流工艺人，主其人辛勤。

若加会火、忌、劫、空冲破，主其人有残疾、离祖，且刑克六亲。

女命，擎羊入庙加吉曜者，仍为上局；若有杀、耗冲破，多主刑克，则为下局。一般而言，不宜女命，因为主其人速爱速恨，快聚快散。

若羊、陀夹身，其人易招怨恨，若身宫再有化忌，则主其人灾病破败。

擎羊星的代表人物为周朝大将杨戬，杨戬是勇敢的战将，冲锋陷阵，如利刃入肉，攻击力强，杀伤力强。

羊刃主锋利之物，如针、针简、手术刀、扁钻、蜜蜂等，有快速刺物之功能者。

2）风水、地理类象

天时类象：狂风，暴雨，霜雪，龙卷风，暴雷，酷景，烈日当空。

地理类象：隔墙，大小道路，岔路，边缘地带，分水岭，断桥，坎坷崎岖的地形。

3）旺度

擎羊的旺度：于丑、辰、未、戌为入庙；于子、卯、午、酉为落陷。擎羊星不入其余诸宫。

4）擎羊与其他星曜的关系

喜加会天梁，能使天梁受冲击后，能振奋图强，发挥荫星的力量，但先败后成，先苦后甘。

● 擎羊、陀罗合论

擎羊和陀罗的相同点：二者都是武器、暴戾的象征，但有正义感。适合在军警界、黑白两道、律师业发展。

羊、陀入命，遇火、铃或三方有火、铃，其人性格暴怒，不计后果。

擎羊和陀罗的不同点：擎羊急，陀罗缓。擎羊容易有肢体刑伤，也比较容易留下伤疤。陀罗容易有慢性病，难以根治。擎羊沉不住气，陀罗缺临门一脚。

● 擎羊、陀罗、禄存合论

禄存、擎羊、陀罗三者的顺序和特性，是人生命运循环起伏的典型：

对于运限顺行之人，必先至陀罗之地，此时创业维艰。事不如意，惨淡经营，障碍和困难太多，甚至三餐不继，经过十年（即十年大运）的沧桑努力之后，行至禄存之地，事业有成，再经历了十年后，行至擎羊之地，此时气运正旺，容易忘记创业之艰难而大力投资，结果导致失败。

对于运限逆行之人，先至擎羊之地，此时若年幼，会受伤，留下伤疤（此时刑伤表现在身体方面），若已成年，则表现在事业方面，做事敢于冒险，经过十年冒险的沧桑，行至禄存之地，积累了经验，因而发展臻于极致，再经过十年，至陀罗之地，此时已不如从前那样胆大冒险，反而趋于保守，会有"时不予我"之感慨。

5）与擎羊有关的格局

（1）"马头带箭格"：参见5、天同之4）"与天同有关的格局"。

（2）"权煞化禄格"：羊、陀、火、铃坐命入庙即为此格，但须命宫三方四正有吉星加会方是此格。此格生人，主性情刚猛，具英雄气概。必九死一生，惊险百出，宜武职权贵，或从事危险职业、冒险投机能有大成。此格生人必有牢狱之灾，若无吉星同宫加会，则为凶顽之徒，肢体有伤残，或主横祸短命。诗曰："三煞加临庙旺宫，性情刚猛震英雄。几番险地都经过，凛凛威权众罕同"。经云："擎羊入庙加吉，富贵声扬"（擎羊入庙格）、"擎羊火星同在辰戌丑未守命，威权压众"、"火星（铃星）守命，庙见诸吉，对宫及三合不加凶，立武功"、"火铃相遇，入庙，名振诸邦"、"铃星守命，庙见紫府，不贵即富"、"铃星火星旺宫，亦为福论"、"羊陀火铃，逢吉发财，凶则忌"。

（3）"巨逢四煞格"：参见10、巨门之4）"与巨门有关的根据"。

（4）"君子在野格"：参见9、贪狼之4）"与贪狼有关的格局"。

（5）"羊陀迭并格"：命宫居午宫，身宫居辰宫，丙年或戊年生人，擎羊入命宫，流年为丙年或戊年时，流羊（擎羊）、流陀（陀罗）入命，身宫成羊陀迭并。七杀坐命在辰宫，凡丙、戊年生人火星入命。流年走到丙、戊年火星入命，构成"竹萝三限"。入"羊陀迭并格"者，一般不耗财，就易有血光之灾。喜吉星扶持，若有煞星，则凶厄更甚。

（6）"刑囚夹印格"：参见6、廉贞之4）"与廉贞有关的格局"。

（7）"羊陀夹忌格"羊陀夹忌为败局。禄存必在羊、陀相夹之中，其乃财星，主机会与物质希望，但会因羊、陀夹禄存后又夹忌，会使希望成空，不能实现。因羊陀夹忌，等于禄逢冲破。若此化忌是廉贞化忌，则多与官司有关。若有三奇加会，且吉星多，则可解。若又有煞星加会，则雪上加霜。

（8）"离乡遭配格"：此处所指的刑，是擎羊。命宫居午，本生年的十二博士星里的官府星在丑宫。本生年的十二岁建星里的官符星在亥宫，壬午年走到本命宫，流年在迁移宫，被本生年的二颗官符（官府）来夹。若刑、煞入迁移宫，则主离乡遭配、或被公司外调。若命宫主星强，则影响不大。若还有煞星加会，则雪上加霜。

（9）"擎羊逢力士格"：擎羊星和力士星同宫坐命。经云："二星守命，纵吉多，平常之命，加煞最凶"。凡流年宫遇擎羊逢力士，容易东做西成，出力有分，好处万分。若命宫主星强，则影响不大。若命宫主星弱，且凶星多，则影响较大。

（10）"忌暗同命身疾厄，困弱尫羸（wang lei）格"：参见10、巨门之4）"与巨门有关的根据"。

（11）"帝遇凶徒，纵获吉而无道格"：参见1、紫微之4）"与紫微有关的根据"

（12）风流彩杖格：参见9、贪狼之4）"与贪狼有关的格局"。

（13）泛水桃花格：参见9、贪狼之4）"与贪狼有关的格局"。

6）擎羊入十二宫分论

（1）擎羊入命宫

① 性格、外貌、运气分析

擎羊入命者，其人鸭蛋脸，尖下巴，眼睛小很单（注：实例证明此论断未必准确）。皮肤好，肌肤白而有透明感。性情刚强凶猛、残暴狡诈、果断有机谋、高傲、爱钻牛角尖、好胜心强。对感情敏感、恩怨分明、爱记仇、易得罪人、六亲不认、报复心强、做事干脆不拖拉。因此，其人不宜从事政治性工作，但适合独当一面的先锋，且能横立功名。也宜从事外科医生、武职、五金、机电等行业，可化劣为优。但仍不能逢化忌，否则要慎防发生意外。

由于它是四大煞星中杀伤力最强，故能破坏吉星之吉，同时对其他煞星能起制衡的作用。但若擎羊入庙，加吉者，主其人富贵扬名。

擎羊入命，有时未必是坏事，却能代表权力。但最怕入迁移宫（命宫的对宫）来冲。遇火星铃星另当别论。

凡擎羊入命，无论男女，皆主幼年必有刑伤，比如跌撞之灾，可能会留下终身伤疤。且如果再遇凶星，其人会有自杀的念头。

（ⅰ）入子、午、卯、酉、寅、申、巳、亥诸宫：主其人脾气暴躁、狡诈、有反抗心，人缘差，到处流浪，没有毅力，做事虎头蛇尾，多灾多难。幼年受伤，破相。难以善终。宜献身宗教。凡女命，若与火、铃、化忌同宫，性生活随便，自甘堕落。即使无火、铃、化忌同宫，亦有上述现象，且不尊重其丈夫，人际关系差。甚至夭折。若与日、月同宫，其人的丈夫先亡。若与空、劫同宫，其人非贫即夭。尤其于子、午、卯、酉入命者，其人肢体带伤。

（ⅱ）入丑、未、辰、戌诸宫：比上述诸宫为佳，其人有决断力，故能成功。财富、名誉俱全。若与吉曜同宫，主福寿双全。若与空、劫同宫，其人若非英年早逝。亦主一生贫苦。凡女命，有权贵，但刑克难免。

② 与诸星同宫等关系分析

若擎羊与日、月同入命宫，此时，男命有太阴化忌（由乙干引发），女命有太阳化忌（由甲干引发）者，多主男克妻，女刑夫。

若擎羊与杀、破、贪、武、廉、巨同入命宫，其人心狠手毒，胆大包天。且若与廉贞或巨门、火星同宫，有暗疾、残伤（头面、手足部位），且不善终，一生多凶祸。

若与贪狼同入命宫，其人有无耻下流的倾向。但若与贪狼或天同在午宫坐命，为"马头带箭格"，主其人威震边疆。凡丙、戊生人逢之化吉，此时虽有擎羊入命，亦作吉论，富贵可期，但不耐久。

若与昌、曲、辅、弼同宫，其人有暗痣或斑痕。

若与擎羊、文昌、左辅同入命宫，其人身有异痣。

若有杀、破、狼、火、铃、化忌守照命宫，其人头面手足伤残；其中，若擎羊与火、铃守命，其人若不伤残，则定主孤单刑克。

若与破军同宫，当该宫成为流月宫或流日宫时，其人在该月或该日的开支会加大。

若有七杀或破军来冲破，则为刑克下局。

若擎羊独入命宫，其人多为奸诈虚伪之辈，不是真小人，就是伪君子。

若擎羊入命，当流年宫与命宫重叠时，多主其人有灾。这种情形与"羊陀迭并格"类似。

若擎羊独入命宫，有火星、劫空、天同化忌来冲破（注：所谓冲破者，多指来自对宫），主其人有残疾、离祖、刑伤等事情。

若与火星同宫于辰、戌、丑、未（此时擎羊入庙）入命，主其人掌大权，辰、戌最佳，丑、未次之。若与火星同宫于陷地（子、午、卯、酉诸宫），则为下格。

若擎羊、火星于辰戌同入命宫，此为火炼真金，其人威权压众。

若擎羊、火星、铃星、火星同入或加会命宫、身宫（此乃"四煞会齐于身命"），其人乃腰驼曲背之人。凡羊、陀、火、铃四煞会齐于身命者，必主其人贪花恋酒。

若擎羊、铃星同入命宫，则当流年宫与命宫同位时，如果有白虎，主其人在该年会有灾伤。

若羊、陀、火、铃、化忌中有二或三颗星曜入命，再会天刑者，主凶死。

羊、陀与化忌、火、铃、天刑同入命宫者，主其人多病、残疾甚至夭折。

若与铃星同宫，流年宫又有白虎者，主其人在该年有灾伤。

若有火星、化忌、空、劫来冲破，主其人残疾、离祖、刑克六亲。

若擎羊坐命，流年又逢之（注：是指命宫与流年宫同宫），则庚年生人更凶，其余年份生人亦凶。此为"自刃"。尤其是戊午年、丙午年生人最凶，主危亡。

凡在擎羊、天马同入之宫所对应的小限，其人在该小限之年易有车祸。

凡在擎羊、天哭同入之宫所对应的流月，其人在该流月会收到办丧事的消息（因为擎羊、天哭同入命宫主死亡）。

凡擎羊、文昌同宫，则在对应的流日或流时，机械容易故障。

若化忌坐命，羊、陀夹之，为败局。若化忌值大小限，养、陀夹之，亦凶，多主孤贫刑克。若禄存单坐命，此时羊、陀必夹命，且无吉星同宫者，亦有灾殃。

凡羊、陀坐命，流年有铃星冲破，其人面有斑痕。

若擎羊入大小限宫或流年宫，在此期间均要十分注意身体健康和安全。

凡女命，六煞中有二星入命者，其人有淫乱的倾向。

（2）擎羊入兄弟宫

擎羊、陀罗同论。

擎羊入兄弟宫者，其人兄弟单薄，且其兄弟自我本位主义较重，易发生争执、困扰而互相伤害。

凡擎羊、陀罗入兄弟宫者，其人会在紧要关头被人出卖。

若擎羊居庙旺之地，兄弟有一二人，且兄弟自私，欠和。若落陷，则全无。

若陀罗居庙旺之地，兄弟有一人，若落陷加煞，则全无。

（3）擎羊入夫妻宫

擎羊、陀罗同论。

擎羊或陀罗入夫妻宫，或擎羊与铃星同入夫妻宫，乃桃花之象。主其人夫妻二人经常打架。若羊、陀入庙，则夫妻间刑克可减免；若落陷，则刑克难免，且聚少离多。若加会其他煞星或巨门、天机、武曲、七杀，则主生离。若逢空、劫、天刑、化忌，则男女鳏独。

羊、陀入夫妻宫者，其人夫妻之间无缘分，常会为小事而争吵，宜晚婚。

男命，其妻性格泼辣，但对家务事处理往往不妥，且其妻对丈夫、公婆、子女常会责骂，缺乏女性应有的温柔。但其人宜逆来顺受。

女命，其夫为人大方，不拘小节，但脾气暴躁易怒，蛮不讲理，人际关系差。其人宜以柔克刚。

若擎羊于子、午、卯、酉入夫妻宫，其人夫妻不和，有刑克，会二次婚姻。若再有空、劫同宫，主夫妻之间会生离死别。

若陀罗于寅、申、巳、亥入夫妻宫，亦主其人夫妻不和，有刑克，会二次婚姻。若再有空、劫同宫，主夫妻之间会生离死别。

（4）擎羊入子女宫

擎羊、陀罗同论。

擎羊入子女宫者，主孤，往往只有一子。若庙旺且有吉星同宫、无煞星来冲，主其人有子女一人。但有亦不得力，甚至有克，庶出或赘婿可吉。若落陷，又有煞星、大耗等星同宫，主绝嗣。其人自己可享受性生活，但若沉溺，则凶。

若其有子女，则子女的性格暴躁易怒，不合群。若加会吉曜，则子女会多，但定有损；若加会凶曜，则子女单薄，甚或无子嗣。

若擎羊入子女宫再加会桃花星，其人常有意外的艳遇。

女命，擎羊入子女宫者，宜注意有堕胎、流产、剖腹生产等事情。

若擎羊、白虎入子女宫，此乃"白虎丧门格"，是凶宅的主要征兆之一。若合此格，凡子女宫或田宅宫在某个大限或流年出现化忌，或者夫妻宫或官禄宫中的主星在某个大限或流年出现化忌时，此宅会突发一些不利之事，例如伤人或丧亡等。

（5）擎羊入财帛宫

擎羊、陀罗同论。

擎羊入财帛宫者，若擎羊庙旺，主其人闹中生财；若落陷，其人劳心苦志，不聚财。若加火、铃，财富东来西去。若加空、劫，财富到手成空，奇穷。

凡羊、陀于子、午、卯、酉、寅、申、巳、亥入财帛宫，主其人贫困。若与吉曜同宫，收入与支出相抵，没有大的积蓄。若与空、劫同宫，其人会败光祖业而贫困。

凡羊、陀于辰、戌、丑、未入财帛宫，生活不安定，但会有收入。须闹中取财。若与吉曜同宫，主其人在中年后发财。若与空、劫同宫，主其人贫困。

（6）擎羊入疾厄宫

擎羊入疾厄宫者，主其人的头部或大肠较弱，有头风或四肢无力之症，以及羊癫疯、神经分裂症、慢性头痛，或头面破相。

若头面有伤者，方可延寿。若得吉星化解，则灾少。

若居平、陷之地，主其人头面或四肢带伤。

若与贪狼同入疾厄宫，其人会得性病。

若左辅、右弼加四煞入疾厄宫，主其人会被窃。

擎羊落陷入疾厄宫，且与天刑同宫，其人多经过大手术。

若加其他诸煞，主其人有残疾或疯癫。

（7）擎羊入迁移宫

擎羊入迁移宫者，若擎羊入庙，主其人在外经过竞争而发达，再加吉星，则闹中发财。若落陷，则奔走辛苦，难遂志。

擎羊最怕入迁移宫（命宫的对宫）来冲命宫。但遇火、铃时，可另当别论。

若加火、铃、空、劫，其人与人不合，百事难成。

（8）擎羊入仆役宫

擎羊、陀罗同论。

凡羊、陀入仆役宫者，主其人与部下相处不好，部下有怨恨心理，甚至会受部下的陷害。

羊、陀入仆役宫，若羊、陀入庙且独守、并得吉星拱照者，患轻。否则，其人得不到部属或朋友的帮助，甚至因招怨而有损失。

（9）擎羊入官禄宫

擎羊入官禄宫者，若擎羊入庙，主其人利武不利文，再得众吉者，主权贵。

若擎羊落陷，主奔波，徒有虚名，再加其他煞星者，其人庸常贫困。

若羊、陀、火、铃单入官禄宫，其人会下岗或失业。

擎羊入官禄宫者，其人可为外科医师、律师、军警、机械、成衣加工、衣饰绣补、针灸医师。

（10）擎羊入田宅宫

擎羊入田宅宫者，若擎羊入庙，主其人先破后成，有祖业亦难守，中晚年自置则吉利。但若有吉曜同宫，主先无后有。

若落陷，主退祖。再加火星、火、铃者，置业甚难。

若擎羊、白虎入田宅宫，主其人的房顶被打开（或被狂风打开），这时若是砖瓦从下击下打破房顶，要小心惨遇砖瓦伤人，重则有房子崩陷、崩塌之应。

若擎羊与天刑同入田宅宫，家中易发生火灾。

若火星、擎羊入流月或流日田宅宫，则应小心家里的电路出问题。

擎羊入田宅宫者，其人的住宅附近有断桥、岔路、五金行、铁工厂，或不完整的房地，或有尖形物。而且其人的住宅内很杂乱。

（11）擎羊入福德宫

擎羊入福德宫者，若擎羊入庙，主其人动中得福；若落陷，奔波劳碌，再加火、铃，并会火星者，福薄寿短。有吉星同宫，则可减忧。

（12）擎羊入父母宫

擎羊入父母宫者，主其人刑克父母之一，或是与父母生离死别，且先父后母，或者父母之一健康不佳。若于日、月同宫，主重重退祖。但若庙旺且有吉星守照，则克害轻或免刑克。

22. 陀罗

1）星情总论

属阴金、阴火，为北斗助星。如果入命，主凶厄。化气为忌。又名"马扫煞"、"金箭""残神"。

陀罗者，意同陀螺。其最大的特点是不停地旋转。因此，具有反应快的特点，但往往实际情况无法跟上其期望的速度和程度。而且，其只顾自己的旋转，显得很固执，而且容易受到攻击。

陀罗的破坏力大多在暗中施展，别人往往不知道。

陀罗比擎羊的煞气少，但同样会带来挫折、是非、孤独、飘荡，一生多麻烦，忙碌不休。

十二宫均忌有陀罗入其中，若有陀罗，则其人难免蹉跎之事。

陀罗忌入巳、亥，若巳、亥乃六亲宫时（兄弟、夫妻、子女、父母诸宫），主其人的六亲有血光之灾。

陀罗喜西北生人，或辰、戌、丑、未生人，或其人立命安身于辰、戌、丑、未诸宫，主武人能横发高升，但文人则发不耐久。

若羊、陀夹身宫，主其人易招怨恨，若身宫再有化忌，则主其人灾病破败。

陀罗星的代表人物为黄天化，黄天化乃贾夫人之子，有乃父黄飞虎之风。

2）风水、地理类象

天时类象：阴天，冬天酷寒，冰天雪地，月食，残月，黑夜，密雾不雨，低气压。

地理类象：隔墙，死巷，磨坊，残垣，乱石，场屋，禁区，荒凉的地方，车行。

3）旺度

陀罗的旺度：于丑、辰、未、戌为入庙；于寅、巳、申、亥为落陷。陀罗不入其余诸宫。

4）陀罗与其他星曜的关系

陀罗忌与太阳同宫，主男克妻、女克夫，刑伤父母，且损眼目。

若陀罗、火星、化忌与贪狼同宫，主其人会酒色丧身，女命尤忌。

● 擎羊、陀罗合论

参见21、擎羊之4）。

● 擎羊、陀罗、禄存合论

参见21、擎羊之4）。

5）与陀罗有关的格局

铃昌陀武格：参见4、武曲之4）"与武曲有关的格局"

其余的格局参见21、擎羊之5）"与擎羊有关的格局"。

6）陀罗入十二宫分论

（1）陀罗入命宫

① 性格、外貌、运气分析

陀罗入命者，其人身雄形粗，破相、多有耳疾。眼睛小、单眼皮、眼角耷拉。秉性刚烈、蹉跎、多是非、心术不正、凡事急情、有始无终、不守祖业、漂泊不定。由于其蹉跎的特点，故其人不宜从政。

陀罗入命者，肥胖，上下不对称，个子矮。且齿舌遭伤，或牙齿畸形。

陀罗入命，其人幼年与双亲无缘，老来孤单，事业的成就和婚姻均迟缓。但若离乡发展，则未必不吉利。

陀罗入命，其人多为奸诈虚伪之辈，不是真小人，就是伪君子。

（ⅰ）入子、午、卯、酉、寅、申、巳、亥诸宫：其人性格刚强，会破相。飘荡不稳定，不守祖业，多有官司纠纷。宜早离家，过继，献身宗教。

若与日、月同宫，男克妻，女克夫，且伤父母、伤眼睛。

若与贪狼同宫，其人酒色过度，严重者，会因此丧生。

若与其余三煞同宫，其人有伤残带疾，且男命伤妻，女命克夫。若与空、劫同宫，其人非贫即夭。

凡女命，反抗心很强，性生活很乱，不尊重丈夫，对丈夫的事业有妨碍。

（ⅱ）入丑、未、辰、戌诸宫：与入上述诸宫不同，主其人有福有财，有名声。若与贪狼同宫，须防止因酒色过度而丧生。

若与吉曜同宫，主其人财、福、寿俱全。

若与空、劫同宫，主其人非贫即夭。

凡女命，其人天生丽质，颠倒众生。

② 与诸星同宫等关系分析

若陀罗入命，逢昌、曲、左、右，主其人身上有暗痣、胎记。

若逢紫微、天府、文昌加会，其人利于武职。

若逢日、月加会，男主克妻，女主克夫，再加化忌者，会损目（尤其是太阳化忌者更验）。

若陀罗与武曲、文昌、铃星同宫于辰、戌，凡己、辛、壬生人，二限行至辰、戌时（即大限宫或流年官位于辰、戌），主其人定遭水厄，甚至投河。

若与贪狼同宫，其人有无耻下流的倾向，会因酒色而成疾。若再有天刑同宫者，由于贪狼加陀罗为"风流彩杖格"（注：在寅宫方合此格），再加天刑，其人会因风流而惹大祸。这三者入运限宫（大限或流年）者，同论。

若与七杀同入命宫，其人乃流氓。

若与文昌、辅、弼同宫，主其人有暗疾。

若陀罗单独入命，多主其人二姓延生，特别是有火星同宫者更验。

陀罗不喜独入命宫，主其人弃祖、二姓延生、巧艺为业。若陀罗落陷（寅、申、巳、亥），再逢巨门或七杀者，主其人伤妻、背六亲，且多伤残带疾。

若擎羊、陀罗、铃星、火星同入或加会命宫、身宫（注：此乃"四煞会齐于身命"），其人乃腰驼曲背之人，且贪花恋酒。

若羊、陀、火、铃、化忌中有二或三颗星曜入命，或有空、劫会合者，其人多病、残疾甚至夭折。若再会天刑者，主凶死。陀罗与火、铃同入命宫，其人不残废则凶死。

若陀罗、火星、铃星同入命宫，其人会染瘟疫（指传染病）而死，或会因患疥疾而亡。

若陀罗、右弼、文曲同入命宫，其人身有异痣。

若遇空、劫、化忌，反而会有激发作用，其人可能有奇特的表现，尤其是在辰、戌、丑、未（此时陀罗入庙），更是如此。

陀罗于寅、申、巳、亥入命，其人必定破相或肢体伤残，不然牢狱，非夭折即刑伤（逢七杀、巨门时更验），且其人好行奸弄巧，但若与贪狼同入命宫于寅，则其人聪明风流。

凡陀罗入限（大限或流年），在此期间均为不顺时期。但对从事研究工作的人而言，却是适逢其时。因为陀罗入限的时期宜守不宜攻。

陀罗、火星（或铃星）遇天马之日，即流日宫内陀罗、火星（或铃星）与天马同宫，为战马，多主其人在该日会发脾气，但由于战马被火星压住，故脾气发不起来，但心情不好，会有与人口角之象。

若陀罗入限（大限或流年），又会照天刑，在此期间要注意健康和安全。若再加贪狼，则会因桃花而生祸端。

凡未婚男女的流年宫或流年夫妻宫中有陀罗者，在此流年中，感情多波折，难有结果。

老年人的运限宫（大限宫或流年宫）中有陀罗者，主其人在此运限中孤独。

凡流月所值之宫或流日所值之宫中有陀罗者，多主在该月或该日其人原来预计之事会拖延才成。

凡女命，六煞中有二星入命者，其人有淫乱的倾向。

（2）陀罗入兄弟宫

参见擎羊。

（3）陀罗入夫妻宫

陀罗入夫妻宫者，其人夫妻不和，且有克，可能要结二次婚。但若在辰、戌、丑、未（此时陀罗入庙），较不为灾。

其余参见擎羊。

（4）陀罗入子女宫

陀罗入子女宫者，若再加会桃花星，其人须注意发生严重的桃花之灾。

若陀罗、天相同入子女宫或福德宫，主其人有桃花。

其余参见擎羊。

（5）陀罗入财帛宫

参见擎羊。

（6）陀罗入疾厄宫

陀罗入疾厄宫者，主其人幼年多病灾，肺部较弱，头面有破相的可能，易患慢性头痛、神经分裂症、羊癫疯、皮肤病、全身倦怠、牙齿早坏。但口齿、头面有伤破相者却可延寿。

若陀罗入庙（辰、戌、丑、未），且有众吉守照者，其人病灾少。若陀罗落陷（寅、申、巳、亥），则其人幼年多灾多难。

若与贪狼同宫，其人会得性病。

擎羊或陀罗与化忌、火、铃、天刑同入命宫，主其人多病、残疾甚至夭折。

若陀罗入疾厄宫，主其人的牙齿不好，早坏。骨质差，筋骨疼痛导致四肢无力。易生顽癣、金钱癣。

若与文昌化忌（由辛干引发）、文曲化忌同宫（由己干引发），主其人有骨刺、胎记、斑疤。

若陀罗入疾厄宫或仆役宫，且该宫的宫干引发宫中其他主星化忌，皆主其人先天性牙齿不好，且骨骼易发酸。

"忌暗同命身疾厄，困弱尪羸（wang lei）格"：参见 21、擎羊之 5）"与擎羊有关的格局"。

（7）陀罗入迁移宫

陀罗入迁移宫者，若陀罗入庙（辰、戌、丑、未），且会吉曜，主其人在外遇贵而得财，且是闹中发财。若陀罗落陷（寅、申、巳、亥），加火、铃、空、劫者，主其人与人不合，多招纠纷，百事难成。

（8）陀罗入仆役宫

参见擎羊。

（9）陀罗入官禄宫

陀罗入官禄宫者，其人官运平常，宜从事军警、武职、机械、磨坊、牙科、内科医师等职业。

若陀罗入庙，其人利武不利文，再得众吉者，主其人权贵，但往往徒有虚名。

若落陷，主其人徒有虚名，再加其他煞星者，主其人困顿。

若四煞羊、陀、火、铃之中单颗星曜入官禄宫，主其人会下岗或失业。

（10）陀罗入田宅宫

陀罗入田宅宫者，若陀罗入庙，主其人会退祖，自置产业先难后易，中晚年可成，但若加会擎羊、火、铃，置业艰难。若陀罗落陷，产业全无。

陀罗入田宅宫者，其人的住宅附近有断垣、破屋、研磨店、轮胎店，或住屋外有废弃之石磨、轮胎等圆形物。

（11）陀罗入福德宫

陀罗入福德宫者，若陀罗入庙，且有众吉曜同宫，主其人有福，但奔波劳碌不免。若陀罗落陷，则其人艰苦维生。若再加其他煞星，则福薄禄少，且寿夭。

若陀罗、天相同入子女宫或福德宫，主其人有桃花。

（12）陀罗入父母宫

陀罗入父母宫者，主其人幼年刑克父母之一。

若与日、月同入父母宫，则主其人重重退祖。但若二姓重拜或入赘、过房者，则能安居延生。

23. 火星

1) 星情总论

属阳火，乃南斗助星，火星为杀神，主凶恶、破败。火星化为暴，色呈赤，为刚强主。又号"杀神"，为四煞之一。火星性急躁，不能三思而后行，冲动的性格容易招惹是非。做事的手段较为凶恶、剧烈。易有暴败之兆，但也会有暴发、暴富之喜。宜攻不宜守，宜动不宜静，有急于达成目标的企图心。

落入十二宫中皆为不美，仅入病厄宫，且入庙，则作身强体壮少病论之。

注：另一种术数"七政四余"中也有火星，但不同于紫微斗数中的火星，不可混淆。

若火、铃夹身，主其人身体有残障，或一生波折辛劳，发展困难。（注：应为夹疾、父宫才如是论。）

2) 风水、地理类象

天时类象：晴天，炎热的天气，夏天，中午，旱季。

地理类象：庙宇，火炉，尖山，恶石，破面巉岩之山石，寺塔，尖形地基，水形尖斜，闹区。

3) 旺度

火星的旺度：于寅、午、戌为入庙；于巳、酉、丑为得地；于亥、卯、未为平；于申、子、辰为落陷。

4) 火星与其他星曜的关系

火星虽属煞星，以正面来看，煞星有激发人的潜能的作用。所以有"命中无煞，不算聪明"之说。如果有福星或正曜调和，可成就事业。

● 火星、铃星合论

火星与铃星的相同特性：乃暴戾的象征。但火星主其人艳丽、明亮耀眼、有野性美。若独入命宫，其人宜重拜父母。适合从事电子、五金行业。而且其人丹田有力，生命力强，故也适合从事大众传播。

火星与铃星的相异特性：火星易犯灾煞、烧伤。铃星容易有肢体刑伤。铃星比火星更刚烈。

若火、铃在命盘中有连宫（相邻）、或相隔（隔一宫）、或会照（三方）、或对宫（隔六宫）等四种状态，其中以相隔和对宫两种状态的合力最大。

火、铃相隔一宫时，被它们夹在中间的宫位皆不利。若被夹的是命宫，且命宫中主星无力，则其人一生成败不一，难以成事。

虽然庙旺的紫微、七杀、贪狼可以制服火、铃，但总嫌美中不足。

凡东南方位出生之人，运限（大限或流年）逢火、铃较为有利。凡肖虎（寅年）、肖兔（卯年）、肖蛇（巳年）、肖马（午年）、肖羊（未年）、肖狗（戌年）之人，运气也不差，有突发的可能，但有时会有虚惊。

若火、铃与贪狼同宫，又没有其他诸煞冲破，由于贪狼能制服火、铃，故这段运程为一鸣惊人的时期，从商者财运亨通。

若是寅、午、戌年生人，行运于火、铃相夹之宫（大限宫或流年宫），这段运程必是成败不一，起伏更迭，理想落空，抱负难展。

若是亥、卯、未年生人，行运于火、铃相夹之宫（大限宫或流年宫），其人虽有突发的倾向，但难以持久守成，且辛苦备偿。加上火、铃又在此行运宫（包括大限和流年宫）的一前一后相夹，故往往有二十年的霉运。若流月值此宫，则有两个月的霉运。

凡火、铃入命，遇羊、陀，或三方有羊、陀，其人性格冲动暴怒，不计后果。

凡火、铃值运之时（火、铃入大限宫或流年宫），在此运限期间其人的情绪比较浮躁、消极，不易冷静处理或对待事物，或在此期间会有见利忘义的朋友，或是其异性朋友另结新欢。故在此期间适宜于钻研哲理或宗教经典，修身养性。

火、铃的特点是其人多是事业如意，则情场必失意之人。故若女性逢此二煞独坐命宫者，务必注意婚姻上的波折。

女性逢火、铃与七杀、贪狼同宫值限（大限或流年），也有突发倾向，但精神上、感情上会感到寂寞。

5）与火星有关的格局

（1）"三合火贪格"：参见9、贪狼之4）"与贪狼有关的格局"。

（2）"权煞化禄格"：参见21、擎羊之4）"与擎羊有关的根据"。

（3）"巨逢四煞格"：参见10、巨门之4）"与巨门有关的格局"。

（4）"君子在野格"：若贪狼、四煞星、天刑交会，且吉星落陷，即为此格。

（5）"帝遇凶徒，纵获吉而无道格"：参见1、紫微之4）"与紫微有关的根据"

6）火星入十二宫分论

（1）火星入命宫

① 性格、外貌、运气分析

凡火星入命，其人长脸形，目大，唇齿或四肢有伤，毛发多旺微卷呈色异于常人，面色泛红，或黄，脸圆长，眼大，中等身材，略壮。易有皮肤病（包括过敏性皮肤病）或肠胃病。牙长得不好，或者是色环素牙，或者牙齿不齐。性急、刚强、果断、脾气过烈、有突发性脾气，进入中年后火气仍盛，心性凶狠，喜怒过显于面，容易伤和气，对投机取巧之事有兴趣。顽固不化。有权威，冲动，有干劲，做事积极，明快果决，执行力强，常能一鸣惊人。善舌辩、做事讲求效率、心情急躁不定、不安于现状、且往往做事无头无尾和先后不分。

火星若坐于命身宫，则心态行动暴躁冲动，处理任何事皆无法冷静，因命身宫统率十二宫，对十二宫都具影响力。

（i）入寅、午、戌诸宫（铃星同论）：其人能掌大权。但若与昌、曲同宫，其人仅靠技艺为生。若入寅、午宫，其人易有残废之可能。若入戌宫，则其人富有。若与禄存同宫，其人财运亨通。若与左、右、魁、钺同宫，其人富贵、居高位、能掌权。若与空、劫同宫，其人仅虚有其表，生活艰苦。凡女命，其人贞节，但刑克难免。

火星于寅、午、戌诸宫皆为入庙，主其人骄横；于陷地入命者，其人好撒谎，其人多为奸诈虚伪之辈，不是真小人，就是伪君子。

（ⅱ）入申、子、辰、巳、酉、丑诸宫（铃星同论）：火星于申、子、辰诸宫皆落陷，于巳、酉、丑诸宫皆为得地。其人性格激烈，不安于单调的工作。做事欠思考、不计后果。做事图快，却往往欲速则不达。礼貌不周，不易亲近。且面部有疤痕、破相，手足有伤残。宜过继改姓。一生多起伏，甚至有夭折的可能。若与昌、曲同宫，宜靠一技之长谋生。若与羊、陀同宫，其人的脊椎骨会受伤。若与空、劫同宫，其人一生受慢性病折磨。即使与吉曜同宫，亦仅一生平凡。

凡女命，其人心毒、内狠外虚，欺负丈夫，克子女，多是非，不守妇道，性生活很乱，且贫困，甚至夭寿。

② 与诸星同宫等关系分析

火星喜东南生人及寅、卯、巳、午时生人，主福。凡此类人若火星入命、入庙，又见诸吉星，且三方和对宫不加会其他煞星者，武职之人主贵显，中年可扬名于世。而且此类人虽然火星入命，但灾轻。

火星的破坏力虽强，但若与紫微、入庙的七杀同宫，可减少其破坏力。

若与贪狼、铃星同入四墓宫，三方有吉星来拱者，其人会立边功。

若与巨门同宫，易有官灾，早年刑克。

若与七杀同宫，其人有专长，为技艺之人。

火星最忌与破军同宫，此为奔波之宿。

若与擎羊于辰、戌同入命宫，此为火炼真金，其人威权压众。

若擎羊、陀罗、铃星、火星同入或加会命宫、身宫（此乃"四煞会齐于身命"）其人乃腰驼曲背之人，且贪花恋酒。

若火星、铃星、陀罗同入命宫，其人会染瘟疫（指传染病）而死。

若羊、陀、火、铃、化忌中有二或三颗至曜入命，再会天刑者，主凶死。

若火、铃夹命，为败局，主凶。

若与铃星同入命，且入庙，主其人名震诸邦。

若火星居陷地，且与羊、陀同宫，其人襁褓多灾，宜过房出外，二姓延生。

若与地劫、天马同入命宫，其人除了极为好动外，每多有浮躁不安的缺点。这种人十分聪明，能举一反三，只是思路欠深远和计划欠周详，易功亏一篑。

若与空、劫同宫于旺地，其人为虚来声势，色厉内荏之人。

若与天马同宫，名为战马，若此时其人行好运，则相当劳心，如救火般忙碌，如战马一样辛劳。若其人行不好之运，则有刑克。若有凶星同宫，主恶死外道。

火星遇天马之日（即流日宫内火星与天马同宫）为战马，多主其人在该日必发脾气，如遇陀罗也同宫，则战马被压住发不起来，但心情不好，会与人口角之象。

若火星与天空、旬空、空亡同入大小限火流年宫，此乃"火空则发"的状态。

若大小限或流年宫位于丑、戌，有火星与擎羊同入，则其人虽然辛劳，但会有突出表现。

一般而言，火星坐命，遇吉则吉，遇凶则凶。尤其不喜与巨门同宫，主其人一生感情复杂。

女命，火星入命者性格刚强，热烈外向，敢说敢言。若火星庙旺又与吉星庙旺同守，则能旺夫益子，乃贞烈之妇。若于陷宫守命或同宫之正星落陷，则其人心毒，内狠外虚，凌夫克子，不守妇道，多是非，淫欲下贱。上述情形尤其以火星独入命宫者更验。

凡女命，六煞中有二星入命者，其人有淫乱的倾向。

（2）火星入兄弟宫

火星入兄弟宫者，若火星居庙旺之地，且有吉星同宫，其人可有兄弟一二人。若落陷，则兄弟全无。

火星、铃星入兄弟宫者，轻视兄弟亲情，和不耐久，有兄弟也形同陌路。

若与廉贞、七杀、破军、铃星同宫，则主刑克孤单。

凡火星入兄弟宫者，其兄弟多为性情怪异、缺乏耐力、暴躁之人。

（ⅰ）入寅、午、戌诸宫（铃星同论）：其人会有两个兄弟，若与其余五煞同宫，兄弟之间有克，常常发生纠纷。若与吉曜同宫，兄弟之间感情好，且能互相帮助。

（ⅱ）入申子辰诸宫（铃星同论）：兄弟之间感情不好。若与其余五煞同宫，兄弟不和，且相互伤害。即使与吉曜同宫。兄弟感情亦平淡。

（ⅲ）入巳、酉、丑、亥、卯、未诸宫（铃星同论）：兄弟之间感情不好，且兄弟姐妹的体质虚弱多病，甚至有人夭折。即使与吉曜同宫。兄弟感情亦平淡。

（3）火星入夫妻宫

火星、铃星同论。

火星入夫妻宫者，男女皆克，迟婚吉。

若火、铃独坐且入庙，则其人的配偶脾气暴躁，但事业有成。若再逢吉星同宫。则可免克害。若火、铃独坐且落陷，则配偶辛劳多波折，夫妻不和谐，且有聚少离多之现象。

若火、铃加会羊、陀、七杀、巨门，亦主克害，而且主夫妻间生离死别，或男女鳏独。

凡火、铃入夫妻宫者，其人夫妻之间无缘分，常会为小事而争吵，宜晚婚。

若火、铃于寅、午、戌入夫妻宫，其人夫妻不和，但不刑克。若与昌、曲、空、劫同宫，主其人的配偶先死。

若火、铃于申、子、辰入夫妻宫，主其人夫妻之间会生离死别。若与空、劫同宫，主其人夫妻之间不但有克，而且会克二三次。若与魁、钺同宫，主其人的配偶先死，但时间较晚。

（4）火星入子女宫

火星、铃星同论。

凡火、铃入子女宫者，其人只宜一子。但若对宫吉星多，或可有二三人。

火星入子女宫者，若逢吉星同宫，则其人不孤；若落陷且加煞，则刑克无子。

若铃星独坐子女宫，主其人孤单无子；若入庙加吉星，会有庶出之子。

子女体弱多夭。自己的性生活有苦恼与纠纷。

（5）火星入财帛宫

火星、铃星同论。

火星入财帛宫者，若火星独坐入庙，主其人会横发横破；若与吉星同宫，则财多遂意。若落陷，则劳苦生财。

若加会羊、陀，主贫穷，若加会空、劫、化忌，则食宿俱无。

凡落陷入财帛宫者，会有偏财。

凡火、铃于寅、午、戌入财帛宫者，主其人有偏财运，但会意外得财，也会意外破财。若与吉曜同宫，主其人晚年才能发财。若与昌、曲同宫，主其人有学问，但无钱财。若与空、劫同宫，主其人孤独、贫困。若与四煞同宫，主其人会破财。

凡火、铃于申、子、辰入财帛宫者，主其人须经艰苦努力奋斗，才能维持生活。除非有吉曜同宫，则足够维持生活。若与昌、曲同宫，主其人有学问，但无钱财。若与六煞同宫，主其人孤独、贫困。

（6）火星入疾厄宫

火星、铃星同论。

火星入疾厄宫者，若火星庙旺且得众吉守照者，主其人灾少，但易有皮肤病。若居平、陷之地，则与羊、陀同论。

若左辅、右弼加四煞入疾厄宫（田宅宫的官禄宫），说明其人被窃。

火、铃与化忌、羊、陀、天刑同入命宫者，主其人多病、外伤、残疾甚至夭折。

（7）火星入迁移宫

火星入迁移宫者，入庙者吉，若火星独坐，主其人漂泊不定，生活不安宁。若加众吉守照，主闹中生财。若落陷，再加会铃星、羊、陀、空、劫者，多招是非，外出不遂意。

（8）火星入仆役宫

火星、铃星同论。

若火、铃于巳、酉、丑入仆役宫，火、铃皆为得地，主其人的部属与朋友不得力。若落陷，部属及朋友中多怨主之人。

若火、铃于申、子、辰、亥、卯、未入仆役宫，火、铃皆为平或落陷，其人得不到部下的助力。若与羊、陀同宫，其人的部下中有怨主之人。若与昌、曲、禄存同宫，主其部下无能力。若与左、右同宫，其部下颇为得力。若于魁、钺同宫，其部下会偷盗主人的财务。若与空、劫同宫，其人会受到部下的连累，且损失很大。

若火、铃于寅、午、戌入仆役宫，火、铃皆入庙，主其人的部下得力。尤其如果有吉曜同宫，主其部下忠实得力。若有羊、陀同宫，则部下中有背逃之人。若与昌、曲同宫，其人的部下不良。若与空、劫同宫，则其部下不得力。

若铃星入庙，则部属与朋友中有能助主卫家之人。

若与左辅同宫，可得积极的良友。

（9）火星入官禄宫

火星入官禄宫者，主其人早年多成败，晚年功名遂心。其人宜从事重工业、钢铁业或武职。

若与紫微、贪狼同宫，能有高职位，且会发横财。若落陷再加煞，主奔波、困顿。

若羊、陀、火、铃单入官禄宫，其人会下岗或失业。

（10）火星入田宅宫

火星、铃星同论。

火星入田宅宫者，若火星独守且庙旺，其人即使有祖业也会变卖殆尽而无份。但若有吉曜同宫，则主先无后有。若火星落陷，则全无。若加其他煞星，亦主全无。火星入田宅宫者，晚年可置业。铃星入田宅宫者，自置尚吉。

火星入田宅宫表示房子周围有噪音。

（11）火星入福德宫

火星、铃星同论。

火星入福德宫者，若火星独守，主其人忙碌无比，劳苦艰辛。得众吉者，平和。晚年可遂志。寿达五十七以上。若加其他恶煞之星，则更为劳苦。

女命，火星独入福德宫者，其人凌夫克子、是非多。

（12）火星入父母宫

火星入父母宫者，若火星入庙，主其人的父母有福有禄。但刑克父母之一，二者必有一位身体欠佳。且其人与父母有隔阂。若与其他凶星同宫，则刑克双亲，宜过房或入赘。喜吉星来化解。

24. 铃星

1）星情总论

属阴火，乃南斗助星。铃星为杀星，主凶恶破败。它与火星同为大杀将星，入十二宫皆不利。唯居疾厄宫入庙，作身体强壮少病论之。

化气为暴。铃星之狂暴不如火星剧烈，较为温和，但其持续力却胜过火星许多，在个性上，是阴沉急躁型之人，其怒气虽强忍下来，若无其事，但依然可由脸上或言谈举止上感觉出来，强忍之怒气爆发时，其威力有如火山爆发，令人措手不及。

铃星的性格较阴沉、性烈、内向，脾气慢发、会记恨，此星喜好音乐。

铃星亦是"积极"的象征，其持续力胜过火星，能适时把握时机或开创机会。但若反其道而行之，其破坏力更令人措手不及。

若火、铃夹身，身体残障，或一生波折辛劳，发展困难。（注：应为夹疾、父官才如是论。）

2）风水、地理类象

天时类象：阴天，山雨欲来，浓雾，暗夜。

地理类象：砖瓦屋，寺塔，庙脊，尖锐地形。崩裂巉岩之山石，凹缺处，漏洞，窗户，闹区。

3）旺度

铃星的旺度：于寅、午、戌为入庙；于丑、巳、酉为得地；于卯、未、亥为平；于子、辰、申为落陷。

4）铃星与其他星曜的关系

火星、铃星合论（见"火星"）。

5）与铃星有关的格局

（1）"贪铃朝垣格"：参见9、贪狼之4）"与贪狼有关的格局"。

（2）"铃昌陀武格"：参见4、武曲之4）"与武曲有关的格局"。

其余的格局参见23、火星之5）"与火星有关的格局"。

6）铃星入十二宫分论

（1）铃星入命宫

①性格、外貌、运气分析

铃星入命宫者，其人长脸型，牙长得不好，或者是色环素牙，或者牙齿不齐。面色青黄，形容不雅，目大、破相、相貌多异、心毒、凶暴、胆大出众。易有皮肤病（包括过敏性皮肤病）或肠胃病。其威力虽然小于火星，但若无紫微、贪狼、七杀等星来制服，亦主其人幼年多灾难，也应过房延生。如再遇煞星，且无吉星扶济者，亦有伤残之虞。

铃星入命宫者，因为铃星乃时系星，故其人反应快、聪明、机智果断、性格急躁、多变且变化快、反复不定。而且其人不安现状、好大喜功、逞强好斗。刚强出众，急躁胆大，顽固不化，自以为是，心性毒辣，嫉妒心强，睚眦必报，说话声音低沉或沙哑，或者嗓门很大。

铃星入命者喜爱发号施令，喜欢自己的名声响亮。凡事不讲情面，险恶阴狠，头面手足有伤，麻面。总是觉得命不好，别人对不起他，导致心理不平衡。由于其人心胸窄小，故横成又横破，好命之时亦心神不宁多灾难，所以性格独特。

铃星入命者，其人具有音乐才华，音感很好。

铃星于旺地入命者，其人骄横；于陷地入命者，其人好撒谎，其人多为奸诈虚伪之辈，不是真小人，就是伪君子。

铃星入命者，生平会有巧遇之事。故若铃星入财帛宫，会有偏财。

若西北生人有铃星坐身宫或命宫，或铃星入六亲之宫，皆主刑克。但若是东南生人，反主其人伶俐，有急智。

女命，其人性格阴强，热烈外向，背六亲，伤夫子，入庙遇吉丰足，陷宫不贞洁，贫寒下贱。

（ⅰ）入寅、午、戌诸宫：火铃星同论，参见火星。

（ⅱ）入申、子、辰、巳、酉、丑诸宫：火铃星同论，参见火星。

② 与诸星同宫等关系分析

若与紫微、天府、辅、弼同宫，主其人不富即贵。

若与廉贞、擎羊同宫，其人勇猛好斗，宜军旅之职，易遭刀兵之厄，但若逢禄马，则有救。

若与贪狼同宫，其人能指日立功边庭，武职显贵，经商横发。铃星之性较阴沉，行事较迟疑不决，不像火星之明快果决，但其爆发力也极惊人。由于贪狼入命之人聪明绝顶，工于心计，处事圆滑，但稍嫌懒散，而铃星之积极，其持续力胜过火星，随时对贪狼加以鞭策，使贪狼之懒散变为积极，适时把握机会或创造最佳时机，成就一番事业。

铃星最喜与贪狼同宫，因贪狼的野心很大，故能横发。此乃将相之格，主其人立功边疆，且有外出创业的冲劲。尤其当铃星在四墓坐命，三方有吉星来拱者，更为明显。而且，若此时贪狼化禄（由戊干引发）或与禄存同宫，则更吉。如果行运或流年遇到铃星与贪狼同宫，其人会突然产生想创业的念头。但是，如果此时贪狼化忌，则不吉。

若与七杀同宫，且无吉星加会者，主其人有凶亡之事。

若与破军同宫，主其人难以成事，还会倾家荡产，人财两失。且若二者同宫于大限宫或流年宫，再有羊、陀者，必主其人大破财。

若擎羊、铃星同入命宫，则当流年宫与命宫重合时，如果宫中有白虎，主其人在该年会有灾伤。

若擎羊、陀罗、铃星、火星同入或加会命宫、身宫（此乃"四煞会齐于身命"），其人乃腰驼曲背之人，且贪花恋酒。

若铃星入流年宫，擎羊和陀罗来夹，主其人在该年会受刑，例如，面部破相留下斑痕。

若铃星、火星、陀罗同入命宫，其人会染瘟疫（指传染病）而死。

若羊、陀、火、铃、化忌中有二或三颗星曜入命，再会天刑者，主凶死。

若与羊、陀同宫，主孤单、多灾、弃祖、伤残带疾。

若铃星入庙（必在寅、午、戌），见诸吉星，主财官双美，故铃星利寅、午、戌生人。若铃星落陷（必在申、子、辰），主其人孤贫、破相则会延寿。

若与火星分入寅、午、戌诸宫（此时铃星入庙），且无廉贞、七杀、擎羊，则以福论；但若加会此三星，则主其人会阵亡。

铃星遇天马之日（即流日宫内铃星与天马同宫）为战马，多主其人在该日必发脾气，如果陀罗也同宫，则战马被压住发不起来，主其人心情不好，会与人发生口角。

女命，铃星与擎羊同宫入命者为下格，但若铃星庙旺，则尚可；若铃星落陷，则主其人下贱、贫穷、夭折。且若铃星入命于入庙之地，其人为女中丈夫，事业有成，亦是贞烈之妇，但婚姻较不顺。

女命，铃星独入命宫者，其人外表贤淑而内心狠毒。

女命，六煞中有二星入命者，其人有淫乱的倾向。

（2）铃星入兄弟宫

铃星入兄弟宫者，若铃星庙旺，可有兄弟一二人；若铃星落陷，则孤单；若与其余煞星同宫，则全无。

铃星、火星入兄弟宫者，其人轻视兄弟亲情，和不耐久，有兄弟也形同陌路。

凡兄弟宫中有其余煞星及化忌者，兄弟多者减少或欠和，兄弟少者，主孤单。

（ⅰ）入寅、午、戌诸宫：与火星同论，参见火星。

（ⅱ）入申子辰诸宫：与火星同论，参见火星。

（ⅲ）入巳、酉、丑、亥、卯、未诸宫：与火星同论，参见火星。

（3）铃星入夫妻宫

参见火星。

（4）铃星入子女宫

参见火星。

（5）铃星入财帛宫

若铃星入财帛宫，其人会有偏财。

其余参见火星。

（6）铃星入疾厄宫

参见火星。

（7）铃星入迁移宫

铃星入迁移宫者，若铃星入庙又有吉星同宫，则外出吉利，可旺发。若加火星、羊、陀、空、劫，其人一生劳碌，与人不睦，多招是非。

（8）铃星入仆役宫

参见火星。

（9）铃星入官禄宫

铃星入官禄宫者，若铃星入庙，其人职位高，又与众吉星同宫者，主权贵。若铃星落陷，则不美。若加其余煞星，主其人一生困顿。

若羊、陀、火、铃单入官禄宫，其人会下岗或失业。

（10）铃星入田宅宫

参见火星。

（11）铃星入福德宫

参见火星。

（12）铃星入父母宫

铃星入父母宫者，主其人刑克孤独，刑克父母之一，父母中必有一位身体欠佳。无论铃星入庙或落陷，如果加煞，则与火星的情况相同。若与其余煞星同宫，亦主刑克双亲，喜欢有众吉星前来化解。

25. 天空

1）星情总论

属阴火，为空亡之神。主多灾、破财、风险。乃管辖命主、身主之宿。天空，主灵感、飘荡之星。有些书中也称之为"地空星"，但是有些书中却另外有一颗"地空"星。天空的特点是虚空不实、心性不定、无精打采、喜幻想、多变动、不行正道。这里所说的不行正道是指标新立异，不是指乱来，其结果是浪费精神。

天空化气为耗。乃中天凶星，不论南、北斗主星，或吉凶星曜，只要会到天空，其吉祥与凶象皆因此而打了折扣。不论物质和精神上的得失，有了天空后，皆能大而化之，使之吉不全吉，凶也不全凶。

若空、劫夹身，一生坎坷，或身体有缺陷。

2）风水、地理类象

天时类象：晴空无云，浓雾，白云，山风，太空，宇宙，闪电，太阳，冰雹。

地理类象：空地，平原，地窖，养猪场，空屋，顶楼，独立住宅。

3）旺度

天空的旺度：于巳、午、申、酉为入庙；于子、卯、未为平；于丑、寅、辰、戌、亥为落陷。

4）天空与其他星曜的关系

● 天空、地劫合论

天空与地劫皆主波动，一主钱财波动，二主感情波动。但天空比较大而化之，失掉后容易想得开；而地劫比较消极，失掉后容易想不开。二者均不宜从事商业活动，以免钱财暴起暴落而一无所有。

空、劫的波动与破军的波动不同。破军只要其人辛勤，再遇吉星，则必有收获。而空、劫则不同。

凡空、劫入身宫、命宫或福德宫，其人不宜经商。故大小限或流年逢之，经商者必遭损失。

空、劫入命者利于从政或从事数理研究、专门技术，担任公教职或文职。若空、劫入巳、午、申、酉四宫，不至于影响事业表现，但不宜经手钱财。

若天空、地劫拱冲命宫，纵然命局入格亦枉然，难有旺达之期。

若天空、地劫同入命宫，定主其人颠三倒四，百事无成。

若天空、地劫同宫而冲命宫（即同入迁移宫），其人常有奇灾大祸，需众吉星来解救。

若天空、地劫夹命，为败局，既主其人终身难遂己志，亦主其人幼少会有凶祸。

若空、劫合照命宫，此时纵有吉星临照，仍主损失，不以富贵论，主贫贱。

天空、地劫二星入诸宫皆不利，值庙旺者，庶可灾轻。

若天空或者地劫独入命宫，不见主星，此乃"命里逢空格"，主其人一生犹如浪里行船，若非漂流，便是贫苦。若再有三合加煞、化忌者，更凶。

若空、劫入财帛宫或福德宫，主其人生来贫贱。

若禄存、天马入败、绝、空亡之地，而流年会空、劫，则主其人在该年多灾晦。

5）与天空有关的格局

（1）禄衰马困格：大小限、流年逢禄存、天马同宫，又与天空、地劫同宫，再加会羊、陀、火、铃、忌星、空亡者，即为此格。凡大小限、流年宫遇此格者，其人会忙碌赚钱，但因逢地劫、天空，结果赚到的钱都聚不在一起，白忙一场。又因空、劫具有半天折翅、浪里行舟的特征，故不能得到禄马交驰的效应。若命宫中的主星强，则影响不大。若命宫中的主星弱，凶星多则影响较大。

（2）禄逢冲破格：禄存或化禄，逢化忌同宫或逢天空、地劫同宫者，禄被冲破，乃此格。古人云："禄逢冲破，吉也成凶"。又云："禄逢冲破，吉处藏凶"。本来流年遇禄存者，会有新的希望，计划做一番事业，但逢忌星，使希望成空。若命宫中的主星强，则影响不大。若命宫中主星弱，且凶星多，则影响较大。

6）天空入十二宫分论

（1）天空入命宫

① 性格、外貌、运气分析

凡天空入命宫者，其人做事不行正道，虚空、成败多端、操劳奔波。其人的心态和个性极不稳定，凭感觉行事，急进急退，当然难以成事；当天空坐入身宫时，行动毅力欠缺，如无头苍蝇，行动毫无轨迹可寻，到处乱闯，偶有所成，随即惨败，如无强旺主星同宫，又得运助的话，颠簸潦倒，一生不顺，盖难扭转。

古人云："命里逢空，不漂流则主贫苦"，故须防破财。无论男女，不管是否加会吉星，皆主其人幼年坎坷，或失学，或失怙恃，或贫困，或病弱，或有灾厄。但若有吉星加会，则灾轻。

若天空入命，即使命盘中桃花太旺，不但不怕桃花烦扰，相反，更显得清白贞节。

天空入命宫者，其人会有出家的念头，为人做事虚空，言谈夸张而无实。

② 与诸星同宫等关系分析

若空、劫单独入命，命宫无正曜，三方有煞忌者，主其人漂流孤苦终生。

若得左辅、右弼或天魁、天钺相夹，则能有所表现。

若与擎羊同宫于午，也能有所表现，但不如与火星同宫的状态。

若与火星同宫于巳、午宫，为"火空则发"，会有突出表现。

若空、劫于寅、申、巳、亥入命，其人有神经质。

若在辰、戌二宫与巨门、化忌、擎羊、陀罗同宫或会照，则可中和各颗煞星之害。

若大小限或流年宫有天空,犹如半空折翅,发不耐久,多破财刑伤。

若在申、酉二宫,则"金空则鸣",亦主有突发表现,但不可有其他杂星混入。故天空较喜欢居巳、午、申、酉四宫,尤以在巳、午宫在添火星者更佳。

凡大小限或流年宫有天空,其人的心胸在此运限期间会比往常开阔。但容易因为漫不经心、不假思索的决定而出差错。故对于从事投机事业者,处理业务要小心,以谨慎保守为上策。

凡未婚者,如果大小限或流年宫有天空,在此期间往往会对异性不感兴趣。

女命,若空、劫坐命,必定会在感情上有波折,以晚婚为宜。

凡女命,六煞中有二星入命者,其人有淫乱的倾向。

（2）天空入兄弟宫

天空、地劫同论。

天空入兄弟宫者,主其人无兄弟。得众吉同宫或会照者,有一人。但若不克,则主生离,庶出或分居可吉。

凡天空入兄弟宫者,主其人兄弟之间不和,得不到助力,甚至会因为兄弟的问题而导致损失。

（3）天空入夫妻宫

天空、地劫同论。

天空入夫妻宫者,一般而言,多主配偶先死。若天空庙旺,且交会诸吉曜者,尚吉,但仍须迟婚方可。

若加会四煞星、廉贞、七杀、破军,则夫妻必有重克,并生离死别。一般而言,会与配偶间的感情日趋冷淡。其中,若与破军、七杀同宫,且无红鸾、天姚、咸池等桃花性质的星曜同宫,其人恋爱或结识异性的机会甚少。若与截空、空亡同宫,其人知音难求。

（4）天空入子女宫

天空、地劫同论。

凡空、劫入子女宫者,多主其人晚年孤独。

若此三星同入子女宫者,则主其人无子绝嗣。若有诸吉临照,有一子,但易夭折,庶出或早离可吉。

（5）天空入财帛宫

天空、地劫同论。

若天空入财帛宫,其人经常缺钱,若又见空、劫、煞、忌者,其人生来贫贱。

若天空、地劫与天马同入财帛宫,主贫,其人有钱不花心不甘。

若天空、地劫入流年财帛宫,主其人在该年钱财有失。

（6）天空入疾厄宫

天空、地劫同论。

凡天空入疾厄宫者,其人有贫血、头昏眼花等疾病。

若与紫微同宫,主其人心气有疾。

若与天机同宫,主其人体弱。

若与廉贞同宫，且康贞落陷者，其人灾祸常临。

若与太阴同宫，其人有疯癫之疾。

若与天梁同宫，且有火、铃者，主其人有残疾。

若与七杀同宫，主其人有伤残。

若与辅、弼、魁、钺同宫，其人常有灾厄。

若与擎羊同宫，主其人有残疾或疯癫。

若斗君入疾厄宫，遇空、劫者，其人在该年必多灾。

（7）天空入迁移宫

天空、地劫同论。

天空入迁移宫者，主其人在外易遭失败，并一蹶不振。须防遭受拖累。

（8）天空入仆役宫

天空、地劫同论。

天空、地劫入仆役宫者，其人多有卖友的朋友，会因部属或朋友的背叛而受到伤害。

（9）天空入官禄宫

天空、地劫同论。

天空入官禄宫者，主其人忙于为事业或工作而奔波，往往是司机或外勤人员。

凡天空入官禄宫者，若再逢凶星，其人的事业会突然失败。

（10）天空入田宅宫

天空、地劫同论。

凡空、劫入田宅宫者，其人不能保住祖业。

若与紫微同宫，其人不动产无份。

若与武曲、巨门、天梁、七杀、落陷之太阳、魁、钺、科、禄、权、火星、铃星同宫，主其人产业全无。

若斗君入田宅宫，遇空、劫者，其人在该年必退败、迁移。

天空入田宅宫表示其人的住宅附近有空地。

（11）天空入福德宫

天空、地劫同论。

天空入福德宫者，其人视钱财如粪土，难有积蓄。若又见空、劫、煞、忌者，其人生来贫贱。

若与紫微、天机、落陷之天同、落陷之太阴、辅、弼同宫，主其人减福、劳碌、艰辛、多咎。

（12）天空入父母宫

天空、地劫同论。

天空入父母宫者，主其人父母不全，与父母的缘分浅薄，且其人和父母的生活环境不理想。

26. 地劫

1）星情总论

属阳火，是第二劫星，为劫杀之神，称"断桥煞"。主虚耗破败，对钱财、感情等不利。在六煞星中，以地劫星最不利钱财，有劫财之力，亦会使感情蒙受劫难。地劫对于钱财之劫，主要是财来财去，得后必失。故此星若入命宫或身宫者，纵有吉星救助，亦不入富格，不利经商宜买空卖空。行运逢之（地劫入大限宫或流年宫），其人在该年宜五术行业。

地劫星对任何星曜均有不利影响（不似天空星对火星等尚有好处可言）。只有在辰、戌二宫（天罗地网宫），始能制其凶厄，让它安分无咎。

地劫与其他诸星喜欢庙旺不同，若地劫入子、丑、辰落陷之宫，反而削弱其破坏力。尤其在丑、辰二宫，与巨门、化忌、羊、陀同宫时会降低它的破坏力，从而减轻祸害。

若空、劫夹身宫，主其人一生坎坷，或其身体有缺陷。

2）风水、地理类象

天时类象：黑夜，暴风雨，打雷。

地理类象：短墙，分垄阡陌，坎坷不平的地面，养猪场，地下室，角落，危险地带。

3）旺度

地劫的旺度：于午、申为入庙；于亥为旺；于巳为得地；于寅、卯、未、酉、戌为平；于子、丑、辰为落陷。

4）地劫与其他星曜的关系

地劫星不同于羊、陀、火、铃会对外作攻击。地劫星座落在财帛宫的第一个害处是破坏同宫之中无论好坏星曜的作用力。因此，地劫星的好处是会同时使宫内其他凶星的凶性不至于过度凸显。

天空、地劫合论（见"天空"）。

5）与地劫有关的格局

命里逢劫格：地劫独守命宫，不见主星，此乃"命里逢劫格"，其人生犹如浪里行船。

其余格局参见 25、天空之 5）"与天空有关的格局"。

6）地劫入十二宫分论

（1）地劫入命宫

① 性格、外貌、运气分析

若地劫入命，其人头脑聪明，反应灵敏，个性强。身材瘦小、性情善变、做事疏狂、性格顽劣、喜好投机、不行正道、多奔波漂泊、孤独、喜怒无常。性格多变，它与地心引力有关，有凹陷的意思。是一颗退却星，做什么事都要留个尾巴。若再与凶星同宫，则一生多消耗。

地劫入命宫者，为人处世疏狂。恃才傲物，会有出家的念头。

女命，若空、劫坐命，其人必定会在感情上有波折，以晚婚为宜。

② 与诸星同宫等关系分析

若空、劫单独入命，命宫无正曜，三方有煞忌者，其人漂流孤苦终身。

若空、劫于寅、申、巳、亥入命，其人易有神经质。

若与天刑同宫，其人易惹官非。

若大小限或流年宫逢地劫，且见忌、煞、刑、耗者，主其人在此期间会破财。因此对钱财的处理务必谨慎，尤其要防止为他人担保或背书。此外，也不可轻涉感情问题，容易成为失败者。

若是丙、丁年生人，且又是亥时出生者；或壬、癸年生人，且又是巳时出生者；或是三五月的申时生人；或是九月、十月的寅时生人，不仅地劫对其无害，反而会有所建树。

若与红鸾同宫，则如果流日宫落在该宫，其人在该日很容易意外得罪人。或讲话得罪人。

女命，地劫入命宫者，主其人感情波折，宜晚婚。身怀六甲者，须防产厄。

凡女命，六煞中有二星入命者，其人有淫乱的倾向。

（2）地劫入兄弟宫

参见天空。

（3）地劫入夫妻宫

若地劫入流年夫妻宫，在该年其人夫妻间感情有波折，未婚者则不成姻缘。

其余参见天空。

（4）地劫入子女宫

参见天空。

（5）地劫入财帛宫

若地劫入财帛宫，主其人一生受穷，若又见空、劫、煞、忌者，其人生来贫贱。

地劫入财帛宫并不意味一定是钱财被劫，而是对赚钱的敏感度降低，以致难以适时把握住赚钱机会。

其余参见天空。

（6）地劫入疾厄宫

地劫入疾厄宫者，其人的四肢有伤。

其余参见天空。

（7）地劫入迁移宫

参见天空。

（8）地劫入仆役宫

参见天空。

（9）地劫入官禄宫

参见天空。

（10）地劫入田宅宫

参见天空。

（11）地劫入福德宫

若地劫入福德宫，其人视钱财如粪土，难有积蓄。若又见空、劫、煞、忌者，其人生来贫贱。

其余参见天空。

（12）地劫入父母宫

参见天空。

27. 禄存

1）星情总论

属阴土，乃北斗第三星。主爵、禄、贵寿。掌人寿之宿，有制厄化解之功。又名天禄星，乃锦上添花之星。

禄存与擎羊、陀罗为一组三颗相关联的星曜。禄存的前一位必是擎羊，后一位必是陀罗。例如，禄存在子，则擎羊必在丑，陀罗必在亥。此处所说的前后是指，在命盘中的宫位按照顺时针的方向论前后。

禄者，乃俸禄也。按照时空概念，一个人有俸禄，则表示有职位或官职，说明这是其人发展的最佳位置。再者，禄存所处的运限时期，是人生发展最恰当的时期。具体到命盘中推论，禄存所在的运限宫或流年宫表明其人的人生轨迹的最佳时期，而该宫对应是什么宫，例如，命宫、兄弟宫、夫妻宫……表明其人的最佳运气反应在哪一方面。

禄存不宜有冲。冲则不易存。禄不可犯忌，禄被忌冲为吉处藏凶，主好景在望、又成空。

禄存不入四墓之地（辰、戌、丑、未）。而且禄存在其余诸宫均为入庙。

禄存为干系星，即按照生年干确定其宫位之星。

2）风水、地理类象

天时类象：温和的天气，春天的和风，秋天（收获的季节）。

地理类象：土岗，土坡，高阜，微高的地块，银行，药局，市场，田园。

3）旺度

禄存的旺度：于子、寅、卯、巳、午、申、酉、亥为入庙。禄存星不入辰、戌、丑、未四宫。

4）禄存与其他星曜的关系

● 擎羊、陀罗、禄存合论

参见 21、擎羊之 4）。

5）与禄存有关的格局

（1）羊陀夹命格：禄存入命。此时必然有擎羊、陀罗来相夹。因为禄存前后有羊、陀两大煞星相夹，故其人做事主动、稳重、审慎，但有孤独感不太合群。不过，正由于羊、陀相夹，其人反而一生环境甚佳，有福享受，衣食无缺。

（2）两重华盖格：禄存、化禄同入命宫，又有空、劫同宫。

（3）双禄夹命格：禄存和化禄在邻宫来夹命宫是为此格。例如：

甲年生人，天梁、陀罗在丑宫入命，寅宫有禄存，子宫有廉贞化禄（由甲干引发），并夹丑宫（命宫）（此格又为"日月并明格"、"坐贵向贵格"）；

乙年生人，七杀、擎羊在辰宫入命，卯宫有禄存，巳宫有天机化禄（由乙干引发），并夹辰宫；

丙年生人，贪狼、擎羊在午宫入命，巳宫有禄存，未宫有天同化禄（由丙干引发），并来夹午宫（命宫）（此格又为"马头带箭格"）；

戊年生人，天同、太阴、擎羊在午宫入命，巳宫有禄存，未宫有贪狼化禄（由戊干引发），并夹午宫（命宫）（此格又为"马头带箭格"）；

辛年生人，贪狼、擎羊在戌宫入命，酉宫有禄存，亥宫有巨门化禄（由辛干引发），并夹戌宫（命宫），女命不吉，主其人有淫欲，且克夫；

癸年生人，立命在丑，无正曜，禄存在子，寅宫有破军在寅化禄（由癸干引发）夹命（丑宫）。

其余尚有，不一一列举，除甲年生人天梁在丑，乙年生人七杀在寅及丙、戊年生之"马头带箭格"外有较大富贵外，余者缺陷甚多，难有可取处。古人云："化禄及禄存夹身命，主富贵"。

（4）风云际会格：身宫和命宫虽弱，大小限却有禄存、天马同宫。

（5）禄文拱命格：参见15、文昌之5）"与文昌有关的格局"。

（6）禄合鸳鸯格：又名鸳鸯禄会格。此格有二：禄存与化禄同入或分入身宫和命宫。人命得此，一生财运享通，无不大富，多为私营企业老板、公司董事、房地产商人等。不然也会是政府高级官员，而且因从政而发财。古人云："禄合鸳鸯福气高，斯人文武必英豪。堆金积玉身荣贵，爵位高迁衣紫袍"。又云："双禄重逢，终身富贵"。

（7）双禄朝垣格：命宫三方四正有禄存和化禄加会。古人云："财官二处与迁移，双禄逢之最有益。德合乾坤人敬重，滔滔富贵世稀奇"。又云："双禄重逢，终身富贵"。

（8）禄马佩印格：禄存或化禄与天马、天相于入庙之地同入命宫。

（9）禄马交驰格：命宫三方四正有禄存（或化禄），再有天马加会，为此格。此格生人，多主其人发财异乡或获取远方之财，环境变化大，多外出、旅行，事业上奔波劳碌而招财。会吉星众，必为大富之人。古人云："禄马最喜交驰"、"天禄天马，惊人甲第"。若与天马同宫，不加煞，亦为"禄马交驰格"，主其人能掌大权，名利双美，巨擘之匠。禄马最喜交驰。例如，禄存与天马同宫或相对，这是因为钱财容易流通。有时马奔财乡，发势为虎。但有时却易破去如山倒。

若与文曲同宫，加会文昌；或禄存坐命，三合方有昌、曲者，乃"禄文拱命格"，主其人富贵。

凡禄存于寅、申、卯、酉坐命，则甲、乙、庚、辛年生人为"天禄朝垣格"，主其人身荣贵显。

（10）明禄暗禄格：命宫有禄存（或化禄），而暗合宫（即该宫地支与命宫地支六合）有化禄（或禄存）是也。十天干之年份别论述如下：

1. 甲年生人，廉贞、贪狼在亥，廉贞化禄（由生年干甲引发），而寅宫有禄存与亥暗合，安命在寅或亥。

2. 乙年生人，天机、天梁在戌，天机化禄（由生年干乙引发），而卯宫有禄存与戌暗合，安命在戌或卯。

3. 丙年生人，天同天梁在申，天同化禄（由生年干丙引发），而巳宫有禄存与申暗合，安命在申或巳。

4. 丁年生人，太阴太阳在未，太阴化禄（由生年干丁引发），而午宫有禄存与未暗合，安命在未或午。

5. 戊年生人，贪狼在申，贪狼化禄（由生年干戊引发），而巳宫有禄存暗合，安命在申或巳。

6. 己年生人，武曲贪狼在未，武曲化禄（由生年干己引发），而午宫有禄存与未暗合，安命在午或未。

7. 庚年生人，太阳在巳，太阳化禄（由生年干庚引发），而申宫有禄存与巳暗合，安命在申或巳。

8. 辛年生人，巨门在辰，巨门化禄（由生年干辛引发），而酉宫有禄存与辰暗合，安命在酉或辰（又为"化星返贵格"）。

9. 壬年生人，天同天梁在寅，天梁化禄（由生年干壬引发），而亥宫有禄存与寅暗合，安命在寅或亥。

10. 癸年生人，紫微破军在丑，破军化禄（由生年干癸引发），而子宫有禄存与丑暗合，安命在子或丑。

以上诸等，仅以命宫化禄，有田宅宫之禄存来暗合方为好的组合。如甲年生人，廉、贪在亥；戊年生人，贪狼在申；庚年生人，太阳在巳。或原本三方四正格局好的，得明禄暗禄，可起"锦上添花"的作用。古人云："明禄暗禄，锦上添花"。

（11）禄逢两煞格：禄遇空亡，又逢天空、地劫。

（12）羊陀夹忌格：参见21、擎羊之4）"与擎羊有关的格局"。

（13）禄衰马困格：参见25、天空之5）"与天空有关的格局"。

（14）禄逢冲破格：禄存或化禄，逢化忌同宫或逢天空、地劫同宫者，禄被冲破，乃此格。古人云："禄逢冲破，吉也成凶"。又云："禄逢冲破，吉处藏凶"。本来流年遇禄存者，会有新的希望，计划做一番事业，但逢忌星，使希望成空。若命宫中行运主的星强，则影响不大。若命宫中主星弱，且凶星多，则影响较大。

（15）双禄交流格：此格乃"禄合鸳鸯格"的特例。四正有禄存、化禄。合此格之人，财官双美，受人敬重，有名望，福气高，有英气豪风。女命亦贵，才具高超。

（16）禄居奴仆格：若命宫星曜平平，而禄存及化权、化禄等吉星入仆役宫，乃合此格。其人有阿谀逢迎。奉承讨好别人的倾向。

6）禄存入十二宫分论

（1）禄存入命宫

① 性格、外貌、运气分析

禄存入命宫者，其人长脸，大眼睛，相貌敦厚、善良、持重、心慈耿直、聪明秀丽、反应快、有机谋、一生财源滚滚。

凡禄存入身宫、命宫、财帛宫、田宅宫诸宫，皆主富。但若禄存独入命宫，其人仅是守财奴。

女命，有禄存入命宫者，其人清白秀丽，能干，有男子气。

② 与诸星同宫等关系分析

禄存独入命宫，三方不加会吉曜，其人自私小气，对钱财看得很重，有守财奴倾向，轻者斤斤计较，重者处处算计别人，为人不豪爽，因此别人对其反感。或者此人是奸诈虚伪之辈，不是真小人，就是伪君子。

由于禄存不入四墓之地（辰、戌、丑、未），故禄存入命者，其人永远不受天罗地网的限制，一生的波折不大，比较顺利。

凡禄存坐命，喜与紫微、天府、天相、天同、天梁、日、月、武曲同宫，主其人富贵。

若与天机、昌、曲会合于命宫，其人性格灵巧机智。

若禄存在子、午入命宫或身宫，或入迁移宫，利于其人的福禄。

若禄存与化禄、天马同入命宫，乃两重天禄、天马，则会发生妻夺夫权（吕后专权）之事。

若禄存与化禄暗合（暗合者，乃指十二支中的六合，如禄存在寅，化禄在亥，即为暗合），主其人位至公卿。

若与太阳、天梁、文昌同宫，乃"阳梁昌禄格"，主其人会因参加国家会考或典试而贵显。

若与破军同入命宫，由于禄存有制化解厄之功，故可化解破军的狂凶。

若禄存逢冲破，属于吉处藏凶。若禄存或化禄逢空、劫、火、铃、化忌冲破，主发不耐久。禄存最忌文昌化忌（由辛干引发）或文曲化忌（由己干引发）来冲禄存，多主因财招祸。

若禄存入大小限或流年宫，同时流年又煞星来冲，主先有吉兆，而后败险。

若禄存坐命，独坐，不逢主星，且无吉星辅助，其人多为守财奴。

禄存不喜落空亡之地，若与空亡同宫，主福薄。

若禄存入命，无煞星或化忌冲破，一生福寿康宁，境遇极顺，堆金积玉。但若有六煞同宫或冲照，其人宜学习一技之长，且能靠精巧手艺安身。

若与化禄、化权、化科同宫，则其人的财运、官运、考试运均佳。

禄存不喜与化忌同宫或会照，此乃"羊陀夹忌格"，主其人诸事不吉。

若遇空亡、化忌，会影响财源，不作富断。

女命，禄存坐命者，主其人会招赘。但其人不耐寂寞，会外出工作，成为职业女性，进而导致婚姻出问题。且其人劳碌，有钱无福享。

禄存最喜与化禄同宫，或在对宫名为叠福，主财源顺、或钱财流通。此乃"双禄交流格"，主其人终身富贵。若禄存与化禄在三方朝合，则乃"双禄朝垣格"，主其人财富绵绵，一生富足。若禄存与化禄夹命，亦主富贵。

凡禄存、天马入流月迁移宫，或者入流日迁移宫者，其人会该月或该日出国或出远门。

凡女命，若有紫、府同宫，主其人百事安宁。若与廉贞、天同同宫，其人必嫁当官之人。若于寅、申入命，且有在财帛宫来朝拱，乃上格。若与左辅、右弼同宫，主其人富贵。若有火、铃、空、劫同宫，主其人夫妻会分离。尤其遇空、劫者，主其人一生艰苦。

若流日宫落在禄存所入之宫，其人在该日较易让人请客。

（2）禄存入兄弟宫

禄存入兄弟宫者，其人有增加兄弟感情之倾向，为人随和，但希望获得敬重。若庙旺无煞，可有兄弟两三人，其中有贵者。

禄存入兄弟宫者，其人的兄弟之间帮助很大。但若与六煞星同宫，则兄弟间有克害，且招怨。

若禄存入兄弟宫者，可以考虑在家赚钱。这里的"在家"是由田宅宫而来，因为田宅宫是现金的本身，而兄弟宫是现金的库、正宗的财库。故兄弟宫和田宅宫最不宜有化忌。尤其是落陷又化忌。

（3）禄存入夫妻宫

禄存入夫妻宫者，其人会娶年轻女为妻，且会因配偶之助而在物质上有发展。男女皆以晚婚为宜。

若与火、铃同宫，对配偶有克害，女命会作偏房；若与空、劫同宫，女命，主其人会守寡或夫妻分居。

若与截空、空亡同宫，男女皆难有婚姻，孤单。

男命，禄存入夫妻宫者，比较怕老婆，宜晚婚，娶年少之妻为佳。

女命，若加七杀，多做偏房；若加四煞，必克。

若禄存和化禄之一入夫妻宫，另一禄星在三方来合（暗合、明合），即如果禄存入夫妻宫，化禄来合，或反之。主其人富贵，鸳鸯一世荣。

（4）禄存入子女宫

禄存入子女宫者，主孤，大多只有一子。宜有庶出之子，且庶子或外子得力。若逢吉星，可有一二人，且成器。若加凶星来拱扶或有火星冲破，主孤克无子，有亦刑克。

（5）禄存入财帛宫

禄存入财帛宫者，主其人财帛丰足，为堆金积玉之乡，能成为富翁。由于禄存入庙，主其人有千万之巨，再有吉星同宫，则主其人福厚，一生衣食无缺。禄存入田宅宫和福德宫，同此论。若与火、铃、空、劫、化忌同宫，主先无后有。

禄存入财帛宫之人，其财富或业绩往往来自继承或长辈亲友的介绍。因其人与他人之间的沟通受制于羊、陀的夹制（擎羊、陀罗在禄存的前后），所以当事者自行拓展业务之能力或自动创造机会会受到牵制。其人待人处世态度并不积极，缺乏热情，是一种近乎保守谨慎，不会逾越本分的处事原则，所以适合公事公办性质的工作。

禄存星在财帛宫之人找工作的机会不大，一旦上班后，换工作的可能性亦不高。即使对工作不满意，也不太可能会有实质的行动，除非是万般不得已，才可能异动。

禄存与化禄同入财帛宫者，其人积玉堆金。女命尤佳。

禄存入财帛宫，主其人与邻舍不合。

（6）禄存入疾厄宫

禄存入疾厄宫者，其人年幼多病，但可平安度过。若有吉星守照，则灾轻，且逢灾有救。其人脾胃较弱。若与火、铃同宫，则其人四肢有伤残。若与空、劫同宫，其人多有暗疾。

禄存和禄化入疾厄宫者，主其人的疾病可以治愈，但是如果疾厄宫中禄星太多或叠禄（禄存和化禄同入），反而说明其人有病不易治愈。若再加上夫妻宫、田宅宫不吉，则情况更恶劣。

（7）禄存入迁移宫

禄存入迁移宫者，主其人出外凡事顺遂，再得众吉守照，主其人外出发财。若加六煞星，与人不和，辛苦经营。

若禄存于子、午二宫入迁移宫，此时，若禄存在子，则天马在申；若禄存在午，则天马在寅。则身宫和命宫逢之利禄宜（注：是指命宫或身宫定位后，若禄存在子、午二宫入迁移宫）。

（8）禄存入仆役宫

禄存不喜入仆役宫（化禄亦然）者。因为其朋友的社会地位很高，生活条件好，其人为了与他们相处，须劳碌，还要逢迎拍马。但若禄存独入仆役宫，则尚可，加吉星守照者，部属、朋友众多，且能助己。

禄存入仆役宫者，纵有官职，也奔驰难免。

若加火、铃、大耗、化忌诸星，会有败主、不忠不义之部属和朋友。

（9）禄存入官禄宫

禄存入官禄宫者，若禄存独守，乃财赋官。若得众吉，则文武职皆吉，财官双美。且其子孙亦能当官，三代皆食国家俸禄。

若加四煞，则进退不一，其人仅是低职人员。此时忌见空、劫。

（10）禄存入田宅宫

禄存入田宅宫者，主其人有祖业，且会拥有很多不动产。得众吉者，自置更旺，会逐步增加不动产。若加四煞，则其人不动产稀少，中晚年可置产。此时尤忌见空、劫。

禄存与化禄同入田宅宫者，其人财运很好，积玉堆金。

其余参见禄存入财帛宫。

（11）禄存入福德宫

禄存入福德宫者，主其人一生福厚，能过快乐日子，加吉星尤美，寿达七十八以上（注：仅作参考）。若与六煞星同宫，则身心不宁，艰辛，尤忌见空、劫。

其余参见禄存入财帛宫。

（12）禄存入父母宫

禄存入父母宫者，若无煞星同宫，则其人对父母无刑克，且受父母物质上的恩泽较大。

若与六煞星同宫，则有刑克，且早年会破父财。中晚年方自成家计。

28. 天马

1）星情总论

属阳火，为司禄之星，在数，主其人奔驰，主动，不喜独坐。马也为财，财乃养分之源，财必须由人去挣，故马亦为财星。

由于天马主动，故其性欠稳，见吉更吉，见凶更凶。

天马属于月系星，即根据出生月份确定其宫位。如果从月支定位，则称为"月马主动"。

禄马最喜交驰。例如，禄存与天马同宫或相对，或化禄与天马同宫或相对。这是因为钱财容易流通。有时马奔财乡，发势为虎。但有时皆易破去如山倒。

2）旺度

天马的旺度：于寅、申为旺；于巳、亥为平。天马星不入其余诸宫。

3）天马与其他星曜的关系

天马与天巫同宫者，多主有调动之事发生。

4）与天马有关的格局

（1）禄马佩印格：参见27. 禄存之5）"与禄存有关的格局"。

（2）财禄夹马格：此论夹格比较勉强。天马守命宫，武曲、化禄来相夹，为此格。若命宫有长生、或帝旺、或庙旺，则更吉。此格生人，大多投机取巧，敢于冒险犯难，主先贫后富，但并不贵显。若除了命宫有长生、帝旺，三方再有吉星加会，方作大富论之。若无左、右、昌、曲，仍属平常。详考之：

1. 太阳天马在巳宫或亥宫坐命，逢癸年生人，破军在父母宫化禄（由癸干引发），同时武曲入兄弟宫来夹命宫。

2. 天同天马在巳宫或亥宫坐命，逢癸年生人，破军在兄弟宫化禄（由癸干引发），同时武曲入父母宫来夹命宫。

若天马入命，天机、太阴入迁移宫，其人一生多奔走、多出外或在外。若大限入四马之地（寅、申、巳、亥）或大限的子女宫、田宅宫有动象，或化忌入子女宫、田宅宫，则更应验。

凡天马在寅宫入运（即入大小限或流年宫），喜甲年生人。

凡天马在申宫入运（即入大小限或流年宫），喜庚年生人。

凡天马在巳宫入运（即入大小限或流年宫），喜丙、戊年生人。

凡天马在亥宫入运（即入大小限或流年宫），喜壬年生人。

在以上运限期间，若没有空、劫、化忌来袭，其人的财运较以往称心如意。

天马最忌空亡，主其人一生奔波无成。

（3）天马落空亡格：天马落空亡，此时即使有禄星冲照亦无用，其人奔波一世。

（4）禄衰马困格：参见27．禄存之5）"与禄存有关的格局"。

（5）马遇空亡，旬中空亡格：天马遇截路空亡的起法：甲子旬中空亡在戌、亥；甲寅旬中空亡在子、丑；甲辰旬中空亡在寅、卯；甲午旬中空亡在辰、巳；甲申旬中空亡在午、未；甲戌旬中空亡在申、酉；月马入截路空亡；以及旬中空亡的宫位。凡天马入符合上述情形的宫位时，皆为此格。古人云："马遇空亡，终身奔走，劳禄无功"。若主星庙旺同宫，再加会吉星，则可缓解辛劳。加煞、忌，则辛劳更盛。

（6）风云际会格：参见27．禄存之5）"与禄存有关的格局"。

（7）财印坐马格：参见4．武曲之4）"与武曲有关的格局"。

5）天马入十二宫分论

（1）天马入命宫

天马又谓"驿马"，主"好动"。故天马入命者，主其人好动，有离乡发达之倾向。

若与禄存、紫微、天府、文昌、文曲守照，则吉。最喜与禄存、化禄同宫于旺之地（寅、申二宫）。

若与紫微、七杀同宫于巳、亥（此时天马为平），乃"权马"；若与太阴同宫于"天门"（即亥宫，此时太阴入庙），乃"财马"；若与太阳同宫于巳宫，乃"贵马"，凡此种种均主逢吉更吉，逢凶更凶。

若与日、月同宫，为"雌雄马"；若与紫微、天府同宫，为"扶舆马"，均主吉利。

若与武曲、天相同宫于寅、申（此时天马为旺），再加吉星，乃"财印坐马格"，吉。

若与天梁同宫于巳、亥（此时天马为平），主其人到处流荡。女性则性需求高，易受外界诱惑，自甘堕落。

若与禄存同宫，乃"禄马交驰格"或谓之"折鞭马"，主其人远方发财，衣锦还乡。但若禄马同宫时，见七杀、擎羊、火星、截空，主其人多辛苦。

若天马入命，有空、劫同宫，或入死、绝之地，此为死马，主其人终身奔走，多灾病，甚至会死于旅途。

古人云："马遇空亡，终身奔走"。是指天马入命，又遇地空、地劫、截空而言，遇天空、旬空不论。

若有化权、化禄同宫或会照，男可得官，女获封赠。

若有化权、化科来拱照，则男为官，女得荣耀。

若与四煞同宫，则不吉，如果其人外出，会有水土不服、患病、波折、劳苦等状况。

若与陀罗同宫，为"折足马"；若与火星同宫，为"战马"；若与天刑、七杀同宫，为"负尸马"，凡此种种均主不利，尝尽艰辛，凶死他乡。

若天马在寅宫入大小限、流年宫（此时天马旺），则在此期间，乙年生人不利出国，出远门也较少。即使有，也会因故而无法成行。

凡天马入大小限或流年宫（天马只入四生之地：寅、申、巳、亥），在此期间，其人大都比较忙碌，或是工作责任加大，心理压力也会加大。

凡女命，天马入命者，会与男友私奔，或先上车后补票。若在寅、申、巳、亥守命，再有破军或贪狼同宫者，主其人有桃花，性需求高，且丈夫先亡。

凡天马、禄存入流月迁移宫，或者入流日迁移宫者，其人会该月或该日出国或出远门。

若流月宫中有天机化忌（由生年干或流月宫干为戊引发），且有天马同宫，其人在该月会有车祸。

天马遇火、铃之日（即流日宫内天马与火星或铃星同宫）为"战马"，多主其人在该日必发脾气，如又有陀罗同宫，则战马被压住发不起来，且心情不好，会与人口角之象。

凡天马入流月宫的对宫之月，其人在该月必想出外。但若遇陀罗，则为跛脚马，出外不成，若遇擎羊，则为受伤之马，外出应小心。

（2）天马入兄弟宫

天马入兄弟宫者，若逢吉星，其人能得到兄弟帮助，感情又佳。若逢煞星，兄弟间貌合神离，甚至会有争讼。

（3）天马入夫妻宫

天马入夫妻宫，若是男命，会得妻之财或娶有帮夫运之妻。若是女命，其人有帮夫运，亦会得夫之助。若逢吉星，男可得妻财，女会嫁入豪门。若逢煞星，其人夫妻聚少离多，甚至会有离异现象。

若与吉曜同入夫妻宫，主其人的婚姻美满。

若与化忌同入夫妻宫，男性的老婆会与人私奔。

（4）天马入子女宫

天马入子女宫者，主其人的子女乖巧、机灵、好动。本人常外出不在家。若逢吉星，子女争气。若逢煞星，老来主孤。

（5）天马入财帛宫

若与天空、地劫同入财帛宫，主其人贫穷，有钱不花心不甘。逢吉星，能白手起家，独立创业，钱财丰盈。逢煞星，财来财去，求财奔波。

（6）天马入疾厄宫

天马入疾厄宫，男易有手淫遗精，女易患带下症。

若逢吉星，则为害稍轻，仅容易得流行性的疾病。逢煞星，则须注意防止传染病，若有桃花星，则易患性病。

若天马入流年疾厄宫者，其人在该年易患流行性感冒。

（7）天马入迁移宫

天马入迁移宫者，其人在家日子少，常在外地奔波。

若逢吉星，主其人之财在异地，其人有四方之志，活动面宽，能得贵人帮助。若逢煞星，主其人浪迹在外，做他乡之客，一生飘零，难有所成。

（8）天马入仆役宫

天马入仆役宫者，若逢吉星，主其人有得力的朋友或部属相挺。逢煞星，需防背主之奴或受朋友陷害。

（9）天马入官禄宫

天马入官禄宫者，若逢吉星，主其人工作顺利，平步青云，升迁的机会多。若逢煞星，经常换工作，一生难有成就。

（10）天马入田宅宫

天马入田宅宫者，同天马入财帛宫推断。

（11）天马入福德宫

天马入福德宫者，若逢吉星，主其人一生顺利，老来运佳。若逢煞星，则其人一生奔波，劳碌命，老来不得闲。

（12）天马入父母宫

天马入父母宫者，若逢吉星，其人能得到父母、长辈的帮助。若逢煞星，其人与父母缘薄，常有争执，聚少离多，早年离家。

29．化禄

1）星情总论

化禄属阴土。化者，为转化，为星曜之气化。其作用是转变被化之星的气质、性情。（注：严格而言四化不能称为星曜，只是一种现象，或者说是一种能量。）例如，甲年廉贞化禄，由于化禄的作用，可以使廉贞转化为另一种气质。

化禄如春，春天之象为生机，向四方发展。且春天的五行属木，木之五常主仁，仁者寿也，故化禄主寿。又由于春天万物欣欣向荣，为和谐之象，故化禄又能制厄化解。

化禄主财禄，掌福德。

四化之中，化禄对财运的作用最大，往往代表钱财源源不断。

化禄入命、疾厄、财帛、官禄、田宅、兄弟、福德诸宫，是比较正式的进财现象，往往能真正地进财。

化禄入父母、迁移、夫妻、仆役、子女诸宫，有进财之可能，但这种财大多可看不可得或中看不中用，往往是将钱财给予他人。

禄马最喜交驰（是指禄存或化禄与天马同宫或相对）。例如，化禄与天马同宫或相对。这是因为钱财容易流通。有时马奔财乡，发势为虎，但有时却易破势如山倒。

2）风水、地理类象

天时类象：满月，春天，人造雨，和风，常温，适当的湿度，晴天。

地理类象：土坡，岗岭，微高的地块，住宅兼营生的房子。

3）旺度

化禄的旺度：于寅、申为入庙；于巳、亥为得地；于丑、辰、未、戌为平；于子、午、卯、酉为落陷。

4）与化禄有关的格局

（1）三奇加会格：化禄、化权、化科三化曜为三奇，此三化曜会于命宫三方四正，便为此格。入本格者，志向远大，运气极佳，有侥幸之惠，多意外好运及贵人之助，一生能成就大事大业。三合正星入庙旺及三化曜亦庙旺得地，则为闻名世界之格，巨富大贵。若命宫中的主星庙旺，且三方会有凶星，仍有富贵声名，只是比前者不及尔。若命宫中的主星落陷，且三方会有四煞、劫、空，或命重犯空亡者，虽有才华亦怀才不遇，难有大成，反减为平常之格。若命宫中本无吉星调配得宜，纵有科、权、禄三奇，亦难有大器可能，反之若吉星配值得宜，即使有化忌，地劫、天空也只是对福分有较轻的影响，并无大碍。大凡命有三奇者，绝非等闲之辈，观其人其事必有异于常人之处。详考之：

（一）甲年生人：

1．武曲、天相在寅、申坐命（大富大贵）。

2．紫微、贪狼在卯、酉坐命（难富贵，纵富贵亦属奸人，须有左、右或昌、曲同宫方吉）。

3．廉贞、七杀在丑、未坐命（大富大贵）。

4．武曲、破军在巳、亥坐命（难富贵）。

5．廉贞、天相在子、午坐命（大富大贵）。

6．紫微、七杀在巳、亥坐命（难大成）。

7．武曲、贪狼在丑、未坐命（可大富，须见火、铃同守方妙）。

8．廉贞、破军在卯、酉坐命（可富，难大成）。

9．紫微、天相在辰、戌坐命（可富贵，有左、右、昌、曲更吉）。

10．紫微、破军在丑、未坐命（可富，难大成）。

11．廉贞、贪狼在巳、亥坐命（难有富贵，男浪荡，女淫贱。在亥宫者，主其人会有牢狱之灾。）。

12．武曲、七杀在卯、酉坐命（难大富贵。皆有残疾，在卯宫者，尤重。在酉宫者，可富，但难大成）。

以上三方四正加会化禄、化权、化科三奇。

（二）丁年生人：

1. 天机、太阴在寅、申坐命。（可富贵，难大成）

2. 天梁在子、午坐命。（大富大贵）

3. 天同在辰、戌坐命。（大富大贵）

4. 天同在卯、酉坐命。（大富贵）

5. 天同、太阴在子、午坐命。（在子宫大富贵，在午宫不显。女命，主淫贱。）

6. 天机、天梁在辰、戌坐命。（可富贵）

7. 命宫在寅或申，且无正曜，而对宫为巨门、太阳者。（可富贵，难大成。）

8. 天同、天梁在寅、申坐命。（中等富贵，须风水配合可大成。）

9. 太阴在辰、戌坐命。（大富大贵，见左、右、昌、曲，生于夜晚更佳。）

10. 天机在子、午坐命。（大富大贵）

11. 命宫在丑或未，且无正曜，而对宫为太阴、太阳者。（难大成。女命，主淫贱。）

以上三方四正加会化禄、化权、化科三奇。

（三）丙年、辛年生人因有文昌或文曲化科（丙干引发文昌化科、辛干引发文曲化科），三奇加会并无固定，故不列出。

（四）乙、戊、己、庚、壬、癸年生者，并无三奇格出现，化禄、化权、化科不会在三方四正加会冲照。

古人云："科权禄拱，名誉昭彰"、"科权禄拱，定为折桂之高人"、"科权禄合，富贵双全"、"化禄守命身官禄之位，科权相逢，必作大臣之职"、"化权守身命，科禄相逢，出将入相"、"化科守身命，权禄相逢，宰臣之贵"。

（2）权禄巡逢格：此格有二：其一，化禄和化权守命宫，即为此格。详考之：

1. 乙年生人，天机、天梁在辰、戌坐命，且乙干引发天机化禄，天梁化权；

2. 丁年生人，天同、太阴在子、午坐命，且丁干引发太阴化禄，天同化权；

3. 己年生人，武曲、贪狼在丑、未坐命，且己干引发武曲化禄，贪狼化权；

4. 辛年生人，巨门、太阳在寅、申坐命，且辛干引发巨门化禄，太阳化权。

上述种种须命宫星辰庙旺，且三方四正有吉星会合，方作富贵之论。如巨门、太阳在申宫，太阳落入偏垣，又有陀罗落陷，则其人甚难取得较大富贵，恐还有身体上之伤残。

其二，化禄和化权在命宫三方四正加会。古人云："权禄重逢，财官双美（论三方，吉多方吉，凶聚也不美）"、"权禄重逢，杀凑，虚誉之隆"。

（3）科权禄夹格：化禄、化权、化科这三化曜之一入命，其余二化曜居命宫两侧，即在邻宫来夹命，为此格。详考之：

1. 甲年生人，天同在巳、亥坐命，邻宫有破军化权和武曲化科来夹；

2. 乙年生人，紫微、天相在辰、戌坐命，邻宫有天机化禄和天梁化权来夹，而且命宫有紫微化科；

3. 丁年生人，武曲、天府在子、午坐命，邻宫太阴化禄和天同化权来夹；

4. 己年生人，太阳、太阴在丑、未坐命，邻宫武曲化禄和贪狼化权来夹；

5. 庚年生人，武曲坐命，邻宫太阳化禄和天同化科来夹，而且命宫有武曲化权；

6. 癸年生人，凡贪狼在命宫之人，邻宫巨门化权和太阴化科来夹，但此时又有贪狼化忌；

7. 丙年有文昌化科，戊年有右弼化科，辛年有文曲化科，壬年有左辅化科，凡此四年生者，其得三奇之二奇来夹命宫并无固定，故在此不列出。

入此格者，仍须命宫三方四正有吉星庙旺会合，方主有大富贵。经云："夹权夹科世所宜"、"化权化科夹身命，主贵"、"科权禄夹为贵格"。

（4）禄马佩印格：参见 27．禄存之 5）"与禄存有关的格局"。

（5）禄合鸳鸯格：参见 27．禄存之 5）"与禄存有关的格局"。

（6）双禄朝垣格：参见 27．禄存之 5）"与禄存有关的格局"。

（7）禄马交驰格：参见 27．禄存之 5）"与禄存有关的格局"。

（8）明禄暗禄格：参见 27．禄存之 5）"与禄存有关的格局"。

（9）禄逢冲破格：参见 27．禄存之 5）"与禄存有关的格局"。

（10）双禄交流格：参见 27．禄存之 5）"与禄存有关的格局"。

（11）禄居奴仆格：参见 27．禄存之 5）"与禄存有关的格局"。

5）化禄入十二宫分论

（1）化禄入命宫

化禄入命宫者，其人的脸部线条柔和。

化禄的主要特征是和谐与发展，因此，化禄入命宫之人未必聪明和很有才华。

化禄入命宫者，其人善于交际和结交朋友，人缘好。早年自立，少年运好。能制厄化解。

化禄不宜与天梁同宫，否则，困扰倍增、后患无穷。

化禄入命，喜遇禄存星，此乃"双禄交流格"。若与禄存夹命，亦主金玉满堂，其人可作柱石之臣。

若本命盘的化禄被冲（所谓"被冲"是指有化忌同宫或在对宫），主其人出财或大破财，且往往数量很大。而且主其人的财运由好转坏，或原来有的财会失去。如果本命盘的化禄在某个大限中见到化忌，主其人在此大限期间的财运由好转坏，或主原来有的财会失去，而且往往要出大财。

若化禄入身命，又有化科、化权来相会，此乃"三奇加会格"，主其人权贵、官显。

若化禄与恶曜同宫，又有羊、陀、火星、化忌冲照，为害不大。

若化禄与桃花星同宫，主其人会遇到麻烦。

若化禄入空亡之地（即有空亡同宫），其人的愿望往往落空，空欢喜一场。

若化禄入四墓之地，虽然化禄乃化吉，但会无用。

若与空、劫、化忌、耗神同宫或会照，多主其人财运起伏不定。

若化禄入命，会照迁移宫，主其人出外易加官晋爵。（注：这是古代的论断，在现代社会则是其人在外人缘佳，与人交往甚得信赖。）

若大限逢化禄，主其人在此十年间吉庆。

若小限、流年逢化禄，主其人该年进财升官。但若有煞星来冲，则仅作平常论。

若流年干、流月干、流日干引发化禄入命宫，则主其人在该流年、流月、流日期间的财运好，能进财。至于来财的方式和方向，需要根据哪一宫的宫干四化来推断。

若大限宫的宫干引发本命盘的子女宫中的主星化禄，主其人在此大限中能赚钱并盖房子。

若大限宫的宫干引发该大限的田宅宫中的主星化禄，主其人在此大限中财运好，并且关注房子问题。

若大限的田宅宫有七杀，对宫有天府，主其人在此大限中会买房、盖房。

若大限宫的宫干引发大限宫或流年宫中的主星化禄，则主其人的财富自天而来。这种财往往一进就比较可观。这时。若田宅宫又有财星，则会多次暴发。这种现象是紫微财富命理中最需要注意的一种财富现象。

若兄弟宫的宫干引发命宫中的主星化禄，主其人有购房之可能。

若田宅宫的宫干引发命宫中的主星化禄，说明其人家宅的走廊很大。若引发化禄的主星会照命宫，说明其人有桃花。而且，凡化禄入命或会照命宫者，对方已有交往异性的经验或已有子女。

若流年田宅宫的宫干引发流年宫中的主星化禄，说明其人在该年有异性缘，且可长久交往。

若化禄、化权、化科会照父母宫，其人的父母不一定富有，但大多长寿，若再有空、劫同宫或会照，可能还要供养父母一段很长时间。

女命，化禄入命，再有吉星同宫或会照者，其人乃命妇。

女命，若有科、禄、权"三奇加会"者，其人有淫乱倾向。

（2）化禄入兄弟宫

凡天魁、天钺、三吉化入兄弟宫，主其人兄弟中有贵显之人。尤其是化禄入兄弟宫者，其人兄弟多，而且兄弟比自己好，朋友缘也好。

化禄入兄弟宫，主其人手足情深，人际关系和谐，衣食不缺。

若流年干、流月干、流日干引发本命盘的兄弟宫中的主星化禄，则主其人在该流年、流月、流日期间的财运好，能进财。至于来财的方式和方向，需要根据哪一宫的宫干四化来推断。

化禄入兄弟宫或仆役宫，主进财。但得到之财往往用作费用和支出。

（注：按照河洛派的观点，测一个人的一生财运，主要看官禄宫的宫干是否引发兄弟宫或官禄宫中的主星化禄，如果是，则其人本命适宜从事经济行业。）

（3）化禄入夫妻宫

化禄入夫妻宫者，男娶官家女，女主夫贵，夫妻和谐。夫妻皆可在财经界任职。

化禄入夫妻宫或官禄宫者，主进财，主要是在工作事业上进财。

若禄存和化禄之一入夫妻宫，另一禄星在三方来合（暗合、明合），即如果禄存入夫妻宫，化禄来合，或反之。主其人富贵鸳鸯一世荣。

化禄入夫妻宫者，主其人的缘分早发、早熟，但未必早婚。事业上能得配偶之助。往往因恋爱而结婚。

若化禄入大限夫妻宫，而化忌入本命夫妻宫，凡已婚者，在此大限期间容易发生外遇；凡未婚者，容易有遗弃或负心的现象。

凡流月的月干引发夫妻宫中主星化禄，其人在感情方面，在该月内会有第三者介入。

（4）化禄入子女宫

化禄入子女宫者，其人会有祖产。而且忙碌中进财，能创业，且会成功。

化禄入子女宫，主其人疼爱儿子。

若田宅宫的宫干引发子女宫的主星化禄，主其人有桃花。

若田宅宫的宫干引发子女宫中的主星化禄，表示一生至少有三四间房子。

若命宫或财帛宫的宫干引发子女宫或田宅宫中的主星化禄，主其人购屋时，资金充裕。

若福德宫的宫干引发子女宫或田宅宫中的主星化禄，主其人会修改房地。

若大限宫的宫干引发子女宫中的主星化禄，主其人的房子坐南朝北。

若三吉化于相生之地入子女宫，又与诸吉曜同宫或会照，其人可有子女二三人。且其中有贵者；若加煞，仅一人，且有轻克。

三吉化入子女宫，主其人的子女聪明有才华，能光宗耀祖。

（5）化禄入财帛宫

凡天魁、天钺、化禄、化权、化科入财帛宫者，其人一生富裕，且是清廉中生财。尤其是化禄入财帛宫者，主其人长寿、会享受，且会成为大富。

若流年干、流月干、流日干引发化禄入财帛宫，则主其人在该流年、流月、流日期间财运好，能进财。至于来财的方式和方向，需要根据哪一宫的宫干四化来推断。

若田宅宫的宫干引发财帛宫或福德宫的主星化禄，主其人的房子会改建。

（6）化禄入疾厄宫

化禄入疾厄宫者，主其人的身体弱不禁风，且容易受伤，老年人遇化禄入疾厄宫者，易患高血压或长瘤。此外，化禄入疾厄宫者与父有缘。

化禄、化权、化科入疾厄宫时的情形各异。化禄入者，脾胃弱；化权入者，肝弱；化科入者，膀胱弱。

化禄入疾厄宫者，多主其人病灾少。幼年多灾，但因化禄有抗体的作用，因为抗体强，所以无大碍。

若加六煞星，则其人难免有灾厄，但有救。

若命宫的宫干引发疾厄宫中的主星化禄，主其人凡是看到女人后，如果喜欢，便欲娶回当妻子。

若化禄入疾厄宫，主进财，往往是靠工作单位或店面挣钱。

若与武曲同入疾厄宫，且化禄，主其人会进大财。

（7）化禄入迁移宫

若化禄在子、午入迁移宫，主其人文章盖世。

化禄入迁移宫，主其人在外发展顺利，有贵人相助，此贵人不分贵贱。

若兄弟宫的宫干引发命宫中的主星化禄，主其人有购房之可能。

若流年田宅宫的宫干引发迁移宫中的主星化禄，主其人在该年会搬家。

若田宅宫的宫干引发迁移宫中的主星化禄，主其人的对象已结婚。

化禄、化权、化科同论（简称三吉化）：

三吉化入迁移宫者，主其人外出可发财或获得高位（化权入者）。但若遇四煞星，则主操劳。

（8）化禄入仆役宫

化禄入仆役宫或兄弟宫者，主进财。但得到之财往往用作费用和支出。

三吉化入仆役宫者，主其人的朋友有义，且朋友中有贵人。能得部属、朋友之助，再得众吉守照者，更吉。

化禄入仆役宫者，其人的人际关系良好，交往之人会有帮助，而且主要是财官方面的帮助。

若命宫星曜平平，而禄存及化权、化禄等吉星入仆役宫，乃"禄居奴仆格"。主其人有阿谀逢迎、奉承讨好别人的倾向。但若禄存或化禄入仆役宫，且子女宫、田宅宫的星情不错，则其人跟朋友合伙能赚钱。若此时擎羊在本命迁移宫，陀罗定在本命官禄宫，则主其人一生较辛苦、奔波。若本命格局佳者，则不作此论。若本命宫的星情差，则逢此格局者不佳。

若遇六煞星，则其人的部属、朋友中有人薄情寡义，会背叛或暗算。

（9）化禄入官禄宫

化禄入官禄宫者，主其人有当高官之可能，且富有。即使其人为工薪阶层，容易升迁、得宠。人际关系良好，宜为公务员。

若化禄、化权、化科三颗星单独入官禄宫，主其人小贵。若三星交会于官禄宫，则文武贵显，常人亦发达。

化禄入官禄宫者，多主其人夫妻间感情好。

化禄入官禄宫或夫妻宫者，主进财，主要是在工作事业上进财。

（注：按照河洛派的观点，测一个人一生的财运，主要看官禄宫的宫干是否引发兄弟宫或官禄宫中的主星化禄，如果是，则其人本命适宜从事经济行业。）

（10）化禄入田宅宫

化禄、化权、化科同论：它们入田宅宫与魁、钺入田宅宫的情形相同。若有祖业，则必可守住。如果没有祖业，则能早年自立。若会众吉，则自置尤吉。若加四煞星，则中晚年能置业。若遇空、劫，则无产业。

化禄独入田宅宫者，其人的子女缘好。

若流年干、流月干、流日干引发田宅宫中的主星化禄，则主其人在该流年、流月、流日期间的财运好，能进财。至于来财的方式和方向，需要根据哪一宫的宫干四化来推断。

若命宫干引发田宅宫中的主星化禄，主其人很想与朋友成为夫妻，或与配偶相处有问题，此种桃花往往会冲昏头脑，故很容易被发现。而且即使对方的条件比配偶差，一旦发生就会如醉如痴。其人往往对朋友有求必应，对配偶无情无义。此外，主其人的住房大。

若化禄会照田宅宫，主其人会顾家。

若夫妻宫的宫干引发田宅宫中的主星化禄，此时若配偶有桃花，则婚姻多数保不住，要分手。但是若引发田宅宫的主星化忌，则婚姻跑不掉。

若子女宫的宫干引发田宅宫中的主星化禄，并使夫妻宫中的主星化忌者，主双方多为同居关系，且对方已有配偶。

若仆役宫的宫干引发田宅宫中的主星化禄，此乃入其人的桃花宫，主其人家中经常高朋满座。

若田宅宫自化禄（即田宅宫的宫干引发宫内主星化禄），主其人的对象尚未结婚，但已有交往异性朋友经验。

若田宅宫的宫干引发命宫中的主星化禄或化权，或者引发的化禄或化权会照命宫（即引发命宫三方四正之宫中的主星化禄或化权），主其人的对象比其人年长且已结婚。

若命宫的宫干引发田宅宫中的主星化禄，主其人想买房子。

若流年财帛宫的宫干引发田宅宫中的主星化禄，主其人在该年想买房子。

若财帛宫的宫干引发田宅宫（或大限田宅宫）中的主星化禄，则主其人可买房地产（尤其是在此大限期间）。

若大限田宅宫的宫干引发本命宫（或本命田宅宫）中的主星化禄，主其人在此大限期间买房子会赚钱。

若本命盘父母宫即是大限田宅宫的官禄宫，而且该宫的宫干引发本命盘田宅宫中的主星化禄，主其人在此大限期间会换大房子住。

若田宅宫的宫干引发大限宫中的主星化禄，主其人在此大限期间会买房子。

若大限疾厄宫的宫干引发本命田宅宫或大限宫或流年宫中的主星化禄，主其人会在此运限期间买房，且因为是化禄，所以是第一次买房。

若流年田宅宫的宫干引发宫中的财星化禄，主其人在该流年购买四方形的房子（大型）。

若田宅宫的宫干引发大限田宅宫或流年田宅宫中的主星化禄或化忌，主其人在此运限期间会搬家。

若流年田宅宫的宫干引发本命田宅宫中的主星化禄或化忌，主其人在该年会搬家。

若福德宫的宫干引发子女宫或田宅宫中的主星化禄，主其人会修葺房子。

若仆役宫的宫干引发田宅宫中的主星化禄，主其人的房子装潢很好。

（11）化禄入福德宫

若田宅宫的宫干引发财帛宫或福德宫中的主星化禄，主其人的房子会改建。

若流年干、流月干、流日干引发福德宫中的主星化禄，则主其人在该流年、流月、流日期间的财运好，能进财。至于来财的方式和方向，需要用相关的宫干四化来推断。

若三吉化同入福德宫者，主其人喜欢享受，生活讲究质量。常有贵人相助，一生享福。命宫吉者，寿达七十七以上。（注：仅作参考）

（12）化禄入父母宫

化禄入父母宫者，其人能得到双亲长辈之荫和关爱，父母缘好，未必是钱财方面的。

凡天魁、天钺、化禄、化权、化科入父母宫者，主其人的父母荣贵，福禄双全。若加会吉星，主父母双全，与父母缘分深厚，深受庇荫。但若三化之星居陷地则不美。且上述诸星若加煞星，亦不吉。

三吉化会照父母宫者，父母不一定富有，但大多长寿，若再有空、劫，则其人可能还要供养父母很长一段时间。

若田宅宫的宫干引发父母宫中的主星化禄，主其人的房子乃终身拥有的。

若某宫的宫干引发父母宫中的主星化禄，主其人的办公桌应朝该宫之方向。

30. 化权

1）星情总论

化权属阳土。主权势，掌生杀。化权象夏天，如上升之火，烈而刚猛。

化权主能干，能干之人有自信，故有领导能力。能干是化权最基本的特征，但其人往往很自负。由于其人聪明能干，故能者多劳，辛苦又劳碌。夏火为光明之象，其人个性坦荡而耿直。火主礼，故其人重礼节，平时彬彬有礼，但由于耿直，故容易冲动，且不善掩饰，喜怒形于色。

四化之中，化权是化禄的余气，表示整笔财富，如工薪，一个月一笔薪水。因而比较有控制性。

2）风水、地理类象

天时类象：上弦月，下弦月，夏天，打雷，闪电，乍寒，乍热。

地理类象：森林，屋舍（木屋），运动场，竞技场，法庭，高楼大厦。

3）旺度

化权的旺度：于丑为入庙；于寅、卯、未、戌为得地；于子、辰、巳、午、申、酉、亥为平。

4）与化权有关的格局

与化权有关的格局仅有"三奇加会格"、"权禄巡逢格"、"科权禄夹格"三个，参见29. 化禄之4）"与化禄有关的格局"。

5）化权入十二宫分论

（1）化权入命宫

化权入命宫者，主其人处事慎重，重伦理。有能力掌权，少年时顽皮。能得贵人扶持。喜与巨门、武曲同宫或加会，主其人能掌兵符、专大事。

喜与化科、化禄相逢，主其人乃将相之材。

若化权与化科同入身宫或命宫，主其人文章盖世。

若与化科夹命，为贵格。

若化权、化禄三方会照，且无凶星，主其人财官双美。

若三方有煞星，则只有虚名。其人自负、任性、机智、固执、能力强，有领导才能，但不易接受别人意见。

若化权入命，其人能掌权，而且亦有领导欲望；但若迁移宫有化权来冲命宫者，其人虽能掌权，内心却无领导欲望。

若流年干、流月干、流日干引发命宫中的主星化权，则主其人在该流年、流月、流日期间的财运好，能进财。至于来财的方式和方向，需要根据哪一宫的宫干四化来推断。

化权、化科互入对宫（一入命宫，一入迁移宫），主其人科第易得。

若大限宫中有化权，主其人在此十年亨通得意；若小限宫或流年宫中有化权，主其人在该年无不吉利之事。但若有煞星来冲，则平常。

化权不喜与羊、陀、空、劫、耗神、天使相遇，主其人有官灾贬调之事。

若化权、化禄同入财帛、福德二宫，主其人出世荣华。

若化权、化禄与吉曜同入仆役宫，即使其人是高官，也难免奔驰劳碌。

若化权入命，遇羊、陀、空、劫，又见天使，主其人因谗受谪。（注：天使为奴仆谗言之应。）

在购房时，若化权入命宫或三合之宫，主其人购买较大的房子。若化权入大限宫或大限宫的三合之宫，主其人购买较小的房子。

若兄弟宫的宫干引发命宫中的主星化权，主其人有购房之可能。

若田宅宫的宫干引发命宫中的主星化权，主其人家宅的走廊很好。

若流年迁移宫的宫干引发大限宫中的主星化权，主其人该年会出国。

若流月宫自化权，主其人在该流月内办事较多。

女命，化权入命者，其人富贵双全，但有夺夫权柄的倾向。

若女命有科、禄、权"三奇加会"者，其人有淫乱倾向。

（2）化权入兄弟宫

若天魁、天钺、化权、化禄、化科入兄弟宫者，主兄弟中有贵显之人。其中，化权入兄弟宫者，其人的兄弟能力强。

若流年干、流月干、流日干引发兄弟宫中的主星化权，则主其人在该流年、流月、流日期间的财运好，能进财。至于来财的方式和方向，需要根据哪一宫的宫干四化来推断。

（注：按照河洛派的观点，测一个人本命的一生财运，主要看官禄宫的宫干

是否引发兄弟宫或官禄宫中的主星化权，如果是，则其人本命适宜从事经济行业。）

化权入兄弟宫者，其人的兄弟或朋友的能力比其人强。

若疾厄宫的宫干引发仆役宫中的主星化禄会照兄弟宫，其人为赚钱而卖屋。

（3）化权入夫妻宫

化权入夫妻宫者，男娶官家女，女夫贵。其人的配偶能干，有主见和个性，但会干涉其人的事业，且配偶有掌权的机会。

其人往往会奉父母或长辈之意而结婚，或者奉子命结婚。

凡流月的月干引发夫妻宫中主星化权，则其人在该月内会有第三者介入。

（4）化权入子女宫

化权入子女宫者，主其人有田产出租。

化权入子女宫者，主其人的子女倔强顽皮、不好管教，但不是坏孩子，而是有才干。

若福德宫的宫干引发子女宫或田宅宫中的主星化权，主其人会修改房子。

若三吉化入相生之地，又与诸吉交会或同宫，主其人会有子女二三人。且其中有贵者；若加煞，仅一人，且有轻克。

（5）化权入财帛宫

若天魁、天钺、化禄、化权、化科入财帛宫者，主其人一生富裕，且于清廉中生财。但若化权入财帛宫者，仅属于小富，且需要凭自己的才干、专长和领导才能创业，善于理财。

化权入财帛宫，主其人能开创财源，花钱大方。

若流年干、流月干、流日干引发财帛宫中的主星化权，则主其人在该流年、流月、流日期间的财运好，能进财。至于来财的方式和方向，需要根据哪一宫的宫干四化来推断。

（6）化权入疾厄宫

化权入疾厄宫者，其人会有外伤。且会因其人顽皮而导致跌伤、撞伤、骨折，或遇车祸。

若加六煞星，则主其人难免有灾厄。

若大限宫的宫干引发疾厄宫中的主星化权，主其人在此期间有购屋之可能。

化禄入疾厄宫者，脾胃弱；化权入疾厄宫者，肝弱；化科入疾厄宫者，膀胱弱。

（7）化权入迁移宫

若迁移宫中有主星化权来冲命宫者，其人虽能掌权，内心却无领导欲望。

若父母宫的宫干引发迁移宫中的主星化权，其人去讨债时要小心恶脸相向。

若兄弟宫的宫干引发迁移宫中的主星化权，主其人有购房之可能。

若三吉化入迁移宫，主其人外出需要依靠展露才华、受人器重，而发财或获得高位（化权入者）。但若遇四煞星，则主其人操劳。

（8）化权入仆役宫

化权入仆役宫者，其人交际广，但不会乱深交朋友，朋友间彼此忠心。且所交的朋友比其人能干和有才华，但他们对其人很器重，且能提供帮助。但是，容易与普通朋友争权，发生纠纷。

若天同化权入仆役宫（由丁干引发），主其人的朋友多，且大都懂享受。

若遇六煞星，则部属、朋友中有人薄情寡义，背叛暗算。

若命宫星曜平平，而禄存及化权、化禄等吉星入仆役宫，乃"禄居奴仆格"。其人有阿谀逢迎、奉承讨好别人的倾向。但若禄存入或化权仆役宫，而子女宫、田宅宫状态甚佳，则其人与朋友合伙可赚钱。若此时擎羊在本命迁移宫，陀罗定在本命事业宫，则主其人一生较辛苦、奔波。若本命格局佳者，则不论。若本命星弱，则逢此格局者不佳。

若三吉化入仆役宫，主其人能得部属、朋友之助，朋友的能力颇强，再得众吉守照者，更吉。

（9）化权入官禄宫

化权单入官禄宫者，主其人的配偶身体不好。

（注：按照河洛派的观点，测一个人本命的一生财运，主要看官禄宫的宫干是否引发兄弟宫或官禄宫中的主星化权，如果是，则其人本命适宜从事经济行业。）

若三吉化之中某个吉化独入官禄宫，主其人乃小贵之命，但易升迁，有需要创业之象。若三吉化交会于官禄宫，则文武贵显，常人亦发达。

（10）化权入田宅宫

化权单入田宅宫者，主其人不但田产多，还能出租房屋。

若流年干、流月干、流日干引发化权入田宅宫，则主其人在该流年、流月、流日期间的财运好，能进财。至于来财的方式和方向，需要根据哪一宫的宫干引发的主星四化来推断。

流年财帛宫或大限财帛宫的宫干引发流年田宅宫中的主星化权，主其人该年会买房。

若大限财帛宫的宫干引发流年田宅宫中的主星化权，主其人会在此期间买房。

若大限疾厄宫的宫干引发本命田宅宫或大限宫或流年宫中的主星化权，主其人会在此期间买房，且化权为买第二间房子（或第三间）或出租房子。

若流年田宅宫的宫干引发该宫中的财星化权，主其人在该流年购买长方形房子（中等）。

若福德宫的宫干引发子女宫或田宅宫中的主星化权，主其人会修改房子。

若仆役宫的宫干引发田宅宫中的主星化权，主其人的房子装潢豪华。

若三吉化入田宅宫，主其人的不动产或与不动产有关的资金会增加。必可守住祖业，若会众吉，则自置尤吉。若加四煞星，则中晚年能置业。若遇空、劫，则无产业。

（11）化权入福德宫

化禄、化权、化科同论（简称三吉化）。

三吉化入福德宫，主其人一生快乐、享受，有挥霍和无节制的倾向。命宫吉者，寿达七十七以上（注：仅作参考）。

若流年干、流月干、流日干引发福德宫中的主星化权，则主其人在该流年、流月、流日期间的财运好，能进财。至于来财的方式和方向，需要根据哪一宫的宫干引发的主星四化来推断。

（12）化权入父母宫

凡天魁、天钺、化禄、化权、化科入父母宫者，主其人的父母荣贵，福禄双全。若加会吉星，主父母双全，与父母缘分深厚，深受庇荫。但若三化星居陷地则不美。且上述诸星若加煞星，亦不吉。

化权入父母宫，往往由于父母的能干、劳碌，会觉得其人比不上他们，而相互不投机。

31．化科

1）星情总论

化科属阳水。主名声，掌文墨。其象为秋金、秋象，表征收敛、收成。其意为"城府"。有智慧和内涵，却含蓄而不明显表露，因此，不同于奸诈、带有心机的那种城府。化科亦为贵人。

化科入命之人廉洁有操守，故化科之人通常不会大发，但在社会上很受人重视，被人尊重。

四化之中，化科只是贵人，钱财不多，但比较平顺。若有日干引发化科，主其人在缺钱的时候，会有人适时伸出援手。由于化科为贵人，对财务困难和财务纠纷往往有解厄之功能。

若化科与煞星、忌星同宫，乃"科星陷于凶乡格"，主其人灯火辛勤，林泉冷淡。若命宫中的主星强，影响不大。若命宫主星弱，且凶星多，则影响较大。

2）风水、地理类象

天时类象：新月，秋天，早晨，黄昏，彩虹，晚霞。

地理类象：水坑，泉水，水源地，高级休闲场所，教育场所，文化区，有阶级的地方，寺庙，教堂。

3）旺度

化科的旺度：于丑为入庙；于午、申为旺；于寅、卯、辰、巳、未、戌为得地；于子、亥为平；于酉为落陷。

4）与化科有关的格局

（1）甲第登庸格：化科在命宫，化权在三方来朝。合此格之人聪明过人，必能考入高等学府，且主其人文章冠世，或在学术、科技上有创新和发明。又宜从任管理之职，或在政治上作投机。诗曰："禹门一跃便腾空，头角峥嵘大浪中。三汲飞翻合变化，风云平地起蛟龙"。经云："科命权朝，登庸甲第"、"科权对拱，跃三汲于禹门"。

（2）科名会禄格：化科在命宫，化禄在三方来朝。诗曰："科名在命数中躔，卓越才华远近传。一跃过登三汲浪，衣冠楚楚侍君前"。经云："科禄命逢兼合吉，威权压众相王朝"。

（3）科明禄暗格：又名"明珠暗禄格"。即化科守命宫，命宫之暗合宫有禄存是也。

甲年生人：武曲在亥化科，守命，而寅宫有禄存暗合；

乙年生人：紫微在戌化科，守命，而卯宫有禄存（又为"权禄夹命格"）；

丙年生人：文昌在申化科，守命，而巳宫有禄存暗合；

丁年生人：天机在未化科，守命，而午宫有禄存暗合；

戊年生人：右弼在申化科，守命，而巳宫有禄存暗合；

己年生人：天梁在未化科，守命，而午宫有禄存暗合；

庚年生人：天同在巳化科，守命，而申宫有禄存暗合；

辛年生人：文曲在辰化科，守命，而酉宫有禄存暗合；

壬年生人：左辅在寅化科，守命，而亥宫有禄存暗合；

癸年生人：太阴在丑化科，守命，而子宫有禄存暗合。

经云："科明禄暗，位列三台"。

（4）科星煞凑格：化科星守命身宫，而凶煞冲凑太甚，即为此格。命逢此格，虽然学问不错，有文章秀气，但为贫寒的读书人。在现代，多是平时学习优秀，而高考运气欠佳的人，终难升学。化科与煞曜会合，多主恶名在外，遭人诽谤的时候多，又主有牢狱之厄。故古诗云："命里科曜正为清，凶煞多为林下人。纵然吉守亦失局，读书至老无功名"。经云："苗而不秀，科名陷于凶神"、"化科嫌逢截空、旬空、劫空"、"化科守身命，逢恶曜，亦为文章秀士"、"科星居于陷地，灯火辛勤"。

（5）科星逢破格：化科星在命宫，遇羊、陀、火、铃、劫、空冲凑，则其人难有科第。故古诗云："细把科名仔细详，若逢恶煞贵名难。连年居在孙山外，只着高明一士看"。经云："苗而不秀，科名陷于凶神"。

（6）科星陷于凶乡格：若化科与煞星、忌星同宫，乃此格，主其人灯火辛勤，林泉冷淡。若命宫中的主星强，影响不大。若命宫主星弱，且凶星多，则影响较大。

此外还有"三奇加会格"和"科权禄夹格"，参见29．化禄之4）"与化禄有关的格局"。

5）化科入十二宫分论

（1）化科入命宫

化科入命者，主其人仪表清秀、聪明好学、为人斯文、清白乖巧、才华横溢，能得贵人赏识。为人有操守，能解厄制化。若与化权、化禄相逢，且无恶星，则主显贵；如遇恶星，其人亦为文章秀士，但贫穷。

若有文昌化科（由丙干引发），其人必为群英师范。

化科与化禄一样，对化忌缺乏抵抗力，若逢之，且无吉曜相助者，主其人苗而不秀，徒劳无功；若有吉曜相助，虽能有成就，但难免波折重重。

若文昌或文曲化科（由辛干或丙干引发），再逢魁、钺，则利于考试，就职者会迁升而贵显。

化科最宜与七杀、破军、紫微、贪狼、天机、巨门、天同、太阴、武曲等星曜同宫，主其人能开创局面。但女命要防止影响婚姻。

化科不宜逢截空、旬空、天空诸星，其人往往会虚华无实，有名无利。

化科不宜与廉贞、空、劫、大耗、化忌、死、绝、沐浴诸星同宫，主其人与科甲无缘。亦不喜落陷。

化科对声名有利，但对功名未必一定有利。例如，文昌化科或文曲化科与破军同宫时，只主其人有才华。但无正统学历，一身所学可能只是三教九流之术。

若流年干、流月干、流日干引发命宫中的主星化科，则主其人在该流年、流月、流日期间的财运好，能进财。至于来财的方式和方向，需要根据哪一宫的宫干四化来推断。

化科、化权入对宫（一入命宫，一入迁移宫）为对拱，主其人科第易得。

若流月宫自化科（即流月干引发流月宫中的主星化科），其人在该流月会出名，所出之名有好有坏，访客多。

若流日宫自化科（即流日宫的宫干引发宫中的主星化科），主该日有访客。

若化科与化忌同入命宫、大小限宫或流年宫，主其人往往有祸。（如果是同入大小限、流年，则在此运限期间会有祸。）

若兄弟宫的宫干引发命宫中的主星化科，主其人有购房之可能。

（2）化科入兄弟宫

凡天魁、天钺、化权、化禄、化科入兄弟宫，主其人的兄弟间有缘、和睦，朋友间能相助，君子之交，且其中有贵显之人，他们即为其贵人。

若流年干、流月干、流日干引发兄弟宫中的主星化科，则主其人在该流年、流月、流日期间的财运好，能进财。至于来财的方式和方向，需要根据哪一宫的宫干四化来推断。

（注：按照河洛派的观点，测一个人本命的一生财运，主要看官禄官的宫干是否引发兄弟宫或官禄宫中的主星化科，如果是，则其人本命适宜从事经济行业。）

（3）化科入夫妻宫

化科入夫妻宫者，其人的配偶温柔、聪明、漂亮、家世清白、有表现能力，在文艺、考试等方面有才华。能得配偶之助，为其人的贵人。若再加会昌、曲、魁、钺者尤吉。

化科入夫妻宫者，男命，娶官家之女为妻；女命，嫁有财或有权势之男人。

化科入夫妻宫，其人的配偶多是青梅竹马或同学、同事，也会经人介绍结婚。

若流月的月干引发夫妻宫中的某颗主星化科，又引发另一颗主星化忌，则其人若有配偶，则在该月内必聚少离多。

若流月的月干引发夫妻宫中某颗主星化科，其人在该月内会有第三者介入。

（4）化科入子女宫

化科入子女宫者，其人会拥有房地产。

化科入子女宫者，其子女高雅、聪明伶俐、好学有教养，有文艺天分，爱漂亮，有君子、淑女的风度。

若天机、化科入子女宫，其本人可从事需要动脑的教师、教练或传授专业技能的老师等职业。

若福德宫的宫干引发子女宫或田宅宫的主星化科，主其人会修改房地。

若三吉化入庙旺之地，又与吉曜加会或同宫，其人会有子女二三人。且其中有贵者；若加煞，仅一人，且有轻克。

（5）化科入财帛宫

凡天魁、天钺、化禄、化权、化科入财帛宫者，其人一生富裕，清廉中生财。

凡化科入财帛宫者，主其人财源平稳无缺，主要来自薪水收入，需量入为出但仅属于小富。

若流年干、流月干、流日干引发财帛宫中的主星化科，则主其人在该流年、流月、流日期间的财运好，能进财。至于来财的方式和方向，需要根据哪一宫的宫干四化来推断。

若流月干引发流月财帛宫中的某颗主星化科，又引发另一主星化忌，则其人在该流月内财运不好。

（6）化科入疾厄宫

化科入疾厄宫者，其人身体健康，即使有病，也能遇良医，此良医未必是名医，可能是贵人。父母和睦。

三吉化入疾厄宫者，其人病灾少。化禄入者，脾胃弱；化权入者，肝弱；化科入者，膀胱弱。若加六煞星，则难免有灾厄。

（7）化科入迁移宫

若兄弟宫的宫干引发的化科入迁移宫，主有购房之可能。

化科入迁移宫者，出外可遇贵人，此贵人未必相识，却能无条件地提供帮助。

三吉化入迁移宫者，其人若外出，可发财或获得高位（化权入者）。但若遇四煞星，则主操劳。

（8）化科入仆役宫

若流月干引发流月仆役宫中的某颗主星化科，又引发另一主星化忌，则其人在该流月内会跳票，收入之钱易打折扣或晚入。

三吉化入仆役宫者，其人能得部属、朋友之助，再得众吉守照者，更吉。但往往是精神方面的鼓励，相互没有利害关系，属于君子之交。若遇六煞星，则部属、朋友中有人薄情寡义、背叛暗算。

（9）化科入官禄宫

（注：按照河洛派的观点，测一个人本命的一生财运，主要看官禄宫的宫干是否引发兄弟宫或官禄宫中的主星化科，如果是，则其人本命适宜从事经济行业。）

化科入官禄宫者，属平稳之运，其人工作稳定，不易变动。会有贵人介绍工作，且其人能愉快胜任，故找工作比较容易。

若三吉化三颗星单独入官禄宫，主其人小贵。若三星交会于官禄宫，则文武贵显，常人亦发达。

（10）化科入田宅宫

化科独入田宅宫者，其人虽然财产不多，但家庭温暖、和睦相处，家居朴实而舒适。

若流年干、流月干、流日干引发田宅宫中的主星化科，则主其人在该流年、流月、流日期间的财运好，能进财。至于来财的方式和方向，需要根据哪一宫的宫干四化来推断。

若流年财帛宫的宫干引发本命田宅宫中的主星化科，主其人在该年会买房。

若大限疾厄宫的宫干引发本命田宅宫或大限宫或流年宫中的主星化科，主其人会在此期间买房，且化科者，主其人想把现在住的房子改建得更舒适。

若流年田宅宫自化科（即流年田宅宫的宫干引发该宫中的财星化科），主其人在该流年会购买四方形的房子。

若福德宫的宫干引发子女宫或田宅宫中的主星化科，主其人会修改房地。

若仆役宫的宫干引发田宅宫中的主星化科，说明其人的房子装潢朴实。

三吉化入田宅宫者，其人必可守住祖业，若会众吉，则自置尤吉。若加四煞星，则中晚年能置业。若遇空、劫，则无产业。

（11）化科入福德宫

若流年干、流月干、流日干引发福德宫中的主星化科，则主其人在该流年、流月、流日期间的财运好，能进财。至于来财的方式和方向，需要根据哪一宫的宫干四化来推断。

三吉化入福德宫者，其人一生快乐，会有计划、量入为出地享受。命宫吉者，寿达七十七以上（注：仅作参考）。

（12）化科入父母宫

凡天魁、天钺、化禄、化权、化科入父母宫者，主其人的父母荣贵，福禄双全。若加会吉星，则其人父母双全，与父母缘分深厚，深受荫庇。但若三化之星居陷地则不美。且上述诸星若加煞星，亦不吉。

三吉化会照父母宫者，主其人的父母不一定富有，但多长寿，若再见空劫，可能还要供养父母很长一段时间。

化科入父母宫者，父母为军警或清贵之人。父母即为其贵人。

32. 化忌

1）星情总论

化忌属阳水。为多咎之神，嫉妒之星。主是非、不顺，又名"计都星"。化忌的基本特征是"冬藏"。所谓"冬藏"是指冬天万物灭绝、休眠，故而需要冬藏，以待来年之春。而在冬藏之时需要进行清算、脱胎换骨。故化忌带有变化之意，化忌入命之人多灵巧、聪明。

化忌五行属水，也主城府，且深不可测，这是与化科的城府不同点。化忌的城府指有机谋，头脑转得快，比较奸诈。

水又主流动，故化忌主有变动，不安定。

2）风水、地理类象

天时类象：阴霾，日食，月食，冬天，浓雾，深夜，冰雹，乌云，低气压，湿气，流星。

地理类象：排水沟，地下排水系统，水池，禁区，风化区，贫民区，流动摊贩区，地下道。

3）旺度

化忌的旺度：于子、辰、申为入庙；于丑、卯、巳、未、酉、亥为平；于寅、午、戌为落陷。

4）化忌的种类及应用

① 自化忌：所谓自化忌，乃是在本命盘中，某宫的宫干引发本宫的主星化忌，此宫即为自化忌宫。自化忌宫是其人一生最弱的宫位，若大小限、流年逢之，主在此运限期间有失；若六亲宫逢之，主早失。

② 互化忌：两宫之间，化忌互入对方者，此二宫为互化忌。例如，化忌星原在兄弟宫（即兄弟宫中某颗主星化忌），化忌随该主星入其他宫位（例如福德宫），则此二宫为互化忌。凡大小限、流年逢之，其人会有生离死别之事，六亲宫临之，主夫妻离异、六亲无缘。其中，若刚好互化忌之宫互为对宫，则又称为纠缠忌，大小限、流年遇之，主其人有破财、官非。若对宫再见到羊、陀、火、铃四煞星者，又称为迁移忌，其人若在此期间外出，会有车祸或血光之灾。

③ 交会忌：凡多宫的星曜化忌集中于某宫，此为交会忌。对此宫形成的伤害最大。

④ 同位忌：大小限、流年产生的化忌入化忌星原来所在的宫位，实际上即双化忌、三化忌的情形。在此运程中其人会遇困苦、疾病。

⑤ 子田忌：子女宫与田宅宫互为对宫，此称为子田线。若大小限、流年引发的化忌入子田线（即引发子女宫或田宅宫中的主星化忌），即为子田忌。在此运程期间，其人有离家的可能，如果是廉贞化忌入子田线者，其人必入牢狱。

5）与化忌有关的格局

（1）禄逢冲破格：参见27. 禄存之5）"与禄存有关的格局"。

（2）"忌暗同命身疾厄，困弱尪羸（wanglei）格"：参见10. 巨门之4）"与巨门有关的格局"。

6）化忌入十二宫分论

（1）化忌入命宫

化忌入命宫者，脸型颇长而不协调，属于破相，而且大多脸上多斑和痣，或者皮肤黝黑。

化忌入命宫者，主其人一生不顺，尤其是年少不顺，六亲缘薄，身体差。易招是非。仅水命之人不怕逢化忌，或者命宫中其他诸星居庙旺之地，则亦不怕化忌。

化忌入命宫者，多主其人坎坷不顺，易犯小人。四十岁前守财不牢，四十岁以后有收藏之功。

化忌入命宫者，喜欢撒谎，且其人自私小气，对钱财看得很重，轻者斤斤计较，重者处处算计别人，为人不豪爽。因此别人对其反感。

化忌入命宫者，多主其人社交能力差，与朋友之间的关系先成后败，不得助力。在出外时问题多。

若化忌入大限宫或流年宫，其人在此期间做事往往功亏一篑。

化忌入命宫，若兄弟宫为空宫（即有空亡、截空等星曜），宫中或无主星，或宫中凶星聚集，则其人多为独子，或其兄弟有折伤。

若化忌入小限宫，主其人该年一年不佳。若化忌入大限宫，则此十年内悔吝，其人悲观失意，且要注意健康。（注：小限的作用不明显，本书不重点，讨论。）

化忌也有两面性，除了其象征失业、破财、生病、悲观、不顺及怀才不遇的坏运之外，却利于从事研究哲理、医学、尖端科技，或者作为反对派从政，会有所成就。

若与紫、府、昌、曲、辅、弼、化禄、化权、化科同宫，且会照羊、陀、火、铃，主其人发财不耐久，功名不就。

武曲、巨门、天机、廉贞最怕化忌，若它们化忌，要谨防钱财损失。经商者尤其要注意票据问题，以免惹上官非。

若日、月居庙旺之地而化忌，则为福。

若廉贞在陷地化忌，主大凶。若再逢七杀，则主"路边埋尸"。

若天同在戌宫化忌，丁年生人吉（此时天同化权）。

若巨门在辰宫化忌，辛年生人吉（此时巨门化禄）。

若与四煞之一同入命宫，其人目无法纪，有犯罪倾向。

若与煞星、天使、大耗会照，主其人奔波、有疾。

若羊、陀、火、铃、化忌中有二三颗星曜入命，再加会天刑，主其人凶死。

若遇双化忌、三化忌，且再逢凶煞会临，或者出现四化忌，反而会有否极泰来的征兆。但是仍需要注意健康。

诸星尤忌居陷地时化忌。

若大限宫的宫干引发本命宫中的主星化忌，主其人在此期间不能房买，即使买亦会卖掉。

若大限田宅宫之官禄宫（即大限疾厄宫）的宫干引发本命田宅宫的主星化忌，主其人在此期间没买房。

若大限宫的宫干引发A宫中的主星化忌去冲B宫，主表示其人的房子坐B朝A；若引发B宫中的主星化忌去冲A宫，主其人的房子坐A朝B。

若流年干、流月干或流日干引发化忌入仆役、子女、父母诸宫，则皆主其人在该流年、流月或流日的财运不好。

化忌所入之宫乃产生麻烦的起因，对宫乃化忌所冲之宫，故该宫所主之事易产生困扰和变动；而受化忌伤害最深的是化忌所入之宫的下一宫位。

以下举例说明。

例一（化忌入某宫之例）：若官禄宫有化忌（此时先不论宫内星曜好坏），官禄宫下一位宫是田宅宫（此时按照宫位逆时针排列的规则推算），与官禄宫隔六、九位的是子女宫和命宫（即从官禄宫起，顺时针第六位是子女宫，第九位是命宫），由于官禄宫亦为事业宫，主其人的事业经营（或仕途）上得不到助力（子女表示下属、员工等），因此进一步可以论做其人应从事自由职业。若一意孤行，硬要经营企业或开店做生意，会有事业失败破产之事发生。这是因为官禄宫有化忌后，无力再生助其下一宫（田宅宫），而田宅宫的第6位便是财帛宫（从田宅宫起，顺时针第六位是财帛宫），导致资金匮乏，巧妇难为无米之炊的局面。故受化忌伤害最深的是其下一宫。

例二（化忌冲某宫之例）：所谓"化忌来冲"，是指化忌冲所入之宫的对宫。若夫妻宫的对宫有化忌，则夫妻宫被冲。夫妻宫隔六位是田宅宫，隔九位是迁移宫。由于夫妻宫被冲，必然波及第六宫的田宅宫和第九宫的迁移宫。预兆其人家庭结构解体（田宅），重者妻离子散（迁移）；轻者吵嚷争执不休，家庭不睦。进而影响夫妻宫的下一宫：子女宫（下一宫受伤害最深）。再进一步分析：子女宫的第六宫的福德宫和第九宫的仆役宫，因此会导致其人心神不宁，寿元和福泽均被减损。

注：上面两个例子充分展示了紫微斗数中解盘论命需要将各种关联宫位和状态（例如化忌的影响）综合分析。如果停留于单星、单宫分析的层次，无法真正反映紫微斗数的深度。

若田宅宫的宫干引发命宫中的主星化忌，主其人没有桃花。如果有对象，则对象没有子女，或对象已离过婚。并主其人小时候不会离开祖地。

若流年田宅宫的宫干引发流年命宫中的主星化忌，主其人今年有异性缘，且可长久交往。

凡大限宫自化忌者，其人买卖房子会赚钱。

田宅宫自化忌，主其人买房又卖房，房地产生意做得很好。

若田宅宫的宫干引发命宫或田宅宫中的主星化忌，主其人一生没房子。即使有房子，也是没有走廊的。

若财帛宫的宫干引发命宫中的主星化忌，主其人会注意节约储蓄去购屋。

若大限福德宫的宫干引发大限命宫或本命宫中的主星化忌，主其人在此大限的十年内不顺，会搬家，尤其是引发的化忌冲本命宫者，一定会搬。

若红鸾所入之宫的主星被流日干引发化忌，则其人在该日很容易意外得罪人，或讲话得罪人。

若财帛宫的宫干引发命宫中的主星化忌，主其人省钱去购屋。

财帛宫的父母宫的纳音数（所谓纳音数是指其人属于五行的哪一局，水1．火

2．木3．金4．土5。它的依据是五音：宫、商、角、徵、羽与五行：土、金、木、火、水之间的对应关系）代表其人一生的购屋数量。（注：购买不等于最终拥有，且需验证。）

若财帛宫的宫干引发田宅宫中的主星化忌，主其人会购屋。

若大限田宅宫的宫干引发流年宫中的主星化忌，主其人在该流年会出国。

若大限田宅宫的宫干引发本命宫中的主星化忌，主其人的房子住不下，需改动。

凡化忌所入之宫位于流日宫，其人在该日的心情不好，有麻烦事。

化忌入女命者，若再遇凶曜，主灾祸，其人衣食艰辛、贫贱。有吉曜加会者，灾祸减轻。

（2）化忌入兄弟宫

化忌入兄弟宫者，若兄弟多者主减少，且欠和；兄弟少者，主孤单。

凡化忌入兄弟宫者，兄弟之间会相互拖累。

化忌入兄弟宫者，其人虽然对兄弟付出很多，但吃力不讨好，他们未必心存感激。相互之间不顺，缘薄。

若兄弟宫有自化忌，多主其人租房子居住。

若疾厄宫的宫干引发兄弟宫（田宅宫的财帛宫）中的主星化忌，主其人会亏本卖房。

若田宅宫的宫干引发兄弟宫中的主星化忌，主其人会在第二大限期间离开家乡。

（3）化忌入夫妻宫

化忌入夫妻宫者，主其人恋爱有波折或晚婚之象。若婚前多波折者，则婚后恩爱，但即使为配偶付出很多，也难得回报。若婚前没有波折，则婚姻不和谐，且坎坷，不利于自己的事业。女命，以作家庭主妇为最好。夫妻间会欠对方的债。

若夫妻宫位于子、丑二宫，宫中有化忌，且化忌为庙或平，若三方又有吉曜拱照，则男女皆吉。否则，主婚姻不顺，感情不睦；若再逢六煞星同宫，则无论男女，皆主其人孤寡。

化忌入夫妻宫者，多主其人的配偶先死。

若化忌入本命夫妻宫，而化禄入大限夫妻宫，则凡已婚者，容易发生外遇；凡未婚者，容易有遗弃或负心的现象。

若田宅宫的宫干引发夫妻宫中的主星化忌，主夫妻之间多怨言。又主其人看到女人时，如果喜欢，便欲娶回当妻子。

凡流月的月干引发夫妻宫中的某颗主星化忌，又引发另一颗主星化科者，其人若有太太，则在该月内必聚少离多。

（4）化忌入子女宫

化忌入子女宫者，其人对孩子付出很多关爱，花费很多精力，在外人看来，主其人很照顾小孩，但是因为有克，故难得回报。虽有子，但属于欠子债之命，即使疼爱其子。子亦不孝顺。

化忌入子女宫者，主其人常会搬家，没有祖产。

化忌入子女宫者，主其人的性生活不和谐。

化忌入子女宫者，不利财运，如果办厂、开店，皆易倒闭。

若田宅宫的宫干引发子女宫中的主星化忌，主其人喜往外跑，不喜在家中。而且，其人对购屋没兴趣，喜花钱。

若生年干引发的化忌入子女宫，主其人晚年得子，且疼爱子女。多在过了忌冲之年才会购屋。其人喜往外头跑；喜搬家。只能置产一二间而已。若子女宫再有自化忌，则一生只能置屋一栋，甚至一生无自有的房屋可住。

若生年干引发田宅宫中的主星化忌，其人喜置产，不喜搬家。会节省钱财买房子。

若命宫或财帛宫的宫干引发子女宫或田宅宫中的主星化忌，主其人买房时，钱不太够。

若兄弟宫的宫干引发子女宫中的主星化忌，并冲田宅宫，主其人自小有搬家现象。

若福德宫的宫干引发子女宫或田宅宫的主星化忌，主其人会修改房地。

若田宅宫的宫干为甲，引发子女宫中的太阳（若子女宫中无太阳，则不论）化忌。主其人的家宅中没有窗户。

若逢癸巳年、月、日，按照六十纳音，癸巳是长流水，癸干导致贪狼化忌，若癸巳长流水导致贪狼在子女宫化忌，因此冲对宫（田宅宫），多主该日的天气是连阴雨之象。若这时夫妻宫有巨门，易发生田宅进水，而且长流水说明水从上面冲向房子。若再有白虎、擎羊、华盖与贪狼同宫，又有天府入其人的疾厄宫，或更有天刑入其人的本命宫，主狂风狂雨导致房顶被打开，天花板、砖瓦、墙等崩塌，在房子里的其人会被压伤或压死。

若田宅宫的宫干引发子女宫中的主星化忌，主其人没有桃花。还有一种说法："田宅宫化忌入子女宫表示桃花多、易娶已生育子女的配偶、会花钱。"（注：这两种说法明显是矛盾的。需要用实例来验证。）

若与天空、地劫同宫，则其人无子绝嗣。但若有诸吉星临照，会有一子，但有夭折之虞，庶出或早离者可化解。

注：上述规则中，很多是从子女宫的星情推断其人的田宅情况，这充分说明了作为田宅宫对宫的子女宫对田宅宫的影响很重要。

（5）化忌入财帛宫

若化忌入财帛宫，主其人不聚财。守财不牢，易亏空。而且其人会欠债，赚钱辛苦，无法享受，一生不遂意。尤其是担任收款职责之人，往往会挪用收来的货款，且无法归还。

若田宅宫的宫干引发财帛宫中的主星化忌，主其人会卖房，或抵押房子借钱。

若流月干引发流月财帛宫中的某颗主星化忌，又引发另一颗主星化科，主其人在该月内财运不好。

（6）化忌入疾厄宫

化忌入疾厄宫者，主其人多灾多难不顺，体弱多病，尤其是肾弱。有了病也未必能治愈。且与父无缘。男易犯遗精，女易患带下症。

若化忌与羊、陀、火、铃、天刑同入命宫，主其人多病、残疾甚至夭折。

若仆役宫的宫干引发疾厄宫中的主星化忌，主其人去讨债时很麻烦，一不小心可能导致口舌事非官司。

若田宅宫的宫干引发疾厄宫中的主星化忌，去冲父母宫，主其人的田宅、住房、房地产、家庭、家中人口等方面，易出现是非、麻烦、口舌、官司。尤其当廉贞、文昌、文曲入父母宫或疾厄宫化忌时最应验。

如果田宅宫干引发命宫或疾厄宫中落陷的主星化忌。皆主其人有不利之宅或凶宅。

（7）化忌入迁移宫

化忌入迁移宫者，主其人外出受到的挫折很多，凡事不顺。出外易犯小人。需要凭自己的实力去竞争发展，但易有波折。

若仆役宫的宫干引发迁移宫中的主星化忌，主其人即使去讨债也讨不到。

若迁移宫中有自化忌，主其人会搬家，因为田宅宫中的化忌会冲命宫。

若大限宫的宫干引发大限田宅宫或迁移宫中的主星化忌，主其人在此大限期间会出国。

若田宅宫的宫干引发迁移宫的主星化忌，主其人小时候就离开祖地。

若田宅宫的宫干引发迁移宫的主星化忌，主其人的对象为有夫之妇或离过婚之人。

若流日宫的宫干引发迁移宫中的主星化忌，如果其人在该日打电话给友人，会无人接听，或访友不遇，甚至会迷路。

（8）化忌入仆役宫

化忌入仆役宫者，其人的朋友中多为损友，也得不到部属的帮助，且多有背主之人，不守信用，会因此而受诽谤或损失。若是巨门化忌，则与朋友或部属多争执和麻烦。且兄弟间无缘。

若大限夫妻宫的宫干引发本命仆役宫中的主星化忌，其人在此大限期间可能会离婚。

若流月干引发流月仆役宫中的某颗主星化忌，又引发另一主星化科者，其人在该流月内会跳票，收入之钱会打折扣或晚到手。

（9）化忌入官禄宫

化忌入官禄宫者，其人一生职业成败不定，变化多端。想创业却没资金，只能打工。工作中出差多。在社会上的地位常有变化。故凡官禄宫中有化忌者，应从事相对安定的工作，例如教师。

若化忌入官禄宫，会出现凶中有吉的可能，有如下几种情形：

① 化禄入田宅宫或夫妻宫者，则因为田宅宫有化禄故仍能进财，其人的事业虽然惨淡经营，但仍有利润。

② 化禄会照子女宫者，会有人雪中送炭（银行愿意贷款或遇贵人支持等）。

③ 化禄会照夫妻宫时，其人夫妻中的一方会出外工作补贴家用或是由夫妻中的另一方帮忙调头寸。

但即使有上述各种凶中有吉之兆的情形，在经营事业时仍需小心谨慎为上。

若流年官禄宫有自化忌，主其人的上班场所会在该月内搬家。

若流月官禄宫的宫干引发流月官禄宫的田宅宫（即本命疾厄官）中的主星化忌，主其人会在该月内搬家。

若田宅宫的宫干引发官禄宫的主星化忌，主其人易有田地房地方面的纠纷，尤其当田宅宫、官禄宫中多是非星、麻烦星、口舌星、官司星时更为应验。因此，田宅宫不宜坐丙、丁、己、辛、壬干之宫，因为这些天干使廉贞、巨门、武曲、文昌、文曲这些最宜导致是非、口舌、官司的星化忌。

（10）化忌入田宅宫

化忌入田宅宫者，其人无祖业可继承，即使有祖业，也会有变卖之事发生。或者欠房债，即使有房，其布置颇乱。而且子女有问题。若田宅宫中的其他主星被引发化忌，则祖业多者亦会减少，若再遇凶星，且落空亡者，即使自置产业，亦会失去。

若生年干引发大限田宅宫中的化忌入，主其人在此大限期间会换小房子住。

若兄弟宫的宫干引发田宅宫中的主星化忌，主其人舍不得放弃祖地，想在祖地上盖房子。

若流年财帛宫的宫干引发的化忌冲流年田宅宫（即引发流年田宅宫对官中的主星化忌），主其人在此流年购屋不成。

若命宫的宫干引发田宅宫中的主星化忌，主其人想买房子。反之，若田宅宫的宫干引发命宫或田宅宫中的主星化忌，主其人一生没房子。

若流年财帛宫的宫干引发本命田宅宫中的主星化忌，主其人想买房子。

若大限财帛宫的宫干引发大限田宅宫中的主星化忌，主其人在此大限期间会买房子。

若大限疾厄宫的宫干引发本命田宅宫中的主星化忌，主其人在此大限期间没有买房。

若财帛宫的宫干引发田宅宫中的主星化忌，主其人会买房。

若流年财帛宫的宫干引发本命田宅宫中的主星化忌，主其人买房必成。

若流年财帛宫的宫干引发大限田宅宫中的主星化忌，主其人在此流年可能买房。

若大限财帛宫的宫干引发本命田宅宫中的主星化忌，主其人在此大限期间会买房。

若流年田宅宫有自化忌，主其人买房的价格贵，且有纠纷。

若命宫或财帛宫的该宫引发田宅宫或子女宫中的主星化忌，主其人买房时，钱不太够。

若流年田宅宫化忌冲大限田宅宫（即该化忌位于大限田宅宫的对官），主其人在该年会搬家。

若流年干引发田宅宫中的主星化忌，主其人在该年需要奋斗，例如发生纠纷或搬家等。

田宅宫不宜坐天干为丙、丁、已、辛、壬之宫，因为这些天干使廉贞、巨门、武曲、文昌、文曲这些最宜导致是非、口舌、官司的星化忌。此时若又会聚了其他是非星、口舌星、官司星，多主其人之宅更会多招事非、口舌、官司。

若田宅宫的宫干引发大限田宅宫或流年田宅宫中的主星化禄或化忌，主其人在大限或流年期间会搬家。

若流年田宅宫的宫干引发本命田宅宫中的主星化禄或化忌，主其人该年会搬家。

若田宅宫有自化忌，主其人购置第一间房子易出问题（产权不清、买到贵的房子）。三十五岁前不宜以自己的名义置产。田宅宫自化忌还说明其人的房子会改建。

若福德宫的宫干引发子女宫或田宅宫中的主星化忌，主其人会修改房子。

若仆役宫的宫干引发田宅宫中的主星化忌，主其人的房子装潢不好。

若迁移宫的宫干引发田宅宫中的主星化忌，主其人的住屋不利发达。

若大限宫的宫干引发大限田宅宫中的主星化忌，主其人的房子坐北朝南。

若财帛宫的宫干引发田宅宫中的主星化忌，主其人住宅的外对面为空地。

若化忌入田宅宫，主其人的房子附近有空地。

若大限迁移宫的宫干引发流年田宅宫中的主星化忌，主其人在此大限期间会出国。

若夫妻宫的宫干引发田宅宫中的主星化忌，主其人的家宅中没有厨房。若再有禄入命者，主夫妻不合，吵架，多怨言。晚婚者谐老，早婚者离异。

若仆役宫的宫干引发田宅宫或疾厄宫中的主星化忌，此乃黏性桃花之象。

若田宅宫自化忌，主其人有桃花，但留不住。其人的对象尚未结婚，为第一次与异性交往。主其人在家中还待不住，四处奔走。

若子女宫的宫干引发田宅宫中的主星化忌，主其人桃花多，但是有了也留不住，或者其人儿子少。

若疾厄宫的宫干引发田宅宫中的主星化忌，主其人只要看到女人，如果喜欢，便欲娶回当妻子。

若大限夫妻宫的宫干引发本命田宅宫或大限田宅宫中的主星化忌，主其人在此大限期间可能会离婚。

若流日田宅宫中有化忌（流日宫干或流日干引发），主其人在该日会晚睡或临睡前之工作很多。

（11）化忌入福德宫

化忌入福德宫者，其人福不全，享受难遂，劳碌命，一生愁闷不乐。凡各星于福德宫遇化忌，多主其人不宁、艰辛。即使有福享，亦难心安，甚至短寿。

若夫妻宫的宫干引发福德宫中的主星化忌，主其人的钱不够，因此房子无法改建。

若流日福德宫中有化忌（自化忌或流日干引发），主其人在该日睡到半夜时会被恶梦惊醒。

（12）化忌入父母宫

化忌入父母宫者，其人与父母缘薄。父母认为你付出不够，即使其人已尽力付出，但还嫌不够。父母身体较弱。父母不双全。

化忌入父母宫，主其人自己多病，经常发作，时好时坏。

凡各星于父母宫被化忌者，主其人刑克父母，应过房入赘或重拜父母，则可免克害。

若化忌入父母宫，不利财，办厂、开店皆易倒闭。

若田宅宫的宫干引发父母宫中的主星化忌，主其人会破相或残疾；若是田宅宫的宫干引发疾厄宫中的主星化忌冲父母宫，主其人有残疾。

33. 天刑

1）星情总论

天刑属丙火、阳火。在数主医药，化气为孤克。主刑夭、刑杀、官非、孤独。若入庙，又名天喜神。

天刑入命之人的性格多劳碌、孤独、刑克、有才干、高傲。

天刑自酉宫出来顺行，酉为白虎之方，白虎主口舌是非；酉之气为秋，秋杀之气。故天刑主刑杀。又因天刑属阳火，酉为阴金，金火交战，故天刑星的脾气不好，且易发作。天刑星属于月系星，受月亮之影响，有干涉、影响的特点，所以，天刑的脾气不好或乱发脾气，不是故意发的，是被外来的因素干涉后被迫而发，又因为个性刚强，发作时不顾及后果，发作后却会后悔。

2）旺度

天刑的旺度：于寅、卯、酉、戌为入庙；于子、辰、巳、午、申、亥为平；于丑、未为落陷。

3）天刑入十二宫分论

（1）天刑入命宫

天刑入命宫者，其人易有伤残或官非。幼年时须注意小儿麻痹症。其人个性固执、坚持原则、不信邪、善辩、做事果断。有神佛缘，对神佛有好奇心，故学习算命之人很多。适合的职业为医生、算命者、律师、司法界人员、军警界人士等。

凡天刑入命于寅、卯、酉、戌诸宫者，此时天刑入庙，若加会昌、曲等吉星，吉，主其人能成大业。

因为天刑为天喜神，若入庙，则吉，主其人能掌兵权，再遇太阳者，主武贵。

若会文曲，主掌镇边疆，可创建大业。其人外表英挺，威武不屈，独立自主，具有才干、权威，主掌兵刑。但个性孤独，与常人有异。且与六亲无缘，喜欢算命或自行研究命理，与神佛有缘。

天刑入命，主其人的祖业会破败。而且，其人会有肢体灾伤情事。

若天刑独入命宫，没有其他正曜会照，三方却有凶星会照时，主其人乃天涯漂流、孤独之命，或是无能的僧道。

凡天刑入庙，喜逢紫微、贪狼、巨门，宜在司法界或医学界任职。若天刑落陷，则主孤克贫夭，父母兄弟不全，若大小限或流年逢之，在该运限期间中多有出家、官非、牢狱、火灾、失财、破败之事发生。

天刑入命，则如果其人不为僧道，定主孤刑，不夭则贫。又主其人父母、兄弟不全。

若天刑入二限之宫，主其人在此运限期间有出家、官非、牢狱、失败等事。

天刑入命，有四煞会合，大小限、流年逢之，主其人在此运限期间会有横祸。

若与廉贞、巨门同宫，其人会有官讼是非。但若天刑入庙，其人能掌刑杀大权。

若与擎羊同宫，又逢化忌、煞星者，主其人灾伤、犯罪难免。

若与地劫同宫，主其人易惹官非。

（2）天刑入兄弟宫

天刑入兄弟宫者，主其人兄弟间刑伤不和。仅寅、卯、酉、戌诸宫，天刑为入庙时，灾轻。

若天刑入兄弟宫，再逢吉曜，主其人兄弟姐妹间难沟通、多争执。若逢凶曜，兄弟姐妹会有官讼、多是非，故不可与之合伙。若与擎羊同宫，称为"破雁格"，即雁行失序，兄弟姐妹之间会有相残之事。

（3）天刑入夫妻宫

天刑入夫妻宫者，主其人刑克缘薄，离婚比例可高达八成，导致离婚的原因多为外来因素。但若聚少离多，则凶性可降低。

若天刑在寅、卯、酉、戌诸宫，皆为入庙，男命，主其人迟婚，且妻性刚。女命，主其人克夫且迟婚。若再加四凶星，男女皆孤寡，纵有吉星会照亦不美。

天刑入夫妻宫者，主配偶身上有疤痕。（注：需要验证）天刑忌入夫妻宫，逢宫内星曜不佳时，夫妻易失和而离婚；但若夫妻聚少离多或晚婚，则天刑凶性锐减。

若天刑入夫妻宫，再逢吉，主其人与配偶难沟通、口角多，但晚婚则可避免。若逢凶，则婚姻无期。

（4）天刑入子女宫

天刑入子女宫者，主其人与子女刑克，缘薄。但若逢吉曜，则虽子女缘薄，仍会有子女送终。若逢凶，则其人养子不教，女人需防产厄。

（5）天刑入财帛宫

天刑入财帛宫者，其人的事业会遭遇失败，若再会煞星时，会有财务方面之官非。

天刑入财帛宫，若再逢吉曜，其人的财运稍顺、但为虚财。若逢凶曜，则主其人会破财，因官非而花钱。

（6）天刑入疾厄宫

天刑入疾厄宫者，主其人易有伤残之事发生。

天刑与化忌、羊、陀、火、铃同入命宫者，主其人多病、残疾甚至夭折。

天刑有小擎羊之称，代表血光。其人幼年时易患小儿麻痹。此外，应注意肝功能不好、呼吸系统不佳等疾患。

（7）天刑入迁移宫

天刑入迁移宫者，其人外出而行动时，易有是非、身心不安或不得志。远行不利，并须注意盗贼及水火之灾。

（8）天刑入仆役宫

天刑入仆役宫者，其人易与朋友或部属发生被动性的争执和冲突。

天刑入仆役宫，若再逢吉曜，其人的朋友不多，多半为淡如水之交。若逢凶曜，则其人与朋友沟通难，且多冲突。

（9）天刑入官禄宫

天刑入官禄宫者，主其人的工作不顺，时常想更换工作。若再加会煞星，会有官非和刑伤血光之灾。

天刑入官禄宫者，若再逢吉曜，其人做事负责尽职，有担当、有魄力、决断力强。若逢凶曜，则其人行事不定、易惹是非和官非。

（10）天刑入田宅宫

天刑入田宅宫者，若再遇凶星或落空亡者（田宅宫中有空亡、截空等星曜），则其人即使有祖业亦会减少，自置产业者会丧失。

若天刑、天哭入田宅宫，需防家人有病、伤、亡之事。若再遇红鸾、天寿，更须防家人病伤亡。

天刑入田宅宫者，即使吉曜同宫，其人的家庭也欠缺和乐气氛。若逢凶，需慎防不动产破败。

（11）天刑入福德宫

天刑入福德宫者，除了在寅、卯、酉、戌诸宫为入庙者，在其余诸宫，主其人福薄，艰辛。

天刑入福德宫，即使有吉曜同宫，其人也操心一世，凡事放不开。若逢凶曜，则其人心常存抱怨、难以心平气和。

（12）天刑入父母宫

天刑入父母宫者，主其人刑克缘薄。

天刑入父母宫者，即使有吉曜同宫，其人也与父母缘薄。若逢凶曜，则其人父母不全。

34. 天姚

1）星情总论

属阴水、癸水。在数主爱慕，化气为破耗，主桃花、风流。又为风流星，是桃花星之一，而且是盛开的桃花。在紫微斗数中带桃花的星曜是：廉贞、贪狼、右弼、文曲、红鸾、天喜、咸池、天姚、沐浴，这些星曜中若有两颗以上会在一起，限行（大小限或流年）遇之，其人难免发生感情困扰。这样的人往往是天生的才子或佳人，若再加上其他吉星配合得宜，此人必为名人无疑。

天姚自丑宫出来顺行，丑宫为日月合璧之地，阴阳交会，未为白天，丑为夜晚，可引申为男女交媾。天姚的本性为生理需求，难以克制。

天姚属于月系星，在任何一个月份，皆有天姚在天地之间交媾。除了人之外，任何动植物都有固定的交媾时间，这个固定的时间就是由天姚在发生作用。

天姚的特点是其人学术高深、文采风流、游戏风尘。

女命逢天姚，主其人有色情之难，或者能够自由恋爱结婚。

2）旺度

天姚的旺度：于卯、酉、戌、亥为入庙；于子、寅、辰、巳、午、申为平；于丑、未落陷。

3）天姚入十二宫分论

（1）天姚入命宫

天姚入命宫者，其人眉目分明，有幽默感，人缘好，喜交际应酬，易受异性青睐，有艺术天分。但动作轻浮，性喜风流，多疑，貌美，不甘寂寞，思想早熟，感情丰富，多才多艺，注重服饰外表的装扮，有独特的风格，且嗜酒。适合多姿多彩的行业。但欠缺稳定性，故不能持久。另一个特点是，其人多为奸诈虚伪之辈，不是真小人，就是伪君子。

若天姚星独入命宫，并不主桃花，而是文采、研究心及人缘好的表征，若与其他星曜同宫时，才会显现出桃花的特质，命宫里的天姚如果不经过化禄、化权、化科、化忌对同宫中其它星曜发挥作用，天姚星的桃花作用就不明显。

若天姚居入庙之地，其人风流爱花，姿态优美，风雅，性感，有艳福，多酒食，有异性缘。有谋略，学术方面颇有天分，谈吐优雅，外向，喜欢装饰，虚荣。若天姚落陷，其人生性多疑，深沉，不信任别人，喜欢旁门左道，令人摸不清楚，而且其人风流、好淫、阴毒。

凡天姚入运限（大限、流年），其人在此期间与异性的感情会有深入，但若运限宫中的主星落陷，则其人在此期间会因感情之事而发生纠纷（主要是与异性有纠纷），甚至因色而犯刑，还需防水厄、重婚。

若天姚会照命宫，主其人多淫欲。

天姚虽是败星，但入庙后会变为祥瑞，可以得到贤妻，有天长地久之缘。

若天姚与紫微同宫于子、午、卯、酉，主其人风骚，且刚柔相济，但须防血光之灾。

若天姚入命，三方会照贪狼、廉贞、沐浴者，主其人少年夭折。

若与文昌同宫，其人会发生夜半淫奔之事。

若与擎羊同宫，主其人夭折。

若与右弼同宫，其人的爱情多波折。

天姚、红鸾同入命宫者，主其人有淫奔之事。

若天姚于入庙之地（卯、酉、戌、亥）入命，其人富贵风雅、有学识、有艳福。其中，若居亥，其人有学识。凡大小限逢之，其人在此期间不用媒妁，招手成婚。若加会恶星，则其人破家败产，因色致刑。

若天姚于亥、子二宫入命，主其人温文儒雅、博学多才。

若天姚于卯、酉、戌、亥（此时天姚皆入庙）与吉曜同入命宫，其人学历多为大学程度。

凡天姚入命，主其人多疑，善于应付，标新立异，多与异性接近，好淫欲，有淫乱倾向，再加红鸾者更甚，多因色惹祸之事。若加凶曜，主其人会破家败屋，因色犯刑。

女命，最忌天姚入命宫或福德宫。因天姚乃盛开的桃花，娇艳绝伦，使人爱慕，乃至心生邪念。

（2）天姚入兄弟宫

除了天姚入卯、酉、戌、亥之地外，入其他诸宫，皆主兄弟间刑伤不和。

天姚在家宅中代表厕所。若天姚入本命兄弟宫或大限兄弟宫，表示其卧室内有卫生间。

天姚入兄弟宫者，其人的手足或好朋友中有异性缘极佳的人。其人的母亲在年轻时，妩媚动人，即使到了中晚年，依然是风韵犹存、相当有魅力的女人。

（3）天姚入夫妻宫

天姚入夫妻宫者，乃桃花之象，其人会有重婚、偷情之事发生。若天姚单守夫妻宫者，更验。

凡天姚入夫妻宫者，夫妻二人皆为清秀佳人，男俊女美，且异性缘皆不错。配偶颇具文采及魅力，人缘关系不错。双方在婚前都可能有过其他感情际遇。

（4）天姚入子女宫

若天姚星独入子女宫，主其人与子女的缘分薄，甚至可能无子女。如果子女宫中还有贪狼一类的桃花星，则加强了天姚的桃花性质，故其人的桃花颇浓。

（5）天姚入财帛宫

天姚入财帛宫者，主其人有财，但会因酒色、赌博而破财。

天姚星入财帛宫时，其桃花之性会充分发挥，故其人所从事的行业或工作性质大多与异性、情色或艺术相关。

（6）天姚入疾厄宫

天姚入疾厄宫者，其人的膀胱有疾。

由于命宫与疾厄宫互为表里，天姚星在命宫为显性，在疾厄宫则为隐性，故其人的桃花属于含而不露型。

（7）天姚入迁移宫

天姚入迁移宫者，若无煞曜，主其人会得到别人的扶持。

天姚入迁移宫，此乃其人的人际桃花。

（8）天姚入仆役宫

天姚入仆役宫者，其人的好朋友之中，必有异性缘很好之人，而且其人自己的桃花对象有可能是常往来的朋友。

（9）天姚入官禄宫

天姚入官禄宫者，主其人有骚人墨客的雅兴，而且其配偶的人缘很好。

（10）天姚入田宅宫

天姚入田宅宫者，其人会破祖业，尤其与破军同宫者，更验。

天姚入田宅宫，其人家中的摆设装潢颇具有特色，布置得相当幽雅且有品位。

（11）天姚入福德宫

天姚入福德宫者，乃桃花之象，其人喜欢幻想、风流、异性缘佳，而且身心为桃花而忙碌（身忙心乱），有感情困扰，见火星、铃星者更验。女命尤甚。

凡天姚入福德宫之人，若未婚，则很可能婚前多谈情说爱；已婚者则是婚后的家庭生活浪漫恩爱。

（12）天姚入父母宫

天姚入父母宫者，其人的容貌漂亮，即使不言不语也会引起异性的瞩目。其父母亲的婚姻，也带着桃花色彩。

35. 咸池（桃花煞）

1）星情总论

属阴水。又名桃花煞，为主要的桃花星。其人注重情欲，淫荡虚荣，见异思迁，喜入娱乐场所。

2）咸池入诸宫分论

咸池只入子、午、卯、酉宫（四败之地）。而且只入命宫、财帛宫、福德宫。

咸池（桃花煞）入命者，主其人多淫欲，爱卖弄风情，但多为成事不足，败事有余的结局。且咸池入命宫、财帛宫、福德宫者，皆主其人好色。

若咸池与其他桃花星同宫，主其人易有外遇。

若咸池临长生、帝旺之地，主其人姿色不凡、好酒色、败家业。

若咸池临衰、绝之地，主其人乃忘恩负义、言行不一、贪婪无信之流。

若咸池再遇其他桃花星、六煞星、化忌星，其人易有羞于启齿的癖好。

咸池喜逢天空、截空、旬空、天德，它们可以化解桃花煞的煞气。

凡男命，有咸池入命者，若与禄存或化禄（亦为桃花星）同宫，其人可经营以女性生财的娱乐事业，从而以此类不可告人的钱财起家。

凡女命，有咸池入命者，若与禄存或化禄同宫，且加会辅、弼、魁、钺，主其人会沦落风尘或为侍妾。皆因禄存和化禄使之有钱赚即可，而辅、弼、魁、钺表示其人的客人很多。其人易沦为"地下夫人"，且物质和生理欲望极强。

36. 红鸾

1）星情总论

红鸾属阴水，与人缘有关。主婚姻喜庆。与天喜星（亦主婚姻喜庆）永在对宫。红鸾为支系星（即根据年支确定其宫位），年支为质，代表形骸、身体，故红鸾与身体有关。所谓"红鸾星动"是指其人身体已经发育到成熟阶段，将发生婚姻嫁娶之事。由于红鸾为阴水，所以若女性的命宫中有红鸾，则多应验（下面讨论的天喜为阳水，则对于男性多应验）。

红鸾从卯宫出来，卯为花朵开花的时节，引申而得红鸾星动。但红鸾涉及的婚嫁，是人成熟后自然发生的，与天姚代表肉体上的生理需求不同。

若女命，红鸾遇天空、地劫同入命宫，天空为半空折翅，地劫为浪里行舟，故此女会遇人不淑，被欺骗，但其人因为将对方想象得很好，往往不会后悔，甚至矢志不渝。而天姚则属于生理的性需求，故往往满足于春宵一度，不会有很深的感情投入。

红鸾与天喜的关系：一般而言，红鸾主婚，天喜主喜庆、增加人口和早婚。有句俗话"七年之痒"充分说明了二者的关系。对于女性，在身体发育成熟，红鸾星动结婚后，再过七年，到达天喜的宫位，在天喜的作用下，由于阴阳两性的调和，该女性已经由少女变为少妇，充分成熟。同样对于男性而言，七年后，到达天喜的宫位，在天喜的作用下，由于阴阳调和，成分成熟，开始发福发胖。

古人云："红鸾天喜，前三十年为喜，三十年后为忌。"一个人从十四岁至十六岁开始成熟，然后继续成长，有三十年时间，故前三十年为喜。但三十年后，树老花谢，故此时不喜反为忌。一般而言，五十岁之后的大限宫中不宜有红鸾、天喜。

若大限宫命中有红鸾星，但同宫星曜都不吉，且夫妻宫、福德宫内的星曜也不佳，则有可能在此大限的十年中，只有恋爱而无结果。

总之，仅仅红鸾、天喜二星本身不足以决定是否已婚或未婚，以及成婚之期。一般情形是，大部分未婚者逢之，主其人可以结识异性朋友；大部分已婚者遇之，主其人家有喜事。

注：在推断夫妻关系时，必须提到的是"红鸾星动"这个概念。红鸾与天喜是一对相对的星曜，永远互居对宫，二者都有喜庆的性质。所谓"红鸾星动"是指流年或大限遇到红鸾星（对宫有天喜星），但未必表示在该流年或大限期间一

定婚嫁。它只代表与异性交往或恋爱的开始，以后是否能顺利结婚，仅凭这两颗乙级星是不足以决定的。若此时流年夫妻宫或小限夫妻宫（注意：此处指的是小限，不是大限），流年福德宫或小限福德宫，以及流年命宫或小限命宫的星曜好（切切注意：此时红鸾和天喜也许都不在夫妻宫），则会因为遇到红鸾或天喜而顺利结婚。若一个人命中孤独，终生无配偶之人，遇到这两颗星曜，往往只是增加了与异性接触的机会。

2）红鸾的旺度

红鸾的旺度：于丑、寅、卯、辰、戌、亥为入庙；于子、巳、午、未、申、酉为落陷。

3）红鸾入十二宫分论

（1）红鸾入命宫

凡红鸾入命宫且无煞者，其人聪明秀丽、温和善良、乐观开朗、充满活力、善与人交往、有虚荣心。一生多变动，有流荡的倾向。且其人喜好投机与赌博。

红鸾入六亲之宫（父母、兄弟、夫妻、子女），主其人六亲之间有情。

若红鸾入迁移宫，主其人有外财。但若见忌，则不是。若见煞，则减半。

红鸾入命，男娶美妻，女嫁贤夫。

红鸾入命于入庙诸宫，主吉；入命于落陷诸宫，主凶。

若其人成年后，早年于流年、二限逢之，主其人在此期间有婚姻成家之喜；中年逢之，在此期间添丁或团聚之喜；晚年逢之则不利，在此期间多有丧偶之痛。

红鸾星若与其他桃花星同宫，会更增淫欲。

若与大耗同宫，主其人消财，但未必挡灾。

若红鸾所入之宫的主星被流日干引发化忌，则其人在该日很容易意外得罪人，或言语得罪人。

若红鸾与地劫同宫，则在该宫对应之流日，其人很容易意外得罪人，或言语得罪人。

男命，若红鸾入流月宫或流日宫，宫内有空、劫、大耗，其人在该月或该日较易丢东西，否则必受小偷之光顾。换言之，对于男命，若红鸾与空、劫、大耗同宫，当该宫为流月宫之月或流日宫之日，便会发生上述事件。

女命，红鸾不宜与空、劫同入命宫，多为遇人不淑，即使被骗却仍不清醒。

凡女命，若红鸾入命宫，乃有红高照，多是漂亮而具魅力，但易招蜂引蝶。如果加天刑星，则有敦促自律及克制任性的作用。

（2）红鸾入兄弟宫

红鸾入兄弟宫者，且无煞星，主其人雁字成行、手足有情。若有煞星，其人会误交酒色损友。

（3）红鸾入夫妻宫

红鸾主嫁娶，入夫妻宫者，男娶美妻，女嫁贤夫。但主要对女性有应验。且五十岁后逢之不利配偶。

凡女命，若红鸾入夫妻宫，乃有红高照，多是漂亮而具魅力，但易招蜂引蝶。如果加天刑星，则有敦促自律及克制任性的作用。

凡红鸾入夫妻宫，主其人感情主动、占有欲强；若再逢吉曜，则夫妻感情很好；若逢凶，则有婚外情的可能。

（4）红鸾入子女宫

红鸾入子女宫者，主其人易生女儿，且溺爱子女。若逢凶曜，要注意不可溺爱子女。此外，其人的两性生活和谐。

（5）红鸾入财帛宫

红鸾入财帛宫者，主其人财旺。但其财运的好坏均与异性有关。其人喜爱投机，却财来财去。若没有煞星，则可以赚异性的财。但不宜从事投机之事。

（6）红鸾入疾厄宫

红鸾入疾厄宫者，其人易患伤风感冒。

若逢擎羊、破军、七杀等，主其人会有血光之灾。

凡红鸾入疾厄宫，男女均需注意血液之疾、妇科之恙。男性还要注意泌尿系统的疾病。

（7）红鸾入迁移宫

红鸾入迁移宫者，其人出外有人缘，故会有外财。但若逢阴煞，则须慎防仙人跳之类的骗局。

（8）红鸾入仆役宫

红鸾入仆役宫者，其人在工作上的助力大部分来自异姓。

（9）红鸾入官禄宫

红鸾入官禄宫者，主其人少年登科及第，金榜题名。

红鸾入官禄宫，其人学历多为大学程度。

红鸾入官禄宫，其人往往因桃花而生财，且异性人缘好。男命，宜从事化妆师、造型师等职业；女命，则宜从事卖男性商品等行业，都会无往不利。

（10）红鸾入田宅宫

红鸾入田宅宫者，其人的不动产旺盛。而且其人注重家居和生活质量，装修豪华有情调。

（11）红鸾入福德宫

红鸾入福德宫者，其人一生衣禄安康。但是因为红鸾在福德宫的桃花是隐性的，故属于闷骚桃花，易因艳破财。男性会因为桃花而破财，女性会因为感情而破财。

凡女命，若红鸾入福德宫，其人多是漂亮而具魅力，但易招蜂引蝶。如果加天刑星，则有敦促自律及克制任性的作用。

（12）红鸾入父母宫

红鸾入父母宫者，其人甚得父母欢心。若无煞星，父母亲会非常疼爱其人；若有煞星，父母的爱会变成溺爱。

37. 天喜

1）星情总论

天喜属阳水。主婚姻喜庆。与红鸾永在对宫。与红鸾相同的是，天喜亦为支系星（即根据年支确定其宫位），年支为质，代表形骸、身体，故天喜与身体有关，即代表人自然发育成熟后的需求。

2）天喜入诸宫分论（只论下述各宫，其余诸宫不论）

（1）天喜入命宫

若宫中无煞，主其人早婚、美貌或增加人口。但若遇截空、旬空则不吉。

天喜不宜入五十岁后大限宫。

（2）天喜入夫妻宫

天喜主喜庆，入夫妻宫者，其人夫妻之间情深意浓，男命，其妻漂亮；女命，其夫英俊。但五十岁后逢之则不利配偶。

（3）天喜入财帛宫、官禄宫、福德宫

天喜最喜入此三宫，行运逢之，常有意外之喜或收获。

（4）天喜入疾厄宫

天喜入疾厄宫者，其人有神经衰弱。

若逢擎羊、破军、七杀，主其人有血光之灾。

其余与红鸾入疾厄宫相同。

（5）天喜入官禄宫

天喜入官禄宫，其人学历多为大学文凭。

38. 天哭、天虚

1）星情总论

天哭属阳金，天虚属阴土。二星均为支系星，皆主刑克、忧伤。

天哭喜助巨门之凶，天虚喜增破军之虞。

此二星不喜同宫（年支为子，则同宫于午；年支为午，则同宫于子）。若二星同宫，凡行运（大限或流年）逢之，多主其人有伤心落泪之事。

天哭、天虚于丑、卯、申三宫入庙，此时若与禄存同宫，多主其人名扬。

天哭、天虚于子、辰、午、未、戌五宫为落陷，主其人贫穷、孤独、刑伤。

若天哭、天虚入迁移宫，并见煞、忌，主其人出门必惹是非。

若天哭、天虚入父母宫，并见煞、忌，主其人破荡、卖田庄。

2）旺度

此二星在各宫的旺度：天哭、天虚于丑、卯、申为入庙，于子、辰、午、未、

戌为落陷。（注：在实际推断时不必考虑天哭、天虚的旺度，读者可以不予理会。）

3）天哭、天虚入诸宫分论（只论下述诸宫，其余诸宫不论）

（1）天哭、天虚入命宫

天哭入命者，其人主孤僻、不合群，悲观消极，喜幻想，自寻烦恼，易感情冲动，常会被周围的事物感动而流泪。若与巨门同宫，主增凶。若再与丧门会照或同宫，必有丧事，或幼年坎坷，或破耗。六亲缘薄，一生奔波劳碌。若大小限或流年逢之，再遇凶星，主有灾。

因为天哭、擎羊同入命宫主死亡，故凡在天哭、擎羊同入之宫所对应的流月，其人在该流月会收到办丧事的消息。

天虚入命者，主空亡，虚而不实，孤寒贫贱，六亲无依。若与破耗同宫更增凶虐，到处不利。若与破军同宫，助长凶焰。主其人浪荡可恶，且有名无实，好吹嘘，喜欺瞒，一生阻碍多。喜宗教五术。女命尤不宜遇天虚，遇之则婚姻不理想，但若有禄马会照，还可解救。

天哭、天虚入命，其人多为奸诈虚伪之辈，不是真小人，就是伪君子。

（2）天哭、天虚入夫妻宫

天哭、天虚入夫妻宫者，主其人夫妻间不易相处。

（3）天哭、天虚入财帛宫

天虚入财帛宫者，其人多虚惊不定，功亏一篑。若大小限逢之，多虚名虚利。

（4）天哭、天虚入疾厄宫

天哭、天虚入疾厄宫者，其人的神经系统有病，且心神不宁。

天哭入疾厄宫者，其人有肝脾之疾。天虚入之，其人有心脏之疾。

（5）天哭、天虚入官禄宫

天哭、天虚入官禄宫者，其人的职位虽高，却徒具虚名。

（6）天哭、天虚入田宅宫

若天哭、天虚入田宅宫者，须防家人病、伤、亡。若再遇红鸾、天寿，更须防家人病伤亡。

（7）天哭、天虚入福德宫

天哭、天虚入福德宫者，其人的福分浅薄。

39. 三台、八座

1）星情总论

三台属阳土，辅日之光辉，又名"科名"，主文墨。八座属阴土，辅太阴之光辉，又名"官贵"，主文墨。此二星为日系星，均为紫微的辅佐星，皆主贵。

2）三台、八座入诸宫分论（只论下述诸宫，其余诸宫不论）

（1）三台、八座入命宫

凡三台、八座同入命宫，其人的性格耿直无私，有文章仕进及喜庆之事，大吉大利。但若分开单独入命，则孤单，助力削弱。

三台、八座喜与六吉星同佐紫微、太阳、太阴。其作用类似于辅、弼，但助力比较小。

八座入命者，其人直爽、急躁、心直口快、善良多义。

（2）三台、八座入夫妻宫

若三台、八座入夫妻宫，或三台、八座夹夫妻宫者，主其人有生离克害之事，或主夫妻有名无实。

凡八座独入者，亦主生离克害。

（3）三台、八座入疾厄宫

三台、八座入疾厄宫者，其人的脾胃、皮肤等部位有病症。

40．龙池、凤阁

（1）星情

龙池属阳水，凤阁属阳土，此二星皆为文明之宿，主文章科甲。

（2）龙池、凤阁入命宫（其余诸宫不论）

龙池入命，其人聪明伶俐，但气度沉稳，智商高，且有作为，文雅有声誉。自视甚高，有傲气。喜与日、月、昌、曲、化科同宫。但若有煞星来冲，则易患耳疾。

龙池入男命宫，主其人攀龙附凤多与权贵交往，功名显达财富丰厚。若与飘荡之星同宫，则可减少飘荡性，变得较为稳重。若与贪狼、廉贞、天姚等桃花星同宫，因龙池的沉稳，故淫欲难动其心，不会乱来。

龙池入女命宫，主其人多助多能，相貌美丽，心志坚定。

凤阁入命，其人敏捷，服饰讲究，懒散好享受，喜欢粉饰，文章优美，为人风流，有声誉。但若有煞星来冲，其人易患牙疾。凤阁入女命宫，其人貌美，秀外慧中，动作敏捷，有机智，喜调停，好自由，但旺夫益子。

此二星入命皆为美，且其人喜好神仙之术，有灵感。若二星同入大小限于少年运，利于考试；若同入中年运，再逢天府、天相者，可增加"府相朝垣"之力。若二星单独入命，则平常。

41．岁建（太岁）

1）星情

属火，又名太岁。为当年的岁之君，水之精。乃岁前流年诸星之首。为多管之神，主一年吉凶。加会吉星则佳，否则凶。

所谓"年犯太岁"是指，若太岁在子，则子年生人为年犯太岁（注：这一点与一个人的属相的论述相同，属鼠者于子年犯太岁、属牛者于丑年凡太岁、……属猪者于亥年凡太岁）。所谓"月犯太岁"，若太岁在子，则子月生人为月犯太岁，日、时犯太岁亦然。

所谓冲太岁，是按照地支六冲的规则：子午相冲、丑未相冲、寅申相冲、卯酉相冲、辰戌相冲、巳亥相冲。即若太岁在子，则午年生人为"年冲太岁"，午月生人为"月冲太岁"，等等。〔注：这一点与一个人的属相的论述相同，属鼠者于马年冲太岁（因为子午相冲）、属牛者于羊年冲太岁（因为丑未相冲）、……属猪者于蛇年冲太岁（因为巳亥相冲）。〕

2）岁建入命宫（其余诸宫不论）

它与众星不睦。若得紫、府、辅、弼、昌、曲、魁、钺扶持，则其人灾少，但须防六畜之灾。若遇四煞星，主其人财散人亡，女人须防产厄，但只要无产厄，反而好。

若遇紫、府、辅、弼、机、梁、日、月入庙同宫，则吉，但若上述诸星落陷且加煞，则凶。

若与六煞星相冲于命宫，则其人必人离财散、丧亡。但若女人身怀六甲，反而好。且逢南斗者，生男；逢北斗者，生女。

岁建喜入财帛、迁移、官禄三宫。

42. 天才

属阴木。为才能之星。天才入命者，主其人才能出众，声名远播。

43. 天寿

属阳土。为寿星，主长寿。凡大小限、流年逢之吉利。

44. 恩光

属阳火。恩光入命者，其人一生近贵，受殊恩。而且其人处事谨慎小心，光明磊落，文雅风流。

恩光入命宫或官禄宫者，其人学历多为大学程度。

45. 天贵

属阳土。天贵入命者，其人聪明秀气，个性厚重、笃直、豪爽。一生多得上司、长辈的宠信或提拔。若在寅、辰二宫入命，此时天贵入庙，主其人出类拔萃，财旺名盛。

天贵入命宫或官禄宫者，其人学历多为大学程度。

46. 天官、天福

二星皆属阳土。为干系星。天官主贵显，天福主爵禄。二星在寅、申、巳、卯为入庙。

天官为懒星，喜清闲。入命者，其人智力高超，却欠魄力，喜入命宫或官禄宫。若天官在入庙之地与天同、天梁同入命宫，主其人到老都尊荣显赫、富贵高寿。若与其他星同入命宫，则平常。凡大小限、流年逢天官者，其人在此运限期间有晋升之喜，即使常人亦主福禄并辉。

天福为爵神，入命者，其人长寿，高贵。尤其与天同、天梁同入命宫者，更验。天福入男命宫者，主其人早婚。入女命宫者，主其人美貌端庄。此二星最喜与天寿同入命宫，主其人福寿双全。凡大小限、流年逢之，主其人在此运限期间仕途高升，即使常人也会有所建树。

47. 台辅、封诰

台辅属阳土，为台阁之星。台辅入命者，其人正直刚强，意志坚定。若与魁、钺、辅、弼会合，为福寿格。

封诰属阴土，为封章之星。封诰入命者，主贵。其人精明干练、气度沉稳、聪明、爱好艺术。若与魁、钺、辅、弼会合，为福寿格。

若封诰与天巫会照官禄宫，主其人会升职。

48. 孤辰、寡宿

孤辰属阳火，寡宿属阴火。为支系星。此二星不会同宫，永远在三合的位置上互拱。二星皆主孤独。

凡此二星入命者，若无吉曜化解，主其人孤寡。

二星皆不宜入命宫、夫妻宫、福德宫。

若寡宿入夫妻宫，再遇到煞星拱照夫妻宫，则多主其人很难成婚或者很迟才结婚。

若寡宿入已婚之人的大限夫妻宫，同样遇到煞星拱照的话，则其人在此大限期间很易离婚。流年遇到则不一定离婚，可能发生一些"寡宿"的事。

孤辰忌入父母宫，寡宿忌入夫妻宫。即使有吉星同宫，其人也难免时常感到孤单落寞。尤其是寡宿入夫妻宫者，若三方四正所会之星不吉，其人极可能离婚。

孤辰入疾厄宫者，主其人会忧伤过度。

寡宿入疾厄宫者，主其人有痨伤。

凡大小限、流年逢此二星，再与武曲、破军、天机、巨门、七杀、化忌及六煞星同宫者，其人在此运限期间的感情问题不利，已婚夫妇若非两地分居，则必同床异梦。

若孤辰、寡宿这两颗星，一入命宫，一坐身宫，则其人的六亲之中，必有遗憾之事。

49. 蜚廉

属阳火，为支系星。乃小人星，主孤单克害。它与阴煞不同，带有桃花与口舌，因此尤其怕再逢其他桃花星。

蜚廉入命者，若无吉星化解，则主其人孤独。若入六亲之宫（兄弟宫、夫妻宫、子女宫、父母宫），主其人六亲不全或不和。若入财帛宫，主其人会有小人作祟，损名失财。

50. 解神

为月系星，又名"小天梁"。在子、寅、卯、辰、午、戌为入庙。主逢凶化吉，解厄消灾，遇难呈祥。但仅入命宫才起作用，入其他诸宫无用。

若入身命，再逢吉星及有力主星，且无煞星来破者，往往能出人头地，一呼百诺。凡大小限、流年逢之可解厄消灾、化危扶困，并可因势利导、更上层楼。

凡解神入命，若其人参加竞赛、选举等竞争性活动，最喜有解神加会吉曜入运，往往会获胜。

解神喜与龙池、凤阁二星同夹天府或天相。

51. 阴煞

阴煞为小人星（与蜚廉之不同，见蜚廉），又名"鬼神"。代表无行之界。阴煞入命者，其人多猜疑。因有活鬼缠身，故有害人之阴谋，爱拨弄是非，或常与小人为伍，或自己遭小人之忌。

阴煞入命，其人多为奸诈虚伪之辈，不是真小人，就是伪君子。

凡大小限、流年逢之，其人在此运限期间会增加许多烦恼。

若阴煞与六吉星或有力的主星同宫，可削弱其恶戾之气。

阴煞忌入福德宫。

52. 破碎

破碎属阴火。为支系星。主残破不全。其人会坐立不安、孤寒劳碌，且多是非，忌入身命宫。

若大小限、流年逢之，往往事将成却起风波，少成多败，难遂心。即使有吉星会照来助，亦会失去机会。

53. 天巫

天巫为月系星。乃晋升之神，主升迁。但逢吉星方能发挥作用，必须看有吉星是否同宫及有力，否则无用。天巫忌与煞星同宫。

天巫为升迁之星，属吉星。故人命逢此，宜积极进取，万不可消极处世。命宫有吉星者更吉，若天巫与吉曜同入命宫，为腾达之兆。若与吉曜同入财帛、官禄二宫，则倍增福禄。若与吉曜同入迁移宫，大小二限及太岁逢之，主其人在此运限期间有乔迁之喜。但若命宫有凶星者，则天巫无作用。

若天巫与封诰会照官禄宫，主其人会升职。

若大小限、流年逢天巫，主其人在此运限期间会腾达，再遇天马者，主其人会调动。若逢天德、月德，在此运限期间会有贵人来提拔重用其人。

若天巫入流年之迁移宫，其人在该流年有乔迁之喜。

若天巫入财帛宫、官禄宫，且有吉星呵护，则能增加其人的事业成就。但成果来之不易，须靠自己的努力而得。

54. 天月

　　为疾病之神，又为"瘟神"，主病。为月系星。凡天月入命，主其人有病，尤忌入疾厄宫，其人体弱多病、恶疾缠身，主凶。但若有庙旺之主星及六吉星同宫，可解其厄。

　　凡流年逢天月，若再遇六煞星或化忌，其人在该年的健康不佳。即使有吉星同宫，也难免小病不断。

55. 天伤、天使

　　天伤属阳水，必在仆役宫，乃虚耗之神，主破耗。天使属阴水，必在疾厄宫，乃传使之神，主灾祸。二星必夹迁移宫。

　　有一种观点认为，此二星无甚作用。又有一种观点认为若大小限、流年逢之，其作用不小。而且其作用主要表现在：

　　若天伤在子、卯、辰、午、未诸宫，则祸重。

　　若天使在丑、卯、辰、酉、戌诸宫，则祸重。

　　在其余诸宫祸轻，可不论。

56. 截空、旬空（即空亡）

　　凡截空入命，主其人漂泊不定，喜幻想，做事有头无尾。若大小限、流年逢之，主其人在此运限期间有志难申，阻碍不前。

　　若截空入命，再逢煞星同宫，会有虚惊。例如，差点被车撞上，但没有发生，只是虚惊一场。这是因为截空既能截吉（吉事不成），又能截凶（化解凶厄）。

　　若身命宫、福德宫有四空入之（四空者：截空、旬空、天空、地劫），主其人淡泊名利，多与宗教五术有关。

　　截空入疾厄宫者，其人会忧心成病，甚至得忧郁症。

　　生不逢时格：参见6. 廉贞之4）"与廉贞有关的格局"。

57. 博士

　　博士属水。乃生年博士十二神之首，主聪明。若博士入命，主其人喜好文艺，有职有权。

58. 力士

力士属火，主权力。喜与化权同宫，可增辉。
擎羊逢力士格：参见 21. 擎羊之 5）"与擎羊有关的格局"。

59. 青龙

青龙属火。主不聚财。若入流年或流月的命宫或财帛宫者，再逢煞星者，主其人在此运限期间会失财。

60. 小耗

小耗星，属火，主耗损，为半凶星。另曰：为地耗星、损失钱财，代表消耗、破财、财不能聚；忌入命、身、财帛等宫。

61. 将军

将军属金，主威猛。凡流日逢之，主其人在该日有得意之事。
若将军、官府、指背入田宅宫，且田忌入官偶线（即由田宅宫的宫干引发官禄宫或夫妻宫的主星化忌），再有多个官司星同宫时，主其人的住宅会招来官司。

62. 奏书

奏书属金，主福禄。主其人会因文字或书写而有得意之事。

63. 飞廉

飞廉属火。主孤、克害。主其人会有遭忌或被别人造谣之事。

64. 喜神

喜神属火。主延续。主其人会有喜庆之事。

65. 病符

病符属水，主灾病。不喜入命宫、疾厄宫、福德宫。若流年逢之，主其人在该年多灾病。若与煞星同宫，则流月逢之亦不吉。

66. 大耗

大耗属火，主破财、退祖。若入命宫，其人有丢三落四的习惯。若与桃花星同宫，主其人会因色失财或发生烦恼。

67. 伏兵

伏兵属火，主口舌是非。性质与陀罗相似。

68. 官府

官府属火，主讼事、口舌刑杖。不喜与七杀、白虎、丧门、吊客同宫。

若官府、将军、指背入田宅宫，且田忌入官偶线（即由田宅宫的宫干引发官禄宫或夫妻宫的主星化忌），再有官司星多时，主其人的住宅会招来官司。

离乡遭配格：参见 21. 擎羊之 5）"与擎羊有关的格局"。

69. 长生

乃十二长生之首，表示气纯、气盛且专一的状态，主生发。长生入诸宫皆吉，不畏诸凶。最喜与天机同宫，可发挥力量。但忌落空亡。

70. 沐浴

沐浴表示初知人事之状态。带有桃花和不稳定性（沐浴乃桃花星之一），故忌入命宫、财帛宫、田宅宫。喜入夫妻宫，主其人闺房和谐。

71. 冠带

冠带表示成熟的状态。男子二十岁行加冠礼，女子十五岁及笄，均表示成熟、成年。主喜庆。冠带喜入命宫，主其人会有事业成就之喜。

72. 临官

临官表示进入成家并开始有责任感的状态。主喜庆、贵，入十二宫皆吉。

73. 帝旺

帝旺表示到达人生事业巅峰期（古时约指三十二岁至四十二岁的时段），主旺盛。表示其人的气势与身体皆强壮。

74. 衰

衰，主颓败表示其人的气势开始逐渐下降，但仍不算差，需要有其他星曜配合。忌入少年运，有不思进取的倾向。

75. 病

病，主疾厄表示在人的气势下降后，开始不稳定，身体也出现疾病。忌入少年运，尤不喜入命宫和疾厄宫。此星表示纯粹的病症，而流年诸星中的"病符"除了表示疾病外，往往带有是非。

76. 死

主死亡，无生气，一个人患病之后，增加了死亡的几率。忌入少年运，不喜入命宫。

77. 墓

人或事物死后入墓，此时气虽弱，但灵魂仍较强。主收藏。忌入命宫，喜入财帛宫、官禄宫（因有收藏的内涵）。

78. 绝

绝表示灭绝的状态。忌入命宫、子女宫，其人容易孤独。

79. 胎

胎表示重生的状态，但今后的祸福尚不明。由于重生，故主喜。有增益之象，喜入子女宫。忌入晚运的疾厄宫和空亡宫（空亡所在之宫）。

80. 养

养，主福，表示新生之意。利于培育，希望无穷，入十二宫皆吉。

81. 将星

乃流年将前十二星之首。主逢凶化吉、武贵，喜武职，文人逢之不吉。不忌诸凶，流年逢之，可化凶为吉。

将星入田宅宫者，其人家中易发生火灾。

82. 攀鞍

攀鞍主功名。入命宫者，主武显，不惧凶星。

83. 岁驿

岁驿主迁动。乃流年之天马。凡岁驿入流年的命宫或迁移宫者，主其人在该年迁动、奔忙。

84. 息神

息神主消沉。凡入身命者，若无吉星化解，主其人无生气，无精打采，有神经质。

85. 华盖

华盖主孤高。入命者，其人思想独特，喜欢研究宗教哲理。其人宜僧道，不宜凡俗，且有艺术天才。

若与紫微或破军同宫，可成为宗教领袖。喜入官禄宫，主有威仪。

86. 劫煞

劫煞主盗贼，不利钱财。喜有吉星化解，但遇凶则凶。如入大小限、流年者，主其人在此运限期间易招是非，凡事多做少对，不如人意。

87. 灾煞

灾煞主灾患，其人会在钱财方面遇小人。若无吉星化解，则作凶论。若与凶星同入流年宫，主其人在该年有外来灾祸。

88. 天煞

天煞主克父、克夫。若无吉星化解，以刑克论。忌入命宫、夫妻宫、父母宫。

89. 指背

指背主遭诽谤。若无吉星同宫，主其人一生多是非，易遭人诽谤。如果入流年宫，同论（在该年）。

若指背、官府、将军入田宅宫，且田忌入官偶线（即由田宅宫的宫干引发官禄宫或夫妻宫的主星化忌），再有多个官司星时，主其人的住宅会招来官司。

90. 月煞

月煞主克母、克妻。若无吉星化解，以刑克论。忌入命宫、夫妻宫、父母宫。

91. 亡神

亡神主耗败、散财。若无吉星化解，其人会破耗不堪。

92. 晦气

晦气主咎、不顺。喜诸吉化解，忌与凶星同宫。

93. 丧门

丧门属水，在子、午为入庙，主丧亡。其人会遭遇不幸之事，但可能是虚惊，不一定有吊丧之事。喜吉星化解。

94. 贯索

贯索主牢狱。喜吉星来化解，忌与凶星同宫。在寅、申为入庙，灾轻。

95. 官符

官符属火。主讼。主其人会有官非。喜吉星来化解。忌与巨门、擎羊、天刑、廉贞、化忌诸星同宫。在丑、未为入庙，灾轻。

若官符入命，会有官非之事发生。但若兼会龙德及奏书，纵有官非，亦会大事化小，小事化无。

离乡遭配格：参见21．擎羊之5）"与擎羊有关的格局"。

96. 小耗

与博士十二神中的"小耗"雷同，此处不论。

97. 大耗

与博士十二神中的"大耗"雷同，此处不论。

98. 龙德

龙德主逢凶化吉。不畏诸凶。有辟煞作用。

99. 白虎

白虎属金。主刑伤，若与煞星同宫，且无吉星化解，主其人有刑伤破耗。不喜会照丧门、吊客、官符诸星。

若擎羊、白虎入子女宫（田宅官的对宫），此乃"白虎丧门格"，是凶宅的主要征兆之一。如果属于此格，凡子女宫或田宅宫中的主星在某个大限或流年出现化忌（由流年干或大限宫干引发），或者夫妻宫或官禄宫中的主星在某个大限或流年出现化忌时（由流年干或大限宫干引发），其人的住宅会突发一些不利之事，例如伤人或丧亡等。

若擎羊、白虎入田宅宫，主其人的房顶被打开（或被狂风打开）。这时若是砖瓦从上击下打破房顶，要小心惨遇砖瓦伤人，重则有房子崩陷、崩塌之应。白虎入田宅宫，还有可能是家中发生火灾，如果再有廉贞同宫，则火灾的可能性极大。

100. 天德

天德主化凶为吉，不忌诸凶。有辟煞作用。若入大小限、流年宫，对桃花星有抵制作用。若命宫中诸星皆不吉，但有天德同宫，可抵制一半的不吉。

101. 吊客

吊客属火。若无吉星化解，则以孝服或不顺之事论。

102. 病符

病符主疾病。会有小病灾，且往往带有是非，与长生十二神中的"病"纯指疾病有不同之处。病符忌与凶星同宫，且忌入福德宫和疾厄宫。

三、十天干四化

1）总论

根据一个人的性别、出生年、月、日、时等参数可以排出其命盘。命盘中的流年命宫会随着流年的变动而流转（因为流年地支在变），然后流年的其他诸宫也随之而变换位置。这是紫微斗数重要的动态特征。这个动态特征的实质是流年十二宫的位置在变化。因此，面对命盘，要看到各个宫的名称会发生变化，变化的循环周期为十二年。

紫微斗数的另一个动态特征是星曜的动态变化。这一变化是由四化星实现的，即所谓"四化"。四化的依据是十天干（包括生年干、流年干、大限官干，以及十二宫的宫干等），根据十天干，十四颗主星分别会相应的四化，从而产生所谓的"飞星"。这里所说的"飞星"，不是指星曜落入何宫，而是指在本命盘、大限盘、小限盘、流年盘中，由于天干的变化而使四化之星分别落入不同的宫，好似四化星在各个盘上可以飞行一般，故有"飞星"之说，也叫做借"干"遁"星"。特别要注意的是，若四化星飞入对宫，其影响力比主星还大。

虽然在排命盘时，四化星也会按照生年干的四化规则中进入某个宫，但生年干的四化只是垂象而已，无吉和凶的性质，由于它是根据生年干而定的，所以属于静态现象。而流年的天干每年都改变，十四颗主星也要按照流年干的变化而分别四化——化禄、化权、化科、化忌。使得十四颗主星因被引发四化而改变性质。而且，性质的改变不仅与该主星所在宫位是什么宫有关，还与生年干产生的静态四化相互作用。因此，在看流年时不必太关注原来命盘中的四化所在宫位，此时重点要看流年干引发的四化星位于哪个宫位，以及哪颗主星被四化。这个动态特征是其他推命术所没有的，也是紫微斗数的主要核心之一。

此外，除了上述的生年干四化、流年干四化，在紫微斗数中还有一系列四化的应用：命宫干四化、大限宫干四化、流年宫干四化、流月干四化、流月宫干四化、流日干四化、流日宫干四化，等等，直至流时、流分都有四化问题。所以说，推命的基本功有三个要素：四化、星情、宫位。而四化是三者之中具有动态特性的表征。命运是与时间和空间相关联的，而时间和空间的关系由天干地支来配合的。因此，根据天干产生的四化，恰恰很好地表示出时间和空间的动态关联状况。它将时间、空间、事件之间的关系串联在一起，从而可以推断在某个空间于某个时间（或时间段）将会发生什么事件。所以，它是紫微斗数变化的枢纽，也是紫微斗数的精髓。可以这么说，如果不掌握十天干四化，就等于没有学懂紫微斗数。正所谓："不知四化，何以论命"。

化者，为转化、转变被化之星的特性。从严格意义上说，四化本身不是狭义的星曜，而是一种转化的能量和现象，是广义的星曜。

有些主星不被引发某一种四化。

不化禄的主星：紫微、天府、天相、七杀。

不化权的主星：廉贞、天府、天相、七杀。

不化科的主星：太阳、天同、廉贞、天府、贪狼、巨门、天相、七杀、破军。

不化忌的主星：紫微、天府、天相、天梁、七杀、破军。

其中：天府、天相、七杀全无四化。

2）四化星之间的碰撞

四化星之间还有互相碰撞的作用须予以重视。

（1）禄权碰撞：主其人丰盛，横发财多，吉祥，名利双收，有桃花两人以上。

（2）禄科碰撞：其人会因为才干而获利，因名得利，名利双收，若是文人，则其人的水平颇高。

（3）禄忌碰撞：其人的运势变化大，时起时伏，尤其在双化时更甚。

（4）权科碰撞：其人有专门技能，属于技师类人物，不会刚愎自用。

（5）权忌碰撞：其人所遇之事发生颇快，往往是来去匆匆。而且其人好强争胜，不讲理，用武的方式解决问题。

（6）科忌碰撞：其人所遇之事发生颇慢，拖拉不定，会用文的方式解决问题，但难彻底。

（7）禄权科碰撞：此三者碰撞，甚佳，即使不同宫，只是互相会照亦佳。

（8）禄权忌碰撞：三者之间以化忌的作用为大。

（9）权科忌碰撞：三者之间以化权的作用为大。

（10）禄科忌碰撞：三者之间以化忌的作用为大。

（11）双禄、双权、双科、双忌：加重各星之化的原有作用。

3）十天干四化分论

（1）甲干四化（廉贞化禄、破军化权、武曲化科、太阳化忌）

● 廉贞化禄：廉贞化禄为桃花星化禄。因此主要是得到精神上的享受，或有艳遇，而获得财富的可能不大。当然如果执着努力，有"五鬼搬运"的精神，还会有一定的收获。故凡廉贞化禄守命者，不能轻易断为适合经商，需要配合三方的星曜综合而断。若大小限、流年有廉贞化禄，其人在该运程期间有结婚的可能。此外，凡遇廉贞化禄，表示以下倾向：职务升迁，故适合公务员。商人适合做电器类生意，若廉贞化禄于四马之地（天马只入寅、申、巳、亥四宫），则外销的生意好。

注：甲干和丙干是火灾之干，乙干和戊干也与火灾有关。逢甲干，则廉贞化禄，而廉贞化禄火气很旺，此时若田宅宫有火灾星、夫妻宫有化忌，这时务必要小心火灾。此外，凡大限干（甲干）引发廉贞化禄，这时也要小心突发火灾。

进一步说，如果廉贞所在之线（即廉贞所在之宫和对宫）有化禄，或廉贞所在线之父母宫、疾厄宫有化禄（例如，遇乙干时天机化禄），或者廉贞所在线之父母宫、疾厄宫有天机化忌（此时遇戊干引发时），就要小心火灾。

廉贞入命，逢甲干使廉贞化禄，又有禄存同宫者，其人在甲干之月、日会与异性发生性关系。

廉贞在子、午与天相同宫，化禄主其人感情上会有困扰，或会流连于风月。

廉贞在丑、未与七杀同宫，化禄主其人经商或在财经机构任职会有业绩。

廉贞在寅、申为独坐，化禄主其人多是经营与艺术有关的事业。

廉贞在卯、酉与破军同宫，此时破军化权，受其影响，廉贞化禄难有实际意义，仅限于精神享受。

廉贞在辰、戌与天府同宫，化禄主其人少年时难以发挥才能，中晚年顺遂。

廉贞在巳、亥与贪狼同宫，贪狼亦为桃花星，化禄会增加其人的感情困扰和波折。

● 破军化权：破军为武将，具有领导才能。化权后，能增加其领导能力和成就。还有可能成为龙头老大，威赫显耀。外出运强烈，有横发的现象。夫妻、朋友间多争执，子女不听话。另外要注意，由年干引发破军化权之年易发生地震。

破军在子、午为独坐，化权主其人的事业会有良好的成就。

破军在丑、未与紫微同宫，化权主其人的事业表现良好。

破军在寅、申为独坐，此时破军得地，力量不足，化权可补充破军的力量。

破军在卯、酉与廉贞同宫，化权主其人宜担任主管之职，不宜自己创业或经商。

破军在辰、戌独坐于天罗地网之地，化权能帮助破军冲破罗网的束缚，因此，其人虽然辛劳，但会有成就。且利于武职之人。

破军在巳、亥与武曲同宫，主其人宜武职，亦可担任财经机构的主管。

● 武曲化科：武曲乃财星，化科为文星，故武曲化科不如文星化科有力。但亦主其人理财能力强，而在文艺方面扬名较难，仅增辉而已。在银行工作之人，其工作平稳。常人的财务状况平稳。

武曲在子、午与天府同宫，化科可增加武曲的力量，办事效率高。

武曲在丑、未与贪狼同宫，因会照廉贞化禄、破军化权，故化科主其人大器晚成。

武曲在寅、申与天相同宫，由于化科，故其人虽然辛劳，但事业有成。若会照昌、曲，则其人可享文名，且能掌权。

武曲在卯、酉与七杀同宫，由于会照廉贞化禄、破军化权，故化科主其人可出任财经主管。

武曲在辰、戌为独坐，因无外助，化科较无力，仅增辉而已。

武曲在巳、亥与破军化权同宫，且会照廉贞化禄，化科主其人辛苦中有表现，且带有突发性。

● 太阳化忌：太阳化忌主离婚、失恋、分手、眼疾、头疼、脑中风、高血压、失眠、破财、失业、调职。落于任何一宫皆不利男性，对父、男性自己，女性的丈夫、儿子皆不吉。与父无缘占七成，与母无缘占三成。若再加会四煞星，则其人的事业不顺，且发生车祸、开刀、丧父、骨折、破产、失业、病重、眼疾等事件的可能性增加。若与天刑同宫，易有官非或牢狱之灾。未婚者易失恋。在此期间虽然驿马动，但外出不顺。夜间生人尤其不佳。此时，太阳最怕辅、弼，来加会。女性逢之，易有同性恋倾向。

若太阳化忌入田宅宫，需要小心火灾。

（2）乙干四化（天机化禄、天梁化权、紫微化科、太阴化忌）

● 天机化禄：天机的主要特征是动，而化禄为财星。天机化禄后其人往往是过路财神，容易财来财去两手空，利于为他人服务，故又称为兄弟财。在化禄这段运程期间，能运筹帷幄，投资项目易成，也称为技术财、平稳财。以智慧生财者有利。在此期间，会添购机器一类。还宜从事玄学研究。

天机化禄，且廉贞入父母宫或疾厄宫，则其人需要小心火灾。

凡天机化禄，多主其人在此期间想的比做的多。如果是生年干引发的天机化禄，主其人一生都是想的比做的多。

天机在子、午为独坐，化禄可为天机增辉，且钱财能略有结余。

天机在丑、未为独坐，若不逢煞星，化禄主其人主财来财去；若逢煞星，则主人不敷出。

天机在寅、申与太阴化忌同宫，化禄主其人在金钱上常透支，但不至于入不敷出。

天机在卯、酉与巨门同宫，化禄主其人须经过竞争、口舌和辛苦后方能进财，且有成有败，但能有结余。

天机在辰、戌与天梁化权同宫，化禄主其人的财务状况不稳定，会因为钱财而发生烦恼。

天机在巳为独坐，对宫有太阴入庙，相比天机化禄在亥宫时，对宫的太阴落陷为吉。若再遇天马，则更吉。

天机在亥为独坐，对宫太阴落陷，相比天机化禄在巳宫时较差，但化禄仍能增加天机的力量。若此时无煞星会照，且再遇天马，则主吉。

● 天梁化权：天梁化权能增加天梁原有的逢凶化吉、遇难呈祥的力量，使其人能在事业上掌大权。在此运程期间，其人好管闲事，择善固执。故适合于：法官、律师、调查人员。公职人员为官清显、有成就、有人缘。且有五术当道之倾向。

天梁化权入田宅宫者，其人会在该流日安神位，入福德宫或官禄宫者，其人会在该流日得到神明的东西。

天梁在子、午为独坐，化权能充分发挥天梁解厄、掌权的特长。

天梁在丑、未为独坐，化权主其人在事业上能掌权，并增加解厄的力量。

天梁在寅、申与天同同宫，化权主其人事业和感情上都会有困扰，但能化解。

天梁在卯、酉与太阳同宫，化权主其人能遇难呈祥，且利于担任公职和参加考试。

天梁在辰、戌与天机化禄同宫，参见天机化禄于辰、戌。

天梁在巳、亥为独坐，此时天梁落陷，化权能增加天梁化解力量和权力。但男命多漂泊，女命多感情波折。

● 紫微化科：化科能强化紫微的特性，增加其处理事务的能力，还能增加其人在文艺方面的表现。其人重面子。在此期间，会有贵人栽培。若不会吉星，且有四煞之一同宫，则易受挫折，凡事拖延。

紫微在子、午为独坐，化科主其人在学术上有突出表现或成为知名学者。

紫微在丑、未与破军同宫，化科主其人会有令人满意的成就。

紫微在寅、申与天府同宫，化科则吉，主其人事业有成。

紫微在卯、酉与贪狼同宫，化科主其人多才多艺，工作表现良好，且能闻名于世。

紫微在辰、戌与天相同宫，化科主其人此运程期间会有特别的研究成果或心得。

紫微在巳、亥与七杀同宫，化科主其人的事业能取得良好的成就。

● 太阴化忌：太阴化忌在任何宫位，皆不利其人的女性六亲。男主克母、妻、女儿，且有精神痛苦和同性恋倾向。女主克母、自己、女儿，且易有神经质。其人与母无缘或丧母的机会增加。易逢小人。阴宅有问题。太阴化忌对爱情的破坏力很大，往往导致失恋、分手。若太阴化忌于命宫（除了流年宫内太阴化忌外），其人有优柔寡断的弱点，但适合从事精细、深入的研究工作，若再有科、禄同宫，且大限或流年运势配合，则会有大成就。还要注意头部、眼目受伤。尤以月初、月末或白天（此时月亮最弱）生人。

太阴在子与天同同宫，化忌主其人在此期间与异性接触频繁，但事业有业绩。

太阴在丑与太阳同宫，化忌主其人与父母（尤其是母亲）无缘。

太阴在寅、申与天机化禄同宫，参见天机化禄于寅、申。

太阴在卯为独坐，此时太阴落陷，化忌主男克母、妻、女儿；女克母、自己、女儿。其人宜晚婚。

太阴在辰为独坐，若加会煞星，化忌主其人背井离乡；但若煞星不是加会而是同宫，反而可以降低化忌的破坏力。

太阴在巳为独坐，化忌主其人背井离乡。

太阴在午与天同同宫，化忌主其人奔忙劳累，背井离乡。若有煞星同宫，反而能降低化忌的破坏力，稍吉利。

太阴在未与太阳同宫，虽然太阴化忌，但因为有太阳之助，稍吉。

太阴在酉为独坐，酉乃带桃花的宫位，化忌主其人易有感情困扰。

太阴在戌为独坐，此时太阴入庙，化忌主其人漂泊不定，背井离乡。

太阴在亥为独坐，虽然太阴化忌，由于此时太阴入庙，故其人在事业上有发挥才能的机会，但仍不利母、妻、女儿或女性自身。

（3）丙干四化（天同化禄、天机化权、文昌化科、廉贞化忌）

● 天同化禄：天同乃福星，化禄为财星，天同化禄为福禄相扶。但是，其人容易因此而没有冲劲，懒惰，因此，此时化禄未必是好事。尤其对于男命，会缺乏开创精神。而女命可以增加福分和悠闲。天同化禄入命者，其人往往微胖、乐观，能与亲友合力而获利。从事服务业、餐饮、服饰业者和公务员的运佳，食禄好，多有不劳而获之事。

天同在子、午与太阴同宫，化禄者，女性有作为，男性易得异性青睐。

天同在丑、未与巨门同宫，化禄可以降低天同、巨门的辛劳和是非，并增加事业成就。

天同在寅、申与天梁同宫，化禄者，男性事业顺利，女性多感情困扰。

天同在卯、酉为独坐，此时天同喜化禄，可通过三方会照让原来无力的星曜增辉。

天同在辰、戌为独坐，对宫有巨门，因此天同化禄会增加口舌是非，降低开创力。

天同在巳、亥为独坐，化禄者，男性缺乏开创力，女性贤淑，但易有感情困扰。

● 天机化权：天机化权能助长天机的机巧、谋略、交际和策划能力，因此其人格外忙碌。在此期间，其人会有变动及升迁，事业多变，其执行能力增强。其人智谋双全，且有五术当道的倾向。

凡天机化权，在此期间其人会动脑筋害人。如果是生年干引发的天机化权，其人一生都会有动脑筋害人之事。

天机在子、午为独坐，化权能增加其人的领导才能和办事能力。

天机在丑、未为独坐，此时天机喜化权，但辛劳难免。

天机在寅、申与太阴同宫，化权有利于其人的事业开创和发展。

天机在卯、酉与巨门同宫，为"机月同宫格"，此时天机化权能发挥天机的办事能力。

天机在辰、戌与天梁同宫，为"机月同梁格"，此时天机化权能增加天机的领导能力。

天机在巳、亥为独坐，化权能增加本来较无力的天机的力量。

● 文昌化科：此乃文星化科，主其人在文艺上的才华和修养都有成就，且知名度高。而且在此期间考运最佳，文学素养高。

凡文昌在子、丑、巳、申、酉、亥，若再与吉星同宫，主其人有文名，能发挥文艺才能，并利于参加考试、表演、竞赛。若大限、流年逢之更吉。

文昌在卯、未化科，可增加其人的文才和力量。

文昌在辰化科，能增添文昌的光辉。

文昌在寅、午、戌，此时文昌化科比较无力，但若同宫的主星较强，则尚有表现；若同宫的主星较弱，则虚而不实，但心情愉快。

● 廉贞化忌：廉贞乃次桃花星，化忌乃嫉妒多咎之星，两者相遇，为典型的桃花煞，主其人的感情、情绪、安全皆不利。凡廉贞化忌多意淫、罚款、违警、官司、坐牢、记过、退学等事件，但其人有革新思想和魄力。其人易患生殖系统、泌尿系统疾病或脓血之疾。若与七杀、擎羊同宫，或此二星从对宫（迁移宫）来冲者，主其人易有车祸。若再与文昌化科同宫，则其人必因桃花而出名。

若廉贞化忌入田宅宫，需要小心火灾。

廉贞入田宅宫，若流月干或流日干为丙，引发廉贞化忌，则其人的居家在该流月或流日内会有漏水现象。

注：上述两点，一是火灾，二是漏水，刚好相反，读者在运用时须注意活用。

凡是出现廉贞双化忌之流日，其人会下痢。

廉贞在子、午与天相同宫，此时廉贞化忌的影响不大。

廉贞在丑、未与七杀同宫，化忌主其人易生波折、麻烦，尤以感情方面的问题突出。若是丙年生人，或大小限、流年逢丙干，特别要注意出行时人生安全，古人云："廉贞化忌逢七杀，路边埋尸"。

廉贞在寅、申为独坐，化忌者，主其人心情不稳定，心胸不开朗，遇事多计较。

廉贞在卯、酉与破军同宫，化忌者，主其人的感情多波折，但若有煞星同宫，反而有利。

廉贞在辰、戌与天府同宫，化忌反而使廉贞脱离天罗地网的束缚而能发挥力量。

廉贞在巳、亥与贪狼同宫，化忌主其人的人生多波折和坎坷，且易患尿毒症、糖尿病、膀胱结石胀痛、子宫疾病，以及腰酸背痛等病症。

（4）丁干四化（太阴化禄、天同化权、天机化科、巨门化忌）

● 太阴化禄：太阴乃财星，化禄主财禄，二者相遇，主财源滚滚。男命遇之，有女人缘，增加对异性的吸引力，与母、女缘俱佳。女命主其人柔美，且财运好。由于太阴属于不动产的财星，故其人田宅运吉祥，利于从事房地产业或女性用品的行业。

太阴在子、午与天同同宫，对宫有禄存，与太阴化禄构成"双禄交流格"，若同时有天同化权会照，又是"机月同梁格"，主其人有作为，可居高位。

太阴在丑、未与太阳同宫，化禄主其人有口舌争端。男命犯桃花，可得娇妻，但感情有波折。

太阴在寅、申，三方有天机化科（同在寅、申）、天同化权（在戌、辰），乃"机月同梁格"，化禄主其人做事有条理，事业有成。

太阴在卯、酉为独坐，此时喜化禄，男有艳遇，女有女性之美。

太阴在辰、戌为独坐，对宫有太阳，太阴化禄若再与吉星会照，能帮助太阴表现其优点，但其人有口舌是非。

太阴在巳、亥为独坐，尤以女命为佳，且在亥宫优于巳宫。若太阴化禄落在巳宫，男命会有发展，但不如在亥宫有力，且易有感情困扰。

● 天同化权：天同有制厄化解之功，化权能赋予天同开创之力，或者从消极转向积极。其人适合从事服务、餐饮、服饰等行业，亦利于合伙。对女命甚吉，使女性的福气转为能力。对于男命，则稍逊，开创力不足。

天同在子、午与太阴化禄同宫，男女命皆吉，可增加其人的事业成就。

天同在丑、未与巨门化忌同宫，且天同本身落陷，使化权难以有力。男命，土纳贤淑之妻。女命，可嫁事业有成的丈夫，但一生辛劳。

天同在寅、申与天梁同宫，化权主其人奔波忙碌，工作有业绩，但感情多困扰。

天同在卯、酉为独坐，化权主其人的事业稳定，且有发展。

天同在辰、戌为独坐，此时最喜化权，其人虽辛劳难免，但会有学术研究的成就。尤其在戌宫时，寅、午、戌三合局有太阴化禄和天机化科（二者皆在寅宫），乃"机月同梁格"。而在辰宫时，申、子、辰三合局亦有太阴化禄和天机化科（二者皆在申宫）亦为"机月同梁格"。

天同在巳、亥为独坐，此时天同入庙，化权主其人一生多变化、多是非。

● 天机化科：主其人能获得令名美誉，有出风头的机会。能突显才能，适合作幕僚。若再逢六吉星，更可享文名。来财不多，但平稳。朋友间关系不错，不易与朋友发生财务纠纷。

凡天机化科，多主在此期间其人不喜欢动脑筋。如果是生年干引发的天机化科，其人一生都有不喜欢动脑筋的倾向。

天机在子、午为独坐，此时天机化科颇吉，可增加其人的办事能力，且会被人称道。在午宫比在子宫为佳。

天同在丑、未与巨门的化忌同宫，此时天同落陷，化科之力不足。但若与昌、曲同宫，再有辅、弼相夹，化科仍可发挥力量而影响昌、曲，主其人在大众传播界有成就。

天同在寅、申，三合方有太阴化禄，参见太阴化禄。

天同在卯、酉，三合方有巨门化忌，化科主其人的事业虽有表现，但是非增多，辛劳尤甚。

天同在辰、戌，三合方有天梁，化科主其人乃大众传播界名人。但宜晚婚。

天同在巳、亥为独坐，对宫有太阴化禄，主其人名利双收，有晚发之势。

● 巨门化忌：巨门主是非，化忌是咎主，二者相遇，主其人的口舌是非特别多，往往会发生参加演讲、与人辩论、打官司、被记过、退学、离婚、失恋、因吵架而分手等事件。其实，巨门不化忌亦多此类现象。还应小心阴庙、符咒、小偷等事物。女命尤多感情困扰，应晚婚，易有口舌是非，不可出口伤人，凡事守成为上，更不宜早婚。

巨门在子、午为独坐，以化忌于子宫为佳，此时巨门化忌反而能激发力量。若化忌于午宫，则主其人多是非。

巨门在丑、未与天同化权同宫，参见天同化权。

巨门在寅、申与太阳同宫，化忌主其人在家与父母意见不合，在外与上司意见不合。

巨门在卯、酉与天机化科同宫，参见天机化科。

巨门在辰、戌为独坐，巨门反被化忌激发而有表现，不受罗网的束缚，但仍主其人辛劳、多是非。

巨门在巳、亥为独坐，化忌主其人有口舌是非、感情困扰。

（5）戊干四化（贪狼化禄、太阴化权、右弼化科、天机化忌）

● 贪狼化禄：贪狼虽为桃花星，但也是才艺之星，化禄者，主其人偏财运强，异性缘不错（人缘也不错）。在此期间有酒食，从事艺术方面的财运佳。若与武曲加会，主其人横发。女性主擅理家务。男性主多与酒色财气接近。

若贪狼化禄（由戊干引发）加会火、铃，主其人必有意外横财，包括生意上的或意外收获。

若流日宫中有贪狼，而且流日干（戊干）引发贪狼化禄，会有人请客。

贪狼在子、午为独坐，化禄主其人会进财。若与火、铃同宫，则会有意外之财。

贪狼在丑、未与武曲同宫，化禄主其人利于经商，或经营与文艺有关的行业。

贪狼在寅、申为独坐，若化禄，对经商者有助，若再有火、铃同宫，主其人会有意外之财。

贪狼在卯、酉与紫微同宫，若化禄，主其人利于在财经机构任职，且会身居要职。

贪狼在辰、戌，此二宫为天罗地网宫，故难以发挥贪狼化禄的优点。

贪狼在巳、亥与廉贞同宫，不喜化禄，有蛇足之嫌，徒增许多困扰。

● 太阴化权：主女性有判断力、办事能力和驭夫能力。男性不如女性吉，甚至女性化，却个性强。多女人掌权，但有办事能力，利于房地产或家运。且能理智处理感情问题。

太阴在子、午与天同同宫，若化权主其人事业有成，但历程坎坷，且多变化。

太阴在丑、未与太阳同宫，化权主其人事业不顺，多困扰，且心神不宁。

太阴在寅、申与天机化忌同宫，虽属美格，但由于天机化忌，故其人会有感情困扰，且事业多变。

太阴在卯、酉为独坐，化权能增加其人事业的业绩，但有感情困扰，宜晚婚。

太阴在辰、戌为独坐，此时太阴喜化权，以辰宫为吉；若在戌宫，会有财来财去的倾向。

太阴在巳、亥为独坐，化权可增其人财禄之吉。

● 右弼化科：化科能增强右弼的辅佐之力。但其人多走异路功名，做幕僚者显耀。在此期间贵人多。要注意感情困扰，有上进心，得名利。

若右弼独坐，其人会因为人服务而有所表现。若与有力的主星同宫，则会锦上添花，有进步。

若右弼化科与紫、机、武、府、相、昌、曲同宫或会照，其人在文艺方面会有脱颖而出的表现。

若右弼化科与武曲化权或破军、七杀同宫，主其人在事业上则会有好的业绩。

若右弼化科与文星同宫，则利于文人；若与武星同宫，则利于其人从事武职或商务。

● 天机化忌：天机具有"动"的特性，对化忌很敏感，二者相遇，会增加天机"动"的幅度，因此在任何宫位皆不利。天机化忌期间，口舌、争吵、是非特别多。经常会发生参加演讲、与人辩论、打官司、被记过、退学、离婚、失恋、因吵架而分手等事件，这一点与巨门化忌很相似。而且，天机若与巨门同宫即使不化忌，也会发生吵架、胸闷、循环系统不好等问题。在此期间，其人爱钻牛角尖，头脑好、反应快，但聪明反被聪明误，多不切实际的幻想，故其人不宜投机和早婚，且易患神经病、失眠、眼疾、四肢受伤、车祸或被接写压伤。不利于男性平辈。若天机双化忌，则出门会有大凶。

若天机化忌，且廉贞入父母宫或疾厄宫，其人需要小心火灾。

天机化忌多主其人在此期间（注：天机化忌由戊干引发，这里是指大限宫干，或流年干，或月干，或日干为戊的大限、流年、月、日的期间）像是发明家、思想家，喜欢苦苦思索。如果是生年干引发的天机化忌，其人一生都喜欢苦苦思索，可能是发明家、思想家。

若天机入迁移宫，并且流日干为戊，引发天机化忌，主其人在该日去找人不易找到。

天机在子为独坐，入庙此时受天机化忌影响最轻，但奔波、忙碌难免。

天机在午为独坐，入庙，会产生不利影响，若再逢煞星，其人需要注意健康问题。

天机在丑、未为独坐，若天机化忌，无辅、弼相夹，又无魁、钺相助，其人的感情会发生问题，难以开创事业。

天机在寅、申与太阴化权同宫，参见太阴化权。

天机在卯、酉与巨门同宫，化忌主其人怀才不遇，抱负难展。若与红鸾、咸池、昌、曲同宫，则在娱乐界之人可以趋吉避凶。

天机在辰、戌与天梁同宫，化忌主其人心神不宁，事业多波折。

天机在巳、亥为独坐，若化忌，但无吉星加会，则其人的事业、感情多波折和变化。

（6）己干四化（武曲化禄、贪狼化权、天梁化科、文曲化忌）

● 武曲化禄：此乃二禄相逢，财星化禄最好，主其人能增加财富，利于进财和经商，亦宜武职。若与贪狼同宫或会照，其人乃巨商大贾，主横发，理财能力强，善于开辟财源。

武曲在子、午与天府同宫，天府为财库，再逢武曲化禄，则主其人财源滚滚。但若福德宫、夫妻宫不佳，则难以全吉。若命宫有煞星，凡流年逢之，其人宜在该年力求开创和进步。

武曲在丑、未与贪狼化权同宫，其人多才多艺，但属于晚发之势。此时由于武曲化禄与贪狼化权同宫，可以提高晚发的成就，并能降低辛劳。

武曲在寅、申与天相同宫，化禄主其人有财禄，但若与文曲化忌同宫，则会影响其成就。

武曲在卯、酉与七杀同宫，化禄可增加财禄的后援力和财力，其人宜任职于财经机构。

武曲在辰、戌为独坐，武曲化禄难以冲破天罗地网的束缚，徒增辛劳。

武曲在巳、亥与破军同宫，化禄可减少其人的辛劳，并增加财力和成就。其人宜军旅之职。

● 贪狼化权：贪狼除了是桃花星，还有占有欲，化权后，仅增加其力量，但无明显左右之能力。若在入庙之宫（丑、辰、未、戌四宫）化权，能加强其竞争力，但功利心较重，且以偏财为主。其余同武曲化禄。

贪狼在子、午为独坐，化禄主其人在此期间会进财，且其人的应酬频繁。但若逢化忌或煞星，则主其人会破财。

贪狼在丑、未与武曲化禄同宫，参见武曲化禄。

贪狼在寅、申为独坐，男命能娶能干的妻子理财。女命的丈夫事业有成，但宜晚婚。

贪狼在卯、酉与紫微同宫，化权则男女命皆吉，若与火、铃同宫则更吉，主其人事业有成，生活优裕。

贪狼在辰、戌为独坐，化权能帮助贪狼冲破天罗地网，使贪狼充分发挥其优点。

贪狼在巳、亥与廉贞同宫，化权能发挥贪狼和廉贞原有的力量，从政界转向工商界。

● 天梁化科：化科能增加天梁制厄化解的力量，使其人在遇到困难后更有进步。利于考试。医务界人士或公务员在此期间会平稳升迁。从事五术玄学者能显耀。

天梁在子、午为独坐，此时天梁喜化科，其人利于考试，可金榜题名。若不会照文曲化忌，则工作上也会有好的业绩。

天梁在丑、未为独坐，对宫虽有天机落陷，化科仍能增加天梁的力量。但会使其力量削弱。

天梁在寅、申与天同同宫，化科主其人在文艺方面有成就，且能扬名。

天梁在卯、酉与太阳同宫，使贪狼化科的力量发挥尽致，并能带动武曲化禄、贪狼化权的力量。

天梁在辰、戌与天机同宫，化科主其人在文艺方面有表现，宜在大众传播或文艺界任职。

天梁在巳、亥为独坐，此时天梁入庙，化科能加强天梁解厄呈祥的力量。

● 文曲化忌：文曲乃文星，化忌则主其人在钱财、感情方面多波折，易惹口舌是非和官非，闺中失和。而且其人可能身上有痣。文曲化忌者，其人会有以下特点：神经过敏、悲观、神经病、失眠、爱钻牛角尖、爱说大话、有文书困扰或官非。有失财或生病的可能。逢赌必输。要小心车祸。

在子、丑、卯、辰、巳、未、酉、亥诸宫，文曲不怕化忌，故影响不大。

在寅、午、申、戌诸宫，文曲不喜化忌。尤以午、戌二宫，文曲落陷为甚。若文曲与煞星同宫，或与武曲、天机、巨门同宫，主其人有感情困扰。但若与紫微、左辅、天魁、天钺同宫，可使文曲化忌后稍趋吉地。

（7）庚干四化（太阳化禄、武曲化权、太阴化科、天同化忌）

● 太阳化禄：太阳的特点主要是主贵不主富，故太阳化禄的力量有限，只有增辉的作用，缺乏实际增加财富的效果。即使有财，也是奔波忙碌中得财，但未必留得住。其人有男人缘，父子缘深，也有异性缘。事业顺利。若太阳化禄于子女宫，同论。

若太阳入大限宫，逢庚干引发太阳化禄，且与巨门同宫，主其人在此期间会得到异国人或异乡人的提拔。

太阳在某些宫不宜化禄。如太阳在午宫化禄，既损其质，更使得天同化忌于夫妻宫。又如太阳化禄在戌宫入子女宫，反主其人无子。

太阳在子为独坐，此时太阳落陷，光辉全无，化禄可降低其人的辛劳忙碌，弥补太阳落陷之不足。

太阳在午为独坐，化禄能降低其人的辛劳，且事业好的业绩。美中不足的是其人的健康欠佳，或幼年丧父。

太阳在丑、未与太阴同宫，此时太阳化禄较吉，可减少其人的辛劳。

太阳在寅、申与巨门同宫，化禄能助长其人的事业，且减少辛劳。

太阳在卯、酉与天梁同宫，此时太阳不喜化禄，反增许多困扰。

太阳在辰、戌、巳、亥皆独坐，太阳化禄可减少辛劳。

● 武曲化权：武曲性刚，最喜化权，可增加其权威和奋斗力量。主其人有财有势，且能活用钱财，也能掌握财权，也宜军旅职。若与文曲同宫，其人乃文武全才，但会感到孤独。女命，则嫌过分刚强，故不喜武曲化权，但其人事业有成，经商者成功，且理财能力强。

武曲在子、午与天府同宫，武曲、天府皆为财星，故武曲化权能帮助其人增加财富。

武曲在丑、未与贪狼同宫，武曲化权只是使其人在钱财方面略有所得。

武曲在寅、申与天相同宫，化权能帮助其人在稳定中得财。

武曲在卯、酉与七杀同宫，化权能增加其人的权威与变化能力。若大限、流年逢之，再加遇吉星者，其人在此运限期间可在多变中进财。

武曲在辰、戌为独坐，化权能发挥武曲的力量，使其冲破天罗地网，排除万难而获胜。

武曲在巳、亥与破军同宫，化权能增加其人的力量，使之在困难中取得成就。

● 太阴化科：易遇女性贵人。在此期间，会扬名于艺术界，且家运平稳和谐，但要注意刀伤，会有开刀或见血光的现象。男命之母、妻、女儿貌美。甚宜女命，其人多带高雅气息，利于读书研究。

注：如果在运限期间（大限或流年）有庚干引发太阴化科，主刀伤、开刀或血光之灾。凡太阴位于运限宫（大限宫或流年宫）或者位于运限宫的对宫（大限迁移宫或流年迁移宫），实例证明上述规则均验！

太阴在子、午与天同化忌同宫，化科主其人任公职或在民营企业会有好的业绩，并会升职。在午宫较在子宫差。

太阴在丑、未与太阳同宫，化科主其人有虚而不实的现象。

太阴在寅、申与天机同宫，化科可减少其人的感情波折。

太阴在卯、酉为独坐。在卯宫，太阴落陷，故化科无力；在酉宫，太阴为旺，化科能增加力量，男女命的表现均佳。

太阴在辰、戌，独坐，在戌宫化科较有力，在辰宫化科较无力，与太阴在卯、酉化科的情形相同。

太阴在巳为独坐，且落陷，化科主其人注重外表而不重内涵，尤以女性为甚。

太阴在亥为独坐，且入庙，化科主其人会有实际科名，利于从事文艺，能在新闻或传播界占一席之地。

● 天同化忌：天同的制厄化解力量会被化忌削弱，其人往往会破财或守不住财。且易有暗痣、心闷、抑郁、失业、肝胆病等事情发生。也易人际失和或丧失童心。尤其若与巨门同宫且天同化忌者，其人会生病、调职。

天同在子、午与太阴同宫，此时天同不畏化忌，但在午宫者，往往事倍功半，没有收获。其余参见太阴化科。

天同在丑、未与巨门同宫，在此期间（注：天同化忌由庚干引发，这里是指大限宫干，或流年干，或月干，或日干为庚的大限、流年、月、日的期间）其人会得病，或失业、调职、破财等。经常劳而无功。

天同在寅、申与天梁同宫，化忌主其人先苦后甜。

天同在卯、酉、辰、戌，皆独坐，化忌主其人诸事不顺，事倍功半，劳而无获。

天同在巳、亥为独坐，且入庙，此时化忌对其影响不大。

（8）辛干四化（巨门化禄、太阳化权、文曲化科、文昌化忌）

● 巨门化禄：主其人口才好，反应快，有说服力和一定的权威。有福，适合从事开口的行业。但化禄虽然主财，可惜力量不强，钱财不易长存，宜为人服务，助他人获利，甚至会因财而多是非。即使开口见财，也未必实际得到。喜有太阳居旺地或禄存同宫，来制化其是非的本质。

巨门在子、午为独坐，此时会照太阳化权，对宫又有入庙的天机，乃"石中隐玉格"，主其人名利双收。

巨门在丑、未与天同同宫，化禄可减少其人的辛劳，增加财禄及地位。

巨门在寅、申与太阳化权同宫，化禄主其人可在演艺界发展，并可成为知名演员。

巨门在卯、酉与天机同宫，虽然化禄，仍主其人一生辛劳难免，但晚年有成。若文昌化忌于对宫，则较不吉。

巨门在辰、戌为独坐，最能发挥化禄的力量，主其人在钱财上有大收获。

巨门在巳、亥为独坐，对宫有太阳化权，化禄可增加其人在事业上的业绩和力量。

● 太阳化权：太阳喜化权，此乃官禄主化权，能增加其力量和权威。主其人辛劳、奔波，却能干。在此期间（注：太阳化权由辛干引发，这里是指大限官干，或流年干，或月干，或日干为辛的大限、流年、月、日的期间）若驿马星强，则其人有出国旅行的机会。男命有太阳化权者，事业大展。若太阳入庙再化权，则主其人有实权；若落陷化权，则徒有虚名。

太阳在子、丑、午，其人会有实权，增加领导力量。但在午宫较不利，其人易刚愎自用，主观太强，如果有吉星扶助，则吉利。

太阳在寅、申与巨门同宫，参见巨门化禄。

太阳在卯、酉与天梁同宫，化权主其人可居要职，有大成就。尤以卯宫为吉。

太阳在辰、巳为独坐，化权主其人会有成就。

太阳在戌、亥为独坐，且落陷，太阳化权无力。

太阳在未，同宫有太阴，太阳化权无力。

● 文曲化科：化科能使文曲更具条理性和说服力。其人适合在文艺界发展，但往往偏向于五术、艺术等偏门行业。若文曲庙旺，主其人文学才艺颇有名声。若文曲落陷，则较无力。

在子、丑、卯、辰、巳、未、酉、亥诸宫，化科能充分发挥文曲的特点，有早年扬名的倾向。若从事演艺事业，则兴旺。

在寅、午、申、戌诸宫，化科主其人虚而不实，若再逢煞星，一生难有成就，尤以在午、戌二宫中文曲落陷之地为甚。

● 文昌化忌：文昌化忌入命者，主其人言谈不实，但有专长。文昌化忌主其人会在文字方面招惹麻烦，应注意公文、契约、文字作品等问题。在此期间（注：

文昌化忌由辛干引发，这里是指大限宫干，或流年干，或月干，或日干为辛的大限、流年、月、日的期间），其人的身体弱，考运差，文书易出问题，学生学习不专心、成绩差、甚至中断学业。与文曲化忌相同的是，其人会有以下特点：神经过敏、悲观、神经病、失眠、爱钻牛角尖、爱说大话、有文书困扰或官非。有失财或生病的可能。若文昌化忌于疾厄宫，主其人的经络有病。

在申、子、辰、巳、酉、丑诸宫，此时文昌化忌的影响较小，只是其人才华展露较晚，仅对成就稍有影响。

在亥、卯、未、寅、午、戌诸宫，文昌化忌的影响较大，其人的才华被埋没，有怀才不遇之感，或文字作品常会出错。

（9）壬干四化（天梁化禄、紫微化权、左辅化科、武曲化忌）

● 天梁化禄：其人聪明、人缘好，会受到长辈的庇荫。但是，天梁乃清高之星，故不喜化禄，会给自身带来许多困扰。尤其是一些意外之财或不劳而获之财会成为包袱，甚至出事。并削弱天梁逢凶化吉、遇难呈祥的力量。若天梁庙旺，则稍吉；若天梁落陷，则烦恼更多。如有六吉星来助，则较吉；若无吉星相助，却有煞星来冲，则困扰更甚。但在此期间从事房地产者运势顺利，从事服务业者业务平稳。

天梁化禄易招人批评争议，故天梁不太宜化禄。

天梁化禄入财帛宫之流日，其人会寄付神明钱，再加空、劫者，更验。

● 紫微化权：紫微不喜化权，仅增加其人的权威和力量，但主贵不主富，而且，由于紫微的特性再加强，导致其希望获得更多的权力，并产生主观、自以为是、刚愎自用的缺点。若有吉星前来辅佐，则可以大富大贵，受人推崇，掌握权势，有威严。

紫微在子、午为独坐，化权能增加其人的权威和力量，但往往在此期间（注：紫微化权由壬干引发，这里是指大限宫干，或流年干，或月干，或日干为壬的大限、流年、月、日的期间）其人的个性孤僻。

紫微在丑、未与破军同宫，化权主其人的事业有表现，可居领导之位。

紫微在寅、申与天府同宫，化权主其人事业有成。

紫微在卯、酉与贪狼同宫，化权能增加其人的力量，对事业有帮助。

紫微在辰、戌与天相同宫，化权主其人有领袖欲，但缺乏领导能力，且个性独特。

紫微在巳、亥与七杀同宫，化权能增其人的权威和力量，因而其人有突出表现。

● 左辅化科：左辅化科能提高其能力和办事效率。并突显才能，主名利双收，有上进心，但多为幕僚，且易有感情困扰。若与昌、曲、日、机、梁、巨同宫，考运佳，能升迁。文艺方面有表现。

若与武曲、天同、太阴同宫，其人在此期间能进财。（注：左辅化科由壬干引发，这里是指大限宫干、或流年干，或月干，或日干为壬的大限、流年、月、日的期间。）

若与破军、七杀同宫，化科能使其人更有力量，利于武职之人。

即使与羊、陀、空、劫同宫，化科也会使其人取得良好的业绩。

● 武曲化忌：武曲不喜化忌，主疾病或夭寿。祖德佳者，则转化为少年遭遇很重的灾病。其人的财务、资金周转、感情、事业皆不利。会有车祸、刑伤或大破财。并多有失业、调职、患肺炎、重伤风、过敏性鼻炎、胸痛、肠胃疾病、胸部若与受伤。此时，其对宫有七杀会照，故若流年、小限逢七杀，则对宫有武曲化忌，再加四煞星之时，在此期间发生此类事件的可能性特别大，因此，在该流年或小限需特别小心。从本质上说，武曲乃财星，故武曲化忌，主要是破财，失业的倾向也很明显。女性可能会独守空房。但若与六煞星同宫，反而会适当降低武曲化忌的破坏力，起到缓冲作用。若武曲化忌与天刑同宫，其人会因财犯法。若武曲化忌与擎羊同宫，其人会因财持刀；若与七杀同宫，更验。

武曲在子、午与天府同宫，化忌可使其人避免财富的损失，但其人仍心神不宁。在子宫较不怕化忌，在午宫则比较怕。

武曲在丑、未与贪狼同宫，贪狼最不怕化忌，甚至喜欢化忌。故能帮助武曲，使其人虽有困扰，但在才艺方面仍会有所成就。

武曲在寅、申与天相同宫，化忌主其人虽辛劳，但事业有成。

武曲在卯、酉与七杀同宫，化忌不利，主其人艰辛孤克，需要艰苦奋斗。

武曲在辰、戌为独坐，化忌主其人多困扰和麻烦。

武曲在巳、亥与破军同宫，化忌者，以亥宫较吉，此时因有禄存同宫，可制约化忌，虽然其人辛劳难免，但能事业有成。

（10）癸干四化（破军化禄、巨门化权、太阴化科、贪狼化忌）

● 破军化禄：破军喜化禄，若本命化禄或流年逢化禄，主其人的开拓能力强。若其官禄宫不破，则其人必会升官。但破军有变化、冲动的特性故处理钱财时易有损失。所以破军化禄虽然主进财，却不宜经商。（注意：破军化禄之财乃典当之财、抵押之财，不是自己的钱。）但若从事上述行业的生意却会兴旺。破军化禄（逢癸干）之财，又是横财，属意外之财。若破军化禄入夫妻宫，主其人夫妻会破镜重圆。在此期间，利于行船之人或货柜运输行业。

要注意的是，破军化禄之财，主进而破出。进财后还会耗出或破出。即破军化禄之处，是进财，但这种财进后即破出，留不住，或过之则破。所以，破军化禄，财富不实，进后即破，或投入后即破，不可不防。故破军化禄之期间（注：破军化禄由癸干引发，这里是指大限官干、或流年干、或月干、或日干为癸的大限、流年、月、日的期间），不宜投资或不可投资。若破军化禄于夫妻宫或官禄宫，主其人会投资于所从事的工作和事业。但此财投资进去后即会耗出和破出，因此要小心这种投资。

破军在子、午为独坐，化禄主其人多才多艺，能担重任。在午宫比在子宫稍差。

破军在丑、未与紫微同宫，化禄主其人名利双收。在未宫比在丑宫强。

破军在寅、申为独坐，化禄主其人能在困苦中建业进财，有实效。且在申宫比在寅宫强。

破军在卯、酉与廉贞同宫，化禄主其人宜在财经机构任职，且有成就。

破军在辰、戌为独坐，化禄主其人在此期间会增加财禄，宜在金融机构任职。

破军在巳、亥与武曲同宫，化禄主其人宜在军旅的财务部门任职，且有成就。

● 巨门化权：巨门最喜化权，能使其人的口才得到发挥，口才犀利，因而更有说服力和权威，并且事业大成。最利于业务人员、行政官员、教师。为官者在此期间易升迁（注：巨门化权由癸干引发，这里是指大限宫干、或流年干、或月干、或日干为癸的大限、流年、月、日的期间），但要防止口舌之争，注意别人往往口服心不服。又需注意的是，若大小限、流年逢巨门化权，在此期间易有官司，再加天刑时更灵验。不过官司多半会赢。

巨门在子、午为独坐，此乃"石中隐玉格"，化权使其人能充分发挥口才，若再配合实际行动者，无往不利。

巨门在丑、未与天同同宫，此乃"明珠出海格"，化权主其人在困苦中力求生存，但辛苦中必有成就。

巨门在寅、申与太阳同宫，化权使其人的表现良好，若搞文化教育，会有成就。女命更吉。

巨门在卯、酉与天机同宫，此乃"巨机同宫格"，化权使其人能增加力量而有成效。

巨门在辰、戌为独坐，此时巨门落陷，但化权能补救巨门落陷之不利，主其人在辛苦中有突破、有成就。

巨门在巳、亥为独坐，化权能补救巨门浮言虚词之缺陷，帮助其人实际发挥语言能力。

● 太阴化科：庚干四化中也是太阴化科，参见庚干中的"太阴化科"。这里要注意的是，此处化科主桃花，故其人可能会因色惹祸。

● 贪狼化忌：贪狼不畏化忌，甚至喜遇化忌。但是，在此期间（注：贪狼化忌由癸干引发，这里是指大限宫干、或流年干、或月干、或日干为癸的大限、流年、月、日的期间）还是要注意因色惹祸而破财，或引起官非。需克制色欲、食欲等欲望，以免身体受损或破财、或惹官非。其人适宜从事偏门生意和现金交易的生意。亦主其人多才多艺，但面目或身体上有疤痕或美中不足之处。其人在此期间易有以下情形：意淫、被罚款、违警、犯法、打官司、坐牢、被记过、退学、具有革新思想、有魄力、桃花甚重，以及患生殖系统、泌尿系统疾病。而且在吃喝嫖赌、毒瘾、性病等方面比廉贞化忌更强烈。

贪狼在子为独坐，不畏化忌，主其人多才多艺，且有突出表现。

贪狼在午为独坐，怕化忌，但尚吉，主其人有感情困扰。

贪狼在丑、未与武曲同宫，若化忌，主其人有技艺，并以技艺为生。但要注意酒色，远离异性为佳。

贪狼在寅、申为独坐，若化忌，男性靠特殊技艺养家。女性擅长理家政。男女均需注意身体或留下疤痕。

贪狼在卯、酉与紫微同宫，化忌虽主其人辛劳，但能依靠辛勤而事业有成。略有拖延事业发展的倾向。

贪狼在辰、戌为独坐，最喜化忌，反而使其人有成就，并具备多种技能，富有。

贪狼在巳、亥与廉贞同宫，若化忌，则在此期间，其人易有感情困扰。

第四章 流年斗君、流月、流日、流时

一、基本概念

在紫微斗数论命过程中，需要从本命盘分析先天之命，还包括从大小限命盘、流年命盘来动态分析不同年份段或年份的运程。此外，还可以分析流月、流日、流时之运程。而要分析这些运程，首先需要找到每个流年的各个月份所对应的宫位。斗君就是用于解决这个问题的基本概念之一。

所谓"流年斗君"，就是流年的正月。要注意的是，大小限不像流年需要分析每个月的运程，因此，紫微斗数中没有大小限斗君。

确定流年斗君的规则是：以流年宫作为起点，按逆时针顺序逐个宫位数月份，数至生月，然后以该宫位作为子时起，按每个宫位顺时针数时辰，至生时所在的宫位即为该流年的斗君，亦即该流年的正月。再顺时针依次得出二月、三月、四月……十二月。这个规则简言之就是："逆数月，顺数时"。

在确定流年每个月的宫位后，则每个月的流日可随之确定。即从该月的宫位作为初一起，按每个宫位顺时针依次确定该月的初二、初三、初四……

在确定流日后，每日的流时也就随之确定。即从该流日的宫位作为子时起，按每个宫位依次确定该日的丑时、寅时、卯时……亥时。

有了流年、流月、流日、流时的概念，紫微斗数可以精确地推算一个人具体到某年、某月、某日、某时的运程。具体的推算方法与上述看十二宫一样，只是原来用的命宫概念，在推算流年的时候，变为使用流年命宫（流年命宫未必与本命盘中的命宫重合）；在推算流月的时候，变为使用流月命宫（流月命宫未必与本命盘中的命宫重合）；在推算流日和流时的时候依此类推。但是，务必注意，在推算流月、流日、流时的过程中，主要用十四颗主星和四化星为主进行推论，但有些杂星也会发挥作用。

有了流年命宫，则可以按照逆时针的排列规则确定流年十二宫：流年兄弟宫、流年夫妻宫、流年子女宫……流年父母宫。

依据同样的规则可以排列流月十二宫、流日十二宫、流时十二宫等。

二、推断的基本规则

紫微斗数中的流月、流日主要用于推断生活、工作方面的一些具体事情。例如，住宅电灯坏掉、水管漏水、遭小偷光顾、地板剥落、今天心情不佳、去洗头、遇上桃花、工作忙碌、晚上睡眠不足、访客太多、电话打不通、和人发生口角是非、工作不顺、机械故障、变动、出外迷路，等等。

首先要强调的是，四化星在推断流年、流月、流日、流时中具有非常重要的作用。主要有以下几点：

（1）生年干四化对大小限、流年、流月、流日、流时有绝对性的影响。

（2）大限宫干的四化对于该大限（十年间）和流年（当年）之影响较大，对流月、流日则比较小。

（3）流年干四化主要对流年、流月、流日有影响。

（4）流月干四化主要对流月、流日有影响。

（5）流日干四化主要对流日、流时有影响。

（6）流时干四化主要对流时有影响。

所谓的影响，是指对具体的人、事、物各个方面发生应验。以下是一些应验的具体规则条文。在实际生活、工作中，这种应验远远不止这些，读者可以根据自己的实践不断加以积累和补充。

（1）若廉贞、天相入午宫，则当小限或流年行至午宫时，其人的屋顶在该年会漏水（从上方漏）。

（2）若廉贞、天相入子宫，则当小限或流年行至子宫时，其人家中的水管在该年会堵塞（包括下方的进水管和排水管）。

（3）若廉贞、天相同宫，又加擎羊，其人易有官府之事或家中冰箱会坏。

（4）若擎羊入流年，宫中又有天马者，其人在该年易发生车祸或受伤。

（5）若天梁化禄入财帛宫，其人会寄付神明钱（注：即用香烛等祭拜神明），如果加空、劫，则更验。

（6）若天梁化权入田宅宫，主其人会安神位；若入福德宫或官禄宫，主其人会得到神明的东西。

（7）若廉贞化禄（由甲干引发）遇禄存，主其人会与异性发生性关系，或者贪狼化禄（由戊干引发）遇禄存时，其人也会与异性发生性关系。

（8）若天机遇天姚，主其人的桃花不必经人介绍。

三、流月、流日推断规则集锦

（1）流日宫及三方有财星化忌者，其人在该日会有借钱之事。这里所说的"财星"是指武曲、太阳（动产）、天府、太阴（不动产）、贪狼、天相、天梁（但天梁属于清高之星，此处只作别人向我借，而非我向别人借）。化忌者包括日干化忌，以及该日所属运程时段的大小限宫干化忌、流年干化忌等。

（2）若流日宫中有天姚或咸池，加贪狼，主其人在该日会发生洗发、与相好见面、做爱等事。

（3）若流日宫有廉贞，或流日宫三方有廉贞，若有廉贞双化忌（由丙干引发），其人在该日会拉肚子。这里的化忌包括流年化忌、流日化忌。但若化忌冲流日宫的三方（即化忌在流日宫三方的对宫），则往往出现要拉不拉的情况。

（4）若流日宫中有天马（注：亦称"流年天马"，简称"流马"），再遇擎羊会照或流羊（即擎羊同入流日宫）伤害天马者，其人在该日外出时务必小心，防止车祸受伤。

（5）若破军位于流年宫的三方，其人在该年可以买车或考驾照。

（6）若紫微单独或与破军同入流年宫的三方，其人在该年可以看房。

（7）若紫微、天府同入流年宫，其人在该年间会有变动。

（8）若流日宫或三方有廉贞，其人在该日会有请客之事。

（9）若流日宫或三方有火、铃，再遇擎羊者，其人在该日会出现血压不正常的问题。若流年宫遇此情形，同论。

（10）若流日宫中有昌、曲，且昌、曲被流日干引发化忌，在该日会有水电故障发生，或其人会得痢疾（因为昌、曲有厉肠之作用）；或者想打长途电话，却打不成。但若流日宫的昌、曲不化忌，则会打长途电话。

（11）若流日宫中有天刑、擎羊，再遇化忌者，主其人在该日会有血光之灾。流年宫遇之同论。

（12）若流日宫中有红鸾，再遇空、劫、大耗者，其人该日会失落东西。流年宫遇之同论。

（13）若流日宫中有天姚、咸池、红鸾，其人在该日会洗头；加廉贞者，会去烫发；加擎羊者，会去剪发。

（14）若流日宫中有擎羊，再遇火、铃，则在该日会发生电路故障。

（15）若流日宫中有火、铃，其人在该日会头昏脑胀。

（16）若流日宫中有巨门、火、铃，主其人在该日会发生口角或打官司（有贪狼，逢天哭、天虚，亦然），若加擎羊，则是因打架而引起的官司。流年宫遇之同论。

（17）若该日是丁日（流日干为丁），则其人于深夜两点（丑时正），易遇见鬼。（注：仅供参考。）

（18）若该日是甲日（流日干为甲），则如果流日宫中有太阳化忌（注：太阳表示电话），则其人在该日打电话会找不到人。

（19）若天机、陀罗同入流日宫，则其人在该日会有损坏东西之事发生。

（20）若流日宫中有天梁，其人在该日会有赌博的念头。

（21）若流日迁移宫内有三台、八座，主其人在该日会外出。若有三台，则是坐小车外出，如果是坐大车，车内人必很少（不超过十人）；若有八座，则是坐大车外出，如果是坐小车，车内人必多而拥挤。

（22）若流日宫中有恩光，主其人在该日会请客。若加化忌，请客的菜不好；若加化禄，请客的菜好。但若加煞，则请客会有是非，或席间会划酒拳。

（23）若流日宫中有紫微、禄存或化禄者，其人在该日会让别人请客，且场面不小。若加会辅、弼、昌、曲、魁、钺，则这次请客多为大众型聚餐。

（24）若流日宫中有天相，主其人在该日会出席会议。

（25）若流日宫中有七杀、廉贞、擎羊，加化忌者，该日要注意防止车祸。

（26）若流日宫中有空亡，其人在该日如果想找人，所找之人不在家。

（27）若在该流日中的主星在该日的吃饭时间化忌（由当时的时干引发），则其人吃饭会减少或吃不成。

（28）若流日宫中有辅、弼、魁、钺，在该日会有客人来访。至于客人何时离开，需要看客人到的流时有无六合，若无六合，则客人会离开。

（29）若流日宫中有贪狼化禄，且无化忌冲破，其人如果在该日买彩票，则会中奖。（注：仅供参考。）

（30）若流日宫中有天机、陀罗，其人在该日办事会不准时。

（31）若三台、八座入流日宫或流日迁移宫，则其人如果在该日去找人，对方外出不在。

（32）若习惯午睡之人在流日的午睡时间之流时宫中有三台、八座、天机，则其人在该日会没有午睡。

（33）若欲推断正在旁边之人的岁数，以当时的流时在流日宫中位于哪一宫，再以三合宫的地支为准（相加），岁差为四、八，计算可得。（注：这个规则很模糊，需要详细分析并验证。）

（34）若流日宫中有龙池，其人在该日会耳朵发痒。

（35）若流日宫中有天虚，主其人该日要办之事办不成，会推迟至次日。

（36）若流年田宅宫、流月田宅宫、流日田宅宫等各宫中有火、铃，则在对应的该年、或该月、或该日期间，在其人所在地点的附近易有火灾（且位置的相隔不超过十个单元）。但若有辅、弼加会，则可以制止，使火灾发生不了。（注：仅供参考。）

（37）若流月宫或流日宫中有天机化忌，以及擎羊、天马，又见天哭、天虚者，其人容易在该月或该日发生车祸。

（38）若流月宫或流日宫中有天机、天姚同宫，则其人在该月或该日外出时，会突然认识异性朋友；若是天机、天同同宫，则是在郊游时邂逅相识。

（39）若流日福德宫中有天机化忌，再遇亡神，主其人在该日易做噩梦。

（40）若流日迁移宫中有天机化忌，再遇陀罗，主其人去找人找不到，外出不成，办事效率低。

（41）若流月宫或流日宫中有太阳、天梁、再逢科、禄，主其人在该月或该日会有久别重逢之事，会遇见老朋友、老同学、老同事；若再有桃花星入流月夫妻宫或流日夫妻宫，则会遇见老情人。

（42）若流日宫中有太阳，且太阳落陷，再加煞者，主其人在该日办事不顺，心情不好。

（43）若流月宫、流日宫中有太阳，且太阳落陷，再逢桃花星者，主其人在该月或该日会去风月场所。

（44）若流月宫、流日宫中有武曲化禄，其人在该月或该日有进财现象。但若该流月宫或流日宫中有武曲化禄，但又有破军者，此财往往是过路之财或转手之财。

（45）若流日宫中有天同化禄，再有天马，主其人在该日会出外郊游聚餐，去的地方是比较天然的游乐风景区或儿童游乐场所。

（46）若流日宫中有天同化禄，又有辅、弼、昌、曲，则其人如果是在职人员，尤其是公职人员者，在该日当天会聚餐。

（47）若流日宫中有天同化忌，再有擎羊，则在该日出外者可能扫兴而归。

（48）若流日宫中有廉贞化忌（由丙干引发），在该日其人的肠胃不适，但症状不重，但若双化忌，则腹泻很厉害。若此时再有七杀，如果其人在该日外出，须注意安全。

（49）凡廉贞化禄（由甲干引发），再有禄存，其人并不一定有桃花，也不会与异性发生关系，只是对异性有些兴趣而已。如果流月或流日遇之（即流月宫或流日宫中有廉贞化禄），则在此月、日期间其人会多吃水果。但是，若廉贞化禄，再遇天姚、咸池，则在此期间，会与异性发生关系，或者是女性失身之时。

（50）若廉贞、天相入流月田宅宫或流日田宅宫，再有廉贞化忌（由丙干引发），则在此月、日期间会发生屋顶漏水，或墙壁渗水，或水管不通等现象。但若廉贞不化忌，则不会发生此类现象。

（51）凡流月宫或流日宫中有廉贞、天相、化忌，再有白虎、天刑、擎羊者，在此月、日期间其人易犯官府之事。

（52）若流月宫或流日宫中有廉贞、天相，再有擎羊、昌、曲者，在此月、日期间其人的冰箱会损坏。

（53）若流月宫或流日宫中有天府，再有武曲化禄（由己干引发），或禄存，在此月、日期间，其人进财颇多。

（54）若流日宫中有天府，再有武曲化禄（由己干引发）、昌、曲，其人在该日会去银行、邮局。

（55）若流日宫中有太阴，再有红鸾，加天姚，其人在该日会因为爱漂亮而洗发、梳整发型。

（56）若流日宫中有太阴居落陷之地，且再化忌（由乙干引发），其人该日的心情不好，或心闷。若再加桃花星者，其人在该日会流连于风月场所。

（57）若流日宫中有贪狼化禄（由戊干引发），主其人在该日吃得不错。若贪狼化禄，再有禄存者，则在该日会有生意往来的宴会。但若贪狼不化禄，或不加禄存，未必会有人请客。

（58）若大小限、流年不佳，且流月宫或流日宫中有贪狼化忌（由癸干引发），再加昌、曲者，其人在此期间不可乘飞机，以保安全。

（59）若流月宫或流日宫中有贪狼化忌（由月干或日干为癸引发），加陀罗，又有文曲化忌（其他天干有己，引发文曲化忌），再有天刑者，则在此月、日期间，其人会因女人惹祸。

（60）若流日宫中有贪狼化禄（由戊干引发），再有擎羊者，主其人在该日有机会吃牛排、猪排、羊排等。

（61）若流日宫中有贪狼化禄（由戊干引发），再有铃星，加辅、弼者，其人在该日会有偏财或横财。若此时流日田宅宫和流日福德宫俱佳时，更验，且进的财较大。

（62）若流日宫中有贪狼化禄（由戊干引发），加火、铃，再加空、劫者，其人在该日会有小偏财。

（63）若流日宫中有贪狼化禄（由戊干引发），再有咸池、天姚者，凡女命，其人在该日会洗头发，不然会与异性发生关系。

（64）若流日宫中有巨门落陷地，且化忌（由丁干引发），再加煞者，其人在该日要防止被骗或被欺诈。

（65）若流日宫中有巨门，再有火、铃、天马者，其人在该日要防止与人口角争执，若巨门落陷且化忌（由丁干引发），则如果见面则双方会纠缠不清。

（66）若流日宫中有巨门，再有禄存、化禄，其人在该日颇有口福，如果再加吉星，则会与人聚餐，但未必是别人请客。若有化忌，则会吃得不愉快。（注：这里应该是巨门化禄（与口福有关），而化忌则是宫中另一颗星曜被日干引发。）

（67）若流日宫中有天相，再有化禄者（注：天相无四化，乃日干引发另一颗星曜化禄），其人在该日会吃自助餐或快餐。

（68）若天相入流日福德宫，再加天姚、擎羊，凡女命，其人会去逛商店，购买小吃或服装饰品，或上美容院梳整发型。

（69）若流日宫中有天相，对宫有破军来冲，加文曲化忌（由己干引发），再有大耗者，须注意汽车水箱会漏水。

（70）若流月宫或流日宫中有天相，再有廉贞化忌（由丙干引发），又加天相者，要注意在该月、日期间会有脓血之灾。

（71）若流日宫中有天梁化禄（由壬干引发），再有魁、钺，其人在该日会捐钱给庙宇或慈善机构。若再加其他仁慈之星者（诸如太阳、天同、天府、太阴、天相、天梁等），更验。

（72）若流日宫中有天梁化禄（由壬干引发），再有昌、曲，加擎羊，其人在该日会去加油站加油。

（73）若大限、流年宫中有天梁（注：此乃逢"天梁运"），且流月宫或流日宫中又有天梁化禄（由壬干引发），则在此月、日期间，其人应以钱财助人，或者做实际捐赠，否则容易因遭灾而破财。

（74）若天梁、天刑入流日疾厄宫，其人在该日会去医院、或吃药、或打针。

（75）若流日宫中有七杀，再有火、铃、擎羊、天刑，其人在该日的火气大、暴躁，因此莫管闲事为宜，否则极易与人摩擦、冲突、打架滋事。

（76）若流日宫中有七杀，且有化忌（注：七杀无四化，乃日干引发另一颗星曜化忌），再有天马、擎羊、铃星，其人在该日不可外出，否则有车祸之险。

（77）若流日宫中有七杀，再有武曲、飞廉者，如果其人本来就有赌博的习惯，则在该日会去赌博。

（78）若流日宫中有破军，再有陀罗、天刑，则其人在该日开车时会发生紧急刹车刹不住的现象，轮胎会与地面摩擦很长距离。若再逢擎羊、天马、化忌，则需要当心发生车祸。

（79）若流日宫中有破军，再有武曲化忌（由壬干引发），又遇昌、曲、空、劫者，在该日要当心车胎爆破的事故。再加擎羊、火星、天马者，务必要小心在高速行驶时发生爆胎。

（80）若流日宫中有破军，再有擎羊、昌、曲，再加化忌（注：破军不化忌，乃日干引发另一颗星曜化忌）、天马者，其人在该日会因为跑银行而很累。

（81）若流日宫中有破军，再加昌、曲、大耗者，该日其人的汽车在路上会被严重溅水。

（82）若流日宫中有破军，再有擎羊，其人在该日需要花钱。

（83）若流日宫中有破军，再有文曲化忌（由己干引发），加天姚，在该日会发生马桶堵塞之事。

（84）若大限、流年宫中的星情都不好，流月宫或流日宫中有破军，再加昌、曲化忌，又有铃星者，其人在该月或该日务须注意水忌，尤其是行船之险。

（85）若流日宫中有文昌化忌（由辛干引发），再有擎羊者，在该日易突然发生机械故障，若再加天刑、陀罗，则故障不易修复。

（86）若流日宫中有文曲化忌（由己干引发），其人在该日不可赌博或投机，否则，十赌九输。

（87）若大限、流年宫中的星情都不好，且流月宫或流日宫中有文昌化忌（由辛干引发），则在该月或该日注意莫管闲事，尤其不可为人作保，且要小心处理支票、有价证券，提防吃亏，也不要参与集资。

（88）若大限、流年宫中的星情都不好，且大小限宫中有桃花星，而流月宫或流日宫中有文昌化忌（由辛干引发），再加贪狼、天姚、咸池等桃花星者，则其人暗地的桃花事情会在该月或该日被曝光，或闹出花边新闻。

（89）若天机、天马入流日疾厄宫，其人在该日易患流行性感冒。

（90）若流日宫中有天马、铃星，再有陀罗者，其人在该日要小心滑倒。

（91）若流日宫中有天马，再有火、铃，此为"战马"，其人在该日容易与人发生口角争执或爆发脾气。若再有天哭、天虚者，情况更严重。若加遇陀罗者，则会强忍怒火，使得心情郁闷不佳。

（92）若火星、擎羊同入流月或流日田宅宫，则在此流月或流日期间，其人应小心注意家里电路。

（93）凡流月宫或流日宫中有贪狼化忌（由癸干引发），又有文曲，其人在该月或该日会因女人之事而惹麻烦。

（94）若太阴、红鸾同入流日宫，主其人在该日会洗头。

（95）若流日宫中有文昌、文曲，则如果昌、曲被日干引发四化（日干为辛，则文昌化忌；日干为己，则文曲化忌），主其人在该日会去银行。

（96）若天梁、天刑同入流日宫，且日干引发天梁四化（注：天梁只有化禄、化权、化科三吉化，没有化忌），主其人在该日会去医院或庙宇。

（97）擎羊、天哭同宫主其人会遇到丧事，若流月宫中见到，主其人在该月会收到参加丧事的通知。

（98）若流日干引发迁移宫中的主星化忌，主其人在该日打电话或访友不遇，还可能会迷路。

（99）若流月宫中有化科，主其人在该月内会出名，出的名声有好有坏，而且在该月的访客多。

（100）若流月宫中有化权，主其人在该月内办事较多。

（101）若流月仆役宫中有化科和化忌，主其人在该月会跳票，收入之钱易打折扣或晚入。

（102）若流月财帛宫中有化科、化忌，主其人在该月的财运不好。

（103）若流日宫中有化忌，主其人在该日的心情不好，会有麻烦事。

（104）若流日宫中有化科，主其人在该日有访客至。

（105）若流日宫中有太阳和天梁四化（注：太阳只有化禄、化权、化忌、无化科，天梁只有化禄、化权、化科三吉化，没有化忌），主其人在该日会遇到好朋友。

（106）若流月夫妻宫中有化科和化忌，若其人已婚，则该月必聚少离多。

（107）若流月夫妻宫中有科、禄、权，则在该月其人在感情问题上，会有第三者介入。

（108）若流日宫中有红鸾、化忌、地劫同宫，因红鸾与人缘有关，故其人在该日很容易意外得罪人，或讲话得罪人。

（109）若流月田宅宫或流日田宅宫中有廉贞化忌（由丙干引发），其人的家居有漏水现象。

（110）若流日宫或流时宫中有擎羊加文昌，主其人在该日或该时辰会遇到机械发生故障之事。

（111）凡文昌或文曲化忌的月、日（月干或日干为辛，引发文昌化忌；月干或日干为己，引发文曲化忌），其人在昌、曲化忌之月、日处理支票事宜时务必要多加小心，否则会退票。少管闲事。若出现双化忌，则更要小心。

（112）凡女命，若流日宫的三合方有桃花星，主其人在该日会去洗头，否则会与异性发生性关系。

（113）若流月或流日迁移宫中有天马、禄存，主其人在该月或该日会出国或出远门。

（114）若流日宫中有天马，又有火、铃，此时的天马为"战马"，主其人在该日必发脾气。如果又遇陀罗，则被压住，脾气发不起来，但心情不好，会与人发生口角。

（115）若天马位于流月宫的对宫，主其人在该月必想出外。但如遇陀罗，则变成"跛脚马"，出外不成。如遇擎羊，则为受伤之马，应注意安全。

（116）凡男命，若流月宫或流日宫中有桃花星，其人在该月或该日较易光顾风月场所。

（117）凡男命，若流月宫或流日宫中有红鸾、空、劫、大耗，其人在该月或该日较易丢东西，否则必受小偷之光顾。

（118）若流月宫中有昌、曲化忌（流月干为辛，引发文昌化忌；流月干为己，引发文曲化忌），又加会桃花星者，其人在该月会有花边新闻。

（119）若流月宫或流日宫中有破军、擎羊同入，主其人在该月或该日的支出会加大。

（120）若流日宫中有禄存，其人在该日会让别人请客。

（121）若流日宫中有廉贞双化忌（由丙干引发），其人在该日会下痢。

（122）若流月宫或流日宫中有陀罗，其人预计的事在该月、该日会被拖延。

（123）若流日田宅宫中有化忌，主其人在该日晚睡或临睡前工作很多。

（124）若流日福德宫中有化忌，主其人在该日睡到半夜会被噩梦惊醒。

（125）若流月宫中有天机化忌（戊干引发），再遇天马者，其人在该月会有车祸。

（126）若流月宫或流日宫中有天同化禄（由月干或日干为丙引发），则其人在该月或该日可以得到所预计之财。

（127）凡流月或流日宫中有天同化禄（由月干或日干为丙引发）或化权（由月干或日干为丁引发）者，主其人在该月或该日参加讨论会时很风光。

（128）若流日宫中有紫微，其人在该日会有请客之事，而且由于紫微星比较好面子，故请客的花费较大。

（129）若流日迁移宫中有天机化忌（由戊干引发），主其人在该日去找人不易找到。

（130）若流日宫中有贪狼化禄（由戊干引发），在该日其人会有人请客。

第五章 紫微斗数推断步骤和 分类规则集锦

在前面的第二章、第三章、第四章中已经介绍了按照命宫、星曜、格局、流月、流日进行推断的规则。为方便对命盘进行推断，本章介绍各种人、事、物分类推断的规则。需要注意的是，在对命盘进行更全面的推断时，需将所有的规则进行综合分析。

一、推断步骤

（一）根据先天命盘推断的步骤

1. 首先分析各宫之首的命宫，其次分析福德宫，然后分析对宫（迁移宫），以及与命宫构成三方的另外两个宫：财帛宫和官禄宫，最后分析其余诸宫。

2. 男命主要分析：命、身、财帛、官禄、迁移、福德、仆役、夫妻、兄弟等九宫，其中以命、身、财帛、官禄、迁移、福德六宫为最重要。女命主要分析：命、身、福德、夫妻、子女、父母、兄弟七宫，其中以命、身、福德、夫妻四宫最为重要。

3. 看各宫的吉凶：本宫凶，则为根浅内乱；对宫凶，则为当头恶棒；三方凶，则为腹背受敌；邻宫凶，则为两邻相欺；本宫及三方皆凶，则为四面楚歌。

4. 看四化，三吉化（禄、权、科）入命宫三方者增吉；化忌所落之宫，多有阻滞，吉者减吉，凶者更凶。若庙旺的吉星化忌，虽有阻滞，但经努力终能成功；若主星落陷，再逢化忌，则大凶。尤其若是主星被所入之宫的宫干引发化忌，则必有凶灾人祸。若对宫有化忌来冲，则更不好，主星旺吉尚可，若主星落陷且有煞，则凶。

5. 凡主星落陷，加煞，又逢忌冲之宫（注：即对宫有化忌来冲）为最薄弱之宫，为破格；若三方四正又有主星落陷和煞星者更弱，往往是毁灭性的灾难，若大限、流年重叠到此宫，必主有灾。

（二）大限、流年等运限的推断步骤

1. 星曜的作用，在命宫和运限（大、小限或流年）是有区别的，在本命盘起决定的作用，而在运限只起际遇、变化的一般作用。例如，紫微为帝王星，在本命宫须要百官朝拱，其本质高贵而独断专行；而在运限则不一定非百官朝拱不可，也无独断专行的本性，只显示其有才干，加百官亦显示其处事能力强，但具有高贵、高级的性质。如做事走高层路线，可遇高贵人等。又如，天机的本质为参谋、聪明机变，若天机在命宫，需要有聪明才智之星会合才能发挥作用；而在运限时，则不表示聪明，仅表示机遇、变化，但其依附权势的性质仍存在，逢贵人星而能

得助变好。

若命宫、身宫的星情好，运限不好亦能过得去，即使逢少数煞星，亦主凶中有救，对身命无妨害。命好、身好、限好，主其人终生荣昌（假如命宫、身宫坐长生、帝旺之地，本宫又得吉星庙旺坐守及副星吉众，为命身坚强，再得三方四正及大小二限有众吉扶助，则为命好、身好、限好，定主终生荣昌）。

所谓"命衰、身衰、限衰，一生乞丐"，是指命宫居死、绝、空亡之乡，本宫又有落陷的凶煞坐守，三方四正及左右邻宫更有空、劫、忌、煞来会，而且大小二限又凶多吉少，则为命衰、身衰、限衰，定主其人终生贫贱。

所谓"生逢败地，发也虚花"，是指命宫居死、绝之地，则其人即使有发展也不持久，虚名虚利而已。

所谓"绝处逢生，花而不败"，是指命宫虽居死、绝之地，但得所入之宫的五行相生，或得众吉星生扶，仍为有救，不至于破败没落，或先败而后成，在困境中得到转机。

2. 分析大限时，需将大限宫作为大限命宫，然后依逆时针顺序排列大限的其余十一个宫。接着也需要按照上面所说的分析各宫的步骤逐一进行。这时的四化所用的天干是大限宫的宫干。

3. 分析流年时，需将流年干所在之宫作为流年命宫，然后依逆时针顺序排列流年的其余十一个宫。接着也需要按照上面所说的分析各宫的步骤逐一进行。这时的四化所用的天干是流年干和流年宫的宫干（但主要是流年干）。

4. 同理，分析流月、流日、流时也如此进行。这时引发四化的天干分别是流月干、流月宫的宫干，流日干、流日宫的宫干，流时干、流时宫的宫干。

二、人、事、物的分类推断规则

（一）确定来人问何事

首先以自己的命盘为基准，确定自己的流分命盘，并找出流分盘中的命宫和其他十一宫。如果是非六亲的人来问事，其人位于你的仆役宫，该宫即是其人命宫，接着确定其人的其他十一宫。找出问事当日的日干化忌所在宫位往往就是其人的来意（准确率约为 10%）。这里要注意两个问题：

1. **什么叫流分命盘？** 所谓流分命盘是以每两分钟为单位的，这是因为一个时辰有两个小时，将两个小时按照六十甲子划分，则每两分钟为一个单位。具体每个流分命盘的确定规则是：先找出该流年的正月（即"斗君"），顺时针数到当时的农历月份所在宫位，以该宫作为当月的初一，接着顺时针数到那一天的农历日宫位，以该宫作为当天的子时，再顺时针数到当时的时辰所在宫位，又以该宫作为该时辰的第一个两分钟，然后以每两分钟为一个宫位顺时针方向转，直至转到当时的分钟所在宫位，即为当时的流分命盘。

2. 若来人乃你的六亲，则不用仆役宫，而是按照来人与你的关系选用相应的宫位。

上述确定流分命盘的方法很重要，在活用紫微斗数推测人事时经常会用到。而且不论测何人的人或事，均以自己的流分命盘为基准，不必一定要排出来人自己的命盘和流分命盘。

（二）推断职业和事业

事业与职业是有区别的，前者有嗜好、兴趣的成分，后者则是为了生活而营走。推断职业是一种很好的训练，也需要积累，从而提高推断水平。在达到一定水平后，可以采用"随机法"（又称"无为法"）进行推断，那是一种高层次的推断技巧，本书不作介绍。

1）推断职业

（1）根据星曜推断

紫微斗数不同的流派推断职业的方法各异。三合派断职业，通常以官禄宫的星情来作决定，并兼参命宫。而作为四化派的学派之一的河洛派断职业，通常看财帛宫的宫干引发哪颗星曜四化，按照忌、禄、权、科入命、兄、财、疾、官、田的顺序，视其被引发之星为哪颗星，就以该星来断其职业。而且，四化星代表了不同的内容：化禄为情感，化权为事业，化科为学业，化忌为职业，为执著。到底哪一派更准确？则仁者见仁，智者见智。读者可以自己推算后加以判断。

十八颗星曜（即南北斗十四颗主星以及文昌、文曲、左辅、右弼）分别代表相应的行业：

紫微：紫微、天相、天梁同为寿星，不发少年，故其人宜于公职较好。紫微是官禄主，但只有在紫微入官禄宫，而且要有化权，或加会左、右、昌、曲，才会显贵。若没有上述条件配合，其人只宜是上班族，想当大老板或主官很难。

天机：天机主其人从事与轴有关的行业，如汽车、机械加工。又由于天机是动星、驿马星，因此，其人适合从事变化快或资金回收快的行业，如水产、果菜、批发生意等。

太阳：太阳乃丙火，为天干第三位，有三羊开泰之寓意。太阳喜欢强出头、好表现，不免会劳碌奔波。太阳也象征光明、博爱，因此，其人适合从事替人跑腿的代表、律师、外交官等职业。由于太阳大方、大度，太慷慨，不重视金钱，故其人不适合从事财务工作。太阳也代表能源、动力与电有关的行业。

太阳与太阴都是驿马星（因为按照古代天文学的观点，太阳和月亮都在运动），若二者同宫或对宫，主其人的心性不稳定，适合从事短期性、见好就收一类的职业。

武曲：武曲乃辛金，为正财星。宜在金融、财政机构工作，或为生意人，但以不化忌才算，若生年干或命宫的宫干为壬，使武曲化忌，表示与钱财无缘，想谋求长远投资不会有成就。武曲入命时，可做与钞票、会计有关的工作；若会天相，大多从事拉保险的工作；会破军，好博擒捕猎，可当兽医；若会七杀，武杀皆为肃杀之星，故武杀组合是外科医生或军警。

天同：天同为流动之水、可饮用水，是福星。又是小孩，因此喜欢别人照顾。

其人宜从事小吃店、小门市等服务性的工作，或服务于公职，如教师等职业。天同入命的人比较懒，不爱动，故不适合做大手笔、大领班之类的工作。

廉贞：廉贞乃丁火、属阴、主静。故若其人从事商业，适合做坐地的门市工作，不适合跑外勤。廉贞也是精密仪器，如电脑、电视等，但由于逢丙干之年、月、日有廉贞化忌，故其人在此期间操作电子仪器时故障率偏高，特别是流日干逢丙之日最好少开车。廉贞是血，刀伤的流血，如果加会七杀（肃杀之星），格调高的可为护士，格调低的是杀鸡鸭的。廉贞又为艮土，为山坡地、水果园，故廉贞的事业也可为做水果生意的。

天府：天府乃戊土，禄库之星，禄是薪俸，主其人的钱财够生活之需，但不是很有钱，是工薪阶层，或是高薪的上班族。由于戊为阳天干，故天府为阳土，乃表面之土，因此其人的职业与畜牧业有关。又主其人个性自负，好管闲事，爱面子，且受雇于人时容易发挥其长处。

太阴：太阴属阴水，为雨露之水。太阴化富为财帛主。主其人适合从事饭店、旅游业、与美容有关的化妆品业、车船出租业等。

贪狼：贪狼乃甲木，为造化之始，故其人适合的行业有小学教师等。又，甲木为始，引申为原料，其人适合从事与工业有关者如原材料行、木材行、纸业等。贪狼又是癸水，乃桃花星，主其人多才艺，可从事演艺工作或从事酒女工作。若贪狼、廉贞同入亥宫，加陀罗，则其人有走私行为。（注：上述分析揭示了如何从星曜的各种属性区推断一个人职业的规则。）

巨门：巨门乃暗星，其人很可能是没有执照许可的地下营业者；也可能经营科目多而杂的综合医院。巨门又是赌博星，其人即使不会打麻将之类的赌博，也会赌命、赌事业或走私。

天相：天相乃吏人之命、衣食之星，男命适合服务于公职，女命适合做裁缝。也可从事自助餐、高级餐饮业、摄影或服饰业。

天梁：天梁乃戊土，凡五行属土之星，皆与政府机关的薪俸有关（例如，天府亦然）。天梁是大人星，其人可从事照顾别人的工作，如高级机构、养老院、诊所、中医药材；也宜从事的职业如歌舞厅领班、餐饮经理、高级干部等。

七杀：七杀为肃杀之星，其人宜为军警。七杀又为爬虫类、恐怖状态者，故其人的职业与列车、台车、一长串连在一起具有杀伤力的金属器，如成排的船只等有关。

破军：破军为癸水、大海水；为破耗之星，引申为杂乱的地方，如市场、货柜车、杂货店，或先破坏后建设的工作，如水电、拆车船、推土机工等。破军和天同、太阴、天相五行都属水，但破军是咸水，太阴是淡水，天同是自来水，天相是池水。推断一个人的行业时应根据这些星曜的五行属性加以区分。

文昌：主其人从事与文书、毛笔、礼品有关的行业，以及从事靠口才进行交涉的工作。

文曲：主其人从事与代书、文具有关的行业，以及与口才有关的工作，如主持人、算命先生等。

昌、曲合论：若遇昌、曲同宫，多主其人的职业为作者、摄影、公教、图书、饮食业等。

左辅：多主其人从事与方向盘有关的工作，如司机等工作。

右弼：右弼乃传令之星，其人性格热心、圆融，多属于承上启下的中间人。

（注：上述十八颗星推断职业，一般应官禄宫中有哪颗星来推断。）

（2）利用流分命盘推断

首先要确定自己的流分命盘，然后根据来人与自己的关系在流分命盘上找出来人的命宫。如果来人非自己的六亲，则均以流分命盘上的仆役宫作为其命宫，但如果来人是替其他人测事，属于朋友的朋友，则以流分命盘上的夫妻宫作为被测人的命宫。有了其人的命宫后，接着有三种方法可以推断其职业：

① 从其人命宫的三方四正推断其从事的行业，通常以官禄宫作为推断的主要依据，并参合命宫。如果官禄宫中有天机，其人从事的行业与轴类的东西有关，例如，车船运输、车床加工等。如果命宫在子，宫中有巨门，因为巨门乃口舌之星，其人多为吃开口饭的人士，例如，教师、娱乐传播业人员等。

② 以财帛宫的宫干进行四化，查看化禄、化权、化科、化忌分别入命、兄、财、疾、官、田诸宫中的哪一宫，再查看什么星曜入该宫，就以该星推断其人从事的行业，这种方法的准确率可达100%。（注：仅供参考。）

③ 找出哪个宫化禄入财，就以该宫的星情推断。

（3）根据生年四化入命宫三方推断职业

① 若化禄与化权入命宫三方，其人适合做生意（若入兄友线，则主其人在公共场所经商）。

② 若化禄与化科入命宫三方，其人适合做名誉上的生意。（注：在现代社会可引伸为与无形资产有关的业务。）

③ 若化权与化科入命宫三方，其人适合做技术类的工作。

注：也可以从命宫四化推断其人后天宜从事之行业。

（4）根据星曜的三合格局推断职业

① 机月同梁格：其人适合公职、文教、印刷等职业。

② 杀、破、狼格：其人适合技术类职业。

③ 天府、廉贞格：其人适合计算机行业的工作。

④ 太阳、廉贞加天刑格：其人适合政治、法律等职业。

还可以将①与②条文配合应用：若命格为"杀、破、狼格"，而命宫四化为"机月同梁格"，则其人适合在公教单位从事技术性工作。在推断时以四化的格局为主，三合的格局为辅。

（5）推断其人是否是公务员

① 若天刑入官禄宫，且官禄宫的宫干引发父母宫中的主星化忌，则其人一辈子是公务员。

② 若天刑入官禄宫，且官禄宫自化禄，则其人本来可以自己决定是否当公务员，但碍于面子而不得不当。

③ 若天刑入官禄宫，且官禄宫自化忌，则其人可以自己决定是否当公务员，结果是即使有人请其人当也不当。

④ 若父母宫的宫干引发官禄宫中的主星化忌，且天刑入官禄宫，则其人颇有才华，国家指定其人当公务员，乃国家要员。

⑤ 若父母宫的宫干引发官禄宫中的某颗主星化禄，另一颗主星化科，且天刑入官禄宫，其人乃高官，而且很忙碌。

⑥ 若天刑入官禄宫，在某个运限与父母宫重叠，则在此运限期间，其人以当军人为宜。

⑦ 若大限逆行（阴男阳女），其人乃上班人员。若大限顺行（阳男阴女），其人乃生意人。

（6）推断其人从事公职或私职

① 若大限财帛宫的宫干引发大限疾厄宫中的主星化禄，其人宜服务于公职。

② 若大限财帛宫的宫干引发大限兄弟宫中的主星化禄，其人宜在私企工作。

（7）从事属水的职业（娱乐、食品、买卖业）的格局

① 若官禄宫化忌出去（即官禄宫的宫干引发他宫的主星化忌）。

② 官禄宫自化忌。

③ 官禄宫中有化忌。

④ 本命宫三合方的诸宫有自化忌。

⑤ 若财帛宫的宫干引发迁移宫中的主星化忌，冲本命宫。

（8）根据星情推断职业

① 若桃花星入财帛宫、福德宫，其人多为影视人员。

② 若杀、破、狼入福德宫，其人乃生意人。

③ 若天府入财帛宫，其人乃生意人。

④ 若天相入财帛宫，其人乃公务员。

⑤ 若紫微和天相同入命宫，其人乃公务员。

2）推断事业

（1）推断仕途、官运

1）若大限宫的宫干引发本命宫或本命官禄宫中的主星化权，或者大限的宫干引发某个主星化权会照流年命宫或流年官禄宫，主其人在该年会升官。

2）若大限宫的宫干引发流年宫或流年官禄宫中的主星化禄，主其人在此流年大发。

3）看官禄宫中的主星之四化（本命官禄宫化出，大限逢之；或大限官禄宫化出，流年逢之）：（注：所谓"化出"是指该宫的宫干引发另一宫中的主星四化。）

① 官禄宫之化禄：升迁、提拔、就业。

② 官禄宫之化权：升迁、创业。

③ 官禄宫之化科：会有贵人扶助，或有人奖赏其人，或考绩好。

④ 官禄宫之化忌：诸事不顺。

⑤ 官禄宫化禄入父疾线或命迁线：升迁。

⑥官禄宫化忌入财帛宫：其人乃公职人员，易贪非分之财。

⑦官禄宫化禄入兄友线：其人用金钱，经人疏通而升官。

⑧官禄宫化权入兄友线：其人凭人情，经人介绍而升官。

4）断任职后的升迁。若官禄宫的三吉化（即化禄、化权、化科）入疾厄宫：化禄：内定；化权：内定、固定；化科：还需要被选择的机会。但是若化忌入疾厄宫，则主其人没有升迁的机会，或者升上不去。

5）若大限宫的宫干引发某个主星化权会照本命盘官禄宫，则当流年落在本命盘的夫妻宫或官禄宫时，主其人在该流年会升官。

（2）推断读书、学习情况

1）根据大限官禄宫的宫干引发本命父母宫或大限父母宫中的哪颗主星四化的情况，均可推断其人读书好坏。

2）根据官禄宫的宫干引发父母宫中的哪颗主星四化推断读书学习的情况：

①若引发主星化禄：主其人反应快、聪明。

②若引发主星化权：主其人能专心读书、能干，自己用功，名列前茅。

③若引发主星化科：主其人中等成绩。

④若引发主星化忌：主其人不喜读书、成绩不好，要被催逼才肯读书。

⑤若引发一颗主星化禄、另一颗主星化科：主其人成绩好。

⑥若引发一颗主星化权、另一颗主星化科：主其人因努力读书，而成绩好。

⑦若引发一颗主星化禄、另一颗主星化权：主其人名列前茅，且适合从政当官。

⑧若引发主星化禄（且自化忌）：主其人虽聪明，但不肯读书。

3）若父母宫自化忌，主其人自己不能读书。

4）若官禄宫的宫干引发迁移宫中的主星化禄，主其人虽聪明，但不用功。

（3）推断考试运

1）若命宫为聪明富贵的格局，父母宫中有科文之星（昌、曲、化科），加上流年或小限好，主其人在该年必然高中。

2）文昌入命，宫中主星庙旺，无煞冲破，又加会吉星，主其人会金榜题名。逢流年或小限吉之年，利于考试，再逢文星者，该年考试必中。

3）凡紫微、文昌同入命宫，逢流年或小限吉之年，考试必中。

4）凡文曲入命，逢化科者，对正规考试有利；无化科，则不利。但无论有无化科，对偏门专业或艺术类专业的考试或竞技都有利。

5）若命宫或大限、流年有阳、梁、昌、禄，或会照，特别利于考试。而且如果无煞冲破，则必然高中。

6）若天机、天同、天梁之中有二星同入流年宫，且庙旺无煞，主其人如果在该年考试会很有利。

7）凡小限或流年宫中有化科，主其人在该年的考试运颇佳。再加会左辅者，更佳。无恶煞冲破者，必高中。

8）若文昌、天马入命宫或大、小限宫，主其人在此期间有利于考试升迁。

9）若命宫或流年宫或小限宫中有府、相、昌、曲、科、禄、权诸星，利于其人在该年参加考试。即使上述诸星在三方会照，亦利于考试。

10）古人云："天禄天马，惊人甲第"，是指禄存、化禄或天马（流禄、流马亦是）同宫或会照，则其人如果参加考试，会很有利。

11）古人云："科权禄拱，名誉昭彰"，是指流年宫或小限宫的三方有科、权、禄来拱照，利于其人考试和升迁。

12）若流年宫或大小限宫中有流昌、流曲（三方拱照亦是），再加会日、月、左、右、魁、钺、台辅、科、禄、权、天马等吉星之中二三星者，若其人在此运限期间参加考试，必然高中。

13）若命宫不佳，父母宫（文书宫）凶，宫中有煞星、科文之星（昌、曲）化忌者，则其人如果参加考试，必然不利。

14）若命宫或运限宫（大、小限或流年）中有科文之星（昌、曲、化科）落陷，又遇煞、忌，或者有羊、陀、空、劫同宫，主其人虽然聪明，在此期间（大限或流年）考试不中，难以升学，且主其人的事业阻滞。

15）若命宫中有科文之星（昌、曲、化科）和三台，主其人聪明过人。但若对宫有羊、陀、空、劫冲照，则其人一生功名难遂。

（4）推断公司会否倒闭

1）若大限官禄宫的宫干引发大限父母宫中的主星化禄，而大限父母宫中有化忌去冲大限疾厄宫，则主其人的公司会倒闭。

2）若流年干引发大限父母宫中的主星化忌，去冲大限疾厄宫，则其人的公司于该年倒闭；若冲流月的疾厄宫，则于该月倒闭。

3）若大限财帛宫的宫干引发大限福德宫中的主星化忌，去冲流年财帛宫，则主其人的公司在该流年会倒闭。

4）若流年疾厄宫的宫干引发流年福德宫中的主星化忌，去冲流年财帛宫，则主其人的公司在该流年会倒闭。

5）若流年官禄宫的宫干引发流年父母宫中的主星化忌，去冲流年疾厄宫，则主其人的公司在该流年会倒闭。

6）若流年官禄宫的宫干引发本命兄弟宫中的主星化禄，且该宫中有化忌去冲本命仆役宫，则主其人的生意在该流年会倒闭。

7）若流年官禄宫的宫干引发流年兄弟宫中的主星化禄，且该宫中有化忌去冲流年仆役宫，则主其人的生意在该流年会倒闭。

8）若流年宫自化禄，且流年官禄宫的宫干引发流年宫中的主星化忌，则主其人的公司在该流年不会倒闭。

9）若官禄宫的宫干引发父母宫的主星化忌，去冲疾厄宫，则主其人的公司易倒闭。若官禄宫的宫干引发疾厄宫的主星化忌，去冲父母宫，而且流年临父母宫，则主其人的公司在该年会倒闭。但若其人只是打工一族，如果官禄宫的宫干引发疾厄宫的主星化忌，则主其所在的公司不会倒闭，而是其本身被冲动，导致其人上班懒洋洋、无精打采。

10）若官禄宫的宫干引发兄弟宫的主星化忌，去冲仆役宫，则主其人的公司难以支撑。

11）若官禄宫的宫干引发子女宫的主星化忌，去冲田宅宫，则主其人的公司会亏损。

（5）推断合伙事业

1）合伙情况

① 从仆役宫的财帛宫（即父母宫）的纳音局数可以推断其人的合伙事业需要多少资金。（注：这里所谓父母宫的纳音数是指，父母宫天干地支的六十甲子纳音的五行属性决定的纳音数：水1．火2．木3．金4．土5。它的依据是五音：宫、商、角、徵、羽与五行：土、金、木、火、水之间的对应关系。）（又注：这个规则仅供参考。）

② 根据仆役宫的纳音局数可以推断合伙的人数。

③ 若财帛宫的宫干引发命宫中的某颗主星化权，又引发另一颗主星化科，主其人是以技术与人合作，不须出钱。

④ 若财帛宫的宫干引发命宫中的主星化禄，主其人在合伙生意中出钱较多。

⑤ 若财帛宫的宫干引发命宫中的主星化权，主其人在合伙生意中不需出资，为干股。

⑥ 若财帛宫的宫干引发命宫中的主星化科，主其人在合伙生意中出钱较少。

⑦ 若财帛宫的宫干引发兄弟宫或仆役宫中的主星化禄，主其人在合伙生意中与其他股东出的钱财相同。

2）推断合伙企业可否囤积产品

① 若田宅宫的宫干引发父母宫、疾厄宫、子女宫、田宅宫中的主星化忌，则不可囤积。

② 若田宅宫的宫干引发父母宫、疾厄宫、子女宫、田宅宫中的主星三吉化（化禄、化权、化科），则可以囤积。

③ 若田宅宫的宫干引发兄弟宫或仆役宫中的主星化忌，其人的生意会有小亏，只可按部就班地销售。

3）若子女宫的宫干引发的主星化忌去冲仆役宫、兄弟宫、子女宫，则其人在40岁前不宜搞合伙生意。（注：该主星在仆役宫的对宫化忌则冲仆役宫，在兄弟宫的对宫化忌则冲兄弟宫，在子女宫的对宫化忌则冲子女宫。）

4）推断合伙是否合适

<1> 看仆役宫：

① 一般而言，凡仆役宫星情旺者，则可合伙；若星情衰，则不可合伙。

② 若仆役宫的宫干引发命宫三方之宫中的主星三吉化（化禄、化权、化科），则合伙吉。

③ 若仆役宫引发的化忌之星冲命宫（即引发迁移宫中的主星化忌），则不可合伙。

<2> 看子女宫：

① 若子女宫的宫干引发迁移宫或兄弟宫中的主星化忌去冲命宫或仆役宫，则不可合伙，也不能当股东。

② 若子女宫的宫干引发命宫三方之宫中的主星化忌，则不可合伙。但若引发入命宫三方之宫中的主星三吉化（化禄、化权、化科），则合伙大吉。

③ 若子女宫的宫干引发父母宫中的主星化忌，去冲疾厄宫，则不可合伙。

④ 若子女宫的宫干引发仆役宫中的两颗主星化禄、化忌，则不可合伙。

⑤ 若子女宫的宫干引发仆役宫中的主星化忌，则在合伙时，对合伙方较有利。

⑥ 若大限子女宫的宫干引发流年宫中的主星化权，则该流年可以合伙。

<3> 若官禄宫的宫干引发父母宫中的主星化禄，且大限宫位于本命福德宫，则在该大限中可以合伙，且能赚钱。

<4> 若兄弟宫的宫干引发命宫三方之宫中的主星化忌，则不宜合伙，也不宜借钱给朋友。

5）推断合伙事业是否会散伙

① 若大限宫的宫干引发大限仆役宫中的主星化禄，而该宫中有化忌去冲大限子女宫，则其人的合伙事业会散伙。

② 若流年干引发流年仆役宫中的主星化禄，而该宫中有化忌去冲流年子女宫，则其人的合伙事业会散伙。

③ 若大限子女宫的宫干引发流年仆役宫中的主星化忌，去冲流年子女宫，则主其人当年投资合伙，当年就会散伙。

④ 若流年干引发流年仆役宫中的主星化忌，去冲流年子女宫，则主散伙；但若大限宫的宫干引发的化权会照流年，则先散伙后，自己能独立再做。

（6）推断从事何种行业能赚钱

1）根据大限财帛宫的宫干引发本命盘的哪一宫（命宫、财帛宫、疾厄宫、田宅宫）中的主星化忌，来推断其人在此大限期间适合从事的行业：（注：下面的各条规则并不绝对，有时会与其他规则推断得到的结论相悖，因此需要对具体的星情加以分析后确定。）

① 若财帛宫的宫干引发A宫中的B星化忌冲C宫（A宫与C宫互为对宫），则行限（大限或流年）过了A宫或C宫后可从事B星表征的行业。若财帛宫的宫干引发A宫中主星化禄，而A宫的宫干引发C星化忌，则可从事C的行业。例如，如财帛宫的宫干引发迁移宫中的主星化禄，而迁移宫的宫干引发天同化忌，则可从事天同所表征的行业，如饮食、服务业、命理业等。

② 根据大限财帛宫引发某宫的主星化禄，再根据该宫的宫干引发那颗星化忌来推断。财帛宫的宫干引发A宫中的B星化忌，可从事B星之行业。若A宫有生年化忌，则取本命财帛宫的宫干引发本命三方及田宅宫中的那颗星曜三吉化来推断其人从事的行业。

2）根据大限财帛宫的宫干引发本命盘哪一宫中的主星化禄，来推断其人在该大限期间适合的职业。

① 若引发命宫、迁移宫中的主星化禄：则其人适合在文化行业发展，或去教书、当掮客等。

② 若引发兄弟宫、仆役宫中的主星化禄：则其人适合与人合伙。

③ 若引发子女宫、田宅宫中的主星化禄：则其人适合当上班一族。

④ 若引发财帛宫、福德宫中的主星化禄：则其人适合经商、做生意。

⑤ 若引发父母宫、疾厄宫中的主星化禄：则其人适合在文化行业发展，或去教书。

3）若命宫干为丁或戊（丁干引发太阴化禄、天机化科，戊干引发贪狼化禄、右弼化科），其人适合从事技艺、技术性职业。

4）若命宫（财帛宫的官禄宫）的宫干引发星曜化禄或化权会照财帛宫，则其人从事该星曜所表征的行业会赚大钱，而且应以被引发化权的星曜作为重点来推断。

5）若大限宫的宫干引发官禄宫中的主星化忌，则其人宜为上班一族，不宜经商。

（三）推断健康、疾病和寿元

1）推断健康与疾病

在紫微斗数中对疾病的推断，首先要从哪颗星曜进入命宫或疾厄宫所表征的疾病症状来进行的。

（1）十四颗单主星所表征的疾病症状

紫微：在命宫：精神、心脏等方面有问题。

在疾厄宫：脾胃、胸气。

若有桃花星同宫：性病。

若有擎羊同宫：男性包皮过长。

若有火星同宫：皮肤病、风湿。

天机：在命宫：若化忌，神经过敏、精神疾病。

若有火星同宫：脑神经血管或手脚出问题。

在疾厄宫：肝胆、神经衰弱、内分泌、四肢、风湿。

若有桃花星同宫：女性有妇科病。

太阳：在命宫：心脏、眼睛等部位有问题。

在疾厄宫：有血压、火气大、痔疮、头风等问题。

武曲：在命宫：肺及呼吸系统有问题，如气喘病。

在疾厄宫：有外伤。

天同：在命宫：少疾病，但要小心过胖。

在疾厄宫：泌尿、甲状腺、疝气、耳朵等问题。

廉贞：在命宫：煞、忌过重者，有脓血之灾，心火躁急，遇病容易恶化（畏煞）。女性有妇科病。

在疾厄宫：过敏体质、阴亏、性疾病、心火躁急。

天府：在命宫：少疾病。若被冲破，则过怕胖、过瘦、肠胃不良。

在疾厄宫：胆、胃等部位有问题。

太阴：在疾厄宫：阴水过旺，引发肠胃、阴虚、痰水。

若有火、铃同宫：眼疾。

贪狼：在疾厄宫：少疾病。关节炎，神经痛，内分泌失调，手淫过度。女性子宫不正，妇科病。逢煞有痔疮。

巨门：在命宫：骨头有病。

在疾厄宫：脾、胃癌、食道癌、咽喉、肺有病，且易转坏。

天相：在疾厄宫：少疾病。注意泌尿、皮肤、偏头痛、神经痛、水肿等问题。

若有羊、陀同宫：头面有疤。

天梁：在疾厄宫：少疾病。但皮肤、胃、乳房等会有问题，可转好。

若有煞星同宫：心脏、血液、中风等问题。

七杀：在命宫：幼年多灾。

在疾厄宫：呼吸系统，鼻窦炎。

若有火星同宫：目疾。

若有龙池同宫：耳疾。

若有凤阁同宫：牙齿。外伤、神经痛。

破军：在命宫：年幼多脓血之灾、泌尿系统疾病。

在疾厄宫：梦遗、月事不顺、腺病，皮肤肿囊。四肢刑伤。

（2）十四颗主星的双星组合的疾病症状

紫微与破军：性疾病。

若有羊、陀同宫：心脏血管。

紫微与天府：消化系统。

若见武曲化忌，则更严重。

紫微与贪狼：糖尿病。男：性器疾病、阳亏。女：子宫不正、宫寒。

紫微与天相：在命宫：皮肤过敏、尿道结石。

在疾厄宫：胸闷气涨，呕吐反胃（消化腺问题）。

紫微与七杀：肠胃不合，内分泌。

武曲与天府：小心溺水。

武曲与天相：破相、烂疮、植皮、小肠。

武曲与七杀：若加火星，小儿麻痹。

武曲与贪狼：少疾病。痔疮、肾亏。

武曲与破军：破相、牙周病、呼吸系统、肿瘤、血癌。

廉贞与天府：廉忌胃出血。

廉贞与天相：尿道、输精管、输尿管、糖尿病。

若加桃花煞（即咸池），性病或性器官疾病。

廉贞与破军：呼吸系统、结石、外伤。

廉贞与七杀：痨病、咳血、脊髓骨、糖尿病。

廉贞与贪狼：肝、胃气痛。恶性肿瘤。男：遗精、阳痿。女：贫血、阴虚亏损、血崩。

太阴与天机：神经系统、内分泌。

若加禄（禄存、化禄）：子宫暗疾。皮肤病、痔疮。

太阴与天同：气虚、眼睛、泌尿系统（水过多）。

天同与巨门：在命宫：胸闷气结。

在疾厄宫：坐骨神经（骨刺或骨质增生引起）、腰腿肌肉、脓血、湿疮、呼吸器官。

天同与天梁：肝、泌尿、疝气、痔疮、心气痛、心肌栓塞。

天机与巨门：肝胃、多气心闷、神经系统。

天机与天梁：盲肠。

若有火、铃同宫：乳癌、胃癌。下部疾病。

太阳与天梁：中风、乳胃癌、内分泌。

太阳与太阴：心、头、失眠、心肾不交。破伤风。

太阳与巨门：血压、头昏痛、眼、虚火上升、过敏症。

（3）辅星的疾病症状

文昌：大肠、肝胆、肺、大脑。

文曲：上热下寒，斑、痣。

左辅：肠胃气燥。

右弼：心气冷。经血不足。

天魁：皮肤（火气引起）、急躁。

天钺：脾、胃、大小肠、肺。

禄存：少年就有病，四肢、胃肠、水肿、暗疾。

擎羊：头、眼扭斜、腹、肺、血光之灾。

陀罗：肺病吐血，白癣，骨病或酸痛，外伤，中枢神经，脊髓引发神经。

火星：面神经麻痹、湿毒皮肤病。

铃星：头、眼、皮肤病。

天空：头部疾病，冷症。

地空：虚火上升、气血不调。

地劫：眼、胃、四肢、头晕眼花。

化禄：脾、胃。

化权：肝、胆、神经。

化科：泌尿。

化忌：性病。

（4）小星的疾病症状

天伤：腰、腿。

天使：肺、遗精、失神。

天马：四肢，自慰过渡，心脏。

红鸾：上热下冷。

天喜：肺、头。

天姚：性病。

天刑：肺、流行病、开刀。

三台：脾、胃、瘤。

八座：皮肤病。

龙池：眼、腰腿痛。

凤阁：脾、胃。

天才：肝。

天寿：肠、胃。

天哭：脾、肺、肠胃、贫血。

天虚：心脏。

天贵：肠胃、肺。

天官：皮肤病。

华盖：肝、头痛。

各种桃花星：吐血、便血、性疾病。

2）推断疾病

（1）若流年疾厄宫的宫干引发 A 宫中的 B 星化忌，该年会生 B 星所表征的疾病。例如，流年疾厄宫的宫干为壬，引发父母宫中的武曲化忌，则该年其人的父亲得肺病（因为武曲属金，主肺及呼吸系统疾病）。

（2）若本命疾厄宫的宫干引发本命兄弟宫中的主星化忌，去冲本命仆役宫，则主其人会得病，且当大限宫位于本命仆役宫的大限期间会得病，具体地说，如果在这个大限中某个流年宫位于本命仆役宫，则其人在该流年会得病。

（3）若大限疾厄宫的宫干引发 A 宫中的主星化忌，而 A 宫的宫干又引发某颗主星化忌，且这颗主星位于流年疾厄宫的对宫时（冲流年疾厄宫），则其人在该流年身体不好；如果这颗主星位于流日疾厄宫的对宫时（这时冲流日疾厄宫）冲流日，则其人该流日身体不好。如果 A 宫自化忌（即第一次化忌的主星与第二次化忌的主星是同一颗），此时乃双化忌，则其人身体的问题更加严重。

（4）若生年干、或大限宫干、或命宫干引发某颗主星化忌（位于疾厄宫的对宫），去冲疾厄宫，主其人会生病。其中：由生年干或命宫干引发化忌者，主其人一生多病；由大限宫干引发化忌者，主其人在此大限期间会生病。至于生哪一种病可以从被引发化忌的主星的表征来分析。

（5）若疾厄宫的宫干引发福德宫中的主星化忌，主其人多病，但属于带疾延年的情况。

（6）若流年疾厄宫的宫干引发化忌的主星位于大限疾厄宫的对宫（即大限父母宫），因而冲大限疾厄宫，则其人在此流年身体不好。

（7）若流年疾厄宫的宫干引发化忌的主星冲流年兄弟宫（即流年疾厄宫的官禄宫），主其人在该流年身体不好。

（8）疾厄宫的宫干引发 A 宫中的 B 星化忌，则 B 星所表征的部位易得病。

（9）若疾厄宫的宫干引发兄友线（即兄弟宫和仆役宫）的主星化忌，主其人多病。

（10）若疾厄宫的宫干引发父母宫中的主星化忌，来冲疾厄宫，则其人会有影响生死的疾病问题。

（11）若疾厄宫的宫干引发官禄宫中主星的化忌，去冲夫妻宫，则其人会有影响生死的疾病问题。

（12）若疾厄宫的宫干引发夫妻宫中的主星化忌，去冲官禄宫，则其人虽多病，但属于带疾延年的情况。

（13）若疾厄宫自化忌（即疾厄宫的宫干引发官中主星化忌），去冲父母宫，则其人虽多病，但属于带疾延年的情况。

（14）若流年疾厄宫的宫干引发大限疾厄宫中的主星化忌，主其人在此大限或流年期间身体有问题。

（15）若疾厄宫的宫干引发命宫或福德宫中的主星化忌，主其人的体质弱，不易根治。

（16）若疾厄宫的宫干引发夫妻宫中的主星化忌，主其人配偶的身体弱。

（17）若武曲所入之宫的宫干引发疾厄宫中的主星化忌，主其人易得绝症。

（18）若武曲所入之宫的宫干引发兄弟宫或仆役宫中的主星化忌，主其人易感冒。因为武曲属金，主肺部疾病或气喘病。

3）根据星情论疾厄

（1）有一种观点认为：天马与手淫有关。因此，可以根据天马的状态推断其人是否有手淫问题：

① 若天马入流年疾厄宫，主其人从该年开始手淫。

② 若流年宫落在本命盘的官禄宫，且宫中有天马，则其人从该年开始手淫。

③ 若流年疾厄宫落在本命盘的官禄宫，且宫中有天马，则其人从该年开始手淫。

④ 若天马落在大限的父疾线（即大限父母宫和大限疾厄宫），或流年宫落在大限的父疾线，则其人从该年开始手淫。若天马或流年宫同时落在大限的父疾线时，更验。

（2）若擎羊入疾厄宫，主其人带疾延年。

（3）若武曲、七杀及擎羊同入疾厄宫，主其人有痰疾。

（4）若武曲化忌（由壬干引发）入疾厄宫，主其人胸部不好。

注：由此可见，若武曲入疾厄宫，如果有壬干（大限宫干、流年干、流月干、流日干或其他宫的宫干）引发武曲化忌之时，可推断其人的肺部有病。再若流年宫落在本命宫，则更验。

（5）若巨门入疾厄宫，则巨门化忌（由丁干引发）时，主其人易生病吃药。

（6）若天刑入疾厄宫，主其人的父母身体不好。若天刑入官禄宫，且宫中有化忌去冲流年（注：须流年迁移宫落在本命官禄宫），主其人在该年有刑伤。

（7）若天姚入官禄宫，且宫干引发疾厄宫中的主星化忌，则女性多病。

（8）若擎羊、陀罗夹化忌（被生年干或命宫干引发化出）入大限（注：此时大限宫中有禄存），主其人在此期间有六亲亡故。

（9）天机主筋骨和神经系统：

① 若天机入 A 宫，A 宫的宫干引发 B 宫中的主星化忌，而 B 宫的宫干引发 C 宫中的主星化忌去冲 D 宫，则 D 宫所表征的肢体易筋骨受伤、酸痛。

② 若天机或天梁与文昌和文曲同入命宫，且大限疾厄宫的宫干引发命宫中的主星化忌，则在此大限期间，其人会发神经病。

（10）若天相与文昌和文曲同入命宫，且大限疾厄宫的宫干引发命宫中的主星化忌，则在此大限期间，主其人会发皮肤病。注：田宅宫有上述情况时同论。

4）定良医方向与趋吉避凶之道

（1）定良医方向：找大限宫化科（所谓"大限化科"是指，大限宫的宫干引发的化科）所在方向或大限福德宫化科（即大限福德宫的宫干引发的化科）所在方向。若逢自化科，则再找化禄所在方位为良医方向。

（2）趋吉避凶之道：如果推断搬家，若福德宫的宫干引发某宫中的主星化科，则搬到该宫之方位为宜。

（3）血光之灾可以捐血的方式解之。

5）论寿元

（1）若大限宫的宫干引发化忌的主星冲本命田宅宫，或大限宫的宫干引发化忌的主星冲流年田宅宫，则主其人在该年去世。（而且是在流年干引发的化忌入宫时，身体即开始不好）。

（2）若大限疾厄宫的宫干引发本命迁移宫中的主星化忌，去冲本命宫，或大限田宅宫的宫干引发本命兄弟宫中的主星化忌，去冲本命田宅宫，且破军入本命宫或疾厄宫或田宅宫者，主其人在此大限期间会亡故（而且是在大限宫与流年财帛宫互为三方之时段，其人会死）。

（3）若福德宫的宫干引发父母宫中的主星化忌，去冲疾厄宫（父母宫与疾厄宫互为对宫），命宫的宫干引发夫妻宫中的主星化忌，去冲官禄宫（夫妻宫与官禄宫互为对宫），则主其人在此大限期间会死亡（时间应在流年落在官禄宫之年）。

（4）若大限疾厄宫的宫干引发迁移宫中的主星化忌，去冲本命宫，或若大限田宅宫的宫干引发本命迁移宫中的主星化忌，去冲本命宫，则其人会在此大限期间死亡。

（5）若大限兄弟宫的宫干引发本命田宅宫中的主星化忌，去冲本命子女宫（田宅宫与子女宫互为对宫），则其人会在此大限期间死亡。

（6）从田宅宫看死亡：若流年宫的宫干引发流年田宅宫中的主星化忌，则其人在该流年会死亡。

（7）若大限迁移宫的宫干引发流年仆役宫中的主星化禄，而该宫中有化忌，冲流年兄弟宫，则主其人的兄弟身体不好（亦可用于推断其人自己）。

（8）若流年兄弟宫的宫干引发本命父母宫中的主星化忌，去冲本命疾厄宫，则主该流年会有人死亡（注：笔者曾有案例验证）。

（9）若文曲入官禄宫（而且此宫为流年六亲宫时），如果该宫干为丁，引发巨门化忌冲天同（注：所谓"巨门冲天同"，并不是二者之间直接相冲，而是指，巨门位于天同的对宫，因此巨门化忌冲其对宫），则主该年会有人死亡（而且在该流年中，六亲的身体不好）。

（10）若大限宫落在本命疾厄宫，且宫中有化忌。主在此大限期间其人的身体有问题，若是大限宫自化忌，则更糟。若大限宫的宫干引发大限田宅宫中的主星化禄、化忌，或大限田宅宫的宫干引发大限宫中的主星化禄、化忌，主在此大限期间会有人去世。

6）根据疾厄宫的四化推断身材的高矮

（1）若疾厄宫的宫干引发命宫、田宅宫中的主星四化，且宫中又有廉贞、破军、巨门、天梁等星曜者，主其人的身材高。

（2）若疾厄宫的宫干引发命宫、田宅宫中的主星四化，且宫中又有贪狼者，主其人乃中等身材。

（3）若疾厄宫的宫干引发命宫、田宅宫中的主星四化，且宫中又有天同、天机、太阴者，主其人身材较矮。

（4）若疾厄宫中有自化禄，主其人身材高大；若疾厄宫中有自化权，主其人身材壮实；若疾厄宫中有自化科，主其人身材苗条；若疾厄宫中有自化忌，主其人身材瘦。

7）推断车祸

（1）若流年宫自化忌，其人在该年易有交通事故。

（2）若命宫的宫干引发迁移宫中的主星化禄，且疾厄宫中有主星化忌去冲父母宫，主其人易有流血之事，但参加捐血可化解。

（3）若子女宫的宫干引发迁移宫中的某些主星（如天机、破军，皆为车辆之星）化忌，冲本命宫，其人会被别人开车撞（但若有天梁同宫，则没危险）。

（4）若迁移宫的宫干引发田宅宫中的主星化忌，去冲子女宫，乃其人开车去撞别人的车祸。如果流年各宫出现此类情况时，同断。

（5）若本命疾厄宫的宫干引发田宅宫中的主星化忌，冲本命子女宫，其人易有车祸（凡遇大限、流年，若有同样的情况时，在此期间也会发生车祸）。

（6）若疾厄宫的宫干引发迁移宫中的主星化忌，去冲本命宫，主其人会被别人撞。

8）意外灾难

1）若迁移宫自化忌，去冲命宫，或迁移宫的宫干引发夫妻宫中的主星化忌，去冲官禄宫，或引发子女宫中的主星化忌冲田宅宫，或引发田宅宫中的主星化忌冲子女宫等宫，都主其人会有意外灾厄。其中：

（1）若迁移宫的宫干引发化忌所冲的是本命盘中的上述诸宫，则祸重。

（2）若迁移宫的宫干引发化忌所冲的是大限的上述诸宫，则事件发生在此大限期间，且灾祸较轻。

（3）若大限宫与本命宫重合，即迁移宫的宫干引发的化忌，既冲本命诸宫又冲大限诸宫，则在此大限期间会发生意外灾难，且其人有生命危险。

2）若大限宫的宫干引发本命迁移宫中的主星化忌，主其人在此大限期间易有车祸之险。

3）若疾厄宫的宫干引发子女宫中的主星化忌，去冲田宅宫，则其人会有意外灾难。

例如，若迁移宫位于午宫，自化忌，去冲位于子宫的本命宫，则当大限宫位于申宫时，这个化忌冲大限官禄宫（因为此时大限官禄宫位于子宫），故在此大限期间，其人外出有意外死亡之可能。

又如：若迁移宫位于午宫，自化忌，去冲位于子宫的本命宫，则当大限宫位于辰宫时，则这个化忌冲大限财帛宫（位于子宫），故在此大限期间，其人外出会意外撞伤别人，需赔钱了事。

9）自杀

（1）若本命福德宫的宫干引发大限财帛宫中的主星化忌，去冲大限福德宫，主其人在此期间有自杀之可能。反之，若大限福德宫的宫干引发本命财帛宫中的主星化忌，冲本命福德宫，也会有此可能。

（2）若巨门、擎羊、火星同入本命宫或对宫，此乃三合无力，属于其人有可能是自杀的格局。

（3）若巨门化忌所冲之宫中有天同加陀罗，主其人有自杀倾向。

（4）若廉贞与火星同入命宫、或大限宫、或流年宫，主其人在此运限期间有自杀倾向。

10）宜忌方位、场所

（1）若疾厄宫或子女宫内有文昌或文曲，则可据此推断其人的宜忌之方位。（注：在具体地推断时，是看哪一宫的宫干引发文昌或文曲化忌，则该宫乃所忌的方位）

（2）若疾厄宫（或子女宫）的宫干引发某宫中的主星化忌，则凡与该宫有关之事也须忌之。诸星入该宫所代表涵义如下——

七杀：恐怖、冒险之事；

廉贞：雷、火；

太阴：游泳易抽筋；

破军：水旁；

天相：毒品、瓦斯、化工药品；

贪狼：墓、棺材；

巨门：工地、铁路。

根据（1）、（2）两点，可推断此人一生宜忌之方位与场所（注：主要是指所忌的方位或场所），尤以幼儿时期为然。

11）迁移宫、疾厄宫的四化

（1）若迁移宫的宫干引发父母宫中的主星化禄，又引发本宫中的主星化忌冲命宫（这个化忌乃自化忌），主其人有暗疾。

（2）若迁移宫的宫干引发命宫中的主星化禄，又引发疾厄宫中的主星化忌冲父母宫，主其人无大病。

（3）若福德宫的宫干引发父母宫中的主星化忌，去冲疾厄宫，主其人一生身体不好。但若生年干又引发父母宫中的主星化忌，则其人身体健康，脾气霸道。

（4）若疾厄宫的宫干引发命宫中的主星化忌，主其人的身体常有小毛病。

（5）若疾厄宫或福德宫的宫干引发官禄宫中的主星化忌，主其人易遇到生死之事。（注：笔者曾有一例命例：疾厄宫的宫干为甲，引发官禄宫中的主星太阳化忌，故有生死之事。2012年3月13日车祸身亡。）

（6）若疾厄宫或福德宫的宫干引发夫妻宫中的主星化忌，去冲官禄宫，主其人会有大灾厄，但不会死。

注：若生年干引发的化禄或化科入大限父疾线（即大限父母宫或大限疾厄宫），可解生死之劫。

12）其他规则

1）阴阳宫位与疾厄的关系凡阳宫的宫干引发阳宫中的主星化忌，或者阴宫的宫干引发阴宫中的主星化忌者，主其人有病难医治。凡阳宫的宫干引发阴宫中的主星化忌，或者阴宫的宫干引发阳宫中的主星化忌者，主其人有病较易医治。

2）推断逝于何方若兄弟宫的宫干引发某宫中的主星化忌，而该宫的宫干又引发本命宫中的主星化忌，则可以推断其人死于何处：

（1）如果该宫位于命迁线（命宫、迁移宫）：乃意外死亡。

（2）如果该宫位于兄友线（兄弟宫、仆役宫）：乃死在朋友的照顾下。

（3）如果该宫位于官偶线（官禄宫、夫妻宫）：乃死在工作岗位上。

（4）如果该宫位于子田线（子女宫、田宅宫）：乃死在家中。

（5）如果该宫位于财福线（财帛宫、福德宫）：乃死于床上。

（6）如果该宫位于父疾线（父母宫、疾厄宫）：由病院抬回家，死于家中。

3）田宅宫与疾厄宫的关系

（1）在根据田宅宫和疾厄宫之间的关系推断疾病时，应以疾厄宫中的星情为主，田宅宫为辅。其中疾厄宫的影响占九成，田宅宫影响为一成。

（2）若田宅宫的宫干引发疾厄宫中的主星化忌，主其人的病情较严重，或因意外而残疾。

（3）若疾厄宫的宫干引发田宅宫中的主星化忌，主其人因意外而生病，但能花钱消灾。

（4）若田宅宫的宫干引发父母宫中的主星化忌，去冲疾厄宫，主其人会破相留下疤痕。

（5）若田宅宫的宫干引发疾厄宫中的主星化忌，去冲父母宫，主其人会有残疾。

（6）若田宅宫自化忌，主其人会因意外事件而花钱。

4）若命主为武曲，且生年干引发命宫中的主星化禄，而且引发疾厄宫中的主星化忌，主其人出生时难产。

5）若命主为禄存，且生年干引发迁移宫中的主星化忌，去冲命宫，主其人幼儿时险些丧命。

13）父母的疾厄

（1）若流年宫的宫干引发本命福德宫中的主星化忌，去冲本命财帛宫，主其人的父亲在该流年身体不好。

（2）若大限宫落在福德宫，且父母宫中有化忌，若其人的祖父尚在，则父亲危险；若祖父已不在，则父无妨。

（3）若大限迁移宫（即大限父母宫的疾厄宫）的宫干引发流年宫中的主星化忌，而流年宫中有化忌去冲流年迁移宫（即流年父母宫的疾厄宫），主其人的母亲身体不好。

（4）若生年干引发疾厄宫中的主星化权，主其人幼儿时难带养。

（5）若子女宫自化忌，主其人不易生病。

（6）若田宅宫的宫干引发父母宫中的主星化忌，主其人有破相、伤残、疤痕等问题。这一点与擎羊入命宫的情形相同。

（四）推断犯罪和牢狱之灾

推断可能犯罪或有牢狱之灾，应从下述几个方面进行分析：

（1）其人的个性是否急躁狠毒；（2）是否曾有牢狱之灾；（3）是否会发生血光伤残之事；（4）是否刑伤或短命；（5）是否沦为黑道。

推断规则如下：

1. 若陀罗在寅、申、巳、亥入命（此时陀罗落陷），主其人天生好行奸弄巧。

2. 若擎羊在子、午、卯、酉入命（此时擎羊落陷），主其人天生有犯罪倾向。

3. 若火、铃入命，且有羊、陀同宫，或三方会羊、陀；或者若羊、陀入命，且有火、铃同宫，或三方会火、铃，多主其人性格冲动，易暴怒，行事不计后果。

4. 若命宫中有某个主星化忌，且有四煞同宫，或三方会四煞，主其人狭隘自私，莽撞冲动。

5. 若空、劫入命，且有四煞同宫，或三方会四煞，主其人行为狂放，藐视法律。

6. 若擎羊与武曲、廉贞、贪狼、巨门、七杀、破军之中的星曜同入命宫，主其人心狠手辣，胆大包天。

7. 若羊、陀、火、铃、化忌等星曜之中有两三颗星曜入命，主其人难逃牢狱之灾，如果再会天刑，主其人会凶死。

8. 若天机与在巳、亥入命，陀罗同宫，主其人喜欢投机取巧，阴谋害人。

9. 若太阳或太阴于落陷之地入命，又有煞、忌同宫，主其人缺乏教养，没有法律意识，注定坐牢。

10. 若武曲在辰、戌入命，陀罗同宫，主其人贪得无厌，巧取豪夺。

11. 若武曲在巳、亥入命，陀罗同宫，主其人诡诈浮虚，东劫西骗。

12. 若武曲与火星或铃星同入命宫，且三方会照羊、陀，主其人利欲熏心，会铤而走险、因财持刀。

13. 若天同、太阴于午宫同入命宫，且有火、铃同宫或会照，主其人阴狠毒辣，敢于杀人越货；若有擎羊同宫，则主其人天生薄命，残疾刑伤。

14．若廉贞、天相同入命宫（必在子、午二宫），且有擎羊同宫，其人乃社会垃圾，注定会坐牢。

15．若廉贞、天府同入命宫（必在辰、戌二宫），且有陀罗同宫，主其人心性残忍。

16．若廉贞与白虎同入命宫，主其人刑杖难逃。

17．若廉贞化忌（由丙干引发）于辰、戌二宫入命，主其人心狠手辣，有虐待狂的倾向。

18．凡天府与陀罗在巳、亥二宫同入命宫者，主其人有犯罪倾向或牢狱之灾。

19．凡太阴与火、铃在巳、亥二宫同入命宫者，主其人有犯罪倾向或牢狱之灾。

20．凡巨门化忌（由丁干引发）在辰、戌、丑、未入命者，主其人有犯罪倾向或牢狱之灾。

21．凡巨门在寅、申二宫入命宫者，且有陀罗、火、铃同宫者，主其人有犯罪倾向或牢狱之灾。

22．凡天相、陀罗在巳、亥二宫同入命宫者，主其人有犯罪倾向和牢狱之灾。

23．凡天梁、陀罗在巳、亥二宫同入命宫者，主其人有犯罪倾向或牢狱之灾。

24．若巨门加四煞入命，主其人不遭官非亦主刑伤。

25．若七杀加四煞入命，主其人不遭官非亦多残疾。

26．若七杀入命，且有擎羊、铃星、白虎会合，主其人会沦为黑道，成为犯罪团伙的头目。

27．若破军加四煞入命，主其人极端自私，好赌成性。

28．凡贪狼入命且化忌（由癸干引发），有会照四煞、天刑者。

29．若贪狼与陀罗在寅、申二宫同入命宫，或贪狼在寅宫入命，三合方有羊、陀、天刑，主其人欲壑难填，会因色身亡。

30．凡天刑与四煞之一同入命宫，其人有犯罪倾向或牢狱之灾。

31．若四煞之一入命，且命宫中有主星化忌，其人有犯罪倾向或牢狱之灾。

32．凡化忌（某颗主星化忌）与七杀、破军、廉贞、武曲、巨门、天机之中的星曜同入命宫，且三方会四煞之一者。

33．凡命宫有四煞守照，且命宫或迁移宫有文昌、文曲化忌者，其人有犯罪倾向或牢狱之灾。

34．凡官符加火星或铃星（或羊、陀）入命宫或迁移宫者，其人有犯罪倾向和牢狱之灾。

35．凡擎羊、铃星同入命宫，三合更见廉贞、七杀、破军等刑忌恶宿，又遇流年白虎者，其人有犯罪倾向或牢狱之灾。

36．凡命身宫中有官符，当大小限、流年行抵此宫之运限，又有凶曜或流煞冲照，其人有犯罪倾向或牢狱之灾。

37．若化科入命（宫中某颗主星化科），且有煞曜同宫，主其人恶名在外。

38．凡化科入命（宫中某颗主星化科），且有杀、破、狼同入命宫，再有四煞之一同宫或会照者，其人有犯罪倾向或牢狱之灾。

39．凡命身中有空、劫、化忌（宫中某颗主星化忌），且三方又逢四煞者，其人有犯罪倾向或牢狱之灾。

40．凡火、铃夹命，且命宫无吉曜化解，其人有犯罪倾向或牢狱之灾。

41．凡羊、陀夹命，且命宫中有火、铃或化忌（宫中某颗主星化忌）者。

42．凡廉贞化忌（由丙干引发）于官禄宫者，其人有犯罪倾向或牢狱之灾。（注：此处的"丙干"不限于大限宫的宫干或流年干，第七章的例一证明，其人命宫的宫干为丙，也可以引发官禄宫中的廉贞化忌，难免牢狱之灾。）

43．凡廉贞与擎羊同入官禄宫者，其人有犯罪倾向或牢狱之灾。

44．凡武曲、七杀与擎羊同入官禄宫（必在卯、酉二宫）者，或擎羊与七杀同入官禄宫者，其人有犯罪倾向或牢狱之灾。

45．凡七杀入官禄宫，又有四煞、空、劫、化忌（某颗主星化忌）守照者，其人有犯罪倾向或牢狱之灾。

46．凡七杀、擎羊（或陀罗）同入迁移宫者，其人有犯罪倾向或牢狱之灾。

47．凡七杀、官符（或力士）同入迁移宫者，其人有犯罪倾向或牢狱之灾。

48．凡天机、天梁于辰、戌二宫同入迁移，且命宫三方会羊、陀、火、铃者，其人有犯罪倾向或牢狱之灾。

49．凡廉贞、七杀同入迁移宫（必在丑、未二宫），又有四煞、化忌（宫中某颗主星化忌）同宫者，其人有犯罪倾向或牢狱之灾。

50．凡武曲、七杀同入迁移宫（必在卯、酉二宫），又有四煞、化忌（宫中某颗主星化忌）者，其人有犯罪倾向或牢狱之灾。

51．凡七杀入迁移宫，又有四煞、化忌（宫中某颗主星化忌）、天刑、官府、官符同宫，其人有犯罪倾向或牢狱之灾。

52．凡七杀入夫妻宫，且有四煞、天刑同宫，主其人的配偶会坐牢，如果不离婚则会克死。

（五）推断择偶和婚姻

紫微斗数看婚姻的好坏，主要是根据命盘中夫妻宫及其三方四正星性的吉凶好坏来推断。其中，夫妻宫表示一个人所喜爱的对象的类型、与其配偶的关系及夫妻间精神生活等事项，因此，可以用来推断适婚和婚姻状态。

1．主要星曜入夫妻宫的星情推断

（1）紫微：紫微入夫妻宫者，男得贤妻良母型之美妻，女嫁尊贵有地位之才郎。婚姻美满幸福。但宜迟婚，早婚会有困扰。宜配性格刚强的配偶。若加会禄存，会得到对方的财产；若会昌、曲、魁、钺、辅、弼六吉，会得到对方在精神方面的安慰与鼓励；若会羊、陀、火、铃、空、劫六凶，会伤害其配偶或成为配偶的负担。

紫、府同宫：双方为神仙眷属。

紫、相同宫：对方宜年少。

紫、贪同宫：其人易有感情困扰，但若夫妻年龄相当或一起出入作息者，则可避免。

紫、杀同宫：双方乃欢喜冤家，常有吵吵闹闹，严重者会生死离别。

紫、破同宫：其人的婚姻不睦，只宜女长男少，或女方的收入高于男方。

（2）天机：天机入夫妻宫者，男性会娶年轻任性或倔强之妻，女性会嫁年龄较小或年龄差距较大之夫。以老夫少妻之匹配较为合适。若加会禄存，则女性得夫贤明，男性得妻贤淑。若加会昌、曲、魁、钺、辅、弼六吉，则其人的配偶聪明，有才能。若加会羊、陀、火、铃、空、劫六凶，则其人的婚姻易生裂痕隔阂。早婚者，同床异梦或离婚，晚婚者无妨。夫妻双方的兴趣和消遣虽不一致，却很注重精神生活和气氛。

机、月同宫：其人的配偶美貌漂亮。

机、巨同宫：其人的配偶体格魁梧健美，双方和谐，但有牢骚唠叨的情形。

机、梁同宫：其人的配偶为梦中情人之理想型。如果男女年龄相差极大，则生活和谐。

（3）太阳：太阳入夫妻宫者，其人的婚姻明朗而单纯，但有贪图配偶助益之嫌疑。男命，其人因妻得贵。女命，其人会知恩图报。如果早婚，则会成为怨偶，但若晚婚，则可得配偶的助益。若见六凶，宜晚婚。若见六吉，能受配偶之支持助益。

日、月同宫：双方融洽恩爱，为同享乐共患难之型。

日、巨同宫：双方为协调型之平凡夫妻。同宫不见煞曜者，双方和谐。若见煞或太阳落陷者，则其人的婚姻不睦，或配偶唠叨。

日、梁同宫：其人的婚姻幸福美满，即使落陷且见煞曜，亦会和睦。

日、耗（即破军）同宫：其人会先乘车后补票，非礼成婚。

（4）武曲：武曲入夫妻宫者，其人的婚姻不如意，易成生离死别，唯迟婚或同年可避免，或志趣性向极其相像者，幸福和谐。若加会昌、曲、辅、弼、魁、钺六吉，再有禄存、天府会照者，其人会得到配偶的财产。若加会羊、陀、火、铃、空、劫六凶者，双方吵闹争执难免，甚至有生离死别之可能。

武、贪同宫：此乃最现实之结合，富有者因迟婚而和谐，早婚者会因经济艰涩吵闹争执，甚至破裂。

武、相同宫：其人的婚姻有形式化的倾向，双方感情不佳，常吵架。

武、杀同宫：其人易孤寡，甚至会因配偶破产。

女命，若武曲入夫妻宫，其人主宰家庭决策，刚强果断，旺夫，不辞劳苦，吉，多为贵妇。加会煞曜冲破者，其人会限制丈夫之发展，主孤克。

（5）天同：天同入夫妻宫者，此乃融洽体贴型之婚姻，男性得聪明美貌之妻，更得贤妻内助；女性嫁温和稍嫌女性化之体贴郎君。若加会昌、曲、魁、钺、辅、弼六吉，则双方感情好。若加会羊、陀、火、铃、空、劫六凶，则双方感情差，甚至会离婚。

同、月同宫：上述特征更明显，宜迟婚，且夫宜年长、妻宜年少，为只慕鸳鸯不慕仙之神仙眷属。

同、巨同宫：其人的配偶会过度的体贴关怀。若双方不睦则反可偕老，若双方亲密，则配偶的寿命不长。

同、梁同宫：双方能永浴爱河，亲密融洽。

女命，天同入夫妻宫者，必有太阳入命，其人性格开放，有夺夫权的现象。若逢杀冲破，则刑夫克子。若梁、月同宫，被冲破，则其人有感情困扰。不能自我约束者，感情糜烂或为人偏房，唯虔诚信仰宗教者能享福。

（6）廉贞：廉贞入夫妻宫者，其人属于不幸的婚姻类型，有被虐待或生离死别之倾向，且无论男女均有两三次与几位异性发生性关系之现象。尤其见贪狼、天姚、魁、钺者，其人会有多婚或外遇的现象。若加会天府、天相，则其人会与性格刚强之人婚配，虽难免争吵，但能偕老。若加会杀、破、狼，其人的婚姻难有幸福，或受虐待，或因外遇困扰，或生离死别，甚至离婚再婚。

廉贞化禄或遇禄存、化禄者，不依次桃化论，而作专情性妒论之。增补太微赋云："廉禄临身，女得纯阴贞洁之德。"

（7）天府：天府入夫妻宫者，其人的配偶聪明能干，物质生活富裕，夫妻感情和睦快乐。若加会昌、曲、魁、钺、弼六吉，其人会因配偶的才能而家庭生活圆满。若加会羊、陀、火、铃、空、劫六凶，其人与配偶才能方面的差距会成为不睦的原因，夫妻间貌合神离。

天府入夫妻宫，多主其人的家庭完整，夫妻、子女齐全，但若值空亡（即宫中有空亡），则主其人孤独。

（8）太阴：太阴入夫妻宫者，其人能得到优美高雅之配偶。如果太阴庙旺，则美满幸福。如果太阴落陷，则其人会受配偶的拘束或虐待。若加会昌、曲、魁、钺、辅、弼六吉，双方感情融洽和谐。若加会羊、陀、火、铃、空、劫六凶，则双方不睦，甚至会生离。

若太阴在卯、酉入夫妻宫，凡逢六乙之干，引发太阴化忌，女命，其人喜装饰、打扮、美容、虚荣。男命，也有爱虚荣的特点。

（9）贪狼：贪狼入夫妻宫者，若其人婚前曾经人事而迟婚者，则夫妻能偕老且无克。若加会火、铃，则其人会因婚姻生活而收敛渔色之性。贪狼所主的婚姻与廉贞相同，为有缺憾的婚姻，常因性欲、精神不睦而有多婚和外遇之倾向。

若加会昌、曲，主其人多情，但多为虚情假爱。若逢太阴，其人会遐思意淫。

（10）巨门：巨门入夫妻宫者，双方乃缺乏爱情的结合，其人会因婚姻生活负担而劳碌，或受配偶拘束唠叨。若加会太阳、天机、天同，双方能偕老。若加会昌、曲、魁、钺、辅、弼六吉，双方貌合神离。若加会羊、陀、火、铃、空、劫六凶，双方有争执吵闹，甚至破裂生离。

凡巨门入夫妻宫，若位于丑、未、辰、戌，宫中有寡宿，或者位于寅、申、巳、亥，宫中有孤辰，皆主其人会生离死别，或者难免污名失节。

（11）天相：天相入夫妻宫者，男性的年龄较女性大，配偶多为亲戚或世交关系，或会为恋爱而结婚，为抉择性很强的婚姻，多数皆能幸福圆满，即使不睦也能偕老。若加会禄存，则夫妻能协力，且生活富裕。若加会昌、曲、魁、钺、辅、弼六吉，则双方融洽幸福。若加会羊、陀、火、铃、空、劫六凶，大多为偶有吵闹，但能雨过天晴，即使不睦也能偕老。若加会昌、曲，逢己干，引发文曲化忌，或逢辛干，引发文昌化忌，主其人感情奔放，易为外来诱惑所诱惑、迷乱。

（12）天梁：天梁入夫妻宫者，女性年龄大于男性，家庭主权操持在女性手中，双方感情和睦，为相敬如宾型婚姻。若加会禄存，双方更加互相敬爱。若加会昌、曲、魁、钺、辅、弼六吉，则双方感情融洽。若加会羊、陀、火、铃、空、劫六凶，则双方虽时常小吵小闹，却也和睦。

若天梁、贪狼同宫于大小二限，则在此运限期间其人有乱礼乱家的现象，尤以逢癸干引发贪狼化忌，其人甚至会有败俗乱伦的畸形婚恋。

（13）七杀：七杀入夫妻宫，此乃不利配偶的婚姻，有伤害或增加配偶负担的现象。若早婚，则夫妻不睦，而迟婚则不会克伤配偶，但即使加会吉星也难长远和睦，若加会羊、陀、火、铃、天空、地劫六凶，必主其人有外遇或几次结婚。

（14）破军：破军入夫妻宫，此乃克伤配偶的婚姻，夫妻生活甚难和谐，即使双方都没有背叛婚姻，也会有生离死别的倾向。如果晚婚，双方虽能并头，但难和睦。若加会紫微，宜妻子年长。若加会昌、曲、魁、钺、辅、弼六吉，其人老来还会夫妻隔阂分离。若加会羊、陀、火、铃、空、劫六凶，其人漠视婚姻，性生活浪漫随便，必数换配偶，而配偶不一定都要结婚，有些仅同居一时而已。

（15）文昌：文昌入夫妻宫者，其人的配偶年少聪明，夫妻生活和睦，但恐有婚外情。若加会羊、陀、火、铃、空、劫六凶，其人会巧妙地同时和两位异性维持性关系。最怕与破军同宫于亥、子二宫入流年或大限，则恐临水而生灾。若加会贪狼，其人喜欢交际应酬而忽略家庭责任。若加会七杀、廉贞、刑、忌、官府，主其人多情，却多是虚情假爱。

（16）文曲：文曲入夫妻宫者，其人的夫妻生活恩爱和谐，但恐有外遇而发生困扰。若加会羊、陀、火、铃、空、劫六凶，甚至会成为有名无实之婚姻，而且会与配偶以外异性同居。

女命，文曲于午、戌落陷，若加会羊、陀、火、铃、空、劫六凶，其人淫且贱。若逢己干引发文曲化忌者亦然。或若文曲在午、戌与巨门同宫，再加会六凶者，其人如果不是因为家庭经济而积劳成疾，夫妻之间也会生离死别。

（17）辅、弼：辅、弼入夫妻宫者，双方能偕老，其人虽关怀配偶，但有独占感情的倾向。若与贪、廉同宫，男性宜配年长刚强之妻。若加会羊、陀，主其人会二婚。若遇禄存、化禄，其人本身端正，但配偶有外遇。

（18）魁、钺：魁、钺入夫妻宫者，夫妻和睦融洽，为神仙眷属。但若加恶煞，则不免私情淫逸。

（19）擎羊：擎羊入夫妻宫者，其人对择偶及婚姻的标准异常严苛，对婚姻现状不满，甚至不能正视家庭之责任义务，容易意气用事。若有力士同宫，多主其人迟婚，或有不想结婚的倾向。

（20）陀罗：陀罗入夫妻宫者，其人的婚姻观念强烈，认为自己是家庭的主宰和动力，因此对于配偶亦多加限制，导致夫妻生活时有不睦，甚至由于与亲友之间的事端使得夫妻失和。若加吉星，夫妻亦难免刑克。若逢力士，则婚姻拖延，子息亦迟。

（21）禄存：禄存入夫妻宫者，夫妻相生无克，男宜娶少女，女宜嫁老夫。其人注重生活情趣，而且希望得到配偶重视和赞美。若加会火、铃、空、劫，其人的婚姻会流于形式，或有名无实，或同床异梦，或聚少离多。

（22）火、铃：火、铃入夫妻宫者，其人热情洋溢，若加会吉的星众多，则夫妻之间有热情。若加会凶星，则会有刑克，其人不安于家庭生活。

（23）天空：天空入夫妻宫者，其人对于夫妻生活充满憧憬幻想，注重生活情趣而漠视现实，往往会增加配偶之精神负担，或使配偶健康受损，导致夫妻感情日渐淡漠。

（24）地劫：地劫入夫妻宫者，其人对于夫妻生活充满物质欲望，偏向于物质享受而漠视现实，往往因自己物欲不能满足而缺乏夫妻生活情趣，时有不和，甚至婚姻破裂。

（25）天马：天马入夫妻宫者，其人有热情，而且愿意为爱情而牺牲奉献，而且不辞劳苦。

（26）化禄：化禄入夫妻宫者，其人注重夫妻生活情趣，能体谅配偶，但希望得到配偶的敬重与赞美。

（27）化权：化权入夫妻宫者，其人掌握家庭决策大权或经济出纳大权。

（28）化科：化科入夫妻宫者，其人会因配偶之社会名望，或因夫妻闺事而有声名。

（29）化忌：化忌入夫妻宫者，其人的婚姻会阻塞拖延，大多迟婚，即使勉强结婚者，夫妻亦会欠和。

（30）天姚：天姚入夫妻宫者，其人注重夫妻生活情趣，无限柔情，容易热衷交际应酬，流于酒色、赌博或其他不良之嗜好，甚至发生不正当之畸型婚恋。

（31）孤辰：孤辰入夫妻宫者，其人对婚姻生活甚为主观，因此大多迟婚，婚后往往不易和配偶共处，有精神孤独之倾向。

（32）寡宿：寡宿入夫妻宫者，其人对婚姻生活的物质享受欲望强烈，大多勉强成婚，但婚后难与配偶共同生活，有形影孤单的倾向。

2. 论合婚

1）紫微斗数合婚简则

（1）若男女双方的命盘为同一种格局，一方夫妻宫中的星曜即为对方命宫或身宫之主星。而对方命宫或身宫之主星，亦在自己命盘的三合方内。凡具备上述格局与星情组合者，双方较契合、谈得来，能白头偕老，亦能经得起婚姻风波的考验。

例如，男女双方的命盘，一方夫妻宫三方之星系（如"杀破狼格"）恰与对方命身宫三方之星系相同（如亦为"杀破狼格"），则双方基本上可以谈得来、合得来。至于可以合到怎样程度，则需要视其星系相合的程度而定，能"互垣"

者更属佳配。（注：所谓"星曜互垣"是指，某两颗星曜在一个命盘中分别入两个宫，在另一个命盘中这两颗星曜也是入相同的两个宫，但所入的宫位却互相交换。）

（2）男女双方命盘中的星系组合不同并非代表两人一定合不来或不能结婚。如一方的命身宫三方属"机月同梁格"，夫妻宫三方亦为"机月同梁格"星系，代表其人的个性保守，较安于现实，较欣赏保守、内向之异性，如对方的命身宫三方属"杀破狼格"，代表其人的个性刚毅，敢作敢为，较不安于现状。如此，两人相处，只要一方能忍让，不逞强，尽量听从对方，则双方虽不融洽，但不至于出问题。反之，如一方事事计较，不能忍让，双方的关系迟早会生变。

（3）星系组合之外，还须注意双方命盘中"五行局"之异同，以及五行局的稳定性。通常，水二局之人机智、多变，木三局之人健悦、有序，金四局之人耿直、锋利，土五局之人务实、懒散，火六局之人主动、激烈。（注：五行局与婚配的关系往往不被重视。）

例如，双方的命宫同在丑宫，主星同为太阳、太阴，但五行局不同，则各人之个性、命运有异。

2）夫妻情缘

首先看双方命宫中主星是否相配，再看双方大限宫，或该年的流年宫、小限宫中主星是否相配。若相配，则夫妻感情融洽，性情相近。若有克害，则夫妻感情欠和，吵闹打骂，甚至生离死别。

3. 推断择偶

1）根据男女双方的命宫和夫妻宫来分析

（1）若夫妻宫的星情好，可选择对方命宫主星为本人夫妻宫主星的异性。例如，本人夫妻宫的主星为天同，对方命宫主星亦为天同者为佳配。

（2）若夫妻宫的星情不好，则不能选对方命宫主星与本人夫妻宫主星相同的配偶，可选双方命宫主星相同或配合得好的主星的异性。

（3）凡男命，若夫妻宫中的主星属南斗，宜配阴年生的女性；若主星属北斗，宜配阳年生的女性。

（4）凡女命，若夫妻宫正星属南斗，宜配阳年生的男性；若主星属北斗，宜配阴年生的男性。

2）根据命宫中的主星的推断

（1）男命

紫微入命的男性喜欢有才华和涵养的女性。对方命宫中主星的选择原则是：喜配温顺的天同、贤惠的天府、机灵的巨门、威勇的七杀、高贵稳重的天相。忌配妖艳的贪狼、暴躁的破军；亦忌紫微；配其余星曜则次之。

天机入命的男性较喜欢聪明机敏、具文学气质的女性。对方命宫中主星的选择原则是：最喜配天梁星；次喜紫、阳、武、同、廉、府；忌天机；其余星曜则勉强可配。

太阳入命的男性喜欢外表美丽和开朗的女性。对方命宫中主星的选择原则是：

喜温柔的天同、浪漫的太阴；忌太阳；亦忌时好时坏的巨、梁；配其余星曜则次之。

武曲入命的男性喜欢擅理财又漂亮的富婆。对方命宫中主星的选择原则是：最喜财库的天府；次喜杀、贪、相；最忌破军，亦忌武曲；配其余星曜则次之。

天同入命的男性讲究享受，喜有生活情趣的女性，但在相配上宜带点冲劲的星来调和。无太好相配的星曜。对方命宫中主星的选择原则是：较喜紫微、天机、廉贞、天相、七杀、破军；最忌巨门、天同；若配其余星曜，大多时好时坏。

廉贞入命的男性喜聪明机灵、活泼大方、带古灵精怪式的女性。对方命宫中主星的选择原则是：最喜富同情心的七杀、稳重的天府；次喜武曲；最忌贪、相、破；配其余星曜则再次之。

天府入命的男性用情不专，喜欢稳重而外表时髦新潮的女性。天府能结缘的星曜最多，对方命宫中主星的选择原则是：最喜干脆的武曲、单纯的廉贞；忌又遇天府；配其余星曜则次之。

太阴入命的男性较阴柔，喜欢温柔体贴、爱整洁的女性。宜带点阳刚的星曜来调和。一般无大好大坏相配的星曜。对方命宫中主星的选择原则是：较喜紫、巨、相、梁、杀、破；配机、同、府、贪则时好时坏；配其余星曜均不宜。

贪狼入命的男性会多角恋爱，欲想得到风情浪漫、财色兼备的富婆。最喜武曲；最忌高不可攀的紫微、任性的廉贞；配其余星曜均不宜。

巨门入命的男性较喜欢开朗大方的女性。很少与之相配的星曜。勉强可配的星曜是机、武、廉；最忌好胜的太阳、天同；配其余星曜均不宜。

天相入命的男性喜欢稳重、有传统美德、爱家庭、循规守矩的女性。最喜敏捷的武曲；最忌廉贞；亦忌天相；紫微勉强可配；配其余星曜则次之。

天梁入命的男性喜有涵养、具丰富知识的女性。无大好大坏的相配的星曜。忌天梁；配机、同，则时好时坏；配其余星曜次之。

七杀入命的男性喜欢独立坚强和有新时代气质的女性。较喜廉贞；亦喜武曲；紫、阴勉强可配；配其余星曜均不宜。

破军入命的男性喜欢浪漫风情和懂时尚的女性（风尘女之类）。很少有适合与之相配的星曜。太阴勉强可配；最忌紫微和好胜的武曲、廉贞；配其余星曜均不宜。

（2）女命

紫微入命，其人有高贵的气质，花钱大方，喜名贵品，讲究整体价值和派头。喜欢有理想抱负、有才华、有涵养的男性。最忌贪新弃旧的贪狼、粗暴的破军一类的男性；次忌巨门、廉贞；亦忌紫微；若配天相和七杀，则会时好时坏，而不算美；配其余星曜都较好。

天机入命，其人机巧多思，情绪多变，喜欢博学多才而多新花样的男性。无与之相配的大好大坏的星曜；对方命宫中主星的选择原则是：较喜的有紫微、太阳、武曲、天同、天府、天相；勉强可配的星曜是巨、梁；配其余星曜均不宜。

太阳入命，其人有男子的气概，但比较轻浮，善交际，喜新潮，喜有价值的物品，喜欢有成就的富豪。但其本身缺乏吸引力。对方命宫中主星的选择原则是：最忌巨门；次忌廉贞、太阴、太阳、贪狼、七杀、破军；配其余星曜都较好。

武曲入命，其人很会理财，用钱很有计划，做事原则性强，重实用。而且其人的性欲强。对方命宫中主星的选择原则是：最喜天府、天相；次喜性欲强的贪狼；最忌破军，次忌太阴、武曲；配天同、巨门则一般；配其余星曜都较好。

天同入命，其人个性温柔纯朴，有小孩子脾气，讲享受，较懒散，喜欢幽默风趣、好脾气而有学问的男性。对方命宫中主星的选择原则是：最喜紫微、太阳；次喜天机、武曲、天府、天相；配太阴、天梁则一般；最忌巨门；配其余星曜均不宜。

廉贞入命，平时比较节俭，不易相信人，但一旦爱上对方，就很舍得投入，且会死命地追求对方。喜欢懂生活、活泼、胆大和多才多艺的男性。对方命宫中主星的选择原则是：最喜配天府；次喜七杀；最忌破军、天相；亦忌太阴、廉贞；配巨门则一般；配其余星曜都较好。

天府入命，其人用钱有计划，但对恋爱则会感情用事，舍得投资；喜欢事业心强而壮实的男性。对方命宫中主星的选择原则是：最喜紫微、武曲、廉贞；较忌巨门、七杀、破军、同府；配太阴、天同则一般；配其余星曜都较好。

太阴入命，其人敏感多疑，节俭，但对心上人却很大方，喜欢斯文整洁而有文学气质的男性。对方命宫中主星的选择原则是：最喜太阳；次喜天机、紫微、武曲、天府、天相、天梁；配天同、七杀、破军则一般；配其余星曜均不宜。

贪狼入命，其人贪欲心强，善交际，较浪漫，含情脉脉，让你陶醉。喜欢风情万种、才华横溢的富豪。对方命宫中主星的选择原则是：最喜武曲；次喜太阳、天府、天相、天梁；配天同、太阴则一般；最忌紫微、廉贞；配其余星曜均不宜。

巨门入命，其人口才好，很会观察人，喜欢斯文开朗而有学问的男性。是很难取悦于人的星曜。对方命宫中主星的选择原则是：最喜紫微；次喜武曲、天府、天阴、天相、天梁；配天机、太阳则一般；最忌天同；配其余星曜均不宜。

天相入命，其人很爱面子，讲究衣着和饮食。对心爱的人很大方，喜欢稳重、有家庭观念和文学气质的男性。对方命宫中主星的选择原则是：最喜紫微、武曲；最忌廉贞、天相；次忌贪狼、天相、巨门、七杀、破军；配天机则一般；配其余星曜都较好。

天梁入命，其人有当大姐的风格，原则性强，节俭。但对心上人却会感情用事，出手大方。喜欢有涵养和具文学才识的男性。对方命宫中主星的选择原则是：较喜天机；次喜紫微、武曲、天府、太阴、天相；配太阳、天同则一般；配其余星曜均不宜。

七杀入命，其人独立性很强，较冷酷，脾气坏，但对心上人却很热烈，喜欢正直义气、勇敢、有理想抱负的男性。对方命宫中主星的选择原则是：最喜紫微、武曲、廉贞；忌贪狼、巨门、七杀、破军；配天机则一般；配其余星曜都较好。

破军入命，其人性情多变，较任性暴躁，易冲动，难搭配，但对心上人较细致和务实。喜欢有理想、创劲和新潮的男性。对方命宫中主星的选择原则是：较喜太阳、天同、天府、太阴、天相、天梁、天机；配其余星曜均不宜。

3）配偶的来源

（1）若夫妻宫的宫干引发命宫、或财帛宫、或官禄宫、或田宅宫中的主星化科，则其人是经自由恋爱成婚。若引发其余八个宫中的主星化科，则是经别人介绍而结婚。（注：仅供参考。）

（2）若夫妻宫的宫干引发子女宫中的主星化忌，且子女宫的宫干又引发命宫中的主星化忌，则其人的配偶是其亲戚，或是由亲戚介绍的。

（3）若流年干引发命宫的三合方中的主星化科，则其人的婚姻在该年解决，且配偶是经人介绍的。

（4）若流年干引发命宫中的主星化忌，则其人的婚姻在该年解决，且配偶是自己认识的。

（5）若流年干引发流年官禄宫中的主星化禄，而该宫内有化忌冲流年夫妻宫，则其人的配偶是随便找的，而且在该年结婚不好。

4）推断配偶年龄及何方人士

（1）若以下诸星入夫妻宫，则配偶较我年长：紫贪、紫破、紫相，巨门，天梁在巳、亥宫；或者廉贪入夫妻宫。

（2）推断配偶为何方人士：以夫妻宫的天干判断之：若为甲、己、丁，则配偶乃外乡人；若为甲、乙，则配偶乃东方人；若为丙、丁，则配偶乃南方人；若为戊、己，则配偶乃中原人；若为庚、辛，则配偶乃西方人；若为壬、癸，则配偶乃北方人。（注：仅供参考，因为现代社会中人口流动性比古代大得多。）

4. 与婚姻有关的特殊格局

（1）左拥右抱格

无论夫妻宫在命盘中任一方位，凡宫中有文昌、文曲、天魁、天钺之一，再加上红鸾星、天喜星其中之一，则其人具有三妻四妾的命格。

（2）一明一暗格

凡夫妻宫在丑、未宫，宫中有太阳与太阴二星，其人可能会左拥右抱。若夫妻宫在丑宫，则小妾得宠；若夫妻宫在未宫，则原配掌权。大小老婆甚至还能各司其事、相安无事。

（3）八宅门格

无论夫妻宫在命盘中任一方位，凡宫中有权、禄二星，加上红鸾星、天喜星其中之一，则其人容易一生桃花不断。

5. 论晚婚和推断成婚时间

在紫微斗数推断婚姻的许多资料中（包括古代的紫微典籍和现代人的书籍资料），经常会出现"宜晚婚"、"早婚不宜"的内容。（注：笔者认为，与推断兄弟和子女数量的情形相同的是，在推断是否晚婚问题上，始终存在误区。笔者在此加以辨析，供读者参考。）

1）晚婚＝心智成熟

古代与现代对于晚婚的尺度是不同的。因此，在论婚姻时不能照搬古代的标准。例如在中国，古代的女子"十五及笄（ji）"，是指古代女子十五岁就可以嫁人，如果过了二十岁还未出嫁，就算晚婚。在当今的中国社会，二十五岁以后结婚的女子恐怕是大多数，肯定不会算做晚婚。

注：准确地说，所谓晚婚，应该指其人的心态成熟与否。因此，在推断婚姻时主要应该根据命盘中的信息去推断其人的心态后，作出是否晚婚的结论。

2）根据化忌推断

（1）若化忌入命宫或夫妻宫，则晚婚为宜（30～35岁）。

（2）若夫妻宫的宫干引发官禄宫者的主星化忌，则晚婚为宜（35～40岁）。

3）杀、破、廉、贪入命时的推断

注：江湖上大多数职业算命先生，遇到杀、破、廉、贪入命之人，一般都会下"宜晚婚"的断语。笔者在研习紫微斗数初期，也是如此。推断的依据是，杀、破、廉、贪入命之人大多性急、行动较快。但往往会考虑不周，也不在乎别人的看法而成婚。这样的婚姻多数不稳定。因此，算命先生们就会下"宜晚婚"的断语。这个断语已经不是纯粹的断语，含有心理分析和劝喻的成分。可以肯定地说，江湖上大多数职业算命先生或多或少都会做一些心理分析。甚至有一些算命先生还会套取前来算命之人的话。

4）推断成婚时间

总之，对于晚婚问题，应该加以理性地分析，"尽信书不如无书"。而紫微斗数对于推断成婚时间还是有一些规则可以采用的。这正是人们关心的问题。但是要提醒读者的是，"红鸾"和"天喜"可以作为发生婚嫁的喜庆之事的预兆，但不能简单地将它们作为推断成婚时间的唯一依据。

（1）先看其人本命盘有哪一种格局（"杀破狼格"、"机月同梁格"……），在格局的内涵中包含了婚嫁信息，因此可以根据格局来推断其人婚嫁的早晚。

（2）根据各个大限的状态，推断某一个大限的"前五年"或"后五年"最有可能成婚，但未必一定能精确到哪一年。

（3）若某个流年的三方及福德宫中有红鸾、天喜、天姚、咸池、流年红鸾、流年天喜等桃花星，而且该流年落在本命夫妻宫（或官禄宫）或大限夫妻宫（或大限官禄宫），则如果星情稳定，其人在该流年较适宜结婚。

注：对于男方，看夫妻宫；对于女方，看官禄宫。其理论依据是中国传统的"男尊女卑"概念，认为男人是女人的主宰，所以女方要看其官禄宫。这个概念在占卜领域的"火珠林法"中也存在，对于男方看"妻财爻"，对于女方看"官鬼爻"。

（4）若红鸾入流年宫或大限宫，或红鸾所入之流年宫即为本命盘中的命宫或身宫，则主其人在该流年会有正式的婚嫁或姻缘。

（5）如果流年宫落在命宫或身宫之外的其他宫位也会发生婚嫁，这时需具体分析，例如，凡流年宫落在子女宫、田宅宫、疾厄宫而结婚者，大多属于"先上车后补票"或"奉儿女之命"结婚；凡落在父母宫而结婚者，大多为奉父母之命或因父母、长辈介绍而结婚。

（6）若本命夫妻宫中有煞星，且无吉星来制煞星者，则其人应晚婚为宜，男三十，女二十七岁以后方吉。

（7）若红鸾入本命宫或第二大限宫（注：因为第二大限必然在十几岁到二十几岁之间，例如，如果一个人从5岁开始起大运，则第一大限是5～14岁，第二大限是15～24岁），则主其人乃早婚命格；若是天喜入本命宫或第二大限宫，其人往往只是早"订婚"或早恋爱，未必是早成婚。

（8）凡女命，若武曲入命宫者，主其人的婚缘较迟。因为武曲乃寡宿星，宜男不宜女。故对于女命，可断为迟婚。

（9）孤辰、寡宿入命宫或夫妻宫者，根据"男怕孤，女怕寡"的规则，主其人的婚缘亦较迟。

（10）若大限或流年有桃花星，在此期间大多是"同居"现象，亦有可能"结婚"，但由于不是由夫妻宫、官禄宫（"婚姻线"）中的星情确定的婚姻，故这种婚姻难以持久，一旦当大限或流年夫妻宫中的星情逢破时，极易分手。

（11）遇结婚之年，则双方流年（或小限）宫的宫干不宜引发对方命宫中的主星化忌，否则这样的婚姻必蕴含着是非。

5）推断成婚的大限时段

（1）若夫妻宫的宫干引发某宫中的主星化忌，而该宫恰是大限宫的三方四正之位，则其人会在此大限期间结婚。

（2）凡男命，若仆役宫的宫干引发大限宫中的主星化忌，则其人会在此大限期间结婚；或大限宫的宫干引发大限仆役宫中的主星化忌，亦主其人会在此大限期间结婚。

凡女命：若疾厄宫的宫干引发大限宫中的主星化忌，则其人会在此大限期间结婚。

（3）若大限宫的宫干引发仆役宫中的主星化忌，则其人会在此大限期间结婚。

（4）若夫妻宫的宫干引发大限宫中的主星化科，则其人会在此大限期间结婚。

（5）若大限宫落在本命夫妻宫，且该宫的宫干引发命宫中的主星化禄，有引发疾厄宫中的主星化忌，则其人会在此大限期间结婚。

6）推断成婚之年

（1）凡男命：若仆役宫的宫干引发流年宫、或流年财帛宫、或流年福德宫中的主星化禄或化忌者，其人会在该流年结婚。

凡女命：若疾厄宫的宫干引发流年宫、流年财帛宫或流年福德宫中的主星化禄或化忌者，其人会在该流年结婚。

（2）若大限夫妻宫的宫干引发该大限某宫中的主星化忌，再看该宫的宫干是否引发该大限期间某个流年的父母宫或疾厄宫中的主星化忌，如果引发，则其人会在该流年结婚。若大限夫妻宫自化忌，则看该宫的宫干是否引发该大限期间某个流年的父母宫或疾厄宫中的主星化禄，如果引发，则其人会在该流年结婚。

（3）若流年宫位于命宫、身宫、夫妻宫、福德宫、大限宫之一，宫中有红鸾或天喜（注：这时叫做流年红鸾、流年天喜），且流年夫妻宫的星情无破局，则其人会在该流年结婚。

（4）若流年红鸾或流年天喜入小限宫或小限夫妻宫，且流年干引发小限夫妻宫中的主星三吉化，则其人会在该流年结婚。

（5）凡女命，若太阳入大限宫，且流年宫中有天同、禄存、紫微、破军、落陷的太阳、落陷的太阴等星曜之一或几颗，又流年红鸾或流年天喜入命宫、或身宫、或夫妻宫、或福德宫、或大限宫者，则其人会在该流年结婚。

（6）若夫妻宫的宫干引发某宫中的主星化忌，而该化忌去冲对宫，则在可能结婚的大限十年期间，要经过这两个宫之后的流年才会结婚。

若大限夫妻宫的宫干引发流年宫、流年夫妻宫中的主星化科，或会照流年宫、流年夫妻宫，则其人会在该流年结婚。

若大限宫的宫干引发流年宫、流年夫妻宫中的主星化科，或会照流年宫、流年夫妻宫，则其人会在该流年结婚。

（7）若大限仆役宫的宫干引发流年宫中的主星化忌，则其人在该年结婚〔注：与前面第（2）条配合使用）〕。

若大限仆役宫自化忌，再看其宫干还引发哪一宫中的主星化禄，如果引发流年夫妻宫中的主星化禄，则其人会在该流年结婚〔注：与前面第（6）条配合使用〕。

（8）若大限夫妻宫的宫干引发流年宫中的主星化忌，则其人会在该流年结婚〔注：与前面第（3）条使用〕。

（9）若大限仆役宫的宫干引发流年宫或流年夫妻宫中的主星化忌，则其人会在该流年结婚。

若大限仆役宫的宫干引发流年宫中的主星化忌，大限夫妻宫的宫干引发流年疾厄宫中的主星化忌，则其人会在该流年结婚。

（10）若流年干引发命宫三合方宫中的主星三吉化，则其人可能在该流年结婚。

6. 根据星曜的组合推断婚配和婚姻状况

（1）紫微配破军

夫妻宫中有紫微的一方喜欢物质上的享受，有破军的一方具有牺牲奉献精神，因此双方能异性相吸。

（2）紫微配七杀

夫妻宫中有七杀的一方喜欢与自己有些差距的人，容易被有紫微的一方具有的尊贵气质所炫惑。而且由于七杀的一方大多敢爱敢恨，所以双方会如胶似漆，甚至是干柴烈火一般。

（3）天府配贪狼

天府的个性是对爱执著，会钟情于日久生情的贪狼，而贪狼也会心动于天府的成熟稳重，气质高雅。

（4）天府配破军

天府会迷恋破军的勇敢、直率，天府又能包容破军的暴躁，这种互补的特点使双方能培养彼此之间的默契。

（5）天机配太阳

天机的特点是考虑过多，因此对爱情的态度是宁缺毋滥、追求完美，太阳的态度是热情、光明、公正、坦荡。这样的太阳刚好化解天机的疑虑，很般配。

（6）太阳配天同

有天同的人比较慵懒和浪漫，而有太阳的人是积极、就事论事的实干家，这样的两人互补性很强，利于结缘。

（7）天同配天梁

爱玩、天真的天同，遇上最能照顾人的天梁，两人共同的兴趣是爱说话、喜助人，由于志趣相投，所以是感情最深厚的组合。

（8）天梁配巨门

喜欢动口是二者共同的特点，容易发生口角和争吵，但是虽然有口角和争吵，却不影响双方的感情。

（9）巨门配太阴

巨门对爱情的特点是多疑、善变，太阴的温柔特点能化解对方的缺点，使得双方会相互依赖。

（10）太阴配天机

太阴的特点是温柔但内向，话不多，而天机的特点是虽然聪明，却多疑，容易产生对另一方的误解，甚至冷战。因此这种组合不理想。

（11）根据四化组合推断婚姻状况

若化禄入命宫、化忌入夫妻宫，或化忌入命宫、化禄入夫妻宫，则其人的婚姻难以白首偕老。

（12）根据辅、弼推断婚姻状况

若左辅或右弼入夫妻宫，主其人在婚后可能会有第三者介入，因此影响夫妻之间的感情。

（13）根据禄存推断婚姻状况

若禄存入夫妻宫，主其人在婚前遇到的阻力特别多，但即使婚后觉得对婚姻不满意，却很难后悔。

（14）根据巨门推断婚姻状况

若巨门、禄存同入夫妻宫，通常是根据巨门入夫妻宫推断为双方会离婚，但由于有禄存同宫，故双方虽然吵闹不断，但大多只有死别，很难生离。

7. 推断难以结婚的命盘构成规则

（1）若命宫、身宫、夫妻宫形成"羊陀夹忌格"，或"羊陀夹空宫格"，主其人对婚姻感情太谨慎保守，不敢勇于尝试，缺乏自信，也可以说缺乏安全感、信赖感、紧闭心扉。

（2）若夫妻宫中有地空、地劫，主其人喜欢追求完美，很容易看到对方缺点，故难以找到一个满意之人。

（3）若夫妻宫有陀罗独入，主其人思虑太多，优柔寡断，结果是难以抉择，原地踏步，蹉跎一生。

（4）若夫妻宫中的星曜过刚，如武曲、七杀、破军等，三方又不见火、铃来激发，或辅、弼来斡旋，因此造成其人不知如何表达或处理感情问题。

（5）若夫妻宫中的星曜很多，结构复杂，例如，三吉化齐会，而且命宫中有化忌，主其人的择偶条件太多，而且过高，结果是"高不成低不就"。

（6）若行运于夫妻宫（即大限宫或流年宫位于本命夫妻宫），有化忌来会照，主其人往往会所遇非人，或者是条件不好，或者是有家室之人。

（7）若行运于夫妻宫（即大限宫或流年宫位于本命夫妻宫），又形成双忌夹制之情形，则其人的婚事不是父母反对，就是有其他因素横梗其间，终究难成。

（8）若夫妻宫有行运之忌星（大限宫的宫干或流年干引发夫妻宫中的主星化忌）会照，主其人的内心对婚姻信心不足，不敢轻言结婚。

8．推断桃花运

（1）若命宫的宫干引发兄弟宫中的主星化禄，而兄弟宫的宫干引发疾厄宫中的主星化禄，主其人有桃花。

（2）若仆役宫的宫干引发命宫、或疾厄宫或田宅宫中的主星化禄、化权，主其人有桃花。（注：颇为应验。）

若仆役宫的宫干引发命宫、或疾厄宫或田宅宫中的主星化忌，主其人有桃花。

若仆役宫的宫干引发命宫中的主星化禄、化权，同时又引发田宅宫或疾厄宫中的主星化忌，主其人乃黏性桃花。

（3）若命宫的宫干引发子女宫中的主星化禄，主其人有桃花。

（4）若命宫中有主星化科，主其人有桃花。

（5）从田宅宫论有无桃花：

若田宅宫的宫干引发化禄的主星会照命宫，主其人有桃花。

若田宅宫的宫干引发子女宫中的主星化禄，主其人有桃花。

若田宅宫的宫干引发子女宫中的主星化忌，主其人没桃花。

若田宅宫的宫干引发化忌的主星冲命宫，主其人没桃花。

若田宅宫自化忌，主其人有桃花，但留不住。

（6）从田宅宫论桃花种类：

若田宅宫的宫干引发命宫中的主星化禄，主其人的对象是已有交往异性的经验或已有子女之人。

若田宅宫的宫干引发命宫中的主星化忌，其人的对象是没有子女或是已离过婚之人。

若田宅宫的宫干引发迁移宫中的主星化禄，其人的对象已结婚。

若田宅宫的宫干引发迁移宫中的主星化忌，其人的对象乃有夫之妇或是离过婚之人。

若田宅宫自化禄或自化忌，其人的对象尚未结婚。其中，自化禄者，其对象虽未婚，却已有交往异性经验。自化忌者，其对象未婚，且是第一次与异性交往。

若田宅宫的宫干引发化禄或化权的主星会照命宫，主其人的对象比其人年长，且已结婚。

（7）若流年田宅宫的宫干引发流年宫中的主星化忌，或若引发流年宫中的主星化禄，皆主其人在该年有异性缘，且可交往长久。

（8）若天相、陀罗入子女宫或福德宫，主其人有桃花。

（9）若田宅宫的宫干引发子女宫中的主星化忌，其人易娶已生育子女的配偶，且会花钱。

（10）若子女宫的宫干引发田宅宫中的主星化忌，主其人桃花少，即使有也留不住，而且儿子少，子女缘差。

（11）若命宫的宫干引发疾厄宫中的主星化禄，而疾厄宫的宫干引发田宅宫中的主星化忌，又有田宅宫的宫干引发夫妻宫中的主星化忌，主其人只要看到女人，就会喜爱，便欲娶回当妻子。

9．推断两性之间相处情况

（1）若疾厄宫的宫干引发仆役宫中的主星化禄，且仆役宫自化忌，主其人对异性单相思，异性却不理会。

（2）若仆役宫的宫干引发疾厄宫中的主星化禄，且疾厄宫自化忌，主有异性对其人单相思，而其人却不理会。

（3）若子女宫的宫干引发疾厄宫中的主星化禄，主其人想与对方发生关系。

（4）若子女宫的宫干引发疾厄宫中的主星化权，主其人会向对方动手动脚。

（5）若子女宫的宫干引发疾厄宫中的主星化科，主其人与对方交往时颇有风度。

（6）若子女宫的宫干引发疾厄宫中的主星化忌，主其人会与对方发生关系。

（7）若命宫的宫干引发仆役宫中的主星化禄，而仆役宫的宫干又引发命宫中的主星化禄，主其人与对方有接吻之事发生。

（8）若命宫的宫干引发仆役宫中的主星化禄，而仆役宫的宫干又引发命宫中的主星化忌，主其人会与对方发生关系。

10．推断同居现象

（1）若子女宫的宫干引发官禄宫中的主星化忌，而官禄宫的宫干又引发子女宫中的主星化忌，主其人会金屋藏娇。

（2）若命宫的宫干引发子女宫中的主星化禄，且子女宫自化忌，主其人婚前同居，一旦结婚，却会分手。

（3）若大限夫妻宫的宫干引发本命夫妻宫中的主星化禄，而本命夫妻宫的宫干又引发本命田宅宫中的主星化忌，主其人的配偶会在外与人同居。

（4）飞星四化落在各宫的顺序所产生的作用：落在仆役宫，主先有朋友关系；再落在子女宫，主双方再产生缘分（桃花）；最后落在疾厄宫，主双方最后会发生性关系。

11. 推断婚姻出轨

（1）若子女宫的宫干引发夫妻宫中的主星化忌，主其人有外遇。如果夫妻宫的宫干又引发子女宫中的主星化忌，主其人会娶已婚之女性做小老婆。

（2）若子女宫的宫干引发夫妻宫中的主星化禄，则会有别人来勾引其人的配偶。

（3）若命宫的宫干引发田宅宫中的主星化禄，而田宅宫的宫干又引发子女宫中的主星化忌，凡男性，其人会娶年纪大的女性，或娶已婚女性做小老婆。

（4）若命宫的宫干引发子女宫中的主星化禄，而子女宫的宫干又引发田宅宫中的主星化忌，凡男性，其人会娶年纪小的女性做小老婆。

（5）若命宫的宫干引发某宫中的主星化禄，该宫的宫干引发夫妻宫中的主星化忌，而夫妻宫的宫干又引发子女宫中的主星化忌，主其人会有外遇。

（6）若命宫的宫干引发兄友线（兄弟宫和仆役宫）的主星化禄，主其人有小老婆，但人缘颇好。

（7）若夫妻宫的宫干引发子女宫中的主星化忌，主其人的配偶（或对象）有外遇。

（8）若夫妻宫的宫干引发子女宫中的主星化禄，主其人会有外遇。

（9）若夫妻宫的宫干引发田宅宫中的主星化忌，而田宅宫的宫干又引发夫妻宫中的主星化忌，主其人的配偶（或对象）会出轨。

12. 推断离婚

（1）若生年干引发夫妻宫中的主星化忌，或夫妻宫自化忌，主其人会离婚。

（2）若夫妻宫的宫干引发迁移宫中的主星化忌，去冲命宫，主其人会离婚。

（3）若迁移宫的宫干引发官禄宫中的主星化忌，去冲夫妻宫，主其人会离婚。

（4）若夫妻宫的宫干引发田宅宫中的主星化禄，或田宅宫自化忌，主其人会离婚。

（5）若夫妻宫的宫干引发仆役宫中的主星化禄，而仆役宫的宫干又引发田宅宫中的主星化忌，主其人会离婚。

（6）若夫妻宫的宫干引发福德宫中的主星化禄，而福德宫的宫干又引发的疾厄宫中的主星化忌，去冲父母宫，主其人会离婚。

（7）若夫妻宫的宫干引发迁移宫中的主星化禄，而夫妻宫的宫干又引发子女宫中的主星化忌，凡女命，主其人会离婚。

（8）若夫妻宫的宫干引发田宅宫中的主星化忌，或田宅宫自化忌，凡女命，主其人会离婚。

（9）若大限宫的宫干引发官禄宫中的主星化忌，去冲夫妻宫，主其人在此大限期间会离婚。

（10）若命宫的宫干引发官禄宫中的主星化忌，去冲夫妻宫，主其人会离婚。

13. 推断是否风尘女郎

（1）凡紫、贪入命宫的女性，易为风尘中人。

（2）若命坐四马之地（寅、申、巳、亥），则逢破军、天马、咸池、文昌、文曲、天姚在三方会照的女性，乃风尘女子。

（3）若破军、天姚、地劫入命宫，凡女性，其人易为风尘女。

（4）若命宫的宫干引发夫妻宫中的主星化禄，而夫妻宫的宫干又引发福德宫中的主星化忌，则当大限宫落在福德宫时，其人在此大限期间会沦落风尘。

（5）若夫妻宫的宫干引发命宫中的主星化禄，而命宫的宫干又引发子田线（子女宫和田宅宫）中的主星化忌，凡女性，其人易为风尘女。

（6）若官禄宫的宫干引发子女宫中的主星化禄，同时引发疾厄宫中的主星化权，凡女性，其人易为风尘女。

14. 推断双方何时发生关系

（1）若田宅宫的宫干引发命宫中的主星化禄，而命宫的宫干又引发夫妻宫中的主星化忌，则可以断作双方会发生关系。

（2）若夫妻宫的宫干引发田宅宫中的主星化禄，而田宅宫的宫干又引发疾厄宫中的主星化忌，则双方在婚前就会发生关系。

（3）若疾厄宫的宫干引发田宅宫中的主星化禄，而田宅宫的宫干又引发夫妻宫中的主星化忌，则双方在婚前就会发生关系。

（4）若大限夫妻宫的宫干引发流年宫中的主星化忌，则双方会在大限夫妻宫引发化忌之后发生关系。或者如果大限夫妻宫的宫干引发流年疾厄宫中的主星化忌，则双方亦会在大限夫妻宫引发化忌之后发生关系。（均指在此大限期间）

（5）若贪狼、廉贞、太阴入大限疾厄宫，则在此大限期间，女性容易被动发生关系。

15. 论夫妻宫四化

（1）若夫妻宫的宫干引发命宫中的主星化禄，主其人的配偶有人缘，且配偶为人好。

（2）若夫妻宫的宫干引发命宫中的主星化科，主其人夫妻可白头偕老，且夫妻均有异性缘。

（3）若夫妻宫的宫干引发命宫中的主星化忌，主其人夫妻间相处不融洽，多怨言，易吵架。

（4）若夫妻宫的宫干引发命宫中的主星化忌，且生年干又引发该主星化禄，主其人会被配偶管住，配偶对其有支配权。

（5）若夫妻宫的宫干引发兄弟宫或仆役宫中的主星化忌，主其人的入配偶与兄、友之间无好印象、无好人缘。

（6）若夫妻宫自化忌，主其人夫妻之间缘薄，且人缘不好。

（7）若夫妻宫的宫干引发子女宫中的主星化忌，主其人的配偶对子女不好，或偏心；或喜欢外出，不习惯在家。

（8）若夫妻宫的宫干引发财帛宫中的主星化禄，又引发命宫中的主星化忌，主其人夫妻间常吵架。

（9）若夫妻宫的宫干引发财帛宫中的主星化忌，则夫妻之间会因财起纠纷，且夫妻感情不好。

（10）若夫妻宫的宫干引发疾厄宫中的主星化忌，主其人的夫妻感情不佳，性生活不协调，且桃花多。

（11）若夫妻宫的宫干引发迁移宫中的主星化忌，主其人的配偶在外无助，且夫妻缘薄，性格不合。

（12）若夫妻宫的宫干引发官禄宫中的主星化忌，主其人的配偶在外不顺，对自己事业没帮助。

（13）若夫妻宫的宫干引发田宅宫中的主星化忌，主其人的配偶与自己的朋友相处不佳，朋友少。而且夫妻感情也欠佳。

（14）若夫妻宫的宫干引发福德宫中的主星化忌，主其人的配偶事业不顺，或只是家庭主妇。

（15）若夫妻宫的宫干引发父母宫中的主星化忌，主其人的配偶与父母不和，使自己精神差，且配偶吝啬。

（16）若夫妻宫的宫干同时引发命宫中的两颗主星化科和化忌，主其人夫妻间口角不断。

（17）女命：

若夫妻宫的宫干引发命宫中的主星化忌，其人若已出嫁，则夫妻间多口角。

若夫妻宫的宫干引发命宫中的主星化权，主其人的丈夫惧内。

若夫妻宫引发官禄宫中的主星化忌，且生年干又引发该主星化权，则其人之妻会帮助照顾其事业。

若夫妻宫自化禄或自化科，凡女性者，会有男人暗恋她。

（18）若夫妻宫的宫干引发子女宫中的主星化忌，则其人的配偶为主动桃花，且配偶不想生女孩。

（19）若夫妻宫的宫干引发子女宫中的主星化禄或化权或化科，主其人之妻生男孩多，且夫妻俩都带桃花。

（20）若夫妻宫的宫干引发子女宫中的主星化忌，且子女宫又自化禄，主其人已有配偶，却想再有桃花。

16. 论婚姻的其他规则集锦

1）若四煞（擎羊、陀罗、火星、铃星）独入夫妻宫，男易娶悍妻，女易遇混过黑社会之男人。

2）凡命宫坐子、午、卯、酉宫，夫妻宫居戌、辰、丑、未，犯"隔角煞"者，夫妻感情不和谐，易有争吵，或聚少离多。如逢煞星同宫（如擎羊）则，争吵会更激烈，宜忍让，以减低伤害。

3）一对配偶能否偕老，或是否生离死别，需视其人的夫妻宫及三方四正之旺弱，与是否被煞星（如擎羊、陀罗、火星、铃星、地空、地劫等）冲破而定。俗语云"男克妻，女克夫"之命，多是指擎羊、破军或巨门等恶星入命宫，且再加夫妻宫中的主星落陷又逢破。此类命造，最不利于配偶。如果命宫中的主星庙旺而吉，但夫妻宫恶煞坐守，大多易逢"夭折之配偶"或因一时冲动而误配"志趣不合"之人，结果难免离异，或者虽其人贤惠但因环境之故，终不能偕老。

4）如果命宫平常，或逢吉却被冲破，而夫妻宫却大吉。此类命造，多主其人会忽遇佳偶、婚姻得助，但终因自身力量不够，乃"外貌俊美，而内才、修养不够，或知识不足以配对方"的局面，最终难免离异。

5）如果命宫旺吉，夫妻宫居子、午位，且逢紫微坐守，无左辅、右弼者，未必有利，易遭对方无理之欺侮、虐待。或其人尽管不满，却因名誉、地位、财富等因素，只好痛苦隐忍而受。

6）若命宫和夫妻宫皆吉，但夫妻宫之三方四正却逢四煞齐全（羊、陀、火、铃）来冲，又无吉曜来制者，主其人夫妻双方本情投意合，却会因外来的不好影响而不和或分离。

7）若命宫和夫妻宫皆吉，运限（大限宫或流年宫）落在夫妻宫，且宫中有众凶会聚者，主其人夫妻双方彼此满意，却会因在此运限期间遇飞来横祸而丧夫折妻，注意：此并非本命有克，而是对方本是夭折之命，反映在运限之中。

8）所谓"紫府同宫之命，多孤克，亦主刑克夫妻"，乃指紫微、天府在寅、申位同入夫妻宫时，主其人会晚婚；或早婚而配偶凶悍；或早婚而配偶有助，却无子嗣；或早婚而分离；或晚婚而志趣不合等，都属于美中不足。

9）若命宫在子、午位，宫中无主星，夫妻宫有天机、天梁同入者（此时夫妻宫在戌、辰位），主其人的配偶贤惠，但行运（大限宫或流年宫）逢煞时，则其人在此运限期间十之八九会丧偶。

10）若男命的命宫中有太阴，女命的命宫中有太阳，如果二者居庙旺之地，此乃夺妻夺夫之现象，其人易有外遇。若二者落陷，主夫妻相互无助力，无依靠，再加煞者，多主夫妻分离。如在平和之乡，例如，男命的命宫在申，宫中有太阴，女命的命宫在寅，宫中有太阳，主其人的配偶多管、凶悍、泼辣，家宅不安，再加煞者，最终会分离。

11）若命宫与夫妻宫皆吉，而官禄宫中有主星化忌，去冲夫妻宫，则即使无煞星或刑克，亦主其人的配偶多疑，查究极严，经常无事生非。

12）凡是符合"天梁、天机、擎羊会"等命格而孤克者，定主其人乃孤克之命，不必再论其夫妻宫之吉凶。

13）若夫妻宫中有贪狼化禄加桃花星，主其人的配偶易有外遇，运限（大限或流年）逢之，同论。

14）若夫妻宫的宫干引发命身宫（或跨盘使其人配偶的本命盘夫妻宫）中的主星化禄、或化权、或化科、或化忌，以及命宫干引发夫妻宫（或跨盘使其人配偶的本命盘的命身宫）中的主星化禄、或化权、或化科、或化忌，则可推断其人夫妻之间关系的好坏。如果是引发化忌，则主其人的配偶为人不好或有亏欠；如果是引发化禄，则主其配偶为人较好，或对其人关心。

15）夫妻间关系的好坏，亦应参看：

（1）夫妻宫中的主星属何种宫主（如紫微乃官禄宫主，天机乃兄弟宫主，太阳乃官禄宫主，武曲乃财帛宫主，天同乃福德宫主，廉贞乃官禄宫主，天府乃财帛宫和田宅宫主，太阴乃田宅宫主，天相乃官禄宫主，天梁乃父母宫主，破军乃夫妻宫主），看是否逢吉，或若逢凶是否有救。若逢吉，则夫妻关系良好，恩爱到老；若逢凶，轻则或貌合神离，或争吵到老，或同床异梦，重则分床异梦或离异。

（2）看夫妻宫主破军落入哪一宫（如父母宫），是否逢吉，或若逢凶是否有救。若逢吉，则夫妻关系良好，恩爱到老；若逢凶，轻则或貌合神离，或争吵到老，或同床异梦，重则分床异梦或离异。

（3）看五行局是否稳定，推断其人是否在乎婚姻生活。

（4）男命参看太阳，女命参太阴，落入哪一宫，看是否逢吉，或若逢凶是否有救。若逢吉，则夫妻关系良好，恩爱到老；若逢凶，轻则或貌合神离，或争吵到老，或同床异梦，重则分床异梦或离异。

16）夫妻宫及其三方若有煞星和其他凶星，它们会影夫妻间之关系，如：

（1）截空，又名"断桥煞"，主其人夫妻之间彼此不易沟通。

（2）化忌，主其人易有患得患失之心，若男命夫妻宫化忌，则其人惧内。

（3）破碎，主其人夫妻之间感情不好。

（4）伏兵、阴煞，主其人的婚姻有隐伏性的危机。

（5）天刑，主其人夫妻双方彼此易有刑克，离婚的几率颇大。

（6）擎羊、陀罗、火星、铃星、地空、地劫六煞入夫妻宫者，主其人的夫妻关系大多不佳，再应配合其他星情和宫位进行推断。

（7）三台、八座入夫妻宫者，主其人的配偶较重名利，对物质的需求较高。

（8）龙池、凤阁入夫妻宫者，主其人的配偶较讲究情调，对精神面的需求较高。

注：上述种种情况并不是绝对一成不变的。若当事人注意维护双方的感情，行为举止得当，或者有其他的星曜和宫位的配合，结果就会不同。例如，若某个流年出现红鸾重叠，再有其他宫位、星情配合得宜，则夫妻关系会得到改善，甚至能有机会"破镜重圆"。这一点正是笔者希望告诉读者的辨析观点。

17）若夫妻宫位于午宫，宫中有紫微，凡女命，其人易与有妇之夫相好；凡男命，其人的夫妻关系不好，配偶会红杏出墙。

18）若夫妻宫中有天机，则其人的夫妻关系融洽，配偶有一份好的职业。若流年夫妻宫中有天机，则主其人的对象当年有好的变化，比如涨工资，换工作等。

19）若夫妻宫中有天梁，则其人的夫妻感情好。

20）若夫妻宫中有破军、巨门、六煞，主其人必然离婚。

21）若夫妻宫位于寅宫，宫中有紫微、天府，右弼，主其人必然离婚。

22）若夫妻宫的宫干引发迁移宫中的主星化忌，主其人必然离婚。

23）若夫妻宫中有紫微，其人的配偶事业有成。（注：有时会与夫妻宫干引发的四化相矛盾，见15、之（14））

24）若夫妻宫中有陀罗，其人会在婚前受到阻力，否则婚后必然会腰疼。

25）若夫妻宫的宫干引发命宫中的主星化忌，凡男性，其配偶爱吃飞醋。

26）若夫妻宫的宫干引发子女宫中的主星化忌，凡男性，主其人会戴绿帽子。

27）若命宫的宫干引发夫妻宫中的主星化禄，其人的配偶对其很爱，很体贴。

28）凡女命，若太阳在巳、午之宫，且有天钺同宫，则其人很能帮夫。

29）若夫妻宫位于巳或亥，宫中有武曲、破军，则其人会有一段非正式夫妻生活，至少和两个异性发生关系。

30）若夫妻宫位于丑或未，宫中有廉贞、七杀。则其人最好晚婚，如果再加煞，则其人会克配偶。

31）若夫妻宫中有陀罗，贪狼在丑、辰、巳、未、申、戌、亥，则其人家有病妻。

32）若夫妻宫位于寅、申、巳、亥，宫中有天机，或太阴，或太阳，或天梁，凡女命，其丈夫因为经商或公差常在外。

33）若夫妻宫位于子，宫中有天同、太阴，则其人的婚姻乃前世修来的金童玉女之缘。

34）若迁移宫位于未，宫中有贪狼、武曲，主其人的配偶是小气鬼。

35）若夫妻宫位于寅，宫中有廉贞，主其人的配偶虽美貌，却脾气暴躁。

36）若夫妻宫位于子，宫中有天梁，又逢空、劫者，主其人会离婚，再婚找的也是离过婚的女人。

37）若生年干引发官禄宫中的主星化忌，其人在婚后很爱对方。

38）若夫妻宫中有太阳和太阴同宫，或天机和太阴同宫，则其人的配偶乃是岳父的继室所生。

39）若夫妻宫中有武曲化权，多主其人会有小老婆。

40）若夫妻宫位于寅、未，宫中有七杀，凡女命，主其人会守活寡，其丈夫不回家。

41）若夫妻宫位于子、午、卯、酉，宫中有七杀，其人夫妻无法偕老。

42）若夫妻宫位于子、午、卯、酉，宫中有廉贞化忌，其人的配偶多为妓女。

43）若财帛宫的宫干引发夫妻宫中的主星化忌，凡女命，其人花钱养老公。

44）若其人的出生年、月、日、时辰的干支中有两个甲或两个庚，或三个庚，或三个寅，或三个癸一个辛，其人会二婚，或其配偶短命。

45）若夫妻宫中有破军，多主其人会二婚。但有两种情况除外：一是其配偶的属相与破军所在宫位的地支相同，例如，破军在未，配偶正好属羊；二是破军所在之宫的宫干引发宫中其他主星自化忌（注意：破军不化忌）。

46）若夫妻宫自化禄，则其人夫妻恩爱。但若自化忌，则其配偶对其帮不上忙，而且是一个配偶偕老。

47）若天相在丑、未之宫，且与昌、曲同宫，主其人会与其配偶生离死别。

48）若夫妻宫位于午，宫中有太阳，凡男命，其人的配偶属于母老虎型。

49）若夫妻宫位于辰、戌、丑、未，宫中主星被生年干引发化忌者，其人的配偶很有钱。

50）若夫妻宫位于巳，宫中有廉贞、贪狼，凡女命，其人会被骗失身，再加陀罗者，会被人强奸。

51）若夫妻宫位于申，宫中有贪狼，凡女命，其人会抛夫弃子，喜欢刺激性恋爱。

52）若廉贞与擎羊、天相同入午宫，其人夫妻之间感情不好，而且其配偶会犯法。

53）若夫妻宫位于丑，宫中有地劫，或夫妻宫位于未，宫中有天同、巨门者，其人会有三次婚姻。

54）若夫妻宫位于丑、未，宫中有天同、巨门，主其人会与已婚者谈恋爱。

55）若命宫位于寅，宫中有武曲化权加天相者，凡女命，其人会是寡妇。

56）若命宫位于申，宫中有陀罗者，其人会早婚，若其人乃女性，则早寡。

57）若夫妻宫位于卯、酉，宫中有廉贞、破军同宫，又见煞者，凡女命，主其人命凶，杀夫又杀子。

58）若夫妻宫位于丑、卯、午、未、申、酉、戌，宫中有七杀又加煞，无论男女，均主其人三次婚姻，且后寡。

59）若夫妻宫位于丑、未，宫中有紫微、左辅、破军、右弼、地劫者，若其人是女性，会与人共夫，若是男性，会与人共妻。

60）无论子女宫位于十二宫的哪一个宫位，只要宫中有武曲，凡女命，其人不会轻易为感情所动，但一动则一发不可收拾，且生育晚。

61）若命宫有天机，身宫有天梁，凡女命，其人会远嫁他乡。

62）若夫妻宫位于辰、戌，宫中有天机、天梁同宫，则其人的婚姻是老少配。

63）若夫妻宫位于午，宫中有天梁，主其人会先同居，或同居后离开，但离开后却又会藕断丝连。

64）若夫妻宫位于巳、亥，宫中有廉贞、贪狼同宫，凡女命，其人会被甜言蜜语欺骗而失身，或被人强暴。

65）若夫妻宫位于巳，宫中有天相，再加地空、地劫者，主其人的配偶会先于其人而亡。

66）若命宫位于寅，宫中有天相、武曲同宫者，凡女命，其人会早寡。

67）若命宫位于酉，宫中有天相者，凡女命，其人若不是偏房，也婚姻不好。

68）若命宫位于酉，宫中有天同者，凡女命，其人会做偏房，或做情人，否则会再嫁。

69）若命宫位于寅、申，宫中有天同、天梁同宫者，凡女命，推断同上。

70）若命宫位于子、午，宫中有天同、太阴同宫者，凡女命，推断同上。

71）若财帛宫的宫干引发夫妻宫中的主星化忌，凡女命，其人会挣钱养老公。

72）若夫妻宫位于寅、申、巳、亥，有天马、禄存同人者，凡女命，其人有帮夫运，且嫁妆多。

73）若贪狼坐命，七杀坐身，凡女命，其人乃人尽可夫之流。

74）若命宫位于辛酉宫，疾厄宫中有天梁，凡女命，其人乃泼辣女人。

75）若命宫中有孤辰，凡女命，其人的丈夫会早亡。（注：这个论断与一般书中不同。）

（六）推断财运和财源

1. 推断进财

古训云："君子问命，问祸不问福"。平安即是福。在紫微命盘中包含了许多财运的信息，关键在于如何正确理解这些财运的信息。某个时段财运好，未必一定发财，还需要去努力工作而获得。财运不好，甚至破财，也未必一定贫穷，可以设法规避或化解。因此，读者须正确解读以下列举的推算财运的规则。

按照河洛派的观点，测一个人本命的一生财运，主要看官禄宫的宫干引发三吉化是否落在兄弟宫与仆役宫之间的财经线（兄友线）上，即是否落在兄弟宫或仆役宫中，如果是，则其人本命适宜从事经济行业。

而测流年、流日财运的好坏，可以看流年干、流日干引发哪一宫中的主星化忌。如果引发化忌的主星落在仆役宫、子女宫、父母宫等宫中，则主其人在此期间（流年或流日）的财运不好，会出财。若流年干、流日干引发三吉化的主星落在命宫、田宅宫、兄弟宫、财帛宫、福德宫等宫中，则主其人在此期间（流年或流日）的财运好，能进财。至于来财的方式和方向，需要用所落之宫的宫干引发的四化来推断。

（1）命宫为财帛宫的官禄宫，因此，命宫为管理钱财的能力，根据哪个运限宫的宫干引发财帛宫中的主星化忌，可以推断在哪个运限期间（大限、流年、流月、流日）钱财会有损失。

（2）兄弟宫为财帛宫的财库、现金之库，亦即正宗的财库。根据"命疾一体、一六共宗"的规则，若禄存入迁移宫，表示财库增财。

田宅宫为财的本身，亦为财库。同样根据"命疾一体、一六共宗"，若禄存入田宅宫，则钱财增加。

注意，田宅宫这个财库与兄弟宫这个财库不同。田宅宫这个财库是收藏。兄弟宫这个库是过路财库，往往会变成费用和支出。因此，田宅宫这个财库易存。而兄弟宫这个财库易出。

兄友线（兄弟宫和仆役宫）宜静不宜动，即兄友线的主星不宜化忌，凡兄友线化忌者，多主发生费用和支出。若兄友线和子田线都有忌星进入时，根据引发主星化忌的运限之天干（大限、流年、流月、流日），可以推断在此运限期间的费用最大，支出最多，情况最为不妙，往往花钱如流水，甚至会倾其所有，结果会负债累累。尤其当化忌的主星又落陷时更验。

（3）子女宫代表合伙的事业。因为子女宫是仆役宫的官禄宫。所以子女宫代表与他人合伙的事业。

（4）若子田线（子女宫和田宅宫）、兄友线（兄弟宫和仆役宫）都有主星化禄，则是进财的征兆。主钱财流入、得利、进财、存财等。反之，若子田线、兄友线都有主星化忌时，则主其人的财富会大出大破。

（5）只有当财帛宫、福德宫、子女宫、田宅宫诸宫皆好，才算真正有钱。

（6）凡财帛宫有化禄、或财福线（财帛宫和福德宫）有化禄皆主进财。且为财上加财，财运特别好。例如，财帛宫有武曲，财帛宫有化禄。又如财帛宫有禄存，行运的运限之天干又使财帛宫中的主星化禄等。若财帛宫化禄，田宅宫有财星，主大进财、财运好。

若财帛宫有化权，主其人能掌财权。凡财帛宫有"双财夹日月"（即日、月入财帛宫，有双财星来夹之），主其人现金很多，是一种有大财和暴发现象。

若财帛宫有三奇加会，且本命有好的格局，又有天魁、天铖加会，主其人多财，财运很好，是经商能手。

（7）根据哪一宫的宫干引发财帛宫中的主星化禄，可以推断从何处赚钱。例如，若财帛宫有武曲，父母宫干是己，引发武曲化禄，这就表示钱是用头脑（父母宫）赚来的，或者钱是从文书类（父母宫）赚来的，或者钱是从人际关系（父母宫是仆役宫的财宫）上赚来的。又如，财帛宫有破军星，子女宫干是癸引发破军化禄，这表示是靠学生的学费（子女宫）赚钱，或是靠手下（子女宫）赚钱的，例如，招收学徒、培训等业务。依此类推。

（8）疾厄宫为工作的地点，若有疾厄宫中有财星，主其人在工作岗位上赚钱（或工作地点上摆着钱）。若化禄、禄存入疾厄、父母两宫，主其人在工作上能赚钱进来，或者开设店铺等可以盈利。其中，若禄存入疾厄宫，其人靠工作单位或靠店面赚钱。疾厄宫的宫干引发父母宫中的主星化禄，其人可通过开设经营地点或店面等盈利。因为疾厄宫是工作地点，父母宫是仆役宫的财宫。

（9）福德宫在财帛宫的对宫，代表钱财在外面的情况之一，从某种意义上说福德宫是投资在外的钱，福德宫有禄存者，所投资的事业盈利状况不错。

（10）若福德宫中有化禄，主进财，尤其当武曲入福德宫再化禄者，主财大。

若武曲、天府、禄存入福德宫，则其人的财运甚佳，一发即大发。

若禄存入命、武曲入福德宫、财帛宫化禄，则其人的财运甚佳而且会大富。

若禄存入福德宫、武曲入田宅宫，则其人的财富多，易大发。

（11）若七杀入财帛宫，主其人财务状况不佳，难以再赚钱。

（12）若本命盘父母宫、命宫、兄弟宫这三宫皆有财星，例如，父母宫有天府、命宫有禄存、兄弟宫有武曲化禄，主其人易发财致富。

（13）若官禄宫中有武曲化忌，一般不以出财破财论。而以事业上有钱财、投资行为论。

（14）父母宫为文书宫，又是仆役宫的现金所在，所以，若父母宫有化禄，主其人易进财。且大多为有具体工作场所让客人上门的生意，或是靠文书赚钱、赚文书类的钱，或是靠与朋友交往赚钱。若武曲入父母宫，且有三奇加会，主其人经商和生意头脑一流，鲜有人及。此外，由于父母宫是仆役宫的财宫，所以，若父母宫的宫干引发命宫、或疾厄宫、或财帛宫、或官禄宫、或田宅宫、或兄弟宫中的主星化禄，往往可广招四方之财。

（15）根据哪一宫的宫干引发命宫、财帛宫、官禄宫、田宅宫、福德宫中的主星化禄，可以考虑去何处弄钱或借钱。例如，若仆役宫干引发命宫中的主星化禄，表示朋友对我有情，可以向朋友借钱。又如，若财帛宫中有武曲，由于己干引发武曲化禄，因此要查看哪一宫的宫干为己，若是父母宫，则可以考虑从父母那里筹钱；或动用头脑文书类去赚钱（因为父母宫又为文书宫）。依此类推。

（16）若大限宫自化禄，或者大限宫干引发大限宫、或小限宫、或流年宫中的主星化禄，则主财富自天来。这种财往往一进就比较可观。这时若田宅宫中有财星，则主其人会屡屡暴发。注：这种现象是紫微财富命理中最需要注意的一种财富现象。

其中，若大限宫的宫干引发小限宫中的主星化禄，主其人两年半内发财，而且一旦能发，往往比较可观。又若武曲、天府入大限宫，或者禄存入大限宫，且大限宫的宫干引发小限宫中的主星化禄，亦主其人两年半内发财。而且凡禄存入大限宫者，其人在此期间既能发财又能存财。

（17）若日、月于丑同入大限宫或小限宫时，主其人屡发暴发。财势惊人。尤其再有化禄入本命田宅宫或福德宫者，主暴发。

（18）武曲为财星，太阴也为财星。但武曲多主行动，往往要行动起来然后有钱财，而且，武曲发的多为大财。太阴多主计划。因此，武曲往往是直接理财，太阴往往只是财务计划。

（19）天府，是财库的征兆。例如，会计处、收费处、银行、证券公司等。天府比较善于敛财储财，但未必善于生财。

（20）三奇加会乃格局高、格调高、品质高的状态，一旦进财必偏多。若日、月入命，且日、月化禄，父母宫和兄弟宫又皆有财星来夹之（父、命、兄三宫皆有财与禄），主其人发富或暴发。或若日、月入命，且加会三奇，此时如果福德宫中有化禄，亦其人主发富或暴发。

（21）四化星对财运的影响：

化禄往往代表钱财源源不断，且钱财调度容易。若化禄入命宫、兄弟宫、财帛宫、疾厄宫、官禄宫、田宅宫、福德宫等诸宫，是比较正式的进财迹象，往往能真正的进财，而且往往是钱财找上门的预兆。若化禄入夫妻宫、子女宫、迁移宫、仆役宫、父母宫等诸宫，则主有时进财，有时可看不可得或中看不中用。往往是一种钱给他人，或钱分给他人，或可看不可得的预兆。

化权是化禄的余气，说明对财务比较能控制。化权入财帛宫者，主其人能管理现金，但是若推断是其人资金运用适当，或者是因为现金紧张才进行管理，则要看兄弟宫、财帛宫、子女宫、仆役宫、田宅宫、福德宫等诸宫的状况才能确定。

化科是贵人，对财务困难和财务纠纷往往有解厄之功能。多主其人虽然收入不多，但比较平顺、过得去。它往往是缺钱的时候，会有人适时伸出援手。

化忌往往会对财运产生不良影响。

2. 推断出财、破财

谈论财运，既然有进财，则必然还有出财或破财。下面是一些有关破财的推断规则。务必注意的是，即使符合规则，也未必一定出财或破财。因为这只是表明出财或破财的一种趋势和可能，人们可以设法规避。

（1）若本命宫的宫干引发干父疾线（父母宫和疾厄宫）中的主星化忌，多主此人一生在钱财方面无成就，或主此人一生中现金消耗得比较快。

（2）若本命宫的宫干引发子女宫中的主星化忌，去冲田宅宫，则其人一生与钱财少缘或无缘，不宜从事财经工作。

（3）若命宫中的星情不佳，而且命宫的宫干引发财帛宫中的主星化忌，主其人运势不佳，钱财紧张。

（4）若命宫中的星情不佳，又有晦气入命宫，且命宫的宫干引发子女宫中的主星化忌，主其人的财运倒霉之极，会出财或破财。

（5）若命宫中的星情不佳，且子田线（子女宫和田宅宫）有主星化忌，则多主其人的钱财会受损。

（6）若禄存入命，且迁移宫中有化忌，主其人原有的钱财会被冲出去。

（7）若禄存入命，武曲与天府同入田宅宫（必在子、午二宫），迁移宫中有化忌，主其人原来进的钱财也会被冲出去。

（8）若巨门化忌入命，并有贪狼和武曲化忌入子女宫（壬干引发武曲化忌，癸干引发贪狼化忌），其人须严防暗失、骗子、小偷。

（9）若武曲入命，禄存入田宅宫，多主其人堆金垒玉。但当出现这种现象后，往往就是走下坡路的开始。

（10）若太阳入命，田宅宫中有化忌，多主其人会大出财。

（11）若本命宫的宫干引发福德宫中的主星化忌，多主其人会自己破自己的钱财。

（12）财帛宫是现金，故财帛宫不宜有落陷之主星，若有，则多主其人资金短缺、周转不灵。若本命财帛宫有落陷之主星，且宫中有主星化忌，再有禄存入财帛宫者，多主其人原来所存之财尽失。

（13）若命宫、财帛宫、田宅宫中星情皆不佳，且财帛宫中有主星化忌，主其人现金皆失，必然亏本。

（14）若财帛宫中有落陷之主星，则若其人从事该落陷之星对应的行业或事业易受损失，或不能长久。例如，巨门落陷时忌入财帛宫，若入，则从事水务类、饮食类、养殖类等行业易破财或受损失，并且做不长久。

（15）若财帛宫中有巨门或贪狼化忌（丁干引发巨门化忌，癸干引发贪狼化忌），其人须严防暗失、骗子、小偷。

（16）若本命宫的宫干引发财帛宫中落陷的主星化权，主其人现金短缺，管理有困难。

（17）若破军入财帛宫，多主其人会损失现金。

（18）若地劫入财帛宫，多主其人的钱财一波三折，起伏不定。若此时福德宫中有主星化忌，主其人的钱财会接连被劫。

（19）若擎羊入财帛宫，多主竞争，甚至会因竞争而导致受打击并损失。

（20）若命宫不佳，而且财帛宫被毁（注：所谓"某宫被毁"，是指该宫中的星情不佳，且有化忌入该宫者，则为毁），多主其人的财富大损。但若虽然财帛宫被毁，但田宅宫中有主星化禄者，则主其人的财富有损有进。

（21）若财帛宫被毁，而田宅宫中有七杀和廉贞化禄，由于七杀主开创，主其人的财富先损而后聚，或者先穷后富、损后财富来。

（22）若财帛宫被毁，而田宅宫有七杀，且有化禄（注：此时乃其他星曜化禄，因为七杀不化禄），主其人的财富乃绝地逢生，不绝不发，绝后再发。

（23）若劫、空入财福线（财帛宫和福德宫），主其人花钱大手大脚，与钱财少缘或无缘，即使赚的再多也会变成过路财神。

（24）若地劫入财帛宫，其人的钱财会一波三折，起伏不定，而且最终结果是亏本。

（25）若财福线（财帛宫和福德宫）、兄友线（兄弟宫和仆役宫）皆有化忌，田宅宫又受对宫（即子女宫）化忌之星来冲，主其人的财运很差，大多需要借钱。

（26）若财帛宫、福德宫被毁，田宅宫中有落陷之主星，且化忌者，其人穷困潦倒，乃要饭之命。

（27）兄弟宫是真正的财库、现金之库。因此最不宜有化忌，若宫中有主星化忌，多主其人现金支出过大或破财。

（28）兄弟宫是田宅宫的财宫，代表家庭现金、家庭费用。因此，若兄弟宫受冲（例如，仆役宫中有主星化忌来冲），多主其人的家庭费用和现金短缺，经常会寅吃卯粮。

（29）若化忌入兄友线（兄弟宫和仆役宫），则不宜自己搞投资生意。其中：

若有武曲化忌（被壬干引发），主其人出手大方、支出很大。

若兄弟宫中有武曲，则其人会大出财。

此时还要看哪一宫的宫干为壬，壬干引发武曲化忌，则此宫所主之事会大出财。

或者看壬干在哪一运限（大限宫干或流年干），多主其人在此运限期间会大出财。

若逢庚干，引发天同化忌，主其人爱玩、贪吃。

若见贪狼、巨门等星曜，主其人爱赌博。

（30）若兄弟宫中有破军化禄，则此财可看不宜得。小心会被破掉。

（31）若兄弟宫中有贪狼化忌（由癸干引发）且有阴煞同宫，其人须小心上当和财钱被骗。

（32）若大限、流年兄弟宫中有主星化忌，多主其人在此期间有支出和出财，且可以根据大限、流年的兄弟宫位于本命盘的哪一宫来确定支出的原因。例如，若兄弟宫是本命盘的子女宫，乃用于子女方面的支出和出财。其他以此类推之。

（33）根据哪一宫的宫干引发兄友线（兄弟宫和仆役宫）中的主星化忌，可以判断是什么原因发生的费用和支出。例如，若武曲在兄弟宫化忌，那么壬干必是导致费用大、支出大的原因。而壬干在命宫，主其人自己花钱大手大脚。若壬干遇天梁、天刑、天寿等星曜，主其人的老人要花大钱，例如，看病要花大钱等。依此类推。

（34）若七杀或天府入田宅宫，多主其人的钱财从无到有，或从有到无，而且财运的起伏颇大。

（35）若田宅宫中有落陷之主星，宫中多煞曜，且有主星化忌，主其人积蓄钱财会很艰苦，容易破财。

（36）若有子女宫中有主星化忌来冲田宅宫，其人可能很缺钱，往往需要借钱。若子女宫中有多个主星各自被不同的天干引发化忌，则缺钱的情况很严重。

（37）若兄弟宫干引发田宅宫中的主星化忌，且田宅宫中的星情不佳，主其人穷困潦倒。

（38）若大限宫干引发本命子女宫中的主星化忌，去冲本命田宅宫，多主其人在此大限期间财运差，会大出财。

（39）若太阳入命，田宅宫中有主星化忌，主其人会大出财。

（40）若田宅宫被毁，主其人的钱财会大伤，可能需要借贷来渡过难关。

（41）若天机入田宅宫，且天机落陷又化忌（由戊干引发），主其人资金周转困难。

（42）若天机、禄存入田宅宫，主其人的财库有存财，但由于天机多奔走调动，因此，虽然财入库有存，却会屡屡往外出。

（43）若田宅宫中有破军化禄，主其人有财进，但易出易破，有禄不实，财富不实，多为虚财。

（44）若巨门化忌（由丁干引发）入田宅宫，或贪狼化忌（由癸干引发）入福德宫，多主其人会因贪失财，或须严防暗失、骗子、小偷。

（45）若子田线（子女宫和田宅宫）中既有化禄，又有化忌，主其人的钱财又进又出，至于要看何时进或出，则需要看是哪个大限宫干或小限宫干或流年干分别引发相应的主星化禄和化忌才能确定。

（46）哪一干引发子田线（子女宫和田宅宫）中的主星化忌，说明该干所在的宫位或宫中的主星会导致其人花钱或破财。例如，若贪狼在子女宫，癸干会使贪狼化忌。则这个癸干就是导致花钱和破财的主因，此时若癸干在父母宫，主其人的父母需要花钱。再如，若癸干所在之宫中有七杀、天府，主其人的家庭中要花钱，例如买房、盖房皆要花钱。

（47）若兄友线（兄弟宫和仆役宫）和子田线（子女宫和田宅宫）都有主星化忌时，其人在引发该主星化忌的运限期间（由大限宫干、流年干、流月干等引发）的费用最大，甚至会倾尽所有，导致负债累累。

（48）若第三大限宫或第四大限宫中有财星化忌，且田宅宫被毁（即宫中有落陷之主星且化忌），主其人该大限期间只是表面风光、财气十足、内部却空虚。

（49）若财帛宫中既无主星又无助星，且田宅宫和福德宫皆毁（即宫中皆有落陷之主星且化忌），主其人穷困潦倒，乃要饭之命。

（50）若子田线（子女宫和田宅宫）、兄友线（兄弟宫和仆役宫）有主星化忌时，则其人在引发化忌的运限期间财运最差（由大限宫干、流年干、流月干等引发）。但若是壬干，引发武曲化忌，而武曲位于本命官禄宫（代表事业、工作）时，则不主其人会破财，只是说明其人会把大量的钱投资到自己的工作事业上去。并且往往是只投资不收益、或投资后入不敷出。或投资后会亏损，收益不能够补足支出和费用。

（51）夫妻宫是田宅宫的疾厄宫。因此，若田宅宫中有落陷的主星，且夫妻宫中也有落陷的主星，又有化忌（此乃夫妻宫被毁），主其人原来拥有的钱财会受到损伤。

（52）若夫妻宫中有破军化禄（生年干引发主一生，大限宫干引发主该大限期间，流年干引发主该年，流月干引发主该月等等），主其人在相应的时期会有投资行为。但投资后容易耗出或破出。

（53）若官禄宫中有主星化忌，去冲夫妻宫，而夫妻宫乃田宅宫之疾厄宫，又是财库的身体。因此官禄宫中有主星化忌者，其人会损财。

（54）若官禄宫中有破军化禄（生年干引发主一生，大限宫干引发主该大限期间，流年干引发主该年，流月干引发主该月等等），主其人在相应的时期会有投资行为，但投资后容易耗出或破出。若官禄宫中有主星落陷，则其人的事业很难稳定，要防止陷入困境。

（55）若疾厄宫被毁（即宫中有落陷之主星且化忌），主其人的事业会终止，且易导致财运中断，生计艰难。

（56）若入本命疾厄宫中有主星化忌，多主其人若去讨债，会有麻烦，容易导致口舌事非和官司。

（57）若迁移宫中有贪狼化忌，去冲命宫，则其人须严防暗失、骗子、小偷。

（58）若仆役宫中有主星化忌，去冲本命宫，多主其人若去讨债，会讨不到。若再有父母宫的宫干引发该宫中的其他主星化权，则去讨债时要小心恶脸相向。若贪狼入仆役宫、巨门入迁移宫、且迁移宫有主星化忌，则对朋友要加强防范，防止朋友的阴谋和骗局。

（59）若贪狼入仆役宫、巨门入迁移宫，二星之一落陷，或皆落陷，二星之一却又化禄，或皆化禄，而且仆役宫干引发本命财帛宫中的主星化忌，去冲本命福德宫，主此时有外人或朋友用好听的话设局骗其人之财、损其人之福。要小心上当被骗。

（60）若仆役宫的宫干引发本命财帛宫中的主星化忌，多主他人会来损害其人之财。

（61）若福德宫内有虚空之星（如天虚、地空、截空、旬空等），主其人难以赚到钱。

（62）若福德宫被毁（即宫中有落陷之主星且化忌），主其人的财源易出现问题，财运易被中断，会破财。若再多煞曜者，其人赚钱和存钱都异常艰苦，容易出财或破财。

（63）若福德宫旺，但宫中有主星化忌，则对钱财不利，且有出财的可能。

（64）若财帛宫中有禄存，但被福德宫中化忌的主星来冲，主其人虽然好景在望，却往往最终会成空。

（65）若本命财帛宫中有主星化禄，但被福德宫中化忌之主星来冲，主其人会出财或大破财，且往往数量很大。

（66）若破军入福德宫，且宫中有其他主星化忌（破军不化忌），主其人需居安思危，谨防破财，尤其要注意先进后破。

（67）若福德宫中有主星化忌，且宫中有白虎、丧门，主其人的钱财会破损。若是贪狼化忌入福德宫，其人会因贪失财，或须防小偷、骗子等。

（68）若福德宫中有多个主星化忌（分别由生年干、大限宫干、流年干、流月干等引发），此乃重冲财宫，在此期间务须小心破财。

（69）若福德宫中有主星化忌，且兄弟宫中亦有主星化忌（由生年干、大限宫干、流年干、流月干等分别引发），主其人在运限此期间会出财或破财。

（70）凡遇癸干，则破军化禄，与其他化禄不同。凡破军化禄之财，主先进而后会破出。故破军化禄的财富不实，难以长久。

（71）若破军化禄入夫妻宫或官禄宫，主其人会对事业进行投资。但多主投资进去后即耗出和破出，因此要小心这种投资。

（72）本命盘化禄之星不宜在大限中再见化忌，如果出现这种情况，主其人在此大限期间的财运由好转坏，或主原来有的财会失去，而且往往要出大财。

（73）凡遇"杀破狼格"（即竹箩三限），主其人善变和开创，但不主财。一般只是攻财而不守财。并且往往是越攻越不守财。尤其是父疾线（父母宫和疾厄宫）受冲时，或田宅被被毁（即宫中有落陷之主星且化忌）时更是如此。

（74）若七杀或天府入财帛宫，其人往往会大费其财。例如，举家大搬迁、买房子、盖房子。

（75）若夫妻宫中有主星化忌，且财帛宫、田宅宫各自被其对宫中化忌的主星相冲时，主其人会有花钱、损财、破财等事件发生。这也就是说：夫妻宫、财帛宫、田宅宫这三宫，与花钱、损财、破财有关。若这三宫不好，尤其是受损伤，就会导致大量的花钱、损财、破财。

（76）若擎羊入财帛宫，主其人会遇到竞争。若再遇不利格局时，则会因竞争而导致打击，受损失。

（77）贪狼、巨门、太阴、阴煞、天空、地空、天虚、旬空、截空、伏兵、天伤等皆为阴暗星。其中，贪狼、巨门、太阴、阴煞为阴暗星。天空、地空、天虚、旬空、截空等皆为空星，都是一种玩"空手道"的象征。凡命宫中有阴暗星又有空星者，其人在事业上会玩空手道。若再有化忌入命，多主其人会去损人之财，而且是空手道损人钱财。尤其再遇地劫时，其人会暗中偷窃或强行抢劫。

（78）贪狼喜欢阴谋，和设局骗财，尤其当贪狼化忌（由癸干引发）时更验。贪狼、巨门加会是比较正宗的阴谋，再有阴煞，则是最正宗的阴谋。凡贪狼、阴煞同入命宫，其人喜欢设局骗财。尤其是若有贪狼、阴煞同宫，再有癸干引发贪狼化忌，则务必小心上当被骗。

（79）凡贪狼入命，或入迁移宫，或入仆役宫者，这是阴谋、阴险、骗人、失物、抢劫的最高峰期，特别要提供警惕，加以防范。

（80）若遇到贪狼、地劫、天刑加会，其人有持刃抢劫之可能，如果再遇武曲化忌，更验。

（81）阴煞是一颗很不光明的星，缺乏正气、最喜欢阴谋、很阴险、喜欢谋人钱财。玩"空手道"之人往往是阴煞入命，或阴煞入官禄宫。许多狡猾、阴险、奸诈、行骗、诈骗、诡计百出、损人利己、道德败坏、抢劫之人多带有此星。

（82）推断钱财时，要加看田宅宫，因田宅宫为财库、为后门，从田宅宫的状况可看出其人的积财能力。如田宅宫中有化忌，或被对宫化忌之星冲，则其人的积财能力大打折扣，最终会成空。

（83）推断横财：除"杀破狼格"及廉贞可视为偏门或横财外，其他星系的组合可视为正行、正业、正财（不论成败）。

（84）大限宫、大限田宅宫、流年宫、流年田宅宫均不宜有化忌或有破格，否则只为虚花，即使有横财，到底也成空。

（七）命宫的四化飞星

1. 四化的类型

四化飞星对于各宫而言分为自化、化入、化出三种类型。

（1）凡四化星入命宫、官禄宫、财帛宫、田宅宫为"化入"。具体地说，如果某个天干（可能是生年干，或命宫干，或流年干，或大限宫干，或是其他某个宫的宫干）引发这些宫中的主星四化，则称该主星的四化是"化入"。例如，某人的生年干为甲，它引发：廉贞化禄、破军化权、武曲化科、太阳化忌。若廉贞入命宫，则为生年干化禄（廉贞）入命宫；若武曲入官禄宫，则为生年干化科入官禄宫。

凡化禄入以上四宫主赚钱。

凡化权入以上四宫主有实权。

凡化科入以上四宫主有贵人现。

凡化忌入以上四宫主守财。

若官禄宫的宫干引发田宅宫中的主星化忌，为化忌化入田宅宫，主其人有投资行为，但赚钱少，且劳碌。

若财帛宫的宫干引发官禄宫中的主星化忌，为化忌化入官禄宫，主其人有投资行为，但不一定赚钱。

若财帛宫的宫干引发田宅宫中的主星化忌，为化忌化入田宅宫，主其人能守财，且节俭。

（2）凡四化星入兄弟宫、夫妻宫、子女宫、疾厄宫、迁移宫、仆役宫、福德宫、父母宫为"化出"。具体地说，如果某个天干（可能是生年干，或命宫干，或流年干，或大限宫干，或是其他某个宫的宫干）引发这些宫中的主星四化，在四化的形式上，与"化入"相同，但称为该主星的四化是"化出"。例如，在上例中，生年干为甲，引发廉贞化禄、破军化权、武曲化科、太阳化忌。但如果在另一个命盘中，廉贞不是入命宫，而是入夫妻宫，虽然也是甲干引发的廉贞化禄，虽然都是廉贞入夫妻宫，却称为廉贞在夫妻宫中化出（化禄）。

凡化禄入以上宫位为化出，主其人守不住财。

凡化权入以上宫位为化出，主其人喜争权，易有纠纷。

化科入以上宫位为化出，主贵人不现。

凡化忌入以上宫位为化出，主其人会损财。

例如，若财帛宫的宫干引发子女宫中的主星化忌，为化忌化出子女宫，主其人有投资行为，但不一定赚钱。

若财帛宫的宫干引发迁移宫中的主星化忌，为化忌化出迁移宫，主其人在外赚钱难，不顺。

（3）所谓"自化"，是指由某宫的宫干引发本宫中某个主星四化。例如，命盘中亥宫的宫干为丁，它引发：太阴化禄、天同化权、天机化科、巨门化忌。如果太阴刚好在亥宫，则为"太阴自化禄"；如果天同刚好在亥宫，则为"天同自化权"；如果天机刚好在亥宫，则为"天机自化科"；如果巨门刚好在亥宫，则为"巨门自化忌"。（注：根据这种划分，"自化"之中既有"化入"，又有"化出"，关键是看四化发生在哪一宫。）

2. 十二宫的宫干引发四化入诸宫

注：这里的"入"与"化入"的"入"有所不同。除了下列诸宫，其余的兄弟宫、子女宫、奴仆宫、田宅宫、福德宫、父母宫的宫干引发四化飞星入诸宫的情形，无特定规则，可自行变通推断。

1）命宫的宫干引发诸宫之星曜四化

（1）引发化禄

命宫自化禄：其人的人缘颇佳，个性较独立，智慧亦较高。

命宫的宫干引发兄弟宫中的主星化禄，主其人有兄弟，且与兄弟较有缘分，能靠兄弟之助而成功。

若命宫的宫干引发夫妻宫中的主星化禄，主其人的婚姻缘早，异性朋友较多。

若命宫的宫干引发子女宫中的主星化禄，主其人有子女，且疼爱子女，还可得贵子。

若命宫的宫干引发财帛宫中的主星化禄，主其人赚钱容易，能靠自己的努力而赚钱，且易有偏财运。

若命宫的宫干引发疾厄宫中的主星化禄，主其人为人较乐观，但易有惰性。

若命宫的宫干引发迁移宫中的主星化禄，主其人在外人缘佳、贵人多、赚钱机会多，在外得意。

若命宫的宫干引发仆役宫中的主星化禄，主其人在外朋友多，交际应酬亦多，朋友帮助大。

若命宫的宫干引发官禄宫中的主星化禄，主其人工作轻松薪水高，如果自己创业，较能赚钱。

若命宫的宫干引发田宅宫中的主星化禄，主其人家庭环境佳，布置豪华，且有祖业。

若命宫的宫干引发福德宫化中的主星化禄，主其人会享受，晚运好，有福泽。

若命宫的宫干引发父母宫中的主星化禄，主其人有长辈缘，会获得赏识提拔。

（2）引发化权

若命宫自化权，主其人的个性强，喜掌权，聪明能干。

若命宫的宫干引发兄弟宫中的主星化权，主其人有兄弟，但相互争权，意见较多。

若命宫的宫干引发夫妻宫中的主星化权，主其人夫妻间会因权利而闹矛盾。

若命宫的宫干引发子女宫中的主星化权，主其人的子女多，管子女较严，子女的个性较强。

若命宫的宫干引发财帛宫中的主星化权，主其人能掌财权，自主创业，适合做生意。

若命宫的宫干引发疾厄宫中的主星化权，主其人少年多灾，调皮，桃花多，性欲强。

（3）引发化忌

若命宫的宫干引发迁移宫中的主星化忌，主其人在外诸事不顺，变化大，多做少成。

若命宫的宫干引发引发官禄宫中的主星化忌，主其人为事业操心忙碌，工作上付出多，所得却少。

若命宫的宫干引发仆役宫中的主星化忌，主其人与朋友相处不佳，无帮助。

若命宫的宫干引发田宅宫中的主星化忌，主其人乃守财奴，祖业不丰，家内凌乱。

若命宫的宫干引发福德宫中的主星化忌，主其人福德薄，享受少，劳碌。

若命宫的宫干引发父母宫中的主星化忌，其人与父母缘薄，身体欠佳，多灾。

2）夫妻宫的宫干引发诸宫之星曜四化

（1）引发化禄

若夫妻宫的宫干引发命宫中的主星化禄，主其人夫妻缘分好，感情佳。

若夫妻宫的宫干引发兄弟宫或仆役宫中的主星化禄，主其人的配偶对自己的兄弟朋友态度好，会照顾兄友。

若夫妻宫自化禄，主其人的配偶人缘佳，个性随和。

若夫妻宫的宫干引发子女宫中的主星化禄，主其人与子女有缘，对子女好。

若夫妻宫的宫干引发财帛宫中的主星化禄，主其人的夫妻感情好，且对自己的钱财有帮助。

若夫妻宫的宫干引发疾厄宫中的主星化禄，主其人的夫妻感情好，且配偶有爱心，关心其人的身体。

若夫妻宫的宫干引发迁移宫中的主星化禄，主其人的夫妻缘分来得早，夫妻感情好，能帮助其人赚钱。

若夫妻宫的宫干引发官禄宫中的主星化禄，主其人的配偶对其事业有帮助，且配偶在外人缘佳。

若夫妻宫的宫干引发田宅宫中的主星化禄，主其人的配偶与朋友关系好，且夫妻感情也好，生活美满。

若夫妻宫的宫干引发福德宫中的主星化禄，主其人的配偶自己有事业，对其人在钱财方面有帮助，能享受。

若夫妻宫的宫干引发父母宫中的主星化禄，主其人的配偶与父母的缘分好，相处融洽。

（2）引发化权

若夫妻宫的宫干引发命宫中的主星化权，主其人的夫妻缘分好，但意见多。

若夫妻宫的宫干引发兄弟宫或仆役宫中的主星化权，主其人的配偶对自己的兄弟朋友态度好，但也会意见较多。

若夫妻宫自化权，主其人的配偶个性强，喜欢管人。

若夫妻宫的宫干引发子女宫中的主星化权，主其人喜欢管子女及自己的兄弟，且对田宅欲望高。

若夫妻宫的宫干引发财帛宫中的主星化权，主其人的配偶能掌握财权，对其人之财能适时帮助。

若夫妻宫的宫干引发疾厄宫中的主星化权，主其人的夫妻感情好，配偶会强制性地关心其人的身体。配偶的桃花较多。

若夫妻宫的宫干引发迁移宫中的主星化权，主其人较会管事，而且经常在外交际应酬。

若夫妻宫的宫干引发官禄宫中的主星化权，主其人的配偶在外能掌权，且是自己掌握经营权，但要注意避免得罪人。

若夫妻宫的宫干引发田宅宫中的主星化权，主其人的配偶较会管其自己的朋友，且在家中也欲掌权。

若夫妻宫的宫干引发福德宫中的主星化权，主其人的配偶能掌握其自己的事业之权，会享受，且对其人在钱财方面有帮助。

若夫妻宫的宫干引发父母宫中的主星化权，主其人的配偶与父母意见虽多，但缘分却颇佳。

（3）引发化科

若夫妻宫的宫干引发命宫中的主星化科，主其人的夫妻感情好，相处融洽。

若夫妻宫的宫干引发兄弟宫或仆役宫中的主星化科，主其人的配偶对其人的兄弟朋友较随和。

若夫妻宫的宫干引发子女宫中的主星化科，主其人对子女较有爱心。

若夫妻宫的宫干引发财帛宫中的主星化科，主其人的夫妻感情好，配偶在其人没钱时还会帮助其调度。

若夫妻宫的宫干引发疾厄宫中的主星化科，主其人的夫妻感情好，其配偶有爱心，关心其人的身体。

若夫妻宫的宫干引发迁移宫中的主星化科，主其人的配偶属于贵人性质的帮手，使其人在外较平顺。

若夫妻宫的宫干引发官禄宫中的主星化科，主其人的配偶在外人缘佳，性格平顺，因此对配偶自己的事业有帮助。

若夫妻宫的宫干引发田宅宫中的主星化科，主其人的配偶与其自己的朋友相处融洽，而且其人的家庭生活美满。

若夫妻宫的宫干引发福德宫中的主星化科，主其人的配偶自己的工作平稳，且能量入为出。

若夫妻宫的宫干引发父母宫中的主星化科，主其人的配偶与父母相处融洽，家庭环境颇佳。

若夫妻宫自化科，主其人的配偶人缘佳，好面子，个性随和，家世清明。

夫妻宫自化科的补充：

① 其人的配偶会自我要求荣誉感及形象、声名的提升，也会去注重仪表穿着。即使婚前是朴素之人，在婚后，则会在意虚名、虚荣心，会刻意地去经营"好名声"，而且会去充实知识。

② 即使夫妻宫中的星曜是凶星云集，但只要有自化科，配偶依然可以找到自得其乐、自在生活的方法。

③ 其人会期盼配偶能发挥聪明才智，希望能对其事业有所帮助（并不是单指金钱方面的帮助），在实质上，其人的婚姻确实能对其人的事业产生助力。

④ 在遇到事情时，其人的配偶能够寻找或创造出解决事情的方法，或找出借口去推诿，甚至是去粉饰太平（注意：这里强调的是在"遇事"之时，如果是在平常情况下，则应根据夫妻宫里的星曜进行推断。因为"自化"的作用并不持久）。夫妻宫的自化科所引发的现象及影响力，是基于其人的主观认定，可能是有形的环境或无形的气场氛围。当然，不同星曜的自化科，含义各有不同。

⑤ 如果夫妻宫有自化科，多主其人在选择作为婚姻对象的配偶时，会出现优柔寡断或不够果断，其结果会导致今后的夫妻关系并不亲密。

⑥ 凡夫妻宫有自化（无论是自化禄、自化权、自化科或自化忌），往往会成为婚姻或夫妻关系的某种"条件"限制，尤其当夫妻宫有自化科及自化忌时（而且并不是生年干引发的化科或化忌），则多主其人会迟婚或晚婚。

如果生年干引发夫妻宫中的主星自化科又自化忌，则多主双方在成为夫妻后的生活过程中会将生年干引发的化科的有利之处逐渐消磨掉。

（4）引发化忌

若夫妻宫的宫干引发命宫中的主星化忌，主其人夫妻之间相处不融洽，多有怨言。

若夫妻宫的宫干引发兄弟宫或仆役宫中的主星化忌，主其人的配偶与其人的兄弟朋友之间无缘，相互没有好印象。

若夫妻宫自化忌，主其人的夫妻缘薄，且其配偶的人缘不好。

若夫妻宫的宫干引发子女宫中的主星化忌，主其人的配偶对子女不好，或有偏心，而且不喜欢在家。

若夫妻宫的宫干引发财帛宫中的主星化忌，主其人夫妻之间会因财起纠纷，且夫妻感情不好。

若夫妻宫的宫干引发疾厄宫中的主星化忌，主其人的夫妻感情不好，性生活不协调，且其人桃花多。

若夫妻宫的宫干引发迁移宫中的主星化忌，主其人的配偶在外无助，且夫妻缘薄，性格不合。

若夫妻宫的宫干引发官禄宫中的主星化忌，主其人的配偶在外不顺，且对其人的事业没帮助。

若夫妻宫的宫干引发田宅宫中的主星化忌，主其人的配偶与其自己的朋友相处不好，朋友少。且夫妻感情不佳。

若夫妻宫的宫干引发福德宫中的主星化忌，主其人配偶的事业不顺，或只是家庭主妇。

夫妻宫是疾厄宫的田宅宫，若夫妻宫的宫干引发父母宫中的主星化忌，冲疾厄宫，主其人的夫妻缘薄，且主其人的配偶吝啬，与父母不和，因而使其人的精神变差。

3）财帛宫的宫干引发诸宫之星曜四化

（1）引发化禄

若财帛宫的宫干引发命宫中的主星化禄，主其人靠自己能力赚钱。

若财帛宫的宫干引发兄弟宫中的主星化禄，主其人赚钱后能帮助兄弟。

若财帛宫的宫干引发夫妻宫中的主星化禄，主其人赚钱后能润泽配偶。

若财帛宫的宫干引发子女宫中的主星化禄，主其人的合伙事业能赚钱，或其子女较有钱。

若财帛宫自化禄，主其人自己赚钱自己花，钱来得容易，花得轻松。

若财帛宫的宫干引发疾厄宫中的主星化禄，主其人赚钱较轻松、愉快。

若财帛宫的宫干引发迁移宫中的主星化禄，主其人在外得意，出外赚钱机会多。

若财帛宫的宫干引发仆役宫中的主星化禄，主其人靠朋友帮助赚钱，或会资助朋友。

若财帛宫的宫干引发官禄宫中的主星化禄，主其人的财富来自其事业。

若财帛宫的宫干引发田宅宫中的主星化禄，主其人会投资不动产行业。

若财帛宫的宫干引发福德宫中的主星化禄，主其人赚了钱，自己有福享受。

若财帛宫的宫干引发父母宫中的主星化禄，主其人会有长辈贵人相助，且能孝敬父母。

（2）引发化权

若财帛宫的宫干引发命宫中的主星化权，主其人须靠自己，且对财富的欲望大，有了钱不满足，还想再增加。

若财帛宫的宫干引发兄弟宫中的主星化权，主其人赚钱之后，能帮助兄弟，但财权可能会落入兄弟手中。

若财帛宫的宫干引发夫妻宫中的主星化权，主其人的财权会落入配偶手中。

若财帛宫的宫干引发子女宫中的主星化权，主其人投资能赚钱，并会增资。

若财帛宫自化权，主其人的钱财欲望高，且自掌财权，独资为佳。

若财帛宫的宫干引发疾厄宫中的主星化权，主其人赚钱较忙碌，劳心。

若财帛宫的宫干引发迁移宫中的主星化权，主其人在外活动力强，因此赚钱机会多。

若财帛宫的宫干引发仆役宫中的主星化权，主其人可与朋友合伙投资，但财钱掌握在朋友手中。

若财帛宫的宫干引发官禄宫中的主星化权，主其人投资赚钱后，想再增资。

若财帛宫的宫干引发田宅宫中的主星化权，主其人会投资不动产，并且赚钱后会再投资，投资欲强。

若财帛宫的宫干引发福德宫中的主星化权，主其人会享受，作风较海派。

若财帛宫的宫干引发父母宫中的主星化权，主其人在需要钱的时候，能得到长辈帮助。

（3）引发化科

若财帛宫的宫干引发命宫中的主星化科，主其人往往赚钱不积极，赚多少算多少，随遇而安。

若财帛宫的宫干引发兄弟宫中的主星化科，主其人能量入为出，帮助兄弟。

若财帛宫的宫干引发夫妻宫中的主星化科，主其人的钱财平稳，而且其配偶为贵人之一。

若财帛宫的宫干引发子女宫中的主星化科，主其人的合伙事业平顺，钱赚多少算多少，不太计较。

若财帛宫自化科，主其人的财源平顺，无风波。

若财帛宫的宫干引发疾厄宫中的主星化科，主其人赚钱较轻松、平顺。

若财帛宫的宫干引发迁移宫中的主星化科，主其人在外求财平顺，有贵人。

若财帛宫的宫干引发仆役宫中的主星化科，主其人的朋友不会伤害其人的钱财。

若财帛宫的宫干引发官禄宫中的主星化科，主其人的投资事业，财运平稳。

若财帛宫的宫干引发田宅宫中的主星化科，主其人有财即拿回家用，财运平顺，注意节俭，量入为出。

若财帛宫的宫干引发福德宫中的主星化科，主其人乃量入为出类型的享受。

若财帛宫的宫干引发父母宫中的主星化科，主其人赚钱平顺，不会让父母为其伤精费神。

（4）引发化忌

若财帛宫的宫干引发命宫中的主星化忌，主其人守财，赚钱不易，但节俭。

若财帛宫的宫干引发兄弟宫中的主星化忌，主其人会因兄弟之事破财，或财落入兄弟手中。

若财帛宫的宫干引发夫妻宫中的主星化忌，主其人会因配偶之事而破财，或赚的钱落入配偶手中。

财帛宫是奴仆宫的田宅宫，若财帛宫的宫干引发子女宫中的主星化忌，冲田宅宫，主其人投资不一定赚钱，子女的零用钱很少。而且主其人不聚财，如果与朋友投资合伙，则钱会被拿走。

若财帛宫自化忌，主其人自赚自花，但赚钱较辛苦。

若财帛宫的宫干引发疾厄宫中的主星化忌，主其人为赚钱而劳碌，属于体力劳动者。

若财帛宫的宫干引发迁移宫中的主星化忌，主其人在外不顺，赚钱难，投资会有损失，花钱较吝啬。

若财帛宫的宫干引发仆役宫中的主星化忌，主其人会因朋友而损财。

若财帛宫的宫干引发官禄宫中的主星化忌，主其人投资的事业，未必赚钱。

若财帛宫的宫干引发田宅宫中的主星化忌，主其人守财不易，钱财不聚。

若财帛宫的宫干引发福德宫中的主星化忌，主其人不管赚钱与否，均要享受，且是非较多。

若财帛宫的宫干引发父母宫中的主星化忌，主其人的资金周转会不灵，而且会因财伤身。

4）疾厄宫的宫干引发入诸宫之星曜四化

（1）引发化禄

若疾厄宫的宫干引发命宫中的主星化禄，主其人有人缘、乐观、身体佳。

若疾厄宫的宫干引发兄弟宫中的主星化禄，主其人与兄弟有缘，感情佳。

若疾厄宫的宫干引发夫妻宫中的主星化禄，主其人的夫妻感情好，疼爱配偶，夫妻性生活多。

若疾厄宫的宫干引发子女宫中的主星化禄，主其人与子女缘佳，疼爱子女，但性生活过多，没节制。

若疾厄宫的宫干引发财帛宫中的主星化禄，主其人的财运佳，钱赚得轻松，易有长辈贵人相助。或引发财帛宫主星化禄和化权，主其人的事业能赚钱。

若疾厄宫自化禄，主其人为人乐观，不爱计较。

若疾厄宫的宫干引发迁移宫中的主星化禄，主其人在外人缘佳，朋友多，喜玩乐。

若疾厄宫的宫干引发仆役宫中的主星化禄，主其人与朋友缘分佳，朋友多，且桃花较多。

若疾厄宫的宫干引发官禄宫中的主星化禄，主其人工作轻松愉快，同事间相处和睦。若疾厄宫的宫干引发官禄宫中的主星四化，主其人的事业能赚钱。

若疾厄宫的宫干引发田宅宫中的主星化禄，主其人有财运，身体好，家中平顺。

若疾厄宫的宫干引发福德宫中的主星化禄，主其人的人缘佳，福泽厚，且身体健康。

若疾厄宫的宫干引发父母宫中的主星化禄，主其人与长辈有缘分，贵人多。

（2）引发化权

若疾厄宫的宫干引发命宫中的主星化权，主其人个性强，少年多灾。

若疾厄宫的宫干引发兄弟宫中的主星化权，主其人与其兄弟会有意见，会多管兄弟。

若疾厄宫的宫干引发夫妻宫中的主星化权，主其人的夫妻感情好，性欲强，但较会管配偶，因而常有意见。

若疾厄宫的宫干引发子女宫中的主星化权，主其人与子女的缘分好，会管子女，但性生活过多，没节制。

若疾厄宫的宫干引发财帛宫中的主星化权，主其人的事业能赚钱，且为赚钱而忙碌，对钱财的欲望颇大，较劳心。

若疾厄宫自化权，主其人的个性强，而且性格古怪、早熟。

若疾厄宫的宫干引发迁移宫中的主星化权，主其人在外忙碌，人缘佳，但会与朋友产生意见。

若疾厄宫的宫干引发仆役宫中的主星化权，主其人与朋友关系好，还想结交更多的朋友。

若疾厄宫的宫干引发官禄宫中的主星化权，主其人工作较劳心，责任感重，喜欢管部属和同事。

若疾厄宫的宫干引发田宅宫中的主星化权，主其人财欲望高，且在家掌权。

若疾厄宫的宫干引发福德宫中的主星化权，主其人的人缘好，能力强，但劳碌劳心，且多灾。

若疾厄宫的宫干引发父母宫中的主星化权，主其人会有长辈适时帮助，但在外常有意见纠纷。

（3）引发化科

若疾厄宫的宫干引发命宫中的主星化科，主其人人缘好，乐观，身心愉快。

若疾厄宫的宫干引发兄弟宫中的主星化科，主其人与兄弟之间的感情交往，应适可而止。

若疾厄宫的宫干引发夫妻宫中的主星化科，主其人与配偶的感情不和谐。

若疾厄宫的宫干引发子女宫中的主星化科，主其人与子女关系好，疼爱子女。性生活虽多，但会有节制。

若疾厄宫的宫干引发财帛宫中的主星化科，主其人财运平顺，量入为出。

若疾厄宫自化科，主其人身体佳，风度好，即使得病，会有良医。

若疾厄宫的宫干引发迁移宫中的主星化科，主其人在外人缘佳，在外平安，但与朋友的交往应适可而止。而且主其人的事业能赚钱。

若疾厄宫的宫干引发仆役宫中的主星化科，主其人会择友而交，无损友。

若疾厄宫的宫干引发官禄宫中的主星化科，主其人的工作轻松，与同事相处颇为融洽。

若疾厄宫的宫干引发田宅宫中的主星化科，主其人在家平顺，对钱财的处理能量入为出。

若疾厄宫的宫干引发福德宫中的主星化科，主其人的人缘佳，身体也好，而且会有贵人。

若疾厄宫的宫干引发父母宫中的主星化科，主其人与长辈相处融洽，会有长辈、贵人相助，在外平顺。

（4）引发化忌

若疾厄宫的宫干引发命宫中的主星化忌，冲迁移宫，主其人的身体较差，而且在与朋友交往中会损害其人自己的身体。而且主其人的事业不赚钱。

若疾厄宫的宫干引发兄弟宫或仆役宫中的主星化忌，主其人与兄弟的缘分薄，感情不好。还会因与朋友交往而损害其人自己的身体。

若疾厄宫的宫干引发夫妻宫中的主星化忌，冲官禄宫，主其人与配偶的感情淡薄，生活不和谐。而且主其人的事业不赚钱。

若疾厄宫的宫干引发子女宫中的主星化忌，主其人与子女的缘分薄，喜欢管子女。性生活虽多，但有节制。

若疾厄宫的宫干引发财帛宫中的主星化忌，主其人的钱财事务不顺，会因为财务问题劳碌而伤身。

若疾厄宫自化忌，主其人体弱，且较多病，劳碌，早熟。

若疾厄宫的宫干引发迁移宫中的主星化忌，冲命宫，主其人在外不顺，与朋友交往中会损害其人自己的身体，且较多灾。而且主其人的事业不赚钱。

若疾厄宫的宫干引发官禄宫中的主星化忌，主其人的工作不顺，劳心劳力，而且与同事的相处不融洽。

若疾厄宫的宫干引发田宅宫中的主星化忌，主其人的钱财事务不顺，劳碌，且身体欠佳。

若疾厄宫的宫干引发福德宫中的主星化忌，冲财帛宫，主其人体弱多病，人缘不佳，福泽薄。而且主其人的事业不赚钱。

若疾厄宫的宫干引发父母宫中的主星化忌，主其人与长辈相处不好，身体差，而且在外不如意。

5）迁移宫的宫干引发诸宫之星曜四化

（1）引发化禄

若迁移宫的宫干引发命宫中的主星化禄，主其人在外赚的钱，自己能享受。

若迁移宫的宫干引发兄弟宫中的主星化禄，主其人在外能到得兄弟之助而赚钱，也能帮助弟兄。

若迁移宫的宫干引发夫妻宫中的主星化禄，主其人在外事业得意，而且能得到配偶之助。

若迁移宫的宫干引发子女宫或田宅宫中的主星化禄，主其人多变动，如同驿马，宜外出或出国。

若迁移宫的宫干引发财帛宫中的主星化禄，主其人在外的财运好。

若迁移宫的宫干引发疾厄宫化中的主星化禄，主其人在外如意，身心愉快、人缘佳。

若迁移宫自化禄，主其人在外得意，赚钱容易，自赚自花，在外时间长。

若迁移宫的宫干引发仆役宫中的主星化禄，主其人在外朋友多，人缘佳，交际广，能得到朋友之助。

若迁移宫的宫干引发官禄宫中的主星化禄，主其人在外赚钱机会多。

若迁移宫的宫干引发福德宫中的主星化禄，主其人在外财运佳，且可享受。

若迁移宫的宫干引发父母宫中的主星化禄，主其人在外会有长辈、贵人相助，操心事少。

（2）引发化权

若迁移宫的宫干引发命宫中的主星化权，主其人在外得意，掌权的欲望强，但易有纠纷。

若迁移宫的宫干引发兄弟宫或仆役宫中的主星化权，主其人在外兄弟朋友多，而且颇有交际手腕。

若迁移宫的宫干引发夫妻宫中的主星化权，主其人在外得意，而且配偶会掌权，但夫妻间容易有意见。

若迁移宫的宫干引发子女宫或田宅宫中的主星化权，主其人多变动，如同驿马，而且在变动之前的预兆比较小。

若迁移宫的宫干引发财帛宫中的主星化权，主其人在外为财忙碌。

若迁移宫的宫干引发疾厄宫中的主星化权，主其人在外如意，有权力，欲望强，但易有纷争。

若迁移宫自化权，主其人在外欲掌权，喜欢表现，易得罪小人，且个性强。

若迁移宫的宫干引发官禄宫中的主星化权，主其人创业时有冲劲，责任心重，任职后易受上司赏识。

若迁移宫的宫干引发福德宫中的主星化权，主其人在外财运很好，而且喜欢享受，比较海派。

若迁移宫的宫干引发父母宫中的主星化权，主其人在外会有长辈、贵人适时提供帮助。

（3）引发化科

若迁移宫的宫干引发命宫中的主星化科，主其人的人缘佳，在外会有贵人。

若迁移宫的宫干引发兄弟宫中的主星化科，主其人在外会有兄弟帮助。

若迁移宫的宫干引发夫妻宫中的主星化科，主其人在外事业平顺，因而使其配偶无后顾之忧。

若迁移宫的宫干引发子女宫或田宅宫中的主星化科，主其人多变动，如同驿马，但在外期间比较顺利。

若迁移宫的宫干引发财帛宫中的主星化科，主其人在外财运平顺。

若迁移宫的宫干引发疾厄宫中的主星化科，主其人的人缘好，会有贵人。

（4）引发化忌

若迁移宫的宫干引发命宫中的主星化忌，主其人在外的人缘不佳，会有意外之灾，诸事不顺。

若迁移宫的宫干引发兄弟宫中的主星化忌，主其人在外的兄弟、朋友中多损友，而且其人的交际手腕差。

若迁移宫的宫干引发夫妻宫中的主星化忌，主其人在外不顺，会给配偶增加麻烦，而且事业不顺。

若迁移宫的宫干引发子女宫或田宅宫中的主星化忌，主其人多变动，如同驿马，而且诸事不顺。

仆役宫是福德宫的田宅宫，若迁移宫的宫干引发财帛宫中的主星化忌，冲福德宫，主其人在外求财不如意，而且主其人不可参加民间集资。

若迁移宫的宫干引发疾厄宫中的主星化忌，主其人在外不顺，并影响身心。

若迁移宫自化忌，主其人出外不顺，常有纠纷，人缘欠佳，且个性古怪。

若迁移宫的宫干引发仆役宫中的主星化忌，主其人在外期间会损及兄弟朋友，增加麻烦，而且兄弟朋友没有帮助。

若迁移宫的宫干引发官禄宫中的主星化忌，主其人在外常常多做少成，而且诸事不顺。

若迁移宫的宫干引发福德宫中的主星化忌，主其人在外不如意，福泽薄，而且劳碌。

若迁移宫的宫干引发父母宫中的主星化忌，主其人在外行事不顺，因此让父母为之操心。

6）官禄宫的宫干引发诸宫之星曜

（1）引发化禄

若官禄宫的宫干引发命宫中的主星化禄，主其人是靠自己的能力赚钱，而且事业比较平顺。

若官禄宫的宫干引发兄弟宫中的主星化禄，主其人的事业需靠兄弟帮忙，合伙的事业会赚钱。

若官禄宫的宫干引发夫妻宫中的主星化禄，主其人的事业能得到配偶的帮助，而且能平顺赚钱。

若官禄宫的宫干引发子女宫中的主星化禄，主其人可经营合伙事业，适合从事娱乐行业。

若官禄宫的宫干引发财帛宫中的主星化禄，主其人赚了钱会再投资，而且资金充足。

若官禄宫的宫干引发疾厄宫中的主星化禄，主其人工作较轻松、愉快。

若官禄宫的宫干引发迁移宫中的主星化禄，主其人在外会有贵人，在外发展事业得意。

若官禄宫的宫干引发仆役宫中的主星化禄，主其人与同事相处融洽，与朋友的合资事业能赚钱。

若官禄宫自化禄，主其人有创业能力，自己赚钱自己花。

若官禄宫的宫干引发田宅宫中的主星化禄，主其人经营不动产生意。

若官禄宫的宫干引发福德宫中的主星化禄，主其人的事业会赚钱，而且也能享受。

若官禄宫的宫干引发父母宫中的主星化禄，主其人的事业能得父母支持，而且能任职较高位。

（2）引发化权

若官禄宫的宫干引发命宫中的主星化权，主其人为事业而忙碌，能自己掌权，而且创业能力强。

若官禄宫的宫干引发兄弟宫中的主星化权，主其人与人合伙投资会赚钱，但经营权掌握在合伙人手中。

若官禄宫的宫干引发夫妻宫中的主星化权，主其人的事业会因配偶之助而赚钱，但经营权在配偶手中。

若官禄宫的宫干引发子女宫中的主星化权，主其人的赚钱欲望大。

若官禄宫的宫干引发财帛宫中的主星化权，主其人的赚钱欲望大，因此会继续投资。

若官禄宫的宫干引发疾厄宫中的主星化权，主其人的责任心重，但较劳心。

若官禄宫的宫干引发迁移宫中的主星化权，主其人在外事业得意，赚钱机会多。

若官禄宫的宫干引发仆役宫中的主星化权，主其人的朋友掌握合伙事业的经营权，所投资的事业能赚钱。

若官禄宫自化权，主其人有创业能力，而且事业心重。

若官禄宫的宫干引发田宅宫中的主星化权，主其人经营不动产生意，而且期望颇高。

若官禄宫的宫干引发福德宫中的主星化权，主其人的事业赚钱，且排场大。

若官禄宫的宫干引发父母宫中的主星化权，主其人的事业能得父母长辈支持，但权力掌握在长辈手中。

（3）引发化科

若官禄宫的宫干引发命宫中的主星化科，主其人的事业平顺，宜为上班一族。

若官禄宫的宫干引发兄弟宫中的主星化科，主其人的合伙投资的事业平顺，彼此无意见，无口舌之争。

若官禄宫的宫干引发夫妻宫中的主星化科，主其人的事业平稳，但配偶希望其人不要因事业而太劳累。

若官禄宫的宫干引发子女宫中的主星化科，主其人投资的事业平顺。

若官禄宫的宫干引发财帛宫中的主星化科，主其人赚钱平顺，波折少。

若官禄宫的宫干引发疾厄宫中的主星化科，主其人的工作轻松，凡事看得平淡。

若官禄宫的宫干引发迁移宫中的主星化科，主其人在外的事业会有贵人相助，平顺。

若官禄宫的宫干引发仆役宫中的主星化科，主其人与同事之间相处融洽，事业平顺。

若官禄宫自化科，主其人的事业平顺。

若官禄宫的宫干引发田宅宫中的主星化科，主其人经营不动产生意，平稳。

若官禄宫的宫干引发福德宫中的主星化科，主其人财运平稳，无大波折。

若官禄宫的宫干引发父母宫中的主星化科，主其人父母长辈为其事业上的贵人，如果其人是上班一族，则平顺。

（4）引发化忌

若官禄宫的宫干引发命宫中的主星化忌，主其人的事业不顺，劳心劳力，常想调换或变动工作。

若官禄宫的宫干引发兄弟宫中的主星化忌，主其人投资的事业不顺，合伙人之间意见纷争较多。

若官禄宫的宫干引发夫妻宫中的主星化忌，主其人的事业变化大，而且其配偶在事业上帮不上忙。

若官禄宫的宫干引发子女宫中的主星化忌，主其人的事业变化大，如果与人合伙，则不利。

若官禄宫的宫干引发财帛宫中的主星化忌，主其人赚钱较难，投资回收慢，资金不足。

若官禄宫的宫干引发疾厄宫中的主星化忌，主其人的责任感强，但较劳碌，且事业不顺。

若官禄宫的宫干引发迁移宫中的主星化忌，主其人在外工作常变动或不顺。

若官禄宫的宫干引发仆役宫中的主星化忌，主其人会因其事业的原因，而让朋友操心。

若官禄宫自化忌，主其人的事业不顺，赚钱较难。

若官禄宫的宫干引发田宅宫中的主星化忌，主其人经营不动产，但赚得少。且较劳碌。

若官禄宫的宫干引发福德宫中的主星化忌，主其人的事业经营不善，会破财，而且福泽薄。

若官禄宫的宫干引发父母宫中的主星化忌，主其人的事业得不到长辈之助。

7）宫干引发主星四化的其他规则

本命兄弟宫是财帛的田宅宫，故从该宫可以推断资金的运用状况，以及有无周转资金。

若兄弟宫的宫干引发福德宫中的主星化忌，去冲财帛宫，主其人如果去借钱，会借不到。如果向朋友拆借资金周转，会有难度。

若财帛宫的宫干引发仆役宫中的主星化忌，去冲兄弟宫，主其人如果去借钱，会借不到。如果向朋友拆借资金周转，会有难度。

若兄弟宫的宫干引发财帛宫中的主星化忌，去冲福德宫，如果其人去借钱，在冲之前（即化忌之前）借不到钱，在冲之后（即化忌之后）可借到。注：所谓"冲之前"和"冲之后"，则需要看运限之干（大限宫干或流年干或流月干或流日干等）是否与兄弟宫的宫干相同，才可以推断"冲之前"或"冲之后"。若二者不同，则仅主难以借到。

因为疾厄宫是官禄宫的田宅宫，所以疾厄宫除了可以推断本身状况之外，还可以推断事业营运的状态。

仆役宫是福德宫的田宅宫，如果其宫干引发子女宫中的主星化忌，冲田宅宫，则会损其人的财格，影响其财运。

父母宫是夫妻宫的田宅宫，如果父母宫的宫干引发子女宫中的主星化忌，冲田宅宫，此乃夫妻宫的田宅宫冲其人自己的田宅宫，主其人夫妻不和，在家待不住，且向太太要钱较难。

若父母宫的宫干引发迁移宫中的主星化忌，冲田宅宫．主其人的夫妻缘薄，会晚婚。

若父母宫的宫干引发子女宫中的主星化忌，冲田宅宫，此乃夫妻宫的田宅宫冲其人自己的田宅宫，多主其人本家与娘家不和，亦主其人与自己的父母无缘。

福德宫是兄弟宫的田宅宫，若福德宫的宫干引发仆役宫中的主星化忌，冲兄弟宫，主其人与兄弟朋友无缘，亦主不可参加民间集资。

若福德宫的宫干引发兄弟宫中的主星化忌，冲仆役宫，主其人与兄弟朋友无缘，亦主不可参加民间集资。

迁移宫是田宅宫的田宅宫，若田宅宫的宫干引发迁移宫中的主星化忌，冲命宫，主其人多变动，会搬家，财产须靠自己挣。

子女宫是仆役宫的官禄宫，可以从子女宫的星情推断其人与他人合伙投资的状况。

若子女宫的宫干引发迁移宫中的主星化忌，冲命宫，主其人不能与朋友合伙，会对其人本身不利。

若子女宫的宫干引发福德宫中的主星化忌，冲财帛宫，主其人如果与人合伙，会对朋友不利。

若田宅宫的宫干引发命宫中的主星化忌，或引发迁移宫中的主星化忌，冲命宫，多主与缘分有关之事。

若田宅宫的宫干引发官禄宫中的主星化忌，或引发夫妻宫中的主星化忌，冲官禄，多主其人的事业不顺。

若田宅宫的宫干引发财帛宫中的主星化忌，或引发福德宫中的主星化忌，冲财帛宫，多主其人会损财。

（八）太岁入卦法

"太岁入卦法"是台湾紫云先生首先提出并采用的。它的出现，使紫微斗数前进了一大步。它的作用在于可以将关联的时间、条件、状态等参数装入正在推命之人的命盘中，然后根据相关的规则加以推算。例如，推断某人与兄弟姐妹的关系状况，必须将兄弟姐妹的有关条件装入其人的命盘之中。又如与他人交朋友，也需要对方的资料，才能预测相互交往以后的情况。运用"太岁入卦法"的具体方法是：

1. 查看对方生年干对应的四化星进入某人的正在使用的命盘中（有可能是本命盘、或大限命盘、或流年命盘、或流时命盘、或流分命盘）哪一个宫，然后从四化星进入后产生的关系进行推断。

2. 查看对方的生年支在某人命盘中对应的宫位，然后从该宫位与当前使用的命盘中的命宫之间的关系（星曜、三方四正等）进行推断。前者主要用于推断对方与某人之间的关系；后者主要推断对方的个性、特点。此外，还要从四化星所进入的宫原来是命盘中哪一宫来推断相互关系。这就是"太岁入卦法"。

以下举例说明：

例如，某人的姐妹生于戊申年：

1. 首先查看戊天干四化：贪狼化禄、太阴化权、右弼化科、天机化忌在某人的命盘中进入的宫位是什么宫。如果贪狼化禄进入命宫或命宫之三合宫，或是某人的命宫形成"双禄夹命格"，则说明某人的姐妹对他有帮助，而且不求回报；或对他有好处。若天机化忌进入命宫，则其姐妹对他不利，甚至会妨碍他。

2. 至于其姐妹的性格，因为生年为戊申，要看申宫与某人命宫的位置之间的关系，假如申宫在命宫的三方之一的位置，说明其姐妹与他的个性相近。

3. 查看戊干引发的四化：贪狼化禄、太阴化权、右弼化科、天机化忌对某人命盘中兄弟宫的作用：若化禄对兄弟宫的作用强或会照兄弟宫，则彼此感情不错，反之，则不行。若化权的作用强，则彼此之间有支配的现象，反之则弱或无；若化忌的作用强，则双方感情不佳或有其他不利之事。

对于六亲的其他人的推断规则类似，只是按照对方的不同身份查看相应的宫位。这种方法也可以用于推算大限运或流年运。从以上论述可见，"太岁入卦法"的关键在于掌握两个宫位彼此之间的关系。

（九）确定一个人出生时辰的参考方法

时辰准确与否，直接影响到预测的准确性，对于不能确切知道时辰的人，可试用下述方法来核对（以下几种方法，可同时考虑，以相同项数多者为是。）：

1. 根据其人睡觉时的姿势来推断：喜欢仰卧者为子、午、卯、酉时出生，喜欢侧卧者为寅、申、巳、亥时出生，喜欢趴着睡者为辰、戌、丑、未时出生。

2. 根据其人小手指的长度与无名指端骨节横纹高平低来推断：小手指端高于无名指端骨节横纹的，为子午卯酉时生人；平行的为寅申巳亥时；低于无名指端骨节横纹的，为辰戌丑未时。

3. 根据其人相貌特征来推断：若是子、午、卯、酉时生人，则其人头顶上的旋正中，神清目秀，顶正声清，面圆身圆。若是寅、申、巳、亥时生人，则其人头顶上的旋偏左，体型丰满，声粗性急，方脸型。若是辰、戌、丑、未时生人，则其人头顶上的旋偏右或双旋，身体欣长，性急声雄。

4. 根据其人在兄弟姐妹中的排行来推断：若是子、午、卯、酉时生人，则男性多为第一、四、七胎，女性多为第二、五、八胎。若是辰、戌、丑、未时生人，则男性多为第二、五、八胎，女性多为第三、六、九胎。若是寅、申、巳、亥时生人，男性多为第三、六、九胎，女性多为第一、四、七胎。

以上几种方法，可同时考虑，以相同项数多者为是。

5. 根据某个时辰为基点排出命盘后再校验：排出命盘后，用命宫主星和时系星曜来看其人的性格长相、以往的一些重大事件来进行验证，若不符合，可换用上下一个时辰重排一个命盘进行比照，看哪一个时辰符合其人的情况，即以该时辰的命盘为准，进行论命。注：这种方法比较有效，但很费时间。

第六章　紫微斗数推命分析实例

近年来，紫微斗数的正式出版物多了起来，网上的资料也已林林总总。作为例证，这些书籍和资料中都列举了许多命例的分析。而且不乏古代（例如孔子）、近代（例如孙中山），以及现代许多名人的命例。笔者不知道列举这些命例的作者是如何获得古人和近代名人的出生年、月、日、时辰的。由于所列举的那些名人一生的事迹已是众人皆知的，因此很容易证明其推断的准确性。

限于篇幅，笔者从自己多年来推算过的数百个命例之中只挑选了两个命例加以分析，供读者参考和辨析。但是出于多种原因，笔者没有像那些书籍和资料那样，去分析名人的命例。其中的一个原因是，无法验证名人的出生年、月、日、时辰。（尤其是时辰）

笔者认为，在研习神秘文化各个领域（包括紫微斗数）时，应始终掌握一个基本原则：任何推算的结论只是告诉人们在某个时段内将会发生什么事件的趋势和可能，这种结论不是必然的、绝对的。否则就会沦入迷信的误区。由于不是必然和绝对的，因此，人们在知道了将可能发生什么事件后，就可以发挥其主观能动性，采取相应的对策和措施。如果将会发生好的事件，则应该去努力将之变为现实；如果将会坏的事件或者灾难，则应该设法化解和规避。这才是学习紫微斗数正确的态度。

另一个原则是，对于推算的结论，应该加以辨析和验证，"尽信书不如无书"。包括在阅读本书时也应该采取这种治学态度。特别是古人留下的许多规则源于当时的社会状态。时至今日，社会状态已经发生了很大的变化，很多规则应该加以辨析和修正，绝不能墨守成规。例如推算子女数量，古人"多子多福"的观念在现代社会就未必成立。又如推算配偶数量，古代没有法律限制"一夫一妻"，甚至可以妻妾成群，在现代社会（伊斯兰教地区除外）则是犯法的。

在推算命例的过程中，古训告诉我们："彰往知来"。如果对过去已发生的事件推算正确，那么预测未来的结论的可信度就相对较高。

在列举的命例中，笔者特意选了一个外籍人士的命例。这是笔者当年为了研究紫微斗数这套规则对非华夏血统的人是否有效而做的。事实证明，在进行适当的修正后，这套规则同样有效。建议有兴趣的读者可以进行尝试和探索。（注：但限于篇幅，将这个外籍人士的命例略去了，以后有机会再预发表。）此外，对同性别的双胞胎（或者多胞胎）、南半球出生的人的命例研究都是值得加以探索的课题。限于篇幅，本书不包括上述内容。而且笔者也正在探索和研究的过程之中。

（本命例是一个男性的紫微斗数命盘分析，颇为典型。但限于篇幅，并没有很完整的列出推断结论。）

例一　某男士命盘

推断分析如下：

1. 十一月生人

断：伶俐却性急，近贵却多计较，易招陷害。如果人和，做事努力，则名位自得。初限难为，中年灾涉色情，晚运大好，享子孙福。

太阴（陷）　陀罗（陷） 龙池　　　　天哭 天伤　　　　晦气 劫煞　力士　临官 11、23、35、47、59、 71、83 72——81 仆役宫　　　　己巳	贪狼旺（权）　禄存（庙） 月德　恩光　阴煞 解神　咸池　丧门 灾煞　博士　冠带 12、24、36、48、60、 72、84 62——71 迁移宫　　　　庚午	天同（陷）　巨门（陷） 擎羊（庙）　天刑（陷） 天虚（陷）　天使　贯索 天煞　官府　沐浴 1、13、25、37、49、 61、73 52——61 疾厄宫　　　　辛未	武曲得（禄）　天相（庙） 天钺（庙）　　天喜 天厨　截空　官符 指背　伏兵　长生 2、14、26、38、50、 62、74 42——51 财帛宫　　　　壬申
廉贞（平）　天府（庙） 文曲得（忌）　岁建 青龙　　　　帝旺 10、22、34、46、58、 70、82 82——91 官禄宫　　　　戊辰	乾造（见注） 阳历：1950年1月10日早子时生人 农历：己丑年十一月二十二日子时		太阳平　天梁得（科） 凤阁　　　　蜚廉 天官　　　　空亡 小耗　大耗　养 3、15、27、39、51、 63、75 32——41 子女宫　　　　癸酉
火星（平）　八座 病符　息神 小耗　衰 9、21、33、45、57、 69、81 92——101 田宅宫　　　　丁卯	命宫：子 身宫：子 命主：贪狼 身主：天相		七杀庙　　文昌陷 铃星庙　　　天月 寡宿　天德　大耗 月煞　病符　胎 4、16、28、40、52、 64、76 22——31 夫妻宫　　　　甲戌
破军（得）　左辅 孤辰　天福天巫 封诰　红鸾　天空 吊客　岁驿　将军　病 8、20、32、44、56、 68、80 102——111 福德宫　　　　丙寅	破碎 华盖　　　　天才 天寿　　　　天德 攀鞍　奏书　死 7、19、31、43、55、 67、79 112——121 父母宫　　　　丁丑	紫微平　　右弼 天魁旺　　　天贵 白虎　　　　将星 飞廉　　　　墓 6、18、30、42、54、 66、78 2——11 命宫　　　　丙子	天机平　地劫旺 天马平　天姚庙 三台　龙德 亡神　喜神　绝 5、17、29、41、53、 65、77 12——21 兄弟宫　　　　乙亥

注：在命理学中，男性称为"乾造"，女性称为"坤造"。

验证：其人出身富商之家，"文革"之中因斗殴、偷窃被判刑劳改。改革开放后做生意，有多个女友，引发很多争风吃醋之事，还曾染上性病。2000 年（庚辰）乃第五大限的最后一年，大限宫星情颇佳，财运转机，且大限宫与流年宫重合，晚运转好，又添两子。

2．命宫的宫干引发化忌的年、月、日决定了其人的钱财在什么时候有损失。命宫的宫干为丙，引发官禄宫中的廉贞（平）化忌。

断：1986（丙寅）、1996（丙子）、2006（丙戌）、2016（丙申）、……诸年钱财受损。

验证：其人当年从事家用电器走私生意，1986 年一批走私录像机被查获，人被拘留，货被没收。1996 年与同居女性分手，所购之房产为女方所得。

3．安命于子，乃桃花之地。

断：易犯桃花，婚后尚可能存在着许多风月之事，也会有风波。

验证：此人曾经同时有多个女友，而且在 2006 年（丙戌）其两个女友为争风吃醋在路边大打出手。

4．命宫与身宫同宫于子。

断：一生起伏波折很多。

应验：少年时代，家境富裕。"文革"中因斗殴、偷窃而入狱，改革开放后做生意，开始致富，但因走私而数次被拘留和罚没货物。有多个女友，但因花心，难以长久。

5．命宫入子。

断：此人往往独断专行、脾气暴躁。仅有右弼同宫。故其人往往会有雄心万丈，却壮志难伸之慨。

应验：此人脾气暴躁，年轻和中年时期常与人打架。其父母难以约束。与兄弟姐妹不相往来。

6．己年生人，生于子时。

断：易破财或招灾。

应验：一生中事业、求财、女人等诸多方面麻烦不断。

7．紫微于入子年入流年宫，且流年宫与命宫重合。

断：己丑年生人，生于子时，则易破财或招灾。

应验：1996 年（丙子），走私家电被没收，又因与其他女友的关系导致与主要女友分手，房产归女友。

8．天机入兄弟宫。

断：主其人兄弟分离，或同胞兄弟少或无。

应验：此人乃长子，仅有两个妹妹，其中一人早亡，另一人数年前断绝往来。

9．七杀在戌宫入夫妻宫（必是独入），七杀入庙，对宫为廉贞、天府同宫。

断：宫中见煞（铃星），主其人夫妻不和，有情者无缘，有缘者无情。男命，多主二娶。

应验：与多个女友相处均吵闹不断，与现任妻子仍然吵闹不止。现有三个子女乃一个前女友和现任妻子所生，还有女友曾为其堕胎。

10. 文昌入夫妻宫。

断：主其人有桃花。男命，婚后还会有艳遇或小妾或金屋藏娇。

应验：多次与几个女友保持关系。婚后依然有艳遇。

11. 铃星入夫妻宫于戌，且有文昌（陷）同宫。

断：夫妻之间无缘分，不和，常会为小事而争吵，配偶先死。

应验：夫妻不和，吵闹，已应验，但"配偶先死"未验证。

12. 武曲入财帛宫，2012年（壬辰）引发武曲化忌。2002年（壬午）、1992年（壬申）、……诸年年干皆为壬。

断：其人在壬干之年内会因为为经济问题而生活困难。

应验：2012年农历正月为壬寅月，已过，农历十一月为壬子月，尚待验证。以往的年份无法验证。

13. 天同与巨门同入疾厄宫于未，又有擎羊同宫。

断：其人易患"隐疾"以及心脏、血液、神经系统疾病。若加羊、火，要注意酒色之疾。

应验：此人喜欢酗酒，患有酒色之疾，并曾染性病。

14. 贪狼入迁移宫，又有禄存同宫。

断：贪狼为诗酒应酬的星曜，其人在外快乐，且多与其人嗜好有关的应酬，好赌者多赌友，好酒者多酒友。

应验：此人嗜酒，在外多酒肉朋友，亦好赌。

15. 太阴（落陷）入仆役宫，与陀罗（落陷）同宫。

断：须防损友，或阴谋，有亦若无。与陀罗同宫，其人虽对朋友施恩，却会反遭报怨。

应验：此人的朋友圈子很杂，有江湖人士，亦有损友。

16. 廉贞化忌（由丙干引发）于官禄宫，命宫干为丙。

断：廉贞位于本命官禄宫，命宫干引发廉贞化忌，此人牢狱之灾难免。

验证：此人"文革"期间两次入狱，改革开放后，数次因走私和经济纠纷被拘留。

17. 父母宫无主星，对宫有天同（落陷）、巨门（落陷）、擎羊（庙）同宫。

断：天同与巨门同入父母宫的对宫，不利父母，祖产会逐渐退败，或祖产被他人所夺。又因擎羊入父母宫，主其人刑克父母之一，或与父母生离死别，且先父后母。

应验：此人之父乃富商，"文革"中房产损失颇多。

18. 己丑年生人，生年干四化：武曲化禄、贪狼化权、天梁化科、文曲化忌。

断：武曲化禄于申宫，利于经商，但三方有文曲化忌于辰宫，故影响成就。贪狼（旺）化权于午宫，主进财，并且应酬频繁。文曲（得地）化忌于辰宫，主其人爱说大话，有文书困扰好官非，且有车祸之灾。

应验：此人于改革开放后经商，虽然波折颇多，但收获亦丰，家业有成。平时应酬频繁。2006年（丙戌），七杀入流年宫，流年干为丙，引发流年迁移宫

（对宫）中的廉贞化忌来冲，有"路边埋尸"之灾，再根据生年干引发文曲化忌亦主车祸，该年会有严重车祸。确实在该年正月十六（癸酉日）醉后驾车，发生严重车祸，幸未丧生。还发生两个女友在路边大打出手（见第3条断语）。刚好流日宫与流年宫重合，对宫既是流年迁移宫，又是流日迁移宫，宫中有流年干引发的廉贞化忌，故发生车祸的可能性更大。

推断分析如下：

1. 十一月生人。

断：伶俐却性急，近贵却多计较，易招障碍。初限难有作为，中年灾涉色情，晚运大好，享子孙福。

应验：改革开放后，抓住时机与丈夫创业开办企业，但在其丈夫病故后（已届中年），"寡妇门前是非多"，企业发生困难。2007年后企业交予子女管理，开始轻松度晚年。

2. 命宫的宫干为甲，甲干引发太阳化忌，而太阳入此人的命宫。

例二 某女士命盘

天钺旺　　　天喜 天空庙　　　孤辰 八座　　　　晦气 劫煞　飞廉　绝 6、18、30、42、54、 66、78、90 116——125 父母宫　　　乙巳	天机庙　天福　阴煞 铃星庙　天贵　解神 凤阁　蜚廉　丧门 灾煞　奏书　墓 5、17、29、41、53、 65、77、89 106——115 福德宫　　　丙午	紫微庙（权）　天刑 破军旺 地劫平　　　贯索 天煞　将军　死 4、16、28、40、52、 64、76、88 96——105 田宅宫　　　丁未	龙池 　　　　　　天才 恩光　　　官符 指背　小耗　病 3、15、27、39、51、 63、75、87 86——95 官禄宫　　　戊申
太阳旺　　　岁建 华盖　　　　喜神 胎 7、19、31、43、55、 67、79 6——15 命宫　　　　甲辰	坤造（见注） 阳历：1952年12月24日申时生人 农历：壬辰年十一月八日申时		天府旺　　　咸池 月德　　　　三台 小耗　　　　青龙 衰 2、14、26、38、50、 62、74、86 76——85 仆役宫　　　己酉
武曲平（忌）　七杀（旺） 地空　　　天魁（庙） 空亡　　　病符 息神　　　养 8、20、32、44、56、 68、80 16——25 兄弟宫　　　癸卯	命宫：辰 身宫：申 命主：廉贞 身主：文昌		太阴旺　　　天月 陀罗庙　封诰　天虚 火星庙　天官　大耗 月煞　力士　帝旺 1、13、25、37、49、 61、73、85 66——75 迁移宫　　　庚戌

天同平 天马 天巫 大耗	天相庙 破碎	巨门旺 天寿	廉贞陷 天姚
天梁庙（禄）岁驿 台辅	寡宿 天德	擎羊陷 白虎	贪狼陷 红鸾
左辅（科）天哭 截空	沐浴 攀鞍	文曲得 将星	禄存庙 天使 龙德
文昌陷 吊客 长生	伏兵	右弼 官府 冠带	亡神 博士 临官
9、21、33、45、57、	10、22、34、46、58、	11、23、35、47、59、	12、24、36、48、60、
69、81	70、82	71、83	72、84
26——35	36——45	46——55	56——65
夫妻宫 壬寅	子女宫 癸丑	财帛宫 壬子	疾厄宫 辛亥

注：在命理学中，男性称为"乾造"，女性称为"坤造"。

断：命宫为财帛宫之官禄宫，因此命宫为管理钱财的能力，命宫的宫干引发化忌的年、月、日决定了其人的钱财在什么时候有损失。1974甲寅年、1984甲子年、1994甲戌年、2004甲申年、2014甲午年、……诸年钱财有损失。

应验：1994年之前的情况不清，但2004年确实因其企业的产品质量问题，资金受损，2005年需要借贷渡难关。

3. 太阳入命于辰，太阴入戌对照，乃"日月相照格"。

断：中等身材，体格壮硕，度量宽。刚强好动，个性豪爽，不拘小节，不爱计较他人过失，但易招怨。性格贞烈豪爽，有丈夫气，喜夺夫权，有克夫之嫌。且易接近男性。少年得志，耕耘有收获。有早婚现象，事业不让须眉，若无煞星加会，主旺夫益子。又主其人富贵。

应验：其人的丈夫在世时，家族企业的管理权以她为主，颇有女中丈夫的作派。其丈夫去世后，更是独揽家族企业的管理权，确实不让须眉。

4. 左辅入夫妻宫于寅，三方有铃星（庙，午宫）、陀罗（庙、戌宫）、火星（庙、戌宫）。其人定有二婚（注：需要验证！）。若见煞、忌，则主死别。其人会因配偶的同心协力而事业大有发展。

断和应验：由于三方有煞星，逢庚干的运限（2000年为庚辰年），引发天同化忌，很可能在该年其丈夫过世（或者在某年月干为庚之月）。此后守寡，在2006年委托笔者推命时，其本人说尚未再婚，后来是否再婚则不清楚。她与丈夫创办的企业具备相当的规模。

5. 生年干为壬，引发四化：天梁化禄、紫微化权、左辅化科、武曲化忌。

断和应验：紫微化权于未宫，有破军同宫，事业有成，可居领导之位。此人的企业在其丈夫去世后，由其掌管。武曲化忌于卯宫，主此人独守空房。第4条中推断其丈夫可能在2000年去世，但更可能的是2002年（壬午年），该年的流年干引发武曲化忌，与生年干形成武曲双化忌，因此其丈夫在2002年去世的可能性更大。

6. 第五大限（46—55）宫中有擎羊落陷，太阴（旺）、陀罗（庙）、火星（庙）入大限夫妻宫。

断和应验：火星入夫妻宫，加会陀罗、铃星。主其人在此大限期间，夫妻间生离死别，或男女鳏独。果然如此。

后 记

　　一本书的篇幅不可能详细讨论命理学所有的分支。因此，本书着重探讨命理学中的一个主要分支："紫微斗数"。笔者希望通过本书对紫微斗数加以辨析，并将笔者得到的一些省悟和观点加以总结。既希望对神秘文化中紫微斗数这个领域的一些误区加以剖析，还希望提倡"尽信书不如无书"（也包括对于本书）。更希冀在研究前人的基础上加以发展，使得祖先留下的文化遗产既不失传，更能发展。

　　近年来，研究和应用紫微斗数的人士越来越多，但研究和学习"四柱推命术"（即"子平术"）的人更多。笔者在整理历年来研究命理学笔记和资料的过程中深切体会到，相比命理学的其他分支而言，紫微斗数号称"天下第一神数"是有道理的。

　　紫微斗数用到了很多元素：命盘、十二宫、一百一十一颗星曜、十天干、十二地支、五行属性、六亲、四化、格局、三方四正、相夹、大限、小限、流年、流月、流日等。在元素众多这一点上可以与之相比的只有另一种神数："铁板神数"。这是命理学的其他分支无法比拟的。当然，这两种神数各自的元素不同，方法自然是迥异的。所谓元素，类似于现代数学中的"参数"。一个数学问题（或者方程式）的未知数和参数越多，也就越复杂。

　　命理学还有一个重要的分支："四柱推命术"（即"子平术"）。它是宋代徐大升根据唐代李虚中和五代末徐子平的理论和经验归纳整理而产生的八字推命术。它与紫微斗数的根本区别在于，子平术推算一个人的"命"，首先需要根据这个人的出生年、月、日、时辰排出他的八字。之后根据八字进行推算，并且不再用到这个人出生年、月、日、时辰所涉及的数据（即"数"）。而紫微斗数算一个人的命，同样必须依据他的出生年、月、日、时辰，根据其中的"数"进行推断，不需要排这个人的八字。这就是紫微斗数这个名称中的"数"这个字的来由。对农历每个月份起点的确定历来有两派：一派是将每个月的初一作为起点，另一派是将二十四节气的十二个节作为起点。这也正是子平术和紫微斗数不同点之一。子平术在命理学发展史上的地位是举足轻重的，唐代大文学家韩愈曾经评价子平术，认为子平论命是"百不失一二"。虽然笔者没有统计数字（也无法统计），但可以肯定地说，现在社会上从事算命（尽管有不少人为了避嫌，不用算命二字）的专业和非专业人士中，采用子平术的无疑是最多的。其中的一个原因是，子平术相比紫微斗数和铁板神数，要简便得多，易学易用。

　　对于紫微斗数和铁板神数，有一个流行的看法是：在对六亲（父母、兄弟、夫妻、子女）的推断上，铁板神数比较精准，紫微斗数比较模糊。也就是说，铁板神数定量的功能强于紫微斗数。例如，从目前能见到的资料中的规则和案例分析，在推断当事人的兄弟姐妹的数量、父母结婚的年份、当事人发生大事（婚嫁、科举、仕途）的年份、子女的性别和数量等方面，铁板神数确实要比紫微斗数量化得更加具体。但还是存在以下几个问题。

问题之一，铁板神数的神秘色彩太浓，许多算法被历代的学者或从业人员加以神秘化，变成铁板神数中各个门派的独家秘笈、秘诀，绝对不能外传。因此，许多资料中列举的案例只能让人"知其然不知其所以然"。这种做法看似保护了各个门派的知识产权，实际上是损害了铁板神数的传承和发展。当代那些现世的所谓铁板神数高手，每个都标榜自己是"正统"，对铁板神数的其他门派进行攻击。而他自己的资料中举出的例子到底有几个是真实可信的？这不是一个严谨的学者应该遵守的治学道德和作风。在市场经济中有一个推销规则：在推销自己的产品时，应该只说自己的行，不要去攻击别人的产品。而铁板神数的高手们连这一点都做不到，还不如一个市场推销员。其结果是，铁板神数的研究者和从业者越来越少，水平越来越低。恐怕这不是当年发明铁板神数的古代先贤们愿意看到的局面。笔者曾经花了很多时间去研究铁板神数，由于没有那些所谓的"秘诀"、"内算法"，不得其门而入，只能望"数"兴叹。虽然笔者已经掌握了铁板神数的各种规则和算法，但是，笔者的实践证明，光是依靠这些规则是无法推断出准确的结果的。笔者相信铁板神数这门学问有朝一日一定会走向开放，古代先贤的遗产一定不会失传。在这一点上，紫微斗数比铁板神数要明智和开放得多。

问题之二，所谓紫微斗数在定量方面不如铁板神数。根据笔者的实践经验，如果将紫微斗数中的四化、五行、大限、流年、流月等概念和规则运用得当，对于一个人一生中许多事件的发生时间完全可以做到相对精准，甚至可以定位到某月、某日。在这一点上与铁板神数相比，可以说有过之而无不及。当然在断六亲的数量方面，铁板神数确实来得精准许多，这正是紫微斗数的一个短板。但未必就此定论古代从来都没有，也许在当代有兴趣人士的研究下，或者发掘出古代的知识；或者加以发展，完善古代失传或没有的知识。那么紫微斗数必将更上层楼，无愧于"天下第一神数"的称号。

问题之三，在推断一个人一生全面的情况和人生轨迹方面（例如，性格、健康、财富、交友、仕途、福分、子女状况、父母状况等），紫微斗数无疑是胜铁板神数一筹的。但也不能就此断言铁板神数不具备这样的功能，只是目前传世的资料尚未见到而已。

上述问题的提出，并不意味着笔者全面肯定紫微斗数，全盘否定铁板神数。任何一门知识能流传至今，而且依然有人研究、执业、信奉，那么一定有它的道理。关键在于，无论是紫微斗数或者铁板神数的业内人士应该为了知识的传承和发展应该持开放的态度以及平和的心态，不能将它神秘化。而信奉命理学的人们应该理智地看待"算命"，务必不能走入"迷信"的误区。

因此，一定要告诉读者的是，在阅读本书时，务必遵循正确理解神秘文化的基本准则。

准则之一，"命"和"运"是两个不同的概念。"命"是先天决定的、静态的。"运"则是后天动态变化的。这就是古人"命好不如运好，运好不如流年好"这个说法向人们揭示的道理。任何神秘文化推断的结果不是绝对和一成不变的，应该理性地看待算命的结果。

准则之二，使用任何一种方法推算得到的结果，只是告诉人们在未来的某个时段内，将会发生某个事件的趋势和可能，这个结果不是必然和绝对的。否则就进入了"迷信"的误区。假如有一个算命先生说你下个月会发财，那一定有夸张甚至欺骗的成分。如果这位算命先生能如此精准地算出发财的时间，那他自己跑到国外的那些赌场去，算一次赢一把，早就是亿万富翁了，还算什么命。一个命理学的高手最多能算到你下个月的财运比较好，有发财的机会。但是你还需要去努力工作，否则机会不会变成现实。即使天上掉个馅饼，你必须早一点起来，否则比你起得早的人先捡走了。

准则之三，古训告诉我们："君子问命，问祸不问福"。因为，平安就是福。如果有发生灾祸的可能，可以设法回避和化解。江湖上有些执业人士往往也会给你化解，但是化解的收费要比算命的收费高，这是他们的第二次创收。

准则之四，有句成语"彰往知来"，出自《易·系辞下》："夫《易》彰往而察来，而微显阐幽。"它告诉我们，在请人推算；或自己推算时，首先应该看推算过去的结论是否准确。如果准确，那么推算未来的结论的可信度就高，如果不准确，那么大可不必相信对未来推算的结论。

笔者研究命理学二十余年，以前从来没有萌生写命理学方面的书的想法。主要是自感底气不足，虽然算过数百个命例，却始终认为自己的学识达不到写书的水平。此外，担心被某些人士扣上"迷信"的大帽子，虽然我国改革开放以来，政治环境已经宽松很多，但文革的经历依然给笔者留下阴影和余悸。许多友人的鼓励和支持，让笔者终于动笔。因此，本书的完成首先要感谢他们。当然敢写本书只是有了胆气，并不是说，笔者已经有了足够的底气。笔者更没有奢望什么著书立说，本书只是笔者这些年来业余研究紫微斗数的心得的归纳和总结。限于篇幅，本书仅列出了两个比较完整的推命案例，今后如果条件允许，笔者将把历年来的案例整理出来以飨读者。

壬辰年春月于南海之滨书斋